Fälle- und Fragenkatalog
für die Steuerfachangestelltenprüfung

 **Online-Version inklusive!**

Stellen Sie dieses Buch jetzt in Ihre „digitale Bibliothek" in der NWB Datenbank und nutzen Sie Ihre Vorteile:

► Ob am Arbeitsplatz, zu Hause oder unterwegs: Die Online-Version dieses Buches können Sie jederzeit und überall da nutzen, wo Sie Zugang zu einem mit dem Internet verbundenen PC haben.

► Die praktischen Recherchefunktionen der NWB Datenbank erleichtern Ihnen die gezielte Suche nach bestimmten Inhalten und Fragestellungen.

► Die Anlage Ihrer persönlichen „digitalen Bibliothek" und deren Nutzung in der NWB Datenbank online ist kostenlos. Sie müssen dazu nicht Abonnent der Datenbank sein.

Ihr Freischaltcode:

BWYJMVTTOEAWYSRJPOWUDX

Puke u.a., Fälle- und Fragenkatalog

So einfach geht's:

(1.) Rufen Sie im Internet die Seite **www.nwb.de/go/online-buch** auf.

(2.) Geben Sie Ihren Freischaltcode in Großbuchstaben ein und folgen Sie dem Anmeldedialog.

(3.) Fertig!

Alternativ können Sie auch den Barcode direkt mit der **NWB Mobile** App einscannen und so Ihr Produkt freischalten! Die NWB Mobile App gibt es für iOS, Android und Windows Phone!

Die NWB Datenbank – alle digitalen Inhalte aus unserem Verlagsprogramm in einem System.

www.nwb.de

Fälle- und Fragenkatalog für die Steuerfachangestelltenprüfung

- ► vollständig überarbeitet
- ► Rechtsstand 2016

Von
Dipl.-Finanzwirt (FH) Steuerberater Michael Puke
Dipl.-Kaufmann Jens Lohel
Dipl.-Kaufmann Dipl.-Finanzwirt (FH) Peter Mönkediek
Dipl.-Finanzwirt (FH) Ralf Walkenhorst

34., überarbeitete Auflage

Empfohlen vom
Studienwerk der Steuerberater
in Nordrhein-Westfalen e.V.

► **nwb** AUSBILDUNG

Es haben bearbeitet

Verzeichnis der Rechtsquellen	Puke
A. Einkommensteuer/Lohnsteuer	Puke
B. Körperschaftsteuer	Puke
C. Gewerbesteuer	Mönkediek
D. Umsatzsteuer	Walkenhorst
E. Abgabenordnung	Puke
F. Rechnungswesen	Mönkediek
G. Fachrechnen	Mönkediek
H. Wirtschaftslehre	Lohel

ISBN 978-3-482-**64904**-2 – 34., überarbeitete Auflage 2016

© NWB Verlag GmbH & Co. KG, Herne 1974
www.nwb.de

Satz: Griebsch & Rochol Druck GmbH, Hamm
Druck: medienHaus Plump GmbH, Rheinbreitbach

VERZEICHNIS DER RECHTSQUELLEN

1. **Einkommensteuer**

   1.1 Einkommensteuergesetz (EStG) in der Fassung der Bekanntmachung vom 8. Oktober 2009 (BGBl 2009 I 3366, 3862), das durch Art. 1 des Gesetzes vom 22. Februar 2016 (BGBl 2016 I 310) geändert worden ist.

   1.2 Einkommensteuer-Richtlinien 2012 (EStR).

   1.3 Lohnsteuer-Richtlinien 2015 (LStR).

2. **Umsatzsteuer**

   2.1 Umsatzsteuergesetz (UStG) in der Fassung der Bekanntmachung vom 21. Februar 2005 (BGBl 2005 I 386), das durch Art. 11 des Gesetzes vom 2. November 2015 (BGBl 2015 I 1834) geändert worden ist.

   2.2 Umsatzsteuer-Anwendungserlass vom 1. Oktober 2010 (BStBl 2010 I 846), zuletzt geändert durch das BMF-Schreiben vom 25. April 2016.

3. **Gewerbesteuer**

   3.1 Gewerbesteuergesetz (GewStG) in der Fassung der Bekanntmachung vom 15. Oktober 2002 (BGBl 2002 I 4167), das durch Art. 5 des Gesetzes vom 2. November 2015 (BGBl 2015 I 1834) geändert worden ist.

   3.2 Gewerbesteuer-Richtlinien 2009 (GewStR).

4. **Körperschaftsteuer**

   4.1 Körperschaftsteuergesetz (KStG) in der Fassung der Bekanntmachung vom 15. Oktober 2002 (BGBl 2002 I 4144), das durch Art. 4 des Gesetzes vom 2. November 2015 (BGBl 2015 I 1834) geändert worden ist.

   4.2 Körperschaftsteuer-Richtlinien 2015 (KStR).

5. **Abgabenordnung (AO)** in der Fassung der Bekanntmachung vom 1. Oktober 2002 (BGBl 2002 I 3866; BGBl 2003 I 61), die durch Art. 5 des Gesetzes vom 3. Dezember 2015 (BGBl 2015 I 2178) geändert worden ist.

Kein Produkt ist so gut, dass es nicht noch verbessert werden könnte. Ihre Meinung ist uns wichtig! Was gefällt Ihnen gut? Was können wir in Ihren Augen noch verbessern? Bitte verwenden Sie für Ihr Feedback einfach unser Online-Formular auf:

www.nwb.de/go/campus

Als kleines Dankeschön verlosen wir unter allen Teilnehmern einmal pro Quartal ein Buchgeschenk.

VORWORT

In Berufsschule und Ausbildungspraxis begegnen Ihnen, den angehenden Steuerfachangestellten, Rechtsvorschriften, die in einem umfassenden System miteinander verbunden sind. Insbesondere zu Beginn der Ausbildung fällt es erfahrungsgemäß sehr schwer, die abstrakten Vorschriften und deren Zusammenspiel zu begreifen und auf die Lebenssachverhalte anzuwenden. In den Lehrbüchern finden Sie zwar umfassende Darstellungen und Übersichten, diese helfen Ihnen aber nur zum Teil weiter, denn es fehlen dort Möglichkeiten, vorhandenes Wissen zu erproben und bei der Lösung von Fällen anzuwenden.

> *Der „Fälle- und Fragenkatalog" ist – schon seit vielen Auflagen – das auf die Steuerfachangestelltenprüfung besonders ausgerichtete Hilfsmittel, weil Sie durch die Arbeit mit diesem Buch die maßgebenden Vorschriften anhand von Fällen kennenlernen (induktive Lernmethode). Dazu mehr im Benutzerhinweis auf der nächsten Seite.*

In der schriftlichen Abschlussprüfung werden Sie anhand von Fällen geprüft, also sollten Sie sich auch anhand von Fällen auf diese Prüfung vorbereiten. Durch die Arbeit mit dem „Fälle- und Fragenkatalog" decken Sie mögliche Fehler und Lücken in Ihrem Wissen sehr schnell auf. Die systematische Zusammenstellung der Fälle in Fallreihen vermeidet, in Einzelfällen zu denken. Vielmehr wird durch die logische Zusammenstellung der Fälle die Systematik der behandelten Rechtsvorschriften sehr leicht deutlich.

Der „Fälle- und Fragenkatalog" ist in erster Linie auf die besonderen Belange der Steuerfachangestelltenprüfung ausgerichtet, was in dem Titel zum Ausdruck kommt. Daneben werden aber auch alle „Einsteiger" in das Steuerrecht angesprochen, für die der Fälle- und Fragenkatalog eine hervorragende Einarbeitungsmöglichkeit darstellt.

Die vorliegende, neu bearbeitete 34. Auflage des „Fälle- und Fragenkatalogs" berücksichtigt die veränderten und gestiegenen Prüfungsanforderungen, die in den letzten Jahren zu verzeichnen gewesen sind. Das Buch wurde sorgfältig bearbeitet. Eine Gewähr kann jedoch nicht übernommen werden, insbesondere wegen der teilweise sehr komplizierten Rechenvorgänge. Die Lösungen der Fälle entsprechen der Rechtslage 2016.

Wir hoffen sehr, dass Ihnen der „Fälle- und Fragenkatalog" die Vorbereitung auf die Prüfung erleichtert und wünschen Ihnen dabei den verdienten Erfolg.

Für Hinweise und Anregungen sind wir dankbar.

Münster/Herne, im Juli 2016   *Verfasser und Verlag*

HINWEISE FÜR DEN BENUTZER

Die dem „Fälle- und Fragenkatalog" zugrunde liegende Lernmethode besteht darin, die gesetzlichen Vorschriften anhand von Fällen kennenzulernen (induktive Lernmethode). Nach der induktiven Lernmethode wird der Lernende vom Besonderen zum Allgemeinen geführt. Zur Vorbereitung auf die Steuerfachangestelltenprüfung empfehlen wir Ihnen diese Lernmethode, denn Sie werden in der schriftlichen Abschlussprüfung anhand von Fällen geprüft. Also sollten Sie auch anhand von Fällen lernen.

Für ein erfolgreiches Arbeiten mit dem „Fälle- und Fragenkatalog" ist besonders wichtig, dass Sie stets den Gesetzestext griffbereit haben und jeden der zitierten Paragrafen nachlesen, bevor Sie an die Lösung des Falles herangehen. Dadurch lernen Sie das Gesetz kennen (gewusst wo!). Dies ist deshalb von großem Vorteil für Sie, weil Ihnen im Prüfungsfach Steuerwesen Gesetzestexte als Hilfsmittel zur Verfügung stehen.

Erst wenn Sie den Fall gelöst haben, sollten Sie Ihre Lösung mit der Musterlösung vergleichen. Auf keinen Fall sollten Sie allzu früh die Musterlösung nachlesen. Zu den Musterlösungen sei vermerkt, dass auch andere sinnvolle Lösungen möglich sind.

Anmerkung zu den zitierten Richtlinien

Zitiert werden die Richtlinien der

NWB-Textausgabe „Wichtige Steuerrichtlinien", 33. Auflage, 2016

Diese vom Bundesfinanzministerium herausgegebenen Richtlinien bzw. Anwendungserlasse behandeln Zweifelsfragen von allgemeiner Bedeutung. Die Finanzbehörden sind bei ihren Entscheidungen an die Richtlinien und Anwendungserlasse gebunden. Die Richtlinien und Anwendungserlasse bilden somit für die wirtschafts- und steuerberatenden Berufe eine wichtige Orientierungshilfe.

Hinweise für die Lösung schriftlicher Prüfungsaufgaben

Für die Lösung schriftlicher Prüfungsaufgaben sollten Sie unbedingt einige grundsätzliche Erfahrungen beherzigen:

Was ist gefragt?

Verschaffen Sie sich bei jeder einzelnen Aufgabe zunächst Klarheit über die Aufgabenstellung (Fallfrage). Erst dann lesen Sie den Sachverhalt – genau – durch. Nur so können Sie den Sachverhalt im Hinblick auf die Fallfrage richtig beurteilen. Andernfalls laufen Sie Gefahr, etwas zu untersuchen und zu erörtern, was neben der Sache liegt und gar nicht gefragt ist.

Bearbeitungszeit richtig einteilen!

Haben Sie sich über die Fallfrage und den Sachverhalt Klarheit verschafft, so brauchen Sie nicht zu erwarten, dass Sie die Lösung sofort zur Hand haben. Denn Prüfungsaufgaben sind gewöhnlich so gestellt, dass sie Nachdenken erfordern. Gehen Sie also ruhig und mit Überlegung an die Lösung heran.

In einigen Bundesländern werden für die Prüfungsaufgaben die Gesamtpunktzahlen (z. B. 100 Punkte) und für jede einzelne Aufgabe die anteiligen Punkte (z. B. 6 Punkte) angegeben. Aus der Verbindung der Gesamtpunktzahl der Prüfungsaufgabe und der Bearbeitungszeit von 150 Minuten (für Steuerwesen und Rechnungswesen) bzw. 90 Minuten (für Betriebswirtschaftslehre) können Sie feststellen, wie viel Zeit für die Lösung der einzelnen Aufgabe vorgesehen ist.

Beispiel: Die Prüfungsaufgabe Steuerwesen enthält eine Fachaufgabe, für deren richtige Lösung 25 Punkte vorgesehen sind. Mit der Lösung der Fachaufgabe sollten Sie innerhalb von ca. 37 Minuten fertig werden (150 Minuten : 100 Punkte × 25 Punkte).

Mit übersichtlicher Darstellung Punkte sammeln!

Beachten Sie bitte, dass die Lösung nicht nur sachlich richtig beantwortet werden muss. Sie sollte sich auch in der Form nach der jeweiligen Frage richten. Ist z. B. gefordert, die Lösung in übersichtlicher Form darzustellen, so muss die Lösung entsprechend gestaltet sein.

Unter „übersichtlicher Form" ist zu verstehen, die Lösung schematisch zu entwickeln, wie z. B.:

► Berechnung des zu versteuernden Einkommens (Fall 3),
► Berechnung des Gewerbesteuermessbetrages (Fall 122),
► Berechnung der Umsatzsteuerabschlusszahlung (Fall 237).

Auch kann gefordert sein, die Gewinnauswirkung einzelner Sachverhalte, die Gewinnverteilung bei Personengesellschaften oder die Berechnung des Veräußerungsgewinns in übersichtlicher Form darzustellen.

Lesbare Handschrift verbessert die Korrekturlaune!

Selbstverständlich ist, dass Sie stilistisch und orthographisch einwandfreies Deutsch schreiben. Am besten vermeiden Sie schwierige Wörter, insbesondere Fremdwörter. Erleichtern Sie dem Prüfer die Arbeit durch eine gut lesbare Handschrift. Bedenken Sie dabei auch, dass für viele

Prüfer die Handschrift im Hinblick auf die spätere praktische Arbeit ein gewisses Beurteilungs-kriterium sein kann. So ist nicht zu verleugnen, dass für die praktische Arbeit im Betrieb eine gut lesbare Handschrift von gewissem Nutzen ist. Eine gut lesbare Handschrift erleichtert erfah-rungsgemäß erheblich die Orientierung, wenn sich Ihre Arbeitskollegen im Falle von Urlaubsver-tretung u. Ä. in einen von Ihnen bearbeiteten größeren Vorgang einarbeiten müssen. Oft enthal-ten die Prüfungsaufgaben entsprechende Hinweise, wie z. B. im Bundesland Hessen (... auch die äußere Form wird bewertet).

Selbstkontrolle gegen Flüchtigkeitsfehler!

Haben Sie alle Aufgaben bearbeitet, so sehen Sie bitte Ihre Arbeit noch nicht als beendet an. Wichtig ist, dass Sie abschließend Ihre Lösung nochmals genau durchgehen und evtl. Fehler be-richtigen bzw. Auslassungen ergänzen. Dadurch vermeiden Sie Flüchtigkeitsfehler.

Wenn Sie „zu schnell" waren . . .

Der Umfang der Arbeit ist so bemessen, dass die meisten Prüfungskandidaten mit der Lösung ohne Hast fertig werden können. Teilen Sie also die zur Verfügung stehende Zeit bedachtsam ein. Sind Sie mit der gesamten Prüfungsaufgabe wesentlich früher fertig als Ihre Kollegen, so liegt die Vermutung nahe, dass Sie bestimmte Schwierigkeiten nicht erkannt haben. Lesen Sie dann unbedingt die gesamten Sachverhalte und die Fragen noch einmal durch.

Nur nicht „festbeißen"!

Es kann vorkommen, dass Sie auf dem Gebiet einer einzelnen Aufgabe gar nicht bewandert sind oder trotz längerer Überlegung den springenden Punkt der Aufgabe nicht erkennen können. In einem solchen Fall sollten Sie sich nicht in die Aufgabe festbeißen, sondern sich lösen und die nächste Aufgabe, die Ihnen besser liegt, angehen. Heben Sie sich die „harte Nuss" für den Schluss auf. Wenn Sie die anderen Aufgaben erst einmal gelöst haben, können Sie am Schluss wesentlich ruhiger und überlegter die „harte Nuss" knacken.

Ausbildungsverordnung (Auszug)

Mit der Ausbildungsverordnung vom 09. Mai 1996 (BGBl I S. 672) wurde die Berufsausbildung zum/zur Steuerfachangestellten neu geregelt. Die Ausbildungsverordnung ist am 01. August 1996 in Kraft getreten. Sie ist grundsätzlich auf danach eingegangene Ausbildungsverhältnisse anzuwenden.

§ 3 Ausbildungsberufsbild

Gegenstand der Berufsausbildung sind mindestens die folgenden Fertigkeiten und Kenntnisse:

1. Ausbildungspraxis:

    1.1 Bedeutung, Stellung und gesetzliche Grundlagen der steuerberatenden und wirtschaftsprüfenden Berufe,

    1.2 Personalwesen, arbeits- und sozialrechtliche Grundlagen,

    1.3 Berufsbildung,

    1.4 Arbeitssicherheit, Umweltschutz und rationelle Energieverwendung;

2. Praxis- und Arbeitsorganisation:

    2.1 Inhalt und Organisation der Arbeitsabläufe,

    2.2 Kooperation und Kommunikation;

3. Anwenden von Informations- und Kommunikationstechniken;

4. Rechnungswesen:

    4.1 Buchführungs- und Bilanzierungsvorschriften,

    4.2 Buchführungs- und Abschlusstechnik,

    4.3 Lohn- und Gehaltsabrechnung,

    4.4 Erstellen von Abschlüssen;

5. Betriebswirtschaftliche Facharbeit:

    5.1 Auswerten der Rechnungslegung,

    5.2 Finanzierung;

6. Steuerliche Facharbeit:

    6.1 Abgabenordnung,

    6.2 Umsatzsteuer,

    6.3 Einkommensteuer,

    6.4 Körperschaftsteuer,

    6.5 Gewerbesteuer,

    6.6 Bewertungsgesetz,

    6.7 Vermögensteuer.

    ...

§ 7 Zwischenprüfung

(1) Zur Ermittlung des Ausbildungsstandes ist eine Zwischenprüfung durchzuführen. Sie soll vor dem Ende des zweiten Ausbildungsjahres stattfinden.

(2) Die Zwischenprüfung erstreckt sich auf die in den Anlagen I und II für das erste Ausbildungsjahr und die für das zweite Ausbildungsjahr unter laufender Nummer 4.2 Buchstabe d und laufender Nummer 4.3 aufgeführten Fertigkeiten und Kenntnisse sowie auf den im Berufsschulunterricht entsprechend dem Rahmenlehrplan zu vermittelnden Lehrstoff, soweit er für die Berufsausbildung wesentlich ist.

(3) Die Zwischenprüfung ist schriftlich anhand praxisbezogener Fälle oder Aufgaben in insgesamt höchstens 180 Minuten in folgenden Prüfungsfächern durchzuführen:

1. Steuerwesen

2. Rechnungswesen

3. Wirtschafts- und Sozialkunde.

(4) Die in Absatz 3 genannte Prüfungsdauer kann insbesondere unterschritten werden, soweit die Prüfung in programmierter Form durchgeführt wird.

§ 8 Abschlussprüfung

(1) Die Abschlussprüfung erstreckt sich auf die in der Anlage I aufgeführten Fertigkeiten und Kenntnisse sowie auf den im Berufsschulunterricht vermittelten Lehrstoff, soweit er für die Berufsausbildung wesentlich ist.

(2) Die Prüfung ist schriftlich in den Prüfungsfächern Steuerwesen, Rechnungswesen, Wirtschafts- und Sozialkunde und mündlich im Prüfungsfach Mandantenorientierte Sachbearbeitung durchzuführen.

(3) In der schriftlichen Prüfung soll der Prüfling in den nachstehend genannten Prüfungsfächern je eine Arbeit anfertigen:

1. Prüfungsfach Steuerwesen:

In 150 Minuten soll der Prüfling praxisbezogene Fälle oder Aufgaben bearbeiten und dabei zeigen, dass er Fertigkeiten und Kenntnisse steuerlicher Facharbeit erworben hat und wirtschafts- und steuerrechtliche Zusammenhänge versteht. Hierfür kommen insbesondere folgende Gebiete in Betracht:

a) Steuern vom Einkommen und Ertrag,

b) Steuern vom Vermögen,

c) Steuern vom Umsatz,

d) Abgabenordnung;

2. Prüfungsfach Rechnungswesen:

In 120 Minuten soll der Prüfling praxisbezogene Aufgaben oder Fälle insbesondere aus den folgenden Gebieten bearbeiten und dabei zeigen, dass er Fähigkeiten und Kenntnisse dieser Gebiete erworben hat und Zusammenhänge versteht:

a) Buchführung,

b) Jahresabschluss;

3. Prüfungsfach Wirtschafts- und Sozialkunde:

In 90 Minuten soll der Prüfling praxisbezogene Aufgaben oder Fälle bearbeiten und dabei zeigen, dass er wirtschaftliche, rechtliche und gesellschaftliche Zusammenhänge der Berufs- und Arbeitswelt darstellen und beurteilen kann. Hierfür kommen insbesondere folgende Gebiete in Betracht:

a) Arbeitsrecht und soziale Sicherung,

b) Schuld- und Sachenrecht,

c) Handels- und Gesellschaftsrecht,

d) Finanzierung.

(4) Die in Absatz 3 genannte Prüfungsdauer kann insbesondere unterschritten werden, soweit die Prüfung in programmierter Form durchgeführt wird.

(5) Das Prüfungsfach Mandantenorientierte Sachbearbeitung besteht aus einem Prüfungsgespräch. Der Prüfling soll ausgehend von einer von zwei ihm mit einer Vorbereitungszeit von höchstens zehn Minuten zur Wahl gestellten Aufgaben zeigen, dass er berufspraktische Vorgänge und Problemstellungen bearbeiten und Lösungen darstellen kann. Für das Prüfungsgespräch kommen insbesondere folgende Gebiete in Betracht:

a) allgemeines Steuer- und Wirtschaftsrecht,

b) Einzelsteuerrecht,

c) Buchführungs- und Bilanzierungsgrundsätze,

d) Rechnungslegung.

Das Prüfungsgespräch soll für den einzelnen Prüfling nicht länger als 30 Minuten dauern.

(6) Sind in der schriftlichen Prüfung die Prüfungsleistungen in bis zu zwei Prüfungsfächern mit „mangelhaft" und in dem weiteren Prüfungsfach mit mindestens „ausreichend" bewertet worden, so ist auf Antrag des Prüflings oder nach Ermessen des Prüfungsausschusses in einem der mit „mangelhaft" bewerteten Prüfungsfächer die schriftliche Prüfung durch eine mündliche Prüfung von etwa 15 Minuten zu ergänzen, wenn diese für das Bestehen der Prüfung den Ausschlag geben kann. Das Prüfungsfach ist vom Prüfling zu bestimmen. Bei der Ermittlung des Ergebnisses für dieses Prüfungsfach sind die Ergebnisse der schriftlichen Arbeit und der mündlichen Ergänzungsprüfung im Verhältnis 2:1 zu gewichten.

(7) Bei der Ermittlung des Gesamtergebnisses haben die Prüfungsfächer das gleiche Gewicht.

(8) Zum Bestehen der Abschlussprüfung müssen im Gesamtergebnis, im Prüfungsfach Steuerwesen und in mindestens zwei weiteren der vier in Absatz 2 genannten Prüfungsfächer mindestens ausreichende Leistungen erbracht werden. Werden die Prüfungsleistungen in einem Prüfungsfach mit „ungenügend" bewertet, ist die Prüfung nicht bestanden.

INHALTSVERZEICHNIS

ABKÜRZUNGSVERZEICHNIS

A

Abs.	Absatz
Abschn.	Abschnitt
abzgl.	abzüglich
a. F.	alte Fassung
AfA	Absetzung für Abnutzung
AFG	Arbeitsförderungsgesetz
AG	Aktiengesellschaft
AK	Anschaffungskosten
AO	Abgabenordnung
AEAO	Anwendungserlass zur Abgabenordnung
ArbL	Arbeitslohn
Art.	Artikel

B

BAföG	Bundesausbildungsförderungsgesetz
BdF	Bundesminister der Finanzen
BErzGG	Bundeserziehungsgeldgesetz
BewG	Bewertungsgesetz
BFH	Bundesfinanzhof
BGA	Betriebs- und Geschäftsausstattung
BGB	Bürgerliches Gesetzbuch
BGBl	Bundesgesetzblatt
Bj	Baujahr
BKGG	Bundeskindergeldgesetz
BStBl	Bundessteuerblatt
BUrlG	Bundesurlaubsgesetz
BV	Betriebsvermögen
bzgl.	bezüglich

D

DBA	Doppelbesteuerungsabkommen

E

einschl.	einschließlich
ErbSt	Erbschaftsteuer
ESt	Einkommensteuer
EStDV	Einkommensteuer-Durchführungsverordnung
EStG	Einkommensteuergesetz
EStH	Einkommensteuer-Hinweise

EStR	Einkommensteuer-Richtlinien
EUSt	Einfuhrumsatzsteuer
EW	Einheitswert

F

f., ff.	folgende, fortfolgende
FGO	Finanzgerichtsordnung
FinMin	Finanzministerium
FVG	Finanzverwaltungsgesetz

G

GewSt	Gewerbesteuer
GewStG	Gewerbesteuergesetz
GG	Grundgesetz
ggf.	gegebenenfalls
GmbH	Gesellschaft mit beschränkter Haftung
grds.	grundsätzlich
GrESt	Grunderwerbsteuer
GrSt	Grundsteuer
GuV	Gewinn und Verlust
GWG	Geringwertiges Wirtschaftsgut

H

H	Hinweis
HB	Handelsbilanz
HGB	Handelsgesetzbuch
HR	Handelsregister

I

i. H.	in Höhe
InsO	Insolvenzordnung
InvZulG	Investitionszulagengesetz
i. S.	im Sinne
i. V. m.	in Verbindung mit

J

| J. | Jahr(e) |

K

KapESt	Kapitalertragsteuer
KapGes	Kapitalgesellschaft
KG	Kommanditgesellschaft
KGaA	Kommanditgesellschaft auf Aktien

Kj	Kalenderjahr
KSchG	Kündigungsschutzgesetz
KSt	Körperschaftsteuer
KStG	Körperschaftsteuergesetz
KWG	Kreditwesengesetz

L

LHK	Lebenshaltungskosten
LSt	Lohnsteuer
LStDV	Lohnsteuer-Durchführungsverordnung
LStR	Lohnsteuer-Richtlinien
lt.	laut

M

mtl.	monatlich

N

n. F.	neue Fassung
Nr.	Nummer(n)
NRW	Nordrhein-Westfalen

O

OHG	Offene Handelsgesellschaft
OWiG	Gesetz betreffend Ordnungswidrigkeiten

R

R	Richtlinie
RAP	Rechnungsabgrenzungsposten

S

SBA	Sonderbetriebsausgaben
ScheckG	Scheckgesetz
SGB IV	Viertes Buch Sozialgesetzbuch
sog.	so genannte(r)
SolZ	Solidaritätszuschlag
StB	Steuerbilanz
StBerG	Steuerberatungsgesetz
StBGebV	Steuerberatergebührenverordnung
StEntlG	Steuerentlastungsgesetz
SteuerStud	Steuer und Studium (Zeitschrift)
Stkl.	Steuerklasse

T

Tab.	Tabelle
Tz	Textziffer

U

u. a.	unter anderem
USt	Umsatzsteuer
UStAE	Umsatzsteuer-Anwendungserlass
UStBMG	Umsatzsteuer-Binnenmarktgesetz
UStDV	Umsatzsteuer-Durchführungsverordnung
UStG	Umsatzsteuergesetz
USt-IdNr.	Umsatzsteuer-Identifikationsnummer

V

VermBG	Vermögensbildungsgesetz
vGA	verdeckte Gewinnausschüttung
v. H.	vom Hundert
VO	Verordnung
VoSt	Vorsteuer
VuV	Vermietung und Verpachtung
vwl	vermögenswirksame Leistung(en)
VZ	Veranlagungszeitraum

W

WoBauG	Wohnungsbaugesetz
Wj	Wirtschaftsjahr

Z

zvE	zu versteuerndes Einkommen
z. Z.	zurzeit
zzgl.	zuzüglich

Erster Teil: Fälle- und Fragenkatalog

A. Einkommensteuer

Vorbemerkung

Für die praktische Tätigkeit im wirtschafts- und steuerberatenden Beruf sind umfangreiche Kenntnisse auf dem Gebiet der **Einkommensteuer** unerlässlich. Deshalb bildet die Einkommensteuer innerhalb des Prüfungsfachs **Steuerwesen** das wichtigste Fachgebiet.

I. Persönliche Voraussetzungen für die Besteuerung

Die Regelungen zur persönlichen Steuerpflicht finden sich in § 1 EStG.

Die unbeschränkte Einkommensteuerpflicht erstreckt sich auf sämtliche inländische und ausländische Einkünfte, soweit nicht für bestimmte Einkünfte abweichende Regelungen bestehen, z.B. in Doppelbesteuerungsabkommen (DBA) oder in anderen zwischenstaatlichen Vereinbarungen.

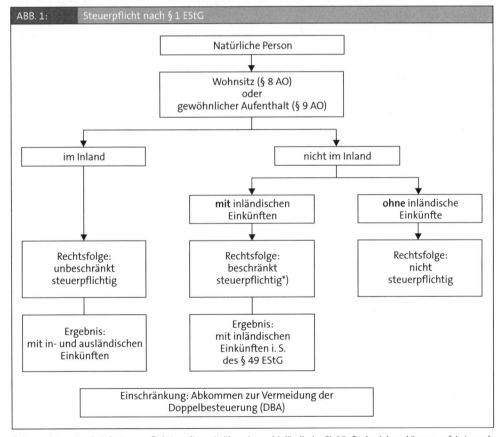

ABB. 1: Steuerpflicht nach § 1 EStG

*) Anmerkung: Beschränkt Steuerpflichtige, die weit überwiegend inländische Einkünfte beziehen, können auf Antrag als unbeschränkt einkommensteuerpflichtig behandelt werden. Das ist möglich, wenn die Einkünfte mindestens zu 90 %

der Einkommensteuer unterliegen oder die ausländischen Einkünfte den Grundfreibetrag nach § 32a Abs. 1 Satz 2 Nr. 1 EStG von 8 652 € nicht übersteigen (§ 1 Abs. 3 EStG).

Staatsangehörige eines Mitgliedstaates der Europäischen Union, die unbeschränkt einkommensteuerpflichtig oder als unbeschränkt einkommensteuerpflichtig zu behandeln sind, können nach § 1a EStG besondere familienbezogene Steuervergünstigungen in Anspruch nehmen.

In diesen Fällen kann auch der Ehegatte ohne Wohnsitz oder gewöhnlichen Aufenthalt im Inland auf Antrag für die Anwendung von § 26 EStG als unbeschränkt einkommensteuerpflichtig behandelt werden, d. h. die Ehegatten können zusammen zur Einkommensteuer veranlagt werden (§§ 26, 26b EStG).

Fall 1 **Persönliche Steuerpflicht**

Sachverhalt:

a) Der in Bielefeld wohnende Grieche Theodor Amanlis bezieht nur Einkünfte aus nichtselbständiger Arbeit. Seine Ehefrau (nicht getrennt lebend) wohnt in Athen. Sie hat keine eigenen Einkünfte.

b) Georgio Paletti wohnt in Rom (Italien) und hat nur Einkünfte aus einer dort betriebenen Eisdiele.

c) Eva Tüchtig führt den gemeinsamen ehelichen Haushalt in Bonn und verfügt über keinerlei eigene Einkünfte.

d) Der Hoch- und Tiefbau GmbH mit Sitz in Dortmund sind Einkünfte aus Gewerbebetrieb zuzurechnen.

e) Der in Köln wohnende Josef Schmitz bezieht lediglich Einkünfte aus der Vermietung eines Hauses in Spanien.

f) Der in Eupen (Belgien) zusammen mit seiner Ehefrau wohnende deutsche Staatsbürger Dr. Emil Schlachter unterhält in Aachen eine Arztpraxis (inländische Einkünfte). Andere Einkünfte haben die Eheleute nicht.

g) Die Schulz & Co. OHG mit Geschäftsleitung in Bochum betreibt eine Schrotthandlung in Bochum.

Frage: Wie beurteilen Sie die Einkommensteuerpflicht?

Fall 2 **Gewöhnlicher Aufenthalt im Inland**

Sachverhalt: Der französische Sänger Rego, der zusammen mit seiner Familie in Le Havre lebt, machte in der Zeit vom 15. 9. 2016 bis 20. 5. 2017 eine Gastspielreise durch Deutschland. Er wohnte jeweils in Hotels. Während des gesamten Monats Dezember 2016 wurde die Gastspielreise planmäßig unterbrochen. In dieser Zeit hielt sich Rego bei seiner Familie in Le Havre auf.

Frage: Ist Rego in den Veranlagungszeiträumen 2016 und 2017 unbeschränkt einkommensteuerpflichtig?

II. Sachliche Voraussetzungen für die Besteuerung

Die unbeschränkte Einkommensteuerpflicht erstreckt sich auf sämtliche inländische und ausländische Einkünfte. Welche Einkünfte dabei im Einzelnen zu berücksichtigen sind, ergibt sich aus § 2 EStG.

Ausgangspunkt sind die sieben Einkunftsarten (Einkünfte aus Land- und Forstwirtschaft, Gewerbebetrieb, selbständiger Arbeit, nichtselbständiger Arbeit, Kapitalvermögen, Vermietung und Verpachtung und schließlich die sonstigen Einkünfte).

	Einkünfte aus den sieben Einkunftsarten (§ 2 Abs. 1 EStG)
=	**Summe der Einkünfte**

Vermindert um den Altersentlastungsbetrag und den Freibetrag für Land- und Forstwirte erhält man den Gesamtbetrag der Einkünfte.

./.	**Altersentlastungsbetrag (§ 24a EStG)**
./.	**Entlastungsbetrag für Alleinerziehende (§ 24b EStG)**
./.	**Freibetrag für Land- und Forstwirte (§ 13 Abs. 3 EStG)**
=	**Gesamtbetrag der Einkünfte**

Der Gesamtbetrag der Einkünfte, vermindert um die Sonderausgaben und die außergewöhnlichen Belastungen, ist das Einkommen.

./.	**Verlustabzug (§ 10d EStG)**
./.	**Sonderausgaben (§§ 10, 10b, 10c EStG)**
	(Vorsorgeaufwendungen, Zuwendungen, übrige Sonderausgaben)
./.	**außergewöhnliche Belastungen (§§ 33–33b EStG)**
=	**Einkommen**

Vom Einkommen sind schließlich (ggf.) Kinder- und Betreuungsfreibeträge, der Haushaltsfreibetrag und sonstige Beträge abzuziehen, so dass man das zu versteuernde Einkommen als Bemessungsgrundlage für die tarifliche Einkommensteuer erhält.

./.	**Freibeträge für Kinder (§ 31, § 32 Abs. 6 EStG)**
./.	**Härteausgleich (§ 46 Abs. 3 EStG)**
=	**zu versteuerndes Einkommen**

Die Richtlinie 2 der Einkommensteuer-Richtlinien (R 2 EStR) enthält eine detaillierte Übersicht zur Ermittlung des zu versteuernden Einkommens.

Berechnung des zu versteuernden Einkommens   `Fall 3`

Sachverhalt: Der Steuerpflichtige Redlich (40 Jahre, ledig) erklärt für das Jahr 2016 folgende Besteuerungsgrundlagen:

Gewinn aus Landwirtschaft	2 000 €
Gewinn aus Gewerbebetrieb (Kfz-Reparatur)	25 000 €
Einnahmen aus Kapitalvermögen	3 700 €
Verlust aus Vermietung eines Wohnhauses	6 000 €
außergewöhnliche Belastungen durch Krankheitskosten (nach Abzug der zumutbaren Belastung)	2 000 €
abzugsfähige Sonderausgaben	1 889 €
gezahlte Einkommensteuer für Vorjahr	2 669 €

Frage: Wie hoch ist das zu versteuernde Einkommen für das Jahr 2016?

Fall 4 **Ersparte Ausgaben**

Sachverhalt a: Steuerberater Fuchs fertigt jährlich seine Einkommen- und Umsatzsteuererklärung selbst an. Dr. med. Gründlich nimmt bei Erkrankung seiner Familienangehörigen die Behandlung selbst vor.

Frage: Sind die ersparten Ausgaben bei der Gewinnermittlung als Einnahmen anzusetzen?

Sachverhalt b: Specht betreibt in Greven ein Möbelgeschäft mit Werkstatt. Im Jahre 2016 hat er Decken und Wände seines Einfamilienhauses teilweise mit Holz verkleidet. Das Holz im Wert von 1 300 € (Teilwert) hat er seinem Betrieb entnommen. Einmal hat ein Arbeiter aus seinem Betrieb bei der Arbeit mitgeholfen. Die Lohnkosten betrugen dafür 550 €. Ein anderer Unternehmer hätte für das Verkleiden der Decken und Wände mit Holz 3 400 € in Rechnung gestellt.

Frage: Muss Specht die ersparte Ausgabe versteuern?

Fall 5 **Veranlagungszeitraum, Ermittlungszeitraum**

Sachverhalt a: Ein Mandant befand sich vom 1. 1. bis 30. 6. 2016 ohne eigene Einkünfte in Berufsausbildung.

Vom 1. 7. bis 31. 12. 2016 erzielte er ein zu versteuerndes Einkommen von 12 000 €.

Sachverhalt b: Ein Mandant ist am 30. 6. 2016 verstorben. Bis zu diesem Zeitpunkt erzielte er ein zu versteuerndes Einkommen von 15 000 €.

Sachverhalt c: Ein Mandant eröffnet am 1. 8. 2016 einen Gewerbebetrieb. Er hat kein vom Kalenderjahr abweichendes Wirtschaftsjahr. Bis zum 31. 12. 2016 erzielt er einen Gewinn i. H. von 15 000 €. Bis zum 31. 7. 2016 war der Mandant Arbeitnehmer. Seine Einkünfte aus nichtselbständiger Arbeit betrugen vom 1. 1. bis 31. 7. 2016 12 000 €.

Frage: Was ist jeweils der Veranlagungszeitraum und was ist der Ermittlungszeitraum?

Erläutern Sie die Begriffe.

III. Vereinnahmung und Verausgabung (§ 11 EStG)

Fall 6 **Vereinnahmung und Verausgabung**

Sachverhalt: Heidemarie Schön, die bei Steuerberater Fuchs ausgebildet wird, weiß nicht, für welches Kalenderjahr sie folgende Einnahmen und Ausgaben verbuchen soll:

1. Steuerberater Fuchs, der seinen Gewinn durch Überschussrechnung nach § 4 Abs. 3 EStG ermittelt, hat am 30. 3. 2016 von seinem Mandanten Fleißig einen Verrechnungsscheck über 1 200 € für Beratertätigkeit in der Zeit vom 1. 7. bis 31. 12. 2015 erhalten. Der Scheck wurde am 10. 4. 2016 bei der Bank eingereicht und noch am selben Tage gutgeschrieben.

2. Mandant Reich hat im Dezember 2015 an seinem Mehrfamilienhaus Reparaturarbeiten durchführen lassen. Die Rechnung des Bauhandwerkers vom 28. 12. 2015 i. H. von 1 000 € wurde am 30. 1. 2016 durch Banküberweisung bezahlt.

Frage: In welchem Kalenderjahr sind die angegebenen Beträge vereinnahmt und verausgabt?

Sachverhalt:

1. Mieter Albrecht, der für einige Zeit verreisen will, zahlt bereits am 27. 12. 2015 seine Miete für Januar 2016, die zu Monatsbeginn fällig ist.

2. Ein Mandant hat seinen Krankenversicherungsbeitrag für den Monat Dezember 2015, fällig Mitte des Monats, erst am 6. 1. 2016 überwiesen.

3. Ein Mandant zahlte am 29. 12. 2015 in seine Lebensversicherung 330 €. Es handelt sich um drei Monatsbeiträge, und zwar für

Dezember 2015,	fällig am 1. 12. 2015	110 €
Januar 2016,	fällig am 2. 1. 2016	110 €
Februar 2016,	fällig am 1. 2. 2016	110 €

4. Ein Mandant (Arzt) zahlte am 28. 12. 2015 die Miete für seine Praxisräume i. H. von mtl. 3 000 €, fällig zu Beginn eines Monats, für ein Jahr im Voraus. Er zahlte somit 36 000 €.

Frage: In welchem Kalenderjahr sind die Beträge vereinnahmt und verausgabt?

Sachverhalt:

1. Ein Steuerzahler hat die Zinsen für sein Sparguthaben erst am 10. 2. 2016 in seinem Sparbuch gutschreiben lassen. Es handelt sich um Zinsen für das Kalenderjahr 2015.

2. Ein Steuerzahler, der seinen Gewinn aus selbständiger Arbeit nach § 4 Abs. 3 EStG (Überschussrechnung) ermittelt, zahlte am 10. 1. 2016 seine Umsatzsteuer für den Monat Dezember 2015.

3. Ein Arbeitnehmer erhielt erst am 15. 1. 2016 seinen am 31. 12. 2015 fälligen laufenden Arbeitslohn für den Monat Dezember 2015 ausbezahlt, weil er für einige Tage verreist war.

Frage: In welchem Kalenderjahr sind die Beträge vereinnahmt und verausgabt?

IV. Nicht abzugsfähige Ausgaben (§ 12 EStG)

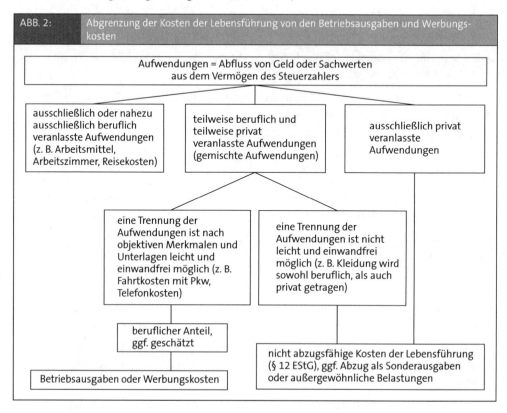

ABB. 2: Abgrenzung der Kosten der Lebensführung von den Betriebsausgaben und Werbungskosten

Fall 9 **Kosten der Lebenshaltung**

Sachverhalt: Heidemarie Schön, die bei Steuerberater Fuchs ausgebildet wird, weiß nicht, wie die folgenden Ausgaben des Mandanten Baumeister verbucht werden müssen. Baumeister ist selbständiger Architekt in Münster und versteuert seine Umsätze nach den allgemeinen Vorschriften des UStG.

a) Kosten lt. Rechnung Schuhhaus Zumnorde für ein Paar Herrenschuhe, schwere Ausführung mit Profilsohle = 130 €. Baumeister will diese Schuhe immer dann benutzen, wenn er Baustellen aufsucht. Sie sollen ihm aber auch auf gelegentlichen Wanderungen gute Dienste leisten.

b) Kosten für einen Anzug 340 € inkl. 19 % USt. Baumeister hatte sich auf einer Baustelle, auf der er die Bauaufsicht führte, an einem Nagel die Jacke seines Anzugs zerrissen. Der Anzug war dadurch nicht mehr brauchbar. Der Anzug war erst vor zwei Wochen für 340 € gekauft worden.

c) Kosten für ein Tellergericht zzgl. Getränke, eingenommen am 15. 9. im Gasthaus Pinkus Müller in Münster = 30 €. Baumeister hatte zwischen zwei Mandantenbesprechungen nicht genügend Zeit, um zum Mittagessen nach Hause zu fahren, und deshalb schnell in einem Gasthaus gespeist. Die Dauer der Abwesenheit von seiner Wohnung und seinem Büro betrug 9 Stunden. Baumeister zahlte mit privatem Geld.

d) Mitgliedsbeiträge an „Tennisverein Union" 360 € und an „Tennisverein Spiel und Sport" 380 €. Baumeister spielt nur selten Tennis, ist aber in den Tennisvereinen Mitglied, um Kontakte zu neuen Mandanten zu knüpfen.

e) Gehalt für eine Haushaltshilfe 8 500 €. Baumeister ist verwitwet und hat drei minderjährige Kinder. Er hat aus beruflichen Gründen keine Zeit, sich um seinen Haushalt zu kümmern.

f) Geldbuße wegen zu schnellen Fahrens innerhalb einer geschlossenen Ortschaft 40 €. Baumeister war während einer Geschäftsfahrt zu einem Mandanten in eine Radarkontrolle geraten.

g) Das Finanzamt hat Baumeister wegen verspäteter Entrichtung von Umsatzsteuer- und Einkommensteuer-Vorauszahlungen Säumniszuschläge i. H. von 70 € (Umsatzsteuer) und 85 € (Einkommensteuer) auferlegt.

h) Baumeister besitzt einen Pkw, der zu seinem Betriebsvermögen gehört. Im VZ wurde der Pkw nachweislich (Fahrtenbuch) 15 000 km für betriebliche Zwecke und 5000 km für private Zwecke gefahren. Als Betriebsausgaben wurden folgende laufende Pkw-Kosten gebucht:

Treibstoff	1 785 €
Reparaturen	357 €
AfA	6 000 €
Steuer, Versicherung	600 €

i) Baumeister hat zwar ein eigenes Büro außerhalb seiner Wohnung, einen Teil seiner Arbeit erledigt er jedoch gelegentlich auch abends und an Wochenenden in seiner Wohnung. Das Zimmer, in dem er diese Arbeiten erledigt, nutzt er ungefähr zu 50 % beruflich und zu 50 % privat. Die auf dieses Zimmer entfallenden Kosten (Miete, Heizung etc.) betragen jährlich ca. 1 200 €.

Frage: Was sagt Steuerberater Fuchs dazu?

V. Einkünfte

Einkünfte aus Land- und Forstwirtschaft

Fall 10

Sachverhalt: Schulze ermittelt den Gewinn aus seinem landwirtschaftlichen Betrieb nach § 4 Abs. 1 EStG. Er gibt seinen Betrieb am 30. 4. 2017 auf. Der Gewinn des Wirtschaftsjahres 2015/2016 beträgt 40 000 € und der Verlust des Wirtschaftsjahres 2016/2017 – 25 000 €.

Frage: In welcher Höhe hat Schulze für den Veranlagungszeitraum 2016 Einkünfte aus Land- und Forstwirtschaft zu versteuern?

Einkünfte aus Gewerbebetrieb, abweichendes Wirtschaftsjahr

Fall 11

Sachverhalt: Die im Handelsregister eingetragene Firma „Getränke Meyer" hatte bisher ein Wirtschaftsjahr, das dem Kalenderjahr entspricht. Mit Zustimmung des Finanzamts (§ 4a Abs. 1 Nr. 2 EStG) stellte die Firma im Kalenderjahr 2016 ihr Wirtschaftsjahr auf das Wirtschaftsjahr vom 1. 4. bis 31. 3. um.

Die Bilanzen für die einzelnen Wirtschaftsjahre weisen folgende Gewinne aus:

Wirtschaftsjahr vom 1. 1. 2015 – 31. 12. 2015	60 000 €
Wirtschaftsjahr vom 1. 1. 2016 – 31. 3. 2016 – Rumpfwirtschaftsjahr	15 000 €
Wirtschaftsjahr vom 1. 4. 2016 – 31. 3. 2017	60 000 €

Frage: In welcher Höhe sind in den Veranlagungszeiträumen 2015 – 2017 Gewinne aus Gewerbebetrieb anzusetzen?

Fall 12 **Einkünfte aus Gewerbebetrieb, Einnahmen-Überschuss-Rechnung**

Sachverhalt: Der Radiohändler Heinz Ton ermittelt seinen Gewinn gem. § 4 Abs. 3 EStG. Tragen Sie in die unten stehende Tabelle ein, welche der folgenden Beträge im Kalenderjahr 2016 als Betriebseinnahmen bzw. als Betriebsausgaben und welche nicht zu berücksichtigen sind.

1. Ton hat im Mai 2016 bei seiner Bank ein Darlehen i. H. von 7 000 € aufgenommen. Der Betrag wurde auf dem betrieblichen Bankkonto gutgeschrieben.

2. Für das aufgenommene Darlehen (s. 1.) belastet die Bank sein betriebliches Bankkonto im Oktober 2016 mit 280 € Zinsen.

3. Im November 2015 hat Ton Material gegen Barzahlung eingekauft. Da das Material leichte Mängel aufweist, erhält er aufgrund seiner Mängelrüge vom Lieferer im April 2016 als Preisnachlass einen Bankscheck über 190 €.

4. Außerdem wurde ein Radio zum Einkaufspreis von 200 € im September 2016 für private Zwecke entnommen.

5. Im Dezember 2016 wird eine Warenforderung i. H. von 522 € uneinbringlich, weil der Kunde zahlungsunfähig geworden ist.

6. Mitte Dezember 2016 stellt er fest, dass ein transportabler CD-Player aus seinem Geschäft entwendet wurde, dessen Wiederbeschaffungskosten 82 € betragen.

7. Die im Dezember 2016 an das Finanzamt abgeführte Umsatzsteuer-Zahllast betrug 1 340 €.

8. Von einer Versicherungsgesellschaft erhält er im Juli 2016 1 650 € als Ersatz für einen Wasserschaden im Warenlager auf das betriebliche Bankkonto überwiesen.

Nr.	Betriebseinnahmen €	Betriebsausgaben €	nicht zu berücksichtigen €
1.			
2.			
3.			
4.			
5.			
6.			
7.			
8.			
Summe			

Frage: Wie hoch sind die zusätzlichen Betriebseinnahmen und Betriebsausgaben im Kalenderjahr 2016?

Einnahmen-Überschuss-Rechnung, Anzahlungen und Vorauszahlungen

Fall 13

Sachverhalt: Steuerberater Fuchs ermittelt seinen Gewinn für das Jahr 2016 nach § 4 Abs. 3 EStG und versteuert seine Umsätze nach vereinnahmten Entgelten (§ 20 UStG). Der vorläufig ermittelte Gewinn beträgt 42 000 €. Er überlegt, wie folgende Geschäftsvorfälle noch zu erfassen sind:

1. Fuchs zahlte am 15. 12. 2016 2 000 € für eine neue EDV-Anlage für sein Büro an. Die Anlage wurde am 20. 1. 2017 geliefert und installiert. Die Nutzungsdauer beträgt 3 Jahre. Die Rechnung über 5 000 € zzgl. 950 € USt bezahlte Fuchs am 16. 2. 2017.

2. Fuchs erhielt am 30. 11. 2016 von einem neuen Mandanten einen Honorarvorschuss für die Erstellung des Jahresabschlusses zum 31. 12. 2015 i. H. von 1 000 € zzgl. 190 € USt.

3. Am 2. 12. 2016 erwarb Fuchs einen neuen Digital-Kopierer für seine Praxis. Den Kaufpreis von 3 192 € zzgl. 606,48 € USt bezahlte er am 5. 1. 2017. Die Nutzungsdauer beträgt 7 Jahre.

Frage: Wie sind die Geschäftsvorfälle im Jahr 2016 zu behandeln?

Gewinnanteile aus einer Personengesellschaft (§ 15 Abs. 1 Nr. 2 EStG)

Fall 14

Sachverhalt: Zur Ermittlung des Gewinns gem. § 5 EStG der Klaus und Peter Weiden OHG liegen für das Wirtschaftsjahr 2016 folgende Zahlen vor:

Betriebsvermögen (Eigenkapital) zum 31. 12. 2015	210 000 €
Betriebsvermögen (Eigenkapital) zum 31. 12. 2016	254 000 €
Privatentnahmen der Gesellschafter	68 000 €
Privateinlagen der Gesellschafter	12 000 €

Folgende Vorgänge sind noch zu berücksichtigen:

a) Nicht in den Privatentnahmen enthalten sind das Geschäftsführergehalt des Klaus Weiden i. H. von 42 000 €, das über das Konto „Geschäftsführergehalt" gebucht wurde, sowie Pachtzahlungen i. H. von 24 000 € an Peter Weiden, gebucht über das Konto „Pachtkosten".

b) In 2016 aus Mitteln der OHG erworbene Wertpapiere (Umlaufvermögen), deren Anschaffungskosten 26 000 € betrugen, wurden zum 31. 12. 2016 mit dem gestiegenen Kurswert von 39 000 € bewertet und bilanziert.

Die Gesellschafter erhalten vom Gesellschaftsgewinn – nach Abzug ihrer Vorwegvergütung – (Gehalt + Pacht):

Klaus Weiden	60 %
Peter Weiden	40 %

Frage: Wie hoch ist der steuerliche Gewinn der Gesellschaft für das Wirtschaftsjahr 2016? Wie hoch sind die Gewinnanteile der Gesellschafter?

Fall 15 **Veräußerungsgewinn (§ 16 EStG)**

Sachverhalt: Der 62-jährige Schreinermeister Tanne ist unbeschränkt steuerpflichtig.

Am 2. 1. 2016 hat er seinen Gewerbebetrieb veräußert.

Die Buchwerte der veräußerten Wirtschaftsgüter betrugen zu diesem Zeitpunkt	147 000 €

Schulden wurden nicht auf den Erwerber übertragen.

Der Kaufpreis für den veräußerten Betrieb betrug	310 000 €
Herrn Tanne sind Veräußerungskosten i. H. von netto	3 740 €

zzgl. 19 % Umsatzsteuer entstanden.

Frage: Wie hoch ist

a) der Veräußerungsgewinn des Herrn Tanne?

b) der Freibetrag gem. § 16 Abs. 4 EStG?

c) der steuerpflichtige Veräußerungsgewinn?

Prüfen Sie, welche weitere Vergünstigung Herrn Tanne noch zusteht.

Fall 16 **Berechnung des Veräußerungsgewinns**

Sachverhalt: Fabrikant Reich (65 Jahre) veräußert seinen Fabrikationsbetrieb zum 31. 12. 2016 für 500 000 €. Auf den 31. 12. 2016 hat Reich folgende zutreffende Schlussbilanz erstellt:

		31. 12. 2016	
Grund und Boden	100 000 €	Kapital	300 000 €
Gebäude	200 000 €	Verbindlichkeiten	100 000 €
Inventar	50 000 €	Darlehen	200 000 €
Maschinen	100 000 €	Darlehen Pkw	40 000 €
Pkw	30 000 €		
Forderungen	130 000 €		
Bank/Kasse	30 000 €		
	640 000 €		640 000 €

Den ausgewiesenen Pkw nutzt Reich ab dem Jahr 2017 für private Zwecke; er wird nicht mitveräußert. Der gemeine Wert des Pkw beträgt am 31. 12. 2016 45 000 €. Das Darlehen für den Pkw wird ebenfalls nicht vom Erwerber übernommen. An Veräußerungskosten sind Reich 3 000 € entstanden.

Frage: Ermitteln Sie den steuerpflichtigen Veräußerungsgewinn des Reich im Jahr 2016.

Fall 17 **Einkünfte aus selbständiger Arbeit nach § 18 EStG, Gewinnermittlung**

Sachverhalt: Dr. Peine ist selbständiger Zahnarzt. Er ermittelt seinen Gewinn nach § 4 Abs. 3 EStG und fügt seiner Einkommensteuererklärung für das Kalenderjahr 2016 folgende Gewinnermittlung bei:

Betriebseinnahmen

Bareinnahmen	5 600 €
Überweisungen auf Bankkonto	247 800 €
Scheckeinnahmen	18 700 €
Zinsen für privates Sparkonto	610 €
Summe der Einnahmen	272 710 €

Ein Scheck über 800 €, den Dr. Peine am 30. 12. 2016 erhalten, aber erst am 17. 1. 2017 zur Bank gegeben hat, ist für das Kalenderjahr 2017 als Einnahme erfasst worden.

Betriebsausgaben

Miete für Praxisräume	13 000 €
Die Miete für Januar 2017, fällig am 2. 1. 2017 i. H. von 1 000 €, wurde versehentlich bereits am 15. 12. 2016 bezahlt und ist in dem o. a. Betrag enthalten.	
Miete für Privatwohnung	6 000 €
Personalkosten für Angestellte	47 900 €
Kosten für Putzfrau, Gesamtbetrag	8 200 €
Die Putzfrau reinigt auch die Wohnung des Dr. Peine. Auf diese Arbeit entfallen ca. 30 % der Gesamtarbeitszeit.	
Materialkosten	69 800 €
In diesem Betrag sind Kosten i. H. von 1 200 € enthalten, die am 25. 12. 2016 vom Lieferanten in Rechnung gestellt, aber erst am 8. 1. 2017 bezahlt wurden.	
Kosten für Strom, Heizung etc. für die Praxisräume	2 500 €
Einkommensteuervorauszahlungen für das Kalenderjahr 2016 einschließlich 200 € Säumniszuschlag	24 900 €
Anschaffungskosten für einen Arbeitsplatz-PC	1 400 €
Der Betrag von 1 400 € ist um 400 € gemindert, weil ein alter abgeschriebener Computer in Zahlung gegeben wurde. Die betriebsgewöhnliche Nutzungsdauer des neuen Rechners beträgt 3 Jahre. Die Anschaffung erfolgte im Mai 2016.	
Abschreibung einer Honorarforderung	2 000 €
Der Patient verzog ins Ausland, ohne zu zahlen.	
Summe der Ausgaben	175 700 €
Gewinn (272 710 € ./. 175 700 €)	97 010 €

Frage: Ist der für das Kalenderjahr 2016 erklärte Gewinn zutreffend? Wenn nein, wie hoch ist der richtige Gewinn?

Einkünfte aus nichtselbständiger Arbeit

Fall 18

Sachverhalt a: Der Mandant Augustin war in der Zeit vom 1. 1. bis 31. 5. 2016 Beamter der Zollverwaltung und erhielt in dieser Zeit ein Nettogehalt von monatlich 1 960 €. Das Bundesamt für Besoldung behielt monatlich 472 € Lohnsteuer, 26 € Solidaritätszuschlag und 42 € Lohnkirchensteuer ein. Ab 1. 6. 2016 war Augustin im Ruhestand und bezog eine Pension i. H. von monatlich 1 815 € brutto, letztmalig am 1. 9. 2016, da er am 10. 9. 2016 bei einem Verkehrsunfall ums Leben kam.

Von den Erben bei Abgabe der Einkommensteuererklärung des Augustin für 2016 geltend gemachte Werbungskosten:

Fahrten zwischen Wohnung und erster Tätigkeitsstätte mit eigenem Pkw an 92 Tagen (in der Zeit vom 1. 1. – 31. 5.), einfache Entfernung 16 km; Beiträge an den Beamtenbund 78 €.

Frage: Wie hoch sind die Einkünfte des Mandanten aus nichtselbständiger Arbeit im Kalenderjahr 2016?

Sachverhalt b: Der Fleischergeselle Albrecht arbeitet bei Metzgermeister Batscher gegen einen Nettolohn von monatlich 1 137 €. Der Metzgermeister hat monatlich 253 € Lohnsteuer, Kirchensteuer und Solidaritätszuschlag an das Finanzamt und 720 € Sozialversicherungsbeiträge (Renten-, Kranken-, Pflege- und Arbeitslosenversicherung) an den Sozialversicherungsträger abgeführt. Von den Sozialversicherungsbeiträgen war je die Hälfte Arbeitgeber- und Arbeitnehmerbeitrag.

Frage: Wie hoch sind die Einkünfte aus nichtselbständiger Arbeit des A im Kalenderjahr 2016?

Einkünfte aus Kapitalvermögen

Kapitalerträge von Privatpersonen unterliegen einem Steuersatz von 25 % zzgl. Solidaritätszuschlag und ggf. Kirchensteuer. Die Steuer wird regelmäßig bereits an der Quelle durch den Schuldner der Erträge oder die inländische auszahlende Stelle (i. d. R. ein Kreditinstitut) einbehalten und anonym abgeführt, wodurch die Steuerschuld des Anlegers abgegolten ist.

Bei Ermittlung der steuerpflichtigen Einkünfte wird ein Sparer-Pauschbetrag i. H. von 801 € bzw. im Falle der Zusammenveranlagung i. H. von 1 602 € berücksichtigt. Der Abzug der tatsächlichen Werbungskosten ist (bis auf wenige Ausnahmefälle) ausgeschlossen.

Fall 19   Einkünfte aus Kapitalvermögen

Sachverhalt a: Frau Edith Moos ist ledig. Sie hat folgende Einnahmen erzielt:

1. Zinsen aus Sparguthaben bei ihrer Hausbank für das Kalenderjahr 2016   732,00 €
   Gutschrift im Sparbuch am 10. 2. 2017.
   Die Zinsen für das Kalenderjahr 2017 betrugen   864,00 €
   Gutschrift im Sparbuch am 15. 3. 2018.
   Zinsabschlagsteuer wurde nicht einbehalten.

2. Dividenden nach Abzug von Kapitalertragsteuer und Solidaritätszuschlag:
   A-AG   1 472,50 €

3. Zinsen aus Industrie-Obligationen Gutschrift   3 681,25 €
   (nach Abzug von 1 250 € Kapitalertragsteuer und 68,75 € Solidaritätszuschlag)
   Für die Obligationen hatte sie bei der Anschaffung im Juni 2016 60 000 € zzgl. Stückzinsen 1 350 € gezahlt.

Frau Moos wurde im Jahre 2016 von der Bank mit Depotgebühren von 183 € belastet, von denen 60 € auf die Dividendenerträge entfallen.

Frage: Wie hoch sind die Einkünfte aus Kapitalvermögen der Frau Moos im Kalenderjahr 2016?

Sachverhalt b: Pech ist Aktionär der BASF-AG. Er hat 50 Aktien. Die BASF-AG zahlte in 2016 für das Kalenderjahr 2015 eine Bardividende von 3 € je Aktie (einschließlich 25 % Kapitalertragsteuer und Solidaritätszuschlag). Pech ist außerdem an der Landmaschinen-GmbH beteiligt, deren Stammkapital 25 000 € beträgt. Die Beteiligung des Pech beträgt 40 %. Für das Wirtschaftsjahr = Kalenderjahr 2015 schüttet die GmbH 10,5 % auf das Stammkapital aus. Pech hat am 22. 4. 2016 773,06 € nach Abzug von 25 % Kapitalertragsteuer und Solidaritätszuschlag erhalten.

Frage: Wie hoch sind die Einnahmen aus Kapitalvermögen des Pech in 2016?

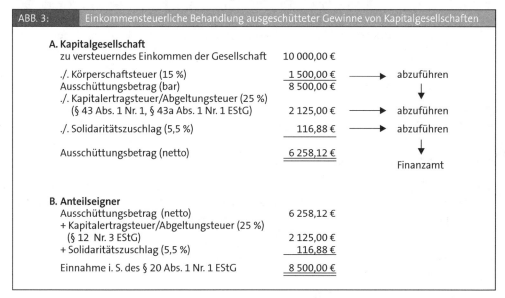

ABB. 3: Einkommensteuerliche Behandlung ausgeschütteter Gewinne von Kapitalgesellschaften

A. Kapitalgesellschaft

zu versteuerndes Einkommen der Gesellschaft	10 000,00 €
./. Körperschaftsteuer (15 %)	1 500,00 € → abzuführen
Ausschüttungsbetrag (bar)	8 500,00 €
./. Kapitalertragsteuer/Abgeltungsteuer (25 %) (§ 43 Abs. 1 Nr. 1, § 43a Abs. 1 Nr. 1 EStG)	2 125,00 € → abzuführen
./. Solidaritätszuschlag (5,5 %)	116,88 € → abzuführen
Ausschüttungsbetrag (netto)	6 258,12 € → Finanzamt

B. Anteilseigner

Ausschüttungsbetrag (netto)	6 258,12 €
+ Kapitalertragsteuer/Abgeltungsteuer (25 %) (§ 12 Nr. 3 EStG)	2 125,00 €
+ Solidaritätszuschlag (5,5 %)	116,88 €
Einnahme i. S. des § 20 Abs. 1 Nr. 1 EStG	8 500,00 €

Einnahmen aus Kapitalvermögen/Stückzinsen

Fall 20

Sachverhalt: Wilfried Klein, ledig, erzielte im Kalenderjahr 2016 aus Wertpapieren folgende Einnahmen:

► Zinsen aus einem festverzinslichen Wertpapier (Verzinsung 3,5 % jährlich, jeweils zum 1. 10. eines Jahres), das Klein am 1. 7. 2016 für 10 000 € zzgl. Stückzinsen für 9 Monate (262 €) erworben hatte,

Gutschrift am 2. 10. 2016: 350 €

► Erlös aus der Veräußerung einer Anleihe am 1. 4. 2016 (Verzinsung 3 % jährlich, jeweils am 1. 7. eines Jahres)

im Nennwert von 20 000 € für	20 000 €
zzgl. Stückzinsen für 9 Monate	450 €
	20 450 €

► Dividenden der X-AG nach Abzug von
Kapitalertragsteuer und Solidaritätszuschlag 5 521,87 €

Die Bank belastete sein Girokonto im Kalenderjahr 2016 mit Depotgebühren i. H. von 125 €, wovon 79 € auf die Beteiligung an der X-AG entfallen. Von den Zinsen für das Wertpapier und den

Stückzinsen wurde keine Zinsabschlagsteuer einbehalten, da Klein der Bank einen Freistellungs-auftrag erteilt hatte.

Frage: Wie hoch sind die Einkünfte aus Kapitalvermögen?

Einkünfte aus Vermietung und Verpachtung

Einkünfte aus der Vermietung und Verpachtung von Grundstücken, Gebäuden oder Gebäudetei-len sind die Miet- und Pachteinnahmen einschließlich Umlagen und Nebenleistungen abzüglich der mit den Einnahmen in wirtschaftlichem Zusammenhang stehenden Ausgaben (Werbungs-kosten). An Werbungskosten kommen u. a. Erhaltungsaufwendungen, Schuldzinsen und Finan-zierungskosten, Grundbesitzabgaben und -versicherungen sowie die Absetzungen für Abnut-zung (AfA) in Betracht.

Fall 21 Einkünfte aus Vermietung und Verpachtung (1)

Sachverhalt: Reich erwarb am 1. 8. 2015 ein im Jahre 1920 erbautes Mehrfamilienhaus für 300 000 €. Davon entfallen 20 % auf den Grund und Boden.

Einnahmen im Kalenderjahr 2016

a) Für das Erdgeschoss (Fläche: 100 qm), als Arztpraxis vermietet, Mieteinnahmen monatlich 1 000 € zzgl. 50 € für Garage. Am 30. 12. 2016 zahlte der Arzt die gesamte Miete für das Ka-lenderjahr 2017 im Voraus, um seinen Gewinn für das Kalenderjahr 2016 zu mindern. Die Miete ist jeweils zum 15. des Monats fällig.

b) Für das I. Obergeschoss (Wohnfläche: 100 qm), als Wohnung vermietet, Mieteinnahmen mo-natlich 500 € zzgl. 50 € für Garage.

c) Für das II. Obergeschoss (Wohnfläche: 100 qm), als Wohnung vermietet, Mieteinnahmen monatlich 500 €. Die Miete für den Monat Dezember 2016 hat Reich erst im Februar 2017 erhalten.

Die Mieten sind am 1. eines Monats im Voraus fällig.

Die Hauskosten im Kalenderjahr 2016 betrugen:

a) Grundsteuer   500 €
b) Gebäudeversicherung   400 €
c) Eigentümerhaftpflichtversicherung   200 €
   Reich zahlte die Versicherungsbeiträge
   am 25. 6. 2016 für die Zeit vom 1. 7. 2016 bis 30. 6. 2017.
d) Müllabfuhr, Wasser etc.   2 400 €
e) Hausbesitzerverein   50 €
f) Schuldzinsen für ein Darlehen zur Finanzierung
   – der Anschaffungskosten des Mehrfamilienhauses   13 000 €
   – der Wohnungseinrichtung von Reich   6 000 €
   Das gesamte Darlehen ist hypothekarisch auf dem Mehrfamilienhaus abgesichert.

Frage: Wie hoch sind die Einkünfte aus Vermietung und Verpachtung im Kalenderjahr 2016?

Einkünfte aus Vermietung und Verpachtung (2)

Sachverhalt: Reich erwarb vor fünf Jahren ein Mietwohnhaus. Für den Veranlagungszeitraum 2016 weist er folgende Einnahmen und Ausgaben nach:

Einnahmen: Vereinnahmte Mieten einschließlich 1 530 € Umlagen für
Wasserverbrauch, Müllabfuhr, Flur- und Kellerbeleuchtung und Ähnliches   43 500 €

Als Werbungskosten erklärte Aufwendungen:

Tilgung der Hypothek	800 €
Schuldzinsen für die Hypothek	4 000 €
Leibrente an den Verkäufer des Grundstücks	12 000 €
Der Verkäufer hatte bei Beginn der Rente das 71. Lebensjahr vollendet.	
Grundsteuer und Versicherungen	1 200 €
Nachträglicher Bau einer Garage einschl. 19 % USt	2 400 €
Kosten der Reparatur des Dachstuhls	30 000 €
Einbau einer Zentralheizung	38 000 €
Bisher beheizten die Mieter ihre Wohnungen mit Einzelöfen. Die Einbaukosten für die Zentralheizung bezahlte Reich im Dezember 2016.	
Sonstige Reparaturkosten	1 900 €
Gebühren der Stadtwerke für Wasser, Müllabfuhr, Strom für Flur- und Kellerbeleuchtung und Ähnliches	1 530 €
AfA nach § 7 Abs. 4 EStG 2 % von 319 500 € =	6 390 €

Reich wünscht, möglichst niedrige Einkünfte im Veranlagungszeitraum 2016 zu erklären.

Frage: Wie hoch sind die Einkünfte im Veranlagungszeitraum 2016?

AfA bei Gebäuden nach § 7 Abs. 4 und 5 EStG

Sachverhalt: Steuerberater Fuchs hat in folgenden Fällen die Gebäude-AfA zu berechnen:

a) Mietwohnhaus, Baujahr 1965, Anschaffungskosten (Gebäudeanteil) in 1986 400 000 €.

b) Mietwohnhaus, Baujahr 1924, angeschafft im März 2016 für 600 000 € (Gebäudeanteil).

c) Mietwohnhaus, Bauantrag 1. 2. 2005, bezugsfertig 1. 12. 2006, Herstellungskosten 800 000 €.

d) Mietwohnhaus, Baujahr 1912, angeschafft in 1980 für 400 000 € (Gebäudeanteil), nachträgliche Herstellungskosten im Jahre 2016 durch Ausbau des Dachgeschosses 60 000 €. Das Dachgeschoss war im Juli 2016 bezugsfertig. Die tatsächliche Nutzungsdauer beträgt noch 50 Jahre.

e) Mietwohnhaus, Baujahr 1907, angeschafft im Jahre 1990 für 300 000 € (Gebäudeanteil), Nutzungsdauer im Jahre 1990 noch 20 Jahre.

f) Mietwohnhaus, Baujahr 1943, Herstellungskosten im Jahre 1943: 200 000 Reichsmark, Einheitswert des Grundstücks am 21. 6. 1948 = 80 000 € (Anteil Grund und Boden 20 %), nachträgliche Herstellungskosten durch Ausbau des Dachgeschosses im Oktober 2007 20 000 €.

g) Mietwohnhaus, Herstellungskosten im Jahre 1965 82 000 €, nachträgliche Herstellungskosten im Jahre 1971 48 000 €, vom Steuerpflichtigen im Jahre 2000 unentgeltlich erworben (Erbfolge), Wert des Gebäudes im Jahre 2000 190 000 €.

Frage: Wie hoch ist die Gebäude-AfA für das Kalenderjahr 2016?

Fall 24 | **Anschaffungskosten eines Gebäudes**

Sachverhalt: Mandant Hausmann erwarb am 1. 10. 2016 ein Zweifamilienhaus (200 qm Wohnfläche), Bj. 1980, zum Preis von 320 000 €. Die Finanzierung ist wie folgt belegt:

Eigenkapital	80 000 €
Hypothek	240 000 €

Den Kaufpreis entrichtete Hausmann vertragsgemäß in zwei Raten am 1. 10. 2016 und am 1. 7. 2017 i. H. von jeweils 160 000 €.

Die Wohnungen im Zweifamilienhaus sind ab 1. 10. 2016 vermietet. Die monatliche Miete beträgt jeweils 900 € zzgl. 150 € Umlagen für Heizung, Wassergeld, Müllabfuhr, Treppenhausbeleuchtung.

Hausmann hatte im Jahre 2016 folgende Aufwendungen, die mit dem Zweifamilienhaus in wirtschaftlichem Zusammenhang stehen:

a) Notar- und Gerichtskosten für Abschluss des notariellen Kaufvertrags und Umschreibung im Grundbuch	2 400 €
b) Grunderwerbsteuer	11 200 €
c) Grundsteuer	250 €
d) Maklergebühr für die Vermittlung des Grundstücks	7 650 €
e) Hypothekenzinsen	4 400 €
f) Hypothekentilgung	1 100 €
g) Bankgebühren für die Hypothek, Kosten für die Eintragung der Hypothek im Grundbuch	3 200 €
h) Heizungskosten – Öl, Zahlungen an Stadtwerke für Wassergeld, Müllabfuhr, Treppenhausbeleuchtung	900 €
i) Hausversicherung (Feuer, Sturm, Haftpflicht) ab 1. 10. 2016 für das 1. Jahr	300 €
j) Reparaturkosten	5 000 €

Von den Anschaffungskosten für das Zweifamilienhaus entfallen 20 % auf den Grund und Boden.

Frage: Wie hoch sind die niedrigst möglichen Einkünfte des Hausmann im Kalenderjahr 2016?

Fall 25 | **Herstellungskosten eines Gebäudes**

Sachverhalt: Blaumann errichtete im Jahre 2016 auf eigenem Grund und Boden ein Mietwohnhaus. Den Grund und Boden hatte Blaumann im Vorjahr für 100 000 € erworben. Im Zusammenhang mit dem Erwerb des Grund und Bodens zahlte er in 2016 an Grunderwerbsteuer 6 500 € und an Gebühren für die notarielle Beurkundung des Kaufvertrags und für die Grundbucheintragung 1 500 €.

Im Zusammenhang mit der Errichtung des Gebäudes (bezugsfertig 20. 12. 2016, Bauantrag vom 1. 3. 2016) sind in 2016 folgende Kosten angefallen:

Architektenhonorar	32 000 €
Rechnungen der Bauhandwerker	480 000 €
hiervon bezahlt bis 31. 12. 2016:	400 000 €
Gebühren für Eintragung einer Hypothek zur Finanzierung des Mietwohnhauses	2 400 €
Hypothekenzinsen	3 200 €
Hypothekentilgung	1 200 €
Kosten für Richtfest, soweit auf Handwerker entfallend	400 €
Grundsteuer	600 €
Wassergeld und Stromkosten während der Bauzeit	300 €
Kosten der Versicherung des Rohbaus während der Bauzeit	150 €
Straßenanliegerbeiträge an Gemeinde	66 000 €
Kosten für Anschluss des Gebäudes (Leitungen, Rohre, Arbeitsstunden) an die gemeindlichen Versorgungseinrichtungen	15 000 €
Kanalanstichgebühren an Gemeinde	1 200 €

Fragen:

1. Welche Aufwendungen entfallen auf den Grund und Boden?

2. Wie hoch sind die Herstellungskosten für das Gebäude?

3. Wie hoch ist die AfA nach § 7 EStG im Jahr 2016?

4. Welche Aufwendungen sind Werbungskosten (außer AfA)?

Hoher anschaffungsnaher Aufwand nach Erwerb eines bebauten Grundstücks   `Fall 26`

Sachverhalt: Reich erwarb am 1. 7. 2016 für 230 000 € ein Mietwohngrundstück, dessen abschreibungsfähiger Gebäudewert 180 000 € betrug. Aufgrund der Aufforderung des Bauaufsichtsamts, Teile des Gebäudes instand zu setzen oder zu erneuern, ließ Reich in 2016 für 40 000 € Instandsetzungsarbeiten durchführen. Dabei handelt es sich um Instandsetzen und Erneuern von Balkonen, um Klempnerarbeiten, Malerarbeiten, Hausbockbekämpfung und Ähnliches. Durch die Bauarbeiten wird der Zustand des Gebäudes wesentlich verbessert.

Die Mieteinnahmen aus dem Grundstück stiegen dadurch von 15 000 € auf 22 000 € jährlich an.

Reich möchte den Aufwand von 40 000 € als Werbungskosten (Erhaltungsaufwand) behandeln.

Frage: Wird das Finanzamt den Aufwand i. H. von 40 000 € als Werbungskosten anerkennen?

Aufteilung von Grundstückskosten   `Fall 27`

Sachverhalt: Horst Meister betreibt in seinem im Jahr 2004 angeschafften Einfamilienhaus eine Preisagentur (= Mittelpunkt gesamter betrieblicher und beruflicher Tätigkeit). Das Einfamilienhaus wird dadurch zu 25 % seiner gesamten Nutzfläche als Büro und als Warenlager genutzt. Im Übrigen wird es zu eigenen Wohnzwecken genutzt.

Im Kalenderjahr 2016 sind für das Einfamilienhaus insgesamt folgende Aufwendungen angefallen:

Zinsen für Hausdarlehen	12 000 €
Aufwendungen für Heizung, Strom, Müllabfuhr, Wassergeld, Gebäudeversicherung, Grundsteuer	6 000 €
Reparaturaufwendungen für Heizkessel, Dach und Haustür	3 000 €
Reparaturaufwendungen für Tür im Warenlager	400 €
Gebäude-AfA 2 % von 300 000 € =	6 000 €

Frage: In welcher Höhe sind die Grundstücksaufwendungen abzugsfähig?

Fall 28   **Aufteilung von Grundstückskosten, AfA-Berechnung**

Zum 31.10.2016 (= Datum der Fertigstellung) hat Alex Möller ein gemischt genutztes Wohn- und Geschäftsgebäude in Dortmund errichtet. Das Gebäude mit Bauantrag vom 1.2.2016 wird wie folgt genutzt:

Erdgeschoss:

320 qm **eigengenutztes** Ladenlokal (Supermarkt) des A. Möller, Bezug und Neueröffnung am 1.11.2016.

1. und 2. Obergeschoss:

4 Wohnungen zu je 80 qm, die ab 1.11.2016 zu einem Mietpreis von 8 € je qm vermietet wurden. Je Wohnung wird eine monatliche Umlage von 100 € für Heizung u.a. erhoben.

Für das Gebäude liegen zusätzlich folgende Angaben vor:

1. Anschaffungskosten des Baugrundstücks   350 000 €
   Herstellungskosten des Gebäudes   600 000 €

2. Darlehensaufnahme 1.4.2016,
   Darlehenssumme   500 000 €
   Zinssatz 6 %, Disagio 2 %,
   Tilgung: jährlich nachträglich 10 %, Laufzeit des Darlehens damit 10 Jahre.

3. Umlagefähige allgemeine Hauskosten   8 000 €
   Gebäudeversicherung   1 500 €

Möller möchte, dass nur das Erdgeschoss zu seinem Betriebsvermögen gehört. Für das Gebäude soll jeweils die höchstmögliche Abschreibung vorgenommen werden.

Fragen:

1. Ermitteln Sie für den Veranlagungszeitraum 2016 die endgültigen Einkünfte des Steuerpflichtigen aus Gewerbebetrieb.

   Der vorläufige Gewinn lt. Buchführung beträgt **bisher** 95 000 €. Die Aufwendungen für das Ladenlokal sind hierin noch nicht berücksichtigt.

2. Ermitteln Sie für den Veranlagungszeitraum 2016 die niedrigst möglichen Einkünfte aus Vermietung und Verpachtung.

Sonstige Einkünfte

Einkünfte aus wiederkehrenden Bezügen sind grundsätzlich als sonstige Einkünfte nach § 22 Nr. 1 EStG zu erfassen, soweit sie nicht zu einer anderen Einkunftsart gehören. Wiederkehrende Bezüge liegen vor, wenn sie auf einem einheitlichen Entschluss oder Rechtsgrund beruhen und in gewissen Zeitabständen wiederkehren (EStR 22.1). Sie werden nicht beim Empfänger angesetzt, wenn sie freiwillig (oder aufgrund einer freiwillig begründeten Rechtspflicht) oder einer unterhaltsberechtigten Person (z. B. Eltern, Kindern) gezahlt werden und der Geber unbeschränkt einkommensteuerpflichtig ist.

Sachverhalt: Schlapp wird seit Jahren von seinem in Bochum wohnenden Bruder Walter **Fall 29** finanziell unterstützt. Im Jahre 2016 hat er monatlich 300 € erhalten.

Frage: Sind diese Bezüge steuerpflichtig?

Sachverhalt: Guth aus Münster zahlt seiner in einfachsten Verhältnissen lebenden Schwester **Fall 30** Edith eine rechtsverbindlich zugesagte Rente i. H. von monatlich 250 €.

Frage: Hat Edith die Rente zu versteuern?

Sachverhalt: Klug studiert in München. Er erhält von seinen in Köln lebenden Eltern monatlich **Fall 31** 400 € für Unterhalt und Ausbildung.

Frage: Hat Klug die Unterhaltsbezüge zu versteuern?

Sachverhalt: Caroline Böhm, wohnhaft in Düsseldorf, erhält Unterhaltszahlungen von ihrem in **Fall 32** Köln wohnenden Ehemann i. H. von monatlich 1 500 €. Die Ehegatten Böhm leben seit zwei Jahren getrennt. Caroline hat zugestimmt, dass ihr Ehemann die Unterhaltsleistungen als Sonderausgaben gem. § 10 Abs. 1 Nr. 1 EStG geltend macht.

Frage: Sind die Unterhaltszahlungen von Caroline Böhm zu versteuern? Wenn ja, wie hoch sind ihre Einkünfte?

Alterseinkünfte **Fall 33**

Sachverhalt: Der Buchdrucker Gutenberg vollendete mit Ablauf des 31. 12. 2004 sein 65. Lebensjahr und bezieht seit dem 1. 1. 2005 eine Rente aus der gesetzlichen Rentenversicherung i. H. von monatlich 1 000 €.

Außerdem zahlt ihm sein ehemaliger Arbeitgeber seit 2005 eine Betriebspension, die nicht auf früheren Beitragsleistungen des Gutenberg beruht, i. H. von monatlich 300 €.

Frage: Welche Einkünfte hat Gutenberg in 2016 und wie hoch sind sie? Gehen Sie bei der Lösung davon aus, dass Rentenbezüge und Betriebspension seit 2005 in unveränderter Höhe gezahlt wurden.

Fall 34 **Pension aus einer Pensionskasse**

Sachverhalt: Autoschlosser Ehrlich erhält seit Vollendung seines 65. Lebensjahres Anfang des Jahres 2016 neben seinem Altersruhegeld aus der gesetzlichen Rentenversicherung aus einer Pensionskasse, die sein früherer Arbeitgeber gegründet hat, eine zusätzliche Pension von monatlich 250 €. Ehrlich hat gegenüber der Kasse einen Rechtsanspruch auf Leistung. Das Kapital der Pensionskasse, das zur Auszahlung der Pension zur Verfügung steht, stammt aus Einzahlungen des früheren Arbeitgebers zugunsten der Arbeitnehmer. Diese Einzahlungen des Arbeitgebers zugunsten der Arbeitnehmer in die Pensionskasse sind nach § 2 LStDV der Lohnsteuer unterworfen worden.

Frage: Um welche Einkünfte handelt es sich bei der Pension aus der Pensionskasse?

Fall 35 **Berufsunfähigkeitsrente**

Sachverhalt: Köhler, 55 Jahre, bezieht seit dem 1. 1. 2016 aus der gesetzlichen Rentenversicherung eine Berufsunfähigkeitsrente i. H. von 900 €, die zu Beginn eines jeden Monats ausgezahlt wird. Andere Einkünfte hat Köhler nicht.

Mit Vollendung seines 65. Lebensjahres (am 14. 4. 2025) hat Köhler Anspruch auf Altersruhegeld.

Frage: Wie hoch sind die Einkünfte des Mandanten Köhler in 2016?

Fall 36 **Weitere Alterseinkünfte**

Sachverhalt: Auguste Wagner ist seit Juni 2005 mit 58 Jahren verwitwet. Frau Wagner erzielte in 2016 die folgenden Einnahmen:

a) „Große" Witwenrente (auf Lebenszeit) aus der gesetzlichen Rentenversicherung (Zahlung ab 1. 7. 2005 unverändert monatlich 500 €) 6 000 €

b) Vom früheren Arbeitgeber ihres verstorbenen Ehemannes erhielt Frau Wagner monatlich 400 €. Die wegen des Todes ihres Ehemannes geleisteten Zahlungen entrichtete der Arbeitgeber aus eigenen Mitteln. 4 800 €

c) Aus ganzjähriger Tätigkeit als Finanzbeamtin brutto 25 200 €

Aufwendungen im Zusammenhang mit den unter Buchst. a bis c genannten Einnahmen macht Frau Wagner nicht geltend.

Frage: Wie hoch ist die Summe der Einkünfte im Kalenderjahr 2016?

Einkünfte aus privaten Veräußerungsgeschäften

Gewinne aus der Veräußerung von Wirtschaftsgütern werden einkommensteuerlich grundsätzlich nur erfasst, wenn sie im Rahmen einer Gewinneinkunftsart anfallen (z. B. Veräußerung eines Grundstücks, das zu einem Betriebsvermögen bei den Einkünften aus Gewerbebetrieb, Land- und Forstwirtschaft oder selbständiger Arbeit gehört).

Als Einkünfte aus privaten Veräußerungsgeschäften werden gem. § 22 Nr. 2 und § 23 EStG auch Gewinne aus der Veräußerung privater Wirtschaftsgüter innerhalb bestimmter Fristen nach ihrer Anschaffung durch den Steuerpflichtigen steuerlich erfasst. Eine Ausnahme davon bilden

Gebäude, selbständige Gebäudeteile, Eigentumswohnungen oder im Teileigentum stehende Räume (Wirtschaftsgüter), die zu eigenen Wohnzwecken genutzt wurden.

Die Spekulationsfrist beträgt bei Grundstücken zehn Jahre und bei anderen Wirtschaftsgütern ein Jahr. Maßgeblich ist der Abschluss des schuldrechtlichen Verpflichtungsgeschäfts (z. B. Datum des Kaufvertrags); auf den Eigentumsübergang oder die Verschaffung der Verfügungsmacht kommt es nicht an.

Ein Gewinn aus privaten Veräußerungsgeschäften ist in dem Jahr zu berücksichtigen, in dem er zugeflossen ist (§ 11 EStG).

Mit der Abgeltungsteuer sind Wertpapierveräußerungen seit 2009 unabhängig von Haltefristen steuerpflichtig. Entsprechende Veräußerungsgeschäfte zählen seit 2009 demnach nicht mehr zu Einkünften i. S. des § 23 EStG i. V. m. § 22 Nr. 3 EStG, sondern zu den Kapitaleinkünften.

Einkünfte aus privaten Veräußerungsgeschäften (1)

Fall 37

Sachverhalt: Mit Kaufvertrag vom 1. 7. 2006 erwirbt der Mandant ein unbebautes Grundstück zu einem Preis von 60 000 €. Im Grundbuch wird der Mandant am 1. 9. 2006 eingetragen. Das Grundstück gehört zu seinem Privatvermögen. Die Anschaffungsnebenkosten (Grunderwerbsteuer, Notargebühren, Gebühren des Grundbuchamtes) betragen insgesamt 3 000 €.

Mit Vertrag vom 16. 6. 2016 wird das Grundstück zu einem Preis von 70 000 € verkauft. Die Umschreibung des Eigentums im Grundbuch erfolgt am 2. 9. 2016.

Im Zusammenhang mit der Veräußerung hat der Mandant in 2016 für die Vermittlung eines Käufers einen Betrag von 2 500 € gezahlt. Der Veräußerungspreis wurde in 2016 vereinnahmt.

Frage: Liegt ein steuerpflichtiges, privates Veräußerungsgeschäft vor? Wenn ja, wie hoch ist der steuerpflichtige Gewinn?

Einkünfte aus privaten Veräußerungsgeschäften (2)

Fall 38

Sachverhalt: Lipper erwarb durch notariellen Kaufvertrag vom 17. 10. 2015 für 148 000 € ein in Detmold gelegenes unbebautes Grundstück, um darauf ein Wohngebäude zu errichten. Als er im Jahre 2016 ein Mietwohngrundstück erbte, gab er seine Baupläne auf und verkaufte das unbebaute Grundstück durch notariellen Vertrag vom 15. 12. 2016 für 154 000 €. An Verkaufskosten hatte Lipper 400 € zu tragen. Der Erwerber bezahlte den Kaufpreis von 154 000 € am 15. 12. 2016.

In der Zeit vom 1. 1. bis 15. 12. 2016 hatte Lipper das unbebaute Grundstück als Lagerplatz vermietet. Die Mieteinnahmen betrugen 550 €. Im Jahre 2016 fielen 230 € Werbungskosten (Grundsteuer und Versicherung) für das Grundstück an.

Frage: Liegt ein steuerpflichtiges, privates Veräußerungsgeschäft vor? Wenn ja, wurde ein Gewinn erzielt? Wie sind die Mieteinnahmen und die Werbungskosten (Grundsteuer und Versicherung) steuerlich zu behandeln?

VI. Altersentlastungsbetrag

Steuerpflichtige, die vor dem Beginn des Kalenderjahres 2005 das 64. Lebensjahr vollendet haben, erhalten einen Altersentlastungsbetrag (§ 24a EStG). Dieser beträgt 40 %

▶ des Arbeitslohns (mit Ausnahme von Versorgungsbezügen nach § 19 Abs. 2 EStG) und

▶ der positiven Summe der Einkünfte aus den übrigen Einkunftsarten (ohne Einkünfte aus Leibrenten)

maximal 1 900 € im Kalenderjahr. Der Altersentlastungsbetrag mindert die Summe der Einkünfte (§ 2 Abs. 3 Satz 1 EStG).

Wer erst im Jahr 2015 das 64. Lebensjahr vollendet hat, kann ab 2016 mit einem Altersentlastungsbetrag von 22,4 %, maximal 1 064 € rechnen. Folgt auf die Vollendung des 64. Lebensjahres das Kalenderjahr 2040, entfällt der Altersentlastungsbetrag schließlich komplett.

Fall 39 | Altersentlastungsbetrag

Sachverhalt: Der pensionierte Finanzbeamte Greiff, am 1. 1. 2016 69 Jahre alt, hat im Kalenderjahr 2016 folgende Einnahmen bzw. Einkünfte:

Versorgungsbezüge (§ 19 Abs. 2 EStG, seit 2004) brutto	20 000 €
Bruttoarbeitslohn aus Nebentätigkeit bei Steuerberater Fuchs	9 500 €
Einkünfte aus Vermietung und Verpachtung	./. 7 500 €

Frage: Wie hoch ist der Gesamtbetrag der Einkünfte des Greiff im Kalenderjahr 2016?

Fall 40 | Altersentlastungsbetrag bei Ehegatten

Sachverhalt: Ehegatten erklären für das Kalenderjahr 2016 folgende Einkünfte/Bezüge:

	Ehemann	Ehefrau
Einkünfte aus Land- und Forstwirtschaft (§ 13 EStG)	0 €	+ 2 000 €
Einkünfte aus Gewerbebetrieb (§ 15 EStG)	+ 15 000 €	0 €
Versorgungsbezüge (§ 19 Abs. 1 Nr. 2 EStG) brutto	20 000 €	0 €
Einkünfte aus Vermietung und Verpachtung (§ 21 EStG)	./. 5 000 €	0 €
Einkünfte aus Leibrente (§ 22 EStG)	0 €	+ 3 000 €

Beide Ehegatten hatten zu Beginn des Kalenderjahres 2016 das 64. Lebensjahr vollendet.

Frage: Wie hoch ist der Altersentlastungsbetrag im Falle einer Zusammenveranlagung der Ehegatten?

Gesamtbetrag der Einkünfte

Fall 41

Sachverhalt: Ermitteln Sie in einem übersichtlichen Berechnungsschema den Gesamtbetrag der Einkünfte der Eheleute Fabian, wohnhaft in Düsseldorf, für das Kalenderjahr 2016.

Franz Fabian (FF), zu Beginn des Kalenderjahres 2016 66 Jahre alt, wird mit seiner Ehefrau Ottilie (OF), zu Beginn des Kalenderjahres 2016 64 Jahre alt, zusammen zur Einkommensteuer veranlagt. Aus ihren Unterlagen entnehmen Sie Folgendes:

1. FF ist an einer Textilgroßhandlung in Neuss als stiller Gesellschafter beteiligt. Die Beteiligung erstreckt sich auch auf die stillen Reserven. Das Wirtschaftsjahr der Textilhandlung läuft vom 1. 2. bis 31. 1. Sein Gewinnanteil beträgt für das Wirtschaftsjahr 2015/2016 36 000 € und für das Wirtschaftsjahr 2016/2017 12 000 €.

2. Als Gesellschafter einer GmbH mit Sitz in Düsseldorf erhielt FF 2016 einen Gewinnanteil i. H. von 3 945 € (= ausgezahlter Betrag). Eine Steuerbescheinigung über einbehaltene Kapitalertragsteuer nebst Solidaritätszuschlag liegt vor. Abgeltungsteuer 2016 nebst Solidaritätszuschlag und Kirchensteuer wurde einbehalten.

3. OF erhielt im Oktober 2016 für ihre Tätigkeit als Aufsichtsratmitglied 3 400 €. Eigene abzugsfähige Ausgaben macht sie nicht geltend.

4. Als früherer Landesbeamter erhielt FF 2016 eine Pension i. H. von 25 200 €. Die Pension wird seit dem Jahr 2015 gezahlt.

5. OF wurden 2016 Zinserträge aus festverzinslichen Wertpapieren mit einem Betrag von 6 480 € gutgeschrieben. Abgeltungsteuer 2016 nebst Solidaritätszuschlag und Kirchensteuer wurde einbehalten.

6. OF hat seit Anfang 2016 als frühere Angestellte eine monatliche Rente aus der Sozialversicherung i. H. von 1 300 € bezogen.

Frage: Wie hoch ist der Gesamtbetrag der Einkünfte?

VII. Sonderausgaben

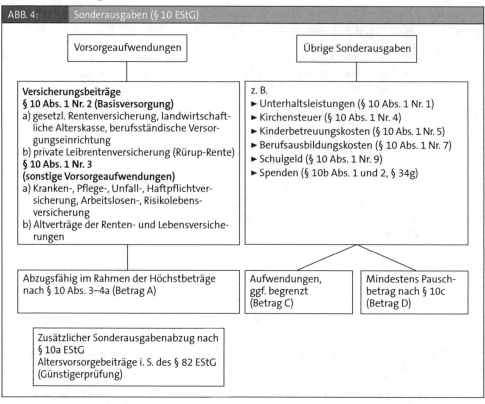

ABB. 4: Sonderausgaben (§ 10 EStG)

Vorsorgeaufwendungen

Übrige Sonderausgaben

Versicherungsbeiträge
§ 10 Abs. 1 Nr. 2 (Basisversorgung)
a) gesetzl. Rentenversicherung, landwirtschaftliche Alterskasse, berufsständische Versorgungseinrichtung
b) private Leibrentenversicherung (Rürup-Rente)
§ 10 Abs. 1 Nr. 3
(sonstige Vorsorgeaufwendungen)
a) Kranken-, Pflege-, Unfall-, Haftpflichtversicherung, Arbeitslosen-, Risikolebensversicherung
b) Altverträge der Renten- und Lebensversicherungen

z. B.
► Unterhaltsleistungen (§ 10 Abs. 1 Nr. 1)
► Kirchensteuer (§ 10 Abs. 1 Nr. 4)
► Kinderbetreuungskosten (§ 10 Abs. 1 Nr. 5)
► Berufsausbildungskosten (§ 10 Abs. 1 Nr. 7)
► Schulgeld (§ 10 Abs. 1 Nr. 9)
► Spenden (§ 10b Abs. 1 und 2, § 34g)

Abzugsfähig im Rahmen der Höchstbeträge nach § 10 Abs. 3–4a (Betrag A)

Aufwendungen, ggf. begrenzt (Betrag C)

Mindestens Pauschbetrag nach § 10c (Betrag D)

Zusätzlicher Sonderausgabenabzug nach § 10a EStG
Altersvorsorgebeiträge i. S. des § 82 EStG
(Günstigerprüfung)

Fall 42   Sonderausgaben dem Grunde nach (Abgrenzung)

Rechtsgrundlage
EStG/EStR

Sachverhalt:

1. Haftpflichtversicherungsbeiträge für eine
   a) allgemeine private Haftpflicht ☐ ....
   b) für die Benutzung einer privaten Segeljolle ☐ ....
   c) Gebäudehaftpflicht, Grundstück gehört zum Betriebsvermögen ☐ ....
   d) Gebäudehaftpflicht, Grundstück gehört zum Privatvermögen und wird
      – zu eigenen Wohnzwecken genutzt ☐ ....
      – an einen Gewerbetreibenden vermietet ☐ ....

2. Beiträge zur gesetzlichen Sozialversicherung (Renten-, Kranken- und Arbeitslosenversicherung)
   a) **für den Abzug beim Arbeitnehmer**
      Arbeitnehmeranteile ☐ ....
      Arbeitgeberanteile ☐ ....
   b) **für den Abzug beim Arbeitgeber**
      Arbeitnehmeranteile ☐ ....
      Arbeitgeberanteile ☐ ....

3. Krankheitskosten eines Gewerbetreibenden aufgrund eines
   Betriebsunfalls (nach Abzug der Krankenkassenerstattung)   ☐   . . . .
4. Beiträge für eine Unfallversicherung
   a) ohne berufliche/betriebliche Veranlassung   ☐   . . . .
   b) eines Bauunternehmers mit betrieblicher Veranlassung   ☐   . . . .
5. Beiträge für eine Einbruch-, Feuer-, Wasser- und Glasbruch-
   versicherung eines Steuerberaters
   a) für seine Wohnung   ☐   . . . .
   b) für seine Praxisräume   ☐   . . . .
6. Aufwendungen für eine pflichtversicherte Hilfe im Haushalt   ☐   . . . .
7. Sachspende eines Sportgeschäfts an einen Sportverein   ☐   . . . .
8. Beiträge für eine Hausratversicherung
   a) für den Hausrat in der Wohnung des Stpfl.   ☐   . . . .
   b) für den Hausrat in einer möbliert vermieteten   ☐   . . . .
      Eigentumswohnung des Stpfl.
9. Beiträge für eine Aussteuerversicherung   ☐   . . . .
10. Beiträge für eine Ausbildungsversicherung   ☐   . . . .
11. Beiträge für eine Sterbegeldversicherung   ☐   . . . .
12. Beiträge für eine Krankenversicherung (Grundtarif)   ☐   . . . .
    Beiträge für eine Krankentagegeldversicherung (Zusatztarif)   ☐   . . . .
    Beiträge für eine Krankenhaustagegeldversicherung (Zusatztarif) ☐   . . . .
13. Beiträge für Kfz-Haftpflichtversicherung, Nutzung des Kfz
    a) ausschließlich privat   ☐   . . . .
    b) ausschließlich betrieblich   ☐   . . . .
    c) zu 80 % betrieblich, 20 % privat   80 % ☐ 20 %   ☐   . . . .
    d) zu 60 % für Fahrten eines Arbeitnehmers   ☐   . . . .
       zwischen Wohnung und Arbeitsstätte, zu 40 % privat   60 % ☐ 40 %
14. Beiträge für Kfz-Kaskoversicherung, Nutzung des Kfz
    a) ausschließlich privat   ☐   . . . .
    b) ausschließlich betrieblich   ☐   . . . .
15. Beiträge für Insassenunfallversicherung (priv. Kfz)   ☐   . . . .
16. Kaskoversicherung (Diebstahl- und Feuerversicherung) für   ☐   . . . .
    private Segeljolle
17. Kirchensteuerzahlungen   ☐   . . . .
18. Steuerberatungskosten (kein Zusammenhang mit Einkünften)   ☐   . . . .
19. Mitgliedsbeiträge eines Arbeitnehmers
    a) an einen Sportverein   ☐   . . . .
    b) an eine politische Partei   ☐   . . . .
    c) an den ADAC   ☐   . . . .
    d) an DAS oder ARAG (Rechtsschutzversicherung)   ☐   . . . .
    e) an Beamtenbund (Gewerkschaft) oder DAG
       (Deutsche Angestelltengewerkschaft)   ☐   . . . .
20. Schulgeld für den Besuch einer freien Waldorf-Schule
    durch das Kind des Stpfl.   ☐   . . . .

Frage: Zu welchen Ausgaben gehören die obigen Ausgaben?

1 = Betriebsausgaben (§ 4 Abs. 4 EStG)

2 = Werbungskosten (§ 9 EStG)

3 = Vorsorgeaufwendungen (§ 10 Abs. 1 Nr. 2 und 3 EStG)

4 = Übrige Sonderausgaben (§ 10 Abs. 1 Nr. 1, 1a, 4–9 und § 10b EStG)

5 = nicht 1 bis 4

Tragen Sie bitte die entsprechenden Ziffern 1 bis 5 und die jeweilige Rechtsgrundlage ein.

Berechnung der Sonderausgaben

Bei der steuerlichen Abzugsfähigkeit von Sonderausgaben ist zu unterscheiden zwischen

1. Beiträgen zur sog. „Basisversorgung",

2. sonstigen Vorsorgeaufwendungen,

3. übrigen Sonderausgaben,

4. Spenden und

5. zusätzlicher Altersversorgung („Riester-Rente").

1. Basisversorgung

Schema zur Höchstbetragsberechnung nach § 10 Abs. 3 EStG für das Jahr 2016

Rentenversicherungsbeiträge des Steuerpflichtigen (Basisversorgung)	..... €
zzgl. Arbeitgeberanteil zur gesetzlichen Rentenversicherung	..... €
Beiträge Basisversorgung gesamt, maximal 20 000 €/40 000 €*	..... €
ggf. Minderung der Höchstbeträge um 18,7 % der Beamtenbezüge	
davon 82 % (Wert 2017: 84 %)	..... €
abzgl. Arbeitgeberanteil zur gesetzlichen Rentenversicherung	..... €
steuerlich abzugsfähig	..... €

*) Alleinstehende/Ehegatten

2. Sonstige Vorsorgeaufwendungen

Sonstige Vorsorgeaufwendungen können bis zur Höhe von 2 800 € steuerlich geltend gemacht werden, § 10 Abs. 4 EStG. Der Höchstbetrag ermäßigt sich bei Arbeitnehmern auf 1 900 € (da Beteiligung des Arbeitgebers an Krankheitskosten durch Beihilfe oder Arbeitgeberanteil zur Krankenversicherung). Zu den sonstigen Vorsorgeaufwendungen gehören

► Sozialversicherungsbeiträge zur Kranken-, Pflege- und Arbeitslosenversicherung,

► Beiträge zu Unfall-, Haftpflicht- und Risikolebensversicherungen sowie

► 88 % der Beiträge zu Renten- und Lebensversicherungen, die nicht zur Basisversorgung gehören (allerdings bereits vor dem 1. 1. 2005 abgeschlossen wurden).

Schema zur Berechnung abzugsfähiger sonstiger Vorsorgeaufwendungen nach § 10 Abs. 4 EStG für das Jahr 2016

ArbN-Beitrag zur gesetzlichen Krankenversicherung	. . . . €
ArbN-Beitrag zur sozialen Pflegeversicherung	. . . . €
Sonstige Vorsorgeaufwendungen (Arbeitslosenversicherung, Erwerbs-/Berufsunfähigkeitsversicherung, Unfall-, Haftpflichtversicherung, Risikoversicherungen, ...)	. . . . €
	. . . . €
Höchstbetrag	1 900 €
Zwischensumme (max. Höchstbetrag)	. . . . €
Mindestansatz (Beiträge nach § 10 Abs. 1 Nr. 3 EStG)	
Krankenversicherung . . . . € abzüglich 4 % =	. . . . €
Pflegeversicherung	. . . . €
Summe	. . . . €
Anzusetzen Mindestansatz oder höhere Zwischensumme	€

Zur Vermeidung möglicher Härten, die sich durch die Neuregelung des Sonderausgabenabzugs ergeben könnten, wird eine Günstigerprüfung durchgeführt (§ 10 Abs. 4a EStG).

Schema zur Günstigerprüfung nach § 10 Abs. 4a EStG für das Jahr 2016

Vorsorgeaufwendungen des Steuerpflichtigen	. . . . . €		
(Basisversorgung § 10 Abs. 2 Nr. 2 EStG und			
übrige Vorsorgeaufwendungen, § 10 Abs. 2 Nr. 3 EStG)			
vorweg abziehbar (1 200/2 400 €*)	. . . . . €		
davon ab 16 % des Arbeitslohns	. . . . . €		
verbleiben (nicht negativ)	. . . . . €	. . . . . €	. . . . . €
verbleiben	. . . . . €		
Grundhöchstbetrag (1 334/2 668 €*)	. . . . . €		. . . . . €
verbleiben	. . . . . €		
davon die Hälfte, höchstens 50 % des			
Grundhöchstbetrags (= 667/1 334 €*)	. . . . . €		. . . . . €
Vorsorgehöchstbetrag (nach altem Recht)			. . . . . €

Abzug des Vorsorgehöchstbetrags, wenn dieser höher ist als die Abzugsbeträge nach § 10 Abs. 3 und 4 EStG.

*) Alleinstehende/Ehegatten

Um sicherzustellen, dass sich die Beiträge zur Rürup-Versicherung (Basisversorgung) steuerlich auswirken, wurde die Günstigerprüfung um einen Erhöhungsbetrag erweitert. Mindestens abzugsfähig sind demnach:

Abzugsbetrag nach – modifizierter – Günstigerregelung (seit 1. 1. 2006)

  Vorsorgeaufwendungen ohne private Basis-Rente
  abziehbar mit Höchstbeträgen nach altem Recht (siehe oben)
+ Erhöhungsbetrag
  Beiträge zur privaten Basis-Rente x 82 %
= Abzugsbetrag nach modifizierter Günstigerprüfung

Kürzung des Vorwegabzugs

Bei Arbeitnehmern ist der Vorwegabzug (1 200/2 400 €) um 16 % des Arbeitslohns zu kürzen. Zur Bemessungsgrundlage (Arbeitslohn) gehören nicht Versorgungsbezüge i. S. des § 19 Abs. 2 EStG. Pensionären steht also der ungekürzte Vorsorgehöchstbetrag zu.

Fall 43 **Vorsorgeaufwendungen, Höchstbetragsberechnung (1)**

Sachverhalt: Ein selbständiger Steuerberater, nicht verheiratet, hat im Kalenderjahr 2016 folgende Aufwendungen geleistet:

Beiträge zum Versorgungswerk (Basisversorgung)	15 600 €
Beiträge zur Kranken- und Pflegeversicherung (ausschließlich Basisabsicherung)	3 480 €
Spenden (DRK)	30 €

Frage: Wie hoch sind die Sonderausgaben?

Fall 44 **Vorsorgeaufwendungen, Höchstbetragsberechnung (2)**

Sachverhalt: Der Arbeitnehmer Lehrig bezog im Kalenderjahr 2016 einen versicherungspflichtigen Arbeitslohn von 38 100 €. Lehrig ist 25 Jahre alt und nicht verheiratet. Seiner Lohnsteuerbescheinigung für 2016 entnehmen Sie folgende Angaben:

Lohnsteuerbescheinigung 2016	
...	
Bruttoarbeitslohn	38 100,00 €
Einbehaltene Lohnsteuer	5 995,00 €
Einbehaltener Solidaritätszuschlag	329,72 €
Einbehaltene Kirchensteuer des Arbeitnehmers	539,55 €
Arbeitgeberanteil zur gesetzlichen Rentenversicherung	3 562,35 €
Arbeitnehmeranteil zur gesetzlichen Rentenversicherung	3 562,35 €
Arbeitnehmerbeiträge zur gesetzlichen Krankenversicherung	3 295,65 €
Arbeitnehmerbeiträge zur sozialen Pflegeversicherung	542,93 €
Arbeitnehmerbeiträge zur Arbeitslosenversicherung	571,50 €
...	

Frage: In welcher Höhe werden Sonderausgaben vom Gesamtbetrag der Einkünfte des Lehrig abgezogen?

Fall 45 **Vorsorgeaufwendungen, Höchstbetragsberechnung (3)**

Sachverhalt: Die noch nicht 64 Jahre alten Eheleute Schnellmann sind beide sozialversicherungspflichtige Arbeitnehmer. Der Ehemann bezog im Kalenderjahr 2016 einen Bruttoarbeitslohn i. H. von 56 200 €, die Ehefrau einen Bruttoarbeitslohn von 10 320 €. An Sonderausgaben machen die Eheleute folgende Aufwendungen geltend:

Arbeitgeberanteile zur gesetzlichen Rentenversicherung	6 220 €
Arbeitnehmeranteile zur gesetzlichen Rentenversicherung	6 220 €
Arbeitnehmerbeiträge zur gesetzlichen Krankenversicherung	4 905 €
Arbeitnehmerbeiträge zur sozialen Pflegeversicherung	703 €
Arbeitnehmerbeiträge zur Arbeitslosenversicherung	999 €
Kfz-Haftpflichtversicherung	350 €

Frage: Wie hoch sind die Sonderausgaben der Eheleute im Falle der Zusammenveranlagung?

Vorsorgeaufwendungen, Höchstbetragsberechnung (4)

Sachverhalt: Ein Beamter (40 Jahre), verheiratet, macht folgende Sonderausgaben geltend:

Beiträge zur privaten Krankenversicherung (Anteil Basisabsicherung 85 %)	1 950 €
Beiträge zur privaten Pflegeversicherung	182 €
Beiträge zur privaten Haftpflichtversicherung	110 €
Beiträge zur Kfz-Haftpflicht	200 €
Kirchensteuer	309 €

Der Bruttoarbeitslohn des Beamten beträgt 38 000 €.

Frage: Wie hoch sind die Sonderausgaben im Falle der Zusammenveranlagung?

Vorsorgeaufwendungen, Höchstbetragsberechnung (5)

Sachverhalt: Hans und Gerda Recht sind Eheleute. Hans Recht (65 Jahre) bezog im Januar 2016 ein Gehalt als Beamter von 3 540 € monatlich. Ab Februar wurde er pensioniert und erhielt eine Pension von 2 372 € monatlich. Gerda Recht (47 Jahre) hatte im Jahr 2016 Beamtenbezüge von 37 440 €.

Die Ehegatten können folgende Sonderausgaben nachweisen:

Krankenversicherung (Anteil Basisabsicherung 95 %)	2 400 €
Pflegeversicherung	268 €
Haftpflicht	200 €
Kirchensteuer	850 €

Frage: In welcher Höhe werden im Falle der Zusammenveranlagung Sonderausgaben abgezogen?

3. Die private Altersvorsorge nach dem Altersvermögensgesetz

Mit der Verabschiedung des sog. Altersvermögensgesetzes (AVmG) wurde eine staatliche Förderung der privaten Altersvorsorge eingeführt (sog. Riester-Rente). Die Gewährung dieser Förderung ist an zahlreiche Bedingungen geknüpft. So sind z. B. Selbständige, die von der Versicherungspflicht in der gesetzlichen Rentenversicherung befreit sind, sowie in dieser freiwillig Versicherte von der Förderung ausgeschlossen.

Gefördert werden nur Anlageformen, die im Alter eine lebenslange Rente (sog. Leibrente) garantieren und bei denen zu Beginn der Auszahlungsphase zumindest die eingezahlten Beiträge für die Auszahlung zur Verfügung stehen. Leistungen aus einem solchen Altersvorsorgevertrag dürfen grundsätzlich nicht vor Vollendung des 60. Lebensjahres erbracht werden.

Die staatliche Förderung dieser zusätzlichen Altersvorsorge erfolgt entweder durch eine Zulage (§§ 79 ff. EStG) oder alternativ mit dem Abzug der Sparleistung als Sonderausgabe (Günstigerprüfung nach § 10a EStG).

Durch die Förderung in Form der Zulage oder des Sonderausgabenabzugs erfolgt eine finanzielle Entlastung in der Ansparphase. Rentenbezüge aus einem „Riester-Vertrag" sind deshalb zum Zeitpunkt der Auszahlung in voller Höhe zu versteuern. Es gilt das Prinzip der nachgelagerten Besteuerung.

Fall 48 **Zusätzliche Altersvorsorge („Riester-Rente")**

Sachverhalt: Egon und Elfriede Emsig sind seit zehn Jahren verheiratet, haben eine gemeinsame Tochter Erna (8 Jahre) und leben am Stadtrand von Essen. Egon ist leitender Angestellter der Hin & Weg-Autovermietungs-GmbH. Im Kalenderjahr 2015 hatte Egon ein beitragspflichtiges Arbeitsentgelt i. H. von 52 000 €. Auf einen zertifizierten Altersvorsorgevertrag hat er in 2016 insgesamt 1 600 € einbezahlt. Elfriede (Hausfrau) hat einen eigenen „Riester-Vertrag" abgeschlossen. Beitragsleistungen werden diesbezüglich nicht erbracht.

Frage: In welcher Höhe können Egon und Elfriede für das Jahr 2016 Altersvorsorgezulage beanspruchen? Führen Sie eine Günstigerprüfung i. S. des § 10a EStG durch (zu versteuerndes Einkommen ohne zusätzlichen Sonderausgabenabzug = 45 000 €).

4. Übrige Sonderausgaben

Fall 49 **Unterhaltsleistungen**

Sachverhalt: Fabrikant Hans Boss aus Köln zahlt seiner von ihm seit zwei Jahren in Düsseldorf getrennt lebenden Ehefrau Caroline Unterhalt i. H. von monatlich 2 000 €. Caroline studiert in Düsseldorf Biologie, um Lehrerin zu werden. Hans Boss macht die Unterhaltsaufwendungen als Sonderausgaben geltend und fügt eine Zustimmungserklärung i. S. des § 10 Abs. 1 Nr. 1 EStG seiner Ehefrau Caroline bei (Anlage U). Außerdem setzt Hans Ausbildungskosten von 1 500 € für seine Ehefrau an.

Frage: In welcher Höhe sind die Aufwendungen des Hans Boss als Sonderausgaben abzugsfähig?

Fall 50 **Aufwendungen für die Berufsausbildung**

Sachverhalt: Der Medizinstudent Ulrich Naber und die Krankenschwester Jane aus Münster sind seit zwei Jahren verheiratet. Sie machen für den Veranlagungszeitraum 2016 u. a. folgende Aufwendungen geltend:

Ehemann
Aufwendungen für Medizinstudium
(Fahrtkosten, Bücher, Gebühren)   6 100 €
Ehefrau
Aufwendungen für einen Fortbildungslehrgang
über neue Operationstechnik   600 €
Aufwendungen für Sekretärinnenabendkurs:
Lehrgangsgebühr   310 €
Bücher   112 €
Fahrtkosten   234 €   656 €

Die Ehefrau ist gebürtige Engländerin und beabsichtigt, sich als Fremdsprachenkorrespondentin auszubilden.

Frage: Können die Aufwendungen als Sonderausgaben abgezogen werden und wenn ja, in welcher Höhe?

Abzug verschiedener Sonderausgaben

Fall 51

Sachverhalt: Die Ehegatten Korn machen folgende Aufwendungen als Sonderausgaben geltend. Die Ehefrau ist 35 Jahre alt.

Arbeitgeberanteile Ehefrau zur gesetzlichen Rentenversicherung	1 622 €
Arbeitnehmeranteile zur gesetzlichen Rentenversicherung	1 622 €
Arbeitnehmerbeiträge Ehefrau zur gesetzlichen Krankenversicherung	1 337 €
Arbeitnehmerbeiträge Ehefrau zur sozialen Pflegeversicherung	200 €
Arbeitnehmerbeiträge Ehefrau zur Arbeitslosenversicherung	245 €

Der Bruttoarbeitslohn der Ehefrau betrug im Kalenderjahr 2016	16 300 €
Beiträge an private Krankenversicherung Ehemann (Beamter; Anteil Basisabsicherung 92 %)	2 120 €
Beiträge an Lebensversicherung mit Kapitalwahlrecht (keine Basisversorgung, Vertragsabschluss vor 2009)	3 312 €

Die Versicherungsgesellschaft überwies am 15. 7. 2016 einen Überschussanteil aus dem Vorjahr von 410 € auf das Konto des Steuerpflichtigen.

Zahlung an Bausparkasse	2 400 €
Hausratversicherung	60 €
Hundehaftpflichtversicherung	111 €
Kfz-Versicherung (240 € Haftpflicht, 220 € Kasko)	460 €
DAS-Rechtschutzversicherung	65 €
Gezahlte Kirchensteuer	465 €
Aufwendungen für ein Erststudium der Ehefrau	1 105 €
Aufwendungen für Hauswirtschafterin	13 000 €

Sozialabgaben wurden entrichtet.

Frage: Wie hoch sind die Sonderausgaben der Ehegatten Korn im Falle einer Zusammenveranlagung?

Spenden, formelle Voraussetzungen

Fall 52

Sachverhalt: Theo Birne spendet dem „Turnverein Köln 06" einen Geldbetrag i. H. von 500 €. Den Betrag übergibt er dem Kassenwart des Vereins gegen Quittung. Der „Turnverein Köln 06" ist wegen Förderung des Sports als gemeinnützigen Zwecken dienend anerkannt und nach § 5 Abs. 1 Nr. 9 KStG von der Körperschaftsteuer befreit.

Frage: Wird das Finanzamt diese Spende nach § 10b EStG anerkennen?

Begrenzung des Spendenabzugs

Fall 53

Sachverhalt: Ein Steuerberater, verheiratet, spendet

a) an eine Ortsgruppe der CDU	9 000 €
b) an eine Hochschule für wissenschaftliche Zwecke	4 000 €
c) an eine Kirchengemeinde	2 000 €

Die formellen Voraussetzungen für den Spendenabzug liegen vor.

Gesamtbetrag der Einkünfte	70 000 €
Summe der Umsätze und Gehälter	180 000 €

Frage: In welcher Höhe sind die Spenden abzugsfähig?

Fall 54 Spendenabzug, Berechnung des Höchstbetrags

Sachverhalt: Der Steuerpflichtige Paul Lang, Siegen, ist verheiratet und wird mit seiner Ehefrau zusammen veranlagt. Er betreibt in Siegen einen Tabakwarengroßhandel. Der Gesamtbetrag der Einkünfte beläuft sich auf 55 000 €. Die Summe der gesamten Umsätze und der in 2016 aufgewendeten Löhne und Gehälter hat 1 550 000 € betragen. Er weist für 2016 folgende Spenden belegmäßig nach:

► Spenden für gemeinnützige Zwecke	450 €
► Spenden für mildtätige Zwecke	500 €
► Spenden für Krebsforschung	3 000 €
► Spenden für kirchliche Zwecke	1 000 €
► Spenden an eine politische Partei	5 000 €

Frage: In welcher Höhe sind die Spenden abzugsfähig? Ermitteln Sie in einer übersichtlichen Darstellung den höchstmöglichen Spendenabzug gem. § 10b EStG, indem Sie die unterschiedlichen Berechnungsmethoden gegenüberstellen.

5. Verlustausgleich/Verlustabzug

Bei der steuerlichen Berücksichtigung von Verlusten, muss zwischen dem Verlustausgleich und dem Verlustabzug unterschieden werden. Unter Verlustausgleich versteht man die Verrechnung von positiven und negativen Einkünften innerhalb eines Veranlagungszeitraums.

Ein verbleibender Verlust kann vom Gesamtbetrag der Einkünfte des vorangegangenen Veranlagungszeitraums abgezogen werden (Verlustrücktrag). Darüber hinausgehende Verluste sind in den folgenden Veranlagungszeiträumen zu berücksichtigen (Verlustvortrag).

Fall 55 Verlustabzug

Sachverhalt: Der verheiratete Emil Meier erklärt für die Veranlagungszeiträume 2014, 2015 und 2016 folgende Einkünfte:

Veranlagungszeitraum	2014	2015	2016
Einkünfte aus Gewerbebetrieb	15 000 €	20 000 €	./. 60 000 €
Einkünfte aus selbständiger Tätigkeit	1 000 €	1 500 €	3 000 €
Einkünfte aus Vermietung und Verpachtung	./. 5 000 €	./. 5 000 €	50 000 €
Abzugsfähige Sonderausgaben	3 000 €	3 000 €	3 000 €

Emil und seine Ehefrau wählen die Zusammenveranlagung.

Fragen: In welchen Veranlagungszeiträumen und in welcher Höhe kann nach dem vorstehenden Sachverhalt soweit wie möglich ein Verlustabzug gem. § 10d EStG berücksichtigt werden?

Fachaufgabe Einkommensteuer zu Sonderausgaben

Sachverhalt: Die Ehegatten Adam und Eva Baum, wohnhaft in Münster, sind im Kalenderjahr 2016 66 Jahre (Ehemann) bzw. 40 Jahre (Ehefrau) alt.

Adam Baum ist selbständiger Handelsvertreter. Er hat für das Kalenderjahr 2016 einen Gewinn i. H. von 35 000 € ermittelt. Der Privatanteil der Kfz-Nutzung von 30 % (durch ordnungsgemäßes Fahrtenbuch nachgewiesen) wurde bei der Gewinnermittlung versehentlich nicht berücksichtigt. In den Betriebsausgaben sind folgende Kosten enthalten:

Jahres-AfA für Pkw	4 000 €
Pkw-Haftpflichtversicherung	300 €
Pkw-Vollkaskoversicherung	400 €
Übrige Pkw-Kosten	3 000 €

Eva Baum ist als Kontoristin und Buchhalterin im Betrieb des Ehemannes tätig. Ihr Monatsgehalt betrug im Kalenderjahr 2016 netto 1 180 € (ausgezahlter Monatslohn). An das Finanzamt und an die Krankenkasse wurden monatlich abgeführt:

Lohnsteuer und Solidaritätszuschlag	0 €
Lohnkirchensteuer	0 €
Rentenversicherung (Arbeitnehmeranteil)	149 €
Arbeitslosenversicherung (Arbeitnehmeranteil)	31 €
Krankenversicherung (Arbeitnehmeranteil)	120 €
Pflegeversicherung (Arbeitnehmeranteil)	17 €
Arbeitgeberanteile in derselben Höhe.	

Die gesamten mit dem Arbeitsverhältnis im Zusammenhang stehenden Aufwendungen sind als Betriebsausgaben berücksichtigt. Das Arbeitsverhältnis wird steuerlich anerkannt.

An Sonderausgaben werden von den Ehegatten folgende Aufwendungen geltend gemacht (nicht in den Betriebsausgaben enthalten):

Beiträge an private Krankenversicherung (nur Basisabsicherung)	2 400 €
Beiträge an private Unfallversicherung	60 €
Beiträge an Sterbekasse	80 €
Beiträge an Leibrentenversicherung (Basisversorgung)	5 100 €
Säumniszuschläge zur Umsatzsteuer	26 €
Verspätungszuschläge zur Gewerbesteuer	160 €
Säumniszuschläge zur Einkommensteuer	70 €
Kirchensteuervorauszahlung	350 €

Frage: Wie hoch ist das zu versteuernde Einkommen der Ehegatten Baum für das Kalenderjahr 2016 im Falle der Zusammenveranlagung?

VIII. Außergewöhnliche Belastungen

ABB. 5:	Außergewöhnliche Belastungen nach den §§ 33–33b EStG	
Außergewöhnliche Belastungen allgemeiner Art – § 33 EStG –	Außergewöhnliche Belastungen in besonderen Fällen – § 33a EStG –	Sonderfall der außergewöhnlichen Belastung – § 33b EStG –
Keine Aufzählung von Einzelfällen im Gesetz, sondern lediglich allgemeine Begriffsbestimmung der außergewöhnlichen Belastungen. **Beispiele:** 1. Aufwendungen zur Heilung gesundheitlicher Schäden, die durch Krankheit oder Unfall entstanden sind. 2. Aufwendungen aus Anlass von Todesfällen	Typisierende Aufzählung von außergewöhnlichen Belastungen. Abschließende Regelung in § 33a EStG. 1. **§ 33a Abs. 1** Unterhalt an gesetzlich unterhaltsberechtigte Personen 2. **§ 33a Abs. 2** Sonderbedarf für Berufsausbildung eines Kindes	1. **Pauschbeträge** für Körperbehinderte: Der Körperbehindertenpauschbetrag wird auf Antrag abgezogen, wenn nicht Aufwendungen nachgewiesen oder glaubhaft gemacht werden, die bei Anwendung des § 33 EStG zu einem höheren Abzugsbetrag führen. 2. Pflege-Pauschbetrag § 33b Abs. 6
Kürzung um die zumutbare Belastung (§ 33 Abs. 3)	Keine Kürzung um die zumutbare Belastung	

Fall 57 Außergewöhnliche Belastungen dem Grunde nach (Abgrenzung)

Sachverhalt: Aufwendungen wegen

Rechtsgrundlage
EStG/EStR/EStH

1. Ärztlicher Behandlung*) ☐ . . . .
2. Behandlung durch Heilpraktiker*) ☐ . . . .
3. Naturmedizin, verordnet durch Heilpraktiker*) ☐ . . . .
4. Diätverpflegung*) ☐ . . . .
5. Besuch eines schwer erkrankten Angehörigen im Krankenhaus*) ☐ . . . .
   mit entsprechender Bescheinigung
6. Bandscheibenmatratze ☐ . . . .
7. Zugewinnausgleich bei Ehescheidung ☐ . . . .
8. Prozesskosten zur Erlangung eines Studienplatzes*) ☐ . . . .
9. Klimakur an der Nordsee*) ☐ . . . .
10. Mittagsheimfahrten eines Behinderten*) ☐ . . . .
11. Umzugskosten wegen Klimaveränderung ☐ . . . .
12. Anschaffung von Haushaltsgerät wegen Krankheit*) ☐ . . . .
13. Unterbringung im Krankenhaus*) ☐ . . . .
14. Kfz-Kosten eines Körperbehinderten, Grad der Behinderung 80 %*) ☐ . . . .
15. Badekur ohne amtsärztliche Bescheinigung der Kurbedürftigkeit*) ☐ . . . .
16. Wiederbeschaffung von Hausrat, verloren durch ☐ . . . .
   Feuer/Vertreibung/Flucht*)
17. Bestattung, kein Nachlass*) ☐ . . . .

18. Trauerkleidung*) ☐ ....
19. Bewirtung der Trauergäste*) ☐ ....
20. Aussteuer der Tochter*) ☐ ....
21. Ehescheidung: Anwalt und Gericht*) ☐ ....
22. Privatschulbesuch des behinderten Kindes*) ☐ ....
23. Schadensersatz durch Fahrradunfall*) ☐ ....
24. Unterbringung im Pflegeheim unter Verzicht auf den ☐ ....
    Pauschbetrag von 3 700 €*)
25. Adoption eines Kindes*) ☐ ....
26. Unterstützung der Mutter, die kein Vermögen und keine ☐ ....
    eigenen Einkünfte hat
27. Unterhalt an früheren Ehegatten, weil dieser keine Einkünfte hat ☐ ....
28. Berufsausbildung eines auswärtig studierenden Kindes (volljährig) ☐ ....
29. Hilfe im Haushalt, Steuerzahler ist 55 J. alt und zu 50 % behindert ☐ ....
30. Reinigungsarbeiten für den Steuerzahler, der in einem Heim lebt ☐ ....
31. Steuerzahler ist nach Unfall für mehr als sechs Monate hilflos ☐ ....
32. Steuerzahler hat ein körperbehindertes Kind ☐ ....
33. Steuerzahlerin pflegt ihren hilflosen Ehemann ☐ ....

*) nach Abzug eines Ausgleichs von dritter Seite

Frage: Können die obigen Aufwendungen als außergewöhnliche Belastungen angesehen werden?

1 = außergewöhnliche Belastungen nach § 33 EStG
2 = außergewöhnliche Belastungen nach § 33a EStG
3 = außergewöhnliche Belastungen nach § 33b EStG
4 = nicht 1 bis 3

Tragen Sie bitte die entsprechenden Ziffern 1 bis 4 und ggf. die Rechtsgrundlage oder Fundstelle ein.

Außergewöhnliche Belastungen im Allgemeinen (§ 33 EStG), zumutbare Belastung   `Fall 58`

Sachverhalt: Ein Gewerbetreibender hatte im Kalenderjahr 2016 folgende Aufwendungen:

Kosten für Zahnbehandlung	2 500 €
Arztkosten anlässlich eines Unfalls im Ausland	500 €

Auf seine Aufwendungen erstattete die Krankenkasse tarifgemäß im Kalenderjahr 2016 1 000 €.

Frage: Wie hoch ist die außergewöhnliche Belastung im Kalenderjahr 2016, wenn der Gewerbetreibende in 2016 einen Gesamtbetrag der Einkünfte i. H. von 15 000 € hat und

a) ledig ist und keine Kinder hat;

b) verheiratet ist, zusammen veranlagt wird und zwei Kinder hat?

Anmerkung:

Für die Berechnung der außergewöhnlichen Belastung bitte folgendes Schema anwenden:

1. Aufwendungen (§ 33 Abs. 1 und 2 EStG) ......€
   ./. Erstattungen bzw. Ansprüche auf Erstattungen ......€
2. Berücksichtigungsfähige Aufwendungen ......€
3. Gesamtbetrag der Einkünfte ......€
4. Zumutbare Belastung .....% von Nr. 3 ......€
5. Außergewöhnliche Belastung
   Berücksichtigungsfähige Aufwendungen (Nr. 2) ......€
   ./. zumutbare Belastung (Nr. 4) ......€
   Außergewöhnliche Belastung ......€

Fall 59 **Aufwendungen i. S. des § 33 EStG**

Sachverhalt: Held aus Lemgo macht für den Veranlagungszeitraum 2016 folgende Aufwendungen als außergewöhnliche Belastung geltend:

Krankheitskosten durch Magenoperation

Arztkosten	1 200 €	
Kosten für Medikamente	350 €	
Verpflegungskosten für 21 Tage à 100 €	2 100 €	
Summe	3 650 €	
./. Erstattung Krankenkasse,		
Abschlagzahlung im Kalenderjahr 2016	1 800 €	1 850 €
Im Veranlagungszeitraum 2017 erhielt Held von der Krankenkasse tarifgemäß eine Restzahlung i. H. von	1 485 €	
Morgenmantel für Krankenhausaufenthalt des Held, Anschaffungskosten		90 €

Kosten einer Badekur des Stpfl.

Die Notwendigkeit der Badekur ist vom Amtsarzt bescheinigt worden.
Die gesamten Kosten setzen sich wie folgt zusammen:

Fahrtkosten mit öffentlichen Verkehrsmitteln zum Kurort und zurück	150 €	
Verpflegungskosten 28 Tage à 30 €	840 €	
Arztkosten	400 €	
Kosten für Medikamente und Bäder	400 €	
Summe	1 790 €	
./. Erstattung der Krankenkasse im Veranlagungszeitraum 2017	1 074 €	716 €
Kosten für ein Hörgerät des Held	730 €	
./. Erstattung der Krankenkasse im Veranlagungszeitraum 2016	657 €	73 €
Beerdigungskosten		
Aufwendungen im Veranlagungszeitraum 2016 aus Anlass des Todes der Ehefrau, die im vorangegangenen Veranlagungszeitraum verstarb		3 300 €
Die Ehefrau hinterließ ein Sparbuch mit einem Guthaben von	7 500 €	

Diätverpflegung

Held ist zuckerkrank. Er hat eine ärztliche Bescheinigung über die Notwendigkeit einer Diätverpflegung beigebracht. Held beantragt, für die Mehrkosten durch Diätverpflegung einen Pauschbetrag anzusetzen, da er die genauen Mehrkosten gegenüber einer Normalverpflegung nicht nachweisen kann.

Frage: In welcher Höhe werden für den Veranlagungszeitraum 2016 die Aufwendungen des Mandanten Held als außergewöhnliche Belastung (vor Abzug der zumutbaren Belastung) anerkannt?

Schema: Aufwendungen für den Unterhalt nach § 33a Abs. 1 EStG, abzugsfähiger Höchstbetrag nach § 33a Abs. 1 EStG

1.	**Ermittlung der schädlichen Einkünfte und Bezüge bei gesetzlich unterhaltsberechtigten Personen**			
1.1	**Einkünfte** der unterstützten Person (§ 2 Abs. 1 EStG)			..... €
1.2	**Bezüge** der unterstützten Person		..... €	
1.2.1	./. Kosten-Pauschale		180 €	
	verbleiben		..... €	> ..... €
1.3	Summe der Einkünfte und Bezüge			..... €
1.4	unschädliche Einkünfte und Bezüge	./.		624 €
1.5	schädliche Einkünfte und Bezüge			
2.	**Berechnung des gesetzlich zulässigen Höchstbetrags**			
2.1	vorläufiger Höchstbetrag			8 652 €
2.2	./. schädliche Einkünfte und Bezüge (Ziff. 1.5)			_____
2.3	endgültiger Höchstbetrag			======
3.	**Ermittlung der abzugsfähigen Aufwendungen**			
3.1	tatsächlich geleistete Aufwendungen			..... €
3.2	endgültiger Höchstbetrag (vgl. 2.3)			..... €
3.3	abzugsfähiger Betrag (kleinerer Betrag aus 3.1 und 3.2)			..... €

Unterhaltsleistungen `Fall 60`

Sachverhalt: Lieb unterstützt seine Mutter im Kalenderjahr 2016 mit monatlich 350 €, weil sie mit ihrer kleinen Rente von monatlich 500 € nicht auskommt (Rentenbezug seit 2004, Rentenfreibetrag: 3 000 €).

Frage: Können die Aufwendungen des Lieb für den Unterhalt seiner Mutter steuerlich berücksichtigt werden?

Unterhaltsleistungen in nur einem Teil des Jahres

Sachverhalt: Der Mandant Guth unterstützt seine Mutter in den Monaten Januar bis August `Fall 61` mit monatlich 300 €. In dieser Zeit erhält die Mutter Arbeitslosenhilfe i. H. von monatlich 450 €. Seit September ist die Mutter wieder berufstätig und bezieht ein monatliches Gehalt von 1 300 €. Seit September erbringt Guth keine Unterhaltsleistungen mehr.

Frage: Wie hoch ist der Abzugsbetrag nach § 33a Abs. 1 EStG?

Fall 62 **Sachverhalt:** Gerne unterstützt ab 1. 7. 2016 seinen allein lebenden Vater mit monatlich 200 €. Der Vater erhält seit 2005 Versorgungsbezüge von monatlich 200 € und eine Rente wegen Erwerbsunfähigkeit i. H. von monatlich 350 € (Rentenfreibetrag: 2 100 €).

Frage: Können die Aufwendungen des Gerne für den Unterhalt seines Vaters steuerlich berücksichtigt werden?

Fall 63 **Freibetrag für Sonderbedarf in Berufsausbildung befindlicher Kinder (Ausbildungsfreibetrag)**

Sachverhalt a: Die Eheleute Kindermann, wohnhaft in Münster, haben zwei Töchter:

Lena vollendete am 15. 8. 2016 ihr 18. Lebensjahr. Sie lebt im Haushalt ihrer Eltern und besuchte in 2016 ein Gymnasium.

Marie vollendete am 20. 11. 2016 ihr 21. Lebensjahr. Bis zum 20. 9. 2016 lebte sie im Haushalt ihrer Eltern und besuchte die Universität Münster. Ab dem 21. 9. 2016 studiert Marie in Göttingen. Sie erhält im ganzen Kalenderjahr 2016 3 000 € Arbeitslohn.

Frage: Stehen den Eltern Ausbildungsfreibeträge für das Kalenderjahr 2016 zu und wenn ja, in welcher Höhe?

Sachverhalt b: Der Sohn Peter der Eheleute Heim vollendet am 17. 6. 2016 sein 24. Lebensjahr. Während seines Studiums bis zum 30. 9. 2016 (auswärtig untergebracht) erhielt er im Jahr 2016 einen Zuschuss nach dem BAföG von monatlich 80 €. Ab Oktober 2016 erhält er als Ingenieur einen Arbeitslohn von monatlich 2 000 €.

Frage: In welcher Höhe steht den Eltern ein Ausbildungsfreibetrag zu?

Gehen Sie in beiden Fällen (a und b) davon aus, dass ein Kinderfreibetrag oder Kindergeld während des Ausbildungszeitraums zusteht.

Fall 64 **Pflegekosten**

Sachverhalt: Mandantin Herzig nimmt ihre hilflose und mittellose Mutter (Schwerbehindertenausweis mit Merkzeichen „H" liegt vor) bei sich in ihrer Wohnung auf. Sie pflegt die Mutter selbst und stellt zusätzlich eine Pflegekraft ein, die auch hauswirtschaftliche Arbeiten erledigt. Die Aufwendungen für die Pflegekraft betragen 10 000 €; Sozialabgaben werden entrichtet. Herzig hat zusätzlich Ausgaben für Unterhaltsaufwendungen (Nahrung, Kleidung, Wohnung) i. H. von 350 € monatlich. Pflegegeld erhält sie für die Pflege ihrer Mutter nicht.

Frage: Welche steuerlichen Folgen ergeben sich aus dem Sachverhalt?

Fall 65 **Fachaufgabe aus der Einkommensteuer zu außergewöhnlichen Belastungen**

Sachverhalt: Die Ehegatten Merker, beide 40 Jahre alt, wohnhaft in Münster, haben ein Kind im Alter von 22 Jahren, das an der Technischen Hochschule in Braunschweig studiert und von ihnen unterhalten wird. Das Kind erhält einen Zuschuss nach dem BAföG i. H. von monatlich 90 €.

Einkünfte des Ehemannes

Der Ehemann ist Beamter bei der Bezirksregierung. Sein Bruttoarbeitslohn beträgt im Kalenderjahr 2016 25 300 €. Zu seiner 11 km entfernten Dienststelle fährt er arbeitstäglich mit seinem Pkw an 230 Tagen im Kalenderjahr. Für Fachliteratur hat er in 2016 65 € ausgegeben. Als Werbungskosten werden außerdem Kontoführungsgebühren von 16 € geltend gemacht. Aufgrund eines vor Jahren erlittenen Autounfalls ist er zu 70 % erwerbsgemindert. Sein Schwerbehindertenausweis trägt das Merkzeichen „G".

Einkünfte der Ehefrau

Die Ehefrau hat aus der Vermietung eines Hauses Einkünfte i. H. von 3 300 €.

Die abzugsfähigen Vorsorgeaufwendungen betragen 2 783 €. An Kirchensteuer machen die Ehegatten 360 € geltend.

Als außergewöhnliche Belastung werden geltend gemacht:

1. **Kosten für die Beerdigung der Mutter des Ehemannes:**

Sarg	1 900 €
Trauerkarten und -anzeigen	150 €
Bestattungskosten	600 €
Grabstein	2 000 €
Grabstelle	500 €
Schwarzer Anzug und schwarzes Kleid	900 €
Bewirtung der Trauergäste	700 €

   Die Verstorbene hat ein Sparbuch mit einem Guthaben i. H. von 3 000 € hinterlassen.

2. Die Ehegatten beschäftigen an zwei Tagen in der Woche eine Haushaltshilfe, jeweils morgens für vier Stunden. Die Aufwendungen haben monatlich 250 € betragen.

3. Der Ehemann verursachte während eines Fahrradausflugs an einem Sonntag einen Verkehrsunfall. Daraus sind ihm Kosten (Schadensersatz gegenüber dem beteiligten Verkehrsteilnehmer) i. H. von 1 200 € entstanden, die er im Kalenderjahr 2016 bezahlt hat. Er finanzierte die Kosten durch Aufnahme eines Darlehens, das er ab 1. 8. 2016 mit monatlich 150 € getilgt hat. Die Bank berechnete für das Kalenderjahr 2016 175 €, die zum 21. 12. 2016 vom Girokonto des Ehemannes abgebucht wurden.

Frage: Wie hoch ist das zu versteuernde Einkommen der Ehegatten bei Zusammenveranlagung im Kalenderjahr 2016? Es ist davon auszugehen, dass das Existenzminimum des Kindes durch das gezahlte Kindergeld von der Steuer freigestellt ist, d. h. dass kein Kinderfreibetrag abzuziehen ist (§ 31 EStG).

IX. Veranlagungsformen

ABB. 6: Veranlagung von Ehegatten (§ 26 EStG)

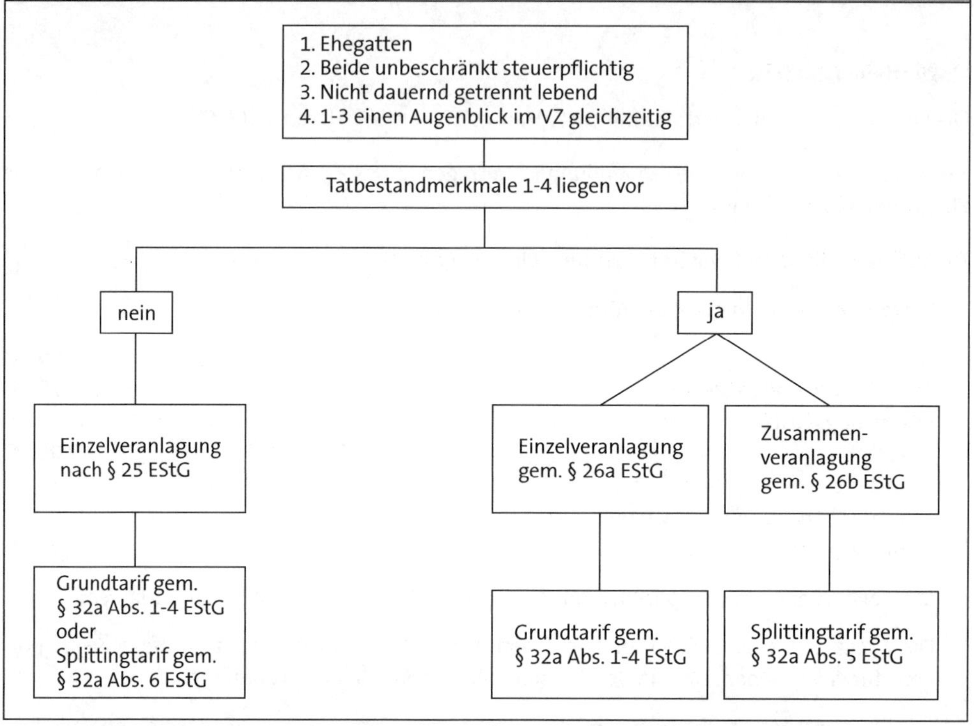

1. Ehegatten
2. Beide unbeschränkt steuerpflichtig
3. Nicht dauernd getrennt lebend
4. 1-3 einen Augenblick im VZ gleichzeitig

Tatbestandmerkmale 1-4 liegen vor

nein

ja

Einzelveranlagung nach § 25 EStG

Einzelveranlagung gem. § 26a EStG

Zusammen-veranlagung gem. § 26b EStG

Grundtarif gem. § 32a Abs. 1-4 EStG oder Splittingtarif gem. § 32a Abs. 6 EStG

Grundtarif gem. § 32a Abs. 1-4 EStG

Splittingtarif gem. § 32a Abs. 5 EStG

Nach § 25 EStG gilt als Grundsatz die Einzelveranlagung. Dies bedeutet, dass jeder einzelne Steuerpflichtige mit dem von ihm selbst bezogenen zu versteuernden Einkommen zur Einkommensteuer veranlagt wird.

Ausnahmen von diesem Grundsatz gelten für Eheleute, die die Voraussetzungen des § 26 EStG erfüllen. Sie können zusammen zur Einkommensteuer veranlagt werden oder die Einzelveranlagung wählen.

Fall 66 **Voraussetzungen für die Ehegattenveranlagung**

Sachverhalt: Hans Dampf aus Witten heiratete am 10. 12. 2015 in Lienz, Österreich, die Sennerin Eva Renzi. Die Eheleute ziehen am 15. 1. 2016 in die Mietwohnung des Ehemannes in Witten. Die Ehefrau hat sich vorher noch nicht in der Bundesrepublik Deutschland aufgehalten. Sie hat auch keine inländischen Einkünfte.

Frage: Welche Veranlagungsformen kommen für die beteiligten Personen in den Veranlagungszeiträumen 2015 und 2016 in Betracht?

Fall 67 **Auflösung der Ehe, erneute Eheschließung im Laufe des Veranlagungszeitraums**

Sachverhalt: Die Ehe der in Köln lebenden Ehegatten Peter und Erna Schmitz, geb. Schulz, beide 40 Jahre alt, wurde am 13. 4. 2016 rechtskräftig geschieden. Ab dem 10. 1. 2016 lebten die Ehegatten Schmitz dauernd getrennt. Aus der Ehe ist eine Tochter hervorgegangen, die im Veranlagungszeitraum 2016 zehn Jahre alt ist und nach der Ehescheidung im Haushalt der Mutter lebt. Am 10.9.2016 heiratet Peter Schmitz die Witwe Eva Reich aus Bad Godesberg. Die Ehegatten Schmitz leben seit der Eheschließung in dem Einfamilienhaus der Ehefrau in Bad Godesberg.

Frage: Zwischen welchen Personen ist im Veranlagungszeitraum 2016 eine Ehegattenveranlagung durchzuführen? Welche Tarifvergünstigungen stehen dem Ehegatten zu, der nicht in die Ehegattenveranlagung einbezogen wird?

Veranlagung im Jahr der Eheschließung   `Fall 68`

Sachverhalt: Heinrich Kreft, wohnhaft in Mülheim, heiratete in 2016 Frau Rita Schneider. Kreft war bereits schon einmal verheiratet. Seine erste Ehefrau, mit der er zusammen veranlagt wurde, starb in 2015. Kreft hat in 2016 ein zu versteuerndes Einkommen von 35 000 €, seine Ehefrau Rita ein zu versteuerndes Einkommen von 15 000 €.

Frage:

a) Stellen Sie fest, welche beiden Veranlagungsformen für die Eheleute neben der getrennten Veranlagung möglich sind.

b) Ermitteln Sie für beide Veranlagungsformen den Steuerbetrag jeweils unter Angabe der angewandten Einkommensteuertabelle.

Zusammenveranlagung/Einzelveranlagung   `Fall 69`

Sachverhalt: Hans Herrlich (im Folgenden **Ehemann** genannt), geb. am 24.12.1969, ist seit dem 17.12.2016 verheiratet mit Heidi Herrlich (im Folgenden **Ehefrau** genannt), geb. am 1.4.1974. Für beide Ehegatten ist es jeweils die **zweite** Ehe. Die **erste** Ehe des Ehemannes ist am 9.1.2015 durch Tod, die **erste** Ehe der Ehefrau ist am 5.11.2015 durch Scheidung aufgelöst worden.

Die Eheleute Herrlich sind unbeschränkt einkommensteuerpflichtig, leben nicht dauernd getrennt und sind konfessionslos.

Angaben zu den Einkünften

Der **Ehemann** erzielte als freiberuflich tätiger Steuerberater im Kalenderjahr 2016 **Einkünfte** aus selbständiger Arbeit i. H. von 55 000 €.

Die **Ehefrau** erzielte im Kalenderjahr 2016 aus ihrer Tätigkeit als sozialversicherungspflichtige Arbeitnehmerin **Einkünfte** aus nichtselbständiger Arbeit i. H. von 23 420 €.

Außerdem erzielte die **Ehefrau** in 2016 aus der Beteiligung an einer Grundstücksgemeinschaft **negative Einkünfte (Verlust)** aus Vermietung und Verpachtung i. H. von 12 500 €.

Sonstige Angaben

Der **Ehemann** hat in 2016 Beiträge zu einer privaten Krankenversicherung von 5 400 € (nur Basisabsicherung) und Lebensversicherung (Rürup-Versicherung i. S. des § 10 Abs. 1 Nr. 3 EStG) i. H. von 4 200 € geleistet.

Der Arbeitnehmeranteil am Gesamtsozialversicherungsbeitrag laut Lohnsteuerbescheinigung 2016 der **Ehefrau** beträgt 4 888 € (davon Rentenversicherung 2 330 €, gesetzliche Krankenversicherung 1 920 €, Pflegeversicherung 287 €, Arbeitslosenversicherung 351 €).

Frage: Ermitteln Sie in einer übersichtlichen Darstellung und unter Verwendung der steuerlichen Fachbegriffe **die Höhe der für den Veranlagungszeitraum 2016 festzusetzenden Einkommensteuer,**

a) falls die Eheleute die Zusammenveranlagung (§ 26b EStG) wählen,

b) falls die Eheleute die Einzelveranlagung (§ 26a EStG) wählen. Einen hälftigen Abzug der Sonderausgaben wünschen die Ehegatten nicht. Jedem sollen die Beträge zugerechnet werden, die sie/er getragen hat.

Bearbeitungshinweise

a) Werbungskosten hat Heidi Herrlich bei ihren Einkünften aus nichtselbständiger Arbeit nicht geltend gemacht.

b) Die Berechnung des **Solidaritätszuschlags** ist **nicht** erforderlich.

X. Einkommensteuertarif (§ 32a EStG)

Die Einkommensteuer ergibt sich durch Anwendung des Tarifs auf das zu versteuernde Einkommen. Der **Grundtarif** ist im Falle der Einzelveranlagung maßgebend.

Der **Splittingtarif** kommt nach § 32a Abs. 5 EStG im Falle der Zusammenveranlagung von Ehegatten sowie in besonderen Fällen der Einzelveranlagung (§ 32a Abs. 6 EStG) in Betracht.

ABB. 7:	Geteilter Steuertarif – Aufbau des Einkommensteuertarifs 2016	
I	II	III
Nullzone (Grundfreibetrag)	**Progressionszone**	**Obere Proportionalzone**
Steuerfrei bleiben: **Ledige** bis 8 652 € **Verheiratete** bis 17 304 € zu versteuerndes Einkommen	Einem steigenden Steuersatz unterliegen: ____ **Steuersatz 14 % bis 42 %**	Einem gleichbleibenden Steuersatz unterliegen: ____ **Steuersatz 42 %**
Steuerfrei ____	**Ledige** mit 8 653 bis 53 665 € **Verheiratete** mit 17 305 bis 107 330 € zu versteuerndes Einkommen	**Ledige** ab 53 666 € **Verheiratete** ab 107 331 € Jahreseinkommen

Ab einem zu versteuernden Einkommen von 254 447 € / 508 894 € (Alleinstehende/Ehegatten) beträgt der Grenzsteuersatz 45 % (sog. zweite obere Proportionalzone oder „Reichensteuer").

Tarif (§ 32a EStG)

Fall 70

Sachverhalt: Felix Krank verstarb am 15. 10. 2013. Seine Ehefrau Erna wählt für das Kalenderjahr 2013 die Einzelveranlagung, weil ihr verstorbener Ehemann hoch verschuldet war und sie nicht für ihn die zu erwartende Einkommensteuernachzahlung übernehmen will. Die Ehegatten haben ein gemeinsames Kind im Alter von 10 Jahren.

Am 15. 5. 2016 heiratet Erna den Metzgermeister Gustav Stark. Die Eheleute beantragen für das Kalenderjahr 2016 die Zusammenveranlagung.

Frage: Welcher Einkommensteuertarif ist für die Kalenderjahre 2013–2016 anzuwenden? Welche Freibeträge stehen ihnen zu? Gehen Sie hierbei davon aus, dass in allen Jahren anstelle des Kindergelds der Kinderfreibetrag gewährt wird. Auf welche Weise wird das gezahlte Kindergeld bei der ESt-Veranlagung berücksichtigt?

Sachverhalt: Anton und Berta Meier sind seit Jahren verheiratet. Am 12. 1. 2016 verstarb Anton Meier. Seine Ehefrau Berta heiratete am 7. 12. 2016 den Carl Fröhlich.

Fall 71

Frage: Geben Sie die Veranlagungsform und den Einkommensteuertarif für Anton Meier sowie Carl und Berta Fröhlich für das Jahr 2016 an.

Anwendung des Splittingverfahrens

Fall 72

Sachverhalt a: Die Ehegatten Hans und Hilde Klein werden zusammen zur Einkommensteuer veranlagt. Sie haben im Kalenderjahr 2016 ein zu versteuerndes Einkommen i. H. von 121 000 €.

Frage: Wie wird die Einkommensteuer ohne Anwendung der Splittingtabelle berechnet?

Sachverhalt b: Die Ehegatten Hans und Hilde Klein werden zusammen zur Einkommensteuer veranlagt. Sie haben im Kalenderjahr 2016 ein zu versteuerndes Einkommen in der Progressionszone i. H. von 55 000 €.

Frage: Wie wird die Einkommensteuer berechnet, wenn Sie nur die Grundtabelle zur Verfügung haben? Gang der Berechnung erforderlich.

Progressionsvorbehalt

Fall 73

Sachverhalt: Die Ehegatten Hans und Hilde Klein werden zusammen zur Einkommensteuer veranlagt. Das zu versteuernde Einkommen beträgt im Jahr 2016 29 887 €. Der Arbeitnehmer-Pauschbetrag (§ 9a Nr. 1 EStG) hat sich beim Ehemann bei der Ermittlung seiner Einkünfte aus nichtselbständiger Arbeit bereits mit 1 000 € ausgewirkt.

Außerdem bezog Hans Klein in 2016 Arbeitslosengeld i. H. von 5 500 €.

Frage: Ermitteln Sie die festzusetzende Einkommensteuer für das Jahr 2016.

XI. Familienleistungsausgleich: Kindergeld, Kinderfreibetrag, Betreuungsfreibetrag (§ 32 EStG)

Berücksichtigungsfähige Kinder (Kinder- und Betreuungsfreibetrag)

1. Kinder bis zur Vollendung des 18. Lebensjahres (§ 32 Abs. 3 EStG)

   Ein Kind wird bis zu dem Kalendermonat berücksichtigt, in dem es das 18. Lebensjahr vollendet hat (Monatsprinzip).

2. Kinder zwischen 18 Jahren und 21 Jahren (§ 32 Abs. 4 Nr. 1 EStG)

   Ein Kind wird berücksichtigt, wenn es arbeitslos ist und der Arbeitsvermittlung im Inland zur Verfügung steht.

3. Kinder zwischen 18 Jahren und 25 Jahren (§ 32 Abs. 4 Nr. 2 EStG)

   Kinder werden u. a. berücksichtigt, wenn sie sich in Berufsausbildung befinden.

   Hat ein Kind in den vorstehenden Nr. 2 und 3 den gesetzlichen Grundwehrdienst oder Zivildienst geleistet, verlängert sich die Altersgrenze von 21 Jahren bzw. 25 Jahren um die Dauer des Dienstes (§ 32 Abs. 5 EStG).

4. Berücksichtigung ohne altersmäßige Begrenzung (§ 32 Abs. 4 Nr. 3 EStG)

   Kinder werden berücksichtigt, wenn sie sich wegen Behinderung nicht selbst unterhalten können.

In den vorstehenden Nr. 2 und 3 (Kinder über 18 Jahre) entfällt eine Berücksichtigung, wenn die Kinder einer eigenen Erwerbstätigkeit nachgehen. Unschädlich ist eine Tätigkeit in einem zeitlichen Umfang von bis zu 20 Wochenstunden, ein Ausbildungsdienstverhältnis oder ein geringfügiges Beschäftigungsverhältnis.

ABB. 8:	Voraussetzungen für Kindergeld und Kinderfreibetrag	
	Kindergeld	Kinder-, Betreuungsfreibetrag
Kinder sind	leibliche Kinder, Pflegekinder, Enkelkinder	leibliche Kinder, Pflegekinder
Haushaltszugehörigkeit	ja	nein

Gemeinsame zusätzliche Voraussetzungen zum Alter des Kindes
1. Kinder bis zum 18. Lebensjahr: Keine
2. Kinder über 18 Jahre:
   a) In Berufsausbildung oder im freiwilligen sozialen oder ökologischen Jahr, begrenzt bis zum 25. Lebensjahr, keine eigene Erwerbstätigkeit oder
   b) arbeitslos bis zum 21. Lebensjahr, keine eigene Erwerbstätigkeit oder
   c) wegen Behinderung nicht erwerbsfähig ohne altersmäßige Begrenzung.

Höhe der Freibeträge (§ 32 Abs. 6 EStG)

Im Fall der Zusammenveranlagung von Eltern beträgt der Kinderfreibetrag 384 €, der Betreuungsfreibetrag 220 € monatlich. Nicht miteinander verheiratete, geschiedene oder dauernd getrennt lebende Eltern erhalten jeweils den halben Kinderfreibetrag (192 €) bzw. Betreuungsfreibetrag (110 €). Der hälftige Freibetrag kann bei nicht wesentlicher Erfüllung der Unterhaltsverpflichtung durch den anderen Elternteil (nicht mindestens 75 %) übertragen werden. Der Freibetrag kann auch auf einen Stiefelternteil oder die Großeltern der Kinder übertragen werden, wenn sie das Kind in ihrem Haushalt aufgenommen haben.

Entlastungsbetrag für Alleinerziehende (§ 24b EStG)

Ein Steuerpflichtiger, der einzeln unter Anwendung der Grundtabelle veranlagt wird, erhält den Entlastungsbetrag für Alleinerziehende von 1 908 €, wenn er einen Freibetrag nach § 32 Abs. 6 EStG oder Kindergeld für mindestens ein Kind erhält, das in seiner Wohnung im Inland gemeldet ist. Für jedes weitere Kind erhöht sich der Entlastungsbetrag um 240 € (je Kind). Sind Kinder bei beiden Eltern im Inland gemeldet, erhält der Elternteil den Entlastungsbetrag, dem das Kind zuzuordnen ist. Besteht eine Haushaltsgemeinschaft mit einer anderen volljährigen Person (Ausnahme eigenes Kind), entfällt der Anspruch auf den Entlastungsbetrag.

Berücksichtigung von Kindern

Sachverhalt: Die Tochter Marie der Eheleute Guth ist am 1. 8. 1998 geboren. Sie ist seit einem Jahr berufstätig (eigene Erwerbstätigkeit i. S. des § 32 Abs. 4 Satz 2 EStG). `Fall 74`

Frage: Wie hoch sind die kindbedingten Freibeträge bei der Zusammenveranlagung für die Eheleute im Jahr 2016, wenn der Abzug der Freibeträge günstiger als das Kindergeld wäre?

Sachverhalt: Der Sohn Peter der Eheleute Reich, Essen, ist am 20. 8. 1990 geboren. Peter hat während des ganzen Jahres 2016 noch in Bonn studiert (auswärtig untergebracht), da er zuvor noch den neunmonatigen gesetzlichen Grundwehrdienst geleistet hat. Peter hat keine eigenen Einkünfte und Bezüge. Deshalb leisten seine Eltern während des ganzen Jahres Unterhalt (monatlich 550 €). `Fall 75`

Frage: Welche Steuervergünstigungen stehen den Eheleuten Reich bei ihrer Zusammenveranlagung im Jahr 2016 zu, wenn die kindbedingten Freibeträge günstiger als das Kindergeld sind?

Sachverhalt: Wie Fall 75, jedoch hat Peter im Jahr 2016 Arbeitslohn i. H. von 8 960 € erhalten. (Werbungskosten unter 1 000 €, wöchentliche Arbeitszeit unter 20 Stunden). `Fall 76`

Frage: Wie hoch sind die Steuervergünstigungen?

Kinder-, Betreuungsfreibetrag, Kinderbetreuungskosten `Fall 77`

Sachverhalt: Heide Treu ist verwitwet und hat eine Tochter von zehn Jahren in ihrem Haushalt. Ihr Ehemann, der Vater ihrer Tochter, ist vor zwei Jahren bei einem Verkehrsunfall verstorben.

Heide Treu ist berufstätig. Sie beschäftigt eine Haushaltshilfe zu einem Monatsgehalt von 300 € (geringfügiges Beschäftigungsverhältnis). Sie zahlt monatlich pauschal 12 % zusätzlich zum Bruttogehalt für die Renten- und Krankenversicherung sowie für Steuern (geringfügige Beschäftigung in Privathaushalten). Die Haushaltshilfe betreut auch die Tochter von Heide Treu bei Erledigung der Schulaufgaben. Dieser Teil ihrer Tätigkeit beansprucht 40 % ihrer Arbeitszeit.

Frage: Geben Sie die möglichen steuerlichen Vergünstigungen an, wenn die Freibeträge nach § 32 Abs. 6 EStG günstiger sind als das Kindergeld.

Fall 78 **Fachaufgabe Einkommensteuer (zu versteuerndes Einkommen)**

Sachverhalt: Der seit mehreren Jahren verwitwete Albrecht, 65 Jahre alt, macht in seiner Einkommensteuererklärung folgende Angaben:

Bruttoarbeitslohn aus Versorgungsbezügen (Frühpensionierung; Versorgungsbeginn 2004)	6 000 €
Zinseinnahmen	3 600 €
Gewinn aus selbständiger Steuerberatung	68 500 €
Die insgesamt abzugsfähigen Sonderausgaben betragen	2 000 €

Albrecht unterhält ein Pflegekind im Alter von zehn Jahren. Weitere Kosten werden von ihm nicht geltend gemacht. [Gehen Sie bei der Lösung davon aus, dass das gezahlte Kindergeld für die Steuerfreistellung das Existenzminimum des Kindes nicht ausreicht (§ 31 EStG).]

Ermitteln Sie das zu versteuernde Einkommen (Rechtslage 2016).

Fall 79 **Härteausgleich**

Sachverhalt a: Ein lediger Arbeitnehmer hat folgende Einkünfte:

Einkünfte aus nichtselbständiger Arbeit (**ein** Dienstverhältnis)	23 000 €
Einkünfte aus Kapitalvermögen	600 €

Die abziehbaren Sonderausgaben betragen 2 500 €.

Sachverhalt b: Ein lediger Arbeitnehmer hat folgende Einkünfte:

Einkünfte aus nichtselbständiger Arbeit (nebeneinander **zwei** Dienstverhältnisse/ Steuerklasse I und VI)	23 000 €
Einkünfte aus Kapitalvermögen	350 €

Die abziehbaren Sonderausgaben betragen 2 500 €.

Frage: Haben die Arbeitnehmer eine Einkommensteuererklärung abzugeben? Wie hoch ist das zu versteuernde Einkommen?

XII. Veranlagung von Arbeitnehmern (§ 46 EStG)

Fall 80 **Einkommensgrenze**

Sachverhalt: Der Bankangestellte Hugo Schimmelpfennig und seine Frau Emilie haben im Kalenderjahr 2016 folgendes Einkommen:

Einkünfte aus nichtselbständiger Arbeit des Ehemannes	35 000 €
Einkünfte der Ehefrau aus Kapitalvermögen	400 €
Gesamtbetrag der Einkünfte	35 400 €
./. Sonderausgaben	3 500 €
Einkommen	31 900 €

Von den Gehaltsbezügen ist Lohnsteuer in zutreffender Höhe einbehalten worden.

Frage: Wird für die Ehegatten für das Kalenderjahr 2016 eine Einkommensteuerveranlagung durchgeführt?

„Nebeneinkünfte" von insgesamt mehr als 410 €

Fall 81

Sachverhalt: Der ledige Schulz hat folgende Einkünfte:

Einkünfte aus nichtselbständiger Arbeit	+15 000 €
Einkünfte aus Kapitalvermögen	+1 800 €
Einkünfte aus Vermietung und Verpachtung	./. 1 400 €

Frage: Wird für Schulz eine Einkommensteuerveranlagung durchgeführt?

XIII. Lohnsteuer

Arbeitslohn (1)

Sachverhalt: Maurerpolier Stein stellt an einer Maschine einen Schaden fest. Durch schnelle Reparatur der Maschine bewahrt er seinen Betrieb vor einem hohen Schaden. Sein Arbeitgeber schenkt ihm deshalb 500 €.

Fall 82

Frage: Gehören die 500 € zum steuerpflichtigen Arbeitslohn des Stein?

Sachverhalt: Bäckergeselle Korn arbeitet für Bäckermeister Schroth gegen einen Stundenlohn von 9,50 €. Korn hat im Hause seines Arbeitgebers freie Kost und Unterkunft.

Fall 83

Frage: Worin besteht der Arbeitslohn des Korn?

Sachverhalt: Steuerfachangestellter Schlau hat laut Arbeitsvertrag ein Monatsgehalt von 1 500 € brutto. Arbeitgeber Fuchs zahlt zusätzlich monatlich 40 € vermögenswirksame Leistungen i. S. des 5. VermBG. Der Betrag von 40 € wird auf ein Bausparkonto des Schlau überwiesen.

Fall 84

Arbeitgeber Fuchs zahlt in jedem Monat weitere 30 € zusätzlich in eine Direktversicherung i. S. des § 40b EStG zugunsten des Schlau. Nach dem Versicherungsvertrag erhält Schlau nach Vollendung seines 60. Lebensjahres 52 500 € ausgezahlt.

Frage: Wie hoch ist der steuerpflichtige Monatslohn des Schlau? Welche Vergünstigungen hat Schlau nach dem 5. VermBG? Welche Möglichkeiten ergeben sich für die abzuführende Lohnsteuer?

Sachverhalt: Arbeitnehmer Hurtig erhält zu seinem 65. Geburtstag von seinem Arbeitgeber eine Armbanduhr im Wert von 190 €.

Fall 85

Frage: Gehört der Wert der Armbanduhr zum Arbeitslohn des Hurtig?

Arbeitslohn (2)

Fall 86

Sachverhalt: Ludwig Lenze aus Düsseldorf ist Angestellter des Baumarktes Kellermann. Bei den folgenden Bezügen möchte er wissen, ob und in welchem Umfang sie der Lohnsteuer unterliegen:

a) Der Arbeitgeber zahlte im Juli 2016 Urlaubsgeld i. H. von 400 €.

b) Herr Lenze hilft den Kunden beim Einladen der Waren und erhält gelegentlich ein Trinkgeld. Im Jahr 2016 kamen insgesamt 1 400 € zusammen.

c) Der Arbeitgeber hat für den Pausenraum einen Kaffeeautomaten angeschafft. Würde man die Anschaffungskosten auf die Belegschaft aufteilen, so entfielen auf Herrn Lenze 70 €.

d) Dringend benötigtes Material, das im eigenen Baumarkt nicht vorrätig war, musste durch Herrn Lenze aus einer auswärtigen Firma beschafft werden. Er fuhr mit dem eigenen Pkw insgesamt 140 km. Der Arbeitgeber ersetzte ihm $140 \times 0,40$ € = 56 €.

Frage: Wie hoch ist der steuerpflichtige Arbeitslohn?

Fall 87 Erstattung von Telefonkosten (1)

Sachverhalt: Die Firma Häger KG erstattet ihrem Prokuristen Pingelig die gesamten Telefonkosten in seiner Wohnung, weil Pingelig oft auch abends und an den Wochenenden für die Firma telefonieren muss. Einen zweiten – privaten – Telefonanschluss hat Pingelig nicht.

Die Firma erstattet:

Jahresgrundgebühr	212 €
Gesprächsgebühren	625 €

Frage: Liegt steuerpflichtiger Arbeitslohn vor und wenn ja, in welcher Höhe?

Fall 88 Erstattung von Telefonkosten (2)

Sachverhalt: Die Firma Häger KG erwartet von ihren vier Außendienstmitarbeitern, dass sie auch von ihrem privaten Fernsprechanschluss für die Firma Gespräche führen. Die darauf entfallenden Gesprächsgebühren können die Außendienstmitarbeiter unter Vorlage entsprechender Aufzeichnungen der Firma in Rechnung stellen.

Frage: Liegt steuerpflichtiger Arbeitslohn vor?

Fall 89 Zuschuss zum Mittagessen, zusätzliche Altersversorgung

Sachverhalt: Kundig (K) ist Angestellter der Stadtverwaltung in Mainz. Für das Kalenderjahr 2016 hat er einen tariflichen Arbeitslohn von 25 000 € bezogen. K hat im Kalenderjahr 2016 noch zusätzlich erhalten:

a) Arbeitgeberanteil zur Sozialversicherung 21 % von 25 000 € =   5 250 €

b) Beiträge an die Versorgungsanstalt des Bundes und der Länder
zur zusätzlichen Altersversorgung des K =   1 200 €

c) Kostenlose Kantinenmahlzeit an 220 Arbeitstagen.
Nach der Sachbezugs-VO für 2016 beträgt der Sachbezugswert für jede Hauptmahlzeit 3,10 €.

Frage: Wie hoch sind die Einkünfte aus nichtselbständiger Arbeit, wenn K keine Werbungskosten geltend macht?

Unentgeltliche Nutzung eines Betriebs-Pkw

Sachverhalt: Prokurist Pingelig nutzt einen Betriebs-Pkw unentgeltlich für Privatfahrten und für Fahrten zwischen Wohnung und Arbeitsstätte. Der Neupreis des Pkw beträgt 23 000 € inkl. Zubehör und Mehrwertsteuer. Die Entfernung zwischen Wohnung und Arbeitsstätte des Pingelig beträgt 15 km.

Frage: Liegt ein Sachbezug vor und wenn ja, in welcher Höhe?

Annehmlichkeiten, Betriebsausflug

Sachverhalt: Gastwirt Sonntag bittet Steuerberater Fuchs um Auskunft über folgende Lohnsteuerfragen:

1. In meiner Gaststätte spielt seit Anfang dieses Monats jeweils am Samstagabend von 19 Uhr bis 1 Uhr die Tanzkapelle Komet. Sie besteht aus fünf nebenberuflich tätigen Musikern. Jeder Musiker erhält als Vergütung pro Spielabend 300 € in bar, ein Abendessen im Wert von 10 € und Getränke im Wert von 6 €.

   a) Sind die Musiker als Arbeitnehmer tätig, also unselbständig, oder sind sie selbständig tätig?

   b) Wenn sie Arbeitnehmer sind, wie hoch ist ihr Arbeitslohn? Könnte ich ggf. die Steuern pauschal übernehmen?

2. Meine Ehefrau ist in einem vom Finanzamt steuerlich anerkannten Arbeitsverhältnis in meinem Betrieb beschäftigt.

   a) Kann ich ihre Gehaltsbezüge, die bisher in bar ausgezahlt wurden, auch auf unser gemeinsames Urlaubskonto, über das auch ich allein verfügen darf, überweisen?

   b) Ist die meiner Ehefrau aus Anlass der Geburt unseres Sohnes Frank gezahlte Geburtsbeihilfe von 315 € steuerfrei?

3. Im vorigen Monat habe ich einen Betriebsausflug durchgeführt. Daran waren außer mir insgesamt zwanzig Personen beteiligt, nämlich zehn Arbeitnehmer mit ihren Ehegatten. Die Kosten betrugen:

Fahrtkosten	183 €
Kosten für die Musikkapelle	325 €
Kosten für Essen und Getränke	500 €
Gesamtkosten	1 008 €

Wie muss ich diese Kosten lohnsteuerlich behandeln?

Frage: Was schreibt Steuerberater Fuchs?

Arbeitsmittel – Absetzung für Abnutzung (AfA)

Sachverhalt: Richter Ast erwarb am 10. 8. 2016 für 486 € einschließlich Umsatzsteuer ein Faxgerät, das er fast ausschließlich beruflich nutzt. Die private Nutzung ist von untergeordneter Bedeutung. Die Nutzungsdauer des Faxgeräts beträgt sechs Jahre.

Frage: Kann Richter Ast im Kalenderjahr 2016 Werbungskosten geltend machen?

Fall 93   **Arbeitsmittel – Bemessungsgrundlage für die AfA**

Sachverhalt: Richter Ast erwarb am 10. 11. 2016 für 1 992 € einschließlich Umsatzsteuer einen Computer, Nutzungsdauer 3 Jahre. Er bezahlt 1 000 € am 10. 11. 2016, den Restbetrag vereinbarungsgemäß am 10. 2. 2017. Den Rechner nutzt Richter Ast ausschließlich zu beruflichen Zwecken.

Frage: In welcher Höhe kann Richter Ast im Kalenderjahr 2016 Werbungskosten geltend machen?

Fall 94   **Arbeitsmittel – geringwertiges Wirtschaftsgut**

Sachverhalt: Arbeitnehmer Holz erwarb am 10. 12. 2016 nur für berufliche Zwecke eine Bohrmaschine, Nutzungsdauer 8 Jahre, Anschaffungskosten einschließlich Umsatzsteuer 460 €.

Frage: In welcher Höhe kann Arbeitnehmer Holz im Kalenderjahr 2016 Werbungskosten geltend machen?

Fall 95   **Häusliches Arbeitszimmer**

Sachverhalt: Richter Ast, der zu Hause mehr als 50 % seiner gesamten beruflichen Tätigkeit ausübt, hat eine Wohnung mit einem Arbeitszimmer gemietet. Das Zimmer nutzt er (zusätzlich zu seinem Büro im Gericht) so gut wie ausschließlich zu beruflichen Zwecken. Auf das Zimmer entfallen im Kalenderjahr folgende anteilige Kosten:

Miete	1 040 €
Heizungskosten	120 €
Stromkosten	60 €
Insgesamt	1 220 €

Die Kosten für die Ausstattung des Arbeitszimmers (Malerarbeiten, Erneuerung Bodenbelag) haben in 2016 1 000 € betragen. Für die Einrichtung des Zimmers (Büromöbel) hat Ast insgesamt 2 496 € aufgewendet. Die Nutzungsdauer der Möbel beträgt 13 Jahre.

Frage: In welcher Höhe hat Richter Ast Werbungskosten?

Fall 96   **Telefongebühren eines Arbeitnehmers**

Sachverhalt: Ein angestellter Reisender muss überdurchschnittlich viel für seine Firma von seinem häuslichen Telefon telefonieren. Einen Ersatz dieser beruflich veranlassten Telefonkosten erhält er nicht. Weil er über die beruflich geführten Telefongespräche keine Aufzeichnungen gefertigt hat, muss er die anteiligen Telefonkosten schätzen.

Seine Telefonkosten betragen insgesamt:

Grundgebühren	225 €
Gesprächsgebühren	985 €
Summe	1 210 €

Frage: In welcher Höhe kann der angestellte Reisende Telefonkosten als Werbungskosten geltend machen?

Wege zwischen Wohnung und erster Tätigkeitsstätte

Fall 97

Sachverhalt: Arbeitnehmer Pechstein (P) wohnt in Wiedenbrück. Im Kalenderjahr 2016 ist er an 230 Arbeitstagen mit seinem eigenen Pkw zur Arbeitsstätte nach Soest gefahren. Die kürzeste Entfernung beträgt 61 km. P benutzte allerdings die wesentlich schnellere Strecke über Bundesstraßen und die Bundesautobahn. Die Entfernung beträgt hier 70 km. An 5 Tagen benutzte P ein Taxi, da aufgrund eines Unfalls sein Wagen in der Werkstatt war. Die Kosten für das Taxi betrugen täglich 65 €.

Frage: Wie hoch sind die Werbungskosten des P?

Mehraufwendungen wegen doppelter Haushaltsführung

Fall 98

Sachverhalt: Piepenbrink wohnt mit seiner Ehefrau Lotte in Münster. Seit 1.1.2016 ist P in einer Lackfabrik in Bielefeld tätig. Er hat ein Appartement in Oerlinghausen gemietet (Anreise jeweils Sonntagabend; Abreise freitags). Die monatliche Miete beträgt 400 €. Die Entfernung von seiner Wohnung in Oerlinghausen bis zur Arbeitsstätte in Bielefeld beträgt 18 km. P legt diese Strecke an fünf Arbeitstagen in der Woche mit seinem Pkw zurück. Seit einem Verkehrsunfall ist P erheblich gehbehindert, was zu einer Minderung seiner Erwerbsfähigkeit um 60 % geführt hat. Sein Arbeitgeber zahlte ihm im Kalenderjahr 2016 einen Zuschuss zu den Kosten für Fahrten zwischen Wohnung und Arbeitsstätte i. H. von 600 €. Der Zuschuss wurde vom Arbeitgeber nicht nach § 40 Abs. 2 Satz 2 EStG pauschal versteuert.

Die Entfernung zwischen Münster und Oerlinghausen beträgt 93 km.

Frage: In welcher Höhe kann P im Kalenderjahr 2016 Werbungskosten geltend machen? Gehen Sie von 230 Arbeitstagen aus (1. 1. – 31. 3. 2016 = 60 Arbeitstage).

Lohnsteuerklassen, Zahl der Kinderfreibeträge

Fall 99

Sachverhalt a: Hausmann ist nicht verheiratet. Er hat aus einer früheren Ehe zwei Kinder unter 18 Jahren, die bei der Mutter mit Wohnung – im Inland – gemeldet sind.

Sachverhalt b: Eva Schön ist nicht verheiratet. Sie hat ein Kind unter 18 Jahren, das bei ihr mit Wohnung – im Inland – gemeldet ist. Der Vater des Kindes ist unbeschränkt steuerpflichtig (wohnt im Inland).

Sachverhalt c: Arbeitnehmer Hurtig ist verheiratet. Seine Ehefrau ist Hausfrau und hat aus einer früheren Ehe drei Kinder unter 18 Jahren, die im Haushalt der Ehegatten Hurtig leben. Der Vater der Kinder zahlt Unterhalt und ist unbeschränkt steuerpflichtig (wohnt im Inland).

Sachverhalt d: Geschiedene Ehegatten sind beide Arbeitnehmer und nicht wieder verheiratet. Sie haben zwei gemeinsame Kinder unter 18 Jahren. Die Kinder sind in der Wohnung der Mutter gemeldet. Der Vater zahlt für die Kinder Unterhalt.

Sachverhalt e: Ein verheirateter Arbeitnehmer hat ein Kind im Alter von 20 Jahren, das nach seinem Abitur eine Berufsausbildung mangels Ausbildungsplatzes/Studienplatzes nicht beginnen kann. Das Kind hat kein eigenes Einkommen.

Frage: Welche elektronischen Lohnsteuerabzugsmerkmale wird das Finanzamt (ggf. auf Antrag) berücksichtigen?

Fall 100 Lohnsteuerklassen, Eheschließung im Laufe des Kalenderjahres

Sachverhalt: Die Arbeitnehmerin Helene Meier aus Paderborn hat ein zweijähriges Kind, das in ihrem Haushalt lebt. Am 30. 5. 2016 heiratet sie Paul Müller, den Vater ihres Kindes. Danach beziehen sie eine gemeinsame Wohnung. Paul Müller ist seit 2015 geschieden und hat aus erster Ehe zwei Kinder unter 18 Jahren, die bei der Mutter mit Wohnung – im Inland – gemeldet sind.

Fragen:

a) Welche Steuerklassen und ggf. wie viele Kinder hat das Finanzamt Paderborn bei Änderung der Lohnsteuerkarten 2015 in 2016 für die Arbeitnehmer zu bescheinigen?

b) Sind die Ehegatten verpflichtet, nach der Eheschließung (30. 5. 2016) ihre ELStAM ändern zu lassen?

c) Welche Änderung der Steuerklasse kommt nach der Eheschließung in Frage und welche Behörde ist für die Änderung zuständig?

Fall 101 Lohnsteuerklassen, Beendigung des Arbeitsverhältnisses

Sachverhalt: Die Ehegatten Müller aus Münster haben beide Steuerklasse IV. Die Ehefrau beendete im April 2016 ihr Arbeitsverhältnis.

Fragen:

a) Können die Lohnabzugsmerkmale des Ehemannes im April 2016 geändert werden?

b) Wenn ja, welche Änderung kommt in Betracht, welche Behörde ist hierfür zuständig und ab wann wird die Änderung wirksam?

c) Wenn die Lohnabzugsmerkmale des Ehemannes geändert werden, sind dann auch die Lohnsteuerabzugsmerkmale der Ehefrau zu ändern?

Fall 102 Wahl der Steuerklasse

Sachverhalt: Kentenich verdient 2 000 € im Monat und seine Ehefrau Emilie 1 000 €. Sie wissen nicht, ob sie beide die Steuerklasse IV nehmen sollen oder einer der Ehegatten die Steuerklasse III und der andere die Steuerklasse V.

Frage: Welche Steuerklassen kommen für die Ehegatten in Betracht?

Lohnsteuerpauschalierung bei Teilzeitbeschäftigten

Fall 103 **Sachverhalt:** Karola Huhn arbeitet an zwölf Tagen in zwei Wochen für jeweils fünf Stunden in der Firma Krümel KG, Dortmund, zur Verpackung von Schokoladenteilen zum Osterfest. Ihr Stundenlohn beträgt 8,50 €, der ihr voll ausbezahlt wird. Mit dem Arbeitgeber hat sie vereinbart, dass er die Lohnsteuer übernimmt.

Frage: Wie hoch ist die abzuführende Lohnsteuer? Welche Fragen ergeben sich für die Arbeitnehmerin?

Sachverhalt: Else Saubermann arbeitet im Haushalt von Bankdirektor a. D. Florentin, Düsseldorf, gegen einen Stundenlohn von 8,50 € wöchentlich im Durchschnitt acht Stunden. Else legt weder eine Freistellungsbescheinigung ihres Finanzamts noch Angaben zu Lohnsteuerabzugsmerkmalen vor. Florentin möchte den Arbeitslohn pauschal versteuern. `Fall 104`

Frage: Wie hoch ist die abzuführende Lohnsteuer?

Sachverhalt: Arbeitgeber Lässig, Köln, beschäftigt seit Jahren laufend die Rentnerin Else Frisch, 66 J., nicht verheiratet. Lässig zahlt Nettolohn und übernimmt die pauschale Lohnsteuer. Else Frisch arbeitet für einen Stundenlohn von 9 € dreimal wöchentlich je sieben Stunden. Ihr Wochenlohn beträgt somit netto 189 €. `Fall 105`

Lässig erhebt die Lohnsteuer nach § 40a Abs. 2 EStG mit einem Pauschsteuersatz von 20 % und führt diese an das Finanzamt ab.

Frage: Wie beurteilt der Lohnsteuer-Außenprüfer des Finanzamts diesen Vorgang?

Weitere Übungen zu geringfügigen Beschäftigungsverhältnissen `Fall 106`

Sachverhalt: Die Steuerfachangestellte Anke Pfiffig hat einen eigenen Mandantenkreis zu betreuen. Da sie bei der Beurteilung geringfügiger Beschäftigungsverhältnisse unsicher ist, bittet Anke Sie bei den folgenden Fällen um Ihren fachkundigen Rat:

► Else Saubermann ist seit Jahren für Bankdirektor Florentin als Haushaltshilfe tätig. Ihr Arbeitslohn beträgt 270 €. Da Else ihren auswärts studierenden Sohn finanziell unterstützen muss, möchte Else gern durch eine weitere Stelle als Haushaltshilfe 190 € hinzuverdienen.

► Während seines Studiums arbeitet der Sohn von Else Saubermann Klaus regelmäßig in einem Auflaufrestaurant. Sein Arbeitslohn beträgt monatlich 300 € zzgl. durchschnittlich 50 € Trinkgeld.

► Alfred Baum bezieht seit dem letzten Jahr Rente. Da er mit seinen 66 Jahren noch sehr rüstig ist, möchte er gern etwas hinzuverdienen. Eine Wachdienstfirma bietet ihm an, samstags die Ein- und Ausgangskontrolle bei dem Elektromarkt Jupiter zu übernehmen. Der Arbeitslohn soll 175 € monatlich betragen.

► Norbert Schmolensky ist Angestellter des Bürofachmarktes Schreib & Kram. Früh morgens trägt Norbert regelmäßig Zeitungen aus, wofür er 300 € monatlich erhält.

► Anja Rührig ist Hausfrau, Mutter und mit Paul verheiratet. Da er Beamter beim Wohnungsamt ist, sind beide privat krankenversichert. Während die Tochter Lena im Kindergarten ist, arbeitet Anja im Blumengeschäft um die Ecke. Dabei verdient sie monatlich 300 €.

Frage: Beurteilen Sie die Abgabenbelastung der Beschäftigungsverhältnisse (Rentenversicherung, Krankenversicherung, Arbeitslosenversicherung, Einkommensteuer). Eine Berechnung der Abgaben ist nicht erforderlich.

Freibetrag im Lohnsteuerabzugsverfahren (1) `Fall 107`

Sachverhalt: Der 25 Jahre alte ledige Kraftfahrer Hurtig will im März 2016 einen Antrag auf Lohnsteuerermäßigung beim Finanzamt stellen. Er kann folgende Aufwendungen nachweisen bzw. glaubhaft machen:

Werbungskosten	1 412 €
Sozialversicherung	1 150 €
Lebensversicherung	1 200 €
Gezahlte Kirchensteuer	190 €

Frage: Ist der Antrag zulässig? Wie hoch ist der Jahresfreibetrag, den das Finanzamt auf der Lohnsteuerkarte vermerkt? Wie hoch ist der Monatsfreibetrag?

Fall 108 **Freibetrag im Lohnsteuerabzugsverfahren (2)**

Sachverhalt: Ein Arbeitnehmer, dessen Ehefrau nicht berufstätig ist, stellt am 23.4.2016 einen Antrag auf Lohnsteuer-Ermäßigung für das Kalenderjahr 2016. Er macht folgende, nicht zu beanstandende Ausgaben bzw. Aufwendungen geltend:

a) Kirchensteuer 2016   185 €

b) Lebensversicherungsbeiträge   1 475 €

c) Die Ehefrau (Steuerfachangestellte) studiert nebenbei Kunstgeschichte an der Uni. Die Semestergebühren, Kosten für Bücher und die Fahrtkosten betragen   400 €

d) Aufwendungen für Fahrten zwischen Wohnung und erster Tätigkeitsstätte (einfache Entfernung 10 km) an 210 Tagen

e) Steuerermäßigung für haushaltsnahe Dienstleistungen (§ 35a EStG)   510 €

Frage: Wie hoch ist der Jahresfreibetrag? Wie hoch ist der Monatsfreibetrag?

Fall 109 **Antrag auf Veranlagung**

Sachverhalt: Ein lediger Arbeitnehmer, 55 Jahre, Steuerklasse II/1, wohnhaft in Essen, macht in seinem Antrag auf Veranlagung geltend:

Werbungskosten (§ 9 EStG)		1 500 €
Sonderausgaben		
Arbeitnehmerbeiträge zur gesetzlichen Sozialversicherung		5 023 €
(davon		
– gesetzliche Rentenversicherung	2 394 €,	
– gesetzlichen Krankenversicherung	1 973 €,	
– Pflegeversicherung	295 €,	
– Arbeitslosenversicherung	361 €)	
Kirchensteuer		55 €

Außergewöhnliche Belastung (§ 33 EStG), nicht erstattete Krankheitskosten   2 000 €

Die Lohnsteuerbescheinigung des Arbeitnehmers für das Antragsjahr enthält folgende Eintragungen:

Bruttoarbeitslohn	Vom Arbeitslohn einbehaltene		
	Lohnsteuer	Kirchensteuer	Solidaritätszuschlag
24 060 €	2 314 €	55 €	0 €

Der Arbeitnehmer ist seit drei Jahren verwitwet. Zu seinem Haushalt gehört ein Kind im Alter von 22 Jahren, das sich noch in der Berufsausbildung befindet.

Frage: Wie hoch ist der Lohnsteuer-, Solidaritätszuschlag- und Kirchensteuer-Erstattungsbetrag? Verwenden Sie bitte das beigefügte Bearbeitungsschema. Gehen Sie davon aus, dass die Gewährung von Kindergeld günstiger als der Abzug des Kinderfreibetrags ist (§ 31 EStG).

Bearbeitungsschema

	Antrag-steller		Ehegatte	zusammen
Jahresarbeitslohn (§ 19 Abs. 1 EStG)	...... €		...... €	
./. § 19 Abs. 2 EStG	...... €		...... €	
./. § 9, § 9a Nr. 1 EStG	...... €		...... €	
./. § 24a EStG	...... €	...... €	...... €	...... €
Summe der Einkünfte	...... €		...... €	...... €
Entlastungsbetrag für Alleinerziehende				...... €
Gesamtbetrag der Einkünfte				...... €
Vorsorgeaufwendungen (§§ 10, 10c EStG)			...... €	
Übrige Sonderausgaben (§§ 10, 10c EStG)			...... €	
Außergewöhnliche Belastungen (§§ 33, 33a–33b EStG)			...... €	...... €
Einkommen				...... €

Sonderfreibeträge: Kinder-, Betreuungsfreibetrag (§ 32 Abs. 6 EStG)   ...... €

.... €   ...... €

= Zu versteuerndes Einkommen   ...... €

	ESt	KiSt	SolZ
Jahressteuerschuld lt. Tabelle	...... €	...... €	...... €
Einbehalten für Antragsteller	...... €	...... €	...... €
Einbehalten für Ehegatten	...... €	...... €	...... €
Summe	...... €	...... €	...... €
Zu erstatten sind (nach Aufrundung)	...... €	...... €	...... €

B. Körperschaftsteuer

I. Persönliche Steuerpflicht

Unter das Körperschaftsteuergesetz (KStG) fallen Körperschaften, Personenvereinigungen und Vermögensmassen. Der Hauptanwendungsfall der KSt ist die Besteuerung der Kapitalgesellschaften; das sind Aktiengesellschaften (AG), Gesellschaften mit beschränkter Haftung (GmbH) und Kommanditgesellschaften auf Aktien (KGaA) – vgl. § 1 Abs. 1 Nr. 1 KStG. Natürliche Personen werden dagegen nach dem Einkommensteuergesetz (EStG) besteuert.

Bei Personengesellschaften (OHG, KG, GbR) wird der Gewinn der Gesellschaft den Gesellschaftern anteilig zugerechnet und ist von ihnen (nach dem EStG oder KStG) zu versteuern.

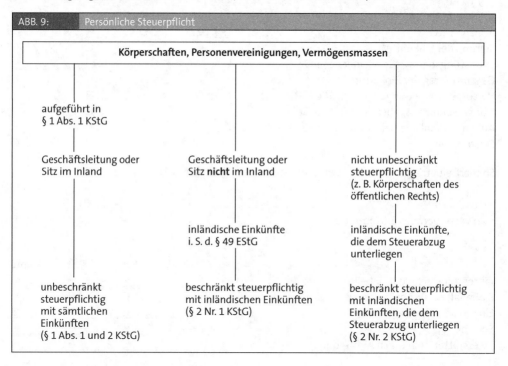

ABB. 9: Persönliche Steuerpflicht

Körperschaften, Personenvereinigungen, Vermögensmassen

aufgeführt in § 1 Abs. 1 KStG		
Geschäftsleitung oder Sitz im Inland	Geschäftsleitung oder Sitz **nicht** im Inland	nicht unbeschränkt steuerpflichtig (z. B. Körperschaften des öffentlichen Rechts)
	inländische Einkünfte i. S. d. § 49 EStG	inländische Einkünfte, die dem Steuerabzug unterliegen
unbeschränkt steuerpflichtig mit sämtlichen Einkünften (§ 1 Abs. 1 und 2 KStG)	beschränkt steuerpflichtig mit inländischen Einkünften (§ 2 Nr. 1 KStG)	beschränkt steuerpflichtig mit inländischen Einkünften, die dem Steuerabzug unterliegen (§ 2 Nr. 2 KStG)

Fall 110 Persönliche Steuerpflicht

Sachverhalt:

a) Die Paul Meier GmbH mit Sitz in Bochum betreibt ein Bauunternehmen. Für das Jahr 2016 wurde ein Verlust von 50 000 € festgestellt.

b) Die Supertransport B. V. (niederländische Kapitalgesellschaft) mit Sitz in Enschede betreibt eine Spedition. Die Supertransport B. V. beliefert auch Kunden in Deutschland, hat jedoch keine inländischen Einkünfte i. S. des § 49 EStG.

c) Die Belles Meubles S. A. (belgische Kapitalgesellschaft) mit Sitz in Lüttich (Belgien) unterhält mehrere Möbelmärkte. Eine Betriebsstätte befindet sich in Aachen.

d) Die Stadt Dortmund erhält aus einer Beteiligung an der VEW AG Dividendeneinnahmen.

e) Die A. Schulz GmbH & Co. KG mit Sitz in Bielefeld betreibt dort einen Kfz-Handel.

Frage: Wie beurteilen Sie die Körperschaftsteuerpflicht?

Beginn der Steuerpflicht

Fall 111

Sachverhalt: Die Gesellschafter Stein und Sand beschließen, am 1. 2. 2016 eine GmbH zu gründen, die einen Baustoffhandel betreiben soll. Die notarielle Beurkundung des Gesellschaftsvertrags erfolgt am 15. 3. 2016, die Eintragung der GmbH in das Handelsregister am 1. 4. 2016.

Frage: Wann beginnt die Körperschaftsteuerpflicht der GmbH? Wie wirken sich ggf. vor Beginn der Steuerpflicht entstandene Kosten der GmbH im Gründungsstadium aus?

II. Grundlagen der Besteuerung

Die Körperschaftsteuer bemisst sich wie die Einkommensteuer für natürliche Personen nach dem zu versteuernden Einkommen (§ 7 Abs. 1 KStG).

Die Körperschaftsteuer ist – ebenfalls wie die Einkommensteuer – eine Jahressteuer. Die Bemessungsgrundlage ist für ein Kalenderjahr zu ermitteln (§ 7 Abs. 3 KStG).

Bei Körperschaften, die nach den Vorschriften des Handelsgesetzbuches verpflichtet sind, Bücher zu führen, ist der Gewinn nach dem Wirtschaftsjahr zu ermitteln. Bei einem vom Kalenderjahr abweichenden Wirtschaftsjahr gilt der Gewinn als in dem Kalenderjahr bezogen, in dem das Wirtschaftsjahr endet. Die Umstellung des Wirtschaftsjahres auf einen vom Kalenderjahr abweichenden Zeitraum muss im Einvernehmen mit dem Finanzamt erfolgen (§ 7 Abs. 4 KStG).

Abweichendes Wirtschaftsjahr

Fall 112

Sachverhalt: Die neu gegründete Sand-Stein GmbH betreibt ab dem 1. 2. 2016 einen Baustoffhandel. Sie wählt ein vom Kalenderjahr abweichendes Wirtschaftsjahr vom 1. 4. bis 31. 3. In dem Wirtschaftsjahr vom 1. 2. 2016 bis 31. 3. 2016 erzielt die GmbH ein zu versteuerndes Einkommen von ./. 20 000 € (Verlust) und vom 1. 4. 2016 bis 31. 3. 2017 ein zu versteuerndes Einkommen von 60 000 €.

Frage: Wie hoch ist das zu versteuernde Einkommen der GmbH im Kalenderjahr 2016?

III. Ermittlung des zu versteuernden Einkommens

Die Ermittlung des zu versteuernden Einkommens erfolgt bei Körperschaften wie bei natürlichen Personen in den Schritten

► Summe der Einkünfte

► Gesamtbetrag der Einkünfte

► Einkommen und

► zu versteuerndes Einkommen

(vgl. R 7.1 KStR).

Die Ermittlung des Einkommens richtet sich dabei grundsätzlich nach den Vorschriften des Einkommensteuergesetzes und den Sondervorschriften des KStG (§ 8 bis § 22 KStG). Dabei können Vorschriften des Einkommensteuergesetzes, die nur für natürliche Personen anwendbar sind (z. B. Abzug von Sonderausgaben – § 10 EStG, außergewöhnliche Belastung – §§ 33–33b EStG, Kinderfreibeträge – § 32 EStG) nicht angewendet werden (vgl. R 8.1 KStR).

Besondere Bedeutung hat die Vorschrift des § 8 Abs. 2 KStG, nach der bei Körperschaften, die nach den Vorschriften des Handelsgesetzbuches Bücher führen müssen, alle Einkünfte als Einkünfte aus Gewerbebetrieb zu behandeln sind. Hierunter fallen z. B. alle Kapitalgesellschaften, Genossenschaften und Vereine, die ein Handelsgewerbe betreiben.

Dagegen können Körperschaften, die nicht nach dem Handelsgesetzbuch zur Führung von Büchern verpflichtet sind, alle Einkunftsarten i. S. des § 2 Abs. 1 EStG beziehen. Dies ist z. B. der Fall bei Vereinen, Stiftungen und Körperschaften des öffentlichen Rechts.

Berechnung des zu versteuernden Einkommens bei Kapitalgesellschaften (z. B. GmbH)

	Gewinn laut Steuerbilanz oder Jahresüberschuss laut Handelsbilanz zzgl./abzgl. Korrektur nach § 60 Abs. 2 EStDV
+	verdeckte Gewinnausschüttung nach § 8 Abs. 3 KStG
+	nichtabziehbare Aufwendungen nach § 4 Abs. 5 und 7 EStG und § 10 KStG
+	sämtliche Spenden
./.	Dividenden aus Beteiligungen nach § 8b Abs. 1 KStG
./.	steuerfreie Einkünfte nach § 3 EStG oder DBA, Investitionszulagen
=	**Summe der Einkünfte**
./.	abzugsfähige Spenden nach § 9 Abs. 1 Nr. 2 KStG
=	**Gesamtbetrag der Einkünfte**
./.	Verlustabzug nach § 10d EStG, § 8 Abs. 1 und 4 KStG
=	**Einkommen**
=	**zu versteuerndes Einkommen**

(vgl. R 7.1 KStR).

Fall 113   **Ermittlung des zu versteuernden Einkommens (1)**

Sachverhalt: In der Gewinn- und Verlustrechnung der Holz GmbH für das Jahr 2016 sind u. a. folgende Positionen enthalten:

Erlöse aus Warenverkauf		230 000 €
Erstattung KSt 2015		5 000 €
Aufwendungen Wareneinkauf	./.	130 000 €
sonstige Aufwendungen	./.	20 000 €
Spenden (§ 9 Abs. 1 Nr. 2 KStG)	./.	3 000 €
Gewerbesteuer-Vorauszahlungen	./.	9 500 €
Körperschaftsteuer-Vorauszahlungen	./.	24 000 €
Körperschaftsteuer-Rückstellung	./.	6 375 €
Jahresüberschuss		42 125 €

Frage: Wie hoch ist das zu versteuernde Einkommen für den Veranlagungszeitraum 2016?

Ermittlung des zu versteuernden Einkommens (2)

Sachverhalt: Die Schlicht-Wohnbau GmbH mit Sitz in Münster hat folgende Handelsbilanz zum 31.12.2016 aufgestellt:

verschiedene Aktiva	945 000 €	A. Eigenkapital		
		I. gezeichnetes Kapital		500 000 €
		II. Gewinnrücklagen		200 000 €
		III. Verlustvortrag	./. 10 000 €	
		IV. Jahresüberschuss	109 000 €	99 000 €
		B. Rückstellungen		
		KSt 2016		21 000 €
		GewSt 2016		2 500 €
		C. Verbindlichkeiten		122 500 €
				945 000 €

In dem Jahresüberschuss sind enthalten:

steuerfreie Investitionszulage (§ 10 InvZulG)	10 000 €
KSt-Vorauszahlungen	60 000 €
Spende an die CDU	1 000 €
Spende an die ev. Kirche	2 000 €
Aufsichtsratsvergütungen	8 000 €

Die GmbH verfügt aus dem Jahr 2015 über einen nicht berücksichtigten Verlustabzug von 10 000 €.

Frage: Wie hoch ist das zu versteuernde Einkommen im Veranlagungszeitraum 2016?

Dividenden aus Beteiligungen

Sachverhalt: Die Reich Vermögensverwaltungs GmbH besitzt seit mehreren Jahren Aktien der A-AG (1 000 Stück zum Nennwert von 5 €). Der Anteil am Grundkapital der AG beträgt 5 %.

Die Aktien wurden mit ihren Anschaffungskosten von 20 000 € bilanziert; der Kurs je Aktie beträgt zum 31.12.2016 22,30 €. Die Hauptverwaltung der A-AG hat am 31.1.2016 beschlossen, für das Jahr 2015 eine Dividende von 4 € je Aktie auszuschütten. Die Gutschrift erfolgt am 15.2.2016 (nach Abzug der Kapitalertragsteuer und des Solidaritätszuschlags) i. H. von 3 156 €. Die erforderlichen Steuerbescheinigungen liegen der Reich Vermögensverwaltungs GmbH vor.

Die GuV-Rechnung der GmbH zum 31.12.2016 lautet:

Umsatzerlöse			120 000 €
Ertrag aus Beteiligung an der A-AG			4 000 €
abzgl. allgemeine Aufwendungen	./.		75 000 €
abzgl. KSt-VZ für 2016	./.		10 000 €
abzgl. Spende an SPD	./.		3 000 €
abzgl. Kapitalertragsteuer (A-AG)	./.		1 000 €
abzgl. Solidaritätszuschlag (A-AG)	./.		55 €
Jahresüberschuss			34 945 €

Gewinnausschüttungen für das Jahr 2016 sind nicht erfolgt. Eine KSt-Rückstellung wurde nicht gebildet.

Frage: Wie hoch sind das zu versteuernde Einkommen und die KSt-Abschlusszahlung/-Erstattung für den Veranlagungszeitraum 2016?

IV. Steuersätze, festzusetzende Körperschaftsteuer

Der tarifliche Körperschaftsteuersatz beträgt 15 %. Dieser Satz ist auf das zu versteuernde Einkommen anzuwenden und gilt unabhängig davon, ob Gewinne an Anteilseigner ausgeschüttet werden oder nicht.

Fall 116 Festzusetzende Körperschaftsteuer

Sachverhalt: Die Albert Stein GmbH in Bochum erzielt im Jahr 2016 ein zu versteuerndes Einkommen i. H. von 250 000 €. Ausschüttungen für das Jahr 2016 wurden nicht vorgenommen.

Frage: Wie hoch ist die festzusetzende Körperschaftsteuer im Veranlagungszeitraum 2016?

Fall 117 Festzusetzende Körperschaftsteuer bei einem Verein

Sachverhalt: Der nach § 5 Abs. 1 Nr. 9 KStG von der Körperschaftsteuer befreite Verein, Tennisverein Grün-Weiß Düsseldorf, unterhält mit dem Betrieb einer Gaststätte einen wirtschaftlichen Geschäftsbetrieb.

Der Gewinn hat im Wirtschaftsjahr 2016 30 000 € betragen.

Frage: Wie hoch ist die festzusetzende Körperschaftsteuer?

Ermittlung der verbleibenden Körperschaftsteuer bei Kapitalgesellschaften

Bemessungsgrundlage = zu versteuerndes Einkommen

Anwendung des tariflichen Steuersatzes 15 % (§ 23 Abs. 1 KStG)

= **tarifliche Körperschaftsteuer** (Tarifbelastung)

= **festzusetzende Körperschaftsteuer**

abzgl. anzurechnende Kapitalertragsteuer einschl. Zinsabschlag

= **verbleibende Körperschaftsteuer** (vgl. R 7.2 KStR)

Fall 118 Ermittlung des zu versteuernden Einkommens und der festzusetzenden Körperschaftsteuer

Sachverhalt: Die Treuhand GmbH wurde zum 2. 1. 2016 gegründet. Die Schlussbilanz des Wirtschaftsjahres 2016 zeigt folgendes Bild:

		31. 12. 2016	
Aktiva	691 000 €	Stammkapital	300 000 €
		Jahresüberschuss	131 000 €
		Verbindlichkeiten	260 000 €
	691 000 €		691 000 €

Eine Körperschaftsteuer-Rückstellung wurde bisher nicht gebildet. Die GuV-Rechnung des Wirtschaftsjahres 2016 lautet (vor Körperschaftsteuer):

	Erträge	210 000 €
+	Investitionszulage	10 000 €
./.	Spenden (Sportverein, gemeinnützige Zwecke) ./.	14 000 €
./.	KSt-Vorauszahlungen ./.	15 000 €
./.	übrige Aufwendungen ./.	60 000 €
=	Gewinn (Jahresüberschuss) 2016	131 000 €

Am 1. 3. 2017 beschließt die GmbH eine Gewinnausschüttung für das Wirtschaftsjahr 2016 von 94 000 €.

Fragen:

1. Ermitteln Sie die tarifliche KSt für 2016.

2. Erstellen Sie die endgültige Steuerbilanz (mit zutreffender KSt-Rückstellung).

Körperschaftsteuerveranlagung

Fall 119

Sachverhalt: Die Hausbau GmbH legt zum 31. 12. 2016 folgende (vorläufige) Schlussbilanz vor:

31. 12. 2016			
Aktiva	200 000 €	Stammkapital	100 000 €
		Gewinnrücklagen	20 000 €
		Jahresüberschuss	30 000 €
		Verbindlichkeiten	50 000 €
			200 000 €

Die GuV-Rechnung des Wirtschaftsjahres 2016 (vor KSt) lautet:

	Erträge	120 000 €
./.	Parteispende CDU ./.	5 000 €
./.	Geschenke über 40 € (§ 4 Abs. 5 Nr. 1 EStG) ./.	3 000 €
./.	KSt-Vorauszahlungen ./.	12 000 €
./.	sonstige Aufwendungen ./.	70 000 €
	Jahresüberschuss	30 000 €

Am 1. 5. 2017 beschließt die GmbH eine Gewinnausschüttung von 25 000 €.

Fragen:

1. Führen Sie die KSt-Veranlagung der Hausbau GmbH für das Jahr 2016 durch (zu versteuerndes Einkommen, festzusetzende KSt).

2. Erstellen Sie die endgültige Steuerbilanz zum 31. 12. 2016.

Fall 120 **Verdeckte Gewinnausschüttung**

Sachverhalt: Die Ingenieurbau GmbH hat im Jahr 2016 ein zu versteuerndes Einkommen von 100 000 € erklärt. In den Betriebsausgaben sind Aufwendungen für die Gewinnbeteiligung des angestellten Gesellschafters Meier i. H. von 50 000 € enthalten (ausgezahlt in 2016). Der mit Meier abgeschlossene Anstellungsvertrag enthält keine Regelung über die Gewinnbeteiligung.

Frage: Welche Auswirkungen hat der Sachverhalt

a) auf das Einkommen und die festzusetzende KSt in 2016 (ohne Berücksichtigung der Gewerbesteuer)?

b) auf die Einkünfte des Gesellschafters Meier?

   Bisher wurde in 2016 Arbeitslohn i. H. von 110 000 € (einschließlich der Gewinnbeteiligung von 50 000 €) angesetzt.

C. Gewerbesteuer

Vorbemerkung

Das Aufkommen an Gewerbesteuer steht den Gemeinden zu (§ 1 GewStG). Die Finanzämter setzen den Gewerbesteuermessbetrag fest und entscheiden auch über Rechtsbehelfe, die den Messbetrag betreffen. Die Finanzämter sind ferner für die Zerlegung (Verteilung) des Gewerbesteuermessbetrags zuständig, sofern ein Gewerbebetrieb Betriebsstätten in mehreren Gemeinden unterhält (vgl. auch § 3 Abs. 2, § 22 und § 184 Abs. 3 AO).

Die Gemeinden setzen auf der Grundlage der Messbeträge die Gewerbesteuer fest und erheben sie.

ABB. 10:   Schema zur Berechnung der Gewerbesteuer

A. Festsetzung des Steuermessbetrags durch das Finanzamt

Gewinn aus Gewerbebetrieb (steuerlicher Gewinn, bei KapG: GdE – § 7 Satz 1 GewStG)*

- \+   Hinzurechnungen (§ 8 GewStG)
- ./.   Kürzungen (§ 9 GewStG)
- =   Gewerbeertrag (vor Abrundung und Freibetrag)
- ./.   Gewerbeverlust (§ 10a GewStG)
      Abrundung auf volle 100 € (§ 11 Abs. 1 Satz 3 GewStG)
- ./.   Freibetrag (max. 24.500 € – § 11 Abs. 1 Satz 3 Nr. 1 GewStG –
      nur bei Personenunternehmen)
- =   Gewerbeertrag (nach Abrundung und Freibetrag – § 11 Abs. 1 GewStG)
- x   3,5 % Steuermesszahl (§ 11 Abs. 2 GewStG)
- =   Gewerbesteuermessbetrag (§ 11 GewStG)

B. Festsetzung der Gewerbesteuer durch die Gemeinde (§ 16)

Gewerbesteuermessbetrag
x ... % (Hebesatz, § 16 GewStG)
= Gewerbesteuer

---

* In der Klausur muss der steuerliche Gewinn nach § 7 Satz 1 GewStG (= Ausgangsbasis für die Ermittlung der Gewerbesteuer) teilweise zunächst von Ihnen ermittelt werden (vgl. z. B. Fall 121).

Finanzierungsentgelte

Die Finanzierungsentgelte, die dem Gewinn nach § 8 Nr. 1 GewStG hinzuzurechnen sind, werden wie folgt ermittelt:

a) 100 % der Entgelte für Schulden (z. B. Darlehenszinsen);

b) 100 % der Renten und dauernden Lasten;

c) 100 % der Gewinnanteile stiller Gesellschafter;

d) 20 % der Mieten, Pachten und Leasingraten für die Nutzung von beweglichen WG des AV, die im Eigentum eines anderen stehen;

e) 50 % der Mieten, Pachten und Leasingraten für die Nutzung von unbeweglichen WG des AV, die im Eigentum eines anderen stehen;

f) 25 % der Aufwendungen für die zeitlich befristete Überlassung von Rechten (z. B. Konzessionen und Lizenzen).

= Summe der Finanzierungsentgelte
./. Freibetrag 100 000 €

= Bemessungsgrundlage, soweit Freibetrag überschritten
x 25 %
= Hinzurechnungsbetrag

Hinweis: Besonderheiten in den neuen Bundesländern

Bei der Kürzung des Gewerbeertrags für Betriebsgrundstücke nach § 9 Nr. 1 GewStG sind deren Einheitswerte nach den Wertverhältnissen von 1935 zugrunde zu legen. Der Ansatz der Einheitswerte erfolgt nach § 133 BewG

▶ bei Mietwohngrundstücken mit 100 %,

▶ bei Geschäftsgrundstücken mit 400 %,

▶ bei gemischtgenutzten Grundstücken, Einfamilienhäusern und sonstigen bebauten Grundstücken mit 250 % und

▶ bei unbebauten Grundstücken mit 600 % des Einheitswerts 1935.

Für die alten Bundesländer gilt § 121a BewG (140 %).

Fall 121 **Gewerbeertrag einer Kommanditgesellschaft**

Sachverhalt: Die Familie Holz betreibt in Münster eine Bauschreinerei in der Rechtsform einer Kommanditgesellschaft.

Der **handelsrechtliche** Gewinn der Holz KG für das Kalenderjahr 2016 beträgt 11 350 €.

Karl Holz sen. ist Komplementär und Geschäftsführer. Für seine Tätigkeit als Geschäftsführer bezieht er eine monatliche Vergütung von 3 400 €. Karl Holz ist zugleich Eigentümer eines Turmdrehkrans, den er an die Gesellschaft vermietet hat. Für die Überlassung dieses Geräts zahlt ihm die Holz KG eine Miete von monatlich 2 100 € zzgl. 19 % Umsatzsteuer. Die Jahres-AfA für die Maschine beträgt 6 000 €.

Elisabeth Holz sen. ist bei der KG als Teilzeitkraft beschäftigt und bezieht hierfür ein monatliches Gehalt von 320 €. Sie ist nicht an der Firma beteiligt.

Die Söhne **Karl und Ludger Holz** sind Kommanditisten. Sie erhalten jeder aufgrund eines Anstellungsvertrags mit der Gesellschaft ein Jahresbruttogehalt von 28 000 €. Die Arbeitgeberanteile zur Sozialversicherung betragen im Kalenderjahr 2016 je 5 523 €.

Die im Jahre 2016 gezahlten Darlehenszinsen an die Sparkasse betragen 6 200 €. Die Miete für das Betriebsgebäude beträgt 50 000 €.

Alle vorgenannten Beträge sind in der Buchführung der KG als Betriebsausgaben behandelt worden.

Frage: Wie hoch ist der Gewerbesteuermessbetrag für den Erhebungszeitraum 2016?

Gewerbeertrag, Beteiligungen an Personengesellschaften, Leasing Fall 122

Sachverhalt: Die Firma Schneider (Einzelunternehmen) betreibt in Köln eine Möbelspedition. Der für das Kalenderjahr 2016 nach §§ 4, 5 EStG ermittelte Gewinn beträgt 150 000 €. Für die Gewerbesteuererklärung können aus der Gewinn- und Verlustrechnung folgende Angaben entnommen werden:

1.	Laufender Gewinnanteil aus der Beteiligung an der Faber OHG	5 000 €
2.	Darlehenszinsen (u. a. zur Finanzierung einer Lagerhalle)	70 000 €
3.	Der Einheitswert der Lagerhalle (Geschäftsgrundstück) beträgt	50 000 €
4.	Zinsen aus Kontokorrentschulden	14 000 €
5.	Aufwendungen für die Anmietung eines Kompressors zum Lackieren von Fahrzeugen	41 250 €
6.	Leasingraten für einen Transporter an die Leasing-GmbH	33 600 €
7.	Miete für eine Auslieferungshalle	24 000 €

Frage: Wie hoch ist der Gewerbesteuermessbetrag für den Erhebungszeitraum 2016?

Gewerbeertrag, Beteiligungen an Kapitalgesellschaften Fall 122a

Heinz Günther betreibt einen Getränkegroßhandel in der Rechtsform eines Einzelunternehmens. Der für das Kalenderjahr = Wirtschaftsjahr 2016 ermittelte Gewinn lt. Handels- und Steuerbilanz beträgt 100 000 €. Die Sachverhalte 1) und 2) sind dabei noch nicht berücksichtigt.

Heinz Günther hält seit drei Jahren Beteiligungen in unveränderter Höhe an zwei GmbH in seinem Betriebsvermögen (Anlagevermögen):

1) Beteiligung 1: Beteiligung mit 15 % des Stammkapitals an der A-GmbH. Im November erhielt er eine Gewinnausschüttung („Bruttodividende") i. H. von 10 000 €. Aufwendungen im Zusammenhang mit dieser Beteiligung sind nicht angefallen.

2) Beteiligung 2: Beteiligung mit 14 % des Stammkapitals an der B-GmbH. Im Dezember erhielt er eine Gewinnausschüttung („Bruttodividende") i. H. von 15 000 €. Aufwendungen im Zusammenhang mit dieser Beteiligung sind nicht angefallen.

Fragen:

a) Bitte nehmen Sie die Buchungen für den Sachverhalt 1) und 2) vor und geben Sie jeweils die Gewinnauswirkungen aus diesen *Buchungssätzen* an.

b) Bitte ermitteln Sie den Gewinn lt. Handels- und Steuer*bilanz*.

c) Bitte ermitteln Sie den *steuerlichen Gewinn nach § 7 Satz 1 GewStG.*

d) Bitte nehmen Sie zu den Sachverhalten 1) und 2) kurz aus *gewerbesteuerlicher* Sicht Stellung.

Gewerbesteuer bei Verlusten Fall 123

Sachverhalt: Die Firma Lehmann (Einzelunternehmen), Mainz, legt Ihnen für das Wirtschaftsjahr 2016 folgende Zahlen vor:

Verlust laut Steuerbilanz	68 250 €
Hinzurechnungen nach § 8 GewStG	43 150 €
Kürzungen nach § 9 GewStG	10 450 €
Hebesatz der Gemeinde	390 %

Fragen:

a) Wie hoch ist die Gewerbesteuer für 2016?

b) Ergeben sich aus dem Sachverhalt gewerbesteuerliche Auswirkungen auf vorangegangene bzw. folgende Erhebungszeiträume?

Fall 124 **Gewerbesteuerzerlegung**

Sachverhalt: Edwin Moses betreibt im Rhein-Ruhr-Gebiet mehrere Läden für sportliche Laufschuhe unter dem Namen „Bigfoot". Die größte Filiale an der Königsallee in Düsseldorf leitet Edwin Moses selber. Die Filialen in Bochum und Dortmund werden von angestellten Prokuristen geführt.

Im Wirtschaftsjahr 2016 (= Erhebungszeitraum) entstanden folgende Lohn- und Gehaltsaufwendungen: Düsseldorf 75 320 €, Bochum 37 890 € und Dortmund 41 250 €. In den Aufwendungen sind Ausbildungsvergütungen von 13 600 € für Düsseldorf, 10 800 € für Bochum und 6 750 € für Dortmund enthalten.

Der Gewerbesteuermessbetrag wurde mit 50 000 € zutreffend ermittelt. Die Gewerbesteuerhebesätze 2016 betrugen für Düsseldorf 440 %, für Bochum 495 und Dortmund 485 %.

Frage: Wie hoch ist die Gewerbesteuer für 2016 des Unternehmens „Bigfoot" in drei Städten? Ermitteln Sie den Betrag in einer übersichtlichen Darstellung (auf volle € abrunden).

D. Umsatzsteuer

Vorbemerkung

In den nachfolgenden Fällen ist – wenn nicht etwas anderes im Sachverhalt vorgegeben ist – grundsätzlich davon auszugehen, dass die genannten Unternehmer der Besteuerung nach vereinbarten Entgelten unterliegen und keine Kleinunternehmer sind. Die Rechnungen sind grundsätzlich als ordnungsgemäß anzusehen, es sei denn, es werden im Sachverhalt konkrete Angaben zur Rechnung gemacht. Die ggf. erforderlichen Beleg- und Buchnachweise gelten als erbracht.

I. Allgemeine Einführung

Die Umsatzsteuer (USt) ist vor der Einkommensteuer/Lohnsteuer die größte Einnahmequelle für die öffentlichen Haushalte. Rechtsgrundlagen für die USt sind das Umsatzsteuergesetz (UStG) und die Umsatzsteuer-Durchführungsverordnung (UStDV). Die Verwaltung ist darüber hinaus noch an den Umsatzsteuer-Anwendungserlass (UStAE) sowie an die Schreiben des Bundesministeriums der Finanzen, die Erlasse der jeweiligen Finanzministerien der Länder und die Verfügungen der Oberfinanzdirektionen gebunden.

Die USt ist

► eine **Sach- oder Objektsteuer**; d. h. persönliche Verhältnisse werden nicht berücksichtigt,

► eine **Verkehrssteuer**, da wirtschaftliche Verkehrsvorgänge (Umsätze) besteuert werden,

► eine **indirekte Steuer**, da Steuerschuldner (Unternehmer) und Steuerträger (Endverbraucher) verschiedene Personen sind,

► eine **Veranlagungssteuer**, da sie nach dem Prinzip der Selbstberechnung durch den Unternehmer (Steueranmeldung) erhoben wird,

► eine **Gemeinschaftssteuer**, da das Aufkommen zwischen dem Bund, den Ländern und den Gemeinden verteilt wird.

Die USt ist eine **Netto-Allphasen-USt mit Vorsteuer(VoSt)-Abzug**; d. h. die Umsatzbesteuerung findet grundsätzlich auf jeder Wirtschaftsstufe statt.

Netto-Allphasen-USt mit VoSt-Abzug

`Fall 125`

Sachverhalt: Der Produzent Prächtig stellt – ohne die Inanspruchnahme von Vorbezügen – in seinem Unternehmen eine Ware her. Diese Ware veräußert er für 1 000 € zzgl. 190 € USt an den Großhändler Ganz. Dieser wiederum veräußert die Ware für 2 000 € zzgl. 380 € USt an den Einzelhändler Ehrlich, der die Ware für 3 000 € zzgl. 570 € USt an den Privatmann Pech verkauft. Entsprechende Rechnungen sind von den beteiligten Unternehmern ausgestellt worden.

Frage: Bei wem und in welcher Höhe entsteht eine USt-Zahllast?

Untergang der Ware

`Fall 126`

Sachverhalt: Wie Fall 125; jedoch wird die Ware von dem Einzelhändler Ehrlich nicht an den Privatmann Pech veräußert, da die Ware durch einen Brand beim Einzelhändler so stark beschädigt wurde, dass sie nicht mehr veräußert werden konnte. Die Versicherung des Ehrlich überweist diesem für den eingetretenen Schaden einen Betrag i. H. von 2 000 € für die Ware.

Frage: Wie hoch ist insgesamt die Steuereinnahme des Staates, bezogen auf diese Ware?

II. Steuerbarkeit

Steuergegenstand der USt ist gem. § 1 UStG der steuerbare Umsatz. Nur die im § 1 Abs. 1 UStG abschließend aufgeführten Umsätze sind steuerbar. Hierbei handelt es sich um folgende Umsätze:

► Lieferungen und sonstige Leistungen (§ 1 Abs. 1 Nr. 1 UStG),

► Einfuhren im Inland (§ 1 Abs. 1 Nr. 4 UStG),

► innergemeinschaftliche Erwerbe (§ 1 Abs. 1 Nr. 5 UStG).

Im Rahmen des Steuerentlastungsgesetzes 1999/2000/2002 wurden die Nummern 2 und 3 in § 1 Abs. 1 UStG mit Wirkung ab dem 1. 4. 1999 gestrichen. Die bisher unter diese Nummern fallenden Umsätze werden entweder den Lieferungen gegen Entgelt (§ 3 Abs. 1b UStG) oder den sonstigen Leistungen gegen Entgelt (§ 3 Abs. 9a UStG) gleichgestellt oder es wird der Vorsteuerabzug versagt (§ 15 Abs. 1a UStG).

1. Steuerbarkeit gem. § 1 Abs. 1 Nr. 1 UStG

Der USt unterliegen die Lieferungen und sonstigen Leistungen, die ein Unternehmer im Inland gegen Entgelt im Rahmen seines Unternehmens ausführt. Tatbestandsmerkmale für einen steuerbaren Umsatz nach § 1 Abs. 1 Nr. 1 Satz 1 UStG sind:

► Lieferungen und sonstige Leistungen,

► Unternehmer,

► im Rahmen des Unternehmens,

► im Inland,

► gegen Entgelt.

a) Lieferungen und sonstige Leistungen

Oberbegriff für die Lieferung und die sonstige Leistung ist die Leistung. Auch die Lieferung ist eine Leistung.

Lieferungen eines Unternehmers sind gem. § 3 Abs. 1 UStG Leistungen, durch die er oder in seinem Auftrag ein Dritter den Abnehmer oder in dessen Auftrag einen Dritten befähigt, im eigenen Namen über einen Gegenstand zu verfügen (Verschaffung der Verfügungsmacht). Die umsatzsteuerrechtliche Verfügungsmacht ist nicht identisch mit dem Begriff der sachenrechtlichen Verfügungsmacht im Sinne des BGB, erfordert somit nicht den Erwerb des Eigentums. In der Regel wird allerdings die Verschaffung der Verfügungsmacht mit dem bürgerlich-rechtlichen Eigentumsübergang identisch sein.

Sonstige Leistungen sind gem. § 3 Abs. 9 UStG Leistungen, die keine Lieferungen sind. Sie können auch in einem Unterlassen oder im Dulden einer Handlung oder eines Zustands bestehen.

Typische Beispiele für sonstige Leistungen sind Dienstleistungen aller Art sowie Miet- und Pachtleistungen.

Hat der Unternehmer die Bearbeitung oder Verarbeitung eines Gegenstands übernommen und verwendet er hierbei Stoffe, die er selbst beschafft, so ist die Leistung als Lieferung (**Werklieferung**) anzusehen, wenn es sich bei den Stoffen nicht nur um Zutaten oder sonstige Nebensachen handelt. Verwendet der Werkunternehmer bei seiner Leistung keinerlei selbst beschaffte Stoffe oder nur Stoffe, die als Zutaten oder sonstige Nebensachen anzusehen sind, so handelt es sich um eine **Werkleistung**.

Lieferung/sonstige Leistung

Fall 127

Sachverhalt: Der Unternehmer Adam mit Sitz in Aachen veräußerte am 1. 2. 2016 eine in seinem Unternehmen hergestellte Maschine an den Unternehmer Bach in Berlin. Der Kaufvertrag wurde am 1. 2. 2016 geschlossen, und die Maschine wurde am 10. 3. 2016 von Adam nach Berlin transportiert. Der Kaufpreis i. H. von 119 000 € wurde von Bach am 3. 4. 2016 gezahlt.

Frage: Handelt es sich um eine Lieferung oder um eine sonstige Leistung und wann ist der Leistungszeitpunkt?

Einheitlichkeit der Leistung

Fall 128

Sachverhalt: Der Möbelhändler Max betreibt in Mainz ein Möbelgeschäft. Am 10. 1. 2016 veräußerte er eine Polstergarnitur an den Rechtsanwalt Recht, der die Polstergarnitur für seine Rechtsanwaltspraxis benötigte. Vereinbarungsgemäß beförderte Max die Polstergarnitur mit eigenem Lkw zu Recht. Für diese Beförderungsleistung berechnete Max dem Recht zusätzlich zum Preis der Polstergarnitur noch weitere 100 €.

Frage: Wie viele Leistungen erbringt Max?

Werklieferung/Werkleistung

Fall 129

Sachverhalt: Malermeister Dinkel ist Inhaber eines Malergeschäfts in Dortmund. Am 5. 1. 2016 wurde er von dem Kunden Kunz beauftragt, Tapezierarbeiten in dem Kunz gehörenden Zweifamilienhaus in Dortmund durchzuführen. Kunz suchte sich die Tapeten bei Dinkel aus. Dinkel entnahm die benötigten Tapeten aus seinem Lager und führte die Tapezierarbeiten in der Zeit vom 22. 1. 2016 bis 24. 1. 2016 aus. Die Bezahlung durch Kunz erfolgte im Februar 2016.

Frage: Wie ist die Leistung des Dinkel zu beurteilen?

Verkauf von Diebesgut

Fall 130

Sachverhalt: Huber betätigt sich in Frankfurt als An- und Verkäufer von Diebesgut. Im April 2016 erwarb er von dem Dieb Durst 20 gestohlene Kameras und veräußerte diese noch im selben Monat an verschiedene Kunden, die wussten, dass es sich um Diebesgut handelte, weiter. Die Verkaufserlöse beliefen sich auf 3 000 €.

Frage: Führt Huber Lieferungen i. S. des § 3 Abs. 1 UStG aus?

Fall 131   **Verbringen eines Gegenstands**

Sachverhalt: Der Unternehmer Ude hat neben seinem Hauptgeschäft in Berlin noch eine Betriebsstätte in Madrid. Da er eine bestimmte Ware in seinem Hauptgeschäft in Berlin nicht verkaufen konnte, beschloss er, die Ware in seine Betriebstätte nach Madrid zu bringen und sie dort zu veräußern. Ude brachte die Ware am 1. 3. 2016 mit eigenem Lkw von Berlin nach Madrid.

Frage: Führt Ude eine Lieferung aus?

Fall 132   **Lohnveredelung**

Sachverhalt: Der Unternehmer Völler mit Sitz in Versmold erhielt am 10. 1. 2016 von dem italienischen Unternehmer Italo mit Sitz in Rom den Auftrag, Dosen herzustellen. Italo transportierte die erforderlichen Bleche am 11. 1. 2016 mit eigenem Lkw zu Völler nach Versmold. Völler stellte die Dosen her und transportierte sie nach Fertigstellung noch im Januar 2016 vereinbarungsgemäß zu dem Kunden des Italo nach Berlin.

Frage: Führt Völler eine Lieferung aus?

Fall 133   **Entnahme eines Gegenstands**

Sachverhalt: Apfel betreibt in Arnsberg ein Lebensmitteleinzelhandelsgeschäft. Für sich selbst, seine Ehefrau und seine drei Kinder entnimmt er laufend Lebensmittel aus seinem Geschäft, um damit den privaten Bedarf zu decken. Bei Anschaffung steht die Verwendung noch nicht fest. Im Jahre 2016 wurden insgesamt Lebensmittel im Einkaufswert von 10 000 € entnommen.

Frage: Handelt es sich bei der Entnahme der Lebensmittel um einen steuerbaren Umsatz?

Fall 134   **Private Verwendung eines Gegenstands**

Sachverhalt: Häuslich ist Eigentümer eines Mehrfamilienhauses in Herford. Von den zehn Wohnungen sind neun an Privatpersonen zu Wohnzwecken vermietet. Eine Wohnung nutzt Häuslich selbst zu Wohnzwecken. Häuslich hat das gesamte Grundstück seinem Unternehmensbereich zugeordnet. Einen Vorsteuerabzug konnte Häuslich bei der Anschaffung des Hauses nicht vornehmen.

Frage: Liegt hinsichtlich der von Häuslich selbstgenutzten Wohnung ein steuerbarer Umsatz vor?

Fall 135   **Unentgeltliche Lieferung zwischen Gesellschaft und Gesellschafter**

Sachverhalt: Die Schwarz GmbH betreibt in Saarbrücken ein Unternehmen, das den Im- und Export von Waren aller Art zum Gegenstand hat. Aus betrieblichem Anlass überließ die GmbH ihrer Gesellschafterin Schwarz Waren im Wert von 2 000 €, für die die Gesellschafterin kein Entgelt aufwenden musste. Die Waren können nur betrieblich genutzt werden. Bei Anschaffung der Waren stand deren Verwendung noch nicht fest.

Frage: Liegt ein steuerbarer Umsatz der GmbH vor?

b) Unternehmer

Unternehmer ist gem. § 2 Abs. 1 Satz 1 UStG, wer eine gewerbliche oder berufliche Tätigkeit selbständig ausübt.

Voraussetzungen für die Unternehmereigenschaft sind:

► **Umsatzsteuerfähigkeit**

Steuerfähig, d. h. Träger von Rechten und Pflichten im umsatzsteuerlichen Sinne, ist jedes selbständig tätige Wirtschaftsgebilde, das nachhaltig Leistungen gegen Entgelt ausführt. Umsatzsteuerfähig können somit natürliche Personen, Personengruppen (z. B. OHG, KG, GbR) und juristische Personen sowohl des öffentlichen Rechts (z. B. Bund, Land, Gemeinde) als auch des privaten Rechts (z. B. AG, GmbH, KGaA, e. V.) sein.

► **Gewerbliche oder berufliche Tätigkeit**

Gewerblich oder beruflich ist jede nachhaltige Tätigkeit zur Erzielung von Einnahmen, auch wenn die Absicht, Gewinn zu erzielen, fehlt oder eine Personenvereinigung nur gegenüber ihren Mitgliedern tätig wird (§ 2 Abs. 1 Satz 3 UStG).

► **Selbständigkeit**

Eine selbständige Tätigkeit ist gegeben, wenn sie auf eigene Rechnung und auf eigene Verantwortung ausgeübt wird. Eine selbständige Tätigkeit liegt in den Fällen des § 2 Abs. 2 UStG nicht vor.

Bezüglich der Besonderheiten bei juristischen Personen des öffentlichen Rechts wird auf § 2 Abs. 3 UStG bzw. § 2b UStG (ab 1. 1. 2017) hingewiesen.

Jahreswagenverkäufer
Fall 136

Sachverhalt: Arens ist Angestellter eines großen Automobilherstellers in Wolfsburg. Er kauft unter Inanspruchnahme eines Angestelltenrabatts jährlich einen neuen Pkw und veräußert diesen nach Ablauf eines Jahres an private Abnehmer.

Frage: Ist Arens Unternehmer i. S. des § 2 Abs. 1 UStG?

Nachhaltigkeit
Fall 137

Sachverhalt: Igel mit Wohnsitz in Ibbenbüren ist als Angestellter nichtselbständig tätig. Sein Hobby ist das Sammeln von Briefmarken. Gelegentlich veräußert er einzelne Stücke seiner Sammlung, um sich von den Erlösen andere Briefmarken für seine Sammlung zu kaufen.

Frage: Ist Igel Unternehmer i. S. des § 2 Abs. 1 UStG?

Einmaliger Umsatz
Fall 138

Sachverhalt: Habenix eröffnete in Hamburg ein Büro als Grundstücksmakler und vermittelte sogleich ein Grundstücksgeschäft. Da es ihm trotz intensiver Bemühungen nicht gelungen war, weitere Aufträge zu erhalten, schloss er das Büro nach einiger Zeit wieder.

Frage: Ist Habenix Unternehmer i. S. des § 2 Abs. 1 UStG?

Fall 139 **Erfolglose Unternehmensgründung**

Sachverhalt: Nach Ablegung der Steuerberaterprüfung im Jahre 2016 mietete Kraft sich in Köln ein Büro und ließ sich als selbständiger Steuerberater nieder. Trotz intensiver Bemühungen gelang es Kraft nicht, Mandanten zu finden. Daraufhin schloss er sein Büro und arbeitet seitdem als angestellter Steuerberater. Die VoSt-Beträge im Zusammenhang mit der Gründung sind vom Finanzamt zunächst anerkannt worden.

Frage: Ist Kraft Unternehmer i. S. des § 2 Abs. 1 UStG?

Fall 140 **Teilselbständigkeit**

Sachverhalt: Der Arzt Arm ist in einem Bielefelder Krankenhaus als Chefarzt angestellt. Daneben steht ihm für die Behandlung von Privatpatienten, denen gegenüber er persönlich abrechnet, ein Liquidationsrecht zu.

Frage: Ist Arm selbständig oder nichtselbständig tätig?

Fall 141 **Organschaft**

Sachverhalt: Groß war als Einzelunternehmer Inhaber einer Maschinenfabrik. Er gründete eine Einmann-GmbH, die die Aktivitäten des Einzelunternehmens fortführt. Die wesentlichen Betriebsgrundlagen hat Groß gegen Entgelt an die GmbH vermietet. Groß ist auch Geschäftsführer der GmbH.

Frage: Wer ist Unternehmer i. S. des § 2 UStG?

Fall 142 **Wohnsitz im Ausland**

Sachverhalt: Der Schweizer Tell mit Wohnsitz in Bern besitzt in Münster ein Lebensmitteleinzelhandelsgeschäft. Der Betrieb wird von dem Geschäftsführer Grantig im Namen des Tell geleitet. Tell ist bisher überhaupt noch nicht in der Bundesrepublik Deutschland gewesen.

Frage: Wer ist Unternehmer i. S. des § 2 UStG?

Fall 143 **Fahrzeuglieferer**

Sachverhalt: Listig ist als Steuerfachangestellter in Lemgo nichtselbständig tätig. Im April 2016 erwarb er einen neuen Pkw für 30 000 € zzgl. 5 700 € USt. Bereits im Mai 2016 veräußerte Listig den Pkw für 28 000 € (mit Rechnung) an einen Spanier mit Wohnsitz in Madrid, der den Pkw im Inland bei Listig abholte und mit nach Madrid nahm.

Frage: Ist Listig Unternehmer i. S. des UStG?

Fall 144 **Ende der Unternehmereigenschaft**

Sachverhalt: Meier war Inhaber eines Werkzeugeinzelhandels in Hamm. Aus Altersgründen hatte er seinen Betrieb im März 2016 eingestellt und den Betrieb abgemeldet. Das Umlauf- und Anlagevermögen war mit Ausnahme einer Maschine an verschiedene Käufer verkauft worden. Die Maschine konnte erst im Dezember 2016 veräußert werden.

Frage: Wann endet die Unternehmereigenschaft des Meier? Gehört der Verkauf der Maschine noch zur Unternehmertätigkeit des Meier?

c) Rahmen des Unternehmens

Das Unternehmen umfasst gem. § 2 Abs. 1 Satz 2 UStG die gesamte gewerbliche oder berufliche Tätigkeit des Unternehmers. Ein Unternehmer kann immer nur ein Unternehmen haben. Zum Unternehmen gehören sämtliche Betriebe oder berufliche Tätigkeiten desselben Unternehmers. In den Rahmen des Unternehmens fallen nicht nur die Grundgeschäfte, die den eigentlichen Gegenstand der geschäftlichen Betätigung bilden, sondern auch die Hilfsgeschäfte. Auf die Nachhaltigkeit der Hilfsgeschäfte kommt es nicht an.

Innerhalb des Unternehmens sind steuerbare Umsätze grundsätzlich nicht möglich (sog. Innenumsätze).

Unternehmen

Fall 145

Sachverhalt: Recht ist selbständiger Rechtsanwalt in Regensburg. Daneben ist er noch Inhaber eines Fabrikationsbetriebs in Darmstadt und Eigentümer eines vermieteten Mehrfamilienhauses auf Sylt.

Frage: Ist Recht Unternehmer und wenn ja, welche Tätigkeiten gehören dann in den Rahmen seines Unternehmens?

Rahmen des Unternehmens

Fall 146

Sachverhalt: Der Finanzbeamte Tüchtig schreibt in seiner Freizeit ein Lehrbuch zur USt und erhält hierfür pro verkauftes Exemplar ein festgelegtes Entgelt. Daneben hält er bei sich bietender Gelegenheit Vorträge vor Steuerberatern gegen Entgelt. Zusammen mit seiner Ehefrau ist Tüchtig Eigentümer einer Ferienwohnung auf Rügen, die an Feriengäste vermietet wird.

Frage: Welche Tätigkeiten gehören in den Rahmen des Unternehmens des Tüchtig?

Verkauf eines Anlagegegenstands

Fall 147

Sachverhalt: Unkel betreibt in Ulm ein Schuhgeschäft. Im April 2016 veräußerte er seine alte Ladeneinrichtung an den Unternehmer Vau zu einem Preis von 2 000 €. Unkel erwarb noch im April eine neue Ladeneinrichtung für sein Schuhgeschäft.

Frage: Fällt die Veräußerung der Ladeneinrichtung in den Rahmen des Unternehmens des Unkel?

Innenumsatz

Fall 148

Sachverhalt: Xaver betreibt den Handel mit Getränken. Er besitzt ein Hauptgeschäft in Xanten und Filialen in Aachen und Düsseldorf. Im April 2016 brachte Xaver mit eigenem Lkw 40 Kartons Weinbrand von Xanten aus seinem Hauptgeschäft zu seiner Filiale nach Aachen. Da für jede Filiale eine eigene Buchführung existiert, stellte Xaver der Filiale einen Beleg mit gesondertem USt-Ausweis aus.

Frage: Handelt es sich um einen steuerbaren Umsatz im Rahmen des Unternehmens des Xaver?

d) Inland

Nur wenn sich der Leistungsort im Inland befindet, kann die Leistung gem. § 1 Abs. 1 Nr. 1 Satz 1 UStG steuerbar sein. Inland im Sinne des UStG ist das Gebiet der Bundesrepublik Deutschland mit Ausnahme des Gebiets von Büsingen, der Insel Helgoland, der Freizonen des Kontrolltyps I nach § 1 Abs. 1 Satz 1 des Zollverwaltungsgesetzes (Freihäfen), der Gewässer und Watten zwischen der Hoheitsgrenze und der jeweiligen Strandlinie sowie der deutschen Schiffe und der deutschen Luftfahrzeuge in Gebieten, die zu keinem Zollgebiet gehören (§ 1 Abs. 2 Satz 1 UStG).

Für den Ort der Lieferung kommen folgende Bestimmungen in Betracht:

§ 3c UStG	Ort der Lieferung in besonderen Fällen
§ 3e UStG	Ort der Lieferung während einer Beförderung an Bord eines Schiffes, in einem Luftfahrzeug oder in einer Eisenbahn
§ 3f UStG	Ort der unentgeltlichen Lieferungen
§ 3g UStG	Ort der Lieferung von Gas, Elektrizität, Wärme oder Kälte
§ 3 Abs. 8 UStG	Ort der Lieferung in Fällen der Einfuhr aus dem Drittlandsgebiet
§ 3 Abs. 7 UStG	Ort der Lieferung in Fällen ohne Beförderung oder Versendung
§ 3 Abs. 6 UStG	Ort der Lieferung in Fällen der Beförderung oder Versendung

Die Prüfung des Lieferorts sollte in der angegebenen Reihenfolge – von der Ausnahme zum Grundsatz – durchgeführt werden.

Für den Ort der sonstigen Leistung kommen folgende Bestimmungen in Betracht:

§ 3b UStG	Ort der Beförderungsleistungen und der damit zusammenhängenden sonstigen Leistungen
§ 3e UStG	Ort der Restaurationsleistungen während einer Beförderung an Bord eines Schiffes, in einem Luftfahrzeug oder in einer Eisenbahn
§ 3f UStG	Ort der unentgeltlichen sonstigen Leistungen
§ 3a Abs. 7 UStG	Ort der kurzfristigen Vermietung eines bestimmten Fahrzeugs an einen Drittlandsunternehmer
§ 3a Abs. 6 UStG	Ort für bestimmte Leistungen eines Drittlandsunternehmers, die im Inland genutzt oder ausgewertet werden
§ 3a Abs. 3 UStG	Ort für grundstücksbezogene Leistungen, für die Vermietung eines Beförderungsmittels, für die künstlerischen u. ä. Tätigkeiten, für Restaurationsumsätze, für Arbeiten an beweglichen körperlichen Gegenständen und deren Begutachtung, für Vermittlungsleistungen und für die Einräumung von Eintrittsberechtigungen für künstlerische u. ä. Veranstaltungen
§ 3a Abs. 5 UStG	Ort für bestimmte Telekommunikationsdienstleistungen, Rundfunk- und Fernsehdienstleistungen und elektronische Dienstleistungen an Nichtunternehmer
§ 3a Abs. 4 UStG	Ort für bestimmte Katalogleistungen an Nichtunternehmer mit Wohnsitz im Drittland
§ 3a Abs. 8 UStG	Ort für bestimmte Leistungen, die im Drittland genutzt oder ausgewertet werden
§ 3a Abs. 2 UStG	Grundsatz: Empfängerortprinzip
§ 3a Abs. 1 UStG	Grundsatz: Unternehmersitzprinzip

Die Prüfung des Orts der sonstigen Leistung sollte in der angegebenen Reihenfolge – von der Ausnahme zum Grundsatz – durchgeführt werden.

Beförderungslieferung

Fall 149

Sachverhalt: Clever betreibt in Cottbus ein Möbeleinzelhandelsgeschäft. Am 30. 3. 2016 verkaufte er dem Kunden Küper einen Wohnzimmerschrank für brutto 8 000 €. Vereinbarungsgemäß brachte Clever den bereits zusammengebauten Schrank mit eigenem Lkw am 2. 4. 2016 zu Küper nach Finsterwalde. Küper überwies dem Clever den Kaufpreis im Mai 2016.

Frage: Wo ist der Ort der Lieferung des Clever?

Versendungslieferung

Fall 150

Sachverhalt: Dankbar ist Baustoffgroßhändler in Dortmund. Am 3. 1. 2016 verkaufte er dem Bauunternehmer Bau mit Sitz in Bochum Baumaterialien für 30 000 € zzgl. 5 700 € USt. Bau beauftragte einen Spediteur mit dem Transport der Baumaterialien. Der Spediteur holte die Baumaterialien am 4. 1. 2016 bei Dankbar in Dortmund ab und brachte sie zu Bau nach Bochum. Bau bezahlte den Kaufpreis i. H. von 35 700 € am 20. 1. 2016.

Frage: Wo ist der Ort der Lieferung des Dankbar?

Einfuhr aus dem Drittland

Fall 151

Sachverhalt: Der Unternehmer Bernau in Bern liefert Gegenstände, die er selbst hergestellt hat, an seinen Abnehmer Motz in München. Bernau transportiert die Gegenstände mit seinem eigenen Lkw nach München. Bernau lässt die Gegenstände zum freien Verkehr abfertigen und entrichtet dementsprechend die Einfuhrumsatzsteuer (Lieferkondition: „verzollt und versteuert").

Frage: Wo ist der Ort der Lieferung des Bernau?

Reihengeschäft

Fall 152

Sachverhalt: Einzelhändler Erpel mit Sitz in Essen bestellt bei dem Großhändler Gans mit Sitz in Gießen zehn Waschmaschinen. Da Gans die gewünschten Waschmaschinen gerade nicht auf Lager hat, bestellt er seinerseits die Waschmaschinen bei dem Hersteller Hahn in Hannover. Gans beauftragt gleichzeitig Hahn, die Waschmaschinen direkt zu Erpel nach Essen zu befördern. Hahn transportiert daraufhin die Waschmaschinen mit eigenem Lkw zu Erpel nach Essen.

Frage: Wo ist der Ort bzw. wo sind die Orte der Lieferungen des Hahn und Gans?

Innergemeinschaftliches Dreiecksgeschäft

Fall 153

Sachverhalt: Unternehmer Carlo in Frankreich bestellt bei dem Unternehmer Bertoni in Italien eine Ware, die dieser nicht vorrätig hat. Bertoni bestellt seinerseits die Ware bei dem Unternehmer Alt in Deutschland. Vereinbarungsgemäß transportiert Alt die Ware mit eigenem Lkw unmittelbar zu Carlo nach Frankreich. Alle Beteiligten sind unter der USt-Identifikationsnummer ihres Wohnsitzstaates aufgetreten.

Frage: Wo liegen die Lieferorte der beteiligten Unternehmer?

Fall 154   **Verkauf in einem Flugzeug**

Sachverhalt: Der Unternehmer Düse mit Sitz in Düsseldorf führt u. a. Flüge von Düsseldorf nach Mailand ohne Zwischenaufenthalt durch. Während des Fluges werden Waren, die nicht zum Verzehr an Ort und Stelle bestimmt sind, veräußert. Auf einem dieser Flüge wurden im Januar 2016 Waren für insgesamt 3 000 € verkauft.

Frage: Wo ist der Ort der Warenlieferungen?

Fall 155   **Versandhandel**

Sachverhalt: Der dänische Unternehmer Duck stellt Mäntel her. Eine Privatperson mit Wohnsitz in Peine bestellte bei Duck am 3. 4. 2016 zwei Mäntel für umgerechnet 2 000 €. Duck verschickte die Mäntel per Bahn am 5. 4. 2016 nach Peine. Duck hatte im Jahre 2015 für insgesamt 25 000 € Ware nach Deutschland geliefert. Für das Jahr 2016 rechnete Duck mit Lieferungen nach Deutschland an Privatpersonen für insgesamt 150 000 €. Im 1. Quartal 2016 hatte er bereits im Wert von mehr als 100 000 € nach Deutschland geliefert.

Frage: Wo ist der Ort der Lieferung des Duck?

Fall 156   **Lieferschwelle**

Sachverhalt: Sachverhalt wie im vorangegangenen Fall, nur mit der Abweichung, dass Duck für das Jahr 2016 insgesamt Warenlieferungen an Privatpersonen nach Deutschland im Wert von 50 000 € erwartet. Duck hat nicht auf die Anwendung der Lieferschwelle verzichtet. Die Grenze von 100 000 € wird im Jahre 2016 auch tatsächlich nicht überschritten.

Frage: Wo ist der Ort der Lieferung des Duck?

Fall 157   **Personenbeförderung**

Sachverhalt: Der Unternehmer Katze mit Sitz in Koblenz betreibt ein Busunternehmen. Im Auftrag des deutschen Unternehmers Fuchs mit Sitz in Frankfurt a. M. beförderte er am 10. 2. 2016 30 Personen von Frankfurt a. M. nach Rom. Fuchs hat gegenüber Katze bei der Auftragserteilung seine deutsche USt-Identifikationsnummer angegeben. Die Bezahlung erfolgte am 10. 3. 2016.

Frage: Wo ist der Ort der Beförderungsleistung?

Fall 158   **Güterbeförderung ohne USt-Identifikationsnummer**

Sachverhalt: Der Unternehmer Abel mit Sitz in Arnsberg betreibt ein Transportunternehmen. Er erhielt am 2. 3. 2016 von dem deutschen Unternehmer Dach mit Sitz in Darmstadt den Auftrag, eine Maschine von Darmstadt nach Paris zu transportieren. Dach hat bei Auftragserteilung keine USt-Identifikationsnummer angegeben. Abel transportierte die Maschine am 5. 3. 2016 mit eigenem Lkw von Darmstadt nach Paris. Die Bezahlung erfolgte noch im März 2016.

Frage: Wo ist der Ort der Beförderungsleistung des Abel?

Güterbeförderung mit USt-Identifikationsnummer Fall 159

Sachverhalt: Der Unternehmer Berg betreibt in Brilon eine Spedition. Am 5. 1. 2016 erhielt er von einem niederländischen Unternehmer mit Sitz in Amsterdam den Auftrag, eine Ware von Gelsenkirchen nach Amsterdam zu transportieren. Der niederländische Unternehmer hat bei der Auftragserteilung gegenüber Berg seine niederländische USt-Identifikationsnummer angegeben. Berg holte die Ware am 10. 1. 2016 in Gelsenkirchen ab und transportierte sie noch am selben Tag nach Amsterdam. Die Begleichung der Rechnung erfolgte im Januar 2016.

Frage: Wo ist der Ort der Beförderungsleistung des Berg?

Umschlag einer Ware Fall 160

Sachverhalt: Der Unternehmer Rolle mit Sitz in Rostock übernahm im Auftrag des belgischen Unternehmers Brun den Umschlag einer Ware in Rostock. Die Leistung wurde am 10. 5. 2016 erbracht und stand im Zusammenhang mit einer Warenbeförderung aus Belgien nach Deutschland durch einen Spediteur. Brun hat gegenüber Rolle seine belgische USt-Identifikationsnummer angegeben.

Frage: Wo ist der Ort der Umschlagsleistung des Rolle?

Tätigkeit als Rechtsanwalt Fall 161

Sachverhalt: Eber betreibt eine Rechtsanwaltskanzlei in Erfurt. Am 20. 3. 2016 erhielt Eber von einem Unternehmer mit Sitz in Lissabon den Auftrag, diesen vor Gericht in Lissabon zu vertreten. Der portugiesische Unternehmer war von einem unzufriedenen Kunden verklagt worden. Eber nahm den Auftrag an, reiste nach Lissabon und vertrat den Portugiesen vor dem dortigen Gericht. Die Rechnung i. H. von 2 500 € wurde im Mai 2016 bezahlt.

Frage: Wo ist der Ort der Leistung des Eber?

Vermietung eines Pkw Fall 162

Sachverhalt: Farber ist Inhaber eines Autohauses in Freiburg. Neben dem Verkauf von Pkw's vermietet er auch Pkw's. Am 10. 2. 2016 vermietete er einen Pkw an den Kunden Kabel, der mit dem Pkw eine Urlaubsreise nach Italien machen wollte. Die Rechnung des Farber wurde bei der Rückgabe des Pkw am 24. 2. 2016 von Kabel vollständig beglichen. Kabel hatte mit dem Pkw insgesamt 3 000 km zurückgelegt, von denen 2 500 km auf das Ausland entfielen.

Frage: Wo ist der Ort der Vermietungsleistung?

Vermittlung Fall 163

Sachverhalt: Der Vermittler Völz mit Sitz in Münster erhielt am 10. 4. 2016 von einem französischen Unternehmer mit Sitz in Paris den Auftrag, den Verkauf von 100 Schreibtischen zu vermitteln. Der Auftraggeber gab bei der Auftragserteilung gegenüber Völz seine französische USt-Identifikationsnummer an. Völz gelang es noch im April 2016, die Schreibtische im Namen und für Rechnung des Franzosen an den deutschen Unternehmer Dorn mit Sitz in Düsseldorf zu veräußern. Der Franzose beförderte die Schreibtische am 5. 5. 2016 mit eigenem Lkw von Paris nach Düsseldorf zu Dorn. Völz erhielt am 15. 5. 2016 die vereinbarte Provision.

Frage: Wo ist der Ort der Vermittlungsleistung des Völz?

Fall 164 **Behandlungsleistung eines Arztes**

Sachverhalt: Weiß ist als Arzt für Allgemeinmedizin in Wuppertal selbständig tätig. Im Jahre 2016 verbrachte er seinen Sommerurlaub in Spanien. Als sich dort ein Hotelgast beim Tennis-spiel verletzte, übernahm Weiß die Behandlung und berechnete dem Verletzten für seine Tätig-keit 200 €. Der Betrag wurde dem Weiß noch während seines Aufenthalts in Spanien aus-gezahlt.

Frage: Erbringt Weiß eine umsatzsteuerliche Leistung und wenn ja, wo ist der Leistungsort?

e) Gegen Entgelt

Lieferungen und sonstige Leistungen sind nur dann steuerbar, wenn ein Leistungsaustausch vorliegt. Tatbestandsmerkmale für einen Leistungsaustausch sind:

► zwei Beteiligte,

► eine Leistung und eine Gegenleistung,

► eine wirtschaftliche Verknüpfung zwischen Leistung und Gegenleistung.

Die Gegenleistung muss nicht in Geld bestehen. Der Annahme eines Leistungsaustauschs steht nicht entgegen, dass sich die Entgeltserwartung nicht erfüllt, dass das Entgelt uneinbringlich wird oder dass es sich nachträglich mindert (BFH-Urteil vom 22. 6. 1989, BStBl 1989 II S. 913). Leistung und Gegenleistung brauchen sich nicht gleichwertig gegenüberzustehen.

Bei bestimmten unentgeltlichen Leistungen wird ein Entgelt fiktiv beigestellt (§ 3 Abs. 1b und Abs. 9a UStG).

Fall 165 **Leistungsaustausch**

Sachverhalt: Die Eheleute Adam und Berta Blitz sind gemeinsam Eigentümer eines bebauten Grundstücks in Dresden. Das Gebäude enthält vier Wohnungen, die an Privatpersonen zu Wohnzwecken vermietet sind, und darüber hinaus im Erdgeschoss ein Ladenlokal, in dem Adam Blitz sein Einzelhandelsgeschäft betreibt. Adam Blitz zahlt eine angemessene Miete.

Frage: Liegt bezüglich der Vermietung an Adam Blitz ein Leistungsaustausch vor?

Fall 166 **Innenumsatz**

Sachverhalt: Ohnsorg ist Inhaber eines Tapetengeschäfts in Oberhausen. Daneben ist er noch Eigentümer eines vermieteten Zweifamilienhauses in Solingen. Für alle Einnahmen und Aus-gaben im Zusammenhang mit diesem Gebäude hat er ein gesondertes Bankkonto eingerichtet. Zur Renovierung des Treppenhauses entnimmt er seinem Tapetengeschäft 15 Rollen Tapeten und überweist den üblichen Preis für die Tapeten vom Hauskonto auf das Geschäftskonto.

Frage: Liegt ein Leistungsaustausch vor?

Fall 167 **Vertragsstrafe**

Sachverhalt: Der Unternehmer Aal aus Berlin verkaufte im Januar 2016 Waren für 1 000 € zzgl. 190 € USt an den Unternehmer Barsch. Die Ware sollte vereinbarungsgemäß spätestens am

31. 3. 2016 an Barsch ausgeliefert werden. Bei verspäteter Auslieferung wurde eine Vertragsstrafe i. H. von 200 € vereinbart. Aal konnte erst im Mai 2016 an Barsch liefern, sodass Barsch nur den um die Vertragsstrafe geminderten Betrag an Aal zahlte.

Frage: Liegt bezüglich der Vertragsstrafe ein Leistungsaustausch vor?

Zuschuss

`Fall 168`

Sachverhalt: Bär betreibt in Braunschweig eine Tankstelle. Bär beschließt, seine Tankstelle zu vergrößern. Die Mineralölfirma gewährt Bär einen Zuschuss zwecks Erweiterung der vorhandenen Tankstelle.

Frage: Liegt ein Leistungsaustausch zwischen Bär und der Mineralölfirma vor?

Leistung an Arbeitnehmer

`Fall 169`

Sachverhalt: Iltis betreibt ein Textilunternehmen in Ingolstadt. Er überlässt seinem leitenden Angestellten Amsel hin und wieder unentgeltlich einen Pkw zur privaten Nutzung. Amsel darf den Pkw allerdings nur gelegentlich (an nicht mehr als 5 Tagen im Monat) für private Zwecke nutzen. Iltis konnte bei der Anschaffung des Pkw den vollen VoSt-Abzug in Anspruch nehmen.

Frage: Ist die Leistung des Iltis mangels einer Gegenleistung nicht steuerbar gem. § 1 Abs. 1 Nr. 1 Satz 1 UStG?

2. Steuerbarkeit gem. § 1 Abs. 1 Nr. 4 UStG

Steuerbar ist die Einfuhr von Gegenständen im Inland. Die Besteuerung der Einfuhr obliegt nicht den Finanzämtern, sondern erfolgt durch die Zollverwaltung.

Einfuhr

`Fall 170`

Sachverhalt: Mächtig betreibt in Mannheim eine Tischlerei. Für dieses Unternehmen benötigte Mächtig eine neue Hobelbank. Im Februar 2016 fuhr Mächtig mit seinem Lkw nach Oslo und kaufte von dem norwegischen Hersteller Heimo eine Hobelbank für umgerechnet 10 000 €. Mächtig brachte die Hobelbank zu seinem Unternehmen nach Mannheim.

Frage: Führt Mächtig im Zusammenhang mit der Hobelbank einen steuerbaren Umsatz aus?

3. Steuerbarkeit gem. § 1 Abs. 1 Nr. 5 UStG

Steuerbar ist der innergemeinschaftliche Erwerb im Inland gegen Entgelt. Seit dem 1. 1. 1993 ist die Besteuerung der Einfuhr innergemeinschaftlich durch die Besteuerung des innergemeinschaftlichen Erwerbs ersetzt worden.

Tatbestandsmerkmale des § 1 Abs. 1 Nr. 5 UStG sind:

a) Innergemeinschaftlicher Erwerb

Ein innergemeinschaftlicher Erwerb (Grundfall) liegt gem. § 1a Abs. 1 UStG vor, wenn

▶ ein Gegenstand aus dem Gebiet eines Mitgliedstaates in das Gebiet eines anderen Mitgliedstaates gelangt,

▶ der Erwerber Unternehmer ist, der den Gegenstand für sein Unternehmen erwirbt,

▶ der Lieferer Unternehmer ist, der gegen Entgelt im Rahmen seines Unternehmens leistet, und kein Kleinunternehmer ist.

b) Im Inland

Der Ort des innergemeinschaftlichen Erwerbs bestimmt sich gem. § 3d UStG und ist dort, wo sich der Gegenstand am Ende der Beförderung oder Versendung befindet (§ 3d Satz 1 UStG).

c) Gegen Entgelt

Die Erwerbsbesteuerung für empfangene Lieferungen greift nur dann ein, wenn der innergemeinschaftliche Erwerb gegen Entgelt erfolgt.

Fall 171 **Innergemeinschaftlicher Erwerb**

Sachverhalt: Ambros betreibt in Amberg einen Baumaschinenhandel. Mit Kaufvertrag vom 2.1.2016 erwarb Ambros von einem niederländischen Unternehmer mit Sitz in Enschede eine Baumaschine für 20 000 €. Die Baumaschine wurde am 4.1.2016 per Bahn von Enschede nach Amberg transportiert. Ambros bezahlte die Rechnung noch im Januar 2016. Ambros und der Niederländer haben ihre jeweilige in den Wohnsitzstaaten erteilte USt-Identifikationsnummer bei der Abwicklung des Geschäfts angegeben.

Frage: Liegt für Ambros ein steuerbarer Umsatz i. S. des § 1 Abs. 1 Nr. 5 UStG vor?

Fall 172 **Warenbewegung**

Sachverhalt: Unternehmer Bader mit Sitz in Bamberg hat ein Hauptgeschäft in Bamberg und Nebenstellen in München und Brüssel. Bader erwarb am 1.2.2016 von einem belgischen Unternehmer aus Gent Waren für sein Unternehmen im Wert von 100 000 €. Vereinbarungsgemäß transportierte der Belgier die Waren mit eigenem Lkw zu der Nebenstelle des Bader nach Brüssel, wo die Waren auch verbleiben sollen.

Frage: Liegt für Bader ein steuerbarer Umsatz i. S. des § 1 Abs. 1 Nr. 5 UStG vor?

Fall 173 **Erwerb für das Unternehmen**

Sachverhalt: Chip ist selbständiger Architekt in Celle. Auf einer Geschäftsreise in Spanien, die im Februar 2016 durchgeführt wurde, erwarb Chip von dem spanischen Unternehmer Sanchez in Barcelona einen Weinkrug für seine private Sammlung für 500 €. Chip nahm den Weinkrug in seinem Reisegepäck mit nach Celle.

Frage: Muss Chip den Erwerb in Deutschland der Umsatzbesteuerung unterwerfen?

Fall 174 **Verbringen**

Sachverhalt: Der Unternehmer Düse mit Hauptsitz in Dortmund unterhält Betriebsstätten in Mailand und Zürich. Im Januar 2016 entschloss er sich, eine Maschine, die bis zu diesem Zeitpunkt in seiner Betriebsstätte in Mailand genutzt worden war, in seinem Hauptsitz in Dortmund auf Dauer einzusetzen. Die Maschine wurde am 20.1.2016 mit eigenem Lkw von Mailand nach Dortmund befördert.

Frage: Liegt ein steuerbarer Umsatz in Deutschland vor?

Juristische Person des öffentlichen Rechts

Fall 175

Sachverhalt: Das Finanzamt in Bad Bentheim benötigte im Februar 2016 20 neue Schreibtischstühle. Der preiswerteste Anbieter war der Händler Peters mit Sitz in Hengelo (Niederlande). Das Finanzamt bestellte die Schreibtischstühle am 22.2.2016 bei Peters, der diese vereinbarungsgemäß am 28.2.2016 mit eigenem Lkw von Hengelo nach Bad Bentheim brachte. Das Finanzamt beglich die Rechnung über 10 000 € im April 2016. Weitere Erwerbe aus dem übrigen Gemeinschaftsgebiet waren im Jahre 2016 von dem Finanzamt nicht geplant und wurden auch tatsächlich nicht durchgeführt.

Frage: Muss das Finanzamt den Vorgang der USt unterwerfen?

Erwerbsschwelle

Fall 176

Sachverhalt: Farig ist als Arzt für Allgemeinmedizin in Flensburg selbständig tätig. Er führt ausschließlich steuerfreie Umsätze nach § 4 Nr. 14 Buchst. a UStG aus. Für seine Tätigkeit als Arzt benötigte Farig im Januar 2016 ein neues medizinisches Gerät. Er reiste zu dem Hersteller Ode mit Sitz in Odense, kaufte das Gerät für 10 000 € und brachte es nach Flensburg. Farig hatte im Jahre 2015 keine Erwerbe aus dem übrigen Gemeinschaftsgebiet getätigt und beabsichtigte, im Jahre 2016 auch keine weiteren derartigen Erwerbe durchzuführen. Farig hat keinen Antrag auf Nichtberücksichtigung der Erwerbsschwelle gestellt.

Frage: Muss Farig den Erwerb in Deutschland der USt unterwerfen?

Verbrauchsteuerpflichtige Waren

Fall 177

Sachverhalt: Grün ist Unternehmer mit Sitz in Göttingen. Er unterliegt der Besteuerung für Kleinunternehmer gem. § 19 Abs. 1 UStG; ein Verzicht auf die Anwendung der Kleinunternehmerregelung ist nicht erfolgt. Im Jahre 2016 erwarb Grün dreißig Flaschen Wein für sein Unternehmen bei einem französischen Unternehmer mit Sitz in Bordeaux. Der Wein traf am 11.12.2016 per Bahn bei Grün ein. Grün bezahlte die Rechnung über 300 € noch im Dezember 2016. Weitere Erwerbe fanden im Jahre 2016 nicht statt und waren auch nicht beabsichtigt. Grün hat auf die Anwendung der Erwerbsschwelle nicht verzichtet.

Frage: Unterliegt der Erwerb des Weins der USt?

Ort des innergemeinschaftlichen Erwerbs

Fall 178

Sachverhalt: Hell ist Unternehmer mit Hauptsitz in Hagen. Des Weiteren hat er Betriebsstätten in Wien und Graz. Am 3.1.2016 bestellte er bei dem schwedischen Unternehmer Svensson mit Sitz in Stockholm eine für das Unternehmen erforderliche Maschine für 100 000 €. Vereinbarungsgemäß transportierte Svensson die Maschine am 19.1.2016 mit eigenem Lkw zu der Betriebsstätte des Hell nach Wien, wo diese auf Dauer genutzt werden soll. Hell hatte gegenüber Svensson seine österreichische USt-Identifikationsnummer angegeben. Hell beglich die Rechnung im Februar 2016.

Frage: Liegt ein innergemeinschaftlicher Erwerb vor?

Fall 179 **Innergemeinschaftlicher Erwerb neuer Fahrzeuge**

Sachverhalt: Der Steuerfachangestellte Pfiffig reiste im März 2016 nach Frankreich, um sich dort einen Pkw zu kaufen. Bei dem französischen Autohändler Palu in Paris kaufte Pfiffig am 5. 3. 2016 einen sieben Monate alten Pkw, der 2 000 km zurückgelegt hatte. Pfiffig erwarb den Pkw für 18 000 € und fuhr mit ihm am 5. 3. 2016 zurück nach Deutschland.

Frage: Muss Pfiffig den Erwerb des Pkw in Deutschland der Umsatzbesteuerung unterwerfen?

Fall 180 **Innergemeinschaftlicher Erwerb gebrauchter Fahrzeuge**

Sachverhalt: Wie der vorhergehende Fall, nur mit der Abweichung, dass der Pkw zum Zeitpunkt des Erwerbs 7 000 km zurückgelegt hatte.

Frage: Muss Pfiffig den Erwerb des Pkw in Deutschland der Umsatzbesteuerung unterwerfen?

4. Geschäftsveräußerung

Fall 181 **Geschäftsveräußerung**

Sachverhalt: Der Malermeister Pinsel mit Sitz in Bielefeld veräußerte sein Unternehmen aus Altersgründen mit Wirkung ab dem 1. 3. 2016 an den Malermeister Rolle mit Sitz in Gütersloh. Alle wesentlichen Betriebsgrundlagen wurden an Rolle verkauft. Der Kaufpreis i. H. von 150 000 € wurde von Rolle am 1. 3. 2016 in bar beglichen.

Frage: Liegt ein steuerbarer Umsatz im Sinne des UStG vor?

III. Steuerbefreiungen

Die Frage der Steuerfreiheit oder Steuerpflicht stellt sich nur bei steuerbaren Umsätzen.

Für die einzelnen steuerbaren Umsätze i. S. des § 1 Abs. 1 UStG kommen folgende Befreiungsvorschriften in Betracht:

Steuerbare Umsätze	Steuerbefreiungsvorschrift
gem. § 1 Abs. 1 Nr. 1 UStG	§ 4 UStG
gem. § 1 Abs. 1 Nr. 4 UStG	§ 5 UStG
gem. § 1 Abs. 1 Nr. 5 UStG	§ 4b UStG

Die Steuerbefreiungsregelungen des § 4 UStG können in zwei Gruppen eingeteilt werden:

► § 4 Nr. 1–7 UStG: Steuerbefreiungen mit der Möglichkeit des VoSt-Abzugs,

► § 4 Nr. 8–28 UStG: Steuerbefreiungen ohne die Möglichkeit des VoSt-Abzugs.

Der leistende Unternehmer kann unter den Voraussetzungen des § 9 UStG für bestimmte steuerfreie Umsätze auf die Steuerbefreiung verzichten, d. h. zur Steuerpflicht optieren. Der Umsatz wird dann als steuerpflichtig behandelt, mit der Folge, dass die Möglichkeit zum VoSt-Abzug besteht.

Steuerbefreiungen

Fall 182

Sachverhalt: Unternehmer Kölsch mit Sitz in Köln verkaufte einem französischen Unternehmer mit Sitz in Paris am 5.2.2016 eine Maschine für 50 000 €. Kölsch hat eine Betriebsstätte in Wien; dort war die Maschine vorrätig. Vereinbarungsgemäß fuhr der Franzose am 5.2.2016 nach Wien, holte die Maschine dort ab und transportierte sie nach Paris. Der Franzose hatte gegenüber Kölsch seine französische USt-Identifikationsnummer angegeben.

Frage: Ist der Umsatz des Kölsch steuerfrei?

Lieferung ins Drittland

Fall 183

Sachverhalt: Unternehmer Lange mit Sitz in Lemgo stellt Werkzeuge her. Am 6.3.2016 veräußerte Lange dem deutschen Unternehmer Kurz mit Sitz in Königs Wusterhausen 1 000 Werkzeuge zum Preis von insgesamt 5 000 €. Vereinbarungsgemäß transportierte Lange die Werkzeuge mit eigenem Fahrzeug von Lemgo zu der Betriebsstätte des Kurz nach Zürich.

Frage: Ist die Lieferung des Lange steuerfrei?

Ausländischer Abnehmer

Fall 184

Sachverhalt: Unternehmer Meier mit Sitz in Mainz stellt Nähmaschinen her. Mit Kaufvertrag vom 17.4.2016 veräußerte er dem deutschen Unternehmer Müller mit Sitz in Darmstadt einhundert Nähmaschinen für insgesamt 50 000 €. Müller holte die Nähmaschinen am 20.4.2016 mit eigenem Lkw ab und transportierte sie zu seiner Betriebsstätte nach Zürich.

Frage: Ist die Lieferung des Meier steuerfrei oder steuerpflichtig?

Lieferung innerhalb der EU

Fall 185

Sachverhalt: Neu betreibt in Nürnberg ein Unternehmen, das den Verkauf von Computern zum Gegenstand hat. Mit Vertrag vom 10.1.2016 veräußerte Neu zehn Computer für insgesamt 20 000 € an den belgischen Unternehmer Alt mit Sitz in Brüssel, der bei Auftragserteilung seine belgische USt-Identifikationsnummer angegeben hat. Vereinbarungsgemäß wurden die Computer am 22.1.2016 von Neu aus Nürnberg zu Alt nach Brüssel befördert.

Frage: Wie sind die Lieferungen des Neu zu beurteilen?

Tatsächliche Warenbewegung

Fall 186

Sachverhalt: Neu betreibt in Nürnberg ein Unternehmen, das den Verkauf von Computern zum Gegenstand hat. Mit Vertrag vom 10.2.2016 veräußerte Neu fünf Computer für insgesamt 10 000 € an den niederländischen Unternehmer Eyk mit Sitz in Amsterdam. Vereinbarungsgemäß brachte Neu die Computer am 20.2.2016 auf ein Lager des Eyk nach Kleve. Eyk hat bei der Auftragserteilung seine niederländische USt-Identifikationsnummer angegeben.

Frage: Sind die Lieferungen des Neu steuerfrei?

Verkauf eines Fahrzeugs

Fall 187

Sachverhalt: Neu betreibt in Nürnberg ein Unternehmen, das den Verkauf von Computern zum Gegenstand hat. Zum Unternehmensvermögen gehört auch ein Pkw, der im Januar 2016 erstmalig zugelassen wurde. Da sich der Pkw als für das Unternehmen zu klein erwies, veräußerte Neu den Pkw im März 2016 an den Privatmann Düne mit Sitz in Odense. Düne holte den Pkw im März bei Neu ab und brachte ihn nach Odense/Dänemark.

Frage: Ist die Lieferung des Pkw steuerfrei?

Fall 188 **Verbringen eines Gegenstands**

Sachverhalt: Der Unternehmer Neu betreibt in Nürnberg ein Unternehmen, das den Verkauf von Computern zum Gegenstand hat. Zur Ausweitung seines Unternehmens mietete er im Januar 2016 Geschäftsräume in Linz (Österreich) an, wo er ebenfalls Computer verkaufen will. Im Februar 2016 brachte er 20 Computer zum Einkaufspreis von 40 000 € von seinem Hauptgeschäft in Nürnberg zu seinem Geschäft nach Linz, um sie dort zu verkaufen.

Frage: Erbringt Neu Leistungen und wenn ja, sind diese steuerpflichtig oder steuerfrei?

Fall 189 **Vermittlungsleistung**

Sachverhalt: Der deutsche Unternehmer Pan mit Sitz in Potsdam vermittelte am 1. 3. 2016 für den deutschen Unternehmer Urmel mit Sitz in Ulm die Lieferung von zehn Stanzmaschinen an den portugiesischen Unternehmer Oliveira mit Sitz in Porto. Pan erhielt die Vermittlungsprovision, nachdem Urmel die Stanzmaschinen am 2. 4. 2016 per Bahn von Ulm aus an den mit seiner portugiesischen USt-Identifikationsnummer auftretenden Oliveira nach Porto versendet hatte. Urmel hat gegenüber Pan seine deutsche USt-Identifikationsnummer angegeben.

Frage: Ist die Vermittlungsleistung des Pan steuerpflichtig oder steuerfrei?

Fall 190 **Kreditgewährung**

Sachverhalt: Der Unternehmer Renner mit Sitz in Remscheid betreibt einen Handel mit Sportartikeln. Im Januar 2016 verkaufte er in seinem Ladenlokal in Remscheid dem privaten Abnehmer Dick mit Wohnsitz in Remscheid Sportartikel für insgesamt 3 000 €. Da Dick den Kaufpreis nicht in einer Summe begleichen konnte, vereinbarten Renner und Dick in einem gesonderten Vertrag die Begleichung des Kaufpreises in sechs Raten zu je 500 €. Für die Einräumung der Ratenzahlung musste Dick zusätzlich laut Vertrag 100 € bezahlen. Die Sportartikel blieben bis zur vollständigen Zahlung im Eigentum des Renner.

Frage: Welche Leistung/Leistungen erbringt Renner gegenüber Dick?

Fall 191 **Vermietungsumsatz**

Sachverhalt: Tüchtig ist Inhaber eines Hotels in Trier. Von den 40 Hotelzimmern hat er 20 bestimmte Zimmer mit Vertrag vom 10. 1. 2016 auf die Dauer von zwei Jahren an die Stadt Trier vermietet. Die Stadt Trier vermietet ihrerseits die Hotelzimmer an Asylbewerber, die die Zimmer meist nur für einen Zeitraum von zwei bis vier Monaten benötigen. Die übrigen 20 Hotelzimmer hält Tüchtig zur kurzfristigen Beherbergung von Fremden bereit.

Frage: Wie sind die Vermietungsumsätze des Tüchtig umsatzsteuerrechtlich zu behandeln?

Arztleistung

Sachverhalt: Unsinn ist als Hals-, Nasen- und Ohrenarzt in Unna selbständig tätig. Daneben veröffentlicht er noch regelmäßig Aufsätze zu medizinischen Themen in Fachzeitschriften und hält darüber hinaus noch wiederholt Vorträge vor anderen Ärzten im Inland.

Frage: Sind die Leistungen des Unsinn steuerfrei?

Versicherungsvertreter

Sachverhalt: Vilmar ist selbständiger Versicherungsvertreter in Verden und erbringt ausschließlich steuerfreie Umsätze i. S. des § 4 Nr. 11 UStG. Für seine Tätigkeit benötigt Vilmar einen Pkw, der ausschließlich für seine Versicherungstätigkeit eingesetzt wird. Den im Dezember 2015 erworbenen Pkw veräußerte Vilmar im April 2016 für 10 000 € an eine deutsche Privatperson, die den Pkw in Verden abholte.

Frage: Wie ist der Verkauf des Pkw umsatzsteuerrechtlich zu beurteilen?

Steuerbefreiung beim innergemeinschaftlichen Erwerb

Sachverhalt: Der deutsche Unternehmer Duft mit Sitz in Duisburg erwarb am 15. 1. 2016 von dem dänischen Unternehmer Laudrup mit Sitz in Kopenhagen eine Maschine für 50 000 €, die Laudrup mit eigenem Lkw zu Duft nach Duisburg beförderte. Duft wiederum veräußerte die Maschine am 19. 1. 2016 an den Unternehmer Schwingli mit Sitz in Zürich und transportierte die Maschine selbst am 19. 1. 2016 zu Schwingli nach Zürich.

Frage: Ist der Erwerb des Duft steuerpflichtig oder steuerfrei?

Option

Sachverhalt: Winzig ist Eigentümer eines Vierfamilienhauses in Warendorf. Von den vier Wohnungen sind zwei an Privatpersonen zu Wohnzwecken vermietet. Die dritte Wohnung nutzt ein Rechtsanwalt als Büro. Die vierte Wohnung nutzt Winzig selbst zu Wohnzwecken. Winzig möchte so weit wie möglich auf die Steuerbefreiung verzichten. Winzig hat das gesamte Grundstück seinem Unternehmen zugeordnet. Bei der Anschaffung im Jahre 2010 war Winzig zum teilweisen VoSt-Abzug berechtigt.

Frage: Für welche Umsätze kann Winzig zur Steuerpflicht optieren?

Einschränkung der Option

Sachverhalt: Julia ist die Ehefrau eines Arztes für Allgemeinmedizin. Julia begann mit der Errichtung eines Gebäudes in Xanten am 10. 5. 2016. Das Gebäude wurde im Dezember 2016 fertig gestellt. Das Gebäude wurde nach Fertigstellung an den Ehemann zu einer monatlichen Miete von 3 000 € vermietet. Der Ehemann nutzte das Gebäude komplett für seine Arztpraxis.

Frage: Kann Julia auf die Steuerbefreiung der Vermietungsumsätze verzichten?

IV. Bemessungsgrundlagen

Für die steuerbaren Umsätze des § 1 Abs. 1 UStG, also sowohl für die steuerpflichtigen als auch für die steuerfreien Umsätze, ist die Bemessungsgrundlage zu bestimmen. Auch für bestimmte nicht steuerbare Umsätze muss die Bemessungsgrundlage festgestellt werden. Die gesetzlichen Regelungen für die Bemessungsgrundlagen befinden sich vor allem in den §§ 10 und 11 UStG. Auf §§ 25, 25a UStG (Margenbesteuerung) wird hingewiesen.

Für die steuerbaren Umsätze ergeben sich folgende Bemessungsgrundlagen:

Steuerbarer Umsatz	Bemessungsgrundlage	Gesetzliche Regelung
Lieferungen und sonstige Leistungen	Entgelt	§ 10 Abs. 1 UStG
	Einkaufspreis zzgl. Nebenkosten oder Selbstkosten	§ 10 Abs. 4 Satz 1 Nr. 1 UStG
	Ausgaben	§ 10 Abs. 4 Satz 1 Nr. 2 UStG
		§ 10 Abs. 4 Satz 1 Nr. 3 UStG
Einfuhr im Inland	Zollwert	§ 11 Abs. 1 UStG
Innergemeinschaftlicher Erwerb	Entgelt	§ 10 Abs. 1 UStG
	Einkaufspreis zzgl. Nebenkosten oder Selbstkosten	§ 10 Abs. 4 Satz 1 Nr. 1 UStG

Besonderheiten:

▶ Bei dem Verbringen eines Gegenstands i. S. des § 1a Abs. 2 UStG und des § 3 Abs. 1a UStG liegt ein Entgelt nicht vor. Als Bemessungsgrundlage ist der Einkaufspreis zzgl. der Nebenkosten für den Gegenstand oder für einen gleichartigen Gegenstand oder mangels eines Einkaufspreises die Selbstkosten, jeweils zum Zeitpunkt des Umsatzes, anzusetzen (§ 10 Abs. 4 Satz 1 Nr. 1 UStG).

▶ Bei Leistungen von Körperschaften und Personenvereinigungen an ihre Anteilseigner, Gesellschafter, Mitglieder, Teilhaber oder diesen nahe stehenden Personen sowie von Einzelunternehmern an ihnen nahe stehende Personen und bei Leistungen, die ein Unternehmer an sein Personal oder deren Angehörige aufgrund des Dienstverhältnisses ausführt, ist die sog. Mindestbemessungsgrundlage gem. § 10 Abs. 5 UStG zu beachten.

▶ Bei Beförderungen von Personen im Gelegenheitsverkehr mit Kraftomnibussen, die nicht im Inland zugelassen sind, tritt in den Fällen der Beförderungseinzelbesteuerung an die Stelle des vereinbarten Entgelts ein Durchschnittsbeförderungsentgelt (§ 10 Abs. 6 UStG). Zuständig für die Berechnung ist die jeweilige Zolldienststelle.

Fall 197 Bemessungsgrundlage bei zu niedrigem Steuerausweis

Sachverhalt: Berg ist selbständiger Elektrohändler in Bielefeld. Am 5. 4. 2016 veräußerte er einem Privatmann in seinem Geschäft in Bielefeld eine Stereoanlage. Berg stellte folgende Rechnung aus:

Lieferung einer Stereoanlage	5 000 €
7 % USt	350 €
	5 350 €

Der Kunde bezahlte die Rechnung und nahm die Stereoanlage mit.

Frage: Wie hoch ist die Bemessungsgrundlage für die Lieferung des Berg?

Bemessungsgrundlage bei zu hohem Steuerausweis   `Fall 198`

Sachverhalt: Camen ist Viehhändler in Cottbus. Am 7.4.2016 veräußerte er Rinder und stellte folgende Rechnung aus:

Lieferung Rinder	10 000 €
19 % USt	1 900 €
	11 900 €

Frage: Wie hoch ist die Bemessungsgrundlage für die Lieferung der Rinder?

Zusätzliches Entgelt   `Fall 199`

Sachverhalt: Dach ist selbständiger Architekt in Düsseldorf. Im Auftrag des Privatmanns Boden entwarf Dach im Februar 2016 eine Skizze für ein noch zu erstellendes Einfamilienhaus in Düsseldorf. Für die Skizze stellte Dach dem Boden eine Rechnung über 2 000 € zzgl. 380 € USt = 2 380 € aus. Da dem Boden die Skizze außerordentlich gut gefiel, zahlte er dem Dach noch im Februar 2016 insgesamt 3 000 € statt der vereinbarten 2 380 €.

Frage: Wie hoch ist die Bemessungsgrundlage für den Umsatz des Dach?

Bemessungsgrundlage bei einem steuerfreien Umsatz   `Fall 200`

Sachverhalt: Ernst ist Büromaschinenhändler mit Sitz in Erlangen. Der Unternehmer Bürgli mit Sitz in der Schweiz bestellte bei Ernst am 20.2.2016 ein Fotokopiergerät. Da Ernst im März 2016 auf einer Messe in Bern ausstellte, vereinbarten Ernst und Bürgli, dass Ernst das Fotokopiergerät mit nach Bern bringt, wo Bürgli es abholte. Ernst berechnete dem Bürgli „2 000 € einschließlich USt". Bürgli zahlte bei Übergabe des Fotokopiergeräts.

Frage: Ist die Lieferung steuerbar und wenn ja, wie hoch ist die Bemessungsgrundlage?

Bemessungsgrundlage beim innergemeinschaftlichen Erwerb   `Fall 201`

Sachverhalt: Metallwarenhändler Fuchs aus Füssen bestellte am 29.1.2016 bei dem französischen Händler Metz aus Paris Bleche für sein Unternehmen. Metz brachte die Bleche am 6.2.2016 mit eigenem Lkw zu Fuchs nach Füssen. Metz berechnete dem Fuchs 60 000 € zzgl. Transportkosten i.H. von 5 000 €. Fuchs bezahlte noch im Februar 2016.

Frage: Wie hoch ist die Bemessungsgrundlage für den Umsatz des Fuchs?

Bemessungsgrundlage bei der Entnahme   `Fall 202`

Sachverhalt: Möbelhändler Greif aus Göttingen benötigte für sein selbstgenutztes Einfamilienhaus in Göttingen noch einen Wohnzimmerschrank. Er entnahm seinem Lager in Göttingen einen entsprechenden Schrank und stellte ihn in seinem Einfamilienhaus auf. Den Schrank hatte Greif am 10.4.2015 für 10 000 € zzgl. 1 900 € USt angeschafft. Zum Zeitpunkt der Entnahme, am 10.1.2016, würde der Einkaufspreis (brutto) für einen vergleichbaren Schrank 15 000 € betragen. Der Ladenverkaufspreis eines solchen Schranks würde am 10.1.2016 20 000 € zzgl. 3 800 € USt betragen.

Frage: Wie hoch ist die Bemessungsgrundlage für die Entnahme des Schranks?

Fall 203 Bemessungsgrundlage bei der Verwendung eines unternehmerischen Gegenstands

Sachverhalt: Zum Unternehmen des Hirsch in Hanau gehört u. a. auch ein Pkw (in vollem Umfang). Dieser Pkw wird von Hirsch auch zu Fahrten aus privatem Anlass eingesetzt; der Anteil der Privatfahrten beträgt 25 % (lt. Fahrtenbuch). Bei der Anschaffung des Pkw hat Hirsch den vollen VoSt-Abzug in Anspruch genommen. Im Jahre 2016 sind für den Pkw folgende Kosten angefallen:

Benzin, Öl, Reparaturen	10 000 €
Kfz-Steuer	400 €
Kfz-Versicherung	800 €
AfA (entsprechend dem § 15a UStG-Zeitraum)	6 000 €
Garagenmiete (steuerpflichtig)	500 €
	17 700 €

Hirsch hat ein ordnungsgemäßes Fahrtenbuch geführt und die Kosten sind durch Belege nachgewiesen.

Frage: Wie hoch ist die Bemessungsgrundlage für den Umsatz?

Fall 204 Mindestbemessungsgrundlage

Sachverhalt: Eifrig ist selbständiger Kfz-Händler in Ingolstadt. Am 10.5.2016 kaufte er einen Pkw für 30 000 € zzgl. 5 700 € USt ein. Am 30.5.2016 verkaufte er diesen Pkw an seinen Sohn Sven für 20 000 € zzgl. 3 800 € USt.

Frage: Wie hoch ist die Bemessungsgrundlage für den Umsatz?

Fall 205 Bemessungsgrundlage beim Verbringen

Sachverhalt: Knausrig ist Inhaber eines Autozubehörgeschäfts in Karlsruhe. Daneben hat er noch eine Betriebsstätte in Turin. Am 4.4.2016 transportierte Knausrig einhundert Felgen, die er im Januar 2016 für 30 000 € zzgl. 5 700 € USt erworben hatte, zu seiner Betriebsstätte nach Turin, um sie dort zu verkaufen. Der Verkaufspreis der Felgen würde sich auf 50 000 € belaufen.

Frage: Wie hoch ist die Bemessungsgrundlage für den Umsatz?

Fall 206 Bemessungsgrundlage beim Tausch

Sachverhalt: Listig ist Kfz-Händler in Lippstadt. Im April 2016 verkaufte er ein neues Fahrzeug für 40 000 € zzgl. 7 600 € USt an den Unternehmer Urlaub. Listig nahm den gebrauchten betrieblichen Pkw des Urlaub für 7 000 € zzgl. 1 330 € USt – dies entsprach dem gemeinen Wert – in Zahlung. Urlaub zahlte den Differenzbetrag i. H. von 39 270 € an Listig in bar.

Frage: Wie hoch ist die Bemessungsgrundlage für den Umsatz des Listig?

V. Steuersätze

Nach § 12 UStG bestehen für die Besteuerung nach den allgemeinen Vorschriften des UStG zwei Steuersätze:

	Allgemeiner Steuersatz	Ermäßigter Steuersatz
1.1.1968 bis 30.6.1968	10 %	5 %
1.7.1968 bis 31.12.1977	11 %	5,5 %
1.1.1978 bis 30.6.1979	12 %	6 %
1.7.1979 bis 30.6.1983	13 %	6,5 %
1.7.1983 bis 31.12.1992	14 %	7 %
1.1.1993 bis 31.3.1998	15 %	7 %
1.4.1998 bis 31.12.2006	16 %	7 %
ab 1.1.2007	19 %	7 %

Der ermäßigte Steuersatz kommt dann zur Anwendung, wenn der zu beurteilende Umsatz in die Vorschrift des § 12 Abs. 2 UStG eingruppiert werden kann. Hierunter fallen z. B.:

▶ Die Lieferungen, die Einfuhr und der innergemeinschaftliche Erwerb der in der Anlage 2 zu § 12 Abs. 2 Nr. 1 und 2 UStG bezeichneten Gegenstände, wie z. B. lebende Tiere, Nahrungsmittel, Bücher, Zeitungen. Hinsichtlich der Kunstgegenstände und Sammlungsstücke ist § 12 Abs. 2 Nr. 12 und 13 UStG zu beachten.

▶ Kulturelle Leistungen, wie z. B. die Leistungen der Theater, Orchester, Kammermusikensembles, Chöre und Museen; die Überlassung von Filmen sowie die Filmvorführungen; die Einräumung, Übertragung und Wahrnehmung von Urheberrechten und die Zirkusvorführungen.

▶ Die Leistungen der Körperschaften, die ausschließlich und unmittelbar gemeinnützige, mildtätige oder kirchliche Zwecke verfolgen.

▶ Die Beförderungen von Personen mit bestimmten Beförderungsmitteln innerhalb einer Gemeinde oder bei einer Beförderungsstrecke von nicht mehr als 50 km Länge.

▶ Beherbergungsumsätze.

Für die im Rahmen eines land- und forstwirtschaftlichen Betriebs ausgeführten Umsätze kommen besondere Durchschnittssätze gem. § 24 UStG zur Anwendung.

Erhöhung des Steuersatzes

Fall 207

Sachverhalt: Der Unternehmer Adalbert mit Sitz in Augsburg bestellte am 30.11.2006 bei dem Maschinenhersteller Müller mit Sitz in München eine Maschine für sein Unternehmen zu einem Festpreis einschließlich USt von 80 000 €. Die Maschine sollte noch im Jahr 2006 ausgeliefert werden. Aufgrund eines Materialengpasses verzögerte sich die Auslieferung bis Januar 2007. Die Maschine wurde am 11.1.2007 durch Müller von München nach Augsburg zu Adalbert befördert. Die Zahlung erfolgte im Februar 2007.

Frage: Welchem Steuersatz muss Müller die Lieferung der Maschine unterwerfen?

Fall 208   **Verzehr an Ort und Stelle**

Sachverhalt: Bärig betreibt in Bad Wildungen eine Gaststätte. Neben den Getränken verkauft er auch Speisen, die in seiner Gaststätte verzehrt werden. Hierbei handelt es sich ausschließlich um Lebensmittel, die in der Anlage 2 zu § 12 Abs. 2 Nr. 1 und 2 UStG aufgelistet sind.

Frage: Welchem Steuersatz muss Bärig seine Leistungen unterwerfen?

Fall 209   **Steuersatz beim innergemeinschaftlichen Erwerb**

Sachverhalt: Calmut ist Gemüsegroßhändler mit Sitz in Coburg. Er bestellte am 14. 2. 2016 bei dem spanischen Händler Sancho mit Sitz in Barcelona einhundert Kisten Tomaten. Vereinbarungsgemäß ließ Sancho die Tomaten durch einen Spediteur am 22. 2. 2016 von Barcelona nach Coburg transportieren. Die von Sancho ausgestellte Rechnung über 5 000 € bezahlte Calmut im März 2016. Beide Unternehmer hatten ihre jeweilige USt-Identifikationsnummer angegeben.

Frage: Erbringt Calmut einen steuerbaren Umsatz und wenn ja, wie hoch ist der Steuersatz und die Bemessungsgrundlage?

Fall 210   **Verabreichung von Heilbädern**

Sachverhalt: Emsig betreibt in Elmshorn ein Sportstudio. Neben dem eigentlichen Trainingsbereich verfügt das Sportstudio über einen Saunabereich. Von den Mitgliedern wird ein Pauschalentgelt für Training einschließlich Saunabenutzung erhoben. Nach den Aufzeichnungen des Emsig entfällt auf den Saunabereich rund 25 % der Verweildauer aller Besucher.

Frage: Wie viele Leistungen liegen vor und wie hoch ist/sind der Steuersatz/die Steuersätze?

VI. Sondertatbestände

Als umsatzsteuerrechtliche Sondertatbestände kommen insbesondere folgende Vorschriften in Betracht:

► Steuervergütung (§ 4a UStG),

► Gutglaubensschutz (§ 6a Abs. 4 UStG),

► unrichtiger Steuerausweis (§ 14c Abs. 1 UStG),

► unberechtigter Steuerausweis (§ 14c Abs. 2 UStG),

► Änderung der Bemessungsgrundlage (§ 17 UStG),

► allgemeine Durchschnittssätze (§§ 23, 23a UStG),

► Durchschnittssätze für land- und forstwirtschaftliche Betriebe (§ 24 UStG),

► Besteuerung von Reiseleistungen (§ 25 UStG),

► Differenzbesteuerung (§ 25a UStG).

Fall 211   **Unrichtiger Steuerausweis**

Sachverhalt: Unternehmer Zwirn betreibt in Zweibrücken eine Buchhandlung. Am 3. 1. 2016 veräußerte er dem Kunden Klug mehrere Bücher – keine jugendgefährdenden Schriften und keine Werbedrucke – und stellte irrtümlich folgende Rechnung aus:

Lieferung Bücher   500 €
19 % USt   95 €
                                                                                                                595 €

Klug bezahlte den Rechnungsbetrag am 3.1.2016 in bar.

Frage: Welche umsatzsteuerrechtlichen Folgen ergeben sich aus der Rechnungserteilung?

Unberechtigter Steuerausweis   Fall 212

Sachverhalt: Unternehmer Wuchtig betreibt einen Lebensmitteleinzelhandel in Witten. Neben einem betrieblichen Pkw ist Wuchtig noch im Besitz eines ausschließlich privat genutzten Pkw. Diesen privat genutzten Pkw veräußerte Wuchtig am 2.2.2016 an den Abnehmer Alt. Wuchtig stellte folgende Rechnung aus:

Lieferung Pkw   10 000 €
19 % USt   1 900 €
                                                                                                            11 900 €

Alt bezahlte den Rechnungsbetrag am 2.2.2016 durch Hingabe eines Schecks.

Frage: Welche umsatzsteuerrechtlichen Folgen ergeben sich aus der Rechnungserteilung?

Änderung der Bemessungsgrundlage   Fall 213

Sachverhalt: Unternehmer Tief betreibt in Tuttlingen ein Unternehmen, das den Verkauf von Heizungsanlagen zum Gegenstand hat. Am 4.5.2016 veräußerte er dem Kunden Hoch eine derartige Heizungsanlage für 10 000 € zzgl. 1 900 € USt. Da Hoch den Betrag nicht in einer Summe zahlen konnte, vereinbarten Tief und Hoch eine Ratenzahlung. Da Hoch keine Raten zahlte, trat Tief am 4.8.2016 die Forderung i. H. von 11 900 € zu einem Festpreis von 7 500 € an ein Inkassobüro ab. Das Inkassobüro konnte noch insgesamt 10 000 € am 4.9.2016 einziehen und teilte dies auch unverzüglich dem Tief mit. Tief ist zur Abgabe von monatlichen Voranmeldungen verpflichtet.

Frage: Was muss Tief in Bezug auf diesen Vorgang umsatzsteuerrechtlich veranlassen?

Reiseleistungen   Fall 214

Sachverhalt: Der Unternehmer Sauer betreibt in Steinfurt ein Unternehmen, das die Veranstaltung von Pauschalreisen zum Gegenstand hat. Sauer erbringt die Leistungen im eigenen Namen, bedient sich jedoch Dritter als Leistungsträger. Am 3.1.2016 buchte die Privatperson Süß bei Sauer eine zweiwöchige Pauschalreise nach Cuxhaven zum Preis von 1 200 €. Sauer hatte für die Bahnfahrt 180 € und für die Hotelunterkunft 700 € bezahlt. Die Reise wurde im Mai 2016 ausgeführt.

Frage: Wie ist die Leistung des Sauer umsatzsteuerrechtlich zu behandeln?

Differenzbesteuerung   Fall 215

Sachverhalt: Unternehmer Rübe betreibt in Recklinghausen einen Secondhand-Laden. Im März 2016 kaufte Rübe von der Privatperson Birne eine gebrauchte Waschmaschine für 250 € ein. Diese gebrauchte Waschmaschine veräußerte er im April 2016 zu einem Preis von 325 € an den

Käufer Kürbis, der die Waschmaschine in Recklinghausen abholte und den Kaufpreis in bar bezahlte. Ein Verzicht auf die Anwendung der Differenzbesteuerung ist von Rübe nicht erklärt worden. Die Anwendung der Gesamtdifferenzregelung des § 25a Abs. 4 UStG kommt für Rübe nicht in Betracht.

Frage: Wie ist die Leistung des Rübe umsatzsteuerrechtlich zu behandeln?

VII. Entstehung der Steuer

Für Lieferungen und sonstige Leistungen entsteht die USt grundsätzlich mit Ablauf des Voranmeldungszeitraumes, in dem die Leistungen ausgeführt worden sind (§ 13 Abs. 1 Nr. 1 Buchst. a UStG). Abweichende Regelungen gelten z. B. in Fällen der Anzahlung (§ 13 Abs. 1 Nr. 1 Buchst. a Satz 4 UStG), bei der Berechnung der Steuer nach vereinnahmten Entgelten (§ 13 Abs. 1 Nr. 1 Buchst. b UStG) und in den Fällen der Beförderungseinzelbesteuerung (§ 13 Abs. 1 Nr. 1 Buchst. c UStG).

Für Leistungen i. S. des § 3 Abs. 1b und Abs. 9a UStG entsteht die USt mit Ablauf des Voranmeldungszeitraums, in dem diese Leistungen ausgeführt worden sind (§ 13 Abs. 1 Nr. 2 UStG).

Für den innergemeinschaftlichen Erwerb i. S. des § 1a UStG entsteht die Steuer mit Ausstellung der Rechnung, spätestens mit Ablauf des dem Erwerb folgenden Kalendermonats (§ 13 Abs. 1 Nr. 6 UStG). Für den innergemeinschaftlichen Erwerb von neuen Fahrzeugen i. S. des § 1b UStG entsteht die Steuer am Tag des Erwerbs (§ 13 Abs. 1 Nr. 7 UStG).

Die Entstehungszeitpunkte in den Fällen des § 14c UStG, § 17 Abs. 1 Satz 6 UStG, § 6a Abs. 4 Satz 2 UStG und § 4 Nr. 4a Satz 1 Buchst. a Satz 2 UStG sind in § 13 Abs. 1 Nr. 3, 5, 8 und 9 UStG geregelt.

Fall 216 **Besteuerung nach vereinbarten Entgelten**

Sachverhalt: Anker ist selbständiger Bauunternehmer in Ahaus und berechnet die USt nach vereinbarten Entgelten. Anker ist zur Abgabe monatlicher USt-Voranmeldungen verpflichtet. Am 1. 3. 2016 erhielt er von dem Unternehmer Winde (kein Bauleistender) den Auftrag, auf dem unbebauten Grundstück des Winde in Ahaus ein Verwaltungsgebäude zu errichten. Anker begann mit den Bauarbeiten am 2. 4. 2016 und schloss diese am 1. 6. 2016 ab; Winde nahm das Gebäude am 1. 6. 2016 ab. Anker berechnete dem Winde mit Rechnung vom 20. 6. 2016 einen Betrag i. H. von 200 000 € zzgl. 38 000 € USt = 238 000 €, den Winde im Juli 2016 beglich.

Frage: Wann entsteht die USt für die Leistung des Anker?

Fall 217 **Besteuerung nach vereinnahmten Entgelten**

Sachverhalt: Bissig ist selbständiger Rechtsanwalt in Borken. Er ist zur Abgabe monatlicher USt-Voranmeldungen verpflichtet. Bissig ist auf Antrag gestattet worden, seine USt gem. § 20 UStG nach vereinnahmten Entgelten zu berechnen. Im April 2016 verteidigte Bissig den Mandanten Mogel mit Sitz in Borken. Bissig stellte noch im April 2016 eine Rechnung über 5 000 € zzgl. 950 € USt aus. Mogel zahlte den vollständigen Rechnungsbetrag im Mai 2016 in bar.

Frage: Wann entsteht die USt für die Leistung des Bissig?

Anzahlung

Sachverhalt: Carl ist selbständiger Tischlermeister in Coesfeld, der seine USt nach vereinbarten Entgelten berechnet. Er ist zur Abgabe monatlicher USt-Voranmeldungen verpflichtet. Carl erhielt am 10.4.2016 von der Privatperson Pleite den Auftrag, einen Wohnzimmerschrank herzustellen. Carl forderte und erhielt am 23.4.2016 von Pleite eine Anzahlung i.H. von 2500 €; eine Rechnung erteilte Carl nicht. Den Restbetrag i.H. von 5000 € erhielt Carl bei Übergabe des Schranks am 14.7.2016.

Frage: Wann und in welcher Höhe entsteht die USt?

Entstehung beim innergemeinschaftlichen Erwerb

Sachverhalt: Dunkel ist selbständiger Dachdeckermeister mit Sitz in Düsseldorf. Im Februar 2016 bestellte er bei dem niederländischen Unternehmer Niehues mit Sitz in Enschede Dachziegel für sein Unternehmen. Niehues transportierte die Dachziegel am 17.4.2016 mit eigenem Fahrzeug von Enschede nach Düsseldorf zu Dunkel. Sowohl Dunkel als auch Niehues hatten ihre jeweilige USt-Identifikationsnummer angegeben. Niehues stellte am 20.4.2016 eine Rechnung über 10000 € aus, die am 2.5.2016 bei Dunkel einging. Dunkel bezahlte die Rechnung noch im Laufe des Mai 2016. Dunkel ist zur Abgabe monatlicher USt-Voranmeldungen verpflichtet.

Frage: Wann entsteht die USt für den Erwerb des Dunkel?

Innergemeinschaftlicher Erwerb ohne Rechnungsausstellung

Sachverhalt: Wie vorhergehender Fall, nur mit der Abweichung, dass Niehues dem Dunkel keine Rechnung erteilt.

Frage: Wann entsteht die USt für den Erwerb des Dunkel?

VIII. Vorsteuer

Der Unternehmer kann die in § 15 Abs. 1 UStG aufgeführten Beträge grundsätzlich als VoSt abziehen.

Nach § 15 Abs. 1 Satz 1 Nr. 1 UStG kann der Unternehmer die gesetzlich geschuldete Steuer für Lieferungen oder sonstige Leistungen, die von anderen Unternehmern für sein Unternehmen ausgeführt worden sind, als VoSt abziehen. Die Ausübung des Vorsteuerabzugs setzt voraus, dass der Unternehmer eine nach den §§ 14, 14a UStG ausgestellte Rechnung besitzt.

Nach § 15 Abs. 1 Satz 1 Nr. 2 UStG kann der Unternehmer die entstandene Einfuhrumsatzsteuer für Gegenstände, die für sein Unternehmen in das Inland eingeführt worden sind, als VoSt abziehen.

Nach § 15 Abs. 1 Satz 1 Nr. 3 UStG kann der Unternehmer die Steuer für den innergemeinschaftlichen Erwerb von Gegenständen für sein Unternehmen als VoSt abziehen, wenn der innergemeinschaftliche Erwerb nach § 3d Satz 1 UStG im Inland bewirkt wird.

Nach § 15 Abs. 1 Satz 1 Nr. 4 UStG kann der Unternehmer auch die Steuer für Leistungen i.S. des § 13b UStG, die für sein Unternehmen ausgeführt wurden, als VoSt abziehen.

Nach § 15 Abs. 1 Satz 1 Nr. 5 UStG kann der Unternehmer die nach § 13a Abs. 1 Nr. 6 UStG geschuldete Steuer für Umsätze, die für sein Unternehmen ausgeführt worden sind, als VoSt abziehen.

Nicht als für das Unternehmen ausgeführt gilt die Lieferung, die Einfuhr oder der innergemeinschaftliche Erwerb eines Gegenstands, den der Unternehmer zu weniger als 10 % für sein Unternehmen nutzt.

Ein Abzug der gem. § 15 Abs. 1 UStG angefallenen VoSt ist in den Fällen des § 15 Abs. 1a und Abs. 2 UStG, der wiederum zum Teil durch § 15 Abs. 3 UStG aufgehoben wird, ausgeschlossen. So ist z. B. grundsätzlich ein VoSt-Abzug dann nicht möglich, wenn die bezogene Leistung zur Ausführung steuerfreier Umsätze verwendet wird. Dies gilt nicht in Fällen der Steuerfreiheit nach § 4 Nr. 1–7 UStG.

Eine Vorsteuerabzugsbeschränkung für sowohl unternehmerisch als auch nicht unternehmerisch genutzte Grundstücke ergibt sich aus § 15 Abs. 1b UStG.

Verwendet der Unternehmer einen für sein Unternehmen gelieferten, eingeführten oder innergemeinschaftlich erworbenen Gegenstand oder eine von ihm in Anspruch genommene sonstige Leistung nur zum Teil zur Ausführung von Umsätzen, die den VoSt-Abzug ausschließen, so ist der Teil der jeweiligen VoSt-Beträge nicht abziehbar, der den zum Ausschluss vom VoSt-Abzug führenden Umsätzen wirtschaftlich zuzurechnen ist (§ 15 Abs. 4 UStG).

Besonderheiten beim VoSt-Abzug gelten z. B. für Fahrzeuglieferer i. S. des § 2a UStG (§ 15 Abs. 4a UStG), für Kleinbetragsrechnungen (§ 35 UStDV) und für Fahrausweise (§ 35 UStDV).

Ändern sich im Laufe des Berichtigungszeitraums die für den ursprünglichen VoSt-Abzug maßgeblichen Verhältnisse, ist unter den Voraussetzungen des § 15a UStG i. V. m. §§ 44 und 45 UStDV der VoSt-Abzug zu berichtigen.

Fall 221   Gesonderter Steuerausweis

Sachverhalt: Brecht betreibt eine Bäckerei in Bocholt. Für sein Ladengeschäft erwarb Brecht am 5. 1. 2016 eine neue Ladentheke von dem Unternehmer Böll zum Preis von 3 000 €. Brecht bezahlte den Kaufpreis am 5. 1. 2016 und erhielt von dem Unternehmer Böll eine Rechnung über „3 000 € einschließlich USt".

Frage: Kann Brecht einen VoSt-Abzug in Anspruch nehmen?

Fall 222   Scheinrechnung

Sachverhalt: Carlsson ist selbständiger Unternehmer in Karlsruhe. Da er sich für den USt-Voranmeldungszeitraum Januar 2016 eine hohe USt-Zahlung ausgerechnet hatte, bat er den befreundeten Unternehmer Unger mit Sitz ebenfalls in Karlsruhe, ihm eine Rechnung mit gesondertem Steuerausweis über 10 000 € zzgl. 1 900 € USt auszustellen. Eine Leistung sollte nicht erfolgen. Unger tat dem Carlsson den Gefallen und stellte eine entsprechende Rechnung mit USt-Ausweis aus.

Frage: Kann Carlsson einen VoSt-Abzug in Anspruch nehmen?

Leistung von Privatperson

Sachverhalt: Damm ist selbständiger Handelsvertreter mit Sitz in Detmold. Für seine Tätigkeit benötigte Damm einen anderen Pkw. Er kaufte von dem angestellten Maurer Meyer dessen Pkw für insgesamt 11 900 €. Auf Bitten des Damm stellte Meyer eine Rechnung über 10 000 € zzgl. 1 900 € USt aus.

Frage: Kann Damm einen VoSt-Abzug aus der Rechnung des Meyer in Anspruch nehmen?

Einfuhrumsatzsteuer

Sachverhalt: Fahrian betreibt in Finsterwalde eine Pkw-Reparaturwerkstatt. Für sein Unternehmen benötigte er eine neue Hebebühne. Am 17. 4. 2016 fuhr er mit seinem Lkw zu dem Hersteller Kuzorra mit Sitz in Zürich und kaufte dort eine entsprechende Hebebühne für umgerechnet 10 000 €. Fahrian bezahlte die Hebebühne in bar und brachte sie noch am selben Tag zurück nach Finsterwalde. An der Grenzzollstelle entrichtete Fahrian die Einfuhrumsatzsteuer i. H. von 1 900 €. Fahrian ist zur Abgabe monatlicher USt-Voranmeldungen verpflichtet.

Frage: Kann Fahrian die Einfuhrumsatzsteuer als VoSt abziehen?

Erwerbsteuer

Sachverhalt: Der in Gießen ansässige Unternehmer Graf bestellte am 15. 1. 2016 unter Angabe seiner deutschen USt-Identifikationsnummer bei dem Gemüsegroßhändler Tomato aus Italien fünfhundert Kisten Salat für sein Unternehmen in Gießen. Der Salat wurde am 22. 1. 2016 durch Tomato von Italien nach Gießen befördert. Den vereinbarten Kaufpreis i. H. von 5 000 € zzgl. 500 € Transportkosten entrichtete Graf – ohne Rechnung des Tomato – im Februar 2016. Graf ist zur Abgabe monatlicher USt-Voranmeldungen verpflichtet.

Frage: Wie ist der Vorgang für Graf umsatzsteuerrechtlich zu beurteilen?

Nicht abzugsfähige Aufwendungen

Sachverhalt: Der Elektrogerätehändler Watt mit Sitz in Berlin schenkte einem guten Kunden zu Weihnachten 2016 einen Videorecorder, dessen Anschaffungskosten 700 € betragen hatten. Die Aufwendungen i. H. von 700 € waren bei der Gewinnermittlung für den gewerblichen Betrieb des Watt nicht abzugsfähig. Watt hat umsatzsteuerlich bezüglich dieses Sachverhalts nichts veranlasst.

Frage: Kann Watt aus der Anschaffung des Videorecorders einen VoSt-Abzug geltend machen?

Ausschluss vom VoSt-Abzug

Sachverhalt: Hilfe ist als Zahnarzt in Herne selbständig tätig. Er erbringt ausschließlich steuerfreie Umsätze. Am 1. 3. 2016 erwarb Hilfe von dem Hersteller Retter mit Sitz in Ulm einen neuen Behandlungsstuhl für seine Praxis. Retter stellte dem Hilfe eine Rechnung über 30 000 € zzgl. 5 700 € USt = 35 700 € aus. Die Rechnung wurde von Hilfe am 30. 3. 2016 bezahlt.

Frage: Kann Hilfe aus der Anschaffung einen VoSt-Abzug geltend machen?

Fall 228 **Ausnahmen vom Ausschluss des VoSt-Abzugs**

Sachverhalt: Ingwer betreibt in Iserlohn ein Unternehmen, das den Im- und Export zum Gegenstand hat. Am 20. 3. 2016 erwarb Ingwer einen Posten Kugellager von dem Unternehmer Rüstig aus Recklinghausen für 20 000 € zzgl. 3 800 € gesondert ausgewiesener USt. Diese Kugellager veräußerte Ingwer am 26. 3. 2016 an einen norwegischen Unternehmer mit Sitz in Oslo für 30 000 €. Ingwer transportierte die Kugellager mit eigenem Lkw von Iserlohn nach Oslo.

Frage: Kann Ingwer aus der Anschaffung der Kugellager einen VoSt-Abzug in Anspruch nehmen?

Fall 229 **Aufteilung der VoSt**

Sachverhalt: Jansen ist Eigentümer eines bebauten Grundstücks in Jena. In dem Gebäude befinden sich vier Wohnungen (zusammen 320 qm), die an Privatleute zu Wohnzwecken vermietet sind, und im Erdgeschoss zwei Ladenlokale (zusammen 160 qm), die an Unternehmer für deren Unternehmen vermietet sind. Bezüglich der vermieteten Ladenlokale hat Jansen zulässigerweise auf die Steuerbefreiung verzichtet. Im April 2016 musste das Dach des Gebäudes neu eingedeckt werden. Der Dachdecker stellte dem Jansen eine Rechnung über 40 000 € zzgl. 7 600 € USt = 47 600 € aus. Jansen bezahlte die Rechnung im Mai 2016. Das Grundstück gehört in vollem Umfang zum Unternehmen. Jansen selbst führt keine Bauleistungen aus.

Frage: Kann Jansen einen VoSt-Abzug in Anspruch nehmen?

Fall 230 **Kleinbetragsrechnung**

Sachverhalt: Kunz betreibt ein Blumeneinzelhandelsgeschäft in Kaiserslautern. Für die Renovierung seines Ladengeschäfts erwarb er am 10. 1. 2016 von einem Baumarkt in Kaiserslautern verschiedene Materialien für insgesamt 90 €. In der Rechnung ist neben dem leistenden Unternehmer, dem Ausstellungsdatum und der Bezeichnung der verkauften Gegenstände lediglich der Gesamtbetrag von 90 € und der Steuersatz mit 19 % angegeben. Kunz ist zur Abgabe monatlicher USt-Voranmeldungen verpflichtet.

Frage: Kann Kunz aus der Rechnung einen VoSt-Abzug in Anspruch nehmen?

Fall 231 **Berichtigung des VoSt-Abzugs**

Sachverhalt: Maler ist Eigentümer eines Geschäftshauses in Münster. Das gesamte Gebäude war seit der Fertigstellung am 2. 1. 2011 an einen Möbelgroßhandel vermietet. Maler hatte auf die Steuerbefreiung des § 4 Nr. 12 Satz 1 Buchst. a UStG wirksam gem. § 9 UStG verzichtet und die Vermietungsumsätze als steuerpflichtig behandelt. Die aus der Herstellung des Gebäudes resultierende USt ist i. H. von 20 000 € als VoSt abgezogen worden. Am 1. 4. 2016 veräußerte Maler das Grundstück an eine Privatperson für 250 000 €. Maler ist zur Abgabe monatlicher USt-Voranmeldungen verpflichtet.

Frage: Muss Maler bezüglich des vorgenommenen VoSt-Abzugs umsatzsteuerrechtlich etwas veranlassen?

IX. Verfahren

Besteuerungszeitraum für die USt ist grundsätzlich das Kalenderjahr. Hat der Unternehmer seine gewerbliche oder berufliche Tätigkeit nur in einem Teil des Kalenderjahres ausgeübt, so tritt gem. § 16 Abs. 3 UStG dieser Teil an die Stelle des Kalenderjahres.

Der Unternehmer muss im Regelfall gem. § 18 UStG Vorauszahlungen leisten. Bezüglich der Abgabe der Voranmeldungen ist die Gewährung einer Dauerfristverlängerung möglich. Durch das Jahressteuergesetz 1996 wurde als Regelvoranmeldungszeitraum das Kalendervierteljahr bestimmt. Es ergeben sich folgende Variationen:

Steuer des vorangegangenen Jahres ($\times$)	Voranmeldungszeitraum	Vorschrift
$\times > 7\,500\,€$	Kalendermonat	§ 18 Abs. 2 Satz 2 UStG
$7\,500\,€ \geq \times > 1\,000\,€$	Kalendervierteljahr	§ 18 Abs. 2 Satz 1 UStG
$1\,000\,€ \geq \times \geq ./. 7\,500\,€$	Kalendervierteljahr aber Befreiung von Abgabe der Voranmeldungen möglich	§ 18 Abs. 2 Satz 1 UStG § 18 Abs. 2 Satz 3 UStG
$\times < ./. 7\,500\,€$	Kalendervierteljahr aber Befreiung von Abgabe der Voranmeldungen möglich oder Wahl des Kalendermonats als Voranmeldungszeitraum möglich	§ 18 Abs. 2 Satz 1 UStG § 18 Abs. 2 Satz 3 UStG § 18 Abs. 2a Satz 1 UStG

Nimmt der Unternehmer seine berufliche oder gewerbliche Tätigkeit auf, ist gem. § 18 Abs. 2 Satz 4 UStG im laufenden und folgenden Kalenderjahr Voranmeldungszeitraum der Kalendermonat. Das gilt auch für Vorratsgesellschaften und Firmenmäntel.

Seit dem 1. 1. 1993 muss der Unternehmer in bestimmten Fällen noch Zusammenfassende Meldungen gem. § 18a UStG abgeben.

Verfahrensbesonderheiten bestehen darüber hinaus für Kleinunternehmer (§ 19 UStG) sowie in Bezug auf den Wechsel der Steuerschuldnerschaft (§ 13b UStG) und das Vergütungsverfahren (§§ 59–61a UStDV).

Nach §§ 22a–22e UStG kann sich ein im Ausland ansässiger Unternehmer unter bestimmten Voraussetzungen im Inland durch einem Fiskalvertreter vertreten lassen.

Steuerberechnung

Fall 232

Sachverhalt: Neureich ist Unternehmer mit Sitz in Neustadt. Für das Kalenderjahr 2016 machte Neureich folgende Angaben:

Entgelte für ausgeführte Leistungen	250 000 €
– davon steuerfrei	30 000 €
– davon nicht steuerbar	24 000 €

Die restlichen Entgelte entfielen alle auf steuerpflichtige Leistungen zu 19 %. Die abzugsfähigen VoSt beliefen sich im Jahre 2016 auf 15 000 €.

Frage: Wie hoch ist die verbleibende Steuerschuld des Neureich für das Jahr 2016?

Fall 233 Dauerfristverlängerung

Sachverhalt: Ohnsorg ist Unternehmer mit Sitz in Olpe. Er ist gem. § 18 UStG zur Abgabe monatlicher USt-Voranmeldungen verpflichtet. Die Vorauszahlungen für das Jahr 2015 betrugen insgesamt 20 000 €. Am 2. 1. 2016 erschien Ohnsorg bei seinem Steuerberater und bat ihn, dafür zu sorgen, dass die Frist für die Abgabe der USt-Voranmeldungen – beginnend mit der USt-Voranmeldung für Januar 2016 – um jeweils einen Monat verlängert wird.

Frage: Was hat der Steuerberater zu veranlassen, um das Ansinnen des Ohnsorg zu erfüllen?

Fall 234 Wechsel der Steuerschuldnerschaft

Sachverhalt: Der Unternehmer Reinlich betreibt in Rheine ein Textilunternehmen. Für sein Unternehmen benötigte Reinlich eine neue Lagerhalle. Reinlich erteilte dem niederländischen Unternehmer Brons mit Sitz in Eindhoven am 25. 1. 2016 den Auftrag, eine entsprechende Halle in Rheine zu errichten. Die Abnahme der fertigen Halle erfolgte am 10. 4. 2016. Brons stellte eine Rechnung über netto 100 000 € aus. Reinlich bezahlte die Rechnung noch im April 2016. Brons hat im Inland weder einen Wohnsitz, seinen Sitz, seine Geschäftsleitung noch eine Zweigniederlassung. Reinlich ist zur Abgabe monatlicher USt-Voranmeldungen verpflichtet.

Frage: Was muss Reinlich bezüglich dieses Vorgangs umsatzsteuerrechtlich veranlassen?

Fall 235 Vergütungsverfahren

Sachverhalt: Der Maschinenfabrikant Schnell mit Sitz in Wien hat im März 2016 aus betrieblichen Gründen eine Messe in Hannover besucht. In diesem Zusammenhang sind ihm 200 € an USt gesondert in Rechnung gestellt worden. Umsätze hat Schnell in Deutschland nicht ausgeführt.

Frage: Kann Schnell die gezahlte USt zurückbekommen?

Fall 236 Kleinunternehmer

Sachverhalt: Taube ist Unternehmer mit Sitz in Tübingen. Er übt seine gewerbliche Tätigkeit seit dem 10. 5. 2016 aus. In der Zeit vom 10. 5. 2016 bis 31. 12. 2016 rechnet er mit einem Umsatz zzgl. Steuer von 15 000 €.

Frage: Kann Taube für 2016 die Kleinunternehmerregelung des § 19 UStG in Anspruch nehmen?

X. Zusammenfassende Aufgabe

Sachverhalt: Adler ist Alleininhaber einer Möbelhandlung mit angeschlossener Möbelschreinerei in Münster. Adler unterliegt der Regelbesteuerung gem. § 16 Abs. 1 UStG und ist zur Abgabe monatlicher USt-Voranmeldungen verpflichtet. Die USt-Voranmeldung für Januar 2016 ist vom steuerlichen Berater des Adler vorbereitet worden. Noch vor Abgabe der USt-Voranmeldung für Januar 2016 beim zuständigen Finanzamt erschien Adler bei seinem Steuerberater und teilte diesem folgende, bisher noch nicht berücksichtigte, Sachverhalte mit: `Fall 237`

1. Am 4.1.2016 hatte Adler beim Hersteller Plue in Paris unter Angabe seiner deutschen USt-Identifikationsnummer 50 Phonoschränke zum Preis von je 50 € bestellt. Plue hatte die Phonoschränke am 22.1.2016 von Paris nach Münster transportiert. Unter dem 29.1.2016 hatte Plue eine Rechnung über 2 500 € ausgestellt, die Adler erst am 2.2.2016 zuging. Adler zahlte den Rechnungsbetrag unter Abzug von 3 % Skonto am 9.2.2016.

2. Am 15.1.2016 erhielt Adler von dem Unternehmer Lerche mit Sitz in Lüdinghausen den Auftrag, eine repräsentative Ausstattung für das Büro des Lerche zu fertigen (keine Bauleistung). Lerche hatte bereits bei Auftragserteilung eine Anzahlung i. H. von 3 000 € geleistet; eine Rechnung hierüber ist von Adler nicht erteilt worden. Mit der Herstellung war Ende Januar noch nicht begonnen worden.

3. Zur Hochzeit am 30.1.2016 schenkte Adler seiner Tochter eine wertvolle Vitrine, die er seinem Lager in Münster zuvor entnommen hatte. Die Vitrine war am 10.1.2016 für das Unternehmen des Adler zu einem Preis von 11 900 € angeschafft worden; Adler konnte 1 900 € als VoSt abziehen. Der Verkaufspreis würde 20 000 € betragen. Die Verwendung stand bei Anschaffung noch nicht fest.

4. Adler ist Eigentümer eines Geschäftshauses in Nordkirchen. Die einzelnen Ladenlokale und Büros sind an verschiedene Unternehmer steuerpflichtig vermietet. Die Mieten sind umsatzsteuerlich zutreffend erfasst. Im Januar 2016 ließ Adler von seinen Angestellten den Flurbereich des Geschäftshauses mit Holz verkleiden. Da er für das Geschäftshaus ein eigenes Konto führt, stellte er eine Rechnung über 5 000 € zzgl. 950 € USt aus und überwies den Betrag von dem Hauskonto auf das betriebliche Konto.

5. Am 12.12.2015 erhielt Adler von dem italienischen Unternehmer Pirelli mit Sitz in Rom den Auftrag, eine Schrankwand für das Büro des Pirelli herzustellen. Pirelli hatte bei der Auftragserteilung seine italienische USt-Identifikationsnummer gegenüber Adler angegeben. Adler stellte in seinem Unternehmen die Schrankwand her und beförderte die komplett zusammengebaute Schrankwand am 2.1.2016 mit eigenem Lkw von Münster nach Rom. Adler stellte dem Pirelli am 10.1.2016 eine Rechnung über 15 000 € aus. Der Rechnungsbetrag wurde von Pirelli am 1.2.2016 beglichen.

Frage: Wie sind die Sachverhalte umsatzsteuerrechtlich zu beurteilen?

E. Abgabenordnung

Vorbemerkung

Die Abgabenordnung (AO) enthält die grundlegenden Bestimmungen für die Besteuerung. Sie wird daher auch als **Grundgesetz** oder **Mantelgesetz des Steuerrechts** bezeichnet.

Während im Rahmen der meisten übrigen Steuergesetze die Besteuerung bestimmter Vorgänge im Vordergrund steht (Einkommensteuer: Besteuerung der Einkünfte, Umsatzsteuer: Besteuerung der Umsätze), fasst die AO die wichtigsten Vorschriften zusammen, die für alle oder die meisten Steuerarten gelten. So enthält die AO die Definition der wichtigsten steuerrechtlichen Begriffe (Gesetz, Steuern, Behörde, Wohnsitz, gewöhnlicher Aufenthalt, Betriebsstätte, ...) und beantwortet die Fragen des Verfahrensrechts.

Überblick über den Aufbau der AO (Fahrplan durch das Verfahrensrecht)

1. Teil	§§ 1 – 32 AO

Einleitende Vorschriften

Definitionen, Zuständigkeit, Steuergeheimnis

2. Teil	§§ 33 – 77 AO

Steuerschuldrecht

Steuerschuldner, Ansprüche aus dem Steuerschuldverhältnis, Haftung

3. Teil	§§ 78 – 133 AO

Allgemeine Verfahrensvorschriften

Rechte und Pflichten des Finanzamts und des Steuerpflichtigen bei Ermittlung der Besteuerungsgrundlagen (Einkünfte, für die Besteuerung erhebliche Sachverhalte)

→ Ermittlungsverfahren

4. Teil	§§ 134 – 217 AO

Durchführung der Besteuerung

Buchführungspflichten, Steuererklärungen (Abgabe, Form, Inhalt, Verspätungszuschlag)
Wie macht das Finanzamt seinen Steueranspruch geltend? (Steuerbescheid, Berichtigung ...)

→ Festsetzungsverfahren, Feststellungsverfahren

5. Teil	§§ 218 – 248 AO

Erhebungsverfahren

Wie realisiert das Finanzamt seinen Steueranspruch?
Fälligkeit, Stundung, Erlass, Zahlungsverjährung, Verzinsung, Säumniszuschläge

6. Teil	§§ 249 – 346 AO

Vollstreckung

7. Teil	§§ 347 – 367 AO

Außergerichtliches Rechtsbehelfsverfahren

8. Teil	§§ 369 – 412 AO

Straf- und Bußgeldvorschriften

9. Teil	§§ 413 – 415 AO

Schlussvorschriften

I. Einteilung der Steuern

Die über 50 Steuerarten können unter verschiedenen Gesichtspunkten zu Gruppen zusammengefasst werden. Auch der Gesetzgeber verwendet Sammelbegriffe, um nicht alle Steuerarten, für die eine Vorschrift gelten soll, einzeln aufzählen zu müssen (vgl. dazu z. B. Art. 106 GG; § 172 Abs. 1 Nr. 1 AO).

Einteilung der Steuern `Fall 238`

Sachverhalt: Die Übersicht auf der Seite 140 ist nach den fünf gebräuchlichsten Einteilungsgesichtspunkten gegliedert. Ihre Aufgabe ist es, die aufgeführten Steuerarten den genannten Sammelbegriffen zuzuordnen.

II. Zuständigkeit der Finanzämter

▶ **Aufbau der Finanzverwaltung**

	Bundesfinanzverwaltung	Landesfinanzverwaltung
Oberste Behörde:	Bundesministerium der Finanzen (BMF)	Landesfinanzminister, Finanzsenator
Mittelbehörde:	Oberfinanzdirektion	Oberfinanzdirektion
Örtliche Behörde:	Hauptzollamt	Finanzamt

▶ **Sachliche Zuständigkeit der Finanzämter**

Die Finanzämter sind sachlich zuständig für die Verwaltung der Steuern mit Ausnahme der Zölle und der bundesgesetzlich geregelten Verbrauchsteuern.

Bei der Gewerbesteuer und der Grundsteuer setzen die Finanzämter Messbeträge fest, während die Gemeinden für die Erteilung der Steuerbescheide und die Erhebung sachlich zuständig sind (§ 17 FVG).

► **Örtliche Zuständigkeit der Finanzämter**

Die örtliche Zuständigkeit der Finanzämter, also ihr räumlicher Wirkungsbereich, ist in den §§ 17–29 AO geregelt. Dabei wird die Zuständigkeit an bestimmte Merkmale der Steuerpflichtigen geknüpft, wie z. B. an

den	Wohnsitz natürlicher Personen	=	Wohnsitz-Finanzamt
die	Belegenheit von Grundstücken	=	Lage-Finanzamt
die	Geschäftsleitung gewerblicher Betriebe	=	Betriebs-Finanzamt
die	Verwaltung von gemeinschaftlichem Grundbesitz oder Kapitalvermögen	=	Verwaltungs-Finanzamt
den	Ort der Berufsausübung von Freiberuflern	=	Tätigkeits-Finanzamt

Vgl. Fall 238

Einteilungs-gesichtspunkt	Ertragshoheit	Berücksichtigung persönlicher Verhältnisse	Auswirkungen beim Steuerschuldner	Steuergegenstand	§ 3 Abs. 2 AO
Steuerart	Bundes-St, Landes-St, Gemeinsch-St, Gemeinde-St	Personensteuer, Sachsteuer	direkte Steuer, indirekte Steuer	Besitz-St, Verkehr-St, Verbrauch-St, Zoll	Realsteuer
USt					
ESt					
KSt					
EUSt					
KfzSt					
GewSt					
GrESt					
MineralölSt					
BierSt					
ErbSt					
GrSt					
Bedeutung für	Gesetz-gebungs-hoheit	Abzugsfähigkeit bei Einkunfts-ermittlung	Steuerpolitik	Verwaltungs-hoheit	./.

Fall 239 **Örtliche Zuständigkeit des Finanzamtes**

Sachverhalt: Max betreibt in Köln eine Gaststätte. Er wohnt in Leverkusen und hat in Aachen ein Einfamilienhaus errichtet, das er vermietet.

Frage: Welche Finanzämter sind im Sinne der AO örtlich zuständig? Geben Sie deren übliche Bezeichnung sowie die entsprechende Rechtsgrundlage mit an. Bitte folgendes Schema verwenden.

Zuständig für:	Finanzamt in:	Bezeichnung/§§ AO
▶ Einkommensteuer		
▶ Umsatzsteuer		
▶ Gewerbesteuermessbescheid		
▶ Ermittlung der Einkünfte aus Gewerbebetrieb		
▶ Ermittlung der Einkünfte aus Vermietung und Verpachtung		
▶ Feststellung des Einheitswertes des Einfamilienhauses		

Örtliche Zuständigkeit des Finanzamtes (Sozietät)   `Fall 240`

Sachverhalt: Die Steuerberater Fabian und Müller haben sich zu einer Sozietät zusammengeschlossen. Ihre Praxis befindet sich in Münster in gemieteten Räumen. Fabian wohnt in Osnabrück, Müller in Warendorf. Fabian ist Eigentümer eines Mietwohnhauses in Bielefeld.

Fragen: Welche Finanzämter sind für die Besteuerung der Sozietät bzw. für Fabian und Müller zuständig?

Welche Steuerarten bzw. Feststellungen sind jeweils betroffen?

Örtliche Zuständigkeit (Grundstücksgemeinschaft)   `Fall 241`

Sachverhalt: Die Brüder Hans und Heinz Nett sind zur Hälfte Miteigentümer eines Mietwohngrundstückes in Krefeld. Hans wohnt in Düsseldorf und Heinz in Duisburg. Da Heinz stark belastet ist, erfolgt die Vermietung der Wohnungen sowie die Bezahlung der anfallenden Hausausgaben allein durch Hans.

Frage: Welche Finanzämter (Bezeichnung nach der AO und mit Ortsangabe) sind für welche Aufgaben, das Mietwohngrundstück in Krefeld betreffend, zuständig?

Örtliche Zuständigkeit bei Gesellschaften   `Fall 242`

Sachverhalt: Kaufmann Hinz wohnt in Münster und Kaufmann Kunz in Bielefeld. Sie betreiben in Osnabrück einen Getränkegroßhandel in der Rechtsform einer OHG. Kaufmann Hinz führt in Münster ein Lebensmittelgeschäft, an dem Kaufmann Kunz als echter (typisch) stiller Gesellschafter beteiligt ist. Kaufmann Kunz ist außerdem an einem in Dortmund belegenen Mietwohnhaus beteiligt, welches von Zürich (Schweiz) aus verwaltet wird.

Frage: Welche Finanzämter kommen für die Bearbeitung der anfallenden Steuerangelegenheiten in Betracht?

Fall 243 **Zuständigkeit innerhalb einer Großstadt**

Sachverhalt: Kaufmann Meier wohnt im Bezirk des Finanzamtes Gelsenkirchen-Süd und betreibt ein Lebensmittelgeschäft im Bezirk des Finanzamtes Gelsenkirchen-Nord.

Frage: Welches Finanzamt ist für die steuerlichen Angelegenheiten des Herrn Meier zuständig?

III. Fristen im Steuerrecht

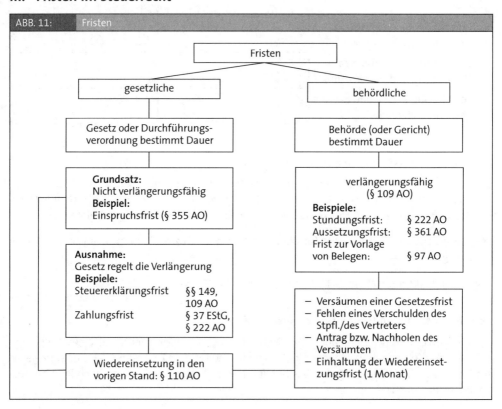

ABB. 11: Fristen

ABB. 12:	Fristberechnung	
	Ereignisfristen § 187 Abs. 1 BGB	**Beginnfristen** § 187 Abs. 2 BGB
Beginn:	mit Ablauf des (m. A. d.) Ereignistages	mit Beginn des (m. B. d.) angegebenen Tages (Beginntag)
Beispiele:	Einspruchsfrist Zahlungsfrist Schonfrist	Mietvertrag Lebensaltersberechnung
Ende bei:		
a) **Tagesfrist:** § 188 Abs. 1 BGB	m. A. d. letzten Tages der Frist (Ereignistag nicht mitzählen!)	m. A. d. letzten Tages der Frist (Beginntag mitzählen!)
b) **Wochenfrist:** § 188 Abs. 2 BGB	m. A. d. gleichen Wochentages wie Ereignistag	m. A. d. Wochentags vor dem Beginntag
c) **Monatsfrist,** (Viertel-, Halb-,) **Jahresfrist:** § 188 Abs. 2 BGB § 188 Abs. 3 BGB	m. A. d. Tages, der die gleiche Zahl hat wie Ereignistag	m. A. d. Tages, der seiner Zahl nach dem Beginntag vorangeht

Fehlt dieser Tag in dem betreffenden Monat, z. B. der 31., so tritt an seine Stelle der letzte Tag dieses Monats (§ 188 Abs. 3 BGB).

Ist der nach Buchst. a) bis c) bestimmte Tag ein Samstag, Sonntag oder Feiertag, so verschiebt sich das Ende bei Handlungs-, Erklärungs- oder Leistungsfristen bis zum Ablauf des nächstfolgenden Werktages (§ 193 BGB, § 108 Abs. 3 AO).

Einspruchsfrist, Tag der Bekanntgabe

Fall 244

Sachverhalt: Kaufmann Treu erhält seinen Einkommensteuerbescheid für das Vorjahr am 2. 10. Das Finanzamt hat den Bescheid am Freitag, dem 1. 10., mit einfachem Brief zur Post gegeben (Datum des Poststempels).

Frage: Wann beginnt und wann endet die Einspruchsfrist? Bitte geben Sie den Berechnungsweg mit an.

Frist für Umsatzsteuer-Voranmeldung

Fall 245

Sachverhalt: Ein (umsatzsteuerpflichtiger) Unternehmer ist Monatszahler und hat Dauerfristverlängerung beantragt. Der 10. des übernächsten Monats fällt auf einen Montag, der gesetzlicher Feiertag ist.

Frage: Wann muss er seine Umsatzsteuervoranmeldung spätestens abgeben, wenn er die Schonfrist ausnutzen will?

Fall 246 **Weitere Fristberechnungen**

Sachverhalt: Kaufmann Treu erhält folgende Steuerbescheide:

▶ Steuerbescheid 1 durch einfachen Brief, Aufgabe zur Post (Datum des Poststempels) am 27.1., Zugang am 29.1.,

▶ Steuerbescheid 2 durch einfachen Brief, Aufgabe zur Post (Datum des Poststempels) am 20.1., Zugang am 21.1.,

▶ Steuerbescheid 3 durch einfachen Brief, Aufgabe zur Post (Datum des Poststempels) am 23.1., Zugang am 25.1.,

▶ Steuerbescheid 4 durch Postzustellungsurkunde (zur Post am 28.2.). Nach dem Vermerk der Post auf der Postzustellungsurkunde wurde der Bescheid am 4.3. zugestellt.
Das Finanzamt teilt mit, diesen Steuerbescheid bereits am 3.1. (Datum des Poststempels) durch einfachen Brief zugestellt zu haben. Kaufmann Treu bestreitet, den Bescheid im Monat Januar erhalten zu haben. Die Post kann auf Anfrage des Finanzamts zum Verbleib des Bescheides keine Angaben machen.

▶ Steuerbescheid 5 durch einfachen Brief, Aufgabe zur Post (Datum des Poststempels) am Gründonnerstag, dem 17.4. Kaufmann Treu hat den Bescheid erst am 22.4 erhalten.

▶ Steuerbescheid 6 durch einfachen Brief, Aufgabe zur Post (Datum des Poststempels) am 25.2.

Kalenderauszug

Januar		Februar		März		April		Mai		Juni	
Mi	1	Sa	1	Sa	1	Di	1	Do	1	So	1
Do	2	So	2	So	2	Mi	2	Fr	2	Mo	2
Fr	3	Mo	3	Mo	3	Do	3	Sa	3	Di	3
Sa	4	Di	4	Di	4	Fr	4	So	4	Mi	4
So	5	Mi	5	Mi	5	Sa	5	Mo	5	Do	5
Mo	6	Do	6	Do	6	So	6	Di	6	Fr	6
Di	7	Fr	7	Fr	7	Mo	7	Mi	7	Sa	7
Mi	8	Sa	8	Sa	8	Di	8	Do	8	So	8
Do	9	So	9	So	9	Mi	9	Fr	9	Mo	9
Fr	10	Mo	10	Mo	10	Do	10	Sa	10	Di	10
Sa	11	Di	11	Di	11	Fr	11	So	11	Mi	11
So	12	Mi	12	Mi	12	Sa	12	Mo	12	Do	12
Mo	13	Do	13	Do	13	So	13	Di	13	Fr	13
Di	14	Fr	14	Fr	14	Mo	14	Mi	14	Sa	14
Mi	15	Sa	15	Sa	15	Di	15	Do	15	So	15
Do	16	So	16	So	16	Mi	16	Fr	16	Mo	16
Fr	17	Mo	17	Mo	17	Do	17	Sa	17	Di	17
Sa	18	Di	18	Di	18	Fr	18	So	18	Mi	18
So	19	Mi	19	Mi	19	Sa	19	Mo	19	Do	19
Mo	20	Do	20	Do	20	So	20	Di	20	Fr	20
Di	21	Fr	21	Fr	21	Mo	21	Mi	21	Sa	21
Mi	22	Sa	22	Sa	22	Di	22	Do	22	So	22
Do	23	So	23	So	23	Mi	23	Fr	23	Mo	23
Fr	24	Mo	24	Mo	24	Do	24	Sa	24	Di	24

Sa	25	Di	25	Di	25	Fr	25	So	25	Mi	25
So	26	Mi	26	Mi	26	Sa	26	Mo	26	Do	26
Mo	27	Do	27	Do	27	So	27	Di	27	Fr	27
Di	28	Fr	28	Fr	28	Mo	28	Mi	28	Sa	28
Mi	29			Sa	29	Di	29	Do	29	So	29
Do	30			So	30	Mi	30	Fr	30	Mo	30
Fr	31			Mo	31			Sa	31		

Karfreitag = 18. April; Pfingstmontag = 9. Juni; Fronleichnam = 19. Juni

Frage: Wann endet jeweils die Einspruchsfrist?

IV.   Gang des Besteuerungsverfahrens

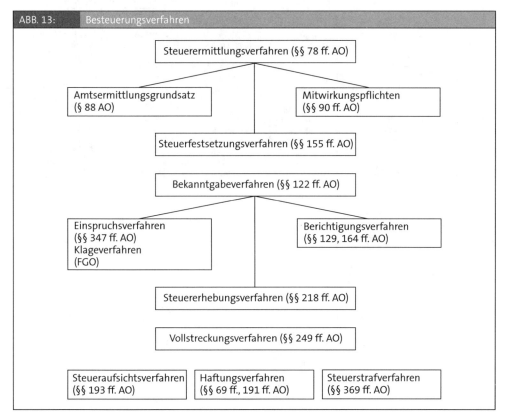

ABB. 13:   Besteuerungsverfahren

V.   Steuerermittlungsverfahren

Ziel der Besteuerung ist, das Steuerschuldverhältnis zwischen dem Steuergläubiger, vertreten durch das Finanzamt, und dem einzelnen Steuerbürger zu verwirklichen. Dies bedeutet: Das Finanzamt hat die Besteuerungsgrundlagen zu ermitteln, die Steuern sodann festzusetzen und zu erheben. Dazu muss das Finanzamt zunächst – im Ermittlungsverfahren – den wahren Sachverhalt feststellen.

Wegen der Bedeutung des Steueraufkommens für die Allgemeinheit gilt im Ermittlungsverfahren der **Untersuchungsgrundsatz (§ 88 AO).** Danach bestimmt das Finanzamt nach pflichtgemäßem Ermessen Art und Umfang der Ermittlungen. Dies bedeutet, dass die Beteiligten kaum Einfluss auf den Gang des Ermittlungsverfahrens haben. Zudem haben die Beteiligten erhebliche Mitwirkungspflichten zu erfüllen (§ 90 AO), denen aber auch Rechte gegenüberstehen.

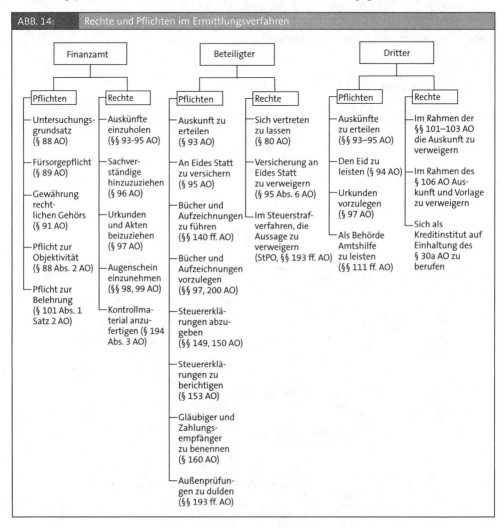

ABB. 14: Rechte und Pflichten im Ermittlungsverfahren

Finanzamt

Pflichten
- Untersuchungsgrundsatz (§ 88 AO)
- Fürsorgepflicht (§ 89 AO)
- Gewährung rechtlichen Gehörs (§ 91 AO)
- Pflicht zur Objektivität (§ 88 Abs. 2 AO)
- Pflicht zur Belehrung (§ 101 Abs. 1 Satz 2 AO)

Rechte
- Auskünfte einzuholen (§§ 93-95 AO)
- Sachverständige hinzuzuziehen (§ 96 AO)
- Urkunden und Akten beizuziehen (§ 97 AO)
- Augenschein einzunehmen (§§ 98, 99 AO)
- Kontrollmaterial anzufertigen (§ 194 Abs. 3 AO)

Beteiligter

Pflichten
- Auskunft zu erteilen (§ 93 AO)
- An Eides Statt zu versichern (§ 95 AO)
- Bücher und Aufzeichnungen zu führen (§§ 140 ff. AO)
- Bücher und Aufzeichnungen vorzulegen (§§ 97, 200 AO)
- Steuererklärungen abzugeben (§§ 149, 150 AO)
- Steuererklärungen zu berichtigen (§ 153 AO)
- Gläubiger und Zahlungsempfänger zu benennen (§ 160 AO)
- Außenprüfungen zu dulden (§§ 193 ff. AO)

Rechte
- Sich vertreten zu lassen (§ 80 AO)
- Versicherung an Eides Statt zu verweigern (§ 95 Abs. 6 AO)
- Im Steuerstrafverfahren, die Aussage zu verweigern (StPO, §§ 193 ff. AO)

Dritter

Pflichten
- Auskünfte zu erteilen (§§ 93–95 AO)
- Den Eid zu leisten (§ 94 AO)
- Urkunden vorzulegen (§ 97 AO)
- Als Behörde Amtshilfe zu leisten (§§ 111 ff. AO)

Rechte
- Im Rahmen der §§ 101–103 AO die Auskunft zu verweigern
- Im Rahmen des § 106 AO Auskunft und Vorlage zu verweigern
- Sich als Kreditinstitut auf Einhaltung des § 30a AO zu berufen

Fall 247   Erteilung von Auskünften

Sachverhalt: Am 20.5.2016 erscheint auf Bitten des Finanzamtes Altstadt der Kaufmann Willi Langsam in dem für ihn zuständigen Veranlagungsbezirk, um an Amtsstelle Auskunft über Art und Umfang von Umbauarbeiten, die Herr Langsam an seinem Mietwohnhaus hatte durchführen lassen, zu erteilen. Zugleich sollte er die Umbaukosten durch entsprechende Rechnungen belegen. Herr Langsam erteilte seine Auskünfte wahrheitsgemäß und legte alle ihm zur Verfügung stehenden Unterlagen vor.

Am Schluss der Besprechung erkundigte sich der zuständige Beamte auch noch nach der Finanzierung der Umbauarbeiten. Abschließend fragte er noch, seit wann Herbert Langsam, der Bruder des Steuerpflichtigen, von seiner Ehefrau getrennt lebe.

Fragen: War das Finanzamt berechtigt, Herrn Willi Langsam

1. zur Auskunftserteilung über die Umbaumaßnahmen vorzuladen,

2. zuvor nicht angekündigte Fragen nach der Finanzierung der Umbaumaßnahmen zu stellen,

3. Fragen nach dem Getrenntleben seines Bruders Herbert zu stellen?

Erklärungspflichten

`Fall 248`

Sachverhalt: Der Steuerfachangestellte Uwe Zackig ruft am 10.10.2016 in der Umsatzsteuer-Stelle des Finanzamtes an und teilt dem Bearbeiter telefonisch die Höhe der Umsätze, der Umsatzsteuer und der Vorsteuer des Mandanten Walter Tuch für den Voranmeldungszeitraum September 2016 mit, um damit der Steuererklärungspflicht noch zu genügen.

Frage: Ist durch die telefonische Mitteilung die Umsatzsteuervoranmeldung fristgemäß abgegeben worden? Bitte begründen.

Verspätete Abgabe der Erklärung

`Fall 249`

Sachverhalt: Die Umsatzsteuervoranmeldung des Unternehmers Lehmann geht beim Finanzamt erst am 25.6. ein, obwohl der Termin zur Abgabe der 10.6. war. Die vorangemeldete Steuer beträgt 5 288 €. Ein Verrechnungsscheck in dieser Höhe war der Voranmeldung beigefügt.

Fragen:

a) Mit welcher Reaktion seitens des Finanzamtes muss Unternehmer Lehmann wegen der verspäteten Abgabe der Umsatzsteuervoranmeldung rechnen?

b) Welchen Höchstbetrag kann das Finanzamt als Nebenleistung festsetzen?

c) Welcher Rechtsbehelf ist dagegen möglich?

Verspätete Abgabe der Erklärung durch den Steuerberater

`Fall 250`

Sachverhalt: Der Kaufmann Ludger Weinberg hat den Steuerberater Karl Peters mit der Wahrnehmung seiner steuerlichen Pflichten, insbesondere mit der Erstellung und Abgabe seiner Umsatzsteuer- und Einkommensteuererklärungen beauftragt. Auf Antrag des Steuerberaters wird ihm zur Abgabe der Steuererklärungen des Herrn Weinberg für das Kalenderjahr 2014 vom Finanzamt eine Fristverlängerung gem. § 109 AO bis zum 29.2.2016 eingeräumt. Darüber hinaus kommt eine Fristverlängerung nicht in Betracht. Der Steuerberater gibt die Steuererklärungen indessen erst am 12.7.2016 ab.

Fragen: Kann das Finanzamt einen Verspätungszuschlag festsetzen, wenn der Steuerberater die Fristversäumnis

a) mit Arbeitsüberlastung und Urlaub oder (alternativ)

b) mit verminderter Leistungsfähigkeit durch längere Krankheit begründet? Gegen wen ist ggf. der Verspätungszuschlag festzusetzen?

Fall 251 **Verspätungszuschlag, Erklärungsfristen**

Sachverhalt: Der Gewerbetreibende Hans Klein gibt die Umsatzsteuer-Voranmeldung für den Monat Februar 01 zusammen mit entsprechendem Verrechnungsscheck am Dienstag nach Ostern, dem 14.4.01, um 20 Uhr durch Einwurf in den Briefkasten des zuständigen Finanzamtes ab. Dauerfristverlängerung ist beantragt und genehmigt.

Frage: Ist die Voranmeldung rechtzeitig beim Finanzamt eingegangen? Muss Hans Klein mit steuerlichen Nebenleistungen rechnen? Begründen Sie ihre Entscheidung.

Fall 252 **Nichtabgabe der Steuererklärung**

Sachverhalt: Der Steuerpflichtige Meier gibt trotz mehrmaliger Aufforderung seitens des Finanzamtes seine Steuererklärungen für 2015 nicht ab.

Frage: Mit welchen Mitteln kann das Finanzamt nach den Vorschriften der Abgabenordnung reagieren? Nennen Sie zwei Möglichkeiten.

VI. Steuerfestsetzungsverfahren

Die Finanzbehörden haben nach § 85 AO die Steuern nach Maßgabe der Gesetze gleichmäßig festzusetzen und zu erheben. Dies erledigen sie durch Verwaltungsakte.

Verwaltungsakte sind hoheitliche Willenserklärungen (behördliche Maßnahmen) auf dem Gebiet des öffentlichen Rechts zur Regelung eines einzelnen Falles mit unmittelbarer Rechtswirkung nach außen (§ 118 AO).

Der bedeutendste Verwaltungsakt in der Finanzverwaltung ist der Steuerbescheid (§ 155 AO).

Für den Steuerbescheid gilt:

▶ **Muss-Erfordernisse: Schriftform, Bezeichnung des Steuerschuldners und der den Bescheid erlassenden Behörde, festgesetzte Steuer nach Art, Jahr und Betrag (§ 157 AO).**

Fehlt eines dieser Erfordernisse, so ist der Steuerbescheid nichtig. Ein nichtiger Steuerbescheid ist unwirksam (§§ 124, 125 AO).

▶ **Soll-Erfordernisse: Begründung = Bezeichnung der Besteuerungsgrundlagen (§ 121 AO), Rechtsbehelfsbelehrung (§ 157 AO).**

Fehlt eines dieser Erfordernisse, so hat das keine Nichtigkeit des Bescheids zur Folge. Die Angaben können nachgeholt werden.

Hat der Steuerpflichtige wegen fehlender Begründung bei Abweichung von der Steuererklärung die Einspruchsfrist versäumt, liegt darin ein Wiedereinsetzungsgrund (§ 126 Abs. 3 AO).

Bei fehlender Rechtsbehelfsbelehrung ist die Einlegung des Einspruchs noch innerhalb eines Jahres nach Bekanntgabe des Bescheids zulässig (§ 356 Abs. 2 AO).

▶ **Besteuerungsgrundlagen**

Grundsätzlich bildet die Feststellung der Besteuerungsgrundlagen einen mit Rechtsbehelfen nicht anfechtbaren unselbständigen Teil des Steuerbescheids (§ 157 AO). Die Steuer wird auf der Grundlage eines einheitlichen Besteuerungsverfahrens durch Steuerbescheid festgesetzt (§§ 155 ff. AO). Bestandskräftig wird nur der festgesetzte Steuerbetrag.

▶ **Grundlagenbescheide**

Von dieser Regel gibt es Ausnahmen: Die Besteuerungsgrundlagen werden durch Feststellungsbescheid gesondert festgestellt, soweit dies in § 180 AO oder sonst in den Steuergesetzen bestimmt ist (§ 179 AO). Entscheidungen in einem Grundlagenbescheid können nur durch Einspruch gegen diesen und nicht gegen den Folgebescheid angegriffen werden (§ 351 Abs. 2 AO).

ABB. 15:	Bindungswirkung nach § 182 AO
Der Feststellungsbescheid hat als Grundlagenbescheid absolute Bindungswirkung für alle Folgebescheide	
Feststellungsbescheid:	**Folgebescheide:**
Einheitswertbescheid Grundvermögen	Grundsteuermessbescheid
Bedarfswerte für Grundbesitz	Erbschafts- und Schenkungsteuer
Gewinn-Feststellungsbescheid	Einkommensteuer,
	Körperschaftsteuer,
	andere Gewinnfeststellungen,
	nicht aber: GewSt-Messbescheid
LSt-Eintragung	LSt-Anmeldung
Einkommensteuerbescheid	Einkommensteuerbescheide, bei
	denen ein Verlustabzug berücksichtigt
	werden soll (§ 10d EStG)
	Prämienbescheide,
	Aufteilungsbescheide nach § 268 AO
Gewerbesteuermessbescheid	Gewerbesteuerbescheid

Merke: Die Bindungswirkung, die § 182 AO vorschreibt, wird verfahrensrechtlich verwirklicht über die Berichtigungsvorschrift des § 175 Abs. 1 Nr. 1 i. V. m. der Ablaufhemmung des § 171 Abs. 10 AO.

Form des Steuerbescheids

`Fall 253`

Sachverhalt: Die Ehegatten Elfriede und Konrad Eismann, wohnhaft in Herne, Eschstraße 11, haben für das Kalenderjahr 2015 gemeinsam eine Einkommensteuererklärung abgegeben und darin die Zusammenveranlagung beantragt. Der Ehemann hat Einkünfte aus nichtselbständiger Arbeit und Beteiligungseinkünfte aus einer KG. Die Ehefrau hat Einkünfte aus Kapitalvermögen von 0 € (Zinseinnahmen = 350 €).

Dem Einkommensteuerbescheid für das Kalenderjahr 2015 liegt die gemeinsame Steuererklärung für 2015 zugrunde. Der Steuerbescheid ist gerichtet an

Herrn
Konrad Eismann
Eschstraße 11
44629 Herne

Der Kopf des Steuerbescheids enthält keinen weiteren Zusatz, auch fehlt das Datum des Bescheids. Der Bescheid befand sich am 19. 11. 2016 im Hausbriefkasten der Eheleute.

Fragen: Wie beurteilen Sie den fehlenden Datumsvermerk? Ist der Einkommensteuerbescheid wirksam bekannt gegeben?

Fall 254 **Schätzungsbescheid**

Sachverhalt: Die Eheleute Franz und Frieda Sorglos haben trotz mehrfacher Aufforderung des für sie zuständigen Finanzamtes keine Einkommensteuererklärung für das Kalenderjahr 2015 abgegeben. Das Finanzamt hat deswegen die Besteuerungsgrundlagen für das Kalenderjahr 2015 geschätzt und einen entsprechenden einheitlichen Einkommensteuerbescheid erlassen, der an die Ehegatten als Gesamtschuldner gerichtet ist.

Frage: Ist der Steuerbescheid beiden Ehegatten wirksam bekannt gegeben worden?

Fall 255 **Gesonderte Feststellung von Besteuerungsgrundlagen**

Sachverhalt: Nach § 157 Abs. 2 AO bildet die Feststellung von Besteuerungsgrundlagen einen mit Rechtsbehelfen nicht selbständig anfechtbaren Teil des Steuerbescheids. Abweichend hiervon werden einige Besteuerungsgrundlagen gesondert – in einem gesonderten Verfahren – festgestellt (§ 179 Abs. 1 AO).

Frage: Welche der nachstehenden Besteuerungsgrundlagen werden gesondert festgestellt?

1. **Wert** eines im Bundesgebiet belegenen Einfamilienhauses,

2. **Umsatz** einer Fabrik, die zwei Brüdern gehört,

3. **Gewinn** einer Rechtsanwaltssozietät,

4. **Gewinn** einer GmbH,

5. **Gewinn** eines Betriebs der Land- und Forstwirtschaft, der den Geschwistern A und B gehört,

6. **Gewinn** eines Handwerkers, der im Bezirk des Finanzamtes A wohnt und seinen Handwerksbetrieb in einer benachbarten Stadt im Bezirk des Finanzamtes B betreibt.

Erläutern Sie zuvor Zweck und Bedeutung der gesonderten Feststellung.

VII. Festsetzungsverjährung

Nach § 169 AO ist eine Steuerfestsetzung nicht mehr zulässig, wenn die Festsetzungsfrist abgelaufen ist. Der Steueranspruch ist dann verjährt (erloschen, § 47 AO). Die Festsetzungsfrist beträgt für die von den Finanzämtern verwalteten Steuern im Allgemeinen vier Jahre, im Falle leichtfertiger Steuerverkürzung fünf und bei Steuerhinterziehung zehn Jahre.

Die Verjährung dient der Rechtssicherheit, denn der Nachweis von Steueransprüchen wird umso schwieriger, je älter die Steueransprüche werden. Die Sachverhalte schwinden aus dem Gedächtnis der Beteiligten, Bücher und Belege können nicht unbegrenzt aufbewahrt werden. Deshalb muss das Recht nach einer gewissen Zeit zur Ruhe kommen; es tritt „Rechtsfriede" ein.

► **Beginn der Festsetzungsfrist (Anlauf)**

Die Festsetzungsfrist beginnt mit Ablauf des Kalenderjahres, in dem die Steuer entstanden ist (§ 170 Abs. 1 AO; Ausnahmefall).

► **Verzögerter Fristbeginn (Anlaufhemmung)**

Der Fristbeginn ändert sich, wenn eine Anlaufhemmung vorhanden ist (§ 170 Abs. 2–6 AO). Bei Steuern mit gesetzlicher Erklärungs-, Anmeldungs- oder Anzeigepflicht beginnt die Festsetzungsfrist mit Ablauf des Kalenderjahres, in dem die Steuererklärung, die Steueranmeldung oder die Anzeige eingereicht worden ist, **spätestens jedoch mit Ablauf des dritten Kalenderjahres, das auf das Kalenderjahr folgt, in dem die Steuer entstanden ist.**

Dieser Fristbeginn ist u. a. maßgebend für die Einkommen- und Umsatzsteuer. Da diese Steuerarten die wohl wichtigsten im Steuerrecht sind, stellt der Fristbeginn unter Berücksichtigung der **Anlaufhemmung** den **Regelfall** dar.

Der wohl wichtigste Anwendungsbereich für den Beginn der Festsetzungsfrist nach der Grundregel des § 170 Abs. 1 AO ist die Antragsveranlagung nach § 46 Abs. 2 Nr. 8 EStG (da hier keine Verpflichtung zur Abgabe einer Steuererklärung besteht).

► **Ende der Festsetzungsfrist (Ablauf)**

Die Festsetzungsfrist endet mit Ablauf des letzten Jahres der Frist. Dabei reicht es aus, dass der Bescheid vor Ablauf der Frist den Bereich des zuständigen Finanzamtes verlassen hat. Es kommt also nicht auf den tatsächlichen oder unterstellten Zeitpunkt der Bekanntgabe an.

► **Verzögertes Fristende (Ablaufhemmung)**

Das Ende der Festsetzungsfrist wird durch eine Ablaufhemmung hinausgeschoben. Im Rahmen der Ablaufhemmung endet die Festsetzungsfrist nicht am Ende, sondern im Laufe eines Kalenderjahres.

► **Ablaufhemmung nach § 171 AO**

Wichtige gesetzliche Tatbestände	Dauer
Höhere Gewalt	sechs Monate
Offenbare Unrichtigkeit (§ 129 AO)	ein Jahr
Steuerfestsetzung auf Antrag	variabel
Außenprüfung/Fahndungsprüfung	variabel
Steuervergehen	variabel
Vorläufige Steuerfestsetzung	ein bis zwei Jahre
Änderung Grundlagenbescheid	zwei Jahre

Fall 256 **Festsetzungsverjährung (1)**

Sachverhalt: Die Steuerpflichtigen A, B und C machen für die Umsatzsteuer des Kalenderjahres 2012 die folgende Angaben:

Steuerpflichtiger:	A	B	C
Abgabe der Erklärung:	20.10.2013	7.9.2014	gar nicht
Datum des Steuerbescheids:	7.5.2015	–	1.4.2016

Frage: Wann beginnt und wann endet die jeweilige Festsetzungsfrist? Gehen Sie bitte davon aus, dass Steuerhinterziehung oder Steuerverkürzung nicht gegeben ist.

Fall 257 **Festsetzungsverjährung (2)**

Sachverhalt: Das Finanzamt will im Jahre 2016 bei dem Kaufmann Helmut Meier eine Betriebsprüfung durchführen. Sie haben für Herrn Meier jeweils im folgenden Jahr die Steuererklärungen abgegeben. Besonderheiten, wie z.B. steuerstrafbare Handlungen des Herrn Meier, sind Ihnen nicht bekannt.

Frage: Ab welchem Veranlagungszeitraum können äußerstenfalls die Einkommensteuerbescheide noch geändert werden?

Fall 258 **Ablaufhemmung bei der Festsetzungsverjährung**

Sachverhalt: Der Kaufmann Axel Fleiter hat seine Umsatzsteuerjahreserklärung für das Kalenderjahr 2010 am 17.9.2011 beim Finanzamt eingereicht. Die Zahllast hatte er mit 18 720 € berechnet. Das Finanzamt war von dieser Erklärung zunächst nicht abgewichen.

Nach einer Betriebsprüfung im Jahre 2015 setzte das Finanzamt die Umsatzsteuer für das Kalenderjahr 2010 durch Bescheid vom 19.8.2015 abweichend auf 24 648 € fest. Da bei Erlass dieses Bescheids jedoch dem Finanzamt ein Rechenfehler unterlaufen war, erließ es mit Datum vom 22.8.2016 einen Berichtigungsbescheid nach § 129 AO. Die Mehrsteuer beträgt 1 800 €.

Frage: Ist der Berichtigungsbescheid innerhalb der Festsetzungsfrist ergangen?

Fall 259 **Einspruchsfrist, Festsetzungsverjährung, Zahlungsverjährung**

Sachverhalt: Susi Sorglos erhält am 29.1.08 den endgültigen Einkommensteuerbescheid für das Jahr 04 (Postdatum 28.1.).

Susi hat trotz mehrmaliger Aufforderung, Mahnung und Zwangsgeld keine Einkommensteuererklärung für 04 eingereicht, sodass das Finanzamt Wuppertal-Elberfeld die Einkommensteuer 04 aufgrund einer Schätzung gem. § 162 AO auf 17 360 € festgesetzt hat. Aufgrund anrechenbarer Steuerbeträge (in geschätzter Höhe) ergibt sich eine Steuernachzahlung (einschließlich Nachforderungszinsen) i.H. von 8 500 €.

Am 1.3.08 wirft Susi Sorglos die Einkommensteuererklärung für 04 in den Hausbriefkasten des Finanzamts Wuppertal-Elberfeld und legt zugleich Einspruch gegen den Einkommensteuerbescheid 04 vom 28.1.08 ein.

Fragen:

a) Beurteilen Sie, ob der Einspruch fristgerecht eingelegt wurde (Fristberechnung – Tag der Bekanntgabe, Beginn und Ende der Einspruchsfrist – erforderlich; Kalenderauszug siehe unten).

b) Welches ist der wesentliche Unterschied zwischen der Festsetzungs- und Zahlungsverjährung?

c) Nennen Sie die Rechtsvorschrift, nach der sich der Beginn der Festsetzungsverjährung im o. a. Sachverhalt bestimmt. Ermitteln Sie in einer übersichtlichen Fristberechnung Beginn, Dauer und Ende der Festsetzungsverjährung für die Einkommensteuer 03 der Mandantin Sorglos.

d) Ermitteln Sie Beginn, Dauer und Ende der Zahlungsverjährung bezüglich des von der Mandantin innerhalb eines Monats zu entrichtenden Betrags von 8 500 €.

Januar						Februar					März				
Mo		3	10	17	24	31	Mo		7	14	21	28	Mo		7	14	21	**28**
Di		4	11	18	25		Di	1	8	15	22		Di	1	8	15	22	29
Mi		5	12	19	26		Mi	2	9	16	23		Mi	2	9	16	23	30
Do		6	13	20	27		Do	3	10	17	24		Do	3	10	17	24	31
Fr		7	14	21	28		Fr	4	11	18	25		Fr	4	11	18	**25**	
Sa	1	8	15	22	29		Sa	5	12	19	26		Sa	5	12	19	26	
So	2	9	16	23	30		So	6	13	20	27		So	6	13	20	27	

VIII. Änderung von Steuerfestsetzungen

ABB. 16: Prüfungsschema zur Berichtigung von Steuerbescheiden

---

fehlerhafter Steuerbescheid

⇨ **Einspruch möglich?**

1. Zulässigkeit

→ fristgerecht: Einpruchsfrist (ein Monat, § 355 AO)/Wiedereinsetzung in den vorigen Stand, § 110 AO
→ formgerecht: schriftlich, zuständige Behörde § 357 AO

2. Begründetheit
3. Aussetzung der Vollziehung, § 361 AO

⟩ 1

⇨ **Berichtigungsvorschriften prüfen**

1. Steuerbescheid mit Nebenbestimmung (≠endgültig)?

→ **Vorbehalt der Nachprüfung**
a) gesetzlicher Vorbehalt (Vorauszahlungsbescheid/Steueranmeldung)
b) behördlicher Vorbehalt (ausdrücklicher Vermerk)
⇨ Steuerbescheid ist im vollen Umfang offen; Berichtigung nach § 164 Abs. 2 AO

→ **Vorläufigkeit, § 165 AO**
Ausdrücklich im Steuerbescheid genannt; Punkte, auf die sich die Vorläufigkeit erstreckt sind aufgelistet,

z. B. Liebhaberei, Prüfung anschaffungsnahen Herstellungsaufwands, Verfassungsmäßigkeit bestimmter Rechtsnormen

⇨ Berichtigung nach § 165 Abs. 2 AO nur im Bezug auf für vorläufig erklärte Punkte (Punktberichtigung), Ablaufhemmung gem. § 171 Abs. 8 AO

⟩ 2

⇨ **keine Nebenbestimmung: Steuerbescheid endgültig**

2. Prüfung übriger Bestimmungen

→ **Rechenfehler, Schreibfehler, ähnliche offenbare Unrichtigkeiten, § 129 AO**
Verlesen, Verschreiben, Vertauschen; mechanisches Versehen des Finanzamtes
⇨ Punktberichtigung der offenbaren Unrichtigkeit, Ablaufhemmung gem. § 171 Abs. 2 AO

→ **(schlichter) Änderungsantrag, § 172 Abs. 1 Nr. 2a AO**
a) Minderung der Steuer: Antrag/Zustimmung innerhalb der Einspruchsfrist (besser Einspruch einlegen!)
b) Erhöhung der Steuer: Antrag/Zustimmung

→ **neue Tatsachen/werden Finanzamt nach Erlass des Steuerbescheides bekannt**
a) führen zu höherer Steuer, § 173 Abs. 1 Nr. 2 AO
⇨ Berichtigung unter Berücksichtigung neuer Tatsachen
b) führen zu niedriger Steuer, § 173 Abs. 1 Nr. 2 AO
⇨ Berichtigung nur, sofern Stpfl. kein grobes Verschulden am nachträglichen Bekanntwerden der Tatsache trifft

→ **Änderung eines Grundlagenbescheids, § 175 Abs. 1 Nr. 1 AO**

⟩ 3

Änderung von Steuerbescheiden

Fall 260

Sachverhalt: Der Steuerpflichtige Meyer erhielt am 23. 2. 2016 den endgültigen Einkommensteuerbescheid für 2013. Am 5. 4. 2016 schreibt Meyer an das Finanzamt:

„Gegen den Einkommensteuerbescheid für 2013 lege ich Einspruch ein. Meine Einnahmen aus Vermietung sind durch ein Versehen meiner Sekretärin in der Erklärung mit 21 400 € angegeben worden. Richtig sind jedoch Einnahmen aus Vermietung i. H. von 12 400 €. Diesen Zahlendreher hatte ich leider bei der Durchsicht der Steuererklärung übersehen.

Ich bitte, diese offenbare Unrichtigkeit nach § 129 AO zu berichtigen und die Steuer entsprechend herabzusetzen."

Frage: Wird das Finanzamt den Einkommensteuerbescheid berichtigen und die Steuer herabsetzen?

Änderung von Steuerbescheiden

Fall 261

Sachverhalt: Ein Mandant stellt am 13. 11. 2016 fest, dass der endgültige Steuerbescheid vom 22. 6. 2011 für den Veranlagungszeitraum 2010 fehlerhaft ist. Der Mandant wurde für das Kalenderjahr 2010 mit seiner Ehefrau zusammen veranlagt. Die Eheleute haben drei eheliche Kinder, die im Kalenderjahr 2010 unter 18 Jahre alt waren und in der Steuererklärung für 2010 namentlich aufgeführt sind. In dem Einkommensteuerbescheid 2010 sind indessen nur Kinderfreibeträge für zwei Kinder abgezogen.

Frage: Kann der Mandant gegen diesen Bescheid noch etwas unternehmen? Begründen Sie Ihre Entscheidung.

Änderung von Steuerbescheiden

Fall 262

Sachverhalt: Sie haben die Einkommensteuererklärung 2014 des Mandanten Hasenfuß erstellt und im Jahre 2015 eingereicht. Das Finanzamt hat die Einkommensteuer 2014 mit Bescheid vom 1. 4. 2016 unter dem Vorbehalt der Nachprüfung gem. § 164 Abs. 1 AO festgesetzt.

Frage: Bis wann muss Hasenfuß längstens mit einer Nachprüfung der Einkommensteuerfestsetzung für 2014 rechnen? Begründen Sie Ihre Entscheidung.

Änderung von Steuerbescheiden

Fall 263

Sachverhalt: Die Eheleute Hans und Helga Beimer übergeben Ihnen im August des Jahres 2016 den Einkommensteuerbescheid 2015 vom 1. 4. 2016 mit der Bitte, diesen auf seine Richtigkeit zu überprüfen. Der Bescheid trägt den Vermerk: „Der Bescheid ist nach § 165 Abs. 1 AO teilweise vorläufig." Auf der Rückseite des Bescheids ist u. a. folgender Text vermerkt:

„Erläuterungen
Die Steuerfestsetzung ist im Hinblick auf die Anhängigkeit von Verfassungsbeschwerden bzw. Revisionen nach § 165 Abs. 1 AO vorläufig hinsichtlich
► der beschränkt abzugsfähigen Vorsorgeaufwendungen (§ 10 Abs. 3 EStG).
Die Vorläufigkeitserklärung erfolgt nur aus verfahrenstechnischen Gründen und zur beiderseitigen Arbeitserleichterung und ist nicht dahin zu verstehen, dass die Regelungen als verfassungswidrig angesehen werden.

Änderungen dieser Regelungen werden von Amts wegen berücksichtigt; ein **Einspruch** ist insoweit **nicht erforderlich."**

Im Rahmen der Überprüfung des Steuerbescheids stellen Sie fest, dass das Finanzamt rechtsirrtümlich Werbungskosten des Hans Beimer lediglich i. H. von 2 000 € und damit um 500 € zu niedrig anerkannt hat.

Frage: Ist eine Änderung des Steuerbescheids noch möglich? Begründen Sie Ihre Entscheidung.

Fall 264   Änderung von Steuerbescheiden

Sachverhalt: Sie haben für den Mandanten Hans Gröne aus Kempen die Einkommensteuererklärung für das Kalenderjahr 2015 angefertigt. Dem endgültigen Einkommensteuerbescheid 2015 liegt der Inhalt dieser Erklärung zugrunde.

Noch innerhalb der Einspruchsfrist teilt Ihnen Herr Gröne mit, er habe noch Spendenbelege aus dem Kalenderjahr 2015 gefunden. Die Spendenbeträge müssten nacherklärt werden.

Frage: Was haben Sie zu veranlassen?

Fall 265   Änderung von Steuerbescheiden

Sachverhalt: Sie haben für den Mandanten Klein nach den vorgelegten Unterlagen die Einkommensteuererklärung für das Kalenderjahr 2015 erstellt. Dem endgültigen Einkommensteuerbescheid 2015 liegt der Inhalt dieser Erklärung zugrunde. Die Einspruchsfrist ist noch nicht abgelaufen.

Nunmehr teilt Ihnen Herr Klein mit, er habe Ihnen versehentlich nicht die Angaben zu den Vermietungseinkünften gegeben. Deshalb seien diese Einkünfte i. H. von 25 000 € für das Kalenderjahr 2015 nicht erklärt und somit auch nicht versteuert worden.

Fragen: Was haben Sie zu veranlassen? Was wird das Finanzamt daraufhin unternehmen?

Fall 266   Änderung von Steuerbescheiden

Sachverhalt: Durch Kontrollmitteilungen hat das Finanzamt erfahren, dass der Schriftsteller Herbert Gutermut aus Bonn den Erlös aus dem Verkauf des Urheberrechts an einem von ihm verfassten Sachbuch i. H. von 30 000 € nicht erklärt und somit auch nicht versteuert hat. Der Erlös ist Herrn Gutermut im Kalenderjahr 2015 zugeflossen.

Der Einkommensteuerbescheid 2015 ist endgültig und unanfechtbar, die Festsetzungsfrist ist aber noch nicht abgelaufen.

Frage: Was wird das Finanzamt veranlassen?

Fall 267   Änderung von Steuerbescheiden

Sachverhalt: Die Mandantin Josefine Reich aus Düsseldorf, für die Sie die Einkommensteuererklärungen erstellen, teilt Ihnen mit, sie habe noch weitere Ausgabenbelege für ihr Mietwohnhaus gefunden, die das Kalenderjahr 2015 betreffen. Es handele sich um Ausgaben im Zusammenhang mit der Reparatur von Abwasserrohren i. H. von 3 820 €.

Der Einkommensteuerbescheid 2015 für Frau Reich ist endgültig und unanfechtbar, die Festsetzungsfrist ist noch nicht abgelaufen.

Frage: Was können Sie veranlassen?

Änderung von Steuerbescheiden

Fall 268

Sachverhalt: Ihr Mandant Carlo ist zu 50 % an der Carlo & Antonio KG beteiligt. Das Finanzamt setzte die Einkommensteuer 2013 Ihres Mandanten mit endgültigem Bescheid vom 3.5.2015 auf 10 000 € fest. Den Gewinnanteil aus der Beteiligung berücksichtigte es dabei mit dem Vorjahreswert von 15 000 €, da eine einheitliche und gesonderte Feststellung der gemeinsamen Einkünfte aus Gewerbebetrieb aus der KG im Zeitpunkt der Einkommensteuer-Veranlagung des Carlo noch nicht vorlag.

Mit Bescheid vom 1.7.2016 stellt das für die KG zuständige Betriebsfinanzamt den Gewinn aus Gewerbebetrieb der KG auf 40 000 € fest und teilt dem Wohnsitzfinanzamt Ihres Mandanten Carlo dessen Gewinnanteil von 20 000 € mit.

Frage: Was wird das Wohnsitzfinanzamt veranlassen?

Änderung von Steuerbescheiden

Fall 269

Sachverhalt a: Einem Steuerberater wird von seinem Mandanten der endgültige Einkommensteuerbescheid für das Kalenderjahr 2015 vorgelegt, in dem fälschlicherweise Aufwendungen für einen ausschließlich beruflich genutzten Computer nicht als Werbungskosten bei den Einkünften aus nichtselbständiger Arbeit anerkannt worden sind (Rechtsirrtum).

Fragen:

a) Welche Möglichkeiten hat der Steuerberater, eine Berichtigung dieses Einkommensteuerbescheides zu erreichen, wenn er

   1. den Bescheid nach 14 Tagen seit Bekanntgabe erhält,

   2. den Bescheid nach zwei Monaten seit Bekanntgabe erhält?

b) Wie wäre der gleiche Sachverhalt zu beurteilen, wenn der Steuerbescheid unter dem Vorbehalt der Nachprüfung ergangen ist?

Sachverhalt b: Steuerberater Fuchs hat nach dem ESt-Vorauszahlungsbescheid vom 8.12.2015 für das Kalenderjahr 2016 vierteljährlich 24 000 € an Einkommensteuer-Vorauszahlungen zu leisten. Im Mai 2016 musste Steuerberater Fuchs nach einem Reitunfall für mehrere Monate ins Krankenhaus. Wegen fehlender Berufsausübung rechnet er mit hohen Einnahmeausfällen und veranschlagt seine Einkommensteuer für das Kalenderjahr 2016 auf nur 70 000 €.

Frage: Können die ESt-Vorauszahlungen für das Kalenderjahr 2016 den geänderten Verhältnissen angepasst werden? Bitte begründen.

Fall 270 **Fehler des Finanzamtes bei der Rechtsanwendung**

Sachverhalt: Der Lehrer Franz Ziegler setzte in seiner Einkommensteuererklärung für das Kalenderjahr 2015 u. a. Werbungskosten für folgende Arbeitsmittel an:

Schreibtisch	350 €
Schreibtischstuhl	250 €
Schreibtischlampe	150 €
Summe	750 €

Das Finanzamt lehnte den Abzug der Aufwendungen als Werbungskosten im Rahmen der Einkommensteuer-Veranlagung 2015 mit der Begründung ab, der Steuerpflichtige habe kein – steuerlich anzuerkennendes – häusliches Arbeitszimmer. Tatsächlich steht das Mobiliar im Wohnzimmer des Herrn Ziegler, wird aber so gut wie ausschließlich beruflich genutzt.

Der Einkommensteuerbescheid ist endgültig. Nach Ablauf der Einspruchsfrist erfährt Herr Ziegler, dass nach der Rechtsprechung des Bundesfinanzhofs ein Schreibtisch bei einem Lehrer auch ohne häusliches Arbeitszimmer ein Arbeitsmittel ist.

Frage: Was kann Herr Ziegler tun?

IX. Steuererhebungsverfahren

Fall 271 **Entstehung und Fälligkeit von Steueransprüchen**

Frage: Wie unterscheiden sich Entstehung und Fälligkeit bei folgenden Steuern? Bestimmen Sie jeweils den Zeitpunkt.

Steuerart	Entstehung	Fälligkeit
Einkommensteuer-Abschlusszahlung		
Lohnsteuer		
Umsatzsteuervorauszahlung (Sollversteuerung)		

Fall 272 **Fälligkeit der Umsatzsteuer-Abschlusszahlung**

Sachverhalt: Die Umsatzsteuererklärung für das Kalenderjahr 01 geht am 31. 10. 02 (Freitag) beim Finanzamt ein.

Frage: Wann ist die selbsterrechnete Abschlusszahlung fällig?

Fall 273 **Nachzahlungszinsen bei der Einkommensteuer**

Sachverhalt: Steuerberater Spät hat für seinen Mandanten Reich die Einkommensteuererklärung für das Kalenderjahr 2014 mit Einkünften aus §§ 15, 20 und 21 EStG erst am 28. 2. 2016, dem letzten Tag der auf Antrag gewährten Fristverlängerung, eingereicht. Durch Bescheid vom 23. 5. 2016, bekannt gegeben am 24. 5. 2016, setzte das Finanzamt für das Kalenderjahr 2014 die Einkommensteuer auf 24 860 € und die Kirchensteuer auf 2 237 € fest. An Vorauszahlungen waren für 2014 auf die Einkommensteuer 18 000 € und auf die Kirchensteuer 1 620 € zu entrichten. Die anzurechnende Kapitalertragsteuer beträgt 1 200 €. Die Abschlusszahlung ist fällig am 27. 6. 2016.

Frage: Werden steuerliche Nebenleistungen festgesetzt? Begründen Sie bitte Ihre Entscheidung. Berechnungen sind darzustellen.

Erstattungszinsen

Fall 274

Sachverhalt: Der Mandant Peter Paul hatte seine ESt-Erklärung für das Kalenderjahr 2012 erst im Mai 2015 innerhalb der gewährten Fristverlängerung beim Finanzamt eingereicht. Die ESt für 2012 wurde im Bescheid vom 18. 3. 2016 mit 26 635 € festgesetzt. Die für das Kalenderjahr 2012 festgesetzten Vorauszahlungen i. H. von 35 670 € hat Herr Paul in 2012 geleistet. Auf die Steuerschuld ist Kapitalertragsteuer i. H. von 1 150 € anzurechnen.

Frage: Hat das Finanzamt steuerliche Nebenleistungen festzusetzen? Wenn ja, in welcher Höhe?

Stundung einer Einkommensteuer-Abschlusszahlung

Fall 275

Sachverhalt: Ihr Mandant, der Kaufmann Hans Müller, hat bis zum 19. 2. 2016 eine Einkommensteuer-Abschlusszahlung für das Kalenderjahr 2014 i. H. von 10 000 € zu leisten. Aus der bereits fertigen Einkommensteuer-Erklärung für das Kalenderjahr 2015 erkennen Sie, dass Herr Müller aufgrund sehr hoher Vorauszahlungen für 2015 einen Anspruch auf Erstattung von 8 000 € Einkommensteuer hat. Sie wissen, dass es Herrn Müller nicht leicht fallen würde, die Einkommensteuer-Abschlusszahlung für 2014 pünktlich zu leisten.

Frage: Was veranlassen Sie für Herrn Müller? Bitte begründen.

Stundungszinsen

Fall 276

Sachverhalt: Das zuständige Finanzamt hat dem Kaufmann Grau die spätestens am 26. 3. 16 (Ostersamstag) fällige Einkommensteuer-Abschlusszahlung i. H. von 8 530 € antragsgemäß bis zum 26. 4. 16 gestundet.

Frage: Muss Kaufmann Grau mit einer steuerlichen Nebenleistung rechnen? Wenn ja, geben Sie den Berechnungsweg (mit Zinslauf) an.

Stundungszinsen bei Teilzahlungen

Fall 277

Sachverhalt: Das zuständige Finanzamt hat dem Kaufmann Fleißig die bis zum 12. 9. 2016 zu zahlende Einkommensteuer-Abschlusszahlung für das Kalenderjahr 2015 i. H. von 16 510 € ab Fälligkeitstag gestundet und folgende Teilzahlungen gewährt:

ESt	SolZ	KiSt	fällig
► 6 510 €	358 €	586 €	1. 10. 2016,
► 5 000 €	275 €	450 €	31. 10. 2016,
► 5 000 €	275 €	450 €	30. 11. 2016.

Frage: Mit welcher steuerlichen Nebenleistung muss der Kaufmann Fleißig rechnen? Berechnen Sie den Betrag der steuerlichen Nebenleistung; geben Sie den Berechnungsweg mit an.

Fall 278 **Stundung von steuerlichen Nebenleistungen**

Sachverhalt: Wegen Zahlungsschwierigkeiten eines größeren Kunden kann Kaufmann Weiß seinen steuerlichen Zahlungsverpflichtungen nicht mehr pünktlich nachkommen.

Fällig sind:

Umsatzsteuer für April 2016 am 10. 5. 2016 =	610 €
Einkommensteuer 2014 am 25. 4. 2016 =	21 630 €
Verspätungszuschlag zur ESt 2014 am 25. 4. 2016 =	700 €

Sie stellen am 12. 5. 2016 für den Kaufmann Weiß einen Antrag auf Stundung der obigen Beträge bis zum 2. 9. 2016.

Frage: Wie viel Stundungszinsen wird das Finanzamt festsetzen, wenn die obigen Beträge **ab Antragstellung** bis zum 2. 9. gestundet werden?

Fall 279 **Verspätete Zahlung von Umsatzsteuer**

Sachverhalt: Der Elektrohändler Blitz hat für den Monat August 2016 die Umsatzsteuer-Voranmeldung am 9. 9. 2016 (Freitag) dem zuständigen Finanzamt eingereicht. Herr Blitz hat keine Dauerfristverlängerung beantragt. Die ermittelte Umsatzsteuer-Vorauszahlung (Zahllast) beträgt 12 418,40 €.

Seine Zahlung ging per Überweisungsauftrag beim Finanzamt ein (alternativ)

a) am 14. 9. 2016
b) am 28. 9. 2016
c) am 14. 10. 2016
d) am 23. 10. 2016
e) am 7. 11. 2016
f) am 21. 11. 2016

Frage: Mit welchen Konsequenzen seitens des Finanzamtes muss Blitz rechnen?

Fall 280 **Verspätete Zahlung von Lohnsteuer**

Sachverhalt: Ein Arbeitgeber entrichtete gem. § 224 Abs. 2 Nr. 2 AO am 13. 7. 2016 (Mittwoch) die am 10. 6. 2016 fällige Lohnsteuer für Mai i. H. von 2 120 € sowie die am 10. 7. 2016 fällige Lohnsteuer für Juni i. H. von 1 910 €.

Frage: Wie viel Säumniszuschläge werden insgesamt erhoben?

Fall 281 **Berechnung von Säumniszuschlägen**

Sachverhalt: Die Einkommensteuer-Abschlusszahlung des Walter Lahm i. H. von 3 245 € ist am 30. 9. 2016 fällig. Er zahlt (alternativ):

► durch Scheck. Den an das Finanzamt adressierten Scheck wirft er am 3. 10. 2016 in den Briefkasten der Post ein. Der Scheck geht am Montag, den 4. 10. 2016 beim Finanzamt ein und wird dem Konto des Finanzamts am 6. 10. 2016 gutgeschrieben.

► durch Überweisung vom 2. 10. 2016. Der Betrag wird seinem Konto am 4. 10. 2016 belastet und dem Konto des Finanzamtes am 6. 10. 2016 gutgeschrieben.

▶ durch Einzugsermächtigung. Der Betrag wird dem Finanzamt am 10. 10. 2016 gutgeschrieben.

Frage: Ist die Steuer jeweils pünktlich entrichtet? Falls nein, mit welchen steuerlichen Nebenleistungen und in welcher Höhe muss Walter Lahm rechnen?

Rückständige Einkommensteuer und Kirchensteuer `Fall 282`

Sachverhalt: Herr Felix Ampel legt Ihnen die folgende Abrechnung des Finanzamtes über Einkommensteuer und Kirchensteuer für das Kalenderjahr 2014 vor:

Abrechnung nach dem Stand vom 15. 1. 2016

	ESt	SolZ	KiSt	Gesamt
Verbleibende Beträge	2 500 €	137 €	225 €	2 862 €
Entstandene Säumniszuschläge	200 €	10 €	0 €	210 €
Bitte zahlen Sie sofort	2 700 €	147 €	225 €	3 072 €

Herr Ampel war bis Ende Oktober 2015 Inhaber eines kleinen Textilgeschäfts, das er wegen Zahlungsunfähigkeit und Überschuldung hat aufgeben müssen. Daraus hat er noch Verbindlichkeiten i. H. von ca. 30 000 €, für die er persönlich aufkommen muss. Er ist bemüht, die Schulden nach und nach in Raten abzuzahlen. Seit Januar 2016 ist Herr Ampel Verkäufer in einem Warenhaus. Sein Nettogehalt beträgt 1 000 € monatlich. Zur Tilgung seiner Steuerschulden könnte er monatlich 100 € aufbringen. Herr Ampel ist nicht verheiratet. Sein Vermögen besteht lediglich aus einer Wohnungseinrichtung.

Wegen seiner Zahlungsschwierigkeiten im Jahre 2015 konnte Herr Ampel die im Mai 2015 fällig gewordene ESt- und KiSt-Abschlusszahlung nicht leisten.

Frage: Herr Ampel bittet Sie, ihm zu helfen. Was veranlassen Sie? Bitte begründen.

Erhebung von Säumniszuschlägen (1) `Fall 283`

Sachverhalt: Nach dem Einkommensteuerbescheid 2014 für den Kaufmann Hans Roth war bis zum 31. 5. 2016 eine Einkommensteuer-Abschlusszahlung i. H. von 15 000 € zu entrichten. Herr Roth stellte bei Überprüfung des Bescheids sogleich fest, dass dem Finanzamt ein offenbarer Fehler unterlaufen war. Das Finanzamt hatte seine Einkünfte aus Vermietung und Verpachtung anstelle von - 22 000 € mit + 22 000 € angesetzt.

Wegen des offenbaren Fehlers entrichtete Herr Roth die Abschlusszahlung zunächst nicht.

Noch innerhalb der Einspruchsfrist wandte sich Herr Roth gegen die Einkommensteuerfestsetzung 2014 und erhielt am 18. 6. 2016 einen berichtigten Einkommensteuerbescheid 2014, der anstelle einer Nachforderung von 15 000 € eine Erstattung von 2 000 € Einkommensteuer ausweist. Zugleich erhebt das Finanzamt aber Säumniszuschläge i. H. von 150 € wegen nicht gezahlter Einkommensteuer 2014.

Fragen: Kann Herr Roth sich gegen die Erhebung der Säumniszuschläge wehren? Hat Herr Roth evtl. etwas versäumt?

Fall 284 **Erhebung von Säumniszuschlägen (2)**

Sachverhalt: Der Gewerbetreibende Konrad Eismann ist in finanzielle Schwierigkeiten geraten, weil ein Kunde Insolvenz angemeldet hat und dadurch eine größere Forderung ausgefallen ist. Sein Limit bei der Bank ist ausgeschöpft. Deshalb kann Herr Eismann die am 31. 3. 2016 fällige Einkommensteuernachzahlung für 2014 i. H. von 25 000 € nicht pünktlich entrichten. Am 21. 3. 2016 bittet Sie Herr Eismann, sofort beim Finanzamt einen Antrag auf Stundung der Einkommensteuernachzahlung 2014 bis zum 30. 4. 2016 zu stellen.

Der Stundungsantrag wird am 26. 3. 2016, also noch vor Fälligkeit des Betrags, durch Boten beim Finanzamt eingereicht. Das Finanzamt lehnt den Stundungsantrag durch Bescheid vom 22. 4. 2016 ab. Dabei verweist das Finanzamt auf den Grundbesitz des Herrn Eismann, der unbelastet sei. Herr Eismann möge sich durch Kreditaufnahme die erforderlichen Mittel zur Entrichtung der Einkommensteuer 2014 beschaffen.

Am 27. 4. 2016 entrichtet Herr Eismann die rückständige Einkommensteuer 2014 durch Überweisung. An diesem Tag erhält er von der Finanzkasse den Abrechnungsbescheid vom 23. 4. 2016 über 25 000 € rückständige Einkommensteuer 2014 nebst Säumniszuschläge i. H. von 250 €.

Frage: Muss Herr Eismann die Säumniszuschläge entrichten?

Fall 285 **Erlass von Säumniszuschlägen**

Sachverhalt: Der Kaufmann Hans Müller ist beim Finanzamt als pünktlicher Steuerzahler bekannt. Ihm war indessen völlig entgangen, dass am 18. 2. 2016 eine Einkommensteuer-Abschlusszahlung von 2 000 € zu entrichten war. Als er am 28. 3. 2016 aus dem Urlaub zurückkam, lag bereits eine Mahnung des Finanzamtes vor. Danach hat er zusätzlich 40 € Säumniszuschläge zu entrichten.

Frage: Was veranlassen Sie für den Mandanten Müller? Bitte begründen.

Fall 286 **Erlass von Einkommensteuer**

Sachverhalt: Der Kaufmann Heinz Lau aus Weiden erhielt am 26. 1. 2016 den Einkommensteuerbescheid für das Kalenderjahr 2014. In dem Einkommensteuerbescheid ist die Einkommensteuer auf 10 000 € festgesetzt. Die Abschlusszahlung beträgt 4 000 € und ist spätestens am 27. 2. 2016 fällig. Zwei Wochen vor Fälligkeit der Abschlusszahlung bittet Sie Herr Lau, für ihn beim Finanzamt einen Antrag auf Erlass der Abschlusszahlung zu stellen.

Begründung: Er habe im Jahre 2014 sein gesamtes Vermögen durch Warentermingeschäfte verloren und deshalb auch sein Einzelhandelsgeschäft aufgeben müssen.

Frage: Ist ein Erlassantrag beim Finanzamt Erfolg versprechend? Bitte begründen.

X. Rechtsbehelfsverfahren

Außergerichtliches Rechtsbehelfsverfahren

In Abgabenangelegenheiten im Sinne der Abgabenordnung ist als Rechtsbehelf der **Einspruch** gegeben (§ 347 AO).

Ein Einspruch ist nur dann erfolgreich, wenn er **zulässig und begründet** ist.

Voraussetzungen für die Zulässigkeit:

1. Der steuerliche Rechtsweg ist gegeben (§ 347 AO). Dies bedeutet: Es liegt ein wirksam bekannt gegebener Verwaltungsakt in einer Abgabenangelegenheit vor.

2. Der Rechtsbehelf ist formgerecht, d. h. schriftlich, zur Niederschrift oder durch Telegramm oder auch Fax (§ 357 AO) eingelegt, wobei eine unrichtige Bezeichnung nicht schadet.

3. Der Rechtsbehelf ist fristgerecht eingelegt (§ 355 AO).

4. Der Rechtsbehelfsführer ist befugt, den Rechtsbehelf einzulegen (§ 350 AO).

   Dies bedeutet: Der Rechtsbehelfsführer ist Adressat des Verwaltungsaktes (ausnahmsweise kann auch ein Rechtsnachfolger befugt sein, § 353 AO). Außerdem muss der Rechtsbehelfsführer beschwert sein, d. h. er muss geltend machen, dass er durch den Verwaltungsakt in seinen Rechten beeinträchtigt ist.

Wiedereinsetzung in den vorigen Stand

Der Ablauf einer ungenutzten gesetzlichen Frist hat oft rechtliche Folgen. Diese Wirkung kann dadurch rückgängig gemacht werden, dass Wiedereinsetzung in den vorigen Stand gewährt wird (§ 110 AO). Die Wiedereinsetzung ermöglicht eine erneute Sachentscheidung, sie greift dieser aber nicht vor.

Wiedereinsetzungsgründe

Nur wer **ohne Verschulden** eine Frist versäumt hat, kann Wiedereinsetzung in den vorigen Stand erhalten.

Wiedereinsetzungsgrund	Ja	Nein
Arbeitsüberlastung		×
Urlaub (bis zu sechs Wochen)	×	
Verletzung des Rechts auf Gehör	×	
Fehlen einer Begründung im Steuerbescheid	×	
Plötzliche schwere Erkrankung	×	
Kurze Fristüberschreitung		×
Sprachschwierigkeiten		×
Fehlende Abstimmung mit dem Steuerberater		×
Verlegen oder Verlieren eines Bescheids		×

Vorläufiger Rechtschutz in Steuersachen: Aussetzung der Vollziehung

Die Finanzbehörde kann auf Antrag die Vollziehung des angefochtenen Bescheids ganz oder teilweise aussetzen, also auch die Erhebung der Abgabe aufhalten, wenn ernstliche Zweifel an der Rechtmäßigkeit des angefochtenen Bescheids bestehen oder wenn die Vollziehung eine unbillige Härte zur Folge hätte (§ 361 Abs. 2 AO).

Wirkung der Aussetzung der Vollziehung: Es entstehen keine Säumniszuschläge, Vollstreckungsmaßnahmen sind unzulässig, freiwillige Zahlungen werden erstattet. Bleibt der Rechtsbehelf erfolglos, werden Aussetzungszinsen erhoben (§ 237 AO).

Alternativen zur Aussetzung der Vollziehung

1. Stundung nach § 222 AO,

2. Vollstreckungsaufschub nach § 258 AO.

Fall 287 **Einspruchsverfahren**

Sachverhalt: Installateurmeister Egon Kneif wohnt in Aachen. Sein Installationsbetrieb befindet sich in Geilenkirchen. Am 12. 8. 2016 erhielt er den am 8. 8. 2016 zur Post aufgegebenen (Datum des Poststempels) Gewerbesteuermessbescheid und den Gewerbesteuerbescheid.

Die Einheitswerte der inländischen Betriebsgrundstücke sind aufgrund eines Rechtsirrtums bei der Kürzung des Gewerbeertrags nicht berücksichtigt worden.

Fragen:

a) Welcher Rechtsbehelf muss

b) gegen welchen Bescheid und

c) bei welcher Behörde

d) bis spätestens wann eingelegt werden?

Fall 288 **Einspruchsfrist bei Steueranmeldung**

Sachverhalt: Die Umsatzsteuerjahreserklärung 2014 der Blumeneinzelhändlerin Nelke geht am 11. 1. 2016 beim Finanzamt Köln-Süd ein. Frau Nelke hat eine Nachzahlung von 2 600 € ermittelt. Das Finanzamt weicht von der angemeldeten Steuer **nicht** ab. Frau Nelke hat die Nachzahlung am 5. 3. 2016 noch nicht beglichen.

Fragen:

a) Wird das Finanzamt einen Umsatzsteuerbescheid erlassen?

b) Ist ein Rechtsbehelf gegen die Steueranmeldung gegeben?

c) Wann endet die Einspruchsfrist?

d) Ist eine Änderung der Steueranmeldung auch nach Ablauf der Einspruchsfrist möglich?

e) Wird das Finanzamt ggf. Säumniszuschläge erheben und wenn ja, in welcher Höhe?

Fall 289 **Wiedereinsetzung in den vorigen Stand**

Sachverhalt: Wilhelm Meister befindet sich am 7. 5. auf dem Weg zum zuständigen Finanzamt. Da es der letzte Tag der Einspruchsfrist ist, will er den Einspruch gegen den Einkommensteuer-Bescheid 2015 persönlich in den Briefkasten des Finanzamtes werfen. An einer ungesicherten Baustelle stürzt er. Er wird in das Krankenhaus eingeliefert, wo er wegen einer schweren Gehirnerschütterung bis zum 21. 5. bleiben muss. Am selben Tag, an dem er aus dem Krankenhaus entlassen wird, findet er in einer Jacke das Einspruchsschreiben.

Fragen: Um welche Art von Frist handelt es sich bei der Einspruchsfrist? Kann Wilhelm Meister noch nachträglich den beabsichtigten Einspruch einlegen? Nennen Sie dazu auch die Voraussetzungen, unter denen der Einspruch eingelegt werden kann.

Aussetzung der Vollziehung   Fall 290

Sachverhalt: Im Einkommensteuerbescheid für das Kalenderjahr 2015 vom 22. 7. 2016 des Alfred Ast ist die Fälligkeit der Einkommensteuernachzahlung 2015 i. H. von 15 210 € auf den 25. 8. 2016 festgesetzt worden. Ast legt fristgerecht Einspruch ein. Nach seiner stichhaltigen Begründung des Einspruchs ist nur mit einer wesentlich geringeren Nachzahlung von 5 210 € zu rechnen. Deshalb möchte er zunächst überhaupt keine Zahlung am Fälligkeitstag leisten, sondern erst den berichtigten Bescheid abwarten.

Frage: Ist die Auffassung von Ast berechtigt? Begründen Sie Ihre Entscheidung.

F. Rechnungswesen

I. Grundbegriffe

Buchführung, Buchführungspflicht

Buchführung bedeutet das zahlenmäßige Erfassen von Geschäftsvorfällen und des Betriebsvermögens. Die Buchführung schließt mit einer Bilanz und einer Gewinn- und Verlustrechnung ab.

Die Gewinnermittlung nach § 4 Abs. 3 EStG (Einnahmen-Überschuss-Rechnung) erfordert grundsätzlich lediglich Aufzeichnungen über die Betriebseinnahmen und über die Betriebsausgaben (darüber hinaus müssen Verzeichnisse – vgl. § 4 Abs. 3 Satz 5 EStG – geführt werden).

Die Verpflichtung zur Buchführung und zur Bilanzierung ergibt sich aus §§ 238 ff. HGB und darüber hinaus aus den §§ 140, 141 AO.

Danach sind buchführungspflichtig:

a) **nach Handelsrecht (§ 238 HGB)**

▶ Kaufleute i. S. der §§ 1 – 3, 5 und 6 HGB, außer

Gewerbetreibende, deren Betrieb keinen in kaufmännischer Weise eingerichteten Geschäftsbetrieb erfordert und die nicht im Handelsregister eingetragen sind und Einzelkaufleute, die nach § 241a HGB von der Pflicht zur Buchführung und Erstellung eines Inventars befreit sind.

b) **nach Steuerrecht (§§ 140, 141 AO)**

▶ Steuerpflichtige, die bereits nach den Vorschriften des HGB buchführungspflichtig sind.

▶ andere Steuerpflichtige, die ein Betriebsmerkmal des § 141 AO überschritten haben.

Freiberufler sind weder nach HGB noch nach Steuerrecht buchführungspflichtig. Sie können aber freiwillig Bücher führen.

Fall 291 **Buchführungspflicht von Kleinbetrieben**

Sachverhalt: Die Änderungsschneiderei der Regina Westphal erfordert keinen in kaufmännischer Weise eingerichteten Geschäftsbetrieb. Die Inhaberin rechnet mit einem Gewinn von ca. 5 000 € jährlich. Der Betrieb ist nicht im Handelsregister eingetragen.

Frage: Ist Frau Westphal zur Buchführung verpflichtet?

Fall 292 **Buchführungspflicht von Gewerbetreibenden**

Sachverhalt: Der selbständige Handelsvertreter Peter Beckmann vertritt die Maschinenbaufirma Köhler & Co. Er bereist das gesamte Bundesgebiet und unterhält kein Büro. Sein Jahresumsatz beträgt 240 000 €, sein Gewinn 70 000 €. Der Betrieb ist nicht ins Handelsregister eingetragen worden und soll auch keinen in kaufmännischer Weise eingerichteten Geschäftsbetrieb erfordern.

Frage: Besteht bei Herrn Beckmann Buchführungspflicht? Begründen Sie Ihre Auffassung.

Buchführungspflicht bei einer Personengesellschaft

Fall 293

Sachverhalt: Die Brüder Wolfgang und Dietrich Wollweber führen eine Imbisshalle in der Rechtsform einer OHG. Die OHG ist im Handelsregister eingetragen. Der Umfang des Betriebs macht jedoch keine kaufmännische Organisation erforderlich (Umsatz 100 000 € und Gewinn 15 000 € jährlich).

Frage: Ist die Wollweber OHG buchführungspflichtig? Welche Vorschriften gelten für diese Firma?

Buchführungspflicht von Freiberuflern

Fall 294

Sachverhalt: Heinrich Langenkamp beschäftigt als Steuerberater in Münster drei Angestellte. Bei einem Umsatz von 400 000 € erzielt er einen Gewinn von 75 000 €.

Frage: Kann das Finanzamt den Steuerberater Langenkamp aufgrund der Umsatzhöhe oder des Gewinns zur Buchführung verpflichten?

Buchführungspflicht von Land- und Forstwirten

Fall 295

Sachverhalt: Landwirt Karl-Heinz Brüggemann erzielt einen Gewinn von 24 000 € bei einem Umsatz von 625 000 €. Der Wirtschaftswert der bewirtschafteten Fläche beträgt 18 000 €. Eine Eintragung in das Handelsregister erfolgte bisher nicht.

Frage: Ist Landwirt Brüggemann zur Buchführung verpflichtet?

Beginn der Buchführungspflicht

Fall 296

Sachverhalt: Der Steuerpflichtige Uwe Holtmann betreibt seit Jahren eine Kraftfahrzeugreparaturwerkstatt. Weil dafür ein in kaufmännischer Weise eingerichteter Geschäftsbetrieb – bei der Größe des Betriebs – nicht erforderlich ist, ist das Unternehmen nicht im Handelsregister eingetragen worden.

Das zuständige Finanzamt hat folgende Besteuerungsmerkmale ermittelt:

Besteuerungsmerkmale			ermittelt am
Gesamtumsatz	2014	160 000 €	27. 11. 2015
Gesamtumsatz	2015	195 000 €	29. 9. 2016
Gewinn	2014	29 000 €	27. 11. 2015
Gewinn	2015	61 500 €	29. 9. 2016

Fragen:

a) In welchem Jahr entsteht für Uwe Holtmann die Verpflichtung, für den Betrieb Bücher zu führen?

b) Was muss das Finanzamt tun, damit der Mandant die Verpflichtung, Bücher zu führen, erfüllen muss?

c) Ab wann muss der Mandant seine Buchführungspflicht frühestens erfüllen, wenn das Finanzamt vorschriftsmäßig handelt?

Fall 297 **Gewinnermittlungsarten**

Sachverhalt: Der Steuerberater Gerd Staubermann betreut u. a. folgende Mandanten:

a)	Dr. Theo Wesener	– selbständiger Arzt
b)	Ralf Schmitz	– Textil-Einzelhändler, im Handelsregister eingetragen
c)	Gerhard Kunze	– selbständiger Handelsvertreter
d)	Frutti GmbH	– Im- und Export von Früchten
e)	Alfons Tieskötter	– Land- und Forstwirt
f)	Ewald Rothenpieler	– Bezirksschornsteinfegermeister, nicht im Handelsregister eingetragen. Ein in kaufmännischer Weise eingerichteter Geschäftsbetrieb ist nicht erforderlich.

Frage: Nach welchen Vorschriften können die aufgeführten Mandanten ihren Gewinn ermitteln? Zeigen Sie alle Möglichkeiten auf. Begründen Sie Ihre Lösung.

II. Buchung der laufenden Geschäftsvorfälle

1. Abgrenzung privater und betrieblicher Vorgänge

Nach § 12 EStG dürfen u. a. die Kosten der Lebenshaltung, die Steuern vom Einkommen, sonstige Personensteuern, die USt auf Umsätze, die Entnahmen sind, Geldstrafen und Geldbußen nicht bei der Gewinnermittlung abgezogen werden. Derartige Aufwendungen müssen deshalb über das Privatkonto gebucht werden.

Bei Aufwendungen, die sowohl betrieblich als auch privat veranlasst sind, ergibt sich folgendes Prüfungsschema (vgl. dazu BMF-Schreiben vom 6. 7. 2010, IV C 3 - S 2227/07/10003 :002):

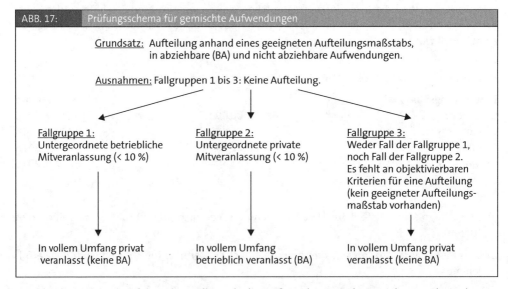

ABB. 17: Prüfungsschema für gemischte Aufwendungen

Grundsatz: Aufteilung anhand eines geeigneten Aufteilungsmaßstabs, in abziehbare (BA) und nicht abziehbare Aufwendungen.

Ausnahmen: Fallgruppen 1 bis 3: Keine Aufteilung.

Fallgruppe 1:
Untergeordnete betriebliche Mitveranlassung (< 10 %)

Fallgruppe 2:
Untergeordnete private Mitveranlassung (< 10 %)

Fallgruppe 3:
Weder Fall der Fallgruppe 1, noch Fall der Fallgruppe 2. Es fehlt an objektivierbaren Kriterien für eine Aufteilung (kein geeigneter Aufteilungsmaßstab vorhanden)

In vollem Umfang privat veranlasst (keine BA)

In vollem Umfang betrieblich veranlasst (BA)

In vollem Umfang privat veranlasst (keine BA)

Entscheiden Sie in den folgenden Fällen, ob die Aufwendungen als Betriebsausgaben abzugsfähig sind.

Typische Berufskleidung

Fall 298

Sachverhalt: Bäckermeister Heinz Klinker macht in seiner Kassenabrechnung u. a. Kosten für typische Berufskleidung i. H. von 165 € zzgl. 19 % USt geltend. Diese Kleidung trägt er gelegentlich auch zu Hause, wenn er seiner Frau beim Kochen hilft (5 %).

Frage: Ist einkommensteuerlich ein privater Nutzungsanteil zu berücksichtigen? Wie ist zu buchen?

Kosten für den Kindergarten

Fall 299

Sachverhalt: Sohn Willibald muss vormittags im Kindergarten untergebracht werden, weil Frau Klinker halbtags im Bäckerladen ihres Ehemannes als Verkäuferin arbeitet und sich in dieser Zeit nicht um das Kind kümmern kann. Die Kosten betragen 120 €/Monat. Der Betrag wird monatlich vom Betriebskonto eingezogen.

Frage: Liegen Betriebsausgaben vor? Wie muss gebucht werden?

Fahrschulunterricht

Fall 300

Sachverhalt: Für Fahrschulstunden hat Bäckermeister Klinker lt. Kassenbericht 480 € bezahlt. Frau Klinker will den Pkw-Führerschein machen, damit sie ihren Mann entlasten und mit dem betrieblichen Kombi selbst zum Großmarkt fahren kann.

Frage: Können diese Kosten als Betriebsausgaben geltend gemacht werden? Wie lautet die Buchung?

Telefonkosten

Fall 301

Sachverhalt: Die TELEKOM hat für das laufende Jahr 2 500 € zzgl. 19 % USt Telefongebühren berechnet. Der Vorgang wurde gebucht:

Telefonkosten	2 500 €			
Vorsteuer	475 €	an	Kasse	2 975 €

Nach den Feststellungen der letzten Betriebsprüfung entfallen 20 % der Gesamtkosten auf Privatgespräche. Die Zahlung erfolgte durch Banküberweisung.

Frage: Welche Buchung ist erforderlich?

Verwarnungsgeld

Fall 302

Sachverhalt: Herr Klinker hat wegen Parkens im Halteverbot ein Verwarnungsgeld von 20 € bar gezahlt. Er hatte den Pkw bei einer betrieblichen Fahrt zur Bank vorschriftswidrig abgestellt.

Frage: Sind Verwarnungsgelder auf betrieblichen Fahrten abzugsfähig? Wie muss gebucht werden?

Steuerberatungskosten

Fall 303

Sachverhalt: An Steuerberatungskosten für das Vorjahr sind ihm folgende Beträge berechnet worden:

Jahresabschluss	2 000 €
Erstellung der ESt-Erklärung	600 €
Erstellung der GewSt-Erklärung	200 €
Erstellung der USt-Erklärung	300 €
Erstellung der Anlage V für ein nicht bilanziertes Mehrfamilienhaus	400 €
	3 500 €
+ 19 % USt	665 €
	4 165 €

Herr Klinker hat den Betrag auf das Konto seines Steuerberaters überwiesen. Per 31. 12. des Vorjahres war eine Rückstellung für Abschlusskosten i. H. von 2 800 € gebildet worden.

Frage: Wie muss die Rechnung des Steuerberaters gebucht werden?

Fall 304 Anschaffung von Bekleidung

Sachverhalt: Handelsvertreter Willi Winzig hat sich speziell für Kundenbesuche einen Maßanzug zum Preis von 1 200 € zzgl. 19 % USt gekauft. Die Nutzungsdauer des Anzugs beträgt voraussichtlich zwei Jahre. In seiner Buchführung, die er selbst erstellt, ist gebucht:

Geschäftsausstattung	1 200 €		
Vorsteuern	228 €	an Kasse	1 428 €

Frage: Ist die Buchung zutreffend? Wie ist ggf. umzubuchen?

Fall 305 Mitgliedsbeitrag

Sachverhalt: Herr Winzig ist Mitglied im Golf-Club e.V. und hat den Jahresbeitrag von 900 € durch Banküberweisung beglichen. Durch seine Mitgliedschaft konnte Herr Winzig interessante geschäftliche Kontakte knüpfen.

Er buchte deshalb:

Werbekosten	900 €	an Bank	900 €

Frage: Ist eine Umbuchung vorzunehmen?

2. Buchungen im Warenverkehr

Bei Buchungen im Warenverkehr ist besonders auf die Umsatzsteuer bzw. Vorsteuer zu achten. Bei Skonti, Boni und Retouren ist eine Steuerberichtigung nach § 17 UStG durchzuführen.

Ferner ist bei erhaltenen Anzahlungen die Istbesteuerung des § 13 Abs. 1 Nr. 1 Buchstabe a) Satz 4 UStG und bei geleisteten Anzahlungen der Vorsteuerabzug gem. § 15 Abs. 1 Nr. 1 Satz 3 UStG zu beachten.

Fall 306 Wareneinkauf

Sachverhalt: Der Mandant Aloys Zimmermann, der ein Möbel-Einzelhandelsgeschäft betreibt, hat im März 2016 von einem Hersteller aus Leipzig Waren auf Ziel bezogen. Die Rechnung lautet:

Waren lt. Angebotslisten	37 420 €
+ Transportkosten	370 €
+ Verpackung	120 €
+ Transportversicherung	90 €
	38 000 €
+ 19 % USt	7 220 €
	45 220 €

Frage: Wie ist der Vorgang zu buchen?

Wareneinkauf aus anderen EU-Ländern   Fall 307

Sachverhalt: Die Firma Zimmermann hat u. a. auch Möbel vom Hersteller Agnelli aus Modena (Italien) bezogen. Bei der Bestellung wurde die deutsche USt-IdNr. angegeben.

Der italienische Hersteller berechnete deshalb nur den reinen Warenwert und wies unter Hinweis auf die Steuerbefreiung keine italienische Umsatzsteuer aus:

3 Sitzgruppen „Modena"   = 6 600 €

Frage: Wie ist die Anschaffung zu buchen?

Wareneinkauf aus Drittländern   Fall 308

Sachverhalt: Neben Warenbezügen aus anderen EU-Ländern hat die Firma Zimmermann auch Ware von Herstellern aus Drittländern bezogen.

Der Küchenhersteller Rütli aus Bern (Schweiz) lieferte Einbauküchen im Werte von umgerechnet 28 000 € ohne zusätzlichen Steuerausweis. Die bei Grenzübertritt angefallene EUSt i. H. von 5 320 € hat vereinbarungsgemäß die Firma Zimmermann übernommen. Ein entsprechender Zahlungsbeleg liegt vor.

Frage: Wie sind der Wareneinkauf und die Überweisung der EUSt zu buchen?

Warenverkauf   Fall 309

Sachverhalt: Die Firma Zimmermann hat am 16. 3. 2016 lt. Kassenberichtszettel Waren für 5 355 € bar verkauft.

Frage: Wie ist der Warenverkauf zu buchen?

Warenverkauf an Kunden aus anderen EU-Staaten   Fall 310

Sachverhalt: Die Firma Zimmermann hat u. a. in ihrem Ladengeschäft Waren an Kunden aus Frankreich und Luxemburg verkauft.

a) Der Kunde aus Frankreich kaufte ein Regal für 290 €, das er für sein Büro braucht. Er gab beim Kauf seine französische USt-IdNr. an, bezahlte bar und nahm das Regal sofort mit. Das Doppel der Rechnung und eine Gelangensbestätigung liegen vor (§ 17a UStDV).

b) Der Kunde aus Luxemburg ist Privatmann. Er kaufte gegen Barzahlung einen Teppich für sein Wohnzimmer zum Preis von 952 €.

Frage: Wie ist der Warenverkauf in den beiden Fällen zu buchen?

Fall 311 **Warenverkauf an Kunden aus Drittländern**

Sachverhalt: Die Firma Zimmermann hat in ihrem Ladengeschäft auch Kleinmöbel an Kunden aus Serbien und der Schweiz verkauft.

a) Ein Kunde aus Serbien erwarb einen Ledersessel zu einem Sonderpreis von 1 250 €. Der Kunde ist kein Unternehmer. Er transportierte den Sessel mit seinem privaten Kombi nach Serbien. Entsprechende Belege liegen vor.

b) Der Kunde aus der Schweiz kaufte für sein Ladengeschäft in Basel (Schweiz) eine Garderobe mit Hutablage für seine Kundschaft für 1 800 €. Das Möbelstück nahm er nach Barzahlung in seinem Lieferwagen sofort mit. Export und Unternehmereigenschaft des Kunden sind nachgewiesen.

Frage: Wie ist der Warenverkauf in den beiden Fällen zu buchen?

Fall 312 **Skontoabzug bei Wareneinkäufen**

Sachverhalt: Der Wareneingang von der Herstellerfirma Langhammer über 16 898 € brutto ist bereits gebucht. Die Firma Zimmermann begleicht die Rechnung nach Abzug von 3 % Skonto durch Banküberweisung.

Frage: Wie ist die Bezahlung der Rechnung und der Skontoabzug zu buchen? Was ist dabei zu beachten?

Fall 313 **Preisnachlass**

Sachverhalt: Der Kunde Gerstner reklamiert bei der Firma Zimmermann einen in 2016 erworbenen Schrank, dessen Türschloss defekt ist. Weil Ersatzteile fehlen, gewährt die Fa. Zimmermann dem Kunden auf die bereits bezahlte Rechnung einen Preisnachlass i.H. von 100 € und zahlt den Betrag sofort bar aus.

Frage: Wie muss der Preisnachlass beim Lieferanten (der Firma Zimmermann) gebucht werden?

Fall 314 **Innerbetriebliche Nutzung**

Sachverhalt: Die Firma Zimmermann betreibt einen Möbel-Einzelhandel und versteuert ihre Umsätze nach vereinbarten Entgelten. Der Betriebsinhaber entnimmt dem Lager einen Schreibtisch für sein Büro in der Firma. Die Firma hatte den Schreibtisch für 1 200 € zzgl. 19 % USt eingekauft und ihn mit 2 050 € einschl. 19 % USt für den Verkauf ausgezeichnet.

Frage: Welche Buchung ist vorzunehmen?

Fall 315 **Erhaltene Anzahlung (Nettomethode)**

Sachverhalt: Für den Kunden Westphal hat die Firma Zimmermann, die ihre Umsätze nach vereinbarten Entgelten versteuert, beim Hersteller eine Schrankwand zum Preis von 8 784 € bestellt. Kunde Westphal hat im Juni 2016 zunächst 714 € in bar angezahlt. Über diesen Betrag hat er eine Quittung erhalten. Umsatzsteuer wurde darin nicht gesondert ausgewiesen. Die Lieferung sollte nach ca. 8 Wochen erfolgen.

Frage: Ist die Anzahlung schon zu buchen, bevor die Lieferung ausgeführt worden ist? Bejahendenfalls nehmen Sie bitte die Buchung für die Steuerbilanz vor.

Erhaltene Anzahlung (Bruttomethode)

Fall 316

Sachverhalt: Die Fa. Zimmermann hat von ihrem Kunden Kröger den Auftrag erhalten, eine komplette Wohnzimmereinrichtung in Eiche nach Maß zu liefern. Auf den vertraglich vereinbarten Kaufpreis von 35 000 € zzgl. 6 650 € USt leistete der Kunde im Dezember 2016 eine Anzahlung von 5 000 € zzgl. 950 € USt. Dieser Betrag war mit einer ordnungsgemäßen Rechnung angefordert worden. Die Lieferung der Einrichtung und die Zahlung des Restkaufpreises erfolgten im Februar 2017.

Frage: Wie ist bei der Firma Zimmermann 1) bei Eingang der Anzahlung im Dezember, 2) zum Jahresabschluss und 3) bei Lieferung und Zahlung im Februar zu buchen (Steuerbilanz)?

Geleistete Anzahlung mit Steuerausweis

Fall 317

Sachverhalt: Den Auftrag des Kunden Kröger gab die Firma Zimmermann der Herstellerfirma West-Möbel-AG weiter. Da es sich um eine von der Serie abweichende Bestellung handelte, verlangte der Hersteller von der Fa. Zimmermann auf den vereinbarten Kaufpreis von 20 000 € zzgl. 19 % USt im März eine Anzahlung von 3 000 € zzgl. 570 € gesondert in Rechnung gestellter Umsatzsteuer. Den Restbetrag zahlte Herr Zimmermann nach Eingang der Rechnung im Juni.

Frage: Wie sind die im März geleistete Anzahlung und die im Juni vorgenommene Restzahlung bei der Fa. Zimmermann zu buchen?

Rabatt/Skonto

Fall 318

Sachverhalt: Die bereits gebuchte Wareneingangsrechnung des Herstellers Knoll über 19 278 € (brutto) hat Herr Zimmermann reklamiert, weil der verbindlich zugesagte Wiederverkäufer-Rabatt von 30 % in der Rechnung unberücksichtigt blieb. Er zahlte den um den Rabatt gekürzten Betrag nach Abzug von 2 % Skonto vom betrieblichen Bankkonto.

Frage: Welche Buchung ist erforderlich?

Warenverderb

Fall 319

Sachverhalt: Durch eine Undichtigkeit im Dach des Lagergebäudes ist ein Polstersessel so stark beschädigt worden, dass er nicht mehr verkauft werden konnte. Herr Zimmermann gab den Sessel zum Sperrmüll. Der Sessel war für 820 € netto eingekauft worden und war mit 1 425 € brutto ausgezeichnet.

Frage: Durch welche Buchung wird diesem Warenverlust Rechnung getragen?

Forderungsausfall

Fall 320

Sachverhalt: Die Rechnung an den Kunden Brösel über 2 201,50 € ist seit Monaten offen. Nachforschungen haben ergeben, dass Brösel unbekannt verzogen ist. Maßnahmen zur Eintreibung der Forderung erscheinen aussichtslos.

Frage: Wie lautet der Buchungssatz?

Kundenskonti

Fall 321

Sachverhalt: Die Fa. Zimmermann gewährt ihren Kunden bei Barzahlung oder bei Begleichung der Rechnung innerhalb einer Woche 2 % Skonto. Im laufenden Jahr gingen auf dem betrieblichen Bankkonto Zahlungen i. H. von 75 969,60 € ein, bei denen entsprechend Skonto abgezogen war. Die Umsätze sind mit 19 % USt zu versteuern.

Frage: Buchen Sie bitte die Zahlungseingänge. Gehen Sie davon aus, dass die Ausgangsrechnungen bereits buchmäßig zutreffend erfasst sind.

Fall 322 Warenrücksendung

Sachverhalt: Die Firma Dimpflmoser hat einem seiner Lieferanten bereits berechnete, aber noch nicht bezahlte Waren zurückgeschickt, weil die Qualität nicht ihren Vorstellungen entsprach. Die bereits gebuchte Eingangsrechnung weist einen Bruttoeinkaufspreis von 4 522 € aus.

Frage: Wie muss diese Retoure buchmäßig erfasst werden?

Fall 323 Diebstahl von Waren

Sachverhalt: Aus dem Schaufenster des Ladengeschäfts wurde bei einem nächtlichen Einbruch ein Mikrowellenherd gestohlen.

Das Gerät hatte die Firma für 150 € (netto) eingekauft und mit 250 € zum Verkauf ausgezeichnet. Ein Versicherungsanspruch besteht nicht.

Frage: Muss der Diebstahl gebucht werden?

Fall 324 Abgeschriebene Forderungen

Sachverhalt: Die Firma Dimpflmoser erhielt von einem Kunden wider Erwarten zum Ausgleich einer bereits im Vorjahr abgeschriebenen Forderung eine Überweisung auf das betriebliche Bankkonto i. H. von 827 €.

Die damals ausgeführte Lieferung unterlag der Umsatzsteuer mit 19 %.

Frage: Welche steuerlichen Folgen ergeben sich aus der verspäteten Zahlung? Wie ist zu buchen?

Fall 325 Lieferung an Arbeitnehmer

Sachverhalt: Statt Weihnachtsgeld erhielt der Geschäftsführer der Firma Dimpflmoser, Herr Köhler, einen Induktionsherd. Das Gerät kostete im Einkauf 900 € netto und wird für 1 560 € brutto angeboten. Eine Pauschal-Besteuerung nach § 40 EStG erfolgt nicht. Es sind anteilige Anschaffungsnebenkosten von 10 € netto angefallen.

Frage: Welche lohn- und umsatzsteuerlichen Folgen ergeben sich? Wie lautet die Buchung?

Fall 326 Bonus

Sachverhalt: Der Lieferant Seppelfricke teilt zum Jahresende rechtsverbindlich mit, dass er auf die Warenbezüge des abgelaufenen Jahres i. H. von 122 000 € (netto) einen Bonus von 1,5 % vergütet:

1,5 % v. 122 000 € =	1 830,00 €
+ 19 % Umsatzsteuer =	347,70 €
	2 177,70 €

Der Betrag geht erst im Januar des Folgejahres auf dem Bankkonto der Fa. Dimpflmoser ein.

Frage: Muss der Bonus schon im abgelaufenen Jahr gebucht werden?

3. Entnahmen

a) Entnahme von Wirtschaftsgütern

Werden Wirtschaftsgüter dem Unternehmen für außerbetriebliche Zwecke entnommen (§ 4 Abs. 1 Satz 2 EStG), ist die Entnahme nach § 6 Abs. 1 Nr. 4 EStG grundsätzlich mit dem Teilwert anzusetzen.

Bei der Umsatzbesteuerung ist nach § 3 Abs. 1b Nr. 1 UStG von einer entgeltlichen und damit grundsätzlich nach § 1 Abs. 1 Nr. 1 UStG steuerbaren Lieferung auszugehen, wenn bei deren Anschaffung bzw. Herstellung zuvor ein voller oder teilweiser Vorsteuerabzug möglich war. Bemessungsgrundlage ist nach § 10 Abs. 4 Nr. 1 UStG der Einkaufspreis zzgl. Nebenkosten im Zeitpunkt des Umsatzes (Wiederbeschaffungskosten) bzw. im Falle selbst hergestellter Gegenstände die Selbstkosten im Zeitpunkt des Umsatzes. Die Umsatzsteuer gehört nicht zur Bemessungsgrundlage.

Warenentnahmen

Fall 327

Sachverhalt: Die Mandantin Gerlinde Heidenreich hat ihrer Modeboutique nach eigenen Aufzeichnungen sechs Kleider entnommen, die sie jeweils kurz zuvor für insgesamt 900 € zzgl. 19 % Umsatzsteuer vom Hersteller erworben hatte. Die Wiederbeschaffungskosten entsprechen dem ursprünglichen Netto-Einkaufspreis.

Frage: Wie ist die Warenentnahme zu buchen?

Wertansatz für Warenentnahmen

Fall 328

Sachverhalt: Frau Heidenreich hat außerdem einen Seidenkimono für private Zwecke entnommen, den sie vor zwei Jahren für 120 € zzgl. Umsatzsteuer für ihr Unternehmen erworben hatte und für 228 € brutto veräußern wollte. Wider Erwarten ließ sich der Seidenkimono nicht verkaufen. Deshalb ist sein Teilwert = Wiederbeschaffungskosten mit 50 € zum Zeitpunkt der Entnahme zu schätzen.

Frage: Wie ist die Warenentnahme zu bewerten und wie ist zu buchen?

Entnahme eines Pkw

Fall 329

Sachverhalt: Baustoffhändler Lehmkühler schenkt am 1. 11. 2016 seiner Frau zum Geburtstag einen bisher ausschließlich betrieblich genutzten Pkw. Das Fahrzeug war im Januar 2014 für 32 000 € zzgl. USt angeschafft worden. Die jährliche AfA wurde linear mit 6 400 € berechnet. Der Buchwert betrug am 1. 1. 2016 somit 19 200 €. Der Teilwert des Pkw betrug am 1. 11. 2016 noch 14 000 €.

Frage: Wie sieht die Kontoentwicklung des Fahrzeugs in 2016 aus? Wie ist der gesamte Vorgang zu buchen?

b) Verwendung von Wirtschaftsgütern

Werden Wirtschaftsgüter des Unternehmens vorübergehend für Zwecke verwendet, die außerhalb des Unternehmens liegen, liegt ebenfalls eine Entnahme vor, die i. S. des § 6 Abs. 1 Nr. 4

EStG zu bewerten ist. An Stelle des Teilwerts treten dann die auf die Nutzung entfallenden Aufwendungen.

Bei der Umsatzbesteuerung ist grundsätzlich nach § 3 Abs. 9a Nr. 1 UStG von einer entgeltlichen und damit grundsätzlich nach § 1 Abs. 1 Nr. 1 UStG steuerbaren sonstigen Leistung auszugehen, wenn der Unternehmer dem Unternehmen zugeordnete Gegenstände, die zum vollen oder teilweisen Vorsteuerabzug berechtigt haben, zu außerunternehmerischen Zwecken nutzt.

Bemessungsgrundlage sind nach § 10 Abs. 4 Nr. 2 UStG die dabei angefallenen Ausgaben, soweit sie zum vollen oder teilweisen Vorsteuerabzug berechtigt haben. Die Umsatzsteuer gehört nicht zur Bemessungsgrundlage.

Bei privater Telefon-Nutzung berechtigen die Kosten für Privatgespräche nicht zum Vorsteuerabzug (Abschn. 3.4 Abs. 4 Satz 3 UStAE). Die Buchung des Privatanteils führt damit zur Kürzung der gebuchten Telefonkosten und der Vorsteuer.

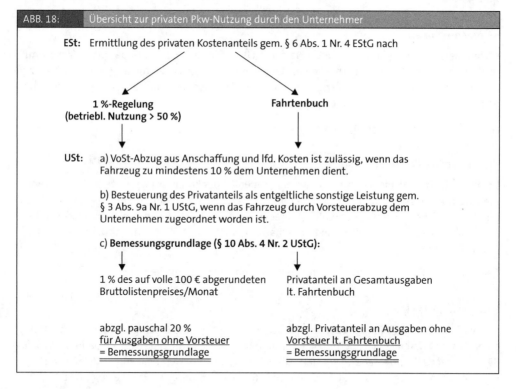

ABB. 18: Übersicht zur privaten Pkw-Nutzung durch den Unternehmer

ESt: Ermittlung des privaten Kostenanteils gem. § 6 Abs. 1 Nr. 4 EStG nach

1 %-Regelung (betriebl. Nutzung > 50 %) — **Fahrtenbuch**

USt: a) VoSt-Abzug aus Anschaffung und lfd. Kosten ist zulässig, wenn das Fahrzeug zu mindestens 10 % dem Unternehmen dient.

b) Besteuerung des Privatanteils als entgeltliche sonstige Leistung gem. § 3 Abs. 9a Nr. 1 UStG, wenn das Fahrzeug durch Vorsteuerabzug dem Unternehmen zugeordnet worden ist.

c) **Bemessungsgrundlage (§ 10 Abs. 4 Nr. 2 UStG):**

1 % des auf volle 100 € abgerundeten Bruttolistenpreises/Monat — Privatanteil an Gesamtausgaben lt. Fahrtenbuch

abzgl. pauschal 20 % für Ausgaben ohne Vorsteuer = Bemessungsgrundlage — abzgl. Privatanteil an Ausgaben ohne Vorsteuer lt. Fahrtenbuch = Bemessungsgrundlage

---

Fall 330 **Private Telefon-Nutzung**

Sachverhalt: Den betrieblichen Telefonanschluss benutzte der Mandant in 2016 auch für Privatgespräche. Der Privatanteil ist mit 30 % anzusetzen. Die gesamten Telefonkosten wurden als Aufwand gebucht und betrugen 1 800 €. Umsatzsteuer wurde von der TELEKOM mit 342 € gesondert in Rechnung gestellt und als Vorsteuer gebucht.

Frage: Wie ist die private Telefon-Nutzung steuerlich zu behandeln und wie muss gebucht werden?

Privatfahrten (ohne Fahrtenbuch)

Sachverhalt: Herr Lehmkühler nutzte in 2016 das Betriebsfahrzeug, eine S-Klasse-Limousine (ursprünglicher Listenpreis einschließlich Sonderausstattung und Umsatzsteuer 84 000 €), geschäftlich und privat, aber nicht für Fahrten von seiner Wohnung zum Betrieb. Bei dessen Anschaffung und bei den lfd. Kosten wurde der volle Vorsteuerabzug vorgenommen, wenn Umsatzsteuer gesondert berechnet worden war. Ein Fahrtenbuch wurde nicht geführt. Für die Besteuerung sollen aus Vereinfachungsgründen die Kosten = Ausgaben nach der 1 %-Regelung des § 6 Abs. 1 Nr. 4 EStG angesetzt werden, da die betriebliche Nutzung mehr als 50 % beträgt.

Frage: Wie ist zu buchen, wenn die Anschaffung des Fahrzeugs Anfang 2016 zum Preis von 70 588,24 € zzgl. 13 411,76 € USt (= Listenpreis 84 000 €) erfolgt ist und die Vorsteuern zusammen mit denen aus den lfd. Kosten in voller Höhe abgezogen wurden?

Private Kfz-Nutzung (mit Fahrtenbuch)

Sachverhalt: Mit dem betrieblichen Pkw ist Schornsteinfegermeister Wegmann im vergangenen Jahr insgesamt 28 000 km gefahren. Dadurch sind folgende Kosten/Ausgaben entstanden:

Benzin, Öl	2 492 €
Reparaturen	1 228 €
Steuern/Versicherung	1 200 €
Abschreibung lt. Anlageverzeichnis (lineare AfA; Nutzungsdauer: 5 Jahre)	8 800 €
	13 720 €

Von den gefahrenen Kilometern entfallen lt. ordnungsgemäß geführtem Fahrtenbuch auf Privatfahrten 40 % der Kosten/Ausgaben (keine Fahrten zwischen Wohnung und Betrieb).

Die in den vorliegenden Rechnungen gesondert ausgewiesene Umsatzsteuer ist in voller Höhe als Vorsteuern gebucht worden.

Frage: Wie ist der Privatanteil an den Kfz-Kosten nach der „Fahrtenbuchmethode" zu buchen, wenn der Mandant das Fahrzeug in vollem Umfang seinem Unternehmen zugeordnet hat?

4. Nichtabzugsfähige Betriebsausgaben

Nicht alle betrieblich veranlassten Aufwendungen, die nach § 4 Abs. 4 EStG Betriebsausgaben darstellen, dürfen den Gewinn mindern. § 4 Abs. 4a, 5, 5b, 6 und 9 EStG regeln, welche Betriebsausgaben nicht zu einer Gewinnminderung führen dürfen. Nach diesen Vorschriften müssen unter bestimmten Voraussetzungen Abzugsverbote u. a. bei folgenden Aufwendungen beachtet werden:

a) Schuldzinsen auf Überentnahmen

b) Geschenkaufwendungen

c) Bewirtungskosten

d) Mehraufwendungen für Verpflegung

e) Aufwendungen für ein häusliches Arbeitszimmer

f) unangemessene Aufwendungen

g) Fahrtkosten für Wege zwischen Wohnung und Betrieb

h) Gewerbesteuer

i) Spenden

j) erstmalige Berufsausbildung/Erststudium

Nach § 15 Abs. 1a Satz 1 UStG ist u. a. bei nicht abzugsfähigen Geschenkaufwendungen und unangemessenen Aufwendungen ein Vorsteuerabzug nicht zulässig.

Fall 333 Nichtabzugsfähige Zinsen

Sachverhalt: Schornsteinfegermeister Wegmann hat seinen Betrieb am 1. 1. 2016 von seinem Vorgänger übernommen. Er unterhält seitdem bei der Stadtsparkasse ein laufendes Geschäftskonto, über das sämtliche betrieblichen und die meisten privaten Vorgänge abgewickelt werden. Mandant Wegmann hat lt. Gewinn- und Verlust-Rechnung für dieses Konto im Jahr 2016 einen Zinsaufwand von 6 000 € gehabt, der nicht mit einer Finanzierung von Anlagegütern zusammenhängt. Im Jahre 2016 hat der Mandant einen Gewinn i. H. von 50 000 € erzielt. Er hat in 2016 insgesamt 80 000 € entnommen, aber 10 000 € wieder eingelegt.

Frage: Wie hoch sind die Überentnahmen des Jahres 2016? Wie hoch ist der nicht abzugsfähige Zinsanteil des Mandanten?

Fall 334 Blumenpräsent

Sachverhalt: Elisabeth Heidenreich führt in Münster ein Fachgeschäft für Braut- und Abendmoden. Frau Wessels kaufte bei unserer Mandantin Heidenreich ihr Hochzeitskleid zum Preis von 1 845 €. Frau Heidenreich gratulierte ihr zur Hochzeit mit einem Blumenstrauß, für den sie 37,45 € bar bezahlt hat. Die ordnungsgemäße Rechnung liegt vor.

Frage: Wie sind die Kosten für das Präsent steuerlich zu behandeln? Der Vorgang (Blumenstrauß) ist noch gebucht worden. Bitte nehmen Sie die Buchung vor.

Hinweis: Eine Pauschalierung der Einkommensteuer nach § 37b EStG erfolgt nicht.

Fall 335 Geschenke an Geschäftsfreunde

Sachverhalt: Im Januar und im März 2016 hat die Mandantin Heidenreich Frau Ziegler, einer langjährigen Kundin, zum Geburtstag und zur Silberhochzeit je ein Geschenk im Wert von 17,85 € und 35,70 € übermitteln lassen. Die Geschenke wurden bar aus der Geschäftskasse bezahlt. In der Rechnung wurden jeweils 19 % USt gesondert ausgewiesen.

Frage: Wie sind die Geschenke zu beurteilen und wie muss gebucht werden?

Hinweis: Eine Pauschalierung der Einkommensteuer nach § 37b erfolgt nicht.

Fall 336 Bewirtungskosten (angemessen)

Sachverhalt: Baustoffhändler Lehmkühler nahm mit Vertretern einer Baufirma an einer Verkaufsbesprechung teil. Dabei sind 178,50 € Bewirtungskosten angefallen, die Herr Lehmkühler übernommen hat. Der Betrag ist durch eine Quittung belegt. Aus der Quittung sind die Namen der bewirteten Personen und der betriebliche Anlass ersichtlich. Der Steuersatz ist mit 19 % angegeben.

Fragen:

a) Wie muss der Vorgang gebucht werden?

b) Welche Besonderheiten ergeben sich?

Bewirtungskosten (unangemessen)

Fall 337

Sachverhalt: Bei der Firma Meissner, Heizungsbau, ergeben sich aus den Buchführungsunterlagen des abgelaufenen Wirtschaftsjahres Kosten für die Bewirtung von Geschäftsfreunden i. H. von insgesamt 3 800 € netto. Dieser Betrag erscheint als Saldo auf dem Konto 4650 Bewirtungskosten.

Von diesem Gesamtbetrag sind 1 800 € als unangemessen anzusehen. Es handelt sich um Kosten für einen Barbesuch mit einem für die Auftragsvergabe zuständigen Architekten.

Frage: Welche Umbuchungen sind bei Erstellung des Jahresabschlusses vorzunehmen?

Reisekosten des Unternehmers

Fall 338

Sachverhalt: Der Betriebsinhaber Wolfgang Meißner besuchte am 17. März 2016 die Herstellerfirma Pumpen-Pauli in Frankfurt. Er legte folgende Belege der Reisekostenabrechnung bei:

▶ Fahrkarte der Bahn AG Münster – Frankfurt – Münster   173,60 €
▶ Quittungen über Taxifahrten in Frankfurt   <u>44,00 €</u>
     <u>217,60 €</u>

Dieser Betrag ist dem Betriebsinhaber vom Buchhalter ausgezahlt worden.

Die Tarifentfernung Münster – Frankfurt beträgt mehr als 50 km. Auf den beiden anderen Belegen ist der zutreffende Steuersatz angegeben. Herr Meißner war 16 Stunden unterwegs und erhält dafür die steuerlich höchstzulässigen Pauschalen erstattet.

Frage: Wie ist die Reisekostenabrechnung zu buchen?

Fahrten Wohnung – Betrieb (ohne Fahrtenbuch)

Fall 339

Sachverhalt: Baustoffhändler Lehmkühler nutzte im vergangenen Jahr sein Betriebsfahrzeug außer für Fahrten zur Kundschaft und Privatfahrten auch für Fahrten zwischen Wohnung und Betrieb an jährlich 240 Arbeitstagen. Die tägliche Fahrstrecke beträgt 20 km (Entfernung 10 km). Der nach § 6 Abs. 1 Nr. 4 EStG maßgebliche Listenpreis seines Fahrzeugs beträgt 84 000 €.

Fragen: Wie sind die durch die Fahrten Wohnung – Betrieb angefallenen Kosten zu berechnen, wenn kein Fahrtenbuch geführt wurde und die betriebliche Nutzung des Fahrzeugs mehr als 50 % beträgt?

Wie ist zu buchen?

Fall 340 Fahrten Wohnung – Betrieb (mit Fahrtenbuch)

Sachverhalt: Fuhrunternehmer Bergmann nutzte im ganzen Jahr seinen betrieblichen Pkw auch für Fahrten zwischen seiner Wohnung und dem Betrieb. Die Entfernung beträgt 25 km. Er fuhr diese Strecke an 200 Tagen jährlich. Die Kosten für das Fahrzeug belaufen sich lt. ordnungsgemäß geführtem Fahrtenbuch auf 0,45 €/km. Von den Gesamtkosten entfallen 8 % auf Kosten, die nicht vorsteuerbelastet sind.

Frage: Wie sind diese Fahrten zu buchen?

5. Buchungen im Anlagenverkehr

Fall 341 Anschaffung eines Lkw

Sachverhalt: Die Möbelspedition Krämer erwarb im März 2016 einen neuen Transporter. Das Fahrzeug wurde wie folgt berechnet:

Listenpreis	68 400,00 €
+ Lackierung mit Firmenaufschrift	3 800,00 €
+ Überführungskosten	350,00 €
+ Kfz-Brief	20,00 €
	72 570,00 €
+ 19 % USt	13 788,30 €
+ Zulassungskosten	165,00 €
+ Tankfüllung lt. Beleg (einschl. 19 % USt)	59,50 €
	86 582,80 €

Der Rechnungsbetrag wurde durch Banküberweisung bezahlt.

Frage: Wie hoch sind die Anschaffungskosten des Fahrzeugs und wie lautet die richtige Buchung?

Fall 342 Anschaffung eines bebauten Grundstücks

Sachverhalt: Der Mandant Heinrich Weber, Teppichgroßhandel, erwarb im Oktober für Lagerzwecke umsatzsteuerfrei ein bebautes Grundstück zum Preis von 100 000 € und bezahlte sofort durch Banküberweisung. Es fielen folgende Nebenkosten an:

a) 3 000 € + 19 % USt an Maklergebühr lt. Rechnung vom 5. November, bezahlt am 11. November per Bank.

b) 700 € + 19 % USt an Notarkosten lt. Rechnung vom 20. Dezember, bezahlt mit einer Warenlieferung an den Notar vom 23. Dezember im gleichen Wert,

c) 6 500 € Grunderwerbsteuer lt. Bescheid vom 18. Dezember, bezahlt am 15. Januar des folgenden Jahres per Bank.

Frage: Wie ist zu buchen, wenn von dem Kaufpreis 80 % auf das Gebäude entfallen?

Einlage eines unbebauten Grundstücks `Fall 343`

Sachverhalt: Vor zwei Jahren hatte der Gastwirt Börger das unmittelbar neben seinem Betrieb gelegene unbebaute Grundstück erworben, um dort ein Einfamilienhaus für seine Familie und sich zu errichten. Wegen finanzieller Probleme konnte das Vorhaben jedoch bisher nicht realisiert werden. Jetzt hat Mandant Börger seine privaten Pläne endgültig aufgegeben. Ab Oktober hat er dieses Grundstück seinen Gästen als Parkfläche zur Verfügung gestellt und damit ausschließlich für betriebliche Zwecke genutzt. Das unbebaute Grundstück hatte der Mandant damals für 160 000 € erworben. An Nebenkosten waren folgende Kosten angefallen, die privat bezahlt wurden:

a) Grunderwerbsteuer 10 400 €
b) Notarkosten
  – für die Beurkundung des Kaufvertrags 1 200 € zzgl. 228 € USt
  – für die Grundschuldbestellung 600 € zzgl. 114 € USt
c) Gerichtskosten
  – für die Grundbucheintragung 800 €
  – für die Eintragung der Grundschuld 400 €

Der Teilwert des Grundstücks war inzwischen auf 220 000 € gestiegen.

Frage: Muss oder kann das Grundstück bilanziert werden? Mit welchem Wert wird das Grundstück eingebucht?

Anzahlungen auf Anlagegüter `Fall 344`

Sachverhalt: Die Kornmüller OHG bestellte im Januar eine Kühlanlage und leistete vertragsgemäß sofort eine Anzahlung über 20 000 € + 19 % USt durch Banküberweisung.

Anfang März wurde die Anlage der Mandantin betriebsbereit übergeben. Die Herstellerfirma erstellte folgende Abrechnung:

Listenpreis		84 000 €
./. 10 % Rabatt		8 400 €
		75 600 €
+ 19 % USt		14 364 €
Rechnungsbetrag		89 964 €
./. Anzahlung	20 000 €	
+ 19 % USt	3 800 €	23 800 €
noch zu zahlen		66 164 €

Der Betrag wurde vereinbarungsgemäß unter Berücksichtigung der Anzahlung nach Abzug von 2 % Skonto sofort überwiesen.

Fragen: Wie sind bei der Kornmüller OHG die Anzahlung, der Rechnungseingang nach Lieferung und die Bezahlung der Rechnung für die Steuerbilanz zu buchen? Wie lauten die entsprechenden Buchungen beim Lieferanten?

Fall 345 **Kauf eines Lkw/Tausch mit Baraufgabe**

Sachverhalt: Die Firma EURO-SPACE, Ferntransporte, erwarb Ende Juli einen neuen Lkw. Der Kaufpreis betrug 176 358 € einschl. gesondert in Rechnung gestellter Umsatzsteuer. Dieser Betrag wurde wie folgt beglichen:

a) Inzahlunggabe eines gebrauchten Pkw des Betriebsvermögens, der am 31.12. des Vorjahres mit 18 000 € bilanziert war. Die Jahres-AfA beträgt 9 000 €. Das Fahrzeug wurde mit dem gemeinen Wert – lt. Gebrauchtwagenliste – von brutto 22 729 € auf den Kaufpreis angerechnet.

b) Rest durch Banküberweisung.

Frage: Wie sind die Geschäftsvorfälle zu buchen?

Fall 346 **Anschaffung von Einrichtungsgegenständen**

Sachverhalt: Im August ließ Herr Feldmann neben seinem Ladengeschäft einen weiteren Raum umbauen und ihn als Café einrichten. Über die Anschaffung des Mobiliars ging folgende Rechnung ein:

Wir lieferten:	12 Stühle	2 400,00 €
	3 Tische	3 150,00 €
		5 550,00 €
	+ 19 % USt	1 054,50 €
		6 604,50 €

Herr Feldmann beglich die Rechnung Anfang September unter Abzug von 3 % Skonto. Die Nutzungsdauer der Stühle und Tische beträgt jeweils acht Jahre.

Frage: Wie hoch sind die Anschaffungskosten der Einrichtung? Wie sind die Anschaffung/der Rechnungseingang und die spätere Zahlung zu buchen?

Fall 347 **Anschaffung neuer Computer-Programme**

Sachverhalt: Mandant Feldmann (Wj. = Kj.) hat für seinen Betrieb Anfang März neue Computer-Programme auf den betrieblichen Rechnern installieren lassen.

Das Schreib- und Rechenprogramm wurde ihm lt. Rechnung vom 15.3. mit 400 € zzgl. 76 € berechnet. Das Programm kann voraussichtlich fünf Jahre im Betrieb genutzt werden.

Herr Feldmann kaufte außerdem das Programm „Turbo-Baker 2016" zur Steuerung und Optimierung der Produktionsabläufe in seiner Bäckerei. Für dieses Programm wurden ihm 2 500 € zzgl. 475 € USt berechnet. Die Nutzungsdauer des Programms kann mit vier Jahren angenommen werden.

Herr Feldmann bezahlte beide Rechnungen nach Abzug von 3 % Skonto durch Banküberweisung. Die Beträge wurden erst bei Bezahlung gebucht.

Frage: Wie hoch sind die Anschaffungskosten der Computer-Programme und wie müssen sie gebucht werden? Wie hoch ist die höchstzulässige Abschreibung?

Umbauten/Abschlagzahlungen

Fall 348

Sachverhalt: Herr Feldmann (Wj. = Kj.) ließ die Räumlichkeiten des Cafés in den Monaten November/Dezember erweitern und umgestalten. Entsprechend dem Fortschritt der Bauarbeiten wurden von der Firma Feldmann vertragsgemäß folgende Abschlagzahlungen geleistet:

10. November = 15 000 € + 2 850 € USt
10. Dezember = 20 000 € + 3 800 € USt

Die Umbauarbeiten waren am 28. Dezember beendet. Die Endabrechnung ging am 15. Januar des folgenden Jahres ein und lautete:

Umbauarbeiten lt. Plan		45 000 €
+ 19 % USt		8 550 €
		53 550 €
./. geleistete Anzahlungen:	35 000 €	
+ 19 % USt	6 650 €	41 650 €
bleiben zu zahlen:		11 900 €

Frage: Wie sind die Anzahlungen und die Endabrechnung im alten und neuen Jahr zu buchen?

Erwerb eines Betriebs

Fall 349

Sachverhalt: Die eingetragene Kauffrau Maria Küster (Wj. = Kj.) hat zum 1. April von ihrer Kollegin Gerda Dreyfuß das Blumengeschäft übernommen. Der vereinbarte Kaufpreis betrug 120 000 € und wurde aus Privatmitteln finanziert. Umsatzsteuer ist nach § 1 Abs. 1a UStG nicht berechnet worden.

Die Teilwerte der übernommenen Wirtschaftsgüter betragen:

a) Ladeneinrichtung (Rest-Nutzungsdauer drei Jahre)	40 000 €
b) Warenbestand	18 000 €

Fragen: Wie muss die Eröffnungsbilanz des Betriebs aussehen? Welche Bilanzansätze ergeben sich für das erworbene Anlagevermögen zum folgenden 31. 12.?

6. Buchungen im Personalbereich

a) Löhne und Gehälter

Buchung von Gehältern

Fall 350

Für die Firma Wagenfeld, die einen Großhandel mit technischen Geräten betreibt, sind noch einige Löhne und Gehälter zu buchen:

Sachverhalt: Das Gehalt des Lagermeisters Wellenkötter beträgt 2 500,00 € brutto, die Lohnsteuer lt. Tabelle (StKl. I, keine Kinder) 321,08 €, der Solidaritätszuschlag 17,65 €, die Sozialversicherung (AN-Anteil) 489,38 €, die Kirchensteuer 28,89 €. Der Nettolohn wird ihm überwiesen.

Frage: Wie hoch ist der Nettobetrag, der ausgezahlt wird? Wie ist zu buchen (Brutto-Lohnverbuchung), wenn der AG-Anteil zur Sozialversicherung inklusive U1, U2 und U3 530,63 € beträgt?

Fall 351 Buchung von Aushilfslöhnen

Sachverhalt: Die Raumpflegerinnen, die bei der Firma Wagenfeld nur in geringfügigem Umfang beschäftigt werden, haben im abgelaufenen Monat insgesamt 2 684 € bar erhalten (brutto = netto). Es sollen pauschale Arbeitgeberbeiträge zur Sozialversicherung abgeführt und Lohnsteuer pauschal berechnet werden (keine Rentenversicherungspflicht).

Frage: Wie sind die Aushilfslöhne zu buchen (Beitrag zur gesetzlichen Unfallversicherung: 1,5 %)?

Fall 352 Gehaltsbuchung (geldwerter Vorteil)

Sachverhalt: Der Angestellte Schulze erhält ein Monatsgehalt von 1975 €. Der Betriebs-Pkw steht ihm lt. Arbeitsvertrag auch für Privatfahrten ohne Aufwendungsersatz zur Verfügung. Die dadurch anfallenden Aufwendungen wurden mit 1 % des maßgeblichen inländischen Listenpreises des Pkw pro Monat = 300 € ermittelt. Darüber hinaus nutzt Schulze den Pkw auch für Fahrten zwischen Wohnung und erster Tätigkeitsstätte (Entfernung: 25 km).

Die Abzüge betragen:

a) Lohn-/Kirchensteuer/SolZ: 321,08 €
b) Sozialabgaben (AN-Anteil): 489,38 €
c) Sozialabgaben (AG-Anteil): 530,63 €

Frage: Wie ist die Gehaltsabrechnung zu buchen?

Fall 353 Gehaltsbuchung (Verrechnung mit Warenbezügen)

Sachverhalt: Die Angestellte Wohlfahrt erhält ein Monatsgehalt von 2500 €. Lohn- und Kirchensteuer und Solidaritätszuschlag betragen 321,08 €, der AN-Anteil zur Sozialversicherung 489,38 € und der AG-Anteil 530,63 €. Frau Wohlfahrt hat einen Gehaltsvorschuss erhalten, der mit 250 € monatlich verrechnet werden soll. Außerdem hat sie im vergangenen Monat von ihrem Arbeitgeber, zum auch für Dritte üblichen Preis, Waren für 245 € gekauft. Der Kaufpreis soll bei der Lohnabrechnung berücksichtigt/vom Gehalt einbehalten werden und ist noch nicht gebucht. Der USt-Steuersatz beträgt 19 %.

Frage: Wie hoch ist der an Frau Wohlfahrt auszuzahlende Betrag? Wie ist die Gehaltsabrechnung zu buchen?

b) Lohnsteuerfreie Reisekosten-Erstattung an Arbeitnehmer (auswärtige berufliche Tätigkeit)

Die bisherigen steuerlichen Bestimmungen zum steuerlichen Reisekostenrecht wurden ab dem 1. 1. 2014 grundlegend umgestaltet. Die Änderungen betreffen u. a. die Fahrten zwischen Wohnung und erster Tätigkeitsstätte (bis 2013: „regelmäßige Arbeitsstätte"), die Mehraufwendungen für Verpflegung bei auswärtiger beruflicher Tätigkeit („Dienstreise"), Unterkunftskosten und vom Arbeitgeber an die Arbeitnehmer zur Verfügung gestellten Mahlzeiten. Vgl. dazu ausführlich: BMF-Schreiben vom 24. 10. 2014 – IV C 5 – S 2353/14/10002.

Reisekosten	Höhe	Vorschrift	VorSt-Abzug
I. Fahrtkosten			
a) bei Einsatz des Privat-Pkw	tatsächliche Aufwendungen oder 0,30 €/km	§ 3 Nr. 13, § 3 Nr. 16, § 9 Abs. 1 Satz 3 Nr. 4a EStG	ohne
b) bei Benutzung öffentl. Verkehrsmittel	tats. Aufwendungen		100 % (§ 15 Abs. 1 Nr. 1 UStG, §§ 34, 35 UStDV)
II. Mehraufwendungen für Verpflegung* pauschal oder nach Belegen	> 8 Std. = 12 € = 24 Std. = 24 €	§ 3 Nr. 13, § 3 Nr. 16, § 9 Abs. 4a EStG	100 % bei Rechnung auf den Namen des Unternehmers oder Kleinbetragsrechnung
III. Übernachtungskosten a) pauschal	20 €/Übernachtung (Inland)	§ 3 Nr. 13, § 3 Nr. 16, § 9 Abs. 1 Satz 3 Nr. 5a; BMF-Schreiben v. 30. 9. 2013, Rn. 116.	ohne
b) nach Belegen	tats. Kosten (ohne Mahlzeiten)		100 % bei ordnungsgemäßer Rechnung

* Hinweis: Bei mehrtägigen Auswärtstätigkeiten beträgt die Pauschale für den An- und Abreisetag jeweils 12 €. Und zwar unabhängig von den tatsächlichen An- und Abreisezeiten. Stellt der Arbeitgeber oder auf dessen Veranlassung ein Dritter den Arbeitnehmern Mahlzeiten zur Verfügung, sind die Verpflegungspauschalen zu kürzen (§ 9 Abs. 4a Satz 8–10). Es erfolgt dann keine Besteuerung der Mahlzeiten (§ 8 Abs. 2 Satz 9). Beachte auch: Dreimonatsfrist (§ 9 Abs. 4a Satz 6 und 7 EStG).

Erstattet der Arbeitgeber seinen Arbeitnehmern Beträge, die über die steuerfreien Pauschalen bzw. die tatsächlichen Kosten hinausgehen, liegt insoweit steuerpflichtiger Arbeitslohn vor. Die Erstattung von Reisenebenkosten durch den Arbeitgeber ist grundsätzlich nach § 3 Nr. 16 EStG steuerfrei, soweit sie die tatsächlichen Aufwendungen nicht überschreitet.

Reisekostenabrechnung mit Tagespauschalen `Fall 354`

Sachverhalt: Die Fa. Wagenfeld beschäftigt u. a. auch Kundenberater, die im Bedarfsfall Kunden aufsuchen, um technische Probleme, Reklamationen oder Maßnahmen zur Absatzförderung zu besprechen.

Der Kassenabrechnung der Firma liegen u. a. die folgenden Reisekostenabrechnungen bei, die zwar ausbezahlt, aber noch nicht gebucht sind:

Der Kundenberater Conradi hat im Dezember eine eintägige Dienstreise von Münster zu einem Kunden in Hamburg durchgeführt und war 16 Stunden unterwegs. Er rechnete wie folgt ab:

Fahrtkosten mit der Deutsche Bahn AG (lt. anliegender Fahrkarten 280 km)	76 €
Mehraufwendungen für Verpflegung pauschal nach Vereinbarung	20 €
	96 €

Frage: Wie lautet der Buchungssatz?

Fall 355 **Reisekosten (Benutzung eines privaten Pkw)**

Sachverhalt: Kundenberater Feldkamp ist im Dezember mit seinem Pkw von Münster nach Bielefeld und zurück gefahren. Er erstellte folgende Abrechnung:

Fahrtkosten 140 km × 0,30 € =	42 €
Parkgebühren lt. Beleg (inkl. 19 % USt)	5 €
	47 €

Frage: Wie hoch ist die abzugsfähige Vorsteuer? Wie ist zu buchen?

Fall 356 **Mehrtägige Dienstreise**

Sachverhalt: Kundenberater Möllerbernd unternahm im März eine Dienstreise nach München. Wegen umfangreicher technischer Beratung des Kunden übernachtete er dort. In seiner Reisekostenabrechnung führt er folgende Kosten auf:

- ► Fahrtkosten mit eigenem Pkw 1480 km
- ► 1 Übernachtung (inkl. 7 % USt) lt. Beleg   80 € (in der Hotelrechnung aufgeführt)
- ► Frühstück (inkl. 19 % USt) lt. Beleg   10 € (in der Hotelrechnung aufgeführt)
- ► Abwesenheitszeiten:
  Abfahrt am 15. März um 12.30 Uhr, Rückkehr nach Münster am 16. März um 18 Uhr

Vermerk: Herr Möllerbernd erhielt einen Abschlag i. H. von 300 €. Der Rest ist noch zu zahlen. Der Abschlag ist in vollem Umfang als „Reisekosten Arbeitnehmer" gebucht worden. Die Firma erstattet die steuerlich höchstzulässigen (nicht der Lohnsteuer zu unterwerfenden) Beträge (arbeitsvertraglicher Anspruch des Möllerbernd). Die Hotelrechnung ist auf die Firma des Arbeitgebers ausgestellt. Das Hotel wurde vom Arbeitgeber gebucht, eine Buchungsbestätigung des Hotels liegt vor.

Frage: Wie hoch sind die Reisekosten, die Herrn Möllerbernd lohnsteuerfrei vergütet werden können? Wie ist zu buchen?

7. Buchung von Steuern und steuerlichen Nebenleistungen

Zu unterscheiden ist zunächst, ob die gezahlten Steuern Privatsteuern oder Betriebssteuern sind. Privatsteuern dürfen den Gewinn nicht mindern (§ 12 EStG). Die Gewerbesteuer und die darauf entfallenden Nebenleistungen sind keine Betriebsausgaben (§ 4 Abs. 5b EStG).

Bei der Beurteilung von Betriebssteuern muss geprüft werden, ob ein wirtschaftlicher Zusammenhang mit einem Anschaffungsvorgang besteht. In diesem Falle ist die Steuer zu aktivieren, außer, es handelt sich um nach § 15 UStG abzugsfähige Vorsteuer (§ 9b EStG).

Alle anderen Betriebssteuerzahlungen mindern den Gewinn, sofern nicht ein bereits gebildeter Schuldposten aufgelöst werden muss.

Gewinnauswirkung von Steuerzahlungen

Sachverhalt: Ein Gastwirt leistet folgende Steuerzahlungen:

a) Einkommensteuer
b) Lohnsteuer für im Betrieb beschäftigte Arbeitnehmer
   aa) bei Bruttolohn-Verbuchung
   bb) bei Nettolohn-Verbuchung
c) Grundsteuer für ein Betriebsgrundstück
d) Grunderwerbsteuer für ein unbebautes Betriebsgrundstück
e) Gewerbesteuer
f) Umsatzsteuer
g) Kfz-Steuer für den betrieblichen Lieferwagen
h) Einfuhrumsatzsteuer beim Import von Waren aus Drittländern.

Frage: Wie wirken sich die Steuerzahlungen bei einem bilanzierenden Gewerbetreibenden auf den steuerlichen Gewinn aus? Begründen Sie Ihre Auffassung.

Steuerzahlungen/Säumniszuschläge

Sachverhalt: Der Mandant Karl König, Gastwirt, zahlte irrtümlich für das III. Quartal folgende Beträge verspätet am 10. Oktober:

ESt-Vorauszahlung	3 200 €
Solidaritätszuschlag	175 €
Kirchensteuer	250 €
USt-Zahllast für Juli	588 €

Das Finanzamt mahnte die Beträge am 25. September an und berechnete auf die USt einen Säumniszuschlag von 5 € und auf die ESt-Vorauszahlung einen Säumniszuschlag von 32 €.

Frage: Wie ist die Steuerzahlung, die der Mandant vom betrieblichen Bankkonto vornahm, zu buchen?

Steuerzahlung/Verrechnung mit Guthaben

Sachverhalt: Der Mandant Udo Werner, Gebäudereinigung, überwies an das Finanzamt einen Betrag von 2 972 € und fügte folgende Anlage bei:

LSt/KiSt Arbeitnehmer Mai	2 250 €
ESt-Vorauszahlung II. Quartal	1 400 €
Solidaritätszuschlag auf ESt	77 €
Kirchensteuer	95 €
gesamt	3 822 €
abzgl. USt-Guthaben Mai	./. 850 €
= Überweisungsbetrag	2 972 €

Frage: Wie muss diese Überweisung gebucht werden? Wie hoch ist die Gewinnauswirkung bei Bruttolohnverbuchung?

Fall 360   **Verrechnung eines USt-Guthabens**

Sachverhalt: Das Finanzamt verrechnete das Umsatzsteuerguthaben der Firma Schneider für den Monat April mit folgenden fälligen Steuern:

LSt/KiSt	1 624,00 €
Erbschaftsteuer	914,00 €
Kfz-Steuer für ein Betriebsfahrzeug	740,00 €
ESt-Nachzahlung Vorjahr	2 270,00 €
KiSt-Nachzahlung Vorjahr	130,50 €
SolZ-Nachzahlung Vorjahr	124,00 €

Da das USt-Guthaben zur Deckung dieser Steuern nicht ausreicht, überweist die Firma Schneider noch 890 € vom betrieblichen Bankkonto.

Frage: Wie hoch war das Umsatzsteuerguthaben? Wie ist zu buchen?

Fall 361   **Buchung einer GewSt-Nachzahlung**

Sachverhalt: Die Firma Kahlenbach muss nach Angaben ihres Steuerberaters Kleinschmidt für das abgelaufene Wirtschaftsjahr mit einer GewSt-Nachzahlung i. H. von 2 420 € rechnen.

Frage: Wie ist beim Jahresabschluss zu buchen? Wie lautet die Buchung bei Zahlung der GewSt im Folgejahr, wenn die Gemeinde nur 2 380 € GewSt anfordert?

III. Buchungen beim Jahresabschluss

1. Zeitliche Abgrenzung

Der Grundsatz der periodengerechten Gewinnermittlung durch Betriebsvermögensvergleich (§ 4 Abs. 1 EStG, ggf. § 5 EStG) verlangt, dass Aufwand und Ertrag in den Wirtschaftsjahren zu erfassen sind, zu denen sie wirtschaftlich gehören.

Im Gegensatz zur Gewinnermittlung durch Einnahme-Überschussrechnung (§ 4 Abs. 3 EStG) ist es dabei für die Gewinnermittlung ohne Bedeutung, wann Betriebsausgaben getätigt (abgeflossen – Ausgabe) und Betriebseinnahmen vereinnahmt (zugeflossen – Einnahme) sind.

Die periodengerechte Gewinnermittlung wird durch Rechnungsabgrenzungsposten (§ 5 Abs. 5 EStG), Forderungen, Verbindlichkeiten und durch Rückstellungen (§ 249 HGB) gewährleistet.

	Zahlungsvorgang	Gewinnauswirkung
Aktive Rechnungsabgrenzung	Ausgabe im alten Wj.	Aufwand im neuen Wj.
Passive Rechnungsabgrenzung	Einnahme im alten Wj.	Ertrag im neuen Wj.
Forderung	Einnahme im neuen Wj.	Ertrag im alten Wj.
Verbindlichkeit	Ausgabe im neuen Wj.	Aufwand im alten Wj.
Rückstellung	Ausgabe im neuen Wj.	Aufwand im alten Wj.
	Unterscheidung von der Verbindlichkeit: Höhe oder/und Entstehung sind ungewiss. Es muss jedoch ernsthaft mit einer Inanspruchnahme gerechnet werden.	

Abgrenzungsposten Fall 362

Sachverhalt: Der selbständige Handelsvertreter Horstmann (Wj = Kj) ist buchführungspflichtig und trägt Ihnen folgende Geschäftsvorfälle vor:

a) Bezahlung einer betrieblichen Versicherungsprämie im alten Geschäftsjahr für das neue Geschäftsjahr.

b) Bezahlung der Kfz-Steuer für das Betriebsfahrzeug im Januar des neuen Jahres. Die Steuer war bereits im November des alten Jahres fällig.

c) Der Mandant ist im alten Jahr von einem Geschäftspartner auf Schadensersatz verklagt worden. Der Prozess ist noch nicht entschieden. Es muss mit einer Verurteilung gerechnet werden.

d) Im Dezember des alten Geschäftsjahres hatte der Mandant einen Unfall auf einer betrieblichen Fahrt. Die gegnerische Versicherung sagte die Zahlung des Versicherungsanspruchs (40 000 €) Anfang des neuen Jahres zu.

e) Auf Wunsch von Herrn Horstmann hat die Herstellerfirma, die er vertritt, schon im Dezember einen Abschlag auf die für Januar anfallenden Provisionen gezahlt.

Frage: Durch welche (Steuer-)Bilanzposten muss die zeitliche Zuordnung der Zahlungen vorgenommen werden?

Zeitliche Abgrenzung Fall 363

Sachverhalt: Bei der Fa. Kraft KG sind u. a. folgende Geschäftsvorfälle zu buchen:

a) Die Kfz-Steuer für einen Lieferwagen i. H. von 900 € für die Zeit vom 1. 11. 2016 – 30. 10. 2017 war lt. Steuerbescheid vom 25. 11. 2016 am 20. 12. 2016 fällig. Die Firma überwies den Betrag erst am 5. 1. 2017.

b) Die für November und Dezember 2016 von der Firma zu zahlende Miete für Geschäftsräume über mtl. 500 € zzgl. 95 € Umsatzsteuer war am 31. 12. 2016 noch nicht bezahlt.

c) Die Firma hat in 2016 für das Jahr 2014 Gewerbesteuer lt. Bescheid vom 10. 12. 2015 i. H. von 2 800 € nachgezahlt. Per 31. 12. 2014 war dafür eine Rückstellung von 2 500 € gebildet worden.

d) Die Diebstahlversicherung des Warenlagers i. H. von 2 400 € für die Zeit vom 1. 4. 2016 – 31. 3. 2017 wurde am 18. 4. 2016 durch Banküberweisung bezahlt.

Frage: Welche Buchungen sind für 2015, 2016 und 2017 vorzunehmen, wenn sofort abgegrenzt werden soll?

Berechnung der Abgrenzungen/Korrekturbuchungen Fall 364

Sachverhalt: Beim Jahresabschluss für das Wj 2016 der Firma Auto-Müller fallen dem Steuerberater u. a. folgende Tatbestände auf:

a) Die betriebliche Feuerversicherung wurde am 1. 12. 2016 für die Zeit vom 1. 11. 2016 bis 31. 10. 2017 mit 1 800 € vom betrieblichen Bankkonto abgebucht.

Buchung am 1.12.2016:

Versicherungen	1 800 €	an Bank	1 800 €

b) Für ein Betriebsfahrzeug wurden am 1.4.2016 Kfz-Steuer 540 € und Versicherung 1 320 € für ein Jahr vorausbezahlt.

Buchung am 1.4.2016:

Kfz-Steuern	540 €		
Kfz-Versicherung	1 320 €	an Bank	1 860 €

Das Fahrzeug wurde am 30.11.2016 abgemeldet und verschrottet. Vom Finanzamt und der Versicherung liegt noch keine Nachricht vor.

c) Zinsen und Tilgung für ein betriebliches Darlehen wurden zum 31.12.2016 fällig:

– Zinsen	2 500 €
– Tilgung	500 €

Die Überweisung erfolgte am 5.1.2017 vom Privatkonto des Mandanten.

d) Für den Jahresabschluss 2016 und die damit zusammenhängenden Leistungen ist mit folgenden Gebühren des Steuerberaters zu rechnen:

Jahresabschlusserstellung	3 000 €
Erstellung der ESt-Erklärung	1 000 €
Erstellung der USt-Erklärung	500 €
Erstellung der GewSt-Erklärung	400 €
Erstellung der Anlage V (nicht bilanziertes Grundstück)	200 €
	5 100 €

Frage: Wie muss in diesen Fällen für 2016 gebucht bzw. umgebucht werden?

Fall 365 Darlehensaufnahme

Sachverhalt: Die Firma Westermann (Wj = Kj) nahm am 1.4.2016 zum Aus- und Umbau ihres Ladengeschäfts ein Darlehen von 50 000 € auf. Vereinbarungsgemäß soll das Darlehen künftig jeweils am 1.4. mit 10 000 € getilgt werden. Die Zinsen (Zinssatz 3 %) sind am 1.4. und 1.10. eines Jahres fällig.

Fragen: Wie ist der Vorgang

► am 1.10.2016 bei Zinszahlung,

► am 31.12.2016 beim Jahresabschluss und

► am 1.4.2017 bei Zahlung von Zins und Tilgung zu buchen?

Fall 366 Darlehensaufnahme/Damnum (Disagio)

Sachverhalt: Der Lebensmitteleinzelhändler Wolfgang Dartmann (Wj = Kj) erwarb für 90 000 € ein unbebautes Nachbargrundstück als Kundenparkplatz. Zur Finanzierung des Kaufpreises nahm er Anfang Mai bei der Stadtsparkasse ein Darlehen in gleicher Höhe auf, das mit 94 % ausgezahlt wurde (6 % Disagio).

Laut Darlehensvertrag soll das Darlehen nach Ablauf von zehn Jahren in einem Betrag zurückgezahlt werden. Die Zinsen betragen 4 %, sind nachschüssig per 1. 5. und 1. 11. eines jeden Jahres fällig und wurden pünktlich bezahlt.

Frage: Wie ist die Darlehensaufnahme zu buchen? Welche Buchungen sind beim Jahresabschluss vorzunehmen (Steuerbilanz)?

Darlehensgewährung

Fall 367

Sachverhalt: Die Westfalen-Brauerei (Wj = Kj) gewährte dem Gastwirt Weber Anfang März für die Neugestaltung seiner Gaststätte ein Darlehen i. H. von 80 000 € zu 4,5 % Zinsen. Das Darlehen wurde banküblich mit 98 % ausgezahlt. Es soll nach fünf Jahren in einer Summe zurückgezahlt werden. Die Zinszahlungen sollen jeweils zum 1. 3. und 1. 9. eines Jahres nachschüssig gezahlt werden.

Frage: Wie hat die Brauerei bei Darlehensauszahlung am 31. 12. und bei Eingang der Zinszahlung am 1. 3. des Folgejahres zu buchen?

Zeitliche Abgrenzung/Umsatzsteuer

Fall 368

Sachverhalt: Die Firma Petermann (Wj = Kj) versteuert ihre Umsätze nach dem Soll. Voranmeldungszeitraum für die Umsatzsteuer ist der Kalendermonat. Sie vermietete eine in ihrem Betriebsgrundstück befindliche Büroetage an einen Rechtsanwalt für dessen betriebliche Zwecke. Vereinbart ist eine monatliche Miete von 800 € zzgl. 19 % USt = 952 €.

Die Mieten für Dezember 2016 bis Februar 2017 gingen vereinbarungsgemäß am 28. 12. 2016 auf dem betrieblichen Bankkonto ein.

Frage: Wie ist der Zahlungseingang zu buchen?

Zeitliche Abgrenzung/Vorsteuer

Fall 369

Sachverhalt: Die Firma Klingel & Co. (Wj = Kj) mietete ab dem 1. 12. 2016 eine Büromaschine. Die Mieten sind vierteljährlich im Voraus zu zahlen. Die Rechnung ging am 3. 1. 2017 ein und lautete:

Miete Büromaschine
für die Zeit vom 1. 12. 2016 – 28. 2. 2017

3 × 300 €	900 €
+ 19 % USt	171 €
	1 071 €

Fa. Klingel überwies den Betrag am 10. 1. 2017.

Frage: Wie ist der Vorgang am 31. 12. 2016 und am 10. 1. 2017 zu buchen?

Bildung von Rückstellungen

Fall 370

Sachverhalt: Die Fa. Merschmeyer & Co. (Wj = Kj), Großhandel mit Fahrzeugteilen, hat bei der Erstellung des Jahresabschlusses zum 31. 12. noch folgende Tatbestände zu berücksichtigen, die möglicherweise zur Bildung einer Rückstellung führen:

a) Für eine Lagerhalle sind erhebliche Reparaturaufwendungen zur Sanierung der Fassade erforderlich geworden. Die Arbeiten konnten wegen schlechter Witterungsverhältnisse im laufenden Jahr nicht ausgeführt werden. Erst Anfang Februar des Folgejahres soll mit der Reparatur begonnen werden. Mit dem Abschluss der Arbeiten ist spätestens Ende März des Folgejahres zu rechnen. Die Kosten dafür sind mit ca. 40 000 € netto veranschlagt.

b) Auch das Verwaltungsgebäude der Firma ist stark reparaturbedürftig. Aus finanziellen Gründen wurden Reparaturarbeiten bisher noch nicht durchgeführt. Hier soll mit den Arbeiten Anfang April des kommenden Jahres begonnen werden, doch ist wegen des Umfangs der notwendigen Reparaturen erst Ende Juli des kommenden Jahres mit deren Abschluss zu rechnen. Die Kosten werden sich voraussichtlich auf 110 000 € netto belaufen.

Frage: In welchem Fall können oder müssen Rückstellungen in der Handelsbilanz und in der Steuerbilanz für das Jahr 2016 gebildet werden? Begründen Sie Ihre Entscheidung!

Fall 371   **Weitere Abgrenzungen**

Sachverhalt: Bei den Abschlussarbeiten für das Wj. 2016 der Mandantin Westfalen-Fenster GmbH fallen dem Steuerberater Gerdemann folgende Sachverhalte auf:

a) Die Firma stellt Fenster- und Türelemente aus Kunststoffprofilen her. Sie hat erfahrungsgemäß mit Reklamationen und Garantieleistungen zu rechnen. Der Erfahrungssatz liegt bei 1 % des Jahresumsatzes von 1 200 000 € für das Wj. 2016. Zum 31. 12. 2015 ist ausgehend vom Jahresumsatz von 900 000 € entsprechend bilanziert worden.

b) Die Firma wurde von einem Kunden auf Schadensersatz i. H. von 20 000 € verklagt. Zusätzlich ist mit Rechtsanwalts- und Gerichtskosten von 4 500 € zu rechnen. Über die Klage ist noch nicht entschieden, es ist aber mit einer Inanspruchnahme ernsthaft zu rechnen.

c) Das Dach des Betriebsgebäudes wurde in 2016 stark reparaturbedürftig. Die Dachreparatur konnte aber wegen der schlechten Witterung erst im März 2017 ausgeführt werden. Die Reparaturkosten betrugen 25 000 € zzgl. Umsatzsteuer.

Frage: Wie sind die Sachverhalte steuerlich zu beurteilen? Wie muss beim Jahresabschluss gebucht werden?

2. Ansatz und Bewertung des Betriebsvermögens

In einem ersten Schritt (siehe unten, a)) ist zu entscheiden, ob ein Vermögensgegenstand (Handelsbilanz) bzw. ein Wirtschaftsgut (Steuerbilanz) dem Grunde nach anzusetzen, d. h. im Jahresabschluss zu erfassen/bilanzieren ist. In einem zweiten Schritt (siehe unten b) und c)) ist zu entscheiden, mit welchem Wert die Vermögensgegenstände/Wirtschaftsgüter anzusetzen sind: Die steuerliche Gewinnermittlung durch Betriebsvermögensvergleich nach § 4 Abs. 1 EStG bzw. § 5 EStG erfordert die Bewertung der zum Betriebsvermögen gehörenden Wirtschaftsgüter. Dies bedeutet, dass die nicht in Geld bestehenden Wirtschaftsgüter des Betriebsvermögens zum Zwecke einer zutreffenden Gewinnermittlung in Geld umzurechnen sind. In die Bewertung sind auch die Forderungen und die Verbindlichkeiten des Betriebs einzubeziehen.

a) Ansatz dem Grunde nach

aa) Zugehörigkeit von Wirtschaftsgütern zum steuerlichen Betriebsvermögen (R 4.2 EStR; Einzelunternehmen)

	I. Notwendiges BV	II. Gewillkürtes BV	III. Notwendiges Privatvermögen
	> *Bilanzierungspflicht*	> *Bilanzierungswahlrecht*	> *Bilanzierungsverbot*
bei Grundstücken	eigengewerblich genutzte Grundstücke bzw. Grundstücksteile	zu gewerbl. Zwecken oder Wohnzwecken vermietete Grundstücke bzw. Grundstücksteile	zu eigenen Wohnzwecken genutzte Grundstücke bzw. Grundstücksteile
bei Wertpapieren	bei direktem und unmittelbarem Zusammenhang mit dem Betrieb	bei Einlage zur Verstärkung des Betriebskapitals	wenn kein notwendiges und gewillkürtes Betriebsvermögen vorliegt
bei anderen Wirtschaftsgütern	bei eigengewerbl. Nutzung von über 50 %	bei eigengewerbl. Nutzung von 10 %–50 %	bei eigengewerbl. Nutzung unter 10 %

Schulden sind als Betriebsschulden zu bilanzieren, wenn und soweit sie mit einem betrieblichen Vorgang oder mit einem bilanzierten Wirtschaftsgut wirtschaftlich zusammenhängen.

bb) Handelsrecht versus Steuerrecht

Handelsrecht (Handelsbilanz)	Steuerrecht (Steuerbilanz)	Beispiel
Aktivierungsgebot	Aktivierungsgebot	Grundstücke, entgeltlich erworbener Firmenwert (§ 246 Abs. 1 HGB).
Aktivierungswahlrecht	Aktivierungsgebot	Damnum/Disagio (§ 250 Abs. 3 HGB; § 5 Abs. 5 Satz 1 Nr. 1 EStG). Beachte: Bei selbst geschaffenen immateriellen Vermögensgegenständen (§ 248 Abs. 2 Satz 1 HGB) gilt jedoch steuerlich ein Aktivierungsverbot (§ 5 Abs. 2 EStG).
Aktivierungsverbot	Aktivierungsverbot	Selbst geschaffener Markenwert (§ 248 Abs. 2 Satz 2 HGB, § 5 Abs. 2 EStG).
Passivierungsgebot	Passivierungsgebot	Verbindlichkeiten aus Lieferungen und Leistungen (§ 246 Abs. 1 Satz 1 HGB), Rückstellungen für unterlassene Instandhaltung (innerhalb von 3 Monaten – § 249 Abs. 1 Satz 2 Nr. 1 HGB). Beachte: Für Rückstellungen für drohende Verluste aus schwebenden Geschäften (§ 249 Abs. 1 Satz 1 HGB) gilt jedoch steuerlich ein Passivierungsverbot (§ 5 Abs. 4a Satz 1 EStG).

Passivierungswahl-recht	Passivierungsverbot	Seit 2010 (Bilanzrechtsmodernisierungsgesetz) existieren grds. keine handelsrechtlichen Passivierungswahlrechte mehr.
Passivierungsverbot	Passivierungsverbot	Rückstellung für allgemeine Risiken und Wagnisse (§ 249 Abs. 2 Satz 1 HGB).

Die o. a. Grundsätze sind von der Rechtsprechung entwickelt worden.

cc) Folgen der Bilanzierung:

→ Verlagerung auf die Ebene gewerblicher Einkünfte

1. Die Aufwendungen der bilanzierten Wirtschaftsgüter sind Betriebsausgaben. Gegebenenfalls ist ein Privatanteil zu buchen.

2. Die Einnahmen aus diesen Wirtschaftsgütern sind Betriebseinnahmen.

3. Abschreibungen (soweit zulässig) mindern den Gewinn.

4. Zuschreibungen (soweit zulässig) erhöhen den Gewinn.

5. Betriebliche Veräußerungs-/Entnahmegewinne sind steuerpflichtig.

6. Betriebliche Veräußerungs-/Entnahmeverluste mindern den Gewinn.

Fall 372   **Abgrenzung Betriebsvermögen/Privatvermögen**

Sachverhalt: Die Firma Leismann betreibt eine Druckerei. Die Firma ist im Handelsregister eingetragen. Es sind folgende Vorgänge zu beurteilen:

a) Anschaffung eines Grundstücks, das zu 80 % eigenen gewerblichen Zwecken dient und zu 20 % für fremde gewerbliche Zwecke vermietet ist.

b) Anschaffung eines Pkw, der zu 60 % privat und nur zu 40 % eigenbetrieblich genutzt wird.

c) Kauf eines Kopiergeräts, das 90 % betrieblich und zu 10 % privat verwendet wird.

d) Darlehensaufnahme zur Anschaffung einer neuen Druckmaschine. Das Darlehen ist hypothekarisch abgesichert durch ein privates Einfamilienhaus, das der Ehefrau des Betriebsinhabers gehört.

e) Kauf von Wertpapieren, die vorübergehend das Betriebskapital verstärken sollen.

f) Kauf eines Oldtimers (Mercedes Bj. 1944). Das Fahrzeug wird nur gelegentlich für betriebliche Fahrten genutzt (5 %).

Frage: Wie sind die Vorgänge im Hinblick auf Bilanzierungspflicht, Bilanzierungswahlrecht oder -verbot zu beurteilen?

Fall 373   **Darlehen als Betriebsschuld**

Sachverhalt: Fleischermeister Westekämper hat im Februar ein Darlehen über 30 600 € aufgenommen, das seinem betrieblichen Bankkonto gutgeschrieben worden ist. Die Darlehenssumme hat er wie folgt verwendet:

a) Anschaffung eines Pkw für 20 000 € + 19 % USt, der zu 70 % betrieblich und zu 30 % privat genutzt wird.

b) Kauf einer Stereoanlage für die Privatwohnung zum Preis von 5 800 €.

c) Zahlung einer Strafe wegen Trunkenheit am Steuer 1 000 €.

Frage: In welcher Höhe ist eine Betriebsschuld zu buchen? Wie wären anfallende Zinsen und ggf. ein Damnum steuerlich zu behandeln?

b) Ansatz der Höhe nach/Bewertung – Grundsätze

Wirtschaftsgüter können durch Anschaffung, Herstellung oder durch eine Einlage aus dem Privatvermögen in das Betriebsvermögen gelangen. Zu diesem Zeitpunkt stellt sich bereits die Frage nach dem zutreffenden Wertansatz in der Buchführung. Es müssen die Anschaffungskosten, die Herstellungskosten oder der Teilwert (handelsrechtlich: beizulegender Wert) für das betreffende Wirtschaftsgut (handelsrechtlich: Vermögensgegenstand) ermittelt werden.

Anschaffungskosten: § 255 Abs. 1 HGB
Herstellungskosten: § 255 Abs. 2 HGB und R 6.3 EStR
Teilwert: § 6 Abs. 1 Nr. 1 Satz 3 EStG

Eine Bewertung findet aber nicht nur zum Zeitpunkt der Anschaffung, Herstellung oder Einlage eines Wirtschaftsguts, sondern auch zum Zeitpunkt der Entnahme und zum Bilanzstichtag statt.

Einlagen in ein Betriebsvermögen sind steuerlich nach § 6 Abs. 1 Nr. 5 EStG mit dem Teilwert zu bewerten. Erfolgt eine Einlage jedoch innerhalb von drei Jahren nach privater Anschaffung oder Herstellung, dürfen steuerlich höchstens die Anschaffungs- oder Herstellungskosten ggf. abzgl. AfA, die auf die vorherige Privatnutzung entfällt, angesetzt werden.

Entnahmen aus dem Betriebsvermögen sind steuerlich mit dem Teilwert anzusetzen (§ 6 Abs. 1 Nr. 4 EStG).

Anschaffungskosten und AfA bei einem Gebäude

Fall 374

Sachverhalt: Die Firma Werner, Metallbau, erwarb im Oktober zur Erweiterung ihrer Produktion ein Grundstück, das mit einer Werkhalle bebaut ist. Der Verkäufer hatte die Halle vor Jahren errichtet (Bauantrag nach März 1985) und das Grundstück unter Verzicht auf die Umsatzsteuerbefreiung an unsere Mandantin veräußert. Es entstanden folgende Ausgaben, die per Bank überwiesen wurden:

a)	Grundstückskaufpreis (davon entfallen auf den Grund u. Boden 30 %)	1 000 000 €	+ 19 % USt
b)	Grunderwerbsteuer	65 000 €	
c)	Notarkosten aus dem Grundstückserwerb	9 000 €	+ 19 % USt
d)	Grundbucheintragung	1 000 €	
e)	Hypothekenzinsen vom 15. 10. – 31. 12.	15 000 €	
f)	Maklerkosten für die Vermittlung des Grundstücks	30 000 €	+ 19 % USt

Frage: Wie hoch sind die Anschaffungskosten für Grund und Boden und Gebäude? Wie hoch ist die höchstmögliche AfA für die Werkhalle? Wie lauten die Buchungen?

Fall 375 Herstellungskosten

Sachverhalt: Ein Bauunternehmer, der seinen Gewinn nach § 5 EStG ermittelt, ließ durch eigene Arbeitnehmer eine Lagerhalle erstellen.

Der hierfür anfallende Lohnaufwand beträgt 80 000 €.

Die Anschaffungskosten des für den Bau der Lagerhalle verwendeten Materials betragen 30 000 €. Aus den Nachkalkulationsunterlagen ergeben sich folgende Prozentsätze:

Fertigungsgemeinkosten	60 %
Materialgemeinkosten	8 %
Verwaltungskosten (angemessene Kosten der allgemeinen Verwaltung)	5 %
Vertriebskosten	3 %

Ermitteln Sie für die Steuerbilanz:

a) die niedrigstmöglichen Herstellungskosten (steuerliche Wertuntergrenze),
b) die höchstmöglichen Herstellungskosten (steuerliche Wertobergrenze).

Fall 376 Einlage von abnutzbaren Anlagegütern

Sachverhalt: Einen bisher ausschließlich von seiner Ehefrau zu Privatfahrten genutzten Zweitwagen hat Herr Claassen ab Anfang Oktober 2016 ständig für betriebliche Zwecke genutzt. Das Fahrzeug war Anfang Juni 2014 für 20 000 € zzgl. 19 % USt angeschafft worden und hat eine Gesamtnutzungsdauer von fünf Jahren. Anfang Oktober 2016 betrug der Teilwert des Fahrzeugs wegen seiner geringen Fahrleistung noch 14 000 €.

Frage: Mit welchem Wertansatz ist das Fahrzeug einzubuchen? Wie hoch ist die höchstzulässige AfA für 2016? Die Voraussetzungen für § 7g EStG liegen nicht vor.

Fall 377 Einlage eines bebauten Grundstücks

Sachverhalt: Mandant Claassen hat mit notariellem Vertrag vom 25. 3. 2014 ein mit einer Lagerhalle (Bauantrag 1997, Fertigstellung 1998) bebautes Gewerbegrundstück erworben. Besitz, Nutzen, Lasten und Gefahren sind zum 1. 5. 2014 auf ihn übergegangen. Von den Anschaffungskosten i. H. von 700 000 € entfallen 130 000 € auf den Grund und Boden. Zunächst hatte Herr Claassen das Grundstück an eine ortsansässige Spedition vermietet und die Einnahmen daraus zulässig als Einnahmen aus Vermietung und Verpachtung in seiner Steuererklärung ausgewiesen.

Ab 1. 11. 2016 nutzt Herr Claassen das Grundstück ausschließlich für seinen Baustoffhandel zur Lagerung von Waren. Zu diesem Zeitpunkt betrug der Teilwert des Grund und Bodens 110 000 € und der Teilwert des Gebäudes 550 000 €. Zum 31. 12. 2016 stieg der Wert des Grund und Bodens auf 120 000 € und der des Gebäudes auf 560 000 €.

Fragen: Mit welchen Werten müssen Grund und Boden und Gebäude zum 1. 11. 2016 in die Buchführung des Mandanten übernommen werden? Bitte buchen Sie die Einlagen. Wie hoch sind die Bilanzansätze zum 31. 12. 2016?

c) Ansatz der Höhe nach/Bewertung – Besonderheiten

Nachdem festgestellt ist, dass ein Wirtschaftsgut zum notwendigen oder gewillkürten Betriebsvermögen gehört, muss über dessen Wertansatz in der Bilanz entschieden werden. Dabei ist zunächst die Zuordnung der Wirtschaftsgüter (Aktiva) zu einer der drei Arten des (steuerlichen) Betriebsvermögens vorzunehmen:

▶ abnutzbares Anlagevermögen (§ 6 Abs. 1 Nr. 1 EStG),

▶ nicht abnutzbares Anlagevermögen (§ 6 Abs. 1 Nr. 2 EStG),

▶ Umlaufvermögen (§ 6 Abs. 1 Nr. 2 EStG).

Zum Anlagevermögen (abnutzbar bzw. nicht abnutzbar) gehören Wirtschaftsgüter, die dazu bestimmt sind, dem Betrieb auf Dauer zu dienen (z. B. Grundstücke, Maschinen und Fahrzeuge – vgl. § 247 Abs. 2 HGB, § 5 Abs. 1 Satz 1 erster Halbsatz EStG).

Beim abnutzbaren Anlagevermögen sind die AfA-Vorschriften der §§ 7 und 7g EStG zu beachten.

Zum Umlaufvermögen sind solche Wirtschaftsgüter zu zählen, die zum Verkauf (Waren) oder Verbrauch (Roh-, Hilfs- oder Betriebsstoffe) bestimmt sind oder deren Bestand sich ständig verändert (Kasse, Bank, Forderungen u. a.) (Umkehrschluss aus § 247 Abs. 2 HGB).

aa) Bewertung von abnutzbarem Anlagevermögen

Das abnutzbare Anlagevermögen ist bei der Erstellung der Steuerbilanz grundsätzlich nach der Vorschrift des § 6 Abs. 1 Nr. 1 EStG zu bewerten.

Speziell für Buch führende Gewerbetreibende sind dabei nach § 5 Abs. 1 Satz 1 erster Halbsatz EStG handelsrechtliche Bewertungsvorschriften (§§ 252 ff. HGB) zu beachten. Für diese Gruppe der Gewinnermittler gilt der Grundsatz der Maßgeblichkeit der Handelsbilanz für die Steuerbilanz. Zu beachten ist jedoch, dass steuerliche Bewertungswahlrechte ungeachtet dessen ausgeübt werden dürfen („Wahlrechtsvorbehalt" - § 5 Abs. 1 Satz 1 zweiter Halbsatz EStG).

Der Grundsatz der Maßgeblichkeit der Handelsbilanz für die Steuerbilanz hat jedoch seine Grenzen in der Regelung des § 5 Abs. 6 EStG, die regelt, dass die Wertansätze des HGB für die Steuerbilanz nur dann maßgeblich sind, wenn sie steuerlichen Bewertungsvorschriften entsprechen („Bewertungsvorbehalt").

Für Buch führende Gewerbetreibende gilt danach für das abnutzbare Anlagevermögen Folgendes:

	Bewertung in der Handelsbilanz	Bewertung in der Steuerbilanz
a) Grundsatz	AK (§ 255 Abs. 1 HGB) oder HK (§ 255 Abs. 2 und 3 HGB) ./. planmäßige Abschreibungen (§ 253 Abs. 1 Satz 1, Abs. 3 Satz 1 und 2 HGB) **= Bewertungsobergrenze**	AK oder HK ./. AfA (§ 6 Abs. 1 Nr. 1 Satz 1 EStG) **= Bewertungsobergrenze**

b) bei **voraussichtlich vorüber- gehender** Wertminderung	Wie a). (Bewertung mit dem niedrigeren beizulegenden Wert unzulässig/**außerplan- mäßige Abschreibungen unzulässig**) Hinweis: Außerplanmäßige Abschreibungen dürfen *aber* bei Finanzanlagen vorgenom- men werden (§ 253 Abs. 3 Satz 6 EStG).	Wie a), § 6 Abs. 1 Nr. 1 Satz 1 und 2 EStG. (Bewertung mit dem niedrige- ren Teilwert unzulässig/ **Teilwertabschreibungen unzulässig**)
c) bei **voraussichtlich dauern- der** Wertminderung	**Pflicht** zur Bewertung mit dem niedrigeren beizulegenden Wert/**zur Vornahme von außerplanmäßigen Abschrei- bungen** (§ 253 Abs. 3 Satz 5 HGB)	AK oder HK ./. AfA <u>oder</u>: Wahlrecht zur Bewer- tung mit dem niedrigeren Teil- wert <u>oder</u> einem Zwischenwert = **Wahlrecht zur Vornahme von Teilwertabschreibungen** (§ 6 Abs. 1 Nr. 1 Satz 2, § 5 Abs. 1 Satz 1 zweiter Halbsatz EStG).
d) bei **wieder gestiegenem** Wert (Wegfall der Gründe für die Abschreibung)	**Zuschreibungsgebot** bis zur Bewertungsobergrenze (§ 253 Abs. 5 Satz 1 HGB). Hinweis: Bei entgeltlich erworbenem Geschäfts- oder Firmenwert vgl. aber § 253 Abs. 5 Satz 2 HGB.	**Wertaufholungsgebot** bis zur Bewertungsobergrenze (§ 6 Abs. 1 Nr. 1 Satz 4 EStG)

Eine voraussichtlich dauernde Wertminderung in der Steuerbilanz ist beim abnutzbaren Anlage- vermögen anzunehmen, wenn der Wert des Wirtschaftsguts mindestens während der halben verbleibenden Restnutzungsdauer unter dem Rest-Buchwert liegt, der sich bei planmäßiger AfA ergeben würde (vgl. BMF-Schreiben IV C 6 – S 2171-b/09/10002 vom 16. 7. 2014, BStBl 2014 I 1162). Diese Definition kann m. E. in der Klausur auch für die Handelsbilanz zugrunde gelegt werden.

Fall 378 **AfA-Berechnung und Bewertung**

Sachverhalt: Der Buchhalter der Firma König, Obst- und Gemüsegroßhandel, erstellt den Jahres- abschluss für das abgelaufene Wirtschaftsjahr (= Kj.). Bei der Bilanzierung eines gebrauchten Gabelstaplers, der Anfang Oktober für 27 000 € netto gekauft wurde, ist er unsicher. Das Fahr- zeug hat noch eine Nutzungsdauer von voraussichtlich sechs Jahren und am 31. 12. 2016 noch einen Teilwert von 20 000 €.

Frage: Welche Wertansätze sind für das Fahrzeug unter Berücksichtigung der AfA und anderen steuerlichen Vergünstigungen und den Bewertungsvorschriften zulässig? Der Betrieb erfüllt die Voraussetzung des § 7g Abs. 1 Nr. 1 EStG. Ein Investitionsabzugsbetrag für die Anschaffung des Gabelstaplers war in 2015 nicht abgezogen worden.

AfA bei beweglichem Anlagevermögen

Sachverhalt: Die Bäckerei Kneilmann (Wj. = Kj.) erwarb im Dezember 2016 ein neues Rühr- und Knetwerk für 28 000 € + 19 % USt. Die Rechnung des Herstellers ging Ende Dezember 2016 ein und wurde von Herrn Kneilmann Anfang Januar 2017 nach Abzug von 3 % Skonto vom betrieblichen Bankkonto beglichen. Damit das neue Gerät noch im Dezember 2016 in Betrieb genommen werden konnte, ließ Herr Kneilmann sofort nach Lieferung den elektrischen Anschluss von einem ortsansässigen Elektroinstallateur vornehmen. Dessen Rechnung ging erst am 4. 1. 2017 ein und lautete über 700 € + 19 % USt. Diesen Betrag zahlte Herr Kneilmann sofort vom Betriebskonto.

Frage: Wie hoch sind die Anschaffungskosten? Wie hoch ist die höchstzulässige AfA für 2016, wenn die Nutzungsdauer der Maschine acht Jahre beträgt? Welche AfA ergibt sich für 2017? Wie lauten die Buchungen in 2016 und 2017? Wie sieht die Kontoentwicklung bis zum 31. 12. 2017 aus? Der Betrieb erfüllt nicht die Voraussetzung des § 7g Abs. 1 Nr. 1 EStG.

Investitionsabzugsbetrag

Für die geplante Anschaffung eines Lkw wurde in 2015 bei der Fa. Müller GmbH ein Investitionsabzugsbetrag von 40 % von 50 000 € = 20 000 € Gewinn mindernd berücksichtigt. In 2016 soll in jedem Fall die Sonderabschreibung nach § 7g Abs. 5 EStG von 20 % in Anspruch genommen werden. Die tatsächlichen Anschaffungskosten des Lkw in 2016 betragen 50 000 €. Die Nutzungsdauer beträgt acht Jahre. Die Anschaffung erfolgt im Januar 2016.

Fragen: Die Müller GmbH möchte 2016 einen möglichst geringen Gewinn ausweisen.

a) Wie muss sie hierzu bezüglich der Anschaffung des Lkw vorgehen?

b) Ermitteln Sie die Gewinnminderung.

c) Wie ist zu buchen?

AfA bei angeschafften Betriebsgebäuden

Sachverhalt: Die Firma Brillachs, die Farben und Lacke herstellt, erwarb Anfang Mai 2016 ein mit einer Lagerhalle bebautes Grundstück. Von den gesamten Anschaffungskosten entfallen 220 000 € auf das Gebäude, dessen Nutzungsdauer voraussichtlich 40 Jahre betragen wird.

Frage: Wie hoch ist die Abschreibung des Gebäudes nach § 7 Abs. 4 EStG für 2016, wenn der Bauantrag

a) vor April 1985 (Gebäude = Bj. 1980)

b) nach März 1985 (Gebäude = Bj. 1990)

gestellt worden ist?

Herstellungskosten und AfA bei einem Betriebsgebäude

Sachverhalt: Die Bauunternehmung Glösekötter (Wj. = Kj.) hat ihren Betrieb erweitert und in 2015 von der Stadt Braunschweig im neu erschlossenen Baugebiet ein entsprechendes Gewerbegrundstück gekauft. Auf diesem Gelände errichtete die Mandantin im Jahr 2016 mit eigenen Arbeitnehmern und selbst beschafftem Material ein Büro- und Verwaltungsgebäude für eigene betriebliche Zwecke. Entsprechend der Planung war das Gebäude Anfang November 2016 wie vorgesehen fertig gestellt und konnte sofort bezogen werden. Es ist von einer Nutzungsdauer von 80 Jahren auszugehen.

Bei der Errichtung des Gebäudes sind lt. Kostenrechnung folgende Kosten angefallen:

verwendete Baumaterialien	120 000 €
Lohnkosten der eingesetzten Arbeitnehmer	210 000 €
Wertverzehr der verwendeten Maschinen	34 000 €
Honorar des Architekten (Sonderkosten)	22 000 €

Für die Angebotskalkulation werden üblicherweise zusätzlich folgende Kosten berücksichtigt:

a) Materialgemeinkosten 8 % der Materialeinzelkosten
b) Fertigungsgemeinkosten 40 % der Fertigungskosten
c) Kosten der allgemeinen Verwaltung 20 % der Fertigungskosten
d) Vertriebskosten 15 % der Herstellungskosten
e) Gewinnaufschlag auf Material 20 %
f) Gewinnaufschlag auf Löhne 100 %

Der beizulegende Wert/Teilwert des Gebäudes betrug am 31. 12. 2016 nach einem vorliegenden Gutachten 550 000 €.

Fragen: Wie hoch sind die handelsrechtlichen und steuerlichen Mindest- und Maximal-Herstellungskosten des Gebäudes? Welcher Ansatz ist zu wählen, wenn die Mandantin für 2016 einen möglichst niedrigen steuerlichen Gewinn ausweisen will? Wie hoch ist dann die AfA? Kann der beizulegende Wert/Teilwert des Gebäudes in der Handelsbilanz und/oder der Steuerbilanz zum 31. 12. 2016 ausgewiesen werden?

Fall 383 **Anschaffungsnahe Herstellungskosten**

Sachverhalt: Mandantin Rosa Hannemann erwarb Anfang September 2016 für ihr Großhandelsunternehmen (Wj. = Kj.) ein mit einer Lagerhalle bebautes Grundstück für 400 000 €. Davon entfallen auf den Grund und Boden 120 000 €. Die Lagerhalle wurde in 1990 errichtet. Folgende Aufwendungen sind noch in 2015 angefallen und vom betrieblichen Bankkonto bezahlt worden:

▶ Grunderwerbsteuer 6,5 % 26 000 €
▶ Notarkosten für die Beurkundung des Kaufvertrags 3 500 €
 zzgl. 19 % Umsatzsteuer 665 €
▶ Gerichtskosten für die Eintragung der neuen Eigentümerin ins Grundbuch 1 500 €

Der Erwerbsvorgang wurde wie folgt gebucht:

Geschäftsbauten	400 000 €		
Grundstücks-Aufwendungen	31 000 €		
Vorsteuer	665 €	an Bank	431 665 €

Sofort nach Erwerb des Grundstücks ließ Frau Hannemann das Dach der Lagerhalle erneuern, weil es durchregnete und das Gebäude sonst nicht genutzt werden konnte. Die Fa. Ferber GmbH, Bedachungen, berechnete ihr für die noch im September beendeten Arbeiten 48 000 €

zzgl. 9 120 € USt. Die Rechnung vom 11. 10. 2016 war bis zum 31. 12. 2016 noch nicht bezahlt und noch nicht gebucht.

Frage: Welche Buchungen bzw. Umbuchungen sind vorzunehmen, um das Grundstück zum 31. 12. 2016 mit dem zutreffenden Wertansatz ausweisen zu können?

AfA bei gemischtgenutzten Gebäuden

Fall 384

Sachverhalt: Mandant Erwin Wanderer ist Inhaber eines Feinkostgeschäfts (Wj = Kj). Anfang November 2016 hat er in der Innenstadt ein Gebäude (Bj. 1988) erworben, dessen Anschaffungskosten 630 000 € betrugen. Die Nutzungsdauer des Gebäudes ist mit 80 Jahren anzunehmen.

Das Gebäude wird wie folgt genutzt:

▶ Erdgeschoss: Filialgeschäft der Fa. Wanderer

▶ 1. Etage: Vermietung von Praxisräumen an einen Arzt

▶ 2. Etage: Vermietung zu Wohnzwecken

Das gesamte Gebäude ist zulässig bilanziert, die Etagen haben gleiche Grundflächen, und die Anschaffungskosten verteilen sich gleichmäßig auf die gesamte Nutzfläche.

Frage: Wie hoch ist die AfA für 2016?

AfA bei Außenanlagen

Fall 385

Sachverhalt: Gastwirt Hohmann ließ die Freifläche vor seiner Gaststätte mit Verbundsteinpflaster befestigen, um seinen Gästen gute und ausreichende Parkmöglichkeiten zu bieten.

Der die Befestigung ausführende Bauunternehmer berechnete ihm nach Abschluss der Arbeiten Anfang August 2016 erst im Oktober 2016 42 000 € zzgl. 19 % USt. Die Nutzungsdauer der Pflasterung ist mit 15 Jahren anzunehmen.

Frage: Welche Abschreibungsmöglichkeiten gibt es und wie hoch ist die AfA für 2016?

AfA beim Firmenwert

Fall 386

Sachverhalt: Der selbständige Handelsvertreter Bernd Köhler hat von seinem Kollegen Paul Lindemann Anfang April 2016 den Betrieb übernommen. Herr Lindemann hat aus Altersgründen den gesamten Betrieb einschließlich der Büroausstattung für 180 000 € verkauft und den Betrag durch Banküberweisung erhalten. Der Zeitwert (= gemeiner Wert) der vom Mandanten Köhler erworbenen Gegenstände (Möbel und Büromaschinen) beträgt nur 50 000 € (netto). Ihre Nutzungsdauer beträgt noch fünf Jahre. Der Verkauf unterliegt nach § 1 Abs. 1a UStG nicht der Umsatzsteuer.

Frage: Wie ist der Erwerbsvorgang beim Mandanten Köhler in der steuerlichen Buchführung zu buchen? Wie sind die erworbenen Wirtschaftsgüter abzuschreiben?

Fall 387 **Bewertung einer unmodernen Maschine**

Sachverhalt: Bauunternehmer Glösekötter (Wj. = Kj.) hatte im Januar 2015 einen neuen Bagger für seinen Betrieb erworben. Die Anschaffungskosten betrugen damals 150 000 €. Da die Nutzungsdauer des Gerätes zehn Jahre beträgt, wurde es mit jährlich 10 % linear abgeschrieben.

Im Jahre 2016 wurde auf der Hannover-Messe eine völlig neue Generation von Baggern gezeigt, die wesentlich leistungsfähiger, wartungsärmer und ernergiesparender ist. Außerdem wurden die neuen Modelle deutlich preisgünstiger angeboten. Zum 31. 12. 2016 betrug auf Grund dieser Umstände der beizulegende Wert/Teilwert der Maschine nur noch 45 000 €. Die Maschine ist noch voll funktionsfähig. Ihre Restnutzungsdauer beträgt noch acht Jahre.

Fragen: Mit welchem Wert kann oder muss der Bagger zum 31. 12. 2016 in der Handelsbilanz und in der Steuerbilanz angesetzt werden? Wie ist zu buchen?

Fall 388 **Bewertung eines Unfallfahrzeugs**

Sachverhalt: Malermeister Grüneberg hatte während einer Geschäftsreise Ende Dezember 2016 seinen betrieblichen Pkw-Kombi auf eisglatter Straße gegen einen Baum gefahren und dabei total beschädigt.

Das Fahrzeug war in 2014 für 28 000 € zzgl. USt angeschafft worden und hatte am 1. 1. 2016 nach Abzug von 20 % linearer AfA noch einen Buchwert von 16 800 €.

Durch den Unfall ist der Wert des Fahrzeugs, das bis Jahresende noch nicht verkauft war, auf 300 € (= Schrottwert) gesunken.

Frage: Wie kann oder muss das Fahrzeug zum 31. 12. 2016 in der Handels- und Steuerbilanz angesetzt werden? Wie ist zu buchen?

bb) Bewertung von nicht abnutzbarem Anlagevermögen

Zum nicht abnutzbaren Anlagevermögen können u. a. Grund und Boden, Beteiligungen und Wertpapiere gehören.

Mit Ausnahme von Absetzungen für Abnutzung ergeben sich für diese Art des Betriebsvermögens handelsrechtlich und steuerlich dieselben Bewertungsregeln wie für das abnutzbare Anlagevermögen (steuerlich allerdings geregelt in § 6 Abs. 1 Nr. 2 EStG). Eine voraussichtlich dauernde Wertminderung liegt vor, wenn die Gründe für eine niedrigere Bewertung voraussichtlich anhalten werden (vgl. BMF-Schreiben vom 16. 7. 2014, a. a. O.).

Für Wertpapiere im (nicht abnutzbaren) Anlagevermögen gilt steuerlich Folgendes:

a) Festverzinsliche Wertpapiere

Eine Teilwertabschreibung unter ihren Nennwert ist allein wegen gesunkener Kurse regelmäßig nicht zulässig (BFH-Urteil vom 8. 6. 2011 – I R 98/10 und BMF-Schreiben vom 16. 7. 2014, a. a. O.).

b) Börsennotierte Aktien

Bei börsennotierten Aktien des Anlagevermögens ist von einer voraussichtlich dauernden Wertminderung auszugehen, wenn der Börsenwert zum Bilanzstichtag unter denjenigen im Zeitpunkt des Aktienerwerbs gesunken ist und der Kurswertverlust die Bagatellgrenze von 5 % der Notierung bei Erwerb überschreitet.

Hinweis: Bei den bis zum Tag der Bilanzaufstellung eintretenden Kursänderungen handelt es sich um wertbegründende Umstände, die die Bewertung der Aktien zum Bilanzstichtag grundsätzlich nicht berühren.

Für die Handelsbilanz sind die vom IDW entwickelten Grundsätze zu beachten (vgl. dazu FG Münster vom 31. 8. 2010 – 9 K 3466/09 K, G).

Bewertung eines unbebauten Grundstücks   `Fall 389`

Sachverhalt: Die Spedition Werninghaus hatte vor Jahren für 180 000 € ein unbebautes Grundstück erworben, um darauf eine Lagerhalle zu errichten. Wegen finanzieller Probleme wurde der Plan bisher nicht realisiert.

In 2015 war der Wert des Grundstücks auf 250 000 € gestiegen.

In 2016 änderte die Gemeinde den Bebauungsplan für diese Gegend und wies das Grundstück als Grünfläche aus. Dadurch sank der Wert des Grundstücks nachhaltig auf 70 000 €.

In 2017 – nach Aufstellung der Bilanz per 31. 12. 2016 – hatte die Klage der Firma Werninghaus Erfolg, den alten Bebauungsplan wieder in Kraft zu setzen. Der Grundstückspreis stieg danach wieder auf 225 000 € an.

Fragen: Welcher Wertansatz muss oder kann zum 31. 12. 2015, 31. 12. 2016 und 31. 12. 2017 bei Bilanzerstellung vorgenommen werden? Wie sind die Wertveränderungen zu buchen?

cc) Bewertung von Umlaufvermögen

Für Buch führende Gewerbetreibende gelten für die Bewertung des Umlaufvermögens folgende Regelungen:

	Bewertung in der Handelsbilanz	Bewertung in der Steuerbilanz
a) Grundsatz	AK (§ 255 Abs. 1 HGB) oder HK (§ 255 Abs. 2 und 3 HGB) = **Bewertungsobergrenze**	AK oder HK (§ 6 Abs. 1 Nr. 2 Satz 1 EStG) = **Bewertungsobergrenze**
b) bei **voraussichtlich vorübergehender** Wertminderung	**Pflicht** zur Bewertung mit dem niedrigeren Wert/**zur Vornahme außerplanmäßiger Abschreibungen** (§ 253 Abs. 4 HGB) → strenges Niederstwertprinzip	Wie a), § 6 Abs. 1 Nr. 2 Satz 1 und 2, § 5 Abs. 6 EStG. (Bewertung mit dem niedrigeren Teilwert unzulässig/**Teilwertabschreibungen unzulässig**)
c) bei **voraussichtlich dauernder** Wertminderung	**Pflicht** zur Bewertung mit dem niedrigeren Wert/**zur Vornahme von außerplanmäßigen Abschreibungen** (§ 253 Abs. 4 HGB) → strenges Niederstwertprinzip	AK oder HK <u>oder</u>: Wahlrecht zur Bewertung mit dem niedrigeren Teilwert <u>oder</u> einem Zwischenwert = **Wahlrecht zur Vornahme von Teilwertabschreibungen** (§ 6 Abs. 1 Nr. 2 Satz 2, § 5 Abs. 1 Satz 1 zweiter Halbsatz EStG).

d) bei **wieder gestiege-** **nem** Wert (Wegfall der Gründe für die Abschreibung)	**Zuschreibungsgebot** bis zur Bewertungsobergrenze (§ 253 Abs. 5 Satz 1 HGB).	**Wertaufholungsgebot** bis zur Bewertungsobergrenze (§ 6 Abs. 1 Nr. 2 Satz 3 EStG)

Hält die Minderung bis zum Zeitpunkt der Aufstellung der Bilanz oder den vorangegangenen Verkaufs- oder Verbrauchszeitpunkt an, so ist die Wertminderung voraussichtlich von Dauer. Erkenntnisse bis zu diesen Zeitpunkten sind in die Beurteilung einer voraussichtlich dauernden Wertminderung einzubeziehen (vgl. BMF-Schreiben vom 16. 7. 2014, a. a. O.).

Für Wertpapiere im Umlaufvermögen gilt steuerlich Folgendes:

a) Festverzinsliche Wertpapiere

Eine Teilwertabschreibung unter ihren Nennwert ist allein wegen gesunkener Kurse regelmäßig nicht zulässig (BFH vom 8. 6. 2011, a. a. O.; vgl. auch BMF-Schreiben vom 16. 7. 2014, a. a. O.).

b) Börsennotierte Aktien

Es gelten hier dieselben Grundsätze wie bei börsennotierten Aktien im nicht abnutzbaren Anlagevermögen (vgl. BMF-Schreiben vom 16. 7. 2014, a. a. O.).

Für die Handelsbilanz sind die vom IDW entwickelten Grundsätze zu beachten (vgl. dazu auch FG Münster vom 31. 8. 2010, a. a. O.).

Fall 390   **Warenbewertung/Ermittlung der Anschaffungskosten**

Sachverhalt: Die Firma Streiff, Metallbau, benötigt für ihre Produktion in großen Mengen Bandeisen. Am Ende des Wirtschaftsjahres war zum 31. 12. 2016 lt. Inventur ein Bestand von 8 200 kg vorhanden. Dieser Bestand stammt aus dem Wirtschaftsjahr 2015 bzw. aus den Zukäufen im Laufe des Wirtschaftsjahres 2016. Eine genaue Feststellung der Höhe der Anschaffungskosten des vorhandenen Bestands ist deshalb nicht mehr möglich. Folgende Bestände bzw. Einkäufe liegen vor:

Bestand	1. 1. 2016 =	7 600 kg zu 1,30 €/kg
Einkauf	16. 2. 2016 =	2 200 kg zu 1,65 €/kg
Einkauf	24. 5. 2016 =	6 700 kg zu 1,50 €/kg
Einkauf	25. 10. 2016 =	3 800 kg zu 1,80 €/kg
Einkauf	6. 12. 2016 =	5 300 kg zu 1,60 €/kg.

Frage: Wie hoch sind die durchschnittlichen Anschaffungskosten des Inventurbestands an Bandeisen, wenn das Material nicht in bestimmter Reihenfolge verarbeitet wird? Welche zulässigen Berechnungsmöglichkeiten gibt es steuerlich?

Bewertung von Warenbeständen

Fall 391

Sachverhalt: Die Firma Dobermann handelt mit Saatgut und Düngemitteln. Im Jahre 2016 hat sie einen größeren Posten Phosphatdünger für 6,50 €/Sack (netto) erworben. Davon waren am 31. 12. 2016 noch 250 Sack vorhanden.

Aufgrund normaler Preisschwankungen betrugen die Wiederbeschaffungskosten (= Teilwert/ beizulegender Wert) am 31. 12. 2016 nur noch 5,90 €/Sack (netto).

Bei Aufstellung der Bilanz zum 31. 12. 2016 im April 2017 mussten bereits wieder 6,60 €/Sack gezahlt werden.

Frage: Wie kann dieser Teil des Warenbestands zum 31. 12. 2016 in der Handels- und in der Steuerbilanz bewertet werden?

Teilwertermittlung beim Warenbestand

Fall 392

Sachverhalt: Die Firma Wohlfahrt KG, Einzelhandel mit Herrenoberbekleidung, hat lt. Inventur 20 Herrenmäntel „Rancher" per 31. 12. 2016 am Lager. Diese Mäntel sind nach den Feststellungen der Betriebsinhaber nicht zum normalen Verkaufspreis von 398 €/St. zu verkaufen, weil sie offenbar eine zu auffällige Absteppung haben. Die Verkaufspreise wurden deshalb bereits nach Weihnachten auf 299 €/St. einschl. 19 % USt herabgesetzt. Zu diesem Preis wurde die Ware im Frühjahr 2017 verkauft. Beim Hersteller ist die Ware nicht mehr erhältlich.

Der Einkaufspreis betrug pro St. 220 € (netto). Die Verkaufskosten sind mit 20 €/St. zu kalkulieren. Der Reingewinn liegt branchenüblich bei 18 % vom Netto-Umsatz.

Frage: Mit welchem Wertansatz muss dieser Warenposten steuerlich bewertet werden?

Wertansätze für Forderungen

Forderungen aus Lieferungen und Leistungen gehören zum Umlaufvermögen. Ihre Bewertung erfolgt bei Forderungen, bei denen konkret wertmindernde Faktoren bekannt sind, durch Einzelwertberichtigung (EWB). Zuvor werden sie auf das Konto „zweifelhafte Forderungen" umgebucht.

Auf dem Konto „Forderungen" verbleiben dann die vermutlich einwandfreien Forderungen. Weil aber auch diese Forderungen risikobehaftet und damit wohl nicht zu 100 % werthaltig sind, wird insoweit eine Pauschalwertberichtigung (PWB) vorgenommen.

Bei der Bewertung von Forderungen ist sowohl im Falle der Einzelwertberichtigung als auch bei der Pauschalwertberichtigung von einer voraussichtlich dauernden Wertminderung der Forderungen auszugehen, so dass – um das steuerlich günstigste Ergebnis zu erreichen – deren niedrigerer Teilwert angesetzt werden muss. In der Bilanz sieht das Ergebnis dann wie folgt aus:

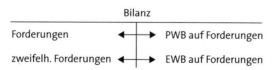

Der Saldo zwischen den Aktiv-Posten und den Wertberichtigungen entspricht dem niedrigeren Teilwert der Forderungen.

(1) Einzelwertberichtigung

Zuerst werden alle Forderungen, bei denen spezielle wertmindernde Umstände bekannt sind, auf das Konto „zweifelhafte Forderungen" umgebucht. Danach können dann folgende Aufgabenstellungen zu lösen sein:

(a) Totalausfall der Forderung

Der Nettobetrag der Forderung ist abzuschreiben, die Umsatzsteuer ist wegen eingetretener Änderung der Bemessungsgrundlage nach § 17 Abs. 2 und 1 UStG in voller Höhe zu berichtigen. Die Abschreibung ist direkt als Minderung der zweifelhaften Forderungen zu buchen, weil sonst unzulässig offensichtlich wertlose Wirtschaftsgüter bilanziert blieben.

Buchung:

Forderungsverluste		
Umsatzsteuer	an	Zweifelhafte Forderungen

(b) Teilausfall der Forderung (steht fest)

Der anteilige Nettobetrag der Forderung ist abzuschreiben und anteilige Umsatzsteuer nach § 17 Abs. 2 und 1 UStG zu berichtigen. Die Abschreibung kann direkt als Kürzung der zweifelhaften Forderungen oder indirekt unter Bildung einer Einzelwertberichtigung vorgenommen werden:

Buchung:

Forderungsverluste (anteilig)		
Umsatzsteuer (anteilig)	an	Zweifelhafte Forderungen (alternativ: Einzelwertberichtigung)

(c) Teilausfall der Forderung (voraussichtlich)

Der anteilige Nettobetrag der Forderung ist abzuschreiben. Die Umsatzsteuer darf normalerweise noch nicht berichtigt werden.

Buchung:

Abschreibung auf Umlaufvermögen	an	Zweifelhafte Forderungen (alternativ: Einzelwertberichtigung)

Ist allerdings bei einem Schuldner am Bilanzstichtag das Insolvenzverfahren eröffnet worden, muss ohne Rücksicht auf die zu erwartende Quote die Umsatzsteuer in voller Höhe berichtigt werden (Abschn. 17.1 Abs. 5 Satz 5 UStAE).

(2) Pauschalwertberichtigung

Bei der Bewertung der voraussichtlich einwandfreien Forderungen ist wie folgt zu verfahren:

Forderungen lt. Buchführung
./. Umbuchung „zweifelh. Forderungen"   _____
= vermutlich einwandfreie Forderungen
./. Forderungen ohne Risiko   _____
= Forderungen mit Risiko (brutto)
./. enthaltene USt (Befreiungen beachten!)   _____
= Forderungen mit Risiko (netto)
x %-Satz = PWB (neu)
_____ ./. PWB (alt)   _____
= Zugang/Abgang   =========

Buchung bei Zugang:

Einstellung in die
Pauschalwertberichtigung   an   Pauschalwertberichtigung

Buchung bei Abgang:

Pauschalwertberichtigung   an   Erträge aus Herabsetzung der
                                                              Pauschalwertberichtigung

Bewertung von Forderungen   Fall 393

Sachverhalt: Das Sachkonto „Forderungen" der Fa. Kesselschmidt & Co., Eisenhandel, weist per 31.12.2016 einen Saldo von 509 915 € aus. Zu diesem Zeitpunkt ist nichts darüber bekannt, dass eine der vielen Forderungen nicht eingehen wird oder besonders risikobehaftet sein könnte. Der Steuersatz beträgt 19 %.

Die Erfahrung aus den Vorjahren zeigt jedoch, dass mit Forderungsausfällen i.H. von 2 % des Forderungsbestands zu rechnen ist. Aus diesem Grunde hat die Firma auch zum 31.12.2015 eine Wertberichtigung auf Forderungen i.H. von 5 860 € gebildet.

Frage: Wie müssen die am Bilanzstichtag 31.12.2016 bestehenden Forderungen bewertet werden? Ist eine Wertberichtigung freiwillig oder zwingend vorzunehmen? Wie muss zum 31.12.2016 gebucht werden?

Einzel- und Pauschalwertberichtigung   Fall 394

Sachverhalt: Bei der Firma Grüneberg sind am 31.12.2016 Forderungen i.H. von 377 408,50 € vorhanden (Steuersatz 19 %).

Dem Betriebsinhaber ist bekannt, dass zwei Kunden in Zahlungsschwierigkeiten geraten sind und die Forderungen voraussichtlich nicht in vollem Umfange eingehen werden:

Kunde	Nennbetrag der Forderung	voraussichtl. Ausfall
Kaum	9 044 €	30 %
Wenig	2 499 €	60 %

Die restlichen Forderungen sind mit 3 % pauschal risikobehaftet.

Frage: Wie sind die Forderungen gegen die Kunden Kaum und Wenig zu behandeln? Wie hoch ist die Pauschalwertberichtigung? Welche Buchungen sind vorzunehmen?

Fall 395 Wertberichtigung auf Forderungen/Forderungsausfall

Sachverhalt: Die Firma Sesemann hat per 31. 12. 2016 Forderungen aus Warenlieferungen i. H. von 386 512 €. Darin ist enthalten eine Forderung gegen den Kunden Neumann i. H. von 16 362,50 €. Diese Forderung ist uneinbringlich, denn der Kunde Neumann ist unbekannt verzogen. Beitreibungsversuche blieben erfolglos.

Nach betrieblichen Erfahrungswerten ist im Übrigen eine Pauschalberichtigung von 4 % angemessen. Im Vorjahresabschluss war dennoch keine PWB gebildet worden. Die erbrachten Leistungen unterlagen mit 19 % der Umsatzsteuer.

Frage: Wie ist der Forderungsausfall zu buchen und wie hoch ist die Pauschalwertberichtigung anzusetzen?

Fall 396 Wertberichtigung auf Forderungen/Besonderheiten

Sachverhalt a: Die Bauunternehmung Schenkbier KG weist am Bilanzstichtag 31. 12. 2016 einen Forderungsbestand von 936 950 € aus. Der Steuersatz beträgt 19 %. Bei der Beurteilung dieses Forderungsbestands ergeben sich folgende Sachverhalte:

a) Gegen die Firma Krause, die im August 2016 Insolvenz angemeldet hatte, besteht eine Forderung i. H. von 53 907 €. Das Insolvenzverfahren wurde im Dezember 2016 mangels Masse eingestellt.

b) Gegen die Firma Ludwig besteht noch eine Forderung von 33 796 € für eine Gebäudereparatur. Die Firma Ludwig ist in Zahlungsschwierigkeiten geraten. Der Mandant rechnet – vorsichtig – mit einer Quote von 70 %.

c) Alle anderen Forderungen sind als einwandfrei anzusehen. Von diesen Forderungen entfallen 88 004 € auf eine Forderung an die Stadt Münster.

Der branchenübliche Forderungsausfall beträgt 2 %. Das Konto „Wertberichtigung auf Forderungen" weist einen Bestand von 14 420 € aus dem Vorjahr aus.

Frage: Wie hoch sind die Einzel- und Pauschalwertberichtigung auf Forderungen vorzunehmen? Wie ist zu buchen?

Sachverhalt b: Der Gesamtbestand an Forderungen bei der Firma Berger OHG, Großhandel mit technischen Erzeugnissen aller Art, beträgt zum 31. 12. 2016 noch 989 751 €. Die nachfolgenden Sachverhalte sind beim Jahresabschluss für 2016 noch nicht berücksichtigt:

a) Kundin Regine Schmidt ist in Zahlungsschwierigkeiten geraten. Die Forderung beläuft sich auf 21 420 € einschl. 19 % USt. Es ist – geschätzt – mit einem Forderungsausfall von 60 % zu rechnen.

b) Der ausländische Kunde Tschechow hat eine Warenlieferung über 6 394 €, die als Ausfuhrlieferung nach § 4 Abs. 1 Nr. 1 Buchstabe a) UStG in die Ukraine ging, noch nicht beglichen. Da sich der Kunde auf wiederholtes Mahnen noch immer nicht gemeldet hat, ist davon auszugehen, dass die Forderung als endgültig uneinbringlich angesehen werden muss.

c) Über eine Warenlieferung an die Import-Export GmbH im Werte von 80 500 € einschl. 19 % USt wurde eine Warenkreditversicherung abgeschlossen.

d) Entsprechend den Erfahrungen aus Vorjahren ist von einem allgemeinen Ausfallrisiko i. H. von 3 % auszugehen.

e) Die zum 31. 12. 2015 gebildete Pauschalwertberichtigung beträgt 24 492 €.

Frage: Welche Buchungen sind aufgrund der angegebenen Sachverhalte für den Jahresabschluss per 31. 12. 2016 erforderlich?

Eingänge auf wertberichtigte Forderungen

Fall 397

Sachverhalt: Die Saldenbilanz I der Firma Möbel-Heinrich weist zum 31. 12. 2016 u. a. folgende Zahlenwerte aus:

Forderungen	269 594,50 €
zweifelhafte Forderungen	4 049,50 €
Pauschalwertberichtigung auf Forderungen	4 929,00 €

Bei Erstellung des Jahresabschlusses ist Folgendes zu berücksichtigen:

a) Bei den zweifelhaften Forderungen handelt es sich um eine Forderung an den Kunden Heitmeier, der schon im Vorjahr in Zahlungsschwierigkeiten war. Den Rechnungsbetrag von 5 415,50 € hat die Firma per 31. 12. 2015 bereits um 30 % wertberichtigt, weil zumindest mit einem teilweisen Forderungsausfall zu rechnen war. Damalige Buchung:

Abschreibungen auf Umlaufvermögen	1 365 €	an	zweifelhafte Forderungen	1 365 €

Auf diese Forderung ging vom Gerichtsvollzieher auf dem privaten Bankkonto des Firmeninhabers in 2016 ein Betrag von 654,50 € ein, der noch nicht gebucht ist. Ein weiterer Zahlungseingang ist nicht mehr zu erwarten.

b) Eine bisher noch nicht wertberichtigte Forderung gegen den Kunden Wehrmann wird ausfallen. Das Insolvenzverfahren wurde mangels Masse nicht eröffnet. Der noch ausstehende Rechnungsbetrag beläuft sich auf 4 403 €.

c) Die restlichen Forderungen sollen mit 3 % wertberichtigt werden.

Alle Forderungen beinhalten 19 % USt.

Frage: Wie hoch ist die Pauschalwertberichtigung und wie sind der Zahlungseingang auf die bereits wertberichtigten Forderungen und der Forderungsausfall zu buchen?

3. Rücklagen

Rücklagen bzw. Sonderposten mit Rücklageanteil sind Teile des Eigenkapitals und erscheinen als Passivposten in der Bilanz. Es handelt sich dabei im Ergebnis um Steuervergünstigungen. Solche Rücklagen dürfen unter bestimmten Voraussetzungen gebildet werden, um Gewinne auf spätere Veranlagungszeiträume zu verlagern.

Nach der Umwandlung der Ansparabschreibung zum Investitionsabzugsbetrag sind vor allem die Rücklagen für Ersatzbeschaffung nach R 6.6 EStR von Bedeutung.

Scheiden Wirtschaftsgüter infolge höherer Gewalt oder durch Verkauf zur Vermeidung eines behördlichen Eingriffs aus dem Betriebsvermögen aus, kann es zu vom Mandanten nicht beabsichtigten Gewinnen kommen, wenn die Versicherung oder die Behörde eine Entschädigung zahlen, die den Buchwert des ausgeschiedenen Wirtschaftsguts im Schadenszeitpunkt übersteigt.

Diesen Gewinn kann der Mandant nach R 6.6 EStR einer „steuerfreien" Rücklage zuführen, wenn er die Anschaffung eines Ersatz-Wirtschaftsguts innerhalb einer bestimmten Frist (Gebäude: sechs Jahre, andere Wirtschaftsgüter: vier Jahre; BFH-Urteil vom 12.1.2012 – IV R 4/09) beabsichtigt. Die Rücklage kann dann später mit den Anschaffungskosten erfolgsneutral verrechnet werden.

Fall 398   Zeitliche Verlagerung von Veräußerungsgewinnen

Sachverhalt: Die Firma Kohlscheidt KG war Eigentümerin eines Betriebsgrundstücks. Sie hatte das Grundstück vor drei Jahren für 60 000 € inkl. aller Nebenkosten erworben und es als Lagerplatz genutzt.

In 2016 hat sie das Grundstück für 95 000 € an die Stadt verkaufen müssen, um einem Enteignungsverfahren zu entgehen. Die Stadt plant dort den Bau einer Umgehungsstraße.

Anfang 2017 hat die Firma vor, ein in der Nähe günstig gelegenes, etwas größeres Grundstück für 120 000 € zu erwerben.

Frage: Durch welche steuerlich zulässige Möglichkeit kann erreicht werden, dass der in 2016 erzielte Veräußerungsgewinn nicht versteuert werden muss? Wie ist dann bei Veräußerung und in 2017 bei Neuanschaffung zu buchen?

Fall 399   Bildung und Übertragung einer Rücklage für Ersatzbeschaffung

Sachverhalt: Bei der Firma Wirthwein (Wj. = Kj.), Hersteller medizinischer Geräte, wurde Ende August 2016 durch einen Brand in der Werkhalle u.a. eine Produktionsmaschine total beschädigt. Die Maschine war im Juli 2014 für 75 000 € (netto) angeschafft und entsprechend ihrer Nutzungsdauer von fünf Jahren mit 20 % linear abgeschrieben worden. Der Buchwert am 31.12.2015 betrug 52 500 €.

Die betriebliche Feuerversicherung ermittelte den Zeitwert der Maschine mit 60 000 € und zahlte diesen Betrag im September 2016 an die Firma aus. Mitte Oktober 2016 hatte die Firma bereits eine neue Maschine bestellt, die im Dezember 2016 ausgeliefert und in Betrieb genommen wurde. Der Kaufpreis betrug 90 000 € + 19 % USt (Nutzungsdauer fünf Jahre).

Frage: In welcher Höhe kann eine Rücklage für Ersatzbeschaffung gebildet werden? Wie hoch ist die AfA der neuen Maschine für 2016 und wie muss der gesamte Vorgang gebucht werden? Die Voraussetzungen des § 7g EStG liegen nicht vor.

Fall 400   Rücklage für Ersatzbeschaffung/Auflösung

Sachverhalt: Der Lkw der Bauschreinerei Immenkamp geriet im August 2016 durch einen Defekt an der Bremsanlage in Brand und wurde total zerstört. Auch die Ware, die sich auf der Ladefläche befand, wurde unbrauchbar. Der Lkw hatte zu diesem Zeitpunkt einen Buchwert von 18 500 €, die Ware hatte im Einkauf 5 800 € (netto) gekostet.

Die Kasko-Versicherung überwies zur Schadensregulierung 25 000 € für den Lkw und 8 000 € für die Ware. Eine Ersatzbeschaffung für den zerstörten Lkw und für die Waren ist zunächst für November 2016 geplant.

Frage: Wie muss gebucht werden, wenn eine Rücklage für Ersatzbeschaffung gebildet werden soll? Welche Buchungen müssen beim Jahresabschluss vorgenommen werden, nachdem für die Waren eine Ersatzbeschaffung i. H. von 10 000 € netto erfolgte und für den Lkw eine Ersatzbeschaffung nicht mehr vorgesehen ist?

4. Gewinnverteilung bei Personengesellschaften

Nach § 15 Abs. 1 Nr. 2 EStG sind dem handelsrechtlichen Gewinn einer Personengesellschaft die Vergütungen wieder hinzuzurechnen, die die Gesellschafter als Tätigkeitsvergütung, Darlehenszinsen oder Gegenleistung für die Überlassung von Wirtschaftsgütern an die Gesellschaft erhalten haben. Das gilt auch für Vergütungen, die ein atypischer stiller Gesellschafter erhalten hat (Sonderbetriebseinnahmen).

Der handelsrechtliche Gewinn ist um die Betriebsausgaben zu kürzen, die dem einzelnen Gesellschafter im ursächlichen Zusammenhang mit seiner Beteiligung, seiner Tätigkeit für die Gesellschaft oder im Zusammenhang mit der Überlassung von Wirtschaftsgütern an die Gesellschaft entstanden sind (Sonderbetriebsausgaben).

Der so ermittelte steuerliche Gesamtgewinn der Gesellschaft ist, sofern die Vergütungen bei der Gewinnermittlung als Betriebsausgaben abgezogen worden sind, entsprechend der im Gesellschaftsvertrag getroffenen Regelung auf die Gesellschafter zu verteilen. Fehlt eine vertragliche Regelung, gelten die gesetzlichen Bestimmungen über die Gewinnverteilung (§ 121 HGB bei einer OHG und § 168 HGB bei einer KG).

Gewinnverteilung bei einer OHG nach HGB

Fall 401

Sachverhalt: Gesellschafter der Schmitz OHG sind die Brüder Anton und Berthold. Über die Verteilung des Gewinns ist nichts vereinbart. Aus den Kapitalkonten der Gesellschafter ergibt sich Folgendes:

		Anton		Berthold
Kapital 1. 1. 2016		28 420 €		39 500 €
./. Entnahmen	am 18. 3.	6 000 €	am 15. 2.	4 800 €
./. Entnahmen	am 21. 6.	9 200 €	am 4. 7.	8 000 €
./. Entnahmen	am 11. 10.	5 800 €	am 5. 12.	14 100 €
Saldo vor Gewinnverteilung 31. 12. 2016		7 420 €		12 600 €

Der Gewinn der OHG für das Jahr 2016 beträgt 68 917 €.

Fragen:

1. Wie ist die Gewinnverteilung vorzunehmen, wenn bei Kapitalverzinsung auf- bzw. abgerundet wird?

2. Welchen Stand weisen die Kapitalkonten der Gesellschafter am 31. 12. 2016 aus?

Fall 402 Gewinnverteilung bei einer KG

Sachverhalt: An der Schneider KG sind Rolf Schneider als Komplementär und Werner Müller als Kommanditist beteiligt.

Rolf Schneider ist mit 200 000 €, Werner Müller mit 100 000 € beteiligt. Diese Kapitalkonten der Gesellschafter werden als Festkonten geführt (Kapital I). Laut Vertrag ist Folgendes vereinbart:

a) Die Festkonten sind mit jährlich 10 % zu verzinsen.

b) Rolf Schneider erhält für seine Tätigkeit als Geschäftsführer jährlich 120 000 € zulasten des Gewinns.

c) Werner Müller erhält für seine Tätigkeit als Meister jährlich 80 000 € zulasten des Gewinns.

d) Der Restgewinn ist im Verhältnis der Beteiligung zu verteilen.

Der Gewinn 2016 der Gesellschaft beträgt lt. GuV-Rechnung 45 630 €.

Frage: Wie hoch ist der steuerliche Gewinn der Mitunternehmerschaft und wie ist die Gewinnverteilung vorzunehmen?

Fall 403 Gewinnverteilung/Tätigkeitsvergütungen

Sachverhalt: An der Waldmeister KG sind beteiligt:

► Egon Waldmeister (Komplementär) zu 1/2,

► Günter Kock (Kommanditist) zu 2/5 und

► Horst Döring (Kommanditist) mit dem Rest = 20 000 €.

Im Gesellschaftsvertrag ist bzgl. der Gewinnverteilung Folgendes vereinbart:

a) Der Komplementär erhält für seine Geschäftsführertätigkeit jährlich 60 000 € zulasten des Gewinns.

b) Die Kapitalanteile des Komplementärs werden vorab mit 8 %, die der Kommanditisten mit 5 % verzinst.

c) Der Restgewinn wird entsprechend der Kapitalbeteiligung verteilt.

Der von der KG ausgewiesene Jahresgewinn für 2016 beträgt 126 520 €.

Für die Vermietung seines bebauten Grundstücks an die KG für betriebliche Zwecke hat der Kommanditist Döring lt. Mietvertrag in 2016 48 000 € erhalten, die von der KG als Mietaufwand gebucht wurden. Herr Döring hatte in 2016 Grundstückskosten i. H. von 8 400 €, die er privat bezahlt hat und die nicht gebucht sind.

Frage: Wie hoch ist der steuerliche Gewinn der Mitunternehmerschaft und wie muss er verteilt werden?

Fall 404 Gewinnverteilung/typischer stiller Gesellschafter

Sachverhalt: An der Ritter KG sind folgende Personen beteiligt:

► August Ritter, Komplementär, mit 800 000 €

► Hans Ross, Kommanditist, mit 200 000 €

► Manfred Speer, typischer stiller Gesellschafter, mit 100 000 €

Nach den vorliegenden Verträgen bestehen folgende Regelungen:

a) Der Komplementär erhielt eine Geschäftsführer-Vergütung zulasten des Gewinns i. H. von 150 000 € in monatlichen Teilbeträgen überwiesen.

b) Die Kapitaleinlagen des Komplementärs und des Kommanditisten sind mit 8 % vorab zu verzinsen. Außerdem erhält der Komplementär eine Risiko-Vergütung von jährlich 30 000 € vorab.

c) Der typische stille Gesellschafter erhält sein Kapital mit 12 % vom steuerlichen Gewinn, der sich **vor** Berücksichtigung seines Gewinnanteils ergibt, verzinst.

Der Jahresabschluss weist einen vorläufigen Gewinn von 238 500 € aus.

Frage: Wie hoch ist der steuerliche Gewinn der Mitunternehmerschaft? Wie muss der Gewinn verteilt werden?

Gewinnverteilung/atypischer stiller Gesellschafter

Fall 405

Sachverhalt: An der Kreuzer KG sind folgende Gesellschafter beteiligt:

▶ Komplementär: Alfons Kreuzer mit   250 000 €
▶ Kommanditist: Willi Herzlich mit   150 000 €
▶ atypischer Gesellschafter: Horst Wenig mit   50 000 €

Herr Wenig ist mit seiner Einlage auch an Gewinnen aus der Veräußerung von Anlagegütern oder aus einer eventuellen Betriebsveräußerung beteiligt.

Außerdem ist Folgendes vertraglich geregelt:

a) Komplementär und Kommanditist erhalten den Anteil am Gewinn, der ihren Kapitaleinlagen entspricht.

b) Herr Wenig erhält 10 % vom steuerlichen Gewinn der Gesellschaft.

c) Für die Geschäftsführertätigkeit erhalten Herr Kreuzer 90 000 € und Herr Herzlich 60 000 € zulasten des Gewinns.

d) Als Zinsen für ein der Gesellschaft gewährtes Fälligkeitsdarlehen von 200 000 € erhielt Herr Kreuzer 16 000 €.

Buchung: Zinsaufwand an Bank 16 000 €

e) Die Kapitalbeteiligung des Komplementärs und des Kommanditisten ist mit 6 % vorab zu verzinsen.

Der Gewinn lt. Bilanz beträgt 74 440 €.

Frage: Wie hoch ist der steuerliche Gewinn und wie muss er auf die Beteiligten verteilt werden?

5. Gewinnermittlung nach § 4 Abs. 3 EStG

Bei dieser Art der Gewinnermittlung werden den Betriebseinnahmen die Betriebsausgaben gegenübergestellt.

Betriebseinnahmen sind alle betrieblich verursachten Einnahmen i. S. des § 8 EStG. Darüber hinaus sind fiktive Einnahmen bei privaten Leistungs- und Gegenstandsentnahmen zu erfassen, um keine ungerechtfertigten Steuervorteile eintreten zu lassen.

Betriebsausgaben sind alle betrieblich veranlassten Aufwendungen (§ 4 Abs. 4 EStG). Dabei sind die in § 4 Abs. 3 EStG genannten Sonderregelungen zu beachten. So ist z. B. auch bei der Gewinnermittlung nach § 4 Abs. 3 EStG nur die AfA bei abnutzbaren Wirtschaftsgütern Betriebsausgabe.

Die Summe der erzielten Jahresgewinne bei der Gewinnermittlung nach § 4 Abs. 3 EStG und § 5 EStG ist grundsätzlich identisch (Grundsatz des gleichen Totalgewinns). Es werden also lediglich Gewinnverlagerungen eintreten, die für die Gewinnermittlungsart typisch sind und die sich später ausgleichen.

Der Vorteil der Gewinnermittlung nach § 4 Abs. 3 EStG besteht darin, dass man durch bewusste Steuerung der Betriebseinnahmen und -ausgaben die Höhe des Gewinns stärker beeinflussen kann. Eine Inventur ist nicht erforderlich.

Bei der Gewinnermittlung nach § 4 Abs. 3 EStG gilt das Zufluss-/Abfluss-Prinzip (§ 11 EStG). Danach bestimmt sich im Normalfall, in welchem Kj. eine Betriebseinnahme oder Betriebsausgabe zu erfassen ist.

Allerdings gibt es dabei u. a. folgende Ausnahmen und Sonderfälle:

1. Bei regelmäßig wiederkehrenden Betriebseinnahmen bzw. Betriebsausgaben erfolgt die Zuordnung bei Zahlung innerhalb von zehn Tagen zum Kj. der wirtschaftlichen Zugehörigkeit (§ 11 Abs. 1 Satz 2 und Abs. 2 Satz 2 EStG).

2. Vereinnahmte Umsatzsteuer ist Betriebseinnahme.

   Bezahlte Umsatzsteuer ist Betriebsausgabe.

   Bezahlte Vorsteuer ist Betriebsausgabe, wenn sie nicht zu den Anschaffungskosten gehört.

3. Schecks werden grundsätzlich wie Bargeld behandelt.

4. Durchlaufende Posten sind keine Betriebseinnahmen bzw. Betriebsausgaben (§ 4 Abs. 3 Satz 2 EStG).

5. Bei Anschaffung bzw. Herstellung von abnutzbaren Anlagegütern sind die üblichen AfA-Regelungen zu beachten (§ 4 Abs. 3 Satz 3 EStG).

6. Anschaffungskosten von nicht abnutzbaren Anlagegütern, für Anteile an Kapitalgesellschaften, für Wertpapiere, Grund und Boden sowie Gebäude im Umlaufvermögen sind erst bei Verkauf bzw. Entnahme Betriebsausgaben (§ 4 Abs. 3 Satz 4 EStG).

7. Anzahlungen bzw. Teilzahlungen auf Anlagegüter sind in Höhe des Nettobetrags keine Betriebsausgaben, sondern Teil der Anschaffungskosten bzw. Herstellungskosten.

8. Zinsen (Sparbuch) gelten spätestens am 31. 12. des Kj. als zugeflossen.

9. Sach- und Leistungsentnahmen sind in Höhe des Bruttobetrags als Betriebseinnahmen zu erfassen.

10. Darlehenszuflüsse bzw. -abflüsse sind keine Betriebseinnahmen bzw. Betriebsausgaben.

Diese Besonderheiten ergeben sich aus den zitierten Vorschriften, aus der Rechtsprechung des BFH oder aus dem Grundsatz des gleichen Totalgewinns, der Vor- oder Nachteile bei der Gewinnermittlung nach § 4 Abs. 3 EStG gegenüber der Bilanzierung vermeiden soll.

Gewinnauswirkung § 4 Abs. 3 EStG/§ 5 EStG

Fall 406

Sachverhalt: Mandant Bergmann betreibt in Münster eine Reparaturwerkstatt für Fahrräder. Er versteuert seine Umsätze nach den allgemeinen Vorschriften des UStG. Er ermittelt seinen Gewinn zulässig nach § 4 Abs. 3 EStG.

Mandant Färber ist selbständiger Schreinermeister, dessen Betrieb im Handelsregister eingetragen ist. Auch er versteuert seine Umsätze nach den allgemeinen Vorschriften des UStG, ermittelt seinen Gewinn aber nach § 4 Abs. 1 und § 5 EStG.

Bei beiden Mandanten sind in 2016 folgende Sachverhalte festgestellt worden:

a) Warenverkauf auf Ziel 500 € + 95 € USt.

b) Erwerb eines Genossenschaftsanteils für 250 €, die vom betrieblichen Bankkonto abgebucht werden.

c) Kauf einer Maschine für 2 000 € + 19 % USt gegen Barzahlung.

d) Verkauf eines gebrauchten ausschließlich betrieblich genutzten Pkw für 3 000 € zzgl. 19 % USt gegen Barzahlung. Das Fahrzeug hat einen Restbuchwert von 2 000 € im Zeitpunkt der Veräußerung.

e) Bezahlung einer betrieblichen Versicherungsprämie für die Zeit vom 1. 8. bis 31. 7. des Folgejahres i. H. von 2 100 €.

f) Privatanteil an den Kfz-Kosten 2 500 €. Von diesem Betrag entfallen 200 € auf Kosten, die nicht mit Vorsteuern belastet waren. Das Fahrzeug wurde in vollem Umfang dem Unternehmen zugeordnet.

g) Wareneinkauf gegen Barzahlung für 800 € + 152 € USt (bei der Beurteilung dieses Sachverhalts ist davon auszugehen, dass die Ware komplett im Jahr 2012 wieder verkauft worden ist).

Frage: Mit welchem Betrag wirken sich diese Vorgänge auf die Gewinnermittlung nach § 4 Abs. 3 EStG bzw. § 5 EStG aus?

Tragen Sie in die Tabelle ein, ob sich die Geschäftsvorfälle erfolgsneutral, gewinnerhöhend oder gewinnmindernd auswirken und geben Sie die entsprechenden Beträge an:

Vorgang	Mandant Bergmann (§ 4 Abs. 3 EStG)		Mandant Färber (§ 5 EStG)	
	Auswirkung	Betrag	Auswirkung	Betrag
a)				
b)				
c)				
d)				
e)				
f)				
g)				

Fall 407 **Gewinnermittlung gem. § 4 Abs. 3 EStG bei Ärzten**

Sachverhalt: Dr. Marianne Deistler betreibt als freiberufliche Hals-Nasen-Ohren-Ärztin in Hagen ihre Praxis. Sie ermittelt ihren Gewinn nach § 4 Abs. 3 EStG und führt ausschließlich steuerfreie Umsätze nach § 4 Nr. 14 UStG aus. Die Voraussetzungen für die Sonderabschreibung gem. § 7g EStG liegen nicht vor.

Aus den Aufzeichnungen der Mandantin für das Kalenderjahr 2016 sind u. a. folgende Geschäftsvorfälle ersichtlich:

1. Anschaffung eines Ultraschallgeräts für 8 400 € zzgl. 19 % USt am 4. November. Der Rechnungsbetrag wurde am 28. November nach Abzug von 3 % Skonto dem Lieferanten überwiesen. Das Gerät hat eine Nutzungsdauer von sechs Jahren.

2. Kauf eines Blutdruckmessgeräts für 178 € inkl. USt am 15. Dezember. Die Rechnung vom 20. Dezember wurde erst am 22. Januar des folgenden Jahres durch Banküberweisung beglichen. Die Nutzungsdauer ist mit zehn Jahren anzunehmen.

3. Am 26. November hat die Mandantin ein neues EKG-Gerät für 16 065 € einschließlich 19 % USt bestellt. Auf den Kaufpreis hat sie am 10. Dezember eine Anzahlung von 3 000 € zzgl. 19 % USt geleistet, die ihr ordnungsgemäß in Rechnung gestellt wurde. Das Gerät wurde vom Lieferanten vertragsgemäß erst im Februar des nächsten Jahres an sie ausgeliefert.

4. Anfang Oktober erwarb die Mandantin eine Eigentumsetage in der Innenstadt für 450 000 €. Auf den anteiligen Grund und Boden entfielen davon 20 %. Die Räumlichkeiten wurden sofort für Praxiszwecke genutzt. Das Gebäude war bei Erwerb acht Jahre alt. Die Erwerbsnebenkosten betrugen:

   ▶ Grunderwerbsteuer   29 250 €
   ▶ Notarkosten   2 000 € zzgl. 380 € USt
   ▶ Gerichtskosten   800 €

Die voraussichtliche Nutzungsdauer der Eigentumsetage beträgt noch 50 Jahre.

Frage: Wie wirken sich die Geschäftsvorfälle unter Berücksichtigung der höchstzulässigen Abschreibung auf das abgelaufene Jahr aus?

G. Fachrechnen

I. Prozentrechnen

Fall 408

Sachverhalt: Eine Rechnung wird nach Abzug von 2 % Skonto mit 1 254,40 € bezahlt.

Frage: Wie hoch ist der Rechnungsbetrag?

Fall 409

Sachverhalt: Eine Maschine wurde drei Jahre hintereinander mit 15 % vom jeweiligen Bilanzwert abgeschrieben und steht am Ende des dritten Jahres mit 3 684,75 € in der Bilanz.

Frage: Wie hoch waren die Anschaffungskosten?

Fall 410

Sachverhalt: An einer OHG sind vier Gesellschafter beteiligt, und zwar

A mit 45 % (nämlich 97 560 €),

B mit 23 %,

C mit 15 % und

D mit dem Rest des Kapitals.

Frage: Wie hoch sind die Kapitalanteile von B, C und D?

Fall 411

Sachverhalt: Das Vermögen eines in Insolvenz gegangenen Mandanten beträgt 600 000 €.

Dem stehen folgende Verbindlichkeiten gegenüber:

Masseschulden	305 000 €
Massekosten	150 000 €
Bevorrechtigte Forderungen	50 000 €
Nicht bevorrechtigte Forderungen	800 000 €

a) Berechnen Sie die Insolvenzquote bis auf drei Stellen nach dem Komma.

b) Ein Gläubiger erhielt 17 812,50 € aus der Insolvenzmasse. Wie hoch war seine ursprüngliche Forderung?

II. Handelskalkulation

Fall 412

Sachverhalt: Aus der Buchführung eines Einzelhändlers ergeben sich folgende Zahlen:

Wareneingang (netto)	250 000 €
Bezugskosten (netto)	6 000 €
Warenausgang netto (wirtschaftlicher Umsatz)	322 500 €
Warenanfangsbestand	55 000 €
Warenendbestand	53 000 €

Berechnen Sie:

a) Handelsspanne (Rohgewinnsatz) in € und in Prozenten,

b) Kalkulationsaufschlag in Prozenten,

c) Kalkulationsfaktor,

d) durchschnittlicher Lagerbestand,

e) Warenumschlagsgeschwindigkeit,

f) durchschnittliche Lagerdauer.

Fall 413 **Sachverhalt:** Aus der Buchführung eines Einzelhändlers ergeben sich folgende Zahlen:

Warenanfangsbestand	146 000 €
Warenendbestand	104 000 €
Wareneinkäufe	968 000 €
Warenverkäufe	1 270 000 €
Rücksendungen an Lieferer	10 000 €
Rücksendungen von Kunden	20 000 €
Handlungskosten	165 000 €

Ermitteln Sie in übersichtlicher Form:

a) den Wareneinsatz,

b) den Rohgewinnaufschlagsatz (Kalkulationsaufschlag),

c) die Umsatzrendite,

d) den durchschnittlichen Lagerbestand.

Fall 414 **Sachverhalt:** Es soll eine Ware bezogen werden, bei deren Verkauf ein Preis von 1 480 € ohne Umsatzsteuer erzielt werden soll.

Frage: Zu welchem Betrag darf die Ware höchstens eingekauft werden, wenn mit einem Bezugskostenzuschlag von 5 % und einem Kalkulationsfaktor von 1,85 gerechnet wird, der Lieferer seinerseits 10 % Rabatt und 2,5 % Skonto zugesagt hat?

Fall 415 **Sachverhalt:** Ein Einzelhändler kalkulierte bisher mit einem Kalkulationszuschlag von 50 %. Nachdem die Einkaufpreise um 7 % gestiegen sind, muss er auch die Verkaufspreise erhöhen. Aus Konkurrenzgründen erhöht er aber nur um 6 %.

Fragen:

a) Wie hoch ist der neue Kalkulationszuschlag (Rohgewinnaufschlagsatz)?

b) Wie hoch war die alte Handelsspanne (Rohgewinnsatz)?

c) Wie hoch ist die neue Handelsspanne?

d) Wie hoch ist der verbleibende Gewinnzuschlag, wenn der Handlungskostenzuschlag 20 % beträgt?

III. Industriekalkulation

Fall 416

Sachverhalt: In einer Sandgrube wurden 27 670 m³ Sand gefördert. Dabei entstanden folgende Kosten:

Lohnkosten für Baggerführer, Monteur, Hilfsarbeiter	78 650 €
Treibstoffkosten, Stromkosten	6 780 €
Spülwasser u. Ä.	5 370 €
Abschreibungen auf Maschinen und Geräte	30 000 €
sonstige Betriebskosten	18 950 €
Gehalt kaufmännische Angestellte	12 950 €
Vertriebskosten	18 854 €

Frage: Wie hoch sind die Selbstkosten pro Kubikmeter geförderten Materials?

Fall 417

Sachverhalt: Ein Bauunternehmer, der seinen Gewinn nach § 5 EStG ermittelt, ließ durch eigene Arbeitnehmer eine Lagerhalle erstellen.

Der hierfür anfallende Lohnaufwand beträgt 80 000 €.

Die Anschaffungskosten des für den Bau der Lagerhalle verwendeten Materials betragen 30 000 €. Aus den Nachkalkulationsunterlagen ergeben sich folgende Prozentsätze:

Fertigungsgemeinkosten	60 %
Materialgemeinkosten	8 %
Verwaltungskosten	5 %
Vertriebskosten	3 %

Ermitteln Sie für die Steuerbilanz:

a) die niedrigstmöglichen Herstellungskosten (steuerliche Wertuntergrenze),
b) die höchstmöglichen Herstellungskosten (steuerliche Wertobergrenze).

Fall 418

Sachverhalt: Eine Maschinenfabrik wird um ein Angebot für die Herstellung einer Furnierpresse für eine Möbelfabrik gebeten.

Zu welchem Preis kann das Werkstück angeboten werden, wenn

▶ der voraussichtliche Materialaufwand	6 740,00 €
▶ die aufzuwendenden Fertigungslöhne	12 830,00 €
▶ und die Fracht für die Versendung des Werkstücks	830,20 €

beträgt und das Unternehmen mit

▶ Materialgemeinkosten von	5 %
▶ Fertigungsgemeinkosten von	160 %
▶ Herstellungskosten als Verwaltungsgemeinkosten von	8 %
▶ Gewinnzuschlag von	15 %

rechnet?

IV. Zinsrechnen

Hinweis: Ein Monat wird mit 30 Tagen, das Jahr mit 360 Tagen angesetzt.

Fall 419 **Frage:** Wie viel Zinsen bringen 9 115 € bei 7,5 % in zwei Monaten und 26 Tagen?

Fall 420 **Sachverhalt:** Ein Bankkunde zahlt 570 € Zinsen für ein Darlehen von 7 000 €, das er zehn Monate und 20 Tage in Anspruch genommen hat.

Frage: Wie hoch ist der Zinssatz der Bank?

Fall 421 **Sachverhalt:** Ein Darlehen i. H. von 6 300 € wird einschließlich 6 2/3 % Zinsen mit 6 580 € zurückgezahlt.

Frage: Wie lange war das Darlehen ausgeliehen?

Fall 422 **Sachverhalt:** Wie hoch ist der effektive Zinssatz, wenn ein Darlehen mit 96 % ausgezahlt wird, mit 7 % zu verzinsen ist und die Laufzeit zehn Jahre beträgt?

Fall 423 **Sachverhalt:** Ein Kaufmann erhält am 20. 4. eine Rechnung über 15 500 €.

Zahlungsbedingungen:

a) Zahlbar nach zehn Tagen mit 3 % Skonto oder
b) zahlbar nach 30 Tagen, netto.

Der Kaufmann wäre in der Lage, die Rechnung nach 30 Tagen aus Eigenmitteln zu begleichen. Andererseits steht ihm ein Überbrückungskredit zur Verfügung, der mit 12 % zu verzinsen ist. Mit diesem Kredit kann er die Rechnung nach zehn Tagen begleichen.

Frage: Bei welcher Zahlungsweise steht sich der Kaufmann besser?

Fall 424 **Sachverhalt:** Der Verkaufspreis einer Maschine beträgt 24 600 €. Ein Kunde kauft die Maschine am 13. 3. und zahlt 6 600 € an. Den Rest will er am 1. 5., am 15. 6. und am 31. 7. in gleichen Raten bezahlen.

Frage: Wie viel Zinsen sind von dem Kunden zu entrichten, wenn die jeweilige Restschuld mit 6 % zu verzinsen ist?

Fall 425 **Sachverhalt:** Ein Mandant beabsichtigt, zur Kapitalanlage eine Eigentumswohnung zu erwerben. Er bittet Sie, die Rendite der Kapitalanlage – ohne Berücksichtigung von Abschreibung – zu ermitteln:

Anschaffungskosten der Eigentumswohnung	180 000 €
Mieteinnahmen pro Monat	950 €
Fremdmittel zur Finanzierung:	
– 1. Hypothek zu 6 % Zinsen	40 000 €
– 2. Hypothek zu 8 % Zinsen	25 000 €
Jährliche nicht umlagefähige Kosten	1 800 €

Frage: Wie hoch ist die Rendite des Eigenkapitals?

Sachverhalt: Ein Mandant will am 2.1. ein Mietwohnhaus für 900 000 € (einschl. Wert des Grund und Bodens von 100 000 €) erwerben.

Sein Eigenkapital beträgt 400 000 €. Der Rest wird mit einer 1. Hypothek von 360 000 € zu 4,5 % und einer 2. Hypothek von 140 000 € zu 5,5 % finanziert, aufgenommen am 1.1. Die laufenden Kosten (einschl. AfA) betragen 24 100 €.

Welche Monatsmiete muss er ansetzen, wenn sich sein Eigenkapital zu 6 % verzinsen soll?

H. Wirtschaftslehre

I. Rechtliche Rahmenbedingungen des Wirtschaftens

Fall 427 Geschäftsfähigkeit/Rechtsfähigkeit

Sachverhalt: Ein sechsjähriges Kind soll in einem Schreibwarengeschäft einen Bleistift und ein Schreibheft kaufen. Stattdessen kauft das Kind ein Würfelspiel zum gleichen Preis.

Fragen:

1. Ist der Kauf wirksam zustande gekommen? Begründen Sie Ihre Antwort.

2. Erläutern Sie den Unterschied zwischen Geschäftsfähigkeit und Rechtsfähigkeit und deren Stufen bei natürlichen Personen.

Fall 428 Taschengeld Minderjähriger

Sachverhalt: Ein siebzehnjähriger Schüler erteilt einem Juwelier – ohne Wissen der Eltern – den Auftrag, einen goldenen Fingerring anzufertigen. Den Ring will er seiner Freundin schenken. Er zahlt bei Erteilung des Auftrags 20 % des Kaufpreises an. Der Rest soll nach Lieferung des Ringes in fünf Monatsraten gezahlt werden.

Frage: Ist der Vertrag wirksam? Begründen Sie Ihre Antworten.

Fall 429 Willenserklärung

Sachverhalt: In der Honorarrechnung eines Steuerberaters an einen Mandanten wurden Ziffern vertauscht. Statt des Honorars für die Erstellung einer Bilanz nach der StBGebV i. H. von 952 € wurde lediglich ein Betrag von 295 € in Rechnung gestellt.

Frage: Kann der Steuerberater den Unterschiedsbetrag nachfordern?

Fall 430 Vertragsabschluss

Fragen:

1. Unter welchen Voraussetzungen kommt ein Vertrag zustande? Gehen Sie auch auf die Annahmefristen ein.

2. Sind bei bestimmten Verträgen Formerfordernisse einzuhalten?

3. Welche bedeutsamen Vertragsarten kennen Sie? Nennen Sie mindestens vier Beispiele mit den entsprechenden Paragraphen.

4. In welchen Fällen sind Rechtsgeschäfte

a) nichtig und

b) anfechtbar?

Nennen Sie jeweils zwei Beispiele.

Vertragsabschluss, Anfechtung wegen Irrtums `Fall 431`

Sachverhalt: Großhändler Klotzig hatte Fahrradhändler Reifig am 15. 5. 2016 ein schriftliches Angebot über die Lieferung von Rennrädern zum Preis von 693 € je Fahrrad gemacht. Wegen des offensichtlich guten Preises bestellte Reifig zehn Rennräder für 6 930 €. Bei Eingang der Bestellung stellt Klotzig fest, dass ihm ein Zahlendreher unterlaufen ist. Der richtige Preis hätte 963 € lauten müssen.

Klotzig will die bestellten zehn Rennräder nur für 9 630 € liefern, Reifig besteht auf Lieferung für 6 930 €, da ein Kaufvertrag zustande gekommen sei. Im Übrigen habe er schon für die Rennräder Werbung betrieben und dafür 300 € verauslagt.

Fragen:

a) Ist ein Kaufvertrag zustande gekommen?

b) Muss Klotzig die Rennräder zum Preise von 6 930 € liefern?

c) Kann Reifig für die verauslagten Werbekosten Schadenersatz verlangen?

Vertragsarten/Vertragsinhalt `Fall 432`

Sachverhalt: Ludger Heims hat mehrere nachfolgend erläuterte Verträge abgeschlossen:

Die einzelnen Sachverhalte:	Bezeichnung des Vertrags	Inhalt des Vertrags
a) Heims überlässt seine Drogerie mit Einrichtung dem Kaufmann Alfons Hagen für mtl. 2 000 €		
b) Heims überlässt seinem Freund vorübergehend unentgeltlich sein Wohnmobil		
c) Heims lässt sich bei der Erstellung seiner Einkommensteuererklärung von einem Steuerberater beraten		
d) Heims lässt sein Auto in der Werkstatt reparieren		
e) Heims lässt sich eine Gartenbank anfertigen		

Frage: Welche Art von Verträgen hat Heims abgeschlossen? Bitte vervollständigen Sie die vorstehende Übersicht.

Einzelne Rechtsgeschäfte `Fall 433`

Sachverhalt a: Hannes Simpelkamp erklärt sich telefonisch bereit, für seinen Stammtischbruder eine Bürgschaft i. H. von 10 000 € zu übernehmen.

Sachverhalt b: Albert Schaurig gewährt ein Darlehen von 1 000 € und verlangt dafür 30 % Zinsen.

Sachverhalt c: Kfz-Händler Ewald Gurke verkauft einen gebrauchten Pkw als unfallfrei, obwohl er weiß, dass der Pkw einen Unfall hatte.

Frage: Sind die obigen Verträge gültig zustande gekommen? Bitte begründen.

Fall 434 **Kaufvertrag (1)**

Sachverhalt: Der Fahrradhändler Reifig erhielt vom Großhändler Klotzig ein Angebot über Fahrräder und Zubehör. Daraufhin bestellte Reifig und erhielt von Klotzig eine Bestellungsannahme.

Frage: Wann ist der Kaufvertrag zustande gekommen, wenn

a) das Angebot verbindlich war,

b) das Angebot unverbindlich war?

Fall 435 **Kaufvertrag (2)**

Sachverhalt: Nach dem Angebot des Großhändlers Klotzig beträgt der Großhandelsabgabepreis für Fahrräder der Marke Peugeot Mountain-Bike XAS 540 €. Fahrradhändler Reifig bestellt vier solcher Fahrräder für 480 €.

Frage: Ist ein Kaufvertrag zustande gekommen, wenn Klotzig

a) keine Annahme der Bestellung,

b) eine Annahme der Bestellung schickt?

Bitte begründen.

Fall 436 **Unbestellte Ware**

Sachverhalt: Am 19.2.2016 finden Sie in Ihrem Briefkasten einen Brief mit verschiedenen bemalten Postkarten und einer Zahlungsaufforderung über 20 €. Sie legen den Brief zu ihrer unerledigten Post und reagieren nicht. Nach zwei Monaten mahnt der Absender die Zahlung der 20 € an.

Frage: Müssen Sie die 20 € zahlen? Wie ist der Fall zu beurteilen, wenn einem Kaufmann sein langjähriger Geschäftspartner – nach vorangegangenem Angebot – unbestellte Ware liefert? Bitte begründen.

Fall 437 **Erfüllung des Vertrags**

Sachverhalt: Der Fahrradhändler Reifig hat beim Großhändler Klotzig am 15.3.2016 zehn Rennräder bestellt. Klotzig hat die Bestellung bestätigt und angenommen. Die Lieferung soll innerhalb von zwei Wochen nach Eingang der Bestellung erfolgen.

Frage: Welche Pflichten haben die Vertragsparteien aus dem Vertrag zu erfüllen? Gehen Sie auch auf die Möglichkeiten der Eigentumsübertragung ein.

Fall 438 **Erfüllungsort**

Sachverhalt: Steuerberater Fuchs aus Münster kauft bei einem Antiquitätenhändler in Dortmund einen wertvollen Teppich.

Fragen:

a) Wo ist der gesetzliche Erfüllungsort für die Warenlieferung?

b) Welche Bedeutung hat der Erfüllungsort?

Lieferverzug, Fixhandelskauf

Sachverhalt: Im Kaufvertrag vom 10. 10. 2015 zwischen dem Landwirt Boden und dem Landmaschinenhändler Klotzig wurde die Lieferung eines Traktors Magirus-Deutz F 0 wie folgt vereinbart:

„Lieferung am 12. 6. 2016 fest."
Heute, am 15. 6. 2016, stellt Landwirt Boden fest, dass Klotzig nicht liefern kann, weil er zu viele Aufträge angenommen hat.

Frage: Wie beurteilen Sie den Sachverhalt? Welche Rechte hat Landwirt Boden, die er wahlweise in Anspruch nehmen kann?

Lieferung unter Eigentumsvorbehalt

Sachverhalt: Baumaschinenhändler Stark lieferte im Juli 2015 an Bauunternehmer Stein zwei Kleinbagger. Der Kaufvertrag enthält die Klausel: „Die gelieferte Ware bleibt bis zur vollständigen Bezahlung Eigentum des Verkäufers".

Stein gerät mit der Bezahlung des Kaufpreises in Verzug. Im September 2015 verkauft er einen der Kleinbagger an die Tiefbau-GmbH. Im November 2015 wird Stein insolvent, ohne dass er die Kleinbagger bezahlt hat.

Frage: Hat Stark einen Rechtsanspruch an die Tiefbau-GmbH und an den Insolvenzverwalter auf Herausgabe der Kleinbagger?

Handelskauf, Annahmeverzug

Sachverhalt: Baumaschinenhändler Stark bestellt im Oktober 2015 bei dem Baumaschinenhersteller Greif-GmbH einen Baukran. Der Baukran soll Anfang Dezember 2015 geliefert werden. Kurz vor Auslieferung des Baukrans teilt Stark der Greif-GmbH mit, er könne den Baukran nicht abnehmen, da sein Kunde, für den er das Gerät bestellt habe, insolvent sei.

Fragen: Welche Auswirkung hat die Annahmeverweigerung auf die Haftung des Stark und der Greif-GmbH? Welche gesetzlichen Pflichten muss die Greif-GmbH berücksichtigen, wenn sie einen Selbsthilfeverkauf durch öffentliche Versteigerung des Baukrans vornehmen will?

Besitzkonstitut (Besitzmittlungsverhältnis)

Sachverhalt: Gastwirt Karl Korn will sich in einem Jahr zur Ruhe setzen und schon jetzt die günstige Gelegenheit zum Kauf eines Hauses auf Mallorca wahrnehmen. Weil er dafür Geld benötigt, verkauft er am 31. 12. 2015 seine Gaststätte, die er in gemieteten Räumen betreibt, für 100 000 € an Ludger Pils. Vereinbarungsgemäß wird Pils die Gaststätte aber erst in zwölf Monaten, also am 31. 12. 2016, übernehmen. Bis dahin pachtet Korn die Gaststätte von Pils und zahlt monatlich 900 € Pacht.

Fragen: Zu welchem Zeitpunkt wird Pils Eigentümer der Gaststätte? Wie erfolgt die Eigentumsübertragung?

Schlechterfüllung eines Vertrags

Sachverhalt: Einem Baumarkt (Käufer) wurden Nägel und Schrauben geliefert, die mit kleinen Mängeln behaftet sind.

Fragen:

a) Welche Rechte hat der Käufer, die er grundsätzlich gegenüber dem Lieferanten geltend machen kann?

b) In welchen Situationen wird sich der Käufer für welches dieser Rechte entscheiden?

Fall 444 **Mängelrügen (1)**

Sachverhalt: Die Bäckerei Teig u. Söhne KG hat bei der EBÄCKO GmbH folgende Waren bestellt:

Nr.	Menge/kg	Art	Preis/kg
1	200	Weizenmehl	1,10 €
2	200	Roggenmehl	1,15 €
3	50	Pflanzenöl	2,30 €
4	100	Haferflocken	1,87 €

Die Lieferung erfolgte nach fünf Tagen. Bei Überprüfung der Sendung wird festgestellt:

Statt 200 kg Weizenmehl wurden 300 kg geliefert. Bei einem Sack Roggenmehl ist die Verpackung beschädigt. Ein Teil des Mehls ist ausgelaufen. Statt des Pflanzenöls wurde Öl aus tierischen Fetten geliefert. Die Haferflocken werden nicht benötigt. Die Produktion unter Verwendung von Haferflocken wurde eingestellt.

Fragen:

a) Welche Pflichten hat die Bäckerei Teig u. Söhne KG bei Eintreffen der Ware?

b) Welche Arten von Mängeln liegen vor (Nr. 1 – 3)?

c) Welche Rechte kann die Bäckerei geltend machen (Nr. 1 – 4)?

Fall 445 **Mängelrügen (2)**

Sachverhalt: Der Fahrradgroßhändler Mächtig macht dem Fahrradeinzelhändler Reifig ein Angebot über Fahrräder und Fahrradzubehör. Nach dem Angebot erfolgt die Lieferung ca. zwei Wochen nach Bestellung.

Aufgrund des Angebots bestellt Reifig am 12. 2. 2016:

► 5 Fahrräder Hercules-City mit 5-Gang-Pentasportschaltung,

► 20 Rennsportjacken in Weiß mit Schriftzug „Rudi Altig",

► 20 Rennsporthosen in Dunkelblau,

► 5 Kindersitze Marke „Strolch",

► 4 Kartons mit Fahrradglühbirnen.

Am 26. 2. 2016 werden geliefert:

► 5 Fahrräder Hercules-City mit 3-Gang-Nabenschaltung,

► 20 Rennsportjacken in Weiß ohne Schriftzug „Rudi Altig",

► 20 Rennsporthosen in Hellblau,

► 4 Kartons mit Fahrradglühbirnen.

Die Kindersitze werden überhaupt nicht geliefert.

Fragen:

a) Wie lange hat Reifig Zeit, die aufgezeigten Mängel zu rügen?

b) Von welchen Rechten würden Sie anstelle von Reifig Gebrauch machen?

c) Befindet sich der Lieferer hinsichtlich der Kindersitze im Lieferungsverzug?

d) Erläutern Sie bei Eintritt des Lieferungsverzugs anhand je eines Beispiels die Begriffe:

   − konkreter Schaden,

   − abstrakter Schaden.

e) Welche Möglichkeiten der Mängelrüge hat Reifig, wenn er nach acht Monaten feststellt, dass die gelieferten Glühbirnen eine Fassung haben, die in der Bundesrepublik nicht zu verwenden ist (USA-Norm)? Verkauft hat Reifig noch keine Glühbirnen.

Mängelrügen (3)

Fall 446

Sachverhalt: Fahrradhändler Reifig werden am 1. 10. 2015 zur privaten Verwendung fristgerecht in einem Karton verpackt zwölf Likörgläser und zwölf Weingläser geliefert. Erst am 20. 10. 2015 kommt er dazu, die Gläser auszupacken. Dabei stellt er fest, dass drei Weingläser beschädigt sind.

Frage: Hat eine Mängelrüge Aussicht auf Erfolg?

Zahlungsverzug

Fall 447

Sachverhalt: Am 21. 2. 2016 lieferte Groß an die Bauunternehmung Spieß GmbH in Münster Baumaterial zum Bruttopreis von 23 940 €. Über den Zeitpunkt der Zahlung wurde keine besondere vertragliche Vereinbarung getroffen. Am 21. 3. 2016 stellt Groß fest, dass die Forderung noch immer nicht ausgeglichen wurde.

Fragen:

1. Mit welcher Maßnahme kann Groß die Spieß GmbH in Zahlungsverzug setzen?

2. Am 16. 4. 2016 ist die Zahlung noch nicht eingegangen, obwohl Groß die Spieß GmbH nochmals an die Rechnung erinnert hatte. Groß beantragt daraufhin den Erlass eines Mahnbescheids.

   2.1 Wo ist ein solcher Mahnbescheid zu beantragen?

   2.2 Erläutern Sie kurz, wie sich die Spieß GmbH nach Zustellung des Mahnbescheids verhalten kann und welche Auswirkung ihr Verhalten jeweils auf den Ablauf des gerichtlichen Mahnverfahrens hat.

3. Welchen Schadensersatz und in welcher Höhe kann Groß grundsätzlich im Falle des Zahlungsverzugs von der Spieß GmbH verlangen?

Verjährung

Fall 448

Sachverhalt: Fahrradhändler Reifig hat versehentlich eine Lieferantenrechnung beglichen, die bereits verjährt war. Jetzt will er den gezahlten Betrag mit einer neuen Verbindlichkeit gegenüber dem Lieferanten aufrechnen.

Fragen:

a) Kann er aufrechnen? Begründen Sie Ihre Entscheidung.

b) Was bedeutet Verjährung im bürgerlichen Recht?

c) Wodurch unterscheidet sich die Verjährung im bürgerlichen Recht von der Verjährung im Steuerrecht?

Fall 449 Verjährungsfristen (1)

Sachverhalt: Es bestehen folgende Forderungen bzw. Ansprüche, die zu verjähren drohen:

Forderung:

Verjährungsfrist
(§ BGB)

a) Ein Rentner verkaufte einem Pensionär seine Briefmarkensammlung
b) Ein Autohändler verkaufte einem Arbeitslosen ein gebrauchtes Auto
c) Ein Arbeitgeber gewährte einem Arbeitnehmer ein Darlehen
d) Zinsforderungen des Arbeitgebers im Falle c)
e) Honoraranspruch eines Steuerberaters
f) Anspruch eines Konkursgläubigers gegenüber dem Gemeinschuldner
g) Ein Lkw-Händler verkaufte einem Gewerbetreibenden einen Lkw

Fragen:

1. Nach welchem Zeitablauf verjähren die Ansprüche? Bitte tragen Sie die Verjährungsfrist ein.

2. Durch welche Tatbestände wird die Verjährung unterbrochen? Drei Beispiele genügen.

3. Welche Wirkung hat die Unterbrechung der Verjährung?

4. Durch welche Tatbestände wird die Verjährung gehemmt? Zwei Beispiele genügen.

5. Welche Wirkung hat die Hemmung der Verjährung?

Fall 450 Verjährungsfristen (2)

Sachverhalt a: Der Fahrradhändler Reifig kaufte von dem Großhändler Mächtig Fahrräder für 17 200 €. Der Rechnungsbetrag war am 16. 12. 2014 fällig.

Sachverhalt b: Fahrradhändler Reifig leistete am 16. 2. 2015 eine Teilzahlung von 5 000 € auf die obige Rechnung (Sachverhalt a).

Sachverhalt c: Der Auszubildende Lässig kaufte am 2. 5. 2015 von Reifig ein neues Fahrrad für 840 € gegen Rechnung. Der Rechnungsbetrag war am 13. 5. 2015 fällig.

Sachverhalt d: Nachdem Lässig nicht gezahlt hat (Sachverhalt c), beantragt Reifig einen gerichtlichen Mahnbescheid, der am 11. 8. 2015 zugestellt wird.

Sachverhalt e: Als dem Auszubildenden Lässig sein neues Fahrrad durch Diebstahl verlustig ging, kaufte er am 10. 8. 2015 von seinem Kollegen Arglos ein gebrauchtes Fahrrad für 100 €.

Frage: Wann läuft jeweils die Verjährung ab? Bitte kurz begründen.

Neubeginn der Verjährung (1) `Fall 451`

Sachverhalt: Gegen den früheren Mandanten Werner Pils besteht noch eine Honorarforderung von 1 000 €, die zu verjähren droht.

Fragen: Welche Maßnahmen können Sie einleiten, damit die Verjährung neu beginnt? Durch welche Maßnahmen des Schuldners beginnt die Verjährung neu?

Neubeginn der Verjährung (2) `Fall 452`

Sachverhalt: Die Holz OHG kauft am 19. 1. 2015 von der Eisen GmbH eine Werkzeugmaschine für 19 200 €. Die Eisen GmbH räumt ein Zahlungsziel von vier Wochen ein. Da die Holz OHG nicht zahlt, schickt ihr die Eisen GmbH insgesamt drei Mahnungen und erwirkt am 19. 7. 2015 einen Mahnbescheid.

Fragen:

a) Wann beginnt und endet die Verjährungsfrist für die Forderung der Eisen GmbH?

b) Welche Wirkungen haben Mahnungen und Mahnbescheid in diesem Fall?

c) Welche Folge hat der Eintritt der Verjährung?

Berechnung einer Verjährungsfrist (1) `Fall 453`

Sachverhalt: Theo Birne erwarb am 15. 11. 2015 von einem Händler eine Stereoanlage für 2 500 €. Der Händler gewährte ihm ein Zahlungsziel von einem Monat, das Theo Birne indessen nicht einhielt.

Nachdem Theo Birne auf mehrere Mahnungen nicht reagiert hatte – das letzte Mahnschreiben datierte vom 14. 2. 2016 –, wurde ihm am 18. 4. 2016 ein Mahnbescheid zugestellt.

Fragen:

a) Wann würde die Verjährungsfrist ablaufen, wenn der Händler nichts zur Einziehung seiner Forderung unternommen hätte?

b) Welche Wirkungen haben die Mahnungen und der Mahnbescheid auf die Verjährungsfrist? Geben Sie ggf. das neue Ende der Verjährungsfrist an.

Berechnung einer Verjährungsfrist (2) `Fall 454`

Sachverhalt: Die Honorarforderung des Steuerberaters Fuchs gegenüber dem Unternehmer Lässig beträgt laut Gebührenrechnung vom 11. 10. 2015 (Zahlungsbedingung netto = Kasse) 5 000 €.

Lässig leistet nach der zweiten Mahnung am 1. 3. 2016 eine Teilzahlung und kündigt an, den Rest einen Monat später zu zahlen. Am 1. 4. 2016 bittet Lässig schriftlich darum, ihm die Restzahlung bis zum 1. 6. 2016 zu stunden, womit Steuerberater Fuchs einverstanden ist.

Frage: Wann ist der Anspruch auf Restzahlung verjährt? Begründen Sie Ihr Ergebnis.

II. Die gesetzliche Sozialversicherung

Beitrags- und Entgeltgrenzen für die Sozialversicherung				
	Deutschland			
	West		Ost	
	2015	2016	2015	2016
Beitrag vom Arbeitsentgelt[1]	%	%	%	%
Rentenversicherung	18,70	18,70	18,70	18,70
Arbeitslosenversicherung	3,00	3,00	3,00	3,00
Krankenversicherung[2]	14,6+x[3]	14,6+x[3]	14,6+x[3]	14,6+x[3]
Pflegeversicherung[4]	2,35[4]	2,35[4]	2,35[4]	2,35[4]
Beitragsbemessungsgrenze monatlich	€	€	€	€
Rentenversicherung	6.050,00	6.200,00	5.200,00	5.400,00
Arbeitslosenversicherung	6.050,00	6.200,00	5.200,00	5.400,00
Krankenversicherung	4.125,00	4.237,00	4.125,00	4.237,00
Pflegeversicherung	4.125,00	4.237,00	4.125,00	4.237,00
Höchstbeiträge monatlich[1]	€	€	€	€
Rentenversicherung	1.131,35	1.159,40	972,40	1.009,80
Arbeitslosenversicherung	181,50	186,00	156,00	162,00
Krankenversicherung[2]	602,25+x	618,67+x	602,25+x	618,67+x
Pflegeversicherung[4]	96,94	99,58	96,94	99,58
Versicherungspflichtgrenze monatlich	€	€	€	€
Krankenversicherung/Pflegeversicherung	4.462,50	4.687,50	4.462,50	4.687,50
Entgeltgrenzen monatlich	€	€	€	€
Versicherungsfreiheit	450,00	450,00	450,00	450,00
Alleinige Beitragspflicht des Arbeitgebers (bei Ausbildung)	325,00	325,00	325,00	325,00

[1] Je 1/2 ArbG und ArbN (Ausnahme: Zusatzbeitrag KV und Zuschlag PV für kinderlose ArbN).
[2] Höchstbetrag insgesamt (für den Arbeitnehmer 50 % + zusätzlich lohnabhängiger kassenspezifischer Zuzahlungsbeitrag).
[3] Die Krankenkassen können ab 2015 einen einkommensabhängigen Zuschlag erheben, den der Arbeitnehmer allein zu zahlen hat. Der durchschnittliche Zuzahlungsbeitrag beträgt 1,1 % und dient als Richtwert.
[4] Zuschlag für Kinderlose nach Vollendung des 23. Lebensjahres: 0,25 %.

Fall 455 Sozialversicherung, Begriffe

Sachverhalt: Sie erstellen für mehrere Mandanten die Lohn- und Gehaltsabrechnungen. Im Zusammenhang mit der Sozialversicherung der Arbeitnehmer begegnen Ihnen die Begriffe

a) Beitragsbemessungsgrenze

b) Pflichtversicherungsgrenze

c) Geringfügige Beschäftigung

d) Hinzuverdienstgrenze

Frage: Welche Bedeutung haben diese sozialversicherungsrechtlichen Begriffe?

Arbeitsentgelt in der Sozialversicherung

Sachverhalt: Josef Kentenich muss für das Lohnbüro entscheiden, ob und in welcher Höhe Zusatzleistungen zum Arbeitsentgelt in der Sozialversicherung gehören.

Sachverhalt a: Frau Schmidt erhält vom Arbeitgeber Reisekostenersatz i. H. von 215 € (lohnsteuerfrei gem. § 3 Nr. 16 EStG).

Frage: Ist der Reisekostenersatz Entgelt im Sinne der Sozialversicherung?

Sachverhalt b: Prokurist Schneider erhält einen Firmenwagen, den er auch für Fahrten zwischen Wohnung und Arbeitsstätte und auch für Privatfahrten nutzen darf. Der geldwerte Vorteil daraus (Sachbezug) beträgt monatlich 256 €. Davon versteuert die Firma nach § 40 Abs. 2 EStG pauschal mit 15 % einen Betrag von monatlich 110 €, soweit er auf die Fahrten zwischen Wohnung und Arbeitsstätte entfällt.

Frage: Gehört der geldwerte Vorteil zum Entgelt im Sinne der Sozialversicherung?

Sachverhalt c: Die kinderlose Steuerfachangestellte Silke Uhland (geboren am 1. 4. 1972) aus Münster wechselt zum 1. 1. 2016 Ihren Arbeitgeber. Sie erhält ein Bruttogehalt von 2.890,20 €. Ihr Arbeitgeber, der Steuerberater Merten (Münster), stellt Silke Uhland außerdem einen betrieblichen PKW (VW-Golf, Bruttolistenpreis: 19.010 €) für Fahrten zwischen Ihrer Wohnung und Ihrer Arbeitsstätte (Entfernung: 30 km) zur Verfügung. Auch für Privatfahrten darf Silke Uhland den VW Golf benutzen. Silke Uhland ist ledig und evangelisch.

Gehen Sie von den folgenden Beitragssätzen der gesetzlichen Sozialversicherung aus:

Krankenversicherung:	14,60 %
(Zusatzbeitrag Arbeitnehmer)	1,1 %
Rentenversicherung:	18,70 %
Arbeitslosenversicherung:	3,00 %
Pflegeversicherung:	2,35 %
Zuschlag Kinderlose:	0,25 %

Hinweis: Von der Pauschalierung der Lohnsteuer macht der Arbeitgeber keinen Gebrauch.

Fragen:

1. Erstellen Sie eine übersichtliche Gehaltsabrechnung für Silke Uhland. Aus Vereinfachungsgründen gehen Sie von einem Lohnsteuersatz i. H. von 20 % aus.

2. Welche Unterlagen muss Silke Uhland dem Steuerberater Merten übergeben, damit dieser die Gehaltsabrechnung erstellen kann? Mindestens zwei Nennungen.

3. Welche Pflichten ergeben sich aus dem Arbeitsvertrag? Nennen Sie jeweils mindestens zwei Pflichten sowohl für den Arbeitnehmer, als auch für den Arbeitgeber.

Sachverhalt d: Da im Arbeitsvertrag von Silke Uhland und dem Steuerberater Großherz keine Kündigungsfrist vereinbart wurde, möchte Silke Uhland wissen, wie lang Ihre Kündigungsfrist beträgt.

Frage: Wie lange beträgt die Kündigungsfrist. Erläutern Sie die Kündigungsfrist unter Nennung der Rechtsgrundlage.

Fall 457 Unfallversicherung

Sachverhalt: Steuerberater Fuchs meldet der Verwaltungsberufsgenossenschaft ein Brutto-arbeitsentgelt für das Kalenderjahr 2015 i. H. von 130 000 €.

Frage: Wie hoch ist der Beitrag zur Unfallversicherung für das Kalenderjahr 2015, wenn die Gefahrklasse 0,52 und der Beitragsfuß 4,7/1 000 beträgt?

Fall 458 Sozialversicherung

Josef Kentenich arbeitet in der Personalabteilung eines großen Düsseldorfer Unternehmens. Folgende Sachverhalte ergeben sich:

Sachverhalt a: Am 1. 5. 2015 wurde eine Buchhalterin eingestellt, die nach drei Wochen ernstlich erkrankte und stationär behandelt werden muss. Herr Kentenich hat versäumt, die Buchhalterin bei der Krankenkasse anzumelden.

Frage: Wer muss für die Arzt- und Krankenhauskosten der Buchhalterin aufkommen?

Sachverhalt b: Nachdem ein leitender Angestellter mit einem Monatsgehalt von 6 900 € brutto eingestellt war, meldet ihn Herr Kentenich sofort bei der BKK an. In seiner früheren Firma bezog der leitende Angestellte ein Monatsgehalt von 3 400 €.

Frage: War Herr Kentenich verpflichtet, den Angestellten bei der Krankenversicherung anzumelden?

Sachverhalt c: Der Verkaufsleiter Nervig beschwert sich bei Herrn Kentenich darüber, dass ihm von seinem Gehalt von 5 500 € brutto Beiträge zur Rentenversicherung abgezogen worden sind. Er meint, dass er bei seinem Gehalt nicht mehr rentenversicherungspflichtig sei und somit keine Beiträge mehr entrichten müsse.

Frage: Hat Herr Nervig Recht?

Sachverhalt d: Das Unternehmen beschäftigt seit 2013 als Putzfrau wöchentlich zehn Stunden die 40-jährige Maria Evermann. Sie bezieht für ihre Tätigkeit – ohne Vorlage einer Lohnsteuerkarte – ein monatliches Arbeitsentgelt von netto 250 €. Frau Evermann hat sich von der Versicherungspflicht in der Rentenversicherung für Minijobber befreien lassen, so dass sie keinen Eigenanteil zahlen muss.

Frage: Ist Frau Evermann sozialversicherungspflichtig?

Sachverhalt e: Im Dezember 2015 musste Frau Evermann (siehe d) zusätzlich bei der Vorbereitung der betrieblichen Weihnachtsfeier mithelfen. Für den Monat Dezember war daher – im Voraus vertraglich begrenzt – eine Gesamtarbeitszeit von 200 Stunden vorgesehen. Dafür erhielt sie ein Arbeitsentgelt von insgesamt 1 350 € brutto. Frau Evermann legte für den Monat Dezember 2015 eine Lohnsteuerkarte vor.

Fragen: Ist Frau Evermann im Dezember 2015 sozialversicherungspflichtig? Wie wirkt sich ihre Tätigkeit im Dezember 2015 auf die Sozialversicherungspflicht des ganzen Kalenderjahres 2014 aus?

Sachverhalt f: Ein Arbeitnehmer erhält im November 2015 neben seinem Gehalt von 3 600 € die jährliche Weihnachtsgratifikation von 5 500 €. In der Zeit vom 1.1.2015 bis zum 31.10.2015 beträgt sein beitragspflichtiges Arbeitsentgelt 33 000 €.

Im Kalenderjahr 2015 betragen die Beitragsbemessungsgrenzen in der Krankenversicherung 4 050 € und in der Rentenversicherung 5 950 € monatlich (West).

Frage: Wie hoch ist das beitragspflichtige Arbeitsentgelt (West) für die Kranken- und Rentenversicherung im November 2015? Ermitteln Sie die Beiträge in einer übersichtlichen Darstellung.

Mutterschaftsgeld, Elterngeld `Fall 459`

Sachverhalt: Die verheiratete Steuerfachangestellte Antje Richter hat am 9.4.2015 entbunden.

Fragen:

1. Wie viel Wochen beträgt die Mutterschutzfrist?

2. Wer zahlt während der Mutterschutzfrist das Mutterschaftsgeld?

3. Bis zu welchem Zeitpunkt kann die Arbeitnehmerin zu Hause bleiben, wenn sie Elternzeit in Anspruch nimmt?

4. Wie hoch ist der Mindestbetrag, der als Elterngeld gewährt wird?

Arbeitslosengeld, Arbeitslosenhilfe `Fall 460`

Sachverhalt: Die 25-jährige ledige Steuerfachangestellte Heike Bäumer, die seit Jahren in der Steuerpraxis Fuchs und Partner beschäftigt ist, kündigt fristgerecht zum 30.6.2015 und meldet sich beim Arbeitsamt als arbeitslos.

Fragen:

1. Ab welchem Tag und für welchen Zeitraum erhält sie Arbeitslosengeld?

2. Wie hoch ist das Arbeitslosengeld?

3. Ab welchem Tag kann sie Arbeitslosengeld II erhalten?

4. Wie hoch ist das Arbeitslosengeld II?

Arbeitsrecht `Fall 461`

Sachverhalt a: Am 12.4.2016 erfährt Steuerberater Fuchs, dass seine Angestellte Hilde Maaß ihre Verschwiegenheitspflicht verletzt hat. Am 21.5.2016 kündigt Fuchs seiner Angestellten fristlos unter Hinweis auf die Verletzung der Verschwiegenheitspflicht.

Frage: Ist die fristlose Kündigung rechtswirksam? Bitte begründen.

Sachverhalt b: Steuerberater Fuchs hat innerhalb kurzer Zeit vier große Mandanten verloren. Dadurch verringert sich sein Umsatz um 20 %. Neue Mandanten sind nicht in Sicht. Aus diesem zwingenden betrieblichen Grund kündigt Steuerberater Fuchs zum 30.6.2016

1. das Beschäftigungsverhältnis mit der 25-jährigen Steuerfachangestellten Heidi Groß, die seit drei Jahren im Betrieb beschäftigt ist, und

2. das Ausbildungsverhältnis mit der Auszubildenden Anke Meier, die sich im dritten Ausbildungsjahr befindet.

Die Kündigungen gehen beiden am 25. 4. 2016 zu.

Frage: Sind die Kündigungen wirksam? Begründen Sie Ihre Lösung.

Sachverhalt c: Am 5. 11. 2016 erfährt Arbeitgeber Pahl, dass sein Vertriebsleiter Koch heimlich Kundenlisten, Einkaufsquellen und Kalkulationsunterlagen an eine Konkurrenzfirma weitergegeben hat. Er kündigt Koch am 14. 11. 2016 fristlos.

Fragen:

1. Ist die fristlose Kündigung rechtens? Nehmen Sie auch zur Frage der Abmahnung kurz Stellung.

2. Koch verlangt von Pahl die Ausstellung eines Zeugnisses. Stellen Sie fest, ob Pahl im Zeugnis die Verletzung der Verschwiegenheitspflicht erwähnen darf oder sogar erwähnen muss. Geben Sie jeweils eine kurze Begründung.

Sachverhalt d: Die Steuerfachangestellte Antje Richter hat Anspruch auf einen Jahresurlaub von 28 Arbeitstagen. Im Juli 2015 hatte Frau Richter zum ersten Mal für das Kalenderjahr 2014 18 Tage Urlaub genommen. An ihrem sechsten Urlaubstag musste sie jedoch wegen akuter Blinddarmentzündung operiert werden und wurde deswegen für drei Wochen krankgeschrieben.

Frage: Auf wie viele Urlaubstage hat Frau Richter im Kalenderjahr 2015 noch Anspruch? Bitte begründen.

ABB. 19:	Der Kündigungsschutz

Grundsatz: Der Kündigungsschutz schränkt das freie Kündigungsrecht des ArbG nach § 622 BGB ein.

Regelkündigungsfrist:

4 Wochen zum Fünfzehnten oder zum Ende des Kalendermonats. Die Kündigungsfrist verlängert sich entsprechend der Dauer der Betriebszugehörigkeit wie folgt

Betriebszugehörigkeit	Kündigungsfrist
2 Jahre	1 Monat zum Ende eines Kalendermonats
5 Jahre	2 Monate zum Ende eines Kalendermonats
8 Jahre	3 Monate zum Ende eines Kalendermonats
10 Jahre	4 Monate zum Ende eines Kalendermonats
12 Jahre	5 Monate zum Ende eines Kalendermonats
15 Jahre	6 Monate zum Ende eines Kalendermonats
20 Jahre	7 Monate zum Ende eines Kalendermonats

Beschäftigungszeiten vor dem 25. Lebensjahr werden nicht berücksichtigt. Während einer vereinbarten Probezeit (max. 6 Monate) kann das Arbeitsverhältnis mit einer Frist von 2 Wochen gekündigt werden.

Hinweis:

Der Europäische Gerichtshof hat die Klausel, dass Beschäftigungszeiten vor dem 25. Lebensjahr nicht berücksichtigt werden, als verfassungswidrig eingestuft.

I. **Kündigungsschutz nach dem KSchG.** Ein Kündigungsschutz besteht nicht bei

1. Krankheit der ArbN (langanhaltende Krankheit oder häufige Kurzerkrankungen)

2. Verhaltensbedingten Gründen des ArbN. Eine Kündigung – nach vorheriger Abmahnung – ist möglich bei Arbeitsversäumnissen, Schlechtleistungen, Verstöße gegen Nebenverpflichtungen, z. B. Verschwiegenheitspflicht, bei Beleidigung von Vorgesetzten, Tätlichkeiten oder Alkohol im Betrieb u. Ä.

3. Dringenden betrieblichen Gründen (wirtschaftlichen, technischen oder organisatorischen)

II. **Kündigungsschutz nach § 9 MuSchG** innerhalb von 4 Monaten nach der Entbindung und nach § 18 BErzGG während des Erziehungsurlaubs.

III. **Kündigungsschutz nach § 15 SchwbG.** Eine Kündigung ohne Zustimmung der Hauptfürsorgestelle ist nichtig.

IV. **Kündigungsschutz nach BBiG.** Ein Ausbildungsverhältnis kann nur während der Probezeit und nach der Probezeit nur aus wichtigem Grund gekündigt werden (§ 15 Abs. 2 BBiG).

III. Zahlungsverkehr

Fall 462 **Zahlungsarten (1)**

Sachverhalt: Heidemarie Schön möchte unter Verwendung ihres Girokontos

a) ihre monatliche Wohnungsmiete,

b) ihre monatliche Telefonrechnung,

c) eine Rechnung der Autowerkstatt begleichen.

Frage: Welche Zahlungsart ist jeweils die bequemste?

Fall 463 **Zahlungsarten (2)**

Sachverhalt: Ihnen sind die Begriffe Barzahlung, halbbare Zahlung und bargeldlose Zahlung geläufig.

Frage: Welchen der Begriffe ordnen Sie den nachfolgenden Zahlungsarten zu?

a) SEPA-Überweisung,

b) Dauerauftrag,

c) Barscheck,

d) Zahlung im Supermarkt mit Geldschein.

Fall 464 **SEPA-Überweisung und SEPA-Lastschrift**

Fragen:

a) Was bedeutet SEPA?

b) In welcher Währung sind SEPA-Zahlungen möglich?

c) Wie werden Verrechnungsschecks im Zusammenhang mit der SEPA-Einführung behandelt?

d) Wozu benötigt man den BIC?

e) Was ist ein SEPA-Lastschriftmandat?

f) Wer muss eine Gläubiger-ID beantragen?

Fall 465 **SEPA-Lastschriftverfahren**

Sachverhalt: Ihr Mandant, der Textilkaufmann Hannes Simpelkamp, bezieht seit Januar 2015 regelmäßig Damenoberbekleidung von dem Hersteller Schick GmbH. Um die Zahlungsvorgänge zu vereinfachen, ist Simpelkamp damit einverstanden, dass diese im Lastschriftverfahren abgewickelt werden.

Frage:

a) Welche Verfahren sind beim Lastschriftverfahren grundsätzlich möglich?

b) Zu welchem Verfahren würden Sie Herrn Simpelkamp hier raten?

Zahlungen an Finanzbehörden

Sachverhalt: Ihr Mandant Hannes Korn, Gastwirt, möchte am liebsten seine Steuern beim Finanzamt in bar bezahlen.

Fragen: Kann er das? Wie können Steuern an das Finanzamt bezahlt werden? Zu welchem Zeitpunkt gilt die Zahlung einer Steuer durch Scheck als geleistet?

Vorlegungsfristen für Schecks

Sachverhalt: Sie haben einen Scheck erhalten.

Fragen:

1. Innerhalb welcher Frist muss der Scheck der bezogenen Bank vorgelegt werden?

2. Welche Rechtswirkung hat die Nichteinhaltung der Vorlegungsfristen?

Scheck mit abgelaufener Vorlegungsfrist

Sachverhalt: Sie erhalten am 25.5. per Post einen Verrechnungsscheck, der – offensichtlich aus Versehen – mit dem 19.4. datiert ist.

Frage: Welche Folgen kann dieses Versehen haben?

Scheck „Nur zur Verrechnung"

Sachverhalt: Sie haben Ihre alten Ski verkauft. Der Käufer zahlt mit Scheck, auf dem der Vermerk „Nur zur Verrechnung" angebracht ist. Als Sie dem Käufer eine Quittung geben, streicht der Käufer – auf Ihren Wunsch hin – den Vermerk „Nur zur Verrechnung" durch.

Frage: Welche Möglichkeiten haben Sie, den Scheck bar einzulösen?

Barscheck

Sachverhalt: Sie haben einen Barscheck erhalten. Die bezogene Bank ist die Kreissparkasse Schongau. Sie selbst unterhalten ein Girokonto bei der Volksbank Rottenbuch.

Frage: Welche Möglichkeiten haben Sie, den Scheck bar einzulösen?

Vordatierter Scheck

Sachverhalt: Sie haben am 15.5. auf eine Zeitungsanzeige hin für 600 € ein gebrauchtes Rennrad gekauft und mit dem Verkäufer vereinbart, dass der Kaufpreis erst am 2.6. zu zahlen ist. Deshalb geben Sie dem Verkäufer einen auf den 2.6. (Tag der Ausstellung) vordatierten Scheck über 600 €.

Frage: Wann kann der Verkäufer den Scheck frühestens dem eigenen Konto gutschreiben lassen?

Abweichende Schecksumme

Sachverhalt: Ein Mandant schickt zur Begleichung einer Honorarrechnung von 1 010 € einen Scheck. Die Schecksumme lautet: In Ziffern „1 010 €", in Buchstaben „Einhundertzehn €".

Frage: Welchen Betrag wird die Bank gutschreiben?

Fall 473 **Wechsel/Begriffe**

Sachverhalt: Das Wechselrecht unterscheidet u. a. folgende Begriffe:

1. Tratte 2. Akzept 3. Solawechsel 4. Rimesse

Frage: Welche Bestimmungen treffen auf die obigen Begriffe zu?

a) Angenommener Wechsel (Zahlungsversprechen) ☐
b) Ausgestellter, noch nicht angenommener Wechsel (Zahlungsaufforderung) ☐
c) Wechsel an fremde Order ☐
d) Wechsel, bei dem sich der Aussteller verpflichtet, die Wechselsumme zu bezahlen. ☐

Tragen Sie jeweils die zutreffende Ziffer in das Kästchen ein.

Fall 474 **Wechselrecht**

Fragen:

1. Welche Bedeutung hat der Warenwechsel?

2. Welches ist der wichtigste Anspruch „aus dem Wechsel"?

3. Können sich Ansprüche „aus dem Wechsel" auch gegen den Aussteller ergeben? Wenn ja, wie kann er solche Ansprüche vermeiden?

4. Was ist das „Indossament" und welche Bedeutung hat es?

5. Was ist ein Diskontkredit?

6. Was ist ein Akzeptkredit?

7. Welche Bedeutung hat die Annahmeerklärung auf einem Wechsel?

Fall 475 **Verwendung eines Wechsels**

Sachverhalt a: Ihr Mandant hat von einem Kunden einen Wechsel erhalten.

Frage: Wie kann der Mandant den Wechsel verwenden?

Sachverhalt b: Ihr Mandant hat von einem Kunden einen Wechsel zum Ausgleich seiner Forderung erhalten.

Frage: Ist durch die Wechselhingabe die Schuld des Kunden an den Mandanten endgültig erloschen?

Fall 476 **Indossament**

Sachverhalt: Autohändler Fahrig, Landshut, hat von seinem Kunden Kannig einen Wechsel über 5 000 € erhalten. Fahrig möchte diesen Wechsel als Zahlungsmittel verwenden, um seine Schulden bei dem Großhändler Happig KG in Rosenheim abzubauen.

Frage: Wie lautet das Indossament auf der Rückseite des Wechsels, wenn Fahrig den Wechsel am 10. 4. 2016

a) mit einem Vollindossament oder

b) mit einem Blankoindossament überträgt.

Wechselprotest

Fall 477

Sachverhalt: Der Wechselinhaber Peter Huber legt dem Bezogenen Hans Reinbach einen Wechsel zur Einlösung vor. Reinbach kann jedoch nicht zahlen.

Frage: Was hat Huber innerhalb welcher Fristen zu veranlassen, um seine Rechte zu wahren?

Wechselkosten/Umsatzsteuer

Fall 478

Sachverhalt: Ein ordnungsgemäß ausgestellter und rechtzeitig vorgelegter Wechsel wird vom Bezogenen nicht eingelöst.

Fragen:

1. Was veranlasst der letzte Wechselinhaber, um seine Rechte zu wahren?

2. Wozu ist er noch verpflichtet?

3. Welche Posten enthält die Rückrechnung neben der Wechselsumme und der Umsatzsteuer?

4. Welcher Bestandteil der Rückgriffsforderung wird nicht von der Umsatzsteuer erfasst?

IV. Finanzierung

Finanzierung und Investition (1)

Fall 479

Sachverhalt: Ein Mandant benötigt eine Lagerhalle. Die Holzbau GmbH macht ihm ein Angebot über eine Lagerhalle, schlüsselfertig errichtet zu einem Komplettpreis von 600 000 €.

Zur Finanzierung eröffnet die Holzbau GmbH das folgende Angebot:

Eine nach Abschluss der Bauarbeiten fällige Ausgleichsrate und 23 Monatsraten zu je 29 100 €, Gebühren 2 %, Jahreszins 6,6 %, 0,75 % Kreditversicherung, jeweils vom ursprünglichen Kreditbetrag.

Der Mandant hat von seiner Hausbank ein entsprechendes Finanzierungsangebot eingeholt. Es lautet: Eine nach Freigabe der Kreditmittel sofort fällige Ausgleichsrate und 23 Monatsraten zu je 27 600 €, Gebühren 2 %, Zinsen pro Monat 0,32 %, jeweils vom ursprünglichen Kreditbetrag, keine weiteren Kosten.

Fragen:

a) Wie hoch ist jeweils die Ausgleichsrate?

b) Um wie viel Prozent verteuert sich die Anschaffung der Lagerhalle gegenüber einem Barkauf?

c) Erläutern Sie kurz die Begriffe „Finanzierung" und „Investition".

Finanzierung und Investition (2)

Fall 480

Sachverhalt: Aus der Buchführung der Protzig AG entnehmen Sie folgende Geschäftsvorfälle:

1. Die AG akzeptiert einen Wechsel als Bezogener. _____

2. Eine Lieferrechnung wird erst nach 30 Tagen (ohne Skonto) bezahlt. _____

3. Eine alte Maschine, die nicht mehr benötigt wird, wird veräußert.   _____

4. Die AG erwirbt durch Bankkredit eine Beteiligung an einem anderen Unternehmen.   _____

5. Die AG erhält eine zinslose Anzahlung von einem Kunden.   _____

6. Die AG gibt Obligationen heraus.   _____

7. Die AG erhöht ihr Grundkapital.   _____

8. Eine Maschine mit einem Wiederverkaufswert von 50 000 € wird mit 1 € bilanziert.   _____

9. Ein Grundstück wird verkauft.

10. Bilden einer Rückstellung.   _____

Frage: In welchen Fällen handelt es sich um

1. Außenfinanzierung,

2. Innenfinanzierung,

3. Eigenfinanzierung,

4. Fremdfinanzierung,

5. Umfinanzierung?

Bitte tragen Sie die entsprechenden Ziffern ein.

Fall 481   **Finanzierungsformen**

Sachverhalt: Das „Handelsblatt" teilt zum Geschäftsbericht der Protzig AG mit: Die im Geschäftsjahr getätigten Investitionen wurden zu 60 % aus Abschreibungen finanziert.

Fragen:

a) Welche Finanzierungsform ist angesprochen?

b) Erläutern Sie diese Art der Finanzierung.

Fall 482   **Pensionszusagen an Arbeitnehmer**

Sachverhalt: Die Protzig AG gewährt ihren langjährigen Mitarbeitern eine zusätzliche Altersversorgung.

Die kaufmännischen Angestellten erhalten ihre Altersversorgung aus Direktversicherungen bzw. aus einer selbständigen Pensionskasse (§§ 4c–d, § 40b EStG). Dazu leistet die Protzig AG regelmäßig Zahlungen an den Versicherer bzw. an die Pensionskasse.

Die gewerblichen Arbeitnehmer erhalten ihre Altersversorgung später unmittelbar von der Protzig AG. Dazu werden aufgrund der Pensionszusagen in den Bilanzen entsprechende Rückstellungen (für Pensionsverpflichtungen) gebildet (§ 6a EStG).

Fragen:

a) Wie wirken sich die unterschiedlichen Formen der Altersversorgung auf die Liquidität des Unternehmens aus?

b) Bei welcher Art der Altersversorgung ergeben sich Finanzierungsvorteile für die AG?

Kreditsicherung (1)   Fall 483

Sachverhalt: Fahrradhändler Reifig benötigt für die bauliche Erweiterung seines Geschäfts einen Kredit von 300 000 €. Aufgrund der Kreditanfrage verlangt die Bank von Reifig zur Überprüfung seiner Kreditwürdigkeit Bilanzen und Gewinn- und Verlustrechnungen für die letzten drei Jahre. Zu einzelnen Bilanzpositionen fordert die Bank zusätzliche Angaben.

Frage: Warum sind bei Überprüfung der Kreditwürdigkeit Bilanzpositionen – ohne zusätzliche Angaben – nur begrenzt aussagefähig? Bitte zwei Beispiele angeben.

Kreditsicherung (2)   Fall 484

Sachverhalt: Die Bilanz eines Mandanten, der sich um einen Kredit bemüht, weist unter anderem die folgenden Vermögenswerte aus:

▶ Grundstücke   500 000 €
▶ Maschinen   200 000 €
▶ Wertpapiere   80 000 €
▶ Forderungen   600 000 €

Frage: Für welche Kreditsicherheiten können diese Vermögenswerte grundsätzlich verwendet werden?

Kreditsicherung (3)   Fall 485

Sachverhalt: Fahrradhändler Reifig kauft für seinen Betrieb einen VW-Transporter LT 28 für 24 000 €. Den Kaufpreis muss er finanzieren. Er bietet seiner Bank zur Kreditsicherung den neuen Transporter oder alternativ Wertpapiere an.

Frage: Wie nennt man die Art der jeweiligen Kreditsicherung? Klären Sie kurz die jeweiligen Eigentums- und Besitzverhältnisse.

Kreditsicherung (4)   Fall 486

Sachverhalt: Reifig hat den neu erworbenen VW-Transporter an die Bank sicherungsübereignet.

Fragen:

1. Warum wird die Bank die Übergabe des Kraftfahrzeugbriefs verlangen?

2. Wie kann sich die Bank davor schützen, dass das Sicherungsgut (der Transporter) wertlos wird, z. B. bei einem Totalschaden?

3. Welches Recht hat die Bank, wenn Reifig in Konkurs geht?

4. Welche Vorteile hat die Sicherungsübereignung

   a) für den Kreditgeber,

   b) für den Kreditnehmer?

Fall 487   Kreditsicherung (5) – Eigentumsvorbehalt

Sachverhalt: Am 25. 1. 2016 liefert der Baumarkt Manufaktur GmbH aus Münster 500 m² Natursteinfliesen an den Bauunternehmer Max Müller e. K. aus Senden. Es wurde vereinbart, dass der Rechnungsbetrag spätestens am 1. 3. 2016 fällig ist. Die Rechnung enthielt die Angabe, dass die Ware bis zur vollständigen Bezahlung Eigentum des Baumarkts Manufaktur GmbH bleibt. Nachdem auch nach einer Mahnung keine Zahlung erfolgte, trat die Manufaktur GmbH vom Kaufvertrag zurück und avisierte, dass sie die Ware abholen lassen werde.

Fragen:

1. War die Manufaktur GmbH berechtigt, die Natursteinfließen abholen zu lassen? Nehmen Sie dabei an, dass Max Müller e. K. sich im Zahlungsverzug befindet und in der Mahnung eine angemessene Nachfrist gesetzt wurde.

2. Max Müller e. K. informiert die Manufaktur GmbH darüber, dass die Natursteinfließen bereits von einem seiner Kunden abgeholt und in dessen Mehrfamilienhaus verbaut worden sind. Ist das Eigentum an den Kunden von Max Müller e. K. übergegangen (Begründung mit Nennung der gesetzlichen Grundlagen).

3. Welche alternativen vertraglichen Gestaltungsmöglichkeiten hat die Manufaktur GmbH, um künftig eine bessere Sicherung mittels einer Eigentumsvorbehaltsvereinbarung zu erzielen. Erläutern Sie die möglichen Formen eines verbesserten Eigentumsvorbehalts.

Fall 488   Kreditsicherung bei Grundstückserwerb

Sachverhalt: Ein Mandant will ein Einfamilienhaus für 300 000 € erwerben. Die Hälfte des Kaufpreises kann er durch Privatentnahme aus seinem Unternehmen aufbringen. Den Rest müsste er aus Kreditmitteln aufbringen.

Frage: Welche Sicherheitsleistung bietet sich in diesem Fall an? Erläutern Sie die Arten der Sicherheitsleistung.

Fall 489   Lieferantenkredit/Grundschuld

Sachverhalt: Die Firma Otto Groß, Baustoffhandel, hat ihrem Kunden Gustav Stein, Bauunternehmer, einen Lieferantenkredit bis zu 100 000 € eingeräumt. Zur Absicherung dieses Kredits bietet Stein sein Betriebsgrundstück Hochstraße 5 in M. an und lässt eine Grundschuld über 100 000 € an zweiter Rangstelle ins Grundbuch eintragen.

Fragen:

1. Was versteht man unter einem Grundbuch und wo wird das Grundbuch geführt?

2. Nennen Sie zwei wesentliche Eintragungen, die ein Grundbuch enthält.

3. Welches Recht hat Groß aufgrund der eingetragenen Grundschuld, wenn Stein seinen Zahlungsverpflichtungen nicht nachkommt?

4. Erläutern Sie kurz, welche Bedeutung die Rangfolge der Eintragung im Grundbuch hat.

Abtretung von Forderungen

Sachverhalt: Großhändler Hastig hat zur Finanzierung einer notwendig gewordenen Erweiterungsinvestition dem Kreditgeber Sicherheiten zu leisten. Er bietet dem Kreditgeber an, Forderungen abzutreten.

Fragen:

a) Wie wird diese Art der Kreditsicherung bezeichnet?

b) Beschreiben Sie die dabei möglichen Formen der Abtretung.

c) Mit einer Form der Abtretung sind für den Gläubiger Risiken verbunden. Welche Form der Abtretung ist das und welche Risiken können das sein? Drei Beispiele genügen.

d) In welchem Umfang können diese Abtretungen erfolgen?

Finanzierung durch Wechsel

Sachverhalt: Großhändler Hastig hat seinem Kunden Lehrig Ware im Wert von 28 000 € verkauft. Zur Absicherung der Forderung zieht er auf Lehrig einen Wechsel.

Fragen:

a) Wie kann Hastig den Wechsel verwenden? Nennen Sie drei Möglichkeiten.

b) Handelt es sich um einen Handels- oder Finanzwechsel? Erläutern Sie kurz den Unterschied dieser Wechselarten.

c) Welchen besonderen Anforderungen muss der Wechsel entsprechen, wenn er bundesbankfähig sein soll?

d) Erläutern Sie kurz die bei einem Wechselgeschäft auftretenden Begriffe „Tratte" und „Akzept".

Bürgschaft

Sachverhalt: Mimmi Wolke betreibt eine Modeboutique. Zur Finanzierung der nächsten Sommerkollektion benötigt sie von ihrer Bank ein höheres Limit. Die Bank verlangt aber dafür zusätzliche Sicherheiten.

Mimmi Wolke bittet deshalb ihren Verlobten Theo Birne, für sie gegenüber der Bank mit 10 000 € zu bürgen.

Fragen:

a) Worauf sollte Theo Birne achten, wenn er bürgt?

b) Welche Arten der Bürgschaft hinsichtlich der Haftung kennen Sie? Bitte erläutern Sie den Unterschied.

ABB. 20:	Leasing

I. Begriff

Leasing = Zeitlich begrenzte Überlassung von Anlagegegenständen gegen Entgelt, in der Regel unter Beteiligung von drei Personen

1. Hersteller/Lieferant
2. Leasinggeber
3. Leasingnehmer

II. Arten der Leasing-Verträge

1. Operating-Leasing

Die Grundmietzeit ist im Verhältnis zur betriebsgewöhnlichen Nutzungsdauer kurz oder bei längerer Grundmietzeit wird dem Leasingnehmer das Recht zur kurzfristigen Kündigung eingeräumt.

Steuerliche Folge: Der Leasinggeber hat das Anlageobjekt in seiner Bilanz zu aktivieren und abzuschreiben, also steuerliche Zurechnung beim Leasinggeber. Der Leasingnehmer kann die gezahlten Leasingraten als Betriebsausgaben absetzen.

2. Financial-Leasing

Im Falle des Financial-Leasing ist die Grundmietzeit, während der prinzipiell nicht gekündigt werden kann, längerfristig. Der Leasingnehmer kann den Anlagegegenstand in der Regel behalten, weil er ihn durch seine Leasingraten zuzüglich Restkaufpreis voll bezahlt hat (sonst läge andererseits kein Finanzierungs-Leasing vor).

Steuerliche Folgen: Das Anlageobjekt wird dem Leasingnehmer zugerechnet.

Fall 493 Leasing

Sachverhalt: Ein Mandant möchte von Ihnen wissen, unter welchen Umständen das Leasen eines Gegenstands vorteilhafter ist als der käufliche Erwerb.

Frage: Was können Sie als vorteilhafte Gründe für Leasing benennen? Führen Sie auch die Nachteile auf. Jeweils drei Gründe genügen.

Fall 494 Leasing/Steuerliche Zurechnung

Sachverhalt: Ein Mandant mietet ab 1. 1. 2016 einen Transporter für eine beidseitig unkündbare Grundmietzeit von 36 Monaten. Der Transporter hat eine betriebsgewöhnliche Nutzungsdauer von 48 Monaten. Der Mandant zahlt Leasingraten i. H. von mtl. 1 200 € zzgl. USt. Nach Ablauf der Grundmietzeit kann der Mandant den Transporter für 6 000 € zzgl. USt erwerben (Kaufoption). Die Anschaffungskosten für den Transporter, die bei der Berechnung der Leasingraten zugrunde gelegt werden, betragen 30 000 € zzgl. USt.

Frage: Wem ist der Transporter steuerlich zuzurechnen? Bitte begründen.

Factoring

Sachverhalt: Die Finesse GmbH, Hersteller von Damenoberbekleidung, unterhält zu mehr als 400 Abnehmern Geschäftsbeziehungen. Ihr durchschnittlicher Umsatz beträgt daraus ca. 12 Mio. € pro Jahr, ihr durchschnittlicher Forderungsbestand ca. 1 Mio. €.

Ab 1.1.2016 werden sämtliche Forderungen von der Deutschen Factoring Süd GmbH eingezogen. Die Factoring Süd GmbH berechnet 1,4 % Factoringgebühren aus dem Umsatz und 8 % Sollzinsen aus dem finanzierten Forderungsbestand.

Fragen: Wie hoch sind die Aufwendungen der Finesse GmbH durch den Einzug der Forderungen mit Factoring pro Jahr? Welche finanziellen Vorteile ergeben sich pro Jahr durch Factoring, wenn die Finesse GmbH bisher kein Skonto ziehen konnte (Wareneinkauf 3,5 Mio. € pro Jahr, Skonto 3 %), das Delkredererisiko 0,5 % des Umsatzes beträgt, die Aufwendungen für die Debitorenbuchhaltung pro Jahr 35 000 € betragen?

V. Handelsrecht

Kaufmannseigenschaft

Sachverhalt: Sie betreuen folgende Mandanten:

	M	K	F	N	Erläuterungen
Spediteur Flott					
Künstleragentur Adlatus GmbH					
Weingut Graf von Frankenstein					
Hotel Kemenate (400 Betten)					
Bauunternehmer Hans Steinschneider (60 Beschäftigte)					
Handelsvertreter Paul Zahn					
Krankengymnast Franz Zipperlein					

Frage: Welche Kaufmannseigenschaft trifft zu? M = (Muss-)Kaufmann, K = Kannkaufmann, F = Formkaufmann, N = Nichtkaufmann

Bitte kreuzen Sie die jeweilige Spalte an und geben Sie eine kurze Erläuterung.

Gewerbeanmeldung

Sachverhalt: Max Müller wird in Kürze einen Baumarkt eröffnen.

Er bittet um Auskunft,

1. wo er sein Unternehmen anzumelden hat,

2. wem die zuständige Behörde die Gewerbeanmeldung mitteilen wird,

3. ob durch die Gewerbeanmeldung Pflichtmitgliedschaften entstehen.

Frage: Was antworten Sie Herrn Müller?

Fall 498 **Handelsregister**

Sachverhalt a:

▶ Hans Schulz ist selbständiger Malermeister. Er beschäftigt ca. 50 Mitarbeiter und erzielte im abgelaufenen Kalenderjahr einen Umsatz von mehr als 4 Mio. €.

▶ Spediteur Krause beschäftigt nur einen Fahrer. Sein Umsatz betrug im abgelaufenen Kalenderjahr ca. 100 000 €.

▶ Landwirt Ackermann bewirtschaftet ca. 50 ha Land und erzielte einen Umsatz von rd. 1,5 Mio. €. In seiner Schnapsbrennerei verarbeitet er ausschließlich selbsterzeugte Kartoffeln. Sein Umsatz daraus beträgt jährlich ca. 400 000 €. Er hat acht Mitarbeiter.

Fragen:

1. Ist in den obigen Fällen eine Eintragung ins Handelsregister vorzunehmen?

2. Welchen Zweck erfüllt das Handelsregister?

3. Was verstehen Sie unter konstitutiven und unter deklaratorischen Eintragungen in das Handelsregister?

Sachverhalt b:

Sie erfahren folgende Sachverhalte:

▶ Das Stammkapital einer GmbH wird von 50 000 € auf 150 000 € erhöht.

▶ Widerruf einer Handlungsvollmacht.

▶ Drei Steuerberater haben eine Steuerberatungsgesellschaft mbH gegründet.

▶ Der Geschäftsführer einer GmbH wird abberufen; der Geschäftsführer war **nicht** an der GmbH als Gesellschafter beteiligt.

▶ Zwei Ärzte betreiben eine Gemeinschaftspraxis in der Rechtsform einer Gesellschaft des bürgerlichen Rechts (GbR).

Frage: Werden die Sachverhalte in das **Handelsregister** eingetragen? Begründen Sie jeweils Ihre Ansicht!

Sachverhalt c: Persönlich haftende Gesellschafter der Karl Herborn OHG in Köln sind Dipl.-Kfm. Karl Herborn und Dipl.-Ing. Peter Klar. Gegenstand des Unternehmens ist die Herstellung von Computer-Einzelteilen. Das Eigenkapital der OHG beträgt insgesamt 600 000 €. Prokuristen sind Edith Stein und Klaus Hammer. Handlungsbevollmächtigter (allgemeine Vollmacht) ist Dieter Gerads.

Frage: Welche der vorliegenden Angaben sind in das Handelsregister einzutragen?

Fall 499 **Prokura**

Sachverhalt a: Ferdinand Tüchtig ist Prokurist der Fa. Fun Cars GmbH.

Fragen:

1. Wie sieht die vollständige Unterschrift des Prokuristen Tüchtig aus?

2. Beschreiben Sie allgemein, um welche Art von Ermächtigung es sich bei einer Prokura handelt. Führen Sie zusätzlich zwei Beispiele an.

3. Welche Rechtsgeschäfte darf der Prokurist ohne besondere Befugnis nicht tätigen? Führen Sie vier Beispiele an.

4. Tüchtig wurde Einzelprokura erteilt. Was versteht man unter Einzelprokura? Wie unterscheidet sie sich von einer Gesamtprokura?

Sachverhalt b: Heinz Bauer, Prokurist der Firma Herbert Braun KG, kündigte am 15. 2. 2016 zum Quartalsende. Noch am selben Tag entzog ihm die KG die Prokura und teilte dies durch Rundschreiben allen Kunden und auch der Hausbank mit. Vergessen wurde jedoch, die Prokura im Handelsregister löschen zu lassen.

Am 25. 2. 2016 schloss Heinz Bauer mit der Hausbank einen Kreditvertrag über 100 000 € ab, der zur Betriebserweiterung verwendet werden sollte. Die Geschäftsführung will den Kreditvertrag, dessen Auszahlung bereits erfolgte, wieder rückgängig machen. Zu dem Kreditvertrag war Heinz Bauer nach Ansicht der Geschäftsführung schon deshalb nicht berechtigt, weil mit ihm schriftlich vereinbart war, dass er nur Kreditverträge bis zu 10 000 € abschließen darf.

Frage: Ist der Kreditvertrag rechtswirksam?

Prokura/Handelsregister
`Fall 500`

Sachverhalt: Sie lesen folgende Veröffentlichung des zuständigen Registergerichts:

Veränderung: HRB 6055 – 11. 4. 2016: Tron Alarmanlagen GmbH Zweigniederlassung Hannover, Hannover (Nordfelder Reihe 23). Gesamtprokuristen, unter Beschränkung auf die Zweigniederlassung Hannover: Peter Eismann, Wedemark, unter Umwandlung der Einzelprokura, und Karl Fischer, Hameln.

Fragen:

1. Was hat sich für Herrn Eismann hinsichtlich der Ausübung der Vollmacht geändert?

2. Welcher anderen Beschränkung unterliegen beide Prokuristen?

3. Wie heißt diese Art der Prokura?

Handlungsvollmacht
`Fall 501`

Sachverhalt a: Franz Klamm, Auszubildender in der Fa. Fun Cars GmbH, hat einen größeren Bargeldeingang, den er quittierte, unterschlagen. Franz war als zuverlässiger Mitarbeiter geschätzt und hatte schon des öfteren Bargeldeingänge ordnungsgemäß angenommen und quittiert.

Frage: Kann die Fun Cars GmbH von dem Kunden erneut Zahlung verlangen?

Sachverhalt b: Hannes Simpelkamp ist Verkäufer in der Fa. Fun Cars GmbH. Er hat Vollmacht, Gebrauchtwagen im Wert bis zu 10 000 € in Zahlung zu nehmen. Diese Grenze überschreitet er, als er eine „Rarität" – italienische Sportlimousine – für 12 000 € in Zahlung nimmt.

Frage: Kann der Geschäftsführer der GmbH den Kauf rückgängig machen, weil Simpelkamp sein Limit überschritten hat?

Sachverhalt c: Ludger Treu ist in der Fa. Fun Cars GmbH Leiter der Buchhaltung. Er hat Handlungsvollmacht. Während der Geschäftsführer und der Prokurist der GmbH in Urlaub sind, möchte Ludger Treu Geldmittel der GmbH anlegen. Er denkt an den Kauf von Aktien.

Frage: Darf er Aktien für die GmbH kaufen?

Fall 502   Handelsvertreter

Sachverhalt: Die Weingroßhandlung Glykol KG hat ihrem Angestellten Marx angeboten, für sie im Außendienst tätig zu werden. Dabei soll ihm selbst die Entscheidung vorbehalten bleiben, ob er als Handelsvertreter oder als Handlungsreisender tätig sein will.

Frage: Welcher wesentliche Unterschied in der Rechtsstellung besteht – abgesehen von der Vergütung – zwischen Handelsvertreter und Handlungsreisendem?

Fall 503   Kommission

Sachverhalt: Hans Patent hat als Hersteller von Küchengeräten einen neuen „Allzweck-Mixer" entwickelt. Damit der „Allzweck-Mixer" von möglichst vielen Fachhändlern in ihr Sortiment aufgenommen wird, beabsichtigt er, den jeweiligen Fachhändlern das Gerät in Kommission zu geben.

Fragen:

1. Wie bezeichnet § 383 HGB Hans Patent und den jeweiligen Fachhändler als Vertragspartner eines solchen Kommissionsvertrags?

2. In wessen Namen und auf wessen Rechnung verkaufen die Fachhändler die Kommissionsware und welche rechtliche Auswirkung hat dies?

3. Nennen Sie zwei wesentliche Vorteile eines Kommissionsgeschäfts.

Fall 504   Firma (1)

Sachverhalt: Franz König will sich am 1. 3. 2016 mit zwei Angestellten als Computer-Fachbetrieb Hardware/Software selbständig machen. Er erwartet im ersten Jahr einen Umsatz von 900 000 € und einen Gewinn von 120 000 €.

Fragen:

1. Ist König Kaufmann i. S. des HGB? (Antwort mit Begründung)

2. Wie kann König firmieren?

3. Welche rechtliche Bedeutung hat die Firma nach dem HGB?

4. Nennen Sie vier Stellen, denen König die Eröffnung seines Betriebs melden muss.

Fall 505   Firma (2)

Sachverhalt: Martina Wittler betreibt in Köln den Handel und die Reparatur von Kraftfahrzeugen unter dem Namen „Auto-Wittler e.K.". Den Betrieb hat sie von ihrem Vater nach dessen Tode übernommen. Im Mai 2016 heiratet sie ihren langjährigen Freund Kurt Hennemann und nimmt dessen Namen an.

Frage: Muss Martina Hennemann geb. Wittler die Firmenbezeichnung ändern?

VI. Gesellschaftsrecht

Gesellschaftsformen

Fall 506

Sachverhalt: Hans Müller betreibt in Bochum mit vier Mitarbeitern eine Möbelschreinerei mit Ladengeschäft (Jahresumsatz ca. 400 000 €). Er will seinen Sohn Peter, der gerade in der Fachhochschule für Holzwesen in Rosenheim sein Examen als Dipl.-Ing. Holzfachwirt abgelegt hat, als Gesellschafter in sein Unternehmen aufnehmen.

Fragen:

1. Welche Gesellschaftsformen sind im vorliegenden Fall grundsätzlich denkbar?

2. Welche Gesellschaftsform ist im vorliegenden Fall zweckmäßig? Bitte kurz begründen.

3. Welche Gründe können einen Einzelunternehmer veranlassen, einen Teilhaber in seine Unternehmung aufzunehmen? Nennen Sie mindestens vier Beispiele.

4. Wie sind Geschäftsführung und Vertretung bei der KG nach dem HGB gesetzlich geregelt?

Stille Gesellschafter

Fall 507

Sachverhalt: Otto Groß betreibt eine Baustoffgroßhandlung unter der Firma „Bauspezi Groß e. K.". Zur Erweiterung seines Unternehmens benötigte Groß 150 000 €. Er nahm einen typischen stillen Gesellschafter auf, der eine Einlage in dieser Höhe leistete.

Fragen:

1. Welche wirtschaftlichen Überlegungen haben Groß bewogen, einen stillen Gesellschafter anstelle eines langfristigen Bankdarlehens aufzunehmen?

2. Welche Entscheidungsbefugnisse hat der stille Gesellschafter hinsichtlich des laufenden Geschäftsbetriebs?

3. Wie wird die Einlage des stillen Gesellschafters vergütet, wenn das Jahresergebnis der Baustoffhandlung negativ ausfällt (Verlust)?

Offene Handelsgesellschaft

Fall 508

Sachverhalt: Hans Meeßen und Klaus Wolf betreiben eine Schreinerei in der Rechtsform einer OHG.

Frage:

a) Wie kann die OHG firmieren? Nennen Sie drei Beispiele.

b) Am 23.4.2016 nehmen sie Kurt Over als weiteren Gesellschafter auf. Ein Gläubiger der Schreinerei fordert nunmehr von Over die Begleichung einer überfälligen Rechnung. Dieser verweigert die Zahlung mit dem Argument, frühere Schulden der Gesellschaft gingen ihn nichts an, da im Gesellschaftsvertrag vereinbart sei, dass er nicht für Schulden vor seinem Eintritt hafte. Beurteilen Sie die Rechtslage.

c) Hans Meeßen kauft aufgrund eines sehr guten Angebots eine Kreissäge für die Schreinerei. Wolf war mit diesem Kauf nicht einverstanden. Kann der Lieferer dennoch von Wolf Bezahlung verlangen, obwohl er dessen Bedenken kannte?

d) Wolf möchte aus der OHG ausscheiden. Da im Gesellschaftsvertrag nichts darüber vereinbart worden ist, teilte er am 30. 3. 2016 seinen Mitgesellschaftern sein Ausscheiden zum 31. 7. 2016 mit. Meeßen wendet ein, Wolf müsse bis zum 31. 3. 2017 Gesellschafter bleiben, denn vorher könne man keinen neuen Gesellschafter finden (Geschäftsjahr = Kalenderjahr). Wie ist die Rechtslage?

Fall 509 Geschäftsführung und Vertretung in der OHG

Sachverhalt: Asbach und Cola betreiben eine Getränkegroßhandlung in der Rechtsform einer OHG in Köln. Cola hat für die OHG einen Kreditvertrag über eine hohe Summe abgeschlossen, ohne Asbach vorher zu fragen. Als Asbach von dem Vertrag erfährt, stellt er fest, dass der vereinbarte Zinssatz äußerst ungünstig ist.

Fragen:

1. Hätte Cola für den Abschluss des Kreditvertrags vorher die Zustimmung des Asbach einholen müssen?

2. Ist der Kreditvertrag gültig? Begründen Sie jeweils Ihre Lösung.

Fall 510 Personengesellschaft/Kapitalgesellschaft

Sachverhalt: Ein Mandant plant, mit seinem Sohn eine Gesellschaft zu gründen. Dazu hat er einige Fragen, und zwar:

	OHG/KG	GmbH
1. Um welche Art der Rechtspersönlichkeit handelt es sich (Handelsrecht)?		
2. In welcher gesetzlichen Form muss der Gesellschaftsvertrag abgeschlossen werden?		
3. Welche rechtliche Wirkung hat die Handelsregistereintragung?		
4. Welche Art der Firma ist bei der Gründung zu wählen?		
5. Wann entsteht die Gesellschaft gegenüber Dritten?		
6. Wer ist geschäftsführungsbefugt?		
7. Wer ist Inhaber des Geschäftsvermögens?		
8. Welche Organe hat die Gesellschaft?		
9. Wer haftet für die Schulden der Gesellschaft gegenüber den Gesellschaftsgläubigern?		
10. Wie wirkt sich der Tod eines Gesellschafters auf das Bestehen der Gesellschaft aus?		
11. Wie viel Mindestkapital ist erforderlich?		
12. Wie viel Gesellschafter sind erforderlich?		

Bitte beantworten Sie die Fragen stichwortartig.

Fall 511 Kommanditgesellschaft; Gewinnverteilung und Privatentnahmen

Sachverhalt: Die Peter Dehnert KG besteht aus dem Vollhafter Peter Dehnert und seinem Bruder Hans Dehnert als Kommanditisten, dessen Einlage 20 000 € beträgt.

Fragen:

a) Welche Gewinnverteilung ergibt sich, wenn im Gesellschaftsvertrag keine Absprachen getroffen wurden?

b) Hat der Kommanditist das Recht, schon während des laufenden Geschäftsjahres für seinen Lebensunterhalt Geldbeträge zu entnehmen?

c) Hat der Kommanditist Hans Dehnert Anspruch auf Auszahlung des für ihn festgestellten Gewinnanteils, wenn seine Kommanditeinlage durch Abbuchung seines Anteils am Verlust des Vorjahres gemindert ist?

Gesellschaft mit beschränkter Haftung

`Fall 512`

Sachverhalt: Die Brüder Frank, Wolfgang und Kurt Heister möchten ein Unternehmen in der Rechtsform einer GmbH betreiben. Frank will sich mit 15 000 €, Wolfgang mit 11 000 € und Kurt, der sich noch in der Ausbildung befindet, mit 500 € beteiligen. Eingezahlt werden vor Antragstellung beim Amtsgericht am 1. 2. 2016 von Frank 10 000 € und von Kurt 500 €. Wolfgang zahlt am 3. 3. 2016 11 500 € mit dem Versprechen, den restlichen Betrag innerhalb von drei Monaten zu entrichten.

Frage: Liegen die Eintragungsvoraussetzungen zum 1. 2. 2016 hinsichtlich Stammkapital, Geschäftsanteil und Mindesteinzahlung vor? Begründen Sie Ihre Ansicht.

Beschlussfassung in der Hauptversammlung einer GmbH

`Fall 513`

Sachverhalt: An der Fensterbau GmbH sind beteiligt:

Gesellschafter A mit einem Geschäftsanteil von 60 000 €,
Gesellschafter B mit einem Geschäftsanteil von 20 000 €,
Gesellschafter C mit einem Geschäftsanteil von 32 000 €.

Am 9. 8. 2015 fand eine Gesellschafterversammlung statt, die unter anderem über folgende Punkte zu entscheiden hatte:

a) Verteilung des Gewinns für das Geschäftsjahr 2014,

b) Bestellung eines weiteren Geschäftsführers.

Laut Protokoll der Gesellschafterversammlung stimmten A und B für die Verteilung des Gewinns gem. Vorlage. C stimmte dagegen. Für die Bestellung eines weiteren Geschäftsführers stimmten B und C. A stimmte dagegen.

Frage: Sind die Beschlüsse wirksam?

GmbH, Prüfung des Jahresabschlusses

`Fall 514`

Sachverhalt: Die Klaus Heitplatz GmbH betreibt seit vielen Jahren in Düsseldorf eine Uhrengroßhandlung. Die Bilanzsumme am 31. 12. 2015 beträgt rd. 4,7 Mio. €. Der Vorjahresumsatz betrug rd. 15 Mio. €. Die Firma beschäftigt im Durchschnitt ca. 60 Arbeitnehmer.

Frage: Welche Bedeutung hat die Größe der GmbH

a) für die Prüfungspflicht dieser GmbH und

b) für die Offenlegung des Jahresabschlusses?

Fall 515 **Unternehmergesellschaft (haftungsbeschränkt)**

Sachverhalt: Die Kaufleute Hubert Mertensen und Gunar Guller möchten am 1.3.2016 eine neue Gesellschaft gründen. Dabei soll eine persönliche Haftung der beiden ausgeschlossen werden. Aufgrund des relativ geringen vorhandenen Kapitals erwägen sie die Gründung einer Unternehmergesellschaft (haftungsbeschränkt).

Fragen: In Ihrer Gründungsberatung werden Sie gebeten, zu den folgenden Fragen Stellung zu beziehen:

a) Worum handelt es sich bei der Unternehmergesellschaft (haftungsbeschränkt)? Erläutern Sie den Begriff.

b) Welche Formvorschriften und welche Besonderheiten gelten für den Gesellschaftsvertrag?

c) Welche Nachteile hat die Gründung im vereinfachten Verfahren?

d) Ist die Firmierung Mertensen UG (haftungsb.) zulässig?

e) Welche Vorschriften gelten für die Erbringung der Einlagen, damit die Gesellschaft in das Handelsregister eingetragen werden kann?

f) Kann der komplette Jahresüberschuss ausgeschüttet werden, falls die beiden jeweils eine Einlage über 5 000 € eingebracht haben?

g) Wie haften die Gesellschafter für Verbindlichkeiten der Unternehmergesellschaft, wenn diese unmittelbar nach Abschluss des Gesellschaftsvertrags, aber vor Eintrag in das Handelsregister entstehen?

Fall 516 **Aktiengesellschaft**

Sachverhalt: Ein Mandant hat von seinem kürzlich verstorbenen Angehörigen ein größeres Paket Aktien einer mittelständischen Maschinenbau AG in Gelsenkirchen geerbt. Er hat bisher noch keine Aktien besessen und bittet um Auskunft darüber, welche Rechte er als Aktionär hat.

Frage: Was können Sie dem Mandanten sagen? Vier Beispiele genügen.

Zweiter Teil: Lösungen

A. Einkommensteuer

Persönliche Steuerpflicht

Lösung: Für die unbeschränkte Steuerpflicht ist ohne Bedeutung, ob die natürliche Person steuerpflichtige Einkünfte bezieht, wohingegen die beschränkte Steuerpflicht das Vorliegen von inländischen Einkünften voraussetzt.

a) Theodor Amanlis ist unbeschränkt einkommensteuerpflichtig, da er einen Wohnsitz im Inland hat. Auf Antrag kann er mit seiner Ehefrau zusammenveranlagt werden (§ 1a Abs. 1 Nr. 2 EStG).

b) Nicht einkommensteuerpflichtig (weder Wohnsitz noch Einkünfte im Inland).

c) Unbeschränkt einkommensteuerpflichtig (Wohnsitz im Inland).

d) Nicht einkommensteuerpflichtig (die GmbH unterliegt der Körperschaftsteuer).

e) Unbeschränkt einkommensteuerpflichtig (Wohnsitz im Inland).

f) Dr. Emil Schlachter ist beschränkt einkommensteuerpflichtig, da er inländische Einkünfte erzielt (§ 1 Abs. 4 i.V. m. § 49 EStG). Auf Antrag kann Dr. Schlachter als unbeschränkt einkommensteuerpflichtig behandelt werden (§ 1 Abs. 3 EStG). Dr. Schlachter stehen als EU-Staatsangehörigen die familienbezogenen Steuervergünstigungen nach § 1a EStG zu. Die Eheleute können auf Antrag zusammen zur Einkommensteuer veranlagt werden (§ 1a Abs. 1 Nr. 2 EStG).

g) Nicht einkommensteuerpflichtig (Gewinne der Gesellschaft sind von den Gesellschaftern zu versteuern).

Gewöhnlicher Aufenthalt im Inland

Lösung: Rego ist in den Veranlagungszeiträumen 2016 und 2017 unbeschränkt einkommensteuerpflichtig, da er seinen gewöhnlichen Aufenthalt im Inland hatte (§ 1 Abs. 1 EStG).

Rego hatte seinen gewöhnlichen Aufenthalt im Inland, weil er sich nicht nur vorübergehend im Inland aufgehalten hat. Ein nicht nur vorübergehender Aufenthalt im Inland wird immer dann angenommen, wenn sich die betreffende Person länger als sechs Monate im Inland aufgehalten hat (§ 9 AO). Die sechs Monate brauchen nicht zusammenhängend zu verlaufen und auch nicht in einem Veranlagungszeitraum vorzuliegen. Nach § 9 AO bleiben kurzfristige Unterbrechungen (bis zu zehn Tagen) unberücksichtigt, d. h. der Auslandsaufenthalt zählt für die Fristberechnung mit. Längere Unterbrechungen (mehr als zehn Tage, aber nicht mehr als sechs Monate) hemmen den Lauf der Frist, d. h. sie zählen für die Fristberechnung nicht mit, die Frist beginnt aber nicht neu zu laufen. Das ist hier der Fall.

Es sind somit für die Veranlagungszeiträume 2016 und 2017 Einkommensteuerveranlagungen vorzunehmen. Dabei wird das während der Zeit vom 15. 9. bis 30. 11. 2016 und vom 1. 1. bis 20. 5. 2017 bezogene Einkommen zugrunde gelegt (§ 2 Abs. 7, § 25 Abs. 1 EStG). Bei der Durchführung der Veranlagungen ist das deutsch-französische Doppelbesteuerungsabkommen zu beachten.

Fall 3 **Berechnung des zu versteuernden Einkommens**

Lösung: Für Redlich wird im Rahmen seiner Einzelveranlagung zur Einkommensteuer folgendes zu versteuerndes Einkommen ermittelt:

Einkünfte aus Land- und Forstwirtschaft (§ 13 EStG)		2 000 €
Einkünfte aus Gewerbebetrieb (§ 15 EStG)		25 000 €
Einkünfte aus Kapitalvermögen (§ 20 EStG)		
Einnahmen	3 700 €	
./. Sparer-Pauschbetrag	801 €	2 899 €
Verlust aus Vermietung und Verpachtung		./. 6 000 €
Summe der Einkünfte		23 899 €
Freibetrag für Land- und Forstwirte		./. 900 €
Gesamtbetrag der Einkünfte		22 999 €
Sonderausgaben		./. 1 889 €
außergewöhnliche Belastungen		./. 2 000 €
Einkommen = zu versteuerndes Einkommen		19 110 €

Die gezahlte Einkommensteuer ist nicht abziehbar (§ 12 Nr. 3 EStG).

Einkünfte aus Kapitalvermögen unterliegen, soweit sie den Sparer-Pauschbetrag von 801 € (Ehegatten 1 602 €) übersteigen, grundsätzlich einem Steuerabzug von 25 % (zzgl. Solidaritätszuschlag sowie evtl. anfallender Kirchensteuer), § 32d Abs. 1 EStG. Sie bleiben sodann bei Ermittlung des zu versteuernden Einkommens außer Ansatz (Abgeltungsteuer). Redlich kann jedoch von seinem Wahlrecht Gebrauch machen und seine Kapitalerträge in die Veranlagung zur Einkommensteuer einbeziehen (§ 32d Abs. 4 EStG).

Fall 4 **Ersparte Ausgaben**

Lösung a: Ersparte private Ausgaben sind grundsätzlich keine Einnahmen. Eine Versteuerung der ersparten Steuerberatungs- und Krankheitskosten entfällt somit.

Lösung b: Dass ersparte Ausgaben keine Einnahmen sind, gilt auch für diesen Fall. Specht muss allerdings die Kosten für das Holz, die anfallende Umsatzsteuer (Entnahme gem. § 3 Abs. 1b) Nr. 1 UStG) und die Lohnkosten über Privatentnahmekonto verbuchen.

Fall 5 **Veranlagungszeitraum, Ermittlungszeitraum**

Lösung: Nach § 25 Abs. 1 EStG werden die Steuerpflichtigen jeweils nach Ablauf des Kalenderjahres mit dem Einkommen, das sie in diesem Kalenderjahr (Veranlagungszeitraum) bezogen haben, zur Einkommensteuer veranlagt. **Veranlagungszeitraum ist also immer das ganze Kalenderjahr.**

Der Begriff „Ermittlungszeitraum" bezieht sich auf den Zeitraum der Ermittlung der Einkünfte. Für die Einkünfte (§ 2 Abs. 1 EStG) Nr. 1 und 2 ist Ermittlungszeitraum das Wirtschaftsjahr (§ 4a Abs. 1 EStG) und für die Einkünfte Nr. 3 bis 7 ist Ermittlungszeitraum das Kalenderjahr (§ 2

Abs. 7 EStG). Hat die Einkommensteuerpflicht nicht während des ganzen Kalenderjahres bestanden, ist der Ermittlungszeitraum die Dauer der jeweiligen Einkommensteuerpflicht.

Lösung a: Veranlagungszeitraum: Kalenderjahr 2016
Ermittlungszeitraum: 1. 7. – 31. 12. 2016
Das zu versteuernde „Jahreseinkommen" beträgt 12 000 €.

Lösung b: Veranlagungszeitraum: Kalenderjahr 2016
Ermittlungszeitraum: 1. 1. – 30. 6. 2016
Das zu versteuernde „Jahreseinkommen" beträgt 15 000 €.

Lösung c: Veranlagungszeitraum: Kalenderjahr 2016

Ermittlungszeiträume:	Einkünfte § 19 EStG:	1. 1. – 31. 7. 2016
	Einkünfte § 15 EStG:	1. 8. – 31. 12. 2016
	Einkommen:	1. 1. – 31. 12. 2016

Vereinnahmung und Verausgabung   `Fall 6`

Lösung:

Zu 1. Der Betrag von 1 200 € ist im Kalenderjahr 2016 bezogen, weil er im Kalenderjahr 2016 zugeflossen ist. Es ist ohne Bedeutung, in welchem Kalenderjahr Fuchs seine Dienstleistung erbracht oder die Rechnung erteilt hat. Der Betrag ist am 30. 3. 2016 zugeflossen, weil er an diesem Tag den Scheck entgegengenommen hat. Nach Entgegennahme des Schecks konnte Fuchs schon über den Scheckbetrag verfügen, z. B. durch Weitergabe des Schecks (EStH 11).

Zu 2. Die Reparaturkosten i. H. von 1 000 € sind im Kalenderjahr 2016 abzusetzen, weil Reich die Ausgabe im Kalenderjahr 2016 geleistet hat.

Lösung: Ausnahmeregelung: Regelmäßig wiederkehrende Einnahmen und Ausgaben, die um   `Fall 7`
die Jahreswende (22. 12. bis 10. 01.) fällig sind und vereinnahmt oder verausgabt werden, sind im Kalenderjahr der wirtschaftlichen Zugehörigkeit zu erfassen (§ 11 Abs. 2 Satz 2 und Abs. 1 Satz 2 EStG, EStH 11 „Allgemeines").

Zu 1. Die Mieteinnahme gilt als im Kalenderjahr 2016 bezogen, obwohl sie im Kalenderjahr 2015 zugeflossen ist (Ausnahmeregelung). Die Zahlung erfolgt innerhalb kurzer Zeit (zehn Tage) um die Jahreswende. Zugleich ist die Miete um die Jahreswende fällig, daher ist sie der wirtschaftlichen Zugehörigkeit entsprechend, hier also dem Jahr 2016 (Januarmiete 2016!) zuzuordnen.

Zu 2. Der Krankenversicherungsbeitrag ist im Kalenderjahr 2016 abzusetzen, da er im Kalenderjahr 2016 geleistet wurde. Die Zahlung erfolgt zwar innerhalb kurzer Zeit (zehn Tage) um die Jahreswende, jedoch war der Beitrag bereits Mitte Dezember (damit nicht kurze Zeit um die Jahreswende) fällig. Die Ausnahmeregelung greift damit nicht und der Beitrag ist dem Jahr der Zahlung (= 2016) zuzuordnen.

Zu 3. Der Lebensversicherungsbeitrag Januar 2016 ist im Kalenderjahr 2016 anzusetzen, obwohl er bereits im Kalenderjahr 2015 geleistet wurde. Es handelt sich um eine regelmäßig wiederkehrende Zahlung, die um die Jahreswende gezahlt wurde und in diesem Zeitraum fällig war. Nach der Ausnahmeregelung ist die wirtschaftliche Zugehörigkeit maßgebend. Der Monatsbeitrag für Dezember 2015 und Februar 2016 i. H. von jeweils 110 € ist im Kalenderjahr 2015 anzusetzen, weil sie im Kalenderjahr 2015 geleistet wurden („strenges Abflussprinzip"). Die Ausnahmeregelung greift nicht, da Jahr der Zahlung und wirtschaftlicher Zugehörigkeit gleich sind (Beitrag Dezember 2015) bzw. die Fälligkeit des Beitrags nicht kurze Zeit um die Jahreswende liegt (Beitrag Februar 2016).

Zu 4. Die Praxismiete Januar 2016 i. H. von 3 000 € ist Betriebsausgabe des Kalenderjahres 2016 (Ausnahmeregelung). Die Miete Februar bis Dezember (33 000 €) ist dem Jahr der Zahlung (2015) zuzuordnen, da die Fälligkeit nicht um den Jahreswechsel liegt.

Fall 8 **Lösung:**

Zu 1. Zinsen fließen in dem Jahr zu, zu dem sie wirtschaftlich gehören. Die wirtschaftliche Zugehörigkeit bestimmt sich nach dem Jahr, in dem sie zahlbar, d. h. fällig sind, unabhängig davon, für welchen Zeitraum die Zinsen gezahlt werden oder wann die Gutschrift tatsächlich vorgenommen wird (EStH 11 „Zinsen"). Die Zinsen sind also für das Vorjahr 2015 anzusetzen.

Zu 2. Auch Umsatzsteuer-Vorauszahlungen sind regelmäßig wiederkehrende Ausgaben (BFH-Urteil vom 1. 8. 2007, BStBl 2008 II S. 282). Die Zahlung der Umsatzsteuer für den Monat Dezember 2015 erfolgte innerhalb des 10-Tages-Zeitraums um den Jahreswechsel, sodass die Zahlung der wirtschaftlichen Zugehörigkeit entsprechend, hier also dem Jahr 2015, zuzuordnen ist (§ 11 Abs. 2 Satz 2 EStG).

Zu 3. Der Lohn für den Monat Dezember 2015 gilt als im Kalenderjahr 2015 bezogen, obwohl er im Kalenderjahr 2016 zugeflossen ist. Nach § 38a Abs. 1 i. V. mit § 11 Abs. 1 Satz 4 EStG gilt laufender Arbeitslohn in dem Kalenderjahr als bezogen, in dem der Lohnzahlungszeitraum endet.

Fall 9 **Kosten der Lebenshaltung**

Lösung: Nach § 12 EStG dürfen Aufwendungen der privaten Lebenshaltung weder bei den einzelnen Einkunftsarten noch vom Gesamtbetrag der Einkünfte abgezogen werden. Eine Ausnahme gilt lediglich für die in den §§ 10 und 10b EStG bezeichneten Sonderausgaben. Außerdem bleibt die Abzugsmöglichkeit nach §§ 33 bis 33b EStG unberührt.

Sind Aufwendungen nur zum Teil betrieblich oder beruflich veranlasst (gemischte Aufwendungen), können sie grundsätzlich in als Betriebsausgaben oder Werbungskosten abziehbare sowie in privat veranlasste und damit nicht abziehbare Teile aufgeteilt werden. Eine solche Aufteilung der Aufwendungen kommt jedoch nur in Betracht, wenn der Steuerpflichtige die betriebliche/berufliche Veranlassung im Einzelnen umfassend dargelegt und nachgewiesen hat.

Die Aufteilung gemischt veranlasster Aufwendungen hat nach einem an objektiven Kriterien orientierten Maßstab der Veranlassungsbeiträge zu erfolgen. Ist eine verlässliche Aufteilung nur mit unverhältnismäßigem Aufwand möglich, erfolgt die Aufteilung im Wege der Schätzung. Fehlt es an einer geeigneten Schätzungsgrundlage oder sind die Veranlassungsbeiträge nicht trennbar, gelten die Aufwendungen als insgesamt privat veranlasst.

Nicht – auch nicht teilweise – abzugsfähig sind nach dem BMF-Schreiben vom 6. 7. 2010 (BStBl 2010 I 614) demnach die folgenden Aufwendungen:

► Wohnung,

► Ernährung,

► Kleidung,

► allgemeine Schulausbildung,

► Kindererziehung,

► persönliche Bedürfnisse des täglichen Lebens, z. B. zur Erhaltung der Gesundheit, Pflege, Hygieneartikel,

► Zeitung,

► Rundfunk oder

► Besuch kultureller und sportlicher Veranstaltungen.

Mit dem beruflich, betrieblichen Anteil können hingegen folgende Aufwendungen berücksichtigt werden:

► Reisekosten,

► Telefonkosten (R 9.1 LStR),

► Fahrzeugkosten (Fahrten Wohnung – erste Tätigkeitsstätte, Familienheimfahrten, Reisekosten),

► kosten eines häuslichen Arbeitszimmers,

► Arbeitsmittel wie z. B. PC, Tablet, Laptop, ... (H 9.12 LStH).

a) Die Aufwendungen für die Schuhe i. H. von 130 € sind Kosten der privaten Lebensführung und damit nichtabzugsfähige Ausgaben i. S. des § 12 Nr. 1 EStG. Zwar sind die Aufwendungen auch zum Teil betrieblich/beruflich veranlasst. Dieser Teil lässt sich jedoch nicht nach objektiven Merkmalen und Unterlagen von dem Teil, der durch private Zwecke veranlasst worden ist, leicht und einwandfrei trennen. Die gesamten Anschaffungskosten gehören zu den nichtabzugsfähigen Ausgaben (EStR 12.1).

Buchung: Privatentnahme an Finanzkonto   130 €

b) Aufwendungen für Kleidung sind mit Ausnahme von Aufwendungen für typische Berufskleidung Kosten der privaten Lebensführung. Bei dem Anzug handelt es sich nicht um typische Berufskleidung. Trotzdem sind die Aufwendungen als Betriebsausgaben abzusetzen, weil der Schaden ausschließlich durch die berufliche Tätigkeit des Baumeisters verursacht war (§ 4 Abs. 4 EStG).

Buchung: Allgemeine Aufwendungen an Finanzkonto   340 €

c) Mehraufwendungen für Verpflegung anlässlich einer beruflich veranlassten Auswärtstätigkeit (= Ortswechsel einschließlich Hin- und Rückfahrt) dürfen nur im Rahmen der Pauschbeträge nach § 4 Abs. 5 Nr. 5 EStG abgezogen werden. Der Pauschbetrag für Verpflegungsaufwendungen beträgt 12 € (Abwesenheit mindestens acht Stunden bei eintägiger Auswärtstätigkeit). Auf die Höhe der tatsächlichen Aufwendungen kommt es nicht an.

Buchung: Reisekosten Unternehmer Verpflegungsmehraufwand an Einlage   12 €

d) Mitgliedsbeiträge zu Sportvereinen gehören zu den Kosten der privaten Lebensführung, auch wenn durch die Mitgliedschaft die berufliche Tätigkeit nachweislich gefördert wird. Eine Trennung der Mitgliedsbeiträge in einen betrieblich veranlassten und einen privat veranlassten Teil lässt sich nicht nach objektiven Merkmalen leicht und einwandfrei vornehmen.

Buchung: Privatentnahme an Finanzkonto   740 €

e) Eine Berücksichtigung der Aufwendungen für die Haushaltshilfe kommt in Betracht als

▶ Kinderbetreuungskosten, soweit die Kinder das 14. Lebensjahr noch nicht vollendet haben (Ansatz als Sonderausgabe i. H. von $^2/_3$ der Aufwendungen, höchstens 4 000 € je Kind; § 10 Abs. 1 Nr. 5 EStG) oder

▶ Baumeister erhält eine Steuerermäßigung für ein haushaltsnahes Beschäftigungsverhältnis (§ 35a EStG).

Buchung: Privatentnahme an Finanzkonto   8 500 €

f) Geldbußen, die im Zusammenhang mit der Berufsausübung verhängt wurden, gehören zu den nichtabzugsfähigen Betriebsausgaben (§ 4 Abs. 5 Nr. 8 EStG). Zu Geldstrafen vgl. § 12 Nr. 4 EStG.

Buchung: Nicht abzugsfähige Betriebsausgabe an Finanzkonto   40 €

g) Säumniszuschläge können bei der Ermittlung der Einkünfte abgezogen werden, wenn sie mit abzugsfähigen Steuern in Zusammenhang stehen (EStH 12.4).
Buchung:

Steuerliche Nebenleistungen	70 €			
Privatentnahme	85 €	an	Finanzkonto	155 €

h) Wird ein Pkw für betriebliche und für private Zwecke genutzt, so sind die Aufwendungen einschließlich der sog. festen Kosten im Verhältnis der betrieblichen zur privaten Benutzung aufzuteilen (§ 6 Abs. 1 Nr. 4 EStG). Der private Nutzungsanteil beträgt hier 25 %.

Buchung: Privatentnahme	2470,50 €	an	Erlöse aus Eigenverbrauch	2 100,00 €
		an	Umsatzsteuer	370,50 €

Die private Pkw-Nutzung unterliegt der Umsatzsteuer, soweit vorsteuerbelastete Aufwendungen diesbezüglich entstanden sind (Treibstoff 1 500 € netto, Rep. 300 € netto, AfA 6 000 €).

i) Benutzt ein Steuerzahler Räume seiner Wohnung zu betrieblichen Zwecken, so bilden die durch die Benutzung dieser Räume veranlassten Aufwendungen (Miete, Heizung, Beleuchtung etc.) Betriebsausgaben, wenn die Räume ausschließlich betrieblich genutzt werden oder wenn die private Nutzung von untergeordneter Bedeutung ist (BFH, BStBl 1965 III S. 16). Da die private Nutzung nicht von untergeordneter Bedeutung ist, sind die gesamten Kosten nach § 12 EStG nicht abzugsfähig. Für eine Aufteilung fehlt es an einem objektiv nachprüfbaren Maßstab. Zur Abzugsbeschränkung der Aufwendungen für ein häusliches Arbeitszimmer beachte § 4 Abs. 5 Nr. 6b EStG.

Fall 10   **Einkünfte aus Land- und Forstwirtschaft**

Lösung: Land- und Forstwirte haben immer ein vom Kalenderjahr abweichendes Wirtschaftsjahr (1. 7.–30. 6., § 4a Abs. 1 Nr. 1 EStG). Der Gewinn des Wirtschaftsjahres ist nach § 4a Abs. 2 Nr. 1 EStG auf das Kalenderjahr, in dem das Wirtschaftsjahr beginnt, und auf das Kalenderjahr, in dem das Wirtschaftsjahr endet, entsprechend dem zeitlichen Anteil aufzuteilen.

Die Einkünfte aus Land- und Forstwirtschaft des Veranlagungszeitraums 2016 betragen somit:

Gewinn des Wirtschaftsjahres 2015/2016	40 000 €	
davon 6/12		20 000 €
Verlust des Wirtschaftsjahres 2016/2017	./. 25 000 €	
davon 6/10		./. 15 000 €
Einkünfte aus Land- und Forstwirtschaft im Veranlagungszeitraum 2016		5 000 €

Einkünfte aus Gewerbebetrieb, abweichendes Wirtschaftsjahr

Fall 11

Lösung: Bei Gewerbetreibenden ist der Gewinn nach dem Wirtschaftsjahr zu ermitteln. Wirtschaftsjahr ist der Zeitraum, für den sie regelmäßig Abschlüsse machen. Es kann weniger als zwölf Monate betragen, z. B. wenn das Wirtschaftsjahr im Einvernehmen mit dem Finanzamt auf einen vom Kalenderjahr abweichenden Zeitraum umgestellt wird (§ 4a Abs. 1 Nr. 2 EStG). Nach § 4a Abs. 2 Nr. 2 EStG gilt bei Gewerbetreibenden der Gewinn des Wirtschaftsjahres als in dem Kalenderjahr bezogen, in dem das Wirtschaftsjahr endet. Somit versteuert der Gewerbetreibende im

Veranlagungszeitraum 2015	60 000 €
Veranlagungszeitraum 2016	15 000 €
Veranlagungszeitraum 2017	60 000 €

Durch die Umstellung des Wirtschaftsjahres vom Kalenderjahr auf ein abweichendes Wirtschaftsjahr im Veranlagungszeitraum 2016 ist eine sog. „Steuerpause" eingetreten. Es wird nämlich im Veranlagungszeitraum 2016 nur der Gewinn von drei Monaten versteuert.

Einkünfte aus Gewerbebetrieb, Einnahmen-Überschuss-Rechnung

Fall 12

Lösung:

Nr.	Betriebseinnahmen €	Betriebsausgaben €	nicht zu berücksichtigen €
1.			7 000
2.		280	
3.	190		
4.	238		
5.			522
6.			82
7.		1 340	
8.	1 650		
Summe	2 078	1 620	7 604

Die Grundsätze zur Einnahmen-Überschuss-Rechnung sind in EStR 4.5 zusammengestellt.

Einnahmen-Überschuss-Rechnung, Anzahlungen und Vorauszahlungen

Fall 13

Lösung: Die Behandlung von Anzahlungen, Vorauszahlungen und nachträglichen Zahlungen richtet sich danach, wie die eigentlichen (endgültigen) Zahlungen zu beurteilen sind.

1. Die Anzahlung von Anschaffungskosten für ein abnutzbares Wirtschaftsgut hat im Zeitpunkt der Zahlung keine steuerliche Auswirkung. Absetzungen für Abnutzung können erst ab dem Zeitpunkt der Anschaffung am 20.1.2017 als Betriebsausgaben abgezogen werden.

2. Der Honorarvorschuss ist im Zeitpunkt der Vereinnahmung am 30.11.2016 als Betriebseinnahme i. H. von 1 190 € anzusetzen.

3. Bei der Anschaffung von abnutzbarem Anlagevermögen ist der Zeitpunkt der Zahlung unmaßgeblich. Die AfA nach § 7 Abs. 1 EStG beträgt im Jahr 2016:

3 192 € / 7 Jahre × $^1/_{12}$ =	38 €
Zusammenstellung: vorläufiger Gewinn	42 000 €
1. ohne Auswirkung	0 €
2. mehr Betriebseinnahmen	+ 1 190 €
3. mehr Betriebsausgaben	./. 38 €
Gewinn im Jahr 2016	43 152 €

Fall 14 **Gewinnanteile aus einer Personengesellschaft (§ 15 Abs. 1 Nr. 2 EStG)**

Lösung:

1. Gewinn der Gesellschaft (§ 4 Abs. 1 u. § 5 EStG)

Betriebsvermögen 31.12.2016	254 000 €
./. Betriebsvermögen 31.12.2015	./. 210 000 €
Unterschied	44 000 €
+ Privatentnahmen	+ 68 000 €
./. Privateinlagen	./. 12 000 €
Vorläufiger Gewinn	100 000 €
./. Kurssteigerung der Wertpapiere (höchstens Anschaffungskosten)	./. 13 000 €
Gewinn lt. Handelsbilanz 2016	87 000 €
+ **Gewinn vorab**	
Geschäftsführergehalt	42 000 €
Pacht an Gesellschafter	24 000 €
Gewinn lt. Steuerbilanz 2016	153 000 €

2. Gewinnverteilung	Klaus W.	Peter W.	Gesamt
Gehalt	42 000 €	0 €	42 000 €
Pacht	0 €	24 000 €	24 000 €
Rest 60 : 40	52 200 €	34 800 €	87 000 €
Gewinnanteile 2016	94 200 €	58 800 €	153 000 €

Fall 15 **Veräußerungsgewinn (§ 16 EStG)**

Lösung:

Der Veräußerungsgewinn beträgt:

Kaufpreis	310 000 €
./. Buchwerte der veräußerten Wirtschaftsgüter	147 000 €
./. Veräußerungskosten	3 740 €
Veräußerungsgewinn	159 260 €

Der Freibetrag nach § 16 Abs. 4 EStG beträgt:

Freibetrag		45 000 €

./. **Kürzung**

Veräußerungsgewinn	159 260 €	
./. Grenzbetrag	136 000 €	
verbleiben	23 260 € >	23 260 €
verminderter Freibetrag		21 740 €

Der steuerpflichtige Veräußerungsgewinn beträgt:

Veräußerungsgewinn		159 260 €
./. Freibetrag		21 740 €
Steuerpflichtiger Veräußerungsgewinn		137 520 €

Der Freibetrag kann von Schreinermeister Tanne nur einmal beansprucht werden (§ 16 Abs. 4 Satz 2 EStG). Nicht verbrauchte Teile des Freibetrags können nicht bei einer anderen Veräußerung in Anspruch genommen werden. Der steuerpflichtige Veräußerungsgewinn wird nach § 34 EStG ermäßigt besteuert.

Berechnung des Veräußerungsgewinns

Fall 16

Lösung: Für den von Reich zurückbehaltenen Pkw ist nach § 16 Abs. 3 EStG der gemeine Wert anzusetzen. Das vom Erwerber nicht übernommene Darlehen für den Pkw mindert den Veräußerungspreis und damit auch den Veräußerungsgewinn.

Berechnung des Veräußerungsgewinns:

Veräußerungspreis:		500 000 €
+ gemeiner Wert des Pkw		+ 45 000 €
./. gemeiner Wert des Darlehens		./. 40 000 €
		505 000 €
./. Veräußerungskosten		./. 3 000 €
		502 000 €
./. Wert des Betriebsvermögens (Kapital)		./. 300 000 €
Veräußerungsgewinn		202 000 €

Berechnung des Freibetrags nach § 16 Abs. 4 EStG

Freibetrag		45 000 €
./. Kürzung		
Veräußerungsgewinn	202 000 €	
./. Grenzbetrag	136 000 €	
verbleiben	66 000 €	66 000 €
verminderter Freibetrag		0 €

Der steuerliche Veräußerungsgewinn beträgt:

Veräußerungsgewinn		202 000 €
./. Freibetrag		0 €
steuerpflichtiger Veräußerungsgewinn		202 000 €

Der steuerpflichtige Veräußerungsgewinn wird nach § 34 EStG ermäßigt besteuert.

Fall 17 **Einkünfte aus selbständiger Arbeit nach § 18 EStG, Gewinnermittlung**

Lösung: Der Zahnarzt Dr. Peine ist Angehöriger der freien Berufe gem. § 18 Abs. 1 Nr. 1 EStG und als solcher berechtigt, den Gewinn nach § 4 Abs. 3 EStG zu ermitteln. Als Freiberufler unterliegt er nicht der Buchführungspflicht gem. § 141 AO. Der erklärte Gewinn ist unzutreffend ermittelt. Er wird wie folgt berechnet:

Betriebseinnahmen

Bareinnahmen	5 600 €
Überweisungen auf Bankkonto	247 800 €
Scheckeinnahmen	19 500 €
Inzahlunggabe eines alten Computers	400 €
Summe der Betriebseinnahmen	273 300 €

Betriebsausgaben

Miete für Praxisräume	13 000 €
Personalkosten für Angestellte	47 900 €
Kosten für Putzfrau abzgl. Privatanteil 30 %	5 740 €
Materialkosten	68 600 €
Kosten für Strom und Heizung etc. für die Praxisräume	2 500 €
Abschreibung (AfA) für Arbeitsplatz-PC	400 €
Summe der Betriebsausgaben	138 140 €

Der richtige Gewinn beträgt:

Betriebseinnahmen	273 300 €
./. Betriebsausgaben	138 140 €
Gewinn	135 160 €

Begründung

1. Die Scheckeinnahmen erhöhen sich um 800 €. Der am 30. 12. 2016 erhaltene Scheck ist für das Kalenderjahr 2016 zu erfassen, da Dr. Peine über den Scheckbetrag schon in 2016 verfügen konnte (§ 11 Abs. 1 EStG, EStH 11).

2. Die Zinsen für das private Sparkonto sind keine Betriebseinnahmen, da das Sparkonto nicht zum Betriebsvermögen gehört. Die Zinsen sind Einnahmen aus Kapitalvermögen (§ 20 Abs. 1 Nr. 7 EStG).

3. Die Miete für Januar 2017 ist Betriebsausgabe für das Kalenderjahr 2016, weil die Ausgabe in 2016 geleistet wurde (§ 11 Abs. 2 EStG). Die Ausnahmeregelung des § 11 Abs. 2 Satz 2 EStG findet keine Anwendung, weil die Zahlung außerhalb der kurzen Zeit vor Ablauf des Kalenderjahres (mehr als zehn Tage) geleistet wurde. Die Zahlung ist somit eine echte Vorauszahlung.

4. Die Miete für die Privatwohnung gehört zu den Kosten der Lebenshaltung und darf bei der Ermittlung der Einkünfte nicht berücksichtigt werden (§ 12 Nr. 1 EStG). Entsprechendes gilt für die Kosten der Putzfrau, soweit sie auf Putzarbeiten in der Wohnung entfallen. Der Abzug der Einkommensteuervorauszahlungen nebst Säumniszuschlag entfällt nach § 12 Nr. 3 EStG i. V. mit EStH 12.4.

5. Die Materialkosten sind um 1 200 € zu kürzen. Der Betrag von 1 200 € ist erst im Kalenderjahr 2017 abzusetzen, weil er in 2017 geleistet worden ist (§ 11 Abs. 2 EStG).

6. Die Anschaffungskosten für den Arbeitsplatz-PC betragen 1 800 €, weil der Dr. Peine 1 800 € aufwenden musste, um den Rechner zu erwerben. Da die Nutzungsdauer des neuen Computers mehr als ein Jahr beträgt, sind die Anschaffungskosten in Form der Absetzung für Abnutzung (AfA) auf die Nutzungsdauer zu verteilen (§ 4 Abs. 3 Satz 3 EStG). Die Jahres-AfA beträgt bei einer Nutzungsdauer von drei Jahren 600 € (§ 7 Abs. 1 EStG). Im Jahr des Erwerbs ist die AfA zeitanteilig ($^8/_{12}$) anzusetzen, weil die Anschaffung im Mai 2016 erfolgte.

   Die Inzahlunggabe des alten Computers ist Betriebseinnahme i. H. von 400 € (EStR 4.5 Abs. 3).

7. Die gewinnmindernde Abschreibung der Honorarforderung von 2 000 € ist bei der Gewinnermittlung nach § 4 Abs. 3 EStG unzulässig, weil sich der Betrag zuvor nicht als Betriebseinnahme ausgewirkt hat.

Einkünfte aus nichtselbständiger Arbeit   Fall 18

Lösung a:

Bruttoarbeitslohn (§ 19 Abs. 1 Nr. 1 EStG)		12 580,00 €	
Werbungskosten			
Entfernungspauschale			
92 Tage × 16 km × 0,30 € =	441,60 €		
Beiträge an Beamtenbund (§ 9 Abs. 1 Nr. 3 EStG)	78,00 €		
Summe:	519,60 €		
mindestens Arbeitnehmer-Pauschbetrag			
(§ 9a Nr. 1a EStG)		1 000,00 €	
		11 580,00 €	11 580,00 €
Versorgungsbezüge (§ 19 Abs. 1 Nr. 2 EStG)		7 260,00 €	
./. Versorgungsfreibetrag (Abs. 2)			
1 815 € x 12 Monate x 22,4 %, höchstens	1 680,00 €		
./. Zuschlag zum Versorgungsfreibetrag			
(Abs. 2) höchstens	504,00 €		
	2 184,00 €		
Berücksichtigung der Freibeträge für 4 Monate		728,00 €	
./. Werbungskosten-Pauschbetrag (§ 9a Nr. 1b EStG)		102,00 €	
		6 430,00 €	6 430,00 €
Einkünfte aus nichtselbständiger Arbeit 2013			18 010,00 €

Lösung b: Die Einkünfte aus nichtselbständiger Arbeit berechnen sich wie folgt:

Bruttoarbeitslohn (§ 19 Abs. 1 EStG)

Barlohn monatlich	1 137 €	
Lohnsteuer, Kirchensteuer, Solidaritätszuschlag	253 €	
Sozialversicherung Arbeitnehmer-Anteil	360 €	
Bruttomonatslohn	1 750 €	
Jahresbruttolohn = 1 750 × 12 =		21 000 €
./. Arbeitnehmer-Pauschbetrag		1 000 €
Einkünfte aus nichtselbständiger Arbeit im Kalenderjahr		20 000 €

Zur Berechnung des Bruttoarbeitslohns sind neben dem Barlohn die vom Arbeitgeber abgeführten Steuerbeträge und der **Arbeitnehmeranteil** zur Sozialversicherung zu erfassen. Der **Arbeitgeberanteil** ist nach § 3 Nr. 62 EStG steuerfrei.

Fall 19 **Einkünfte aus Kapitalvermögen**

Lösung a: Die Einkünfte aus Kapitalvermögen im Kalenderjahr 2016 betragen:

Zinsen aus Sparguthaben		732,00 €

Dividenden

Nettodividende	1 472,50 €	
+ Kapitalertragsteuer 25/73,625	500,00 €	
+ Solidaritätszuschlag 1,375/73,625	27,50 €	
Bar/Bruttodividende	2 000,00 €	> 2 000,00 €

Zinsen aus Obligationen

Zinsgutschrift	3 681,25 €	
+ Kapitalertragsteuer 25/73,625	1 250,00 €	
+ Solidaritätszuschlag 1,375/73,625	68,75 €	
Zwischensumme	5 000,00 €	
./. gezahlte Stückzinsen	1 350,00 €	
verbleiben	3 650,00 €	> 3 650,00 €
Summe der Einnahmen		6 382,00 €
./. Sparer-Pauschbetrag		801,00 €
Einkünfte		5 581,00 €

Zu Beginn des Jahres gutgeschriebene Zinsen auf Spareinlagen rechnen wirtschaftlich zum Vorjahr. Die Zinsabschlagsteuer und der Solidaritätszuschlag gehören zu den Einnahmen.

Die Berechnungsformeln für die Kapitalertragsteuer (Abgeltungsteuer) und den Solidaritätszuschlag ergeben sich aus folgendem Schema:

Bardividende/Zinsen =	100
./. Kapitalertragsteuer 25 % =	25
./. Solidaritätszuschlag 5,5 % v. 25 % =	1,375
Nettodividende =	73,625

daraus folgt: Kapitalertragsteuer = 25/73,625
Solidaritätszuschlag = 1,375/73,625
von der Nettodividende/dem Auszahlungsbetrag

Lösung b: Gewinnanteile aus Aktien und Anteilen an einer GmbH sind Einkünfte aus Kapitalvermögen (§ 20 Abs. 1 Nr. 1 EStG).

Berechnung:

Bardividende 50 Aktien × 3 € Dividende =	150 €
Gewinnanteile aus GmbH-Anteil	
GmbH-Anteil 40 % von 25 000 € = 10 000 €	
Ausschüttung 10,5 % =	1 050 €
Einnahmen aus Kapitalvermögen	1 200 €

Die GmbH-Ausschüttung ist im Kalenderjahr 2016 anzusetzen, da sie in 2016 zugeflossen ist (§ 11 Abs. 1 EStG). Bei der Auszahlung der Dividende und der Gewinnanteile aus GmbH-Anteilen war jeweils Kapitalertragsteuer/Abgeltungsteuer i. H. von 25 % einzubehalten.

Soweit Frau Moos keine Freistellungsaufträge (über insgesamt 801 €) erteilt hat, wären Zinseinnahmen und Dividenden unter Abzug einer Abgeltungsteuer von einheitlich 25 % zzgl. Solidaritätszuschlag (5,5 %) sowie ggf. Kirchensteuer ausgezahlt worden. Nur auf ausdrücklichen Antrag hin, würden Zinsen und Dividenden sodann im Rahmen der Steuerveranlagung noch in Ansatz gebracht. Ein Abzug der Werbungskosten ist nicht möglich.

Einnahmen aus Kapitalvermögen/Stückzinsen

`Fall 20`

Lösung: Die Einkünfte aus Kapitalvermögen betragen:

Zinsen Wertpapier 1. 10. 2016	350,00 €	
./. Stückzinsen	./. 262,00 €	88,00 €
Stückzinsen aus Anleihe		450,00 €
Dividenden der X-AG	5 521,87 €	
+ KapESt 25/73,625	1 875,00 €	
+ SolZ 5,5 %	103,13 €	
	7 500,00 €	7 500,00 €
Einnahmen aus Kapitalvermögen		8 038,00 €
./. Sparer-Pauschbetrag		801,00 €
Einkünfte aus Kapitalvermögen		7 237,00 €

Der Veräußerer hat die besonders in Rechnung gestellten und vereinnahmten Stückzinsen als Einnahmen aus Kapitalvermögen zu versteuern. Beim Erwerber der Wertpapiere sind die von ihm entrichteten Stückzinsen im Veranlagungszeitraum des Abflusses negative Einnahmen aus Kapitalvermögen (siehe EStH 20.2).

Ein Abzug der Werbungskosten ist nicht möglich.

Einkünfte aus Vermietung und Verpachtung (1)

`Fall 21`

Die Einkünfte aus Vermietung und Verpachtung im Kalenderjahr 2016 betragen:

Mieteinnahmen

a) Erdgeschoss
Mieteinnahmen für das Kalenderjahr 2016 — 25 200 €
Die Mieteinnahmen für das Kalenderjahr 2017 sind ebenfalls für das Jahr 2016 als Einnahme zu erfassen. Die Ausnahmeregelung des § 11 Abs. 1 Satz 2 EStG greift nicht, da die Mietzahlungen nicht kurze Zeit um die Jahreswende fällig waren.

b) I. Obergeschoss
Mieteinnahmen für das Kalenderjahr 2016 — 6 600 €

c) II. Obergeschoss
Mieteinnahmen für das Kalenderjahr 2016 — 5 500 €
Die Miete für Dezember 2016 ist in 2017 zu versteuern (§ 11 EStG).

Summe der Mieteinnahmen — 37 300 €

Werbungskosten

a)	Grundsteuer (§ 9 Abs. 1 Nr. 2 EStG)	500 €
b)	Gebäudeversicherung (§ 9 Abs. 1 Nr. 2 EStG)	400 €
c)	Eigentümerhaftpflichtversicherung (§ 9 Abs. 1 Nr. 2 EStG)	200 €
	Maßgebend ist, in welchem Kalenderjahr die Ausgaben geleistet wurden (§ 11 EStG).	
d)	Müllabfuhr, Wasser etc. (§ 9 Abs. 1 Nr. 2 EStG)	2 400 €
e)	Hausbesitzerverein (§ 9 Abs. 1 Nr. 3 EStG)	50 €
f)	Schuldzinsen für Mehrfamilienhaus	13 000 €
	Schuldzinsen für Wohnungseinrichtung	0 €
h)	Abschreibung nach § 7 Abs. 4 EStG 2,5 %* von 240 000 € =	6 000 €
	Summe der Werbungskosten	22 550 €

Zusammenstellung

Einnahmen	37 300 €
./. Werbungskosten	22 550 €
Einkünfte	14 750 €

* Baujahr 1920!

Fall 22 Einkünfte aus Vermietung und Verpachtung (2)

Lösung: Die Einkünfte aus Vermietung und Verpachtung im Veranlagungszeitraum 2016 betragen:

Einnahmen:

Vereinnahmte Mieten einschließlich Einnahmen aus Umlagen		43 500 €
./. Werbungskosten		
Schuldzinsen	4 000 €	
Zinsanteil Leibrente 14 % von 12 000 € (§ 9 Abs. 1 Nr. 1 EStG)	1 680 €	
Grundsteuer und Versicherung	1 200 €	
Dachstuhlreparatur	30 000 €	
Einbau einer Zentralheizung	38 000 €	
Neubau einer Garage	2 400 €	
Sonstige Reparaturen	1 900 €	
Gebühren für Wasser, Müllabfuhr, Strom für Treppenhaus und Kellerbeleuchtung u. a.	1 530 €	
AfA gem. § 7 Abs. 4 EStG	6 390 €	87 100 €
Einkünfte im VZ 2016 Verlust		43 600 €

Die Hypothekenzinsen von 4 000 € sind Werbungskosten (§ 9 Abs. 1 Nr. 1 EStG). Die Tilgung der Hypothek ist nicht abzugsfähig.

Von der Leibrente kann nur der Zinsanteil als Werbungskosten abgezogen werden (§ 9 Abs. 1 Nr. 1 EStG). Er bestimmt sich gem. § 22 Nr. 1 Buchst. a) Doppelbuchst. bb) EStG nach dem Alter der rentenberechtigten Person (Verkäufer) bei Beginn der Rente.

Die Aufwendungen für die Dachstuhlreparatur und für den Einbau der Zentralheizung sind als Erhaltungsaufwand abzugsfähig. Zum Erhaltungsaufwand gehören zunächst die Aufwendungen für die laufende Instandhaltung und Instandsetzung. Aber auch die Erneuerung von bereits in den Herstellungskosten des Gebäudes enthaltenen Teilen sind regelmäßig Erhaltungsaufwand, z. B. Austausch von Fenstern mit Einfachglas in Doppelglasfenster, Umdeckung des Dachs usw., aber auch der Einbau einer Zentralheizung anstelle einer Einzelofenheizung (EStH 21.1 Erhaltungsaufwand).

Größere Erhaltungsaufwendungen können abweichend vom Abflussprinzip des § 11 Abs. 2 EStG auf zwei bis fünf Jahre gleichmäßig verteilt werden, § 82b EStDV. Voraussetzung dafür ist, dass es sich bei dem Gebäude nicht um Betriebsvermögen handelt und das Gebäude überwiegend (= zu mehr als 50 % seiner Nutzfläche) Wohnzwecken dient.

Herstellungsaufwand kann grundsätzlich nur über die AfA zu Werbungskosten führen. Herstellungsaufwand liegt dann vor, wenn nach Fertigstellung des Gebäudes etwas Neues, bisher nicht Vorhandenes geschaffen wird, z. B. durch Anbau oder Ausbau. Aber auch der Einbau von Einrichtungen kann zu Herstellungsaufwand führen, z. B. Einbau einer Fahrstuhlanlage (EStR 21.1 Abs. 2, EStH 21.1 Herstellungsaufwand nach Fertigstellung), ebenso der nachträgliche Bau einer Garage. Da die Aufwendungen für die Garage jedoch nicht mehr als 4 000 € betragen (Rechnungsbetrag ohne Umsatzsteuer), ist dieser Aufwand auf Antrag stets als Erhaltungsaufwand zu behandeln und daher in voller Höhe abzusetzen.

AfA bei Gebäuden nach § 7 Abs. 4 und 5 EStG

Fall 23

Lösung: Die AfA für 2016 wird wie folgt berechnet:

Lösung a:

Bemessungsgrundlage = Anschaffungskosten	400 000 €
AfA-Satz	2 %
AfA gem. § 7 Abs. 4 Nr. 2a EStG	8 000 €

Lösung b:

Bemessungsgrundlage = Anschaffungskosten	600 000 €
AfA-Satz	2,5 %
AfA gem. § 7 Abs. 4 Nr. 2b EStG für zehn Monate ($^{10}/_{12}$)	12 500 €

Lösung c:

Bemessungsgrundlage = Herstellungskosten	800 000 €
AfA-Satz (bis einschließlich 2023)	2,5 %
AfA gem. § 7 Abs. 5 Nr. 3c EStG	20 000 €

Bei Stellung des Bauantrags nach dem 31. 12. 2005 wäre lediglich die Inanspruchnahme der linearen AfA i. H. von 2 % möglich gewesen (ggf. zeitanteilig).

Lösung d:

Bemessungsgrundlage = Anschaffungskosten	400 000 €
nachträgliche Herstellungskosten	60 000 €
Summe	460 000 €
AfA-Satz	2,5 %
AfA gem. § 7 Abs. 4 EStG	11 500 €

Die im Juli 2016 beendeten Ausbauarbeiten haben zu nachträglichen Herstellungskosten geführt, die nach EStR 7.4 Abs. 9 aus Vereinfachungsgründen im Jahr ihrer Entstehung bei der Bemessung der AfA so berücksichtigt werden, als wären sie zu Beginn des Jahres aufgewendet worden. Der für das Gebäude geltende AfA-Satz ist weiter anzuwenden, wenn auf diese Weise die volle Absetzung innerhalb der tatsächlichen Nutzungsdauer erreicht wird.

Lösung e:

Bemessungsgrundlage = Anschaffungskosten	300 000 €
AfA-Satz bei einer ND von 20 Jahren =	5 %
AfA gem. § 7 Abs. 4 Satz 2 EStG i.V. mit § 11c Abs. 1 Nr. 3 EStDV	15 000 €

Lösung f:

Bemessungsgrundlage = Einheitswert 21. 6. 1948 (Gebäudeteil)	64 000 €
+ nachträgliche Herstellungskosten	20 000 €
Summe = Hilfswert (§ 10a Abs. 1 EStDV)	84 000 €
AfA-Satz	2 %
AfA gem. § 7 Abs. 4 EStG	1 680 €

Lösung g:

Bemessungsgrundlage = Herstellungskosten	82 000 €
+ nachträgliche Herstellungskosten im Jahre 1971	48 000 €
Bemessungsgrundlage des Rechtsvorgängers (§ 11d EStDV)	130 000 €
AfA-Satz	2 %
AfA gem. § 7 Abs. 4 EStG	2 600 €

Die AfA eines Gebäudes, das der Steuerpflichtige unentgeltlich erworben hat, bemisst sich nach der Bemessungsgrundlage des Rechtsvorgängers (§ 11d EStDV). Der Wert des Gebäudes im Zeitpunkt des unentgeltlichen Erwerbs ist für die AfA somit ohne Bedeutung.

Fall 24 **Anschaffungskosten eines Gebäudes**

Lösung: Die Einkünfte aus Vermietung und Verpachtung werden wie folgt berechnet:

Einnahmen

Vereinnahmte Mieten mtl. 1 800 €, in drei Monaten =	5 400 €
Einnahmen aus Umlagen	900 €
Summe der Einnahmen	6 300 €

./. Werbungskosten

Schuldzinsen (Hypothekenzinsen)	4 400 €	
Geldbeschaffungskosten	3 200 €	
Grundsteuer	250 €	
Kosten für Zentralheizung, Wassergeld		
Müllabfuhr, Treppenhausbeleuchtung	900 €	
Gebäudeversicherung	300 €	
Reparaturkosten	5 000 €	
AfA gem. § 7 Abs. 4 EStG	1 365 €	15 415 €
Verlust aus Vermietung und Verpachtung		9 115 €

1. Absetzung für Abnutzung (AfA)

Bemessungsgrundlage für die AfA sind die **Anschaffungskosten**, soweit sie auf das Gebäude entfallen. Zu den Anschaffungskosten gehören alle Aufwendungen, die der Stpfl. macht, um das Grundstück zu erwerben, einschließlich der Nebenkosten. Zu den Anschaffungskosten gehören auch Leistungen des Erwerbers an andere Personen als den Veräußerer (BFH, BStBl 1966 III S. 643 und BFH, BStBl 1968 II S. 574).

Für die Höhe der Anschaffungskosten ist ohne Bedeutung, wann sie vom Erwerber bezahlt worden sind.

Von den gesamten Anschaffungskosten entfallen 80 % auf das Gebäude und 20 % auf den Grund und Boden.

Die Anschaffungskosten betragen

Kaufpreis	320 000 €
Notar- und Gerichtskosten	2 400 €
Grunderwerbsteuer	11 200 €
Maklergebühr	7 650 €
Summe	341 250 €
Gebäudeteil 80 %	273 000 €
AfA gem. § 7 Abs. 4 EStG	
Bemessungsgrundlage = Anschaffungskosten	273 000 €
Davon 2 % =	5 460 €
zeitanteilig für drei Monate =	1 365 €

2. Geldbeschaffungskosten

Die Bankgebühren für die Hypothek und die Kosten für die Eintragung der Hypothek im Grundbuch sind keine Anschaffungskosten, weil sie nicht mit dem Erwerb des Grundstücks, sondern mit der Beschaffung von Finanzmitteln in wirtschaftlichem Zusammenhang stehen. Sie sind Geldbeschaffungskosten und somit im Kalenderjahr der Verausgabung als Werbungskosten abzugsfähig.

Herstellungskosten eines Gebäudes

Fall 25

Lösung: Zu den Herstellungskosten eines Gebäudes rechnen alle Aufwendungen durch Verbrauch von Gütern und Inanspruchnahme von Diensten, um das Gebäude zu errichten und für den vorgesehenen Zweck nutzbar zu machen.

Von den Herstellungskosten sind die Anschaffungskosten für den Grund und Boden und die als Werbungskosten abzugsfähigen Aufwendungen abzugrenzen. Herstellungskosten entstehen im Zeitpunkt der Erfüllung des Vertrags durch den Handwerker. Die Bezahlung der Herstellungskosten ist steuerlich ohne Bedeutung.

1. Anschaffungskosten für den Grund und Boden

a)	Kaufpreis	100 000 €
b)	Grunderwerbsteuer	6 500 €
c)	Gebühren für die notarielle Beurkundung des Kaufvertrags und für die Grundbucheintragung	1 500 €
d)	Straßenanliegerbeiträge an die Gemeinde	66 000 €
	Summe	174 000 €

Die Straßenanliegerbeiträge an die Gemeinde gehören deshalb zu den Anschaffungskosten für den Grund und Boden, weil sie auch dann zu entrichten sind, wenn der Eigentümer auf dem Grundstück kein Gebäude errichtet (EStH 6.4). Sie stehen also nicht mit dem Gebäude im Zusammenhang.

2. Herstellungskosten für das Gebäude

a)	Architektenhonorar	32 000 €
b)	Zahlungen an die Bauhandwerker	480 000 €
c)	Kosten für das Richtfest	400 €
d)	Wassergeld und Stromkosten während der Bauzeit	300 €
e)	Kosten für den Anschluss des Gebäudes (Leitungen, Rohre, Arbeitsstunden) an die gemeindlichen Versorgungseinrichtungen	15 000 €
f)	Kanalanstichgebühr an die Gemeinde	1 200 €
	Summe	528 900 €

Die Kosten für den Anschluss des Gebäudes an die gemeindlichen Versorgungseinrichtungen sind Herstellungskosten für das Gebäude, da sie angefallen sind, um das Gebäude für den vorgesehenen Zweck nutzbar zu machen. Sie wären nicht angefallen, wenn der Eigentümer des Grund und Bodens kein Gebäude errichtet hätte. Entsprechendes gilt für die Kanalanstichgebühr (EStH 6.4).

3. Die jährliche AfA nach § 7 Abs. 4 EStG beträgt 2 % von 528 900 € x $^1/_{12}$ = 882 €.

4. Werbungskosten (außer AfA)

a)	Gebühren zur Eintragung einer Hypothek (Geldbeschaffungskosten)	2 400 €
b)	Hypothekenzinsen	3 200 €
c)	Grundsteuer	600 €
d)	Kosten der Versicherung des Rohbaus während der Bauzeit (Bauzeitversicherung)	150 €
	Summe	6 350 €

Geldbeschaffungskosten sind sofort abzugsfähige Werbungskosten, weil sie im erweiterten Sinne Zinsaufwand darstellen.

Hoher anschaffungsnaher Aufwand nach Erwerb eines bebauten Grundstücks `Fall 26`

Lösung: Zu den Herstellungskosten eines Gebäudes gehören auch Aufwendungen für Instandsetzungs- und Modernisierungsmaßnahmen, die innerhalb von drei Jahren nach der Anschaffung des Gebäudes durchgeführt werden, wenn die Aufwendungen ohne die Umsatzsteuer 15 % der Anschaffungskosten des Gebäudes übersteigen (anschaffungsnahe Herstellungskosten). Zu diesen Aufwendungen gehören nicht die Aufwendungen für Erweiterungen i. S. des § 255 Abs. 2 Satz 1 HGB (= Herstellungskosten) sowie Aufwendungen für Erhaltungsarbeiten, die jährlich üblicherweise anfallen (= Erhaltungsaufwendungen), § 6 Abs. 1 Nr. 1a EStG.

Nach den vorstehenden Grundsätzen kann Reich die Instandsetzungskosten von 40 000 € nicht als Werbungskosten behandeln, weil sie anschaffungsnah entstanden sind und 15 % der Anschaffungskosten des Gebäudes übersteigen. Die Instandsetzungskosten sind somit den Anschaffungskosten hinzuzurechnen und nur über die AfA abzugsfähig. Die Bemessungsgrundlage für die AfA beträgt (180 000 € zzgl. 40 000 €) 220 000 €.

Aufteilung von Grundstückskosten `Fall 27`

Lösung: Die Aufwendungen für das Einfamilienhaus sind in abzugsfähige Betriebsausgaben und in nicht abzugsfähige Kosten der Lebensführung aufzuteilen. Dabei sind die Gesamtaufwendungen grundsätzlich nach dem Verhältnis der Grundfläche der gewerblichen Zwecken dienenden Räume zur gesamten Nutzfläche aufzuteilen. Aufwendungen, die ausschließlich auf einen Teil des Grundstücks entfallen, sind dagegen nur diesem Grundstücksteil zuzurechnen (EStR 12.1). Soweit die Grundstücksaufwendungen auf den zu eigenen Wohnzwecken genutzten Teil entfallen, sind sie nicht abzugsfähig (§ 12 EStG).

Als Betriebsausgaben sind abzugsfähig:

Zinsen für Hausdarlehen 25 % von 12 000 € =	3 000 €
Aufwendungen für Heizung, Strom, Müllabfuhr etc. 25 % von 6 000 € =	1 500 €
Reparaturaufwendungen für Heizkessel, Dach und Haustür 25 % von 3 000 € =	750 €
Reparatur der Tür im Warenlager 100 % =	400 €
Gebäude-AfA 25 % von 6 000 € =	1 500 €
Summe = Betriebsausgaben	7 150 €

Die Abzugsbeschränkung der Kosten eines häuslichen Arbeitszimmers nach § 4 Abs. 5 Nr. 6b EStG greift hier nicht, da das Einfamilienhaus für Meister den Mittelpunkt seiner gesamten betrieblichen und beruflichen Betätigung bildet.

Aufteilung von Grundstückskosten, AfA-Berechnung `Fall 28`

Lösung:

1. Einkünfte aus Gewerbebetrieb

320 qm von 640 qm = 50 % des Gebäudes gehören zum notwendigen Betriebsvermögen.

vorläufiger Gewinn:	95 000 €

Betriebsausgaben:
Zinsen*   6 % v. 500 000 € = 30 000 €
          für neun Monate = 22 500 €

davon 50 %	11 250 €

Disagio* 2 % v. 500 000 € = 10 000 €

davon 50 % 5 000 €

abgegrenzt für neun Monate

5 000 : 10 × $^9/_{12}$ = ... 375 €

Kosten 8 000 € + 1 500 € = 9 500 €

davon 50 % .... 4 750 €

AfA 3 % von 50 % von 600 000 × $^2/_{12}$ = 1 500 € ..../. 17 875 €

77 125 €

* neun Monate, da Darlehensaufnahme am 1. 4. 2016

2. Einkünfte aus Vermietung und Verpachtung

Einnahmen:

Miete 4 × 80 m × 8 € = 2 560 €

für zwei Monate .... 5 120 €

Umlage 4 × 100 € = 400 €

für zwei Monate .... 800 € 5 920 €

Werbungskosten:

Zinsen 6 % v. 500 000 € = 30 000 €

für neun Monate = 22 500 €

davon 50 % .... 11 250 €

Disagio 2 % v. 500 000 = 10 000 €

davon 50 % .... 5 000 €

Kosten 8 000 € + 1 500 € = 9 500 €

davon 50 % .... 4 750 €

AfA 2 % linear

50 % v. 600 000 € × $^2/_{12}$ = ... 1 000 € ./. 22 000 €

Einkünfte: Verlust 16 080 €

Für den betrieblich genutzten Gebäudeteil ist die AfA nach § 7 Abs. 4 Nr. 1 EStG zeitanteilig mit 3 % vorzunehmen. Die AfA für den zu fremden Wohnzwecken genutzten Gebäudeteil beträgt nach § 7 Abs. 4 Satz 1 Nr. 2a) EStG 2 % der Herstellungskosten (ebenfalls zeitanteilig zu berücksichtigen).

Fall 29 Sonstige Einkünfte

Lösung: Die Bezüge sind nicht steuerpflichtig, da sie freiwillig gewährt werden und der Geber unbeschränkt steuerpflichtig ist (§ 22 Nr. 1 Satz 2 EStG).

Fall 30 Lösung: Die Rente ist nicht steuerpflichtig, weil sie aufgrund einer freiwillig begründeten Rechtspflicht gewährt wird und der Geber unbeschränkt steuerpflichtig ist (§ 22 Nr. 1 Satz 2 EStG).

Fall 31 Lösung: Die Unterhaltsbezüge sind nicht steuerpflichtig, da der Empfänger eine gesetzlich unterhaltsberechtigte Person und der Geber unbeschränkt steuerpflichtig ist (§ 22 Nr. 1 Satz 2 EStG).

Lösung: Sonstige Einkünfte sind auch Unterhaltsleistungen, soweit sie nach § 10 Abs. 1 Nr. 1 **Fall 32**
EStG vom Geber als Sonderausgaben abgezogen werden können (sog. Realsplitting). Das ist bis
zum Höchstbetrag von 13 805 € möglich. Die Einkünfte betragen:

Einnahmen	13 805 €
./. Werbungskosten-Pauschbetrag (§ 9a Nr. 3 EStG)	102 €
Sonstige Einkünfte	13 703 €

Alterseinkünfte **Fall 33**

Lösung:

Sonstige Einkünfte

Rentenbezüge 1 000 € x 12 Monate =	12 000 €
Rentenfreibetrag (50 % der Rente des Jahres 2005)	6 000 €
./. Werbungskosten-Pauschbetrag (§ 9a Nr. 3 EStG)	102 €
sonstige Einkünfte 2016	5 898 €

Einkünfte aus nichtselbständiger Arbeit

Bruttoarbeitslohn 300 € x 12 Monate =	3 600 €
./. Versorgungsfreibetrag 300 € x 12 x 40 %	1 440 €
./. Zuschlag zum Versorgungsfreibetrag	900 €
./. Werbungskosten-Pauschbetrag (§ 9a Nr. 1b EStG)	102 €
Einkünfte aus nichtselbständiger Arbeit 2016	1 158 €

Pension aus einer Pensionskasse **Fall 34**

Lösung: Die Pension aus der Pensionskasse beruht auf früheren Beitragsleistungen des Ehrlich.
Sie wurden zwar vom Arbeitgeber vorgenommen, jedoch zugunsten des Arbeitnehmers. Aus
diesem Grunde waren sie auch steuerpflichtiger Arbeitslohn (§ 2 EStDV). Die Zahlungen der Pensionskasse sind somit kein nachträglicher Arbeitslohn. Sie führen zu sonstigen Einkünften gem.
§ 22 Nr. 1 Buchst. a EStG.

Die Einkünfte betragen:

Pensionsbezüge 250 € × 12	3 000 €
steuerpflichtig 72 %	2 160 €
./. Werbungskosten-Pauschbetrag (§ 9a Nr. 3 EStG)	102 €
Sonstige Einkünfte (§ 22 Nr. 1 EStG)	2 058 €

Der steuerfrei gestellte Teil der Rente (3 000 € x 28 % = 840 €) gilt fortan für die gesamte Laufzeit des Rentenbezugs. Regelmäßige Rentenanpassungen haben keinen Einfluss auf die Höhe
des steuerfreien Teilbetrags und werden demnach vollständig (nicht nur zu 72 %) besteuert.

Berufsunfähigkeitsrente **Fall 35**

Lösung: Die Berufsunfähigkeitsrente aus der gesetzlichen Rentenversicherung führt zu sonstigen Einkünften nach § 22 Nr. 1 EStG. Es handelt sich um eine Leibrente, deren Laufzeit hier auf
ca. neun Jahre begrenzt ist. Sie endet nämlich mit Vollendung des 65. Lebensjahres des Köhler.

Dann bezieht Köhler Altersruhegeld (EStR 22.4 Abs. 5). Die Berufsunfähigkeitsrente ist somit eine abgekürzte Leibrente. Die Rente wegen Berufsunfähigkeit und das Altersruhegeld stellen zwei selbständige Renten dar.

Voraussetzung für die Annahme einer Rente ist u. a., dass die Laufzeit mindestens zehn Jahre beträgt. Eine Ausnahme bilden lediglich die entgeltlich – z. B. wie hier durch Beitragsleistungen – erworbenen abgekürzten Leibrenten. Bei ihnen kann die Laufzeit auch unter zehn Jahren liegen. Da es sich um eine Leibrente handelt, ist nur der Ertragsanteil steuerpflichtig (§ 22 Nr. 1 Satz 3 EStG). Er ist nicht nach § 22 EStG, sondern nach § 55 EStDV zu ermitteln, da eine abgekürzte Leibrente mit einer Laufzeit von neun Jahren vorliegt und der Stpfl. das 75. Lebensjahr noch nicht vollendet hat. Hinweis auf § 55 Abs. 2 Spalte 3 EStDV.

Die Rente hat eine Laufzeit vom 1. 1. 2016 bis Ablauf des 14. 4. 2025 (Vollendung des 65. Lebensjahres), also neun Jahre und ca. 3 $^{1}/_{2}$ Monate. Die Laufzeit ist nach EStR 22.4 Abs. 4 auf neun Jahre abzurunden, da der Jahresbruchteil nicht mehr als $^{6}/_{12}$ beträgt. Der Ertragsanteil beträgt nach § 55 EStDV somit 10 %.

Rentenbezüge 900 € × 12	10 800 €
Ertragsanteil 10 %	1 080 €
./. Werbungskosten-Pauschbetrag gem. § 9a Nr. 3 EStG	102 €
Sonstige Einkünfte	978 €

Fall 36 Weitere Alterseinkünfte

Lösung:
Einkünfte aus nichtselbständiger Arbeit

Bruttoarbeitslohn	25 200 €	
./. Werbungskosten-Pauschbetrag (§ 9a Nr. 1a EStG)	1 000 €	
Einkünfte § 19 Abs. 1 Nr. 1 EStG	24 200 €	24 200 €
Versorgungsbezüge	4 800 €	
./. Versorgungsfreibetrag (40 % der Versorgungsbezüge 2005)	1 920 €	
./. Zuschlag zum Versorgungsfreibetrag	900 €	
./. Werbungskosten-Pauschbetrag (§ 9a Nr. 1b EStG)	102 €	
Einkünfte § 19 Abs. 1 Nr. 2 EStG	1 878 €	1 878 €
Einkünfte aus nichtselbständiger Arbeit		26 078 €
Sonstige Einkünfte		
Rentenbezüge	6 000 €	
Rentenfreibetrag (50 % der Rentenzahlungen 2005)	3 000 €	
./. Werbungskosten-Pauschbetrag (§ 9a Nr. 3 EStG)	102 €	
sonstige Einkünfte	2 898 €	2 898 €
Summe der Einkünfte		28 976 €

Fall 37 Einkünfte aus privaten Veräußerungsgeschäften (1)

Lösung: Es handelt sich um ein privates Veräußerungsgeschäft i. S. des § 23 EStG, da die Frist zwischen Anschaffung und Veräußerung nicht mehr als zehn Jahre beträgt. Maßgebend ist der Abschluss der Kaufverträge (EStH 23, Veräußerungsfrist).

Ermittlung des Veräußerungsgewinns:

Veräußerungspreis	70 000 €
./. Anschaffungskosten	63 000 €
./. Veräußerungskosten	2 500 €
Gewinn	4 500 €

Der Gewinn unterliegt gem. § 11 Abs. 1 EStG im Jahr des Zuflusses der Einkommensteuer.

Einkünfte aus privaten Veräußerungsgeschäften (2)

Fall 38

Lösung: Lipper hat ein privates Veräußerungsgeschäft getätigt, da er ein Grundstück angeschafft und wieder veräußert hat und der Zeitraum zwischen Anschaffung und Veräußerung nicht mehr als zehn Jahre beträgt, § 22 Nr. 2 i.V. mit § 23 EStG. Es ist ohne Bedeutung, dass Lipper keine Spekulationsabsicht hatte. Private Veräußerungsgeschäfte liegen immer vor, wenn Anschaffung und Veräußerung innerhalb der in § 23 Abs. 1 Nr. 1 EStG gesetzten Frist erfolgen.

Ermittlung der Einkünfte nach § 23 Abs. 3 EStG

Veräußerungspreis	154 000 €
Anschaffungskosten	148 000 €
Unterschiedsbetrag	6 000 €
./. Werbungskosten	400 €
Gewinn	5 600 €

Der Gewinn ist im Jahr 2016 zugeflossen. Die Freigrenze von 600 € ist überschritten (§ 23 Abs. 3 EStG).

Aus der Vermietung des Grundstücks als Lagerplatz ergeben sich im Kalenderjahr 2016 **Einkünfte aus Vermietung und Verpachtung** (§ 21 EStG).

Sie betragen:

Einnahmen (§ 8 und § 11 EStG)	550 €
Werbungskosten (§ 9 und § 11 EStG)	230 €
Einkünfte aus Vermietung und Verpachtung	320 €

Altersentlastungsbetrag

Fall 39

Lösung: Der Gesamtbetrag der Einkünfte des Greiff im Kalenderjahr 2016 wird wie folgt ermittelt:

Einkünfte aus nichtselbständiger Arbeit		
Bruttoarbeitslohn	9 500 €	
./. Werbungskosten-Pauschbetrag (§ 9a Nr. 1a EStG)	1 000 €	
Einkünfte § 19 Abs. 1 Nr. 1 EStG	8 500 €	8 500 €

Versorgungsbezüge	20 000 €	
./. Versorgungsfreibetrag 40 %, maximal	3 000 €	
./. Zuschlag zum Versorgungsfreibetrag	900 €	
./. Werbungskosten-Pauschbetrag (§ 9 Nr. 1b EStG)	102 €	
Einkünfte § 19 Abs. 1 Nr. 2 EStG	15 998 €	15 998 €
Einkünfte aus nichtselbständiger Arbeit (§ 19 EStG)		24 498 €
Einkünfte aus Vermietung und Verpachtung (§ 21 EStG)		./. 7 500 €
Summe der Einkünfte		16 998 €
./. Altersentlastungsbetrag (§ 24a EStG)		
30,4 % von 9 500 € = 2 884 €, höchstens		1 444 €
Gesamtbetrag der Einkünfte		15 554 €

Greiff hatte zu Beginn des Jahres 2011 das 64. Lebensjahr vollendet. Der Altersentlastungsbetrag beträgt demnach 30,4 % des Arbeitslohns (ohne Versorgungsbezüge) und 30,4 % der positiven Summe der übrigen Einkünfte (ohne Einkünfte aus Leibrenten), höchstens 1 444 €. Eine positive Summe der übrigen Einkünfte liegt hier nicht vor. Der Altersentlastungsbetrag war somit nur aus dem Arbeitslohn von 9 500 € zu berechnen.

Fall 40 **Altersentlastungsbetrag bei Ehegatten**

Lösung: Im Falle einer Zusammenveranlagung von Ehegatten ist § 24a Satz 1 bis 3 EStG für jeden Ehegatten gesondert anzuwenden. Die altersmäßigen Voraussetzungen für den Altersentlastungsbetrag liegen bei jedem der Ehegatten vor. Der Altersentlastungsbetrag wird wie folgt berechnet:

Ehemann

Die Versorgungsbezüge i. S. des § 19 Abs. 2 EStG scheiden aus. Es ergibt sich eine positive Summe aus den Einkünfte aus Gewerbebetrieb und Vermietung und Verpachtung i. H. von 10 000 €.

Der Altersentlastungsbetrag beträgt 22,4 % von 10 000 € =	2 240 €
höchstens	1 064 €

Ehefrau

Die Einkünfte aus der Leibrente (§ 22 EStG) scheiden aus. Es ergibt sich eine positive Summe der übrigen Einkünfte von 2 000 €.

Altersentlastungsbetrag 22,4 % von 2 000 € =	448 €

Der Freibetrag für Land- und Forstwirte nach § 13 Abs. 3 EStG i. H. von 1 800 € berührt die Höhe der Einkünfte aus Land- und Forstwirtschaft selbst nicht und ist somit bei der Berechnung des Altersentlastungsbetrags nicht zu berücksichtigen.

Den Ehegatten stehen somit Altersentlastungsbeträge i. H. von insgesamt 1 512 € zu.

Gesamtbetrag der Einkünfte

Fall 41

Lösung: Der Gesamtbetrag der Einkünfte der Eheleute Fabian wird wie folgt berechnet:

		Ehemann	Ehefrau
Einkünfte aus Gewerbebetrieb (§ 15 EStG)		36 000 €	0 €
Einkünfte aus selbständiger Arbeit (§ 18 EStG)		0 €	3 400 €
Einkünfte aus nichtselbständiger Arbeit (§ 19 EStG)			
Pensionsbezüge	25 200 €		
./. Versorgungsfreibetrag			
24 % v. 25 200 €, höchstens	1 800 €		
./. Zuschlag zum Versorgungsfreibetrag	540 €		
./. Werbungskosten-Pauschbetrag	102 €	22 758 €	

Einkünfte aus Kapitalvermögen (§ 20 EStG)

Kein Ansatz aufgrund der Abgeltungswirkung des Steuerabzugs von 25 %.

Sonstige Einkünfte (§ 22 EStG)

Altersrente	15 600 €		
steuerpflichtig 72 %	11 232 €		
./. Werbungskosten-Pauschbetrag	102 €	0 €	11 130 €
Zwischensumme		58 758 €	14 530 €
./. Altersentlastungsbetrag (§ 24a)			
Ehemann			
25,6 % v. 36 000 €, höchstens		1 216 €	
Ehefrau			
22,4 % v. 3 400 €, höchstens 1 064 €			762 €
verbleiben		57 542 €	13 768 €
Gesamtbetrag der Einkünfte			71 310 €

Sonderausgaben dem Grunde nach (Abgrenzung)

Fall 42

Lösung:

		Rechtsgrundlage EStG/EStR
1.	Haftpflichtversicherungsbeiträge für eine	
	a) allgemeine private Haftpflicht	③ § 10 Abs. 1 Nr. 3a
	b) für die Benutzung einer privaten Segeljolle	③ § 10 Abs. 1 Nr. 3a
	c) Gebäudehaftpflicht, Grundstück gehört zum Betriebsvermögen	① § 4 Abs. 4
	d) Gebäudehaftpflicht, Grundstück gehört zum Privatvermögen und wird	
	– zu eigenen Wohnzwecken genutzt	③ § 10 Abs. 1 Nr. 3a
	– an einen Gewerbetreibenden vermietet	② § 9 Abs. 1 Nr. 2

2. Beiträge zur gesetzlichen Sozialversicherung
   (Renten-, Kranken- und Arbeitslosenversicherung)
   a) **für den Abzug beim Arbeitnehmer**

Arbeitnehmeranteile	③	§ 10 Abs. 1 Nr. 2, 3, 3a
Arbeitgeberanteile	⑤	§ 3 Nr. 62
		§ 10 Abs. 2 Nr. 1

   b) **für den Abzug beim Arbeitgeber**

Arbeitnehmeranteile	①	§ 4 Abs. 4
Arbeitgeberanteile	①	§ 4 Abs. 4

3. Krankheitskosten eines Gewerbetreibenden aufgrund eines   ① § 4 Abs. 4
   Betriebsunfalls (nach Abzug der Krankenkassenerstattung)
4. Beiträge für eine Unfallversicherung
   a) ohne berufliche/betriebliche Veranlassung   ③ § 10 Abs. 1 Nr. 3a
   b) eines Bauunternehmers mit betrieblicher Veranlassung   ① § 4 Abs. 4
5. Beiträge für eine Einbruch-, Feuer-, Wasser- und
   Glasbruchversicherung eines Steuerberaters
   a) für seine Wohnung   ⑤ § 12 Nr. 1
   b) für seine Praxisräume   ① § 4 Abs. 4
6. Aufwendungen für eine pflichtversicherte Hilfe im Haushalt   ⑤ Steuerermäßigung
   nach § 35a EStG
7. Sachspende eines Sportgeschäfts an Sportverein   ① § 4 Abs. 4
8. Beiträge für eine Hausratversicherung
   a) für den Hausrat in der Wohnung des Stpfl.   ⑤ § 12 Nr. 1
   b) für den Hausrat in einer möbliert vermieteten
   Eigentumswohnung des Stpfl.   ② § 9 Abs. 1 Nr. 2
9. Beiträge für eine Aussteuerversicherung   ③ § 10 Abs. 1 Nr. 3a*
10. Beiträge für eine Ausbildungsversicherung   ③ § 10 Abs. 1 Nr. 3a*
11. Beiträge für Sterbegeldversicherung   ③ § 10 Abs. 1 Nr. 3a*
12. Beiträge für eine Krankenversicherung (Grundtarif)   ③ § 10 Abs. 1 Nr. 3
    Beiträge für eine Krankentagegeldversicherung
    (Zusatztarif)   ③ § 10 Abs. 1 Nr. 3a
    Beiträge für eine Krankenhaustagegeldversicherung   ③ § 10 Abs. 1 Nr. 3a
    (Zusatztarif)
13. Beiträge für Kfz-Haftpflichtversicherung, Nutzung des Kfz
    a) ausschließlich privat   ③ § 10 Abs. 1 Nr. 3a
    b) ausschließlich betrieblich   ① § 4 Abs. 4
    c) zu 80 % betrieblich, 20 % privat

             80 % ①   20 % ③   EStR 10.5

    d) zu 60 % für Fahrten eines Arbeitnehmers zwischen
    Wohnung und Arbeitsstätte, zu 40 % privat

             60 % ③   40 % ③   EStR 10.5

14. Beiträge für Kfz-Kaskoversicherung, Nutzung des Kfz
    a) ausschließlich privat   ⑤ § 12 Nr. 1
    b) ausschließlich betrieblich   ⑪ § 4 Abs. 4

15. Beiträge für Insassenunfallversicherung (priv. Kfz)   ③   § 10 Abs. 1 Nr. 3a
16. Kaskoversicherung (Diebstahl- und Feuerversicherung)
     für private Segeljolle   ⑤   § 12 Nr. 1
17. Kirchensteuerzahlungen   ④   § 10 Abs. 1 Nr. 4
18. Steuerberatungskosten (kein Zusammenhang mit Einkünf-   ⑤
     ten)
19. Mitgliedsbeiträge eines Arbeitnehmers
     a) an einen Sportverein   ⑤   § 12 Nr. 1
     b) an eine politische Partei   ④   § 10b, § 34g
     c) an den ADAC   ⑤   § 12 Nr. 1
     d) an DAS oder ARAG (Rechtsschutzversicherung)   ⑤   § 12 Nr. 1
     e) an Beamtenbund (Gewerkschaft) oder DAG
        (Deutsche Angestelltengewerkschaft)   ②   § 9 Abs. 1 Nr. 3
20. Schulgeld für den Besuch einer freien Waldorf-Schule durch   ④   § 10 Abs. 1 Nr. 9
     das Kind des Steuerpflichtigen

* Berücksichtigungsfähig sind lediglich Beiträge für Altverträge (Abschluss des Vertrags und erste Prämienzahlung vor dem 1. 1. 2005)

Vorsorgeaufwendungen, Höchstbetragsberechnung (1) | Fall 43 |

Der Abzug von Vorsorgeaufwendungen ist an Höchstbeträge gebunden. „Vorsorgeaufwendungen" ist die zusammenfassende Bezeichnung für die abzugsfähigen Versicherungsbeiträge.

Lösung: Die abzugsfähigen Höchstbeträge berechnen sich wie folgt:

1. Basisversorgung, Höchstbetragsberechnung nach § 10 Abs. 3 EStG

Beiträge zum Versorgungswerk (Basisversorgung), max. 20 000 €	15 600 €
davon 82 % steuerlich abzugsfähig	<u>12 792 €</u>

2. Sonstige Vorsorgeaufwendungen, Höchstbetragsberechnung nach § 10 Abs. 4 EStG

Beiträge zur Kranken- und Pflegeversicherung	3 480 €
Höchstbetrag	2 800 €
Mindestansatz (Basisabsicherung Kranken- und Pflegeversicherung)	<u>3 480 €</u>

3. Günstigerprüfung nach § 10 Abs. 4a EStG

Vorsorgeaufwendungen		19 080 €	
(Basisversorgung und übrige Vorsorgeaufwendungen)			
vorweg abziehbar	1 200 €		
davon ab 16 % des Arbeitslohns	<u>0 €</u>		
verbleiben (nicht negativ)	1 200 €	<u>1 200 €</u>	1 200 €
verbleiben		17 880 €	
Grundhöchstbetrag		<u>1 334 €</u>	1 334 €
verbleiben		16 546 €	
davon die Hälfte, höchstens 50 % des Grundhöchstbetrags		667 €	<u>667 €</u>
Vorsorgehöchstbetrag (nach altem Recht)			<u><u>3 201 €</u></u>

Der Vergleich nach § 10 Abs. 4a EStG führt zu keinem günstigeren Ergebnis, so dass die Abzugsbeträge nach § 10 Abs. 3 und 4 EStG zum Abzug kommen.

4. Übrige Sonderausgaben und Spenden, Sonderausgaben-Pauschbetrag

Die übrigen Sonderausgaben (Spenden) betragen 30 €. Mindestens ist jedoch der Sonderausgaben-Pauschbetrag (§ 10c Abs. 1 EStG) von 36 € anzusetzen.

Die abzugsfähigen Sonderausgaben betragen demnach:

Höchstbetrag Basisversorgung (§ 10 Abs. 3 EStG)	12 792 €
Mindestansatz sonstige Vorsorgeaufwendungen (§ 10 Abs. 4 EStG)	3 480 €
Sonderausgaben-Pauschbetrag (§ 10c Abs. 1 EStG)	36 €
Abzugsfähige Sonderausgaben	16 308 €

Fall 44 **Vorsorgeaufwendungen, Höchstbetragsberechnung (2)**

Lösung: Die abzugsfähigen Sonderausgaben berechnen sich wie folgt:

1. Basisversorgung, Höchstbetragsberechnung nach § 10 Abs. 3 EStG

Rentenversicherungsbeiträge (Basisversorgung)	3 562 €
zzgl. Arbeitgeberanteil zur gesetzlichen Rentenversicherung	3 562 €
Beiträge Basisversorgung gesamt, max. 20 000 €	7 124 €
davon 82 %	5 842 €
abzgl. Arbeitgeberanteil zur gesetzlichen Rentenversicherung	3 562 €
steuerlich abzugsfähig	2 280 €

2. Sonstige Vorsorgeaufwendungen, Höchstbetragsberechnung nach § 10 Abs. 4 EStG

ArbN-Beitrag zur gesetzlichen Krankenversicherung	3 296 €
ArbN-Beitrag zur sozialen Pflegeversicherung	543 €
Sonstige Vorsorgeaufwendungen (Arbeitslosenversicherung, Erwerbs-/Berufsunfähigkeitsversicherung, Unfall-, Haftpflichtversicherung, Risikoversicherungen, ...)	572 €
	4 411 €
Höchstbetrag	1 900 €
Zwischensumme (max. Höchstbetrag)	1 900 €
Mindestansatz (Beiträge nach § 10 Abs. 1 Nr. 3 EStG)	
Krankenversicherung 3 296 € abzgl. 4 % =	3 164 €
Pflegeversicherung	543 €
Summe	3 707 €
anzusetzen Mindestansatz oder höhere Zwischensumme	3 707 €

3. Günstigerprüfung nach § 10 Abs. 4a EStG

Vorsorgeaufwendungen		7 973 €	
(Basisversorgung und übrige Vorsorgeaufwendungen)			
vorweg abziehbar	1 200 €		
davon ab 16 % des Arbeitslohns	6 096 €		
verbleiben (nicht negativ)	0 €	0 €	0 €
verbleiben		7 973 €	

Grundhöchstbetrag	1 334 €	1 334 €
verbleiben	6 639 €	
davon die Hälfte, höchstens 50 % des Grundhöchstbetrags	667 €	667 €
Vorsorgehöchstbetrag (nach altem Recht)		2 001 €

Der Vergleich nach § 10 Abs. 4a EStG führt zu keinem günstigeren Ergebnis als der Abzug der Höchstbeträge nach § 10 Abs. 3 und 4 EStG (insg. 5 987 €), so dass die Abzugsbeträge nach neuem Recht zu berücksichtigen sind.

4. Übrige Sonderausgaben und Spenden, Sonderausgaben-Pauschbetrag

Tatsächliche Aufwendungen (Kirchensteuer, § 10 Abs. 1 Nr. 4 EStG)	540 €
Sonderausgaben-Pauschbetrag (§ 10c Abs. 1 EStG)	36 €
Anzusetzen sind die tatsächlichen Aufwendungen i. H. von	540 €

Zusammenstellung
Die abzugsfähigen Sonderausgaben betragen demnach:

Vorsorgeaufwendungen (§ 10 Abs. 3 EStG)	2 280 €
Sonstige Vorsorgeaufwendungen (§ 10 Abs. 4 EStG)	3 707 €
Übrige Sonderausgaben (Kirchensteuer, § 10 Abs. 1 Nr. 4 EStG)	540 €
Abzugsfähige Sonderausgaben	6 527 €

Vorsorgeaufwendungen, Höchstbetragsberechnung (3)   Fall 45

Lösung: Die abzugsfähigen Sonderausgaben berechnen sich wie folgt:

1. Basisversorgung, Höchstbetragsberechnung nach § 10 Abs. 3 EStG

Rentenversicherungsbeiträge (Basisversorgung)	6 220 €
zzgl. Arbeitgeberanteil zur gesetzlichen Rentenversicherung	6 220 €
Beiträge Basisversorgung gesamt, max. 40 000 €	12 440 €
davon 82 %	10 201 €
abzgl. Arbeitgeberanteil zur gesetzlichen Rentenversicherung	6 220 €
steuerlich abzugsfähig	3 981 €

2. Sonstige Vorsorgeaufwendungen, Höchstbetragsberechnung nach § 10 Abs. 4 EStG

ArbN-Beiträge zur gesetzlichen Krankenversicherung	4 905 €
ArbN-Beiträge zur sozialen Pflegeversicherung	703 €
Sonstige Vorsorgeaufwendungen (Arbeitslosenversicherung, Erwerbs-/Berufsunfähigkeitsversicherung, Unfall-, Haftpflichtversicherung, Risikoversicherungen, ...)	1 349 €
	6 957 €
Höchstbeträge (2 x 1 900 € =)	3 800 €
Zwischensumme (max. Höchstbetrag)	3 800 €
Mindestansatz (Beiträge nach § 10 Abs. 1 Nr. 3 EStG)	
Krankenversicherung 4 905 € abzgl. 4 % =	4 709 €
Pflegeversicherung	703 €
Summe	5 412 €
Anzusetzen Mindestansatz oder höhere Zwischensumme	5 412 €

3. Günstigerprüfung nach § 10 Abs. 4a EStG

Vorsorgeaufwendungen		13 177 €	
(Basisversorgung und übrige Vorsorgeaufwendungen)			
vorweg abziehbar	2 400 €		
davon ab 16 % des Arbeitslohns (66 520 €), max.	10 643 €		
verbleiben (nicht negativ)	0 €	0 €	0 €
verbleiben		13 177 €	
Grundhöchstbetrag		2 668 €	2 668 €
verbleiben		10 509 €	
hälftiger Grundhöchstbetrag		1 334 €	1 334 €
Vorsorgehöchstbetrag (nach altem Recht)			4 002 €

Der Vergleich nach § 10 Abs. 4a EStG führt nicht zu einem günstigeren Ergebnis als der Abzug der Höchstbeträge nach § 10 Abs. 3 und 4 EStG (3 981 € + 5 412 € = 9 393 €), so dass die Abzugsbeträge nach »neuem« Recht anzusetzen sind.

4. Übrige Sonderausgaben und Spenden, Sonderausgaben-Pauschbetrag

Tatsächliche Aufwendungen	0 €
Sonderausgaben-Pauschbetrag (§ 10c Abs. 1 EStG)	72 €
Anzusetzen ist der Sonderausgaben-Pauschbetrag i. H. von	72 €

Zusammenstellung

Die abzugsfähigen Sonderausgaben betragen demnach:

Vorsorgeaufwendungen (§ 10 Abs. 3 EStG)	3 981 €
Sonstige Vorsorgeaufwendungen (§ 10 Abs. 4 EStG)	5 412 €
Sonderausgaben-Pauschbetrag (§ 10c Abs. 1 EStG)	72 €
Abzugsfähige Sonderausgaben	9 465 €

Fall 46 Vorsorgeaufwendungen, Höchstbetragsberechnung (4)

Lösung: Die abzugsfähigen Sonderausgaben berechnen sich wie folgt:

1. Sonstige Vorsorgeaufwendungen, Höchstbetragsberechnung nach § 10 Abs. 4 EStG

Beiträge zur privaten Krankenversicherung	1 950 €
Beiträge zur privaten Pflegeversicherung	182 €
Sonstige Vorsorgeaufwendungen (Arbeitslosenversicherung, Erwerbs-/Berufsunfähigkeitsversicherung, Unfall-, Haftpflichtversicherung, Risikoversicherungen, ...)	310 €
	2 442 €
Höchstbeträge (2 x 1 900 € =)	3 800 €
Zwischensumme (max. Höchstbetrag)	2 442 €
Mindestansatz (Beiträge nach § 10 Abs. 1 Nr. 3 EStG)	
Krankenversicherung 1 950 € abzgl. 15 % (Wahlleistungen) =	1 658 €
Pflegeversicherung	182 €
Summe	1 840 €
Anzusetzen Mindestansatz oder höhere Zwischensumme	2 442 €

2. Günstigerprüfung nach § 10 Abs. 4a EStG

Vorsorgeaufwendungen		2 442 €	
vorweg abziehbar	2 400 €		
davon ab 16 % des Arbeitslohns (38 000 €)	6 080 €		
verbleiben (nicht negativ)	0 €	0 €	0 €
verbleiben		2 442 €	
Grundhöchstbetrag		2 442 €	2 442 €
Vorsorgehöchstbetrag (nach altem Recht)			2 442 €

Der Vergleich nach § 10 Abs. 4a EStG führt zu keinem günstigeren Ergebnis als der Abzug des Höchstbetrags nach § 10 Abs. 4 EStG.

3. Übrige Sonderausgaben und Spenden, Sonderausgaben-Pauschbetrag

Tatsächliche Aufwendungen (Kirchensteuer, § 10 Abs. 1 Nr. 4 EStG)	309 €
Sonderausgaben-Pauschbetrag (§ 10c Abs. 1 EStG)	72 €
Anzusetzen sind die tatsächlichen Aufwendungen i. H. von	309 €

Zusammenstellung

Die abzugsfähigen Sonderausgaben betragen demnach:
Sonstige Vorsorgeaufwendungen (§ 10 Abs. 4 EStG)

	2 442 €
Übrige Sonderausgaben (Kirchensteuer, § 10c Abs. 1 Nr. 4 EStG)	309 €
Abzugsfähige Sonderausgaben	2 751 €

Vorsorgeaufwendungen, Höchstbetragsberechnung (5) `Fall 47`

Lösung: Die abzugsfähigen Sonderausgaben berechnen sich wie folgt:

1. Sonstige Vorsorgeaufwendungen, Höchstbetragsberechnung nach § 10 Abs. 4 EStG

Beiträge zur privaten Krankenversicherung	2 400 €
Beiträge zur privaten Pflegeversicherung	268 €
Sonstige Vorsorgeaufwendungen (Arbeitslosenversicherung, Erwerbs-/Berufsunfähigkeitsversicherung, Unfall-, Haftpflichtversicherung, Risikoversicherungen, ...)	200 €
	2 868 €
Höchstbeträge (2 x 1 900 € =)	3 800 €
Zwischensumme (max. Höchstbetrag)	2 868 €
Mindestansatz (Beiträge nach § 10 Abs. 1 Nr. 3 EStG)	
Krankenversicherung 2 400 € abzgl. 5 % (Wahlleistungen) =	2 280 €
Pflegeversicherung	268 €
Summe	2 548 €
Anzusetzen Mindestansatz oder höhere Zwischensumme	2 868 €

2. Günstigerprüfung nach § 10 Abs. 4a EStG

Vorsorgeaufwendungen		2 868 €
vorweg abziehbar	2 400 €	
davon ab 16 % des Arbeitslohns (40 980 €)	6 557 €	
verbleiben (nicht negativ)	0 €	0 €
verbleiben		2 868 €
Grundhöchstbetrag		2 668 €	2 668 €
verbleiben		200 €
hälftiger Grundhöchstbetrag, max.		200 €	200 €
Vorsorgehöchstbetrag (nach altem Recht)		2 868 €

Der Vergleich nach § 10 Abs. 4a EStG führt zu keinem günstigeren Ergebnis als der Abzug des Höchstbetrags nach § 10 Abs. 4 EStG.

3. Übrige Sonderausgaben und Spenden, Sonderausgaben-Pauschbetrag

Tatsächliche Aufwendungen (Kirchensteuer, § 10 Abs. 1 Nr. 4 EStG)	850 €
Sonderausgaben-Pauschbetrag (§ 10c Abs. 1 EStG)	72 €
Anzusetzen sind die tatsächlichen Aufwendungen i. H. von	850 €

Zusammenstellung

Die abzugsfähigen Sonderausgaben betragen demnach:

Sonstige Vorsorgeaufwendungen (§ 10 Abs. 4 EStG)	2 868 €
Übrige Sonderausgaben (Kirchensteuer, § 10 Abs. 1 Nr. 4 EStG)	850 €
Abzugsfähige Sonderausgaben	3 718 €

Fall 48 · Zusätzliche Altersvorsorge („Riester-Rente")

Lösung:

Altersvorsorgezulage

Die Altersvorsorgezulage setzt sich aus einer Grundzulage und aus einer Kinderzulage zusammen. Die Zulagen, die einkommensunabhängig gewährt werden, erhöhten sich bis zum Kalenderjahr 2008 stufenweise auf folgende Jahresbeträge:

Jahr	Grundzulage	Kinderzulage pro Kind
2002/2003	38 €	46 €
2004/2005	76 €	92 €
2006/2007	114 €	138 €
seit 2008	154 €	185 €

Die Altersvorsorgezulage wird gekürzt, sofern nicht ein bestimmter **Mindesteigenbeitrag** erbracht wird. Der Mindestbetrag, der als eigene Sparleistung zzgl. Altervorsorgezulage zu erbringen ist, bestimmt sich ausschließlich nach dem im Vorjahr erzielten beitragspflichtigen Arbeitsentgelt in der gesetzlichen Rentenversicherung bzw. bei Beamten, Richtern u. a. nach den im Vorjahr erhaltenen Besoldungsbezügen. Der Mindestbetrag ist auf einen Maximalbetrag begrenzt, der dem Höchstbetrag des zusätzlichen Sonderausgabenabzugs der Altersvorsorgebeiträge (§ 10a EStG) entspricht. Um die vollen Zulagen zu erhalten, sind jährlich die folgenden Mindesteigenbeiträge zu leisten.

Jahr	Mindesteigenbedarf	Obergrenze
2002/2003	1 % der maßgebenden Vorjahres-Einnahmen	525 €
2004/2005	2 % der maßgebenden Vorjahres-Einnahmen	1 050 €
2006/2007	3 % der maßgebenden Vorjahres-Einnahmen	1 575 €
seit 2008	4 % der maßgebenden Vorjahres-Einnahmen	2 100 €

Für Egon und Elfriede berechnet sich der Mindesteigenbeitrag 2016 daher wie folgt:

52 000 € x 4 %	2 080 €
abzgl. Grundzulage (2 x 154 € =)	308 €
abzgl. Kinderzulage	185 €
Mindesteigenbeitrag	1 587 €

Egon hat im Kalenderjahr 2016 insgesamt 1 600 € eingezahlt, so dass beide einen Anspruch auf die ungekürzte Altersvorsorgezulage von insgesamt 493 € geltend machen können.

Sonderausgabenabzug

Egon und Elfriede Emsig können für ihre Beitragsleistungen auf einen begünstigten Altersvorsorgevertrag einschließlich der ihnen zustehenden Zulagen einen zusätzlichen Sonderausgabenabzug in Anspruch nehmen, § 10a EStG. Abzugsfähig sind die im Veranlagungszeitraum tatsächlich geleisteten Altersvorsorgebeiträge. Außerdem ist die dem Steuerpflichtigen zustehende Altersvorsorgezulage (Grund- und Kinderzulage) begünstigt. Nach § 10a EStG ist der zusätzliche Sonderausgabenabzug auf folgende steuerliche Höchstbeträge begrenzt:

Kalenderjahr	Sonderausgaben-Höchstgrenze
2002 und 2003	bis zu 525 €
2004 und 2005	bis zu 1 050 €
2006 und 2007	bis zu 1 575 €
seit dem Kj. 2008	bis zu 2 100 €

Die genannten Höchstbeträge gelten für den einzelnen Steuerpflichtigen. Bei Ehegatten, die beide zum unmittelbar begünstigten Personenkreis gehören, stehen die Höchstbeträge für den Sonderausgabenabzug jedem Ehegatten gesondert zu, wenn jeder Beitragsleistungen einschließlich Zulage auf einen zertifizierten Altersvorsorgevertrag in dem betreffenden Kalenderjahr eingezahlt hat. Eine Übertragung des durch einen Ehegatten nicht ausgeschöpften Sonderausgabevolumens ist nicht zulässig.

Der zusätzliche Sonderausgabenabzug für Egon und Elfriede Emsig berechnet sich mit 2 093 € (= Sparleistung von 1 600 € zzgl. 493 € Zulagen). Das zu versteuernde Einkommen nach Abzug der zusätzlichen Sonderausgaben beträgt demnach 42 907 € (zu versteuerndes Einkommen bisher 45 000 € abzgl. 2 093 €).

tarifliche Einkommensteuer 2016 (Splittingtarif) für 45 000 €	6 490 €
tarifliche Einkommensteuer 2016 (Splittingtarif) für 42 907 €	5 908 €
Steuerermäßigung durch zusätzliche Sonderausgaben	582 €

Nach der Günstigerprüfung ergibt sich eine Steuerermäßigung, die den Zulageanspruch übersteigt.

Im Rahmen der Einkommensteuerveranlagung wird allerdings nicht die gesamte Steuerermäßigung, sondern nur der Teil ausbezahlt, der nach Verrechnung mit dem Zulageanspruch verbleibt. Egon erhält also eine zusätzliche Steuererstattung von 89 € (582 € abzgl. Zulageanspruch von 493 €) ausbezahlt.

Fall 49   Unterhaltsleistungen

Lösung: Bei der Einkommensteuerveranlagung des Hans Boss werden Unterhaltszahlungen bis zum Betrag von 13 805 € als Sonderausgaben gem. § 10 Abs. 1 Nr. 1 EStG abgezogen, da die Ehefrau dem Abzug zugestimmt hat. Sie hat 13 703 € (13 805 € ./. 102 € Werbungskosten-Pauschbetrag) als sonstige Einkünfte zu versteuern. Hans Boss steht der Höchstbetrag nach § 10 Abs. 1 Nr. 7 EStG von 6 000 € nicht zu, da die Ehegatten die Voraussetzungen für die Ehegattenbesteuerung gem. § 26 Abs. 1 EStG nicht erfüllen. Ein Abzug der Ausbildungskosten ist nur bei der Veranlagung der Caroline möglich.

Fall 50   Aufwendungen für die Berufsausbildung

Lösung: Als Sonderausgaben gem. § 10 Abs. 1 Nr. 7 EStG werden abgezogen:

Aufwendungen für die Berufsausbildung des Ehemannes (Studium)	6 000 €
Aufwendungen für die Berufsausbildung der Ehefrau (Sekretärinnenlehrgang)	656 €

Das Medizinstudium des Ehemannes und der Sekretärinnenabendkurs der Ehefrau sind der Berufsausbildung zuzurechnen. Die Aufwendungen dafür sind jeweils bis zur Höhe von 6 000 € abzugsfähig.

Zu den abzugsfähigen Aufwendungen gehören auch die Aufwendungen für das Lehrmaterial und die Fahrtkosten. Die Aufwendungen der Ehefrau i. H. von 600 €, die durch den Fortbildungslehrgang über Operationstechnik angefallen sind, können als Werbungskosten bei ihren Einkünften aus nichtselbständiger Arbeit berücksichtigt werden (§ 9 EStG).

Fall 51   Abzug verschiedener Sonderausgaben

Lösung: Die im Rahmen der Zusammenveranlagung der Ehegatten Korn abzugsfähigen Sonderausgaben betragen:

1.   Basisversorgung, Höchstbetragsberechnung nach § 10 Abs. 3 EStG

Rentenversicherungsbeiträge (Basisversorgung)	1 622 €
zzgl. Arbeitgeberanteil zur gesetzlichen Rentenversicherung	1 622 €
Beiträge Basisversorgung gesamt, max. 40 000 €	3 244 €
davon 82 %	2 660 €
abzgl. Arbeitgeberanteil zur gesetzlichen Rentenversicherung	1 622 €
steuerlich abzugsfähig	1 038 €

2. Sonstige Vorsorgeaufwendungen, Höchstbetragsberechnung nach § 10 Abs. 4 EStG

Beiträge zur gesetzlichen/privaten Krankenversicherung	3 457 €
Beiträge zur Pflegeversicherung	200 €
Sonstige Vorsorgeaufwendungen (Arbeitslosenversicherung, Erwerbs-/Berufsunfähigkeitsversicherung, Unfall-, Haftpflichtversicherung, Risikoversicherungen, ...)	3 511 €
	7 168 €
Höchstbeträge (2 x 1 900 € =)	3 800 €
Zwischensumme (max. Höchstbetrag)	3 800 €
Mindestansatz (Beiträge nach § 10 Abs. 1 Nr. 3 EStG)	
Krankenversicherung Ehefrau 1 337 € abzgl. 4 % =	1 284 €
Private Krankenversicherung 2 120 € abzgl. 8 % (Wahlleistungen) =	2 078 €
Pflegeversicherung	200 €
Summe	3 562 €
Anzusetzen Mindestansatz oder höhere Zwischensumme	3 800 €

3. Günstigerprüfung nach § 10 Abs. 4a EStG

Vorsorgeaufwendungen		8 788 €	
(Basisversorgung und übrige Vorsorgeaufwendungen)			
vorweg abziehbar	2 400 €		
davon ab 16 % des Arbeitslohns (16 300 €)	2 608 €		
verbleiben (nicht negativ)	0 €	0 €	0 €
verbleiben		8 788 €	
Grundhöchstbetrag		2 668 €	2 668 €
verbleiben		6 120 €	
hälftiger Grundhöchstbetrag		1 334 €	1 334 €
Vorsorgehöchstbetrag (nach altem Recht)			4 002 €

Der Vergleich nach § 10 Abs. 4a EStG führt zu keinem günstigeren Ergebnis als der Abzug der Höchstbeträge nach § 10 Abs. 3 und 4 EStG (1 038 € + 3 800 € = 4 838 €), so dass der Abzugsbetrag nach »neuem« Recht berücksichtigt wird.

4. Übrige Sonderausgaben und Spenden, Sonderausgaben-Pauschbetrag

Tatsächliche Aufwendungen	
Kirchensteuer, § 10 Abs. 1 Nr. 4 EStG	465 €
Berufsausbildungskosten, § 10 Abs. 1 Nr. 7 EStG	1 105 €
Summe	1 570 €
Sonderausgaben-Pauschbetrag (§ 10c Abs. 1 EStG)	72 €
Anzusetzen sind die tatsächlichen Aufwendungen i. H. von	1 570 €

Zusammenstellung

Die abzugsfähigen Sonderausgaben betragen demnach:	
Vorsorgehöchstbetrag (nach neuem Recht), § 10 Abs. 4a EStG	4 838 €
Übrige Sonderausgaben	1 570 €
Abzugsfähige Sonderausgaben	6 408 €

Die Hauswirtschafterin ist in einem sog. „haushaltsnahen Beschäftigungsverhältnis" sozialversicherungspflichtig tätig. Die Eheleute Korn erhalten hierfür eine Steuerermäßigung (= Minderung der tariflichen Einkommensteuer) i.H. von 20 % = 2 600 € (höchstens 4 000 €), § 35a EStG.

Fall 52 Spenden, formelle Voraussetzungen

Lösung: Die Spende wird vom Finanzamt nicht zum Abzug nach § 10b EStG anerkannt, da die formellen Voraussetzungen für den Spendenabzug nicht vorliegen. Zwar ist der Empfänger der Spende eine in § 5 Abs. 1 Nr. 9 KStG bezeichnete Körperschaft, es fehlt jedoch die Bestätigung des Vereins, dass der gespendete Betrag für satzungsmäßige Zwecke verwendet wird. Die Spendenquittung (Zuwendungsnachweis, § 50 EStDV) hat der Verein nach amtlich vorgeschriebenem Vordruck auszustellen.

Fall 53 Begrenzung des Spendenabzugs

Lösung: Parteispenden sind Ausgaben zur Förderung staatspolitischer Zwecke. Sie sind als Sonderausgaben bis 1 650 €/3 300 € abzugsfähig, soweit sie den Grenzbetrag nach § 34g EStG von 1 650 €/3 300 € (Einzelveranlagung/Zusammenveranlagung) übersteigen.

Berechnung des abzugsfähigen Betrags

Parteispende	9 000 €	
./. Grenzbetrag nach § 34g EStG	3 300 €	
verbleiben	5 700 €	
Höchstbetrag (§ 10b Abs. 2 EStG)		3 300 €
20 %-Regelung		
Spende für wissenschaftliche Zwecke	4 000 €	
+ Spende für kirchliche Zwecke	2 000 €	
Summe	6 000 €	
höchstens 20 % v. 70 000 € = 14 000 €	6 000 €	> 6 000 €
abzugsfähiger Betrag		9 300 €

Die Alternativlösung – abzugsfähig i.H. von 4 v.T. der Summe der gesamten Umsätze und der im Kalenderjahr aufgewendeten Löhne und Gehälter = 4 v.T. von 180 000 € = 720 € – ist eindeutig ungünstiger und wird deshalb nicht angewendet.

Fall 54 Spendenabzug, Berechnung des Höchstbetrags

Lösung: Berechnungsmethode 1

Spenden für mildtätige u. wissenschaftliche Zwecke	3 500 €	
Spenden für kirchliche Zwecke	1 000 €	
Spenden für gemeinnützige Zwecke	450 €	
zusammen	4 950 €	
20 % vom Gesamtbetrag der Einkünfte = 11 000 € max.	4 950 €	
abzugsfähig		4 950 €
Spenden an politische Parteien (5 000 € ./. 3 300 €)		1 700 €
Spendenabzug gem. § 10b EStG		6 650 €

Spenden an politische Parteien können insoweit nicht als Sonderausgaben abgezogen werden, als für sie eine Steuerermäßigung nach § 34g EStG gewährt wird (Begünstigungsbetrag 200 % von 1 650 € = 3 300 €).

Berechnungsmethode 2

Spenden insgesamt (ohne politische Parteien)	4 950 €
4 v. T. von 1 550 000 € = 6 200 € max.	4 950 €
abzugsfähig	4 950 €
Spenden an politische Parteien (5 000 € ./. 3 300 €)	1 700 €
insgesamt	6 650 €

Verlustabzug

Fall 55

Lösung (Zusammenveranlagung):

Verlustausgleich 2016

Verlust aus Gewerbebetrieb	./. 60 000 €
Positive Einkünfte aus selbständiger Tätigkeit	3 000 €
Positive Einkünfte aus Vermietung und Verpachtung	50 000 €
Summe der Einkünfte	./. 7 000 €

Der nicht ausgeglichene Verlust kann vom Gesamtbetrag der Einkünfte des vorangegangenen Veranlagungszeitraums bis zu einem Einkommen von 0 € abgezogen werden (Verlustrücktrag). Der Steuerpflichtige kann auf die Anwendung des Verlustrücktrags verzichten (§ 10d Abs. 1 EStG). Ein nicht ausgeschöpfter Verlustrücktrag ist in den folgenden Veranlagungszeiträumen abzuziehen (§ 10d Abs. 2 EStG).

Gesamtbetrag der Einkünfte 2015	16 500 €
./. Verlustrücktrag	7 000 €
	9 500 €
Verbleibender Verlustabzug 2016	7 000 €
./. Verlustrücktrag 2015	./. 7 000 €
Restbetrag (verbleibender Verlustabzug 2016)	0 €

Fachaufgabe Einkommensteuer zu Sonderausgaben

Fall 56

Lösung: Zur Ermittlung des zu versteuernden Einkommens ist zunächst der Gesamtbetrag der Einkünfte festzustellen. Von diesem sind zur Ermittlung des Einkommens die Sonderausgaben und die außergewöhnlichen Belastungen abzuziehen.

Nach Abzug der Sonderfreibeträge vom Einkommen ergibt sich das zu versteuernde Einkommen (§ 2 Abs. 4 und 5 EStG).

I. Gesamtbetrag der Einkünfte

1. Einkünfte aus Gewerbebetrieb (§ 15 EStG)

Erklärter Gewinn	35 000 €
+ Privatanteil Kfz-Nutzung 30 % von 7 700 €	2 310 €
./. Säumniszuschläge (§ 240 AO) zur Umsatzsteuer	26 €
Einkünfte	37 284 €

Die Kfz-Kosten i. H. von 7 700 € sind in Höhe des privaten Nutzungsanteils keine Betriebsausgaben. Der Gewinn ist somit um 2 310 € (30 %) zu erhöhen.

Säumniszuschläge sind Betriebsausgaben, da sie mit abzugsfähigen Steuern im Zusammenhang stehen (EStH 12.4).

2. Einkünfte aus nichtselbständiger Arbeit (§ 19 EStG)

Bruttoarbeitslohn

Nettoarbeitslohn monatlich	1 180 €
+ Lohnsteuer u. Solidaritätszuschlag	0 €
+ Lohnkirchensteuer	0 €
+ Rentenversicherung (Arbeitnehmeranteil)	149 €
+ Arbeitslosenversicherung (Arbeitnehmeranteil)	31 €
+ Krankenversicherung (Arbeitnehmeranteil)	120 €
+ Pflegeversicherung (Arbeitnehmeranteil)	17 €
Bruttoarbeitslohn monatlich	1 497 €
Bruttoarbeitslohn, Jahresbetrag (1 497 € × 12)	17 964 €
./. Arbeitnehmer-Pauschbetrag	1 000 €
Einkünfte	16 964 €

3. Zusammenstellung

Einkünfte aus Gewerbebetrieb	37 284 €
Einkünfte aus nichtselbständiger Arbeit	16 964 €
Summe der Einkünfte	54 248 €
./. Altersentlastungsbetrag = 24 %* der Einkünfte des Ehemannes (37 284 €) = 8 948 €, höchstens	1 140 €
Gesamtbetrag der Einkünfte	53 108 €

* Ehemann hatte das 65. Lebensjahr Anfang 2016 vollendet!

II. Sonderausgaben

1. Basisversorgung, Höchstbetragsberechnung nach § 10 Abs. 3 EStG

Rentenversicherungsbeiträge Ehefrau (Basisversorgung)	1 788 €
zzgl. Arbeitgeberanteil zur gesetzlichen Rentenversicherung	1 788 €
Leibrentenversicherung	5 100 €
Beiträge Basisversorgung gesamt, max. 40 000 €	8 676 €
davon 82 %	7 114 €
abzgl. Arbeitgeberanteil zur gesetzlichen Rentenversicherung	1 788 €
steuerlich abzugsfähig	5 326 €

2. Sonstige Vorsorgeaufwendungen, Höchstbetragsberechnung nach § 10 Abs. 4 EStG

Beiträge zur gesetzlichen/privaten Krankenversicherung	3 840 €
Beiträge zur Pflegeversicherung	204 €

Sonstige Vorsorgeaufwendungen (Arbeitslosenversicherung, Erwerbs-/Berufsunfä-
higkeitsversicherung, Unfall-, Haftpflichtversicherung, Risikoversicherungen, ...)   602 €

4 646 €

Höchstbeträge (Ehemann 2 800 €, Ehefrau 1 900 €)   4 700 €

Zwischensumme (max. Höchstbetrag)   4 646 €

Mindestansatz (Beiträge nach § 10 Abs. 1 Nr. 3 EStG)

Krankenversicherung Ehefrau 1 440 € abzgl. 4 % =   1 383 €

Private Krankenversicherung (nur Basisabsicherung)   2 400 €

Pflegeversicherung   204 €

Summe   3 987 €

Anzusetzen Mindestansatz oder höhere Zwischensumme   4 646 €

3. Günstigerprüfung nach § 10 Abs. 4a EStG

Vorsorgeaufwendungen		11 534 €	
(Basisversorgung und übrige Vorsorgeaufwendungen)			
vorweg abziehbar	2 400 €		
davon ab 16 % des Arbeitslohns (17 964 €)	2 874 €		
verbleiben (nicht negativ)	0 €	0 €	0 €
verbleiben		11 534 €	
Grundhöchstbetrag		2 668 €	2 668 €
verbleiben		8 866 €	
hälftiger Grundhöchstbetrag		1 334 €	1 334 €
Vorsorgehöchstbetrag (nach altem Recht)			4 002 €

Der Vergleich nach § 10 Abs. 4a EStG führt nicht zu einem günstigeren Ergebnis als der Abzug
der Höchstbeträge nach § 10 Abs. 3 und 4 EStG (5 326 € + 4 646 € = 9 972 €), so dass der Vorsorgehöchstbetrag nach »neuem« Recht in Abzug gebracht wird.

4. Übrige Sonderausgaben und Spenden, Sonderausgaben-Pauschbetrag

Tatsächliche Aufwendungen

Kirchensteuer, § 10 Abs. 1 Nr. 4 EStG   350 €

Sonderausgaben-Pauschbetrag (§ 10c Abs. 1 EStG)   72 €

Anzusetzen sind die tatsächlichen Aufwendungen i. H. von   350 €

Zusammenstellung

Die abzugsfähigen Sonderausgaben betragen demnach:

Vorsorgehöchstbetrag (nach altem Recht), § 10 Abs. 4a EStG   9 972 €

Übrige Sonderausgaben   350 €

Abzugsfähige Sonderausgaben   10 322 €

III. Zu versteuerndes Einkommen

Gesamtbetrag der Einkünfte	53 108 €
./. Sonderausgaben	10 322 €
Einkommen	42 786 €
zu versteuerndes Einkommen	42 786 €

Fall 57 **Außergewöhnliche Belastungen dem Grunde nach (Abgrenzung)**

Sachverhalt: Aufwendungen wegen   Rechtsgrundlage
                                                                    EStG/EStR/EStH

1.	ärztlicher Behandlung*)	①	§ 33
2.	Behandlung durch Heilpraktiker*)	①	EStR 33.4 Abs. 1
3.	Naturmedizin, verordnet durch Heilpraktiker*)	①	EStR 33.4 Abs. 1
4.	Diätverpflegung*)	④	§ 33 Abs. 2
5.	Besuch eines schwer erkrankten Angehörigen im Krankenhaus*)	①	EStR 33.4 Abs. 1
6.	Bandscheibenmatratze	④	
7.	Zugewinnausgleich bei Ehescheidung	④	
8.	Prozesskosten zur Erlangung eines Studienplatzes*)	④	EStH 33.1-33.4
9.	Klimakur an der Nordsee*)	①	EStR 33.4 Abs. 1
10.	Mittagsheimfahrten eines Behinderten*)	④	EStH 33.1-33.4
11.	Umzugskosten wegen Klimaveränderung*)	④	EStH 33.1-33.4
12.	Anschaffung von Haushaltsgerät wegen Krankheit*)	④	EStH 33.1-33.4
13.	Unterbringung im Krankenhaus*)	①	EStH 33.1-33.4
14.	Kfz-Kosten eines Körperbehinderten, Grad der Behinderung 80 %*)	①	EStH 33.1-33.4
15.	Badekur ohne amtsärztliche Bescheinigung der Kurbedürftigkeit*)	④	EStR 33.4 Abs. 1
16.	Wiederbeschaffung von Hausrat, verloren durch Feuer/ Vertreibung/Flucht*)	①	EStR 33.2
17.	Bestattung, kein Nachlass*)	①	EStH 33.1-33.4
18.	Trauerkleidung*)	④	EStH 33.1-33.4
19.	Bewirtung der Trauergäste*)	④	EStH 33.1-33.4
20.	Aussteuer der Tochter*)	④	EStH 33.1-33.4
21.	Ehescheidung: Anwalt und Gericht*)	①	EStH 33.1-33.4
22.	Privatschulbesuch des behinderten Kindes*)	①	EStR 33.4 Abs. 2
		④	sofern Betreuung ggf. § 9c EStG
23.	Schadensersatz durch Fahrradunfall*)	①	EStH 33.1-33.4
24.	Unterbringung im Pflegeheim unter Verzicht auf den Pauschbetrag von 3 700 €*)	④	EStR 33.3
25.	Adoption eines Kindes*)	④	EStH 33.1-33.4
26.	Unterstützung der Mutter, die kein Vermögen und keine eigenen Einkünfte hat	②	§ 33a Abs. 1
27.	Unterhalt an früheren Ehegatten, weil dieser keine Einkünfte hat	②	EStR 33a.1 Abs. 1
28.	Berufsausbildung eines studierenden Kindes	②	§ 33a Abs. 2

29. Hilfe im Haushalt, Steuerzahler ist 55 J. alt und zu 50 % behindert   ④ ggf. Steuerermäßigung nach § 35a EStG

30. Reinigungsarbeiten für den Steuerzahler, der in einem Heim lebt   ④ ggf. Steuerermäßigung nach § 35a EStG

31. Steuerzahler ist nach Unfall für mehr als sechs Monate hilflos   ③ § 33b

32. Steuerzahler hat ein körperbehindertes Kind   ③ § 33b Abs. 5
     ④ §§ 9c, 35a EStG

33. Steuerzahlerin pflegt ihren hilflosen Ehemann   ③ § 33b Abs. 6

*) Nach Abzug eines Ausgleichs von dritter Seite

Außergewöhnliche Belastungen im Allgemeinen (§ 33 EStG), zumutbare Belastung   `Fall 58`

Lösung:

		Fall a	Fall b
1. Aufwendungen (§ 33 Abs. 1 und 2 EStG)			3 000 €
./. Erstattung			1 000 €
2. Berücksichtigungsfähige Aufwendungen			2 000 €
3. Gesamtbetrag der Einkünfte			15 000 €
4. Zumutbare Belastung (§ 33 Abs. 3 EStG)		**Fall a**	**Fall b**
a) 5 % von 15 000 € =		750 €	
b) 2 % von 15 000 € =			300 €
5. Außergewöhnliche Belastungen			
Berücksichtigungsfähige Aufwendungen		2 000 €	2 000 €
./. zumutbare Belastung		750 €	300 €
Außergewöhnliche Belastungen		1 250 €	1 700 €

Aufwendungen i. S. des § 33 EStG   `Fall 59`

Lösung: Für die Berücksichtigung von außergewöhnlichen Belastungen nach § 33 EStG ist Voraussetzung, dass das Einkommen des Steuerpflichtigen durch außergewöhnliche Aufwendungen zwangsläufig belastet war und die Aufwendungen keine Betriebsausgaben, Werbungskosten oder Sonderausgaben sind. Zu den einzelnen Aufwendungen wird wie folgt Stellung genommen:

Krankheitskosten durch Magenoperation

Zu berücksichtigen sind (3 650 € ./. 3 285 €)   365 €

Krankheitskosten sind als außergewöhnliche Belastung anzuerkennen, da sie zwangsläufig entstehen. Held kann sich diesen Aufwendungen aus tatsächlichen Gründen (§ 33 Abs. 2 Satz 1 EStG) nicht entziehen.

Auch die Verpflegungskosten gehören zu den Krankheitskosten. Eine Haushaltsersparnis braucht nicht abgezogen zu werden (EStH 33.1-33.4). Allerdings sind Erstattungen der Krankenkasse von den Aufwendungen abzuziehen, da Held insoweit nicht belastet war. Auch der von der Krankenkasse im Veranlagungszeitraum 2017 erstattete Betrag ist von den berücksichtigungsfähigen Aufwendungen abzuziehen, da Held bereits im Veranlagungszeitraum 2016, in dem die Aufwendungen angefallen sind, mit der Erstattung rechnen konnte.

Morgenmantel

Die Aufwendungen für den Morgenmantel können nicht berücksichtigt werden. Held wurde durch die Aufwendungen nicht belastet, da er einen Gegenwert erhalten hat (EStH 33.1-33.4).

Badekur

Zu berücksichtigen sind   548 €

Die Kosten der Badekur sind Krankheitskosten und als solche nach Abzug des von der Krankenkasse erstatteten Betrags zu berücksichtigen. Zu den Kosten der Badekur gehören auch die Fahrtkosten zum Kurort. Die Verpflegungskosten werden bei Kurkosten allerdings um die Haushaltsersparnis gekürzt. Die Haushaltsersparnis beträgt ein Fünftel der Verpflegungskosten. Bei 28 Tagen Kuraufenthalt beträgt die Haushaltsersparnis 28 mal 20 % × 30 € = 168 €. Der Betrag von 716 € wird somit um die Haushaltsersparnis i. H. von 168 € gekürzt. Es verbleiben 548 € (EStR 33.4 Abs. 3).

Hörgerät

Zu berücksichtigen sind (730 € ./. 657 €)   73 €

Die Aufwendungen durch Anschaffung des Hörgeräts sind ebenfalls Krankheitskosten und somit anzusetzen. Einen Gegenwert für die Aufwendungen hat Held nicht erhalten, da mit dem Gerät lediglich das verloren gegangene Hörvermögen ausgeglichen wird.

Beerdigungskosten

Sie gehören zwar grundsätzlich zu den außergewöhnlichen Belastungen, da sich Held ihnen aus tatsächlichen Gründen nicht entziehen kann. Eine Berücksichtigung kommt hier jedoch nicht in Betracht, da er nicht belastet wurde. Die Beerdigungskosten konnten nämlich aus dem Nachlass der verstorbenen Ehefrau gedeckt werden (EStH 33.1-33.4).

Diätverpflegung

Aufwendungen für Diätverpflegung werden nicht als außergewöhnliche Belastungen berücksichtigt (§ 33 Abs. 2 letzter Satz EStG).

Zusammenstellung

Die berücksichtigungsfähigen Aufwendungen betragen:

Krankheitskosten durch Magenoperation	365 €
Kosten der Badekur	548 €
Anschaffungskosten für Hörgerät	73 €
Gesamtbetrag der Aufwendungen	986 €

Dieser Betrag ist noch um die zumutbare Belastung (§ 33 Abs. 3 EStG) zu kürzen. Der Restbetrag wird vom Gesamtbetrag der Einkünfte abgezogen.

Unterhaltsleistungen

Lösung: Lieb kann für das Kalenderjahr 2016 einen Betrag i. H. von 3 260 € vom Gesamtbetrag der Einkünfte abziehen, § 33a Abs. 1 EStG

Er unterstützt seine Mutter mit monatlich 350 €; ihm sind somit Aufwendungen für eine Person erwachsen, für die weder er noch eine andere Person Anspruch auf einen Kinderfreibetrag oder Kindergeld hat. Die Unterhaltszahlungen erfolgen an eine unterhaltsberechtigte Person (Verwandtschaft in gerader Linie).

Die Mutter des Lieb hat durch ihre Rente jedoch Einkünfte und Bezüge, die sich auf den Höchstbetrag mindernd auswirken. Der Höchstbetrag nach § 33a Abs. 1 EStG kann daher nicht in voller Höhe abgezogen werden, wie sich aus folgender Berechnung ergibt:

1. **Ermittlung der schädlichen Einkünfte und Bezüge**
   Einkünfte der unterstützten Person
   Sonstige Einkünfte (§ 22 EStG)

Rente monatlich 500 € × 12 =		6 000 €
Rentenfreibetrag laut Sachverhalt		3 000 €
./. Werbungskosten-Pauschbetrag (§ 9a EStG)		102 €
Einkünfte		2 898 €

   Bezüge der unterstützten Person

Steuerlich nicht erfasster Teil der Rente 50 % =	3 000 €	
./. Kostenpauschale	180 €	+ 2 820 €
Summe der Einkünfte und Bezüge		5 718 €
./. Unschädliche Einkünfte und Bezüge		./. 624 €
Schädliche Einkünfte und Bezüge		5 094 €

   Alternativ dazu wäre auch folgende (einfache) Berechnung möglich

Summe der Einkünfte und Bezüge 12 × 500 € =	6 000 €	
./. Werbungskosten-Pauschbetrag	./. 102 €	
./. Kostenpauschale	./. 180 €	
Summe der Einkünfte und Bezüge	5 718 €	
./. Unschädliche Einkünfte und Bezüge	./. 624 €	
Schädliche Einkünfte und Bezüge	5 094 €	

2. **Berechnung des gesetzlich zulässigen Höchstbetrags**

Vorläufiger Höchstbetrag	8 652 €
./. Schädliche Einkünfte und Bezüge	5 094 €
Endgültiger Höchstbetrag	3 558 €

3. **Ermittlung der abzugsfähigen Aufwendungen**

Tatsächlich geleistete Aufwendungen	4 200 €
Endgültiger Höchstbetrag	3 558 €
Abzugsfähig (kleinerer Betrag)	3 558 €

Unterhaltsleistungen in nur einem Teil des Jahres

Lösung: Die Höchstbeträge für den Abzug von Unterhaltsaufwendungen (§ 33a Abs. 1 EStG) ermäßigen sich für jeden vollen Kalendermonat, in dem kein Unterhalt gewährt wurde (§ 33a Abs. 4 EStG). Der Jahresbetrag der eigenen Einkünfte und Bezüge ist auf die Zeiten innerhalb und außerhalb des Unterhaltszeitraums aufzuteilen (EStR 33a.4).

Berechnung

Abzugsfähiger Höchstbetrag nach § 33a Abs. 1 EStG

1.	**Ermittlung der schädlichen Einkünfte und Bezüge bei gesetzlich unterhaltsberechtigten Personen**		
1.1	**Einkünfte** der unterstützten Person im Unterstützungszeitraum (§ 2 Abs. 1 EStG)		0 €
1.2	**Bezüge** der unterstützten Personen	3 600 €	
1.2.1	./. Kostenpauschale	180 €	
	verbleiben	3 420 € >	3 420 €
1.3	Summe der Einkünfte und Bezüge		3 420 €
1.4	unschädliche Einkünfte und Bezüge 624 €, davon $^8/_{12}$ =		416 €
1.5	schädliche Einkünfte und Bezüge		3 004 €
2.	**Berechnung des gesetzlich zulässigen Höchstbetrags**		
2.1	vorläufiger Höchstbetrag 8 652 €, davon $^8/_{12}$ =		5 768 €
2.2	./. schädliche Einkünfte und Bezüge (Ziff. 1.5)		3 004 €
2.3	endgültiger Höchstbetrag		2 764 €
3.	**Ermittlung der abzugsfähigen Aufwendungen**		
3.1	tatsächlich geleistete Aufwendungen		2 400 €
3.2	endgültiger Höchstbetrag (vgl. 2.3)		2 764 €
3.3	abzugsfähiger Betrag (kleinerer Betrag aus 3.1 und 3.2)		2 400 €

Die Kostenpauschale wird <u>nicht</u> zeitanteilig gekürzt, da die Bezüge ausschließlich auf den Unterhaltszeitraum Januar bis August entfallen (vgl. auch EStH 33a.4).

Fall 62 **Lösung:**

Abzugsfähiger Höchstbetrag nach § 33a Abs. 1 EStG

1	**Ermittlung der schädlichen Einkünfte und Bezüge bei gesetzlich unterhaltsberechtigten Personen**	
1.1	**Einkünfte** der unterstützten Person (§ 2 Abs. 1 EStG) 438 € + 1 998 €	2 436 €
1.2	**Bezüge** der unterstützten Person (EStH 190)	3 780 €
1.3	Summe der Einkünfte und Bezüge	6 216 €
	davon entfallen auf den Unterhaltszeitraum 3 300/6 600 =	3 108 €
1.4	unschädliche Einkünfte und Bezüge 624 €, davon $^6/_{12}$	312 €
1.5	schädliche Einkünfte und Bezüge	2 796 €
2	**Berechnung des gesetzlich zulässigen Höchstbetrags**	
2.1	vorläufiger Höchstbetrag 8 652 € davon $^6/_{12}$ =	4 326 €
2.2	./. schädliche Einkünfte und Bezüge (Ziff. 1.5)	2 796 €
2.3	endgültiger Höchstbetrag	1 530 €
3	**Berechnung der abzugsfähigen Aufwendungen**	
3.1	tatsächlich geleistete Aufwendungen	1 200 €
3.2	endgültiger Höchstbetrag (vgl. 2.3)	1 530 €
3.3	abzugsfähiger Betrag (kleinerer Betrag aus 3.1 und 3.2)	1 200 €

Ermittlung der Einkünfte und Bezüge im Kalenderjahr

Versorgungsbezüge		2 400 €
./. Versorgungsfreibetrag 40 % von 2 400 € =	960 €	
./. Zuschlag zum Versorgungsfreibetrag	900 €	
./. Werbungskosten-Pauschbetrag	102 €	
Summe	1 962 € >	1 962 €
Einkünfte i. S. von § 19 EStG		438 €

Renteneinkünfte

Steuerpflichtig (Einnahmen 4 200 € ./. Rentenfreibetrag 2 100 € =)	2 100 €
./. Werbungskosten-Pauschbetrag (§ 9a EStG)	102 €
Einkünfte i. S. von § 22 EStG	1 998 €

Bezüge

Versorgungsfreibetrag nach § 19 Abs. 2 EStG (§ 32 Abs. 4 Satz 4 EStG)	960 €
Zuschlag zum Versorgungsfreibetrag	900 €
Steuerlich nicht erfasster Teil der Rente (Rentenfreibetrag)	2 100 €
./. Kostenpauschale (EStR 32.10 Abs. 3)	180 €
Bezüge	3 780 €

Freibetrag für Sonderbedarf in Berufsausbildung befindlicher Kinder　　　　　Fall 63

Lösung a: Die Eheleute Kindermann erhalten für ihre Tochter Lena keinen Ausbildungsfreibetrag, da sie nicht auswärts untergebracht ist.

Für ihre Tochter Marie erhalten die Eheleute Kindermann für das Kalenderjahr 2016 einen Ausbildungsfreibetrag von 924 €, davon $^4/_{12}$ = 308 € (für die Monate, in denen das Kind auswärts untergebracht war).

Der Ausbildungsfreibetrag ist nicht um eigene Einkünfte und Bezüge des Kindes zu ermäßigen.

Lösung b:

Ausbildungsfreibetrag (über 18 Jahre, auswärts untergebracht)	924 €
anteiliger Ausbildungsfreibetrag für Jan. bis Sept. $^9/_{12}$ von 924 € =	693 €

Pflegekosten　　　　　Fall 64

Lösung:

a) außergewöhnliche Belastungen:

1. Aufwendungen für den Unterhalt (§ 33a Abs. 1 EStG) 12 × 350 € =		4 200 €
Der Höchstbetrag von 8 652 € ist nicht überschritten; abzugsfähig sind		4 200 €
2. Pflege-Pauschbetrag nach § 33b Abs. 6 EStG, da Herzig die Pflege persönlich durchführt		924 €

Anstelle des Pflege-Pauschbetrags nach § 33b Abs. 6 EStG hätten die Pflegekosten von 10 000 € auch als außergewöhnliche Belastungen nach § 33 EStG abgezogen werden können (§ 33 Abs. 2 EStG).

Unter Berufung auf EStR 33a.1 Abs. 1 Satz 5 kann die Tochter auf den Nachweis tatsächlicher Unterhaltsleistung i. S. des § 33a Abs. 1 EStG verzichten. Gehört die unterhaltsberechtigte Person zum Haushalt des Steuerpflichtigen, kann regelmäßig davon ausgegangen werden, dass ihm Unterhaltsaufwendungen in Höhe des maßgeblichen Höchstbetrags entstehen. Damit wären 8 652 € abzugsfähig.

b) Die Hausgehilfin ist in einem sog. „haushaltsnahen Beschäftigungsverhältnis" tätig. Frau Herzig kann hierfür eine Steuerermäßigung (= Minderung der tariflichen Einkommensteuer) i. H. von 20 % der Aufwendungen, soweit diese nicht bereits als außergewöhnliche Belastungen berücksichtigt worden sind, beantragen, § 35a EStG.

Berechnung:
10 000 € x 20 % = 2 000 €
Höchstbetrag der Steuerermäßigung: 4 000 €

Fall 65 **Fachaufgabe aus der Einkommensteuer zu außergewöhnlichen Belastungen**

Lösung: Das zu versteuernde Einkommen der Ehegatten berechnet sich folgt:

I. Gesamtbetrag der Einkünfte

1. Einkünfte aus nichtselbständiger Arbeit (Ehemann)

Bruttoarbeitslohn		25 300 €
./. Werbungskosten		
Aufwendungen für Wege zwischen Wohnung und erster Tätigkeitsstätte (§ 9 Abs. 2 Satz 11 EStG)		
11 km × 230 Tage × 0,60 € =	1 518 €	
Aufwendungen für Fachliteratur (§ 9 Abs. 1 Nr. 6 EStG)	65 €	
Kontoführungsgebühren	16 €	
Summe	1 599 € >	1 599 €
Einkünfte		23 701 €

Die Werbungskosten sind anzusetzen, weil sie den Arbeitnehmer-Pauschbetrag nach § 9a EStG von 1 000 € übersteigen.

Da der Ehemann zu 70 % erwerbsgemindert ist, werden nach § 9 Abs. 2 Satz 11 EStG anstelle der Entfernungspauschalen die tatsächlichen Aufwendungen abgezogen, in Ermangelung des Nachweises der tatsächlichen Aufwendungen die Pauschsätze für Dienstreisen. Sie betragen 0,30 € je gefahrenen Kilometer (LStR 9.10 Abs. 3).

2. Einkünfte aus Vermietung und Verpachtung (Ehefrau)

Einkünfte		3 300 €
3. Gesamtbetrag der Einkünfte (23 701 € + 3 300 €) =		27 001 €

II. Sonderausgaben

1. Vorsorgeaufwendungen

Die abzugsfähigen Vorsorgeaufwendungen betragen laut Sachverhalt: 2 783 €

2. Übrige Sonderausgaben und Spenden, Sonderausgaben-Pauschbetrag

Tatsächliche Aufwendungen

Kirchensteuer, § 10 Abs. 1 Nr. 4 EStG	360 €
Sonderausgaben-Pauschbetrag (§ 10c Abs. 1 EStG)	72 €
Anzusetzen sind die tatsächlichen Aufwendungen i. H. von	<u>360 €</u>

Zusammenstellung

Die abzugsfähigen Sonderausgaben betragen demnach:

Vorsorgeaufwendungen	2 783 €
Übrige Sonderausgaben	<u>360 €</u>
Abzugsfähige Sonderausgaben	<u><u>3 143 €</u></u>

III. Außergewöhnliche Belastungen

1. Außergewöhnliche Belastungen im Allgemeinen (§ 33 EStG)

a) Beerdigungskosten

Aufwendungen – mit Ausnahme von Trauerkleidung und Bewirtung	5 150 €
./. Nachlass	3 000 €
Aufwendungen gem. § 33 Abs. 1 und 2 EStG	<u><u>2 150 €</u></u>

Aufwendungen für Trauerkleidung sind keine außergewöhnliche Belastung, weil für sie ein Gegenwert erlangt wird. Eine Belastung fehlt somit. Die Aufwendungen für die Bewirtung sind nicht abzugsfähig, weil sie nicht zwangsläufig i. S. des § 33 EStG entstanden sind.

b) Schadensersatz

Die Aufwendungen für Schadensersatz sind nach § 33 EStG anzusetzen. Das Ereignis, das die Aufwendungen ausgelöst hat, ist außergewöhnlich, und die Aufwendungen sind zwangsläufig entstanden, weil sich der Steuerzahler diesen Aufwendungen aus rechtlichen Gründen nicht entziehen kann.

Obwohl die Ausgabe über Darlehen finanziert wurde, tritt die Belastung bereits zum Zeitpunkt der Verausgabung ein.

Aufwendungen	1 200 €
Zinsen für Darlehen	<u>175 €</u>
Aufwendungen gem. § 33 Abs. 1 und 2 EStG	<u><u>1 375 €</u></u>

c) Kfz-Kosten

Private Kfz-Kosten sind als außergewöhnliche Belastung anzuerkennen, wenn die Erwerbsfähigkeit des Steuerzahlers um mindestens 80 % gemindert ist oder wenn sie um mindestens 70 % gemindert ist und im Ausweis das Merkzeichen „G" eingetragen ist. Letzteres ist hier der Fall.

Als angemessener Aufwand wird anerkannt der Aufwand für 3000 km Fahrleistung. In Ermangelung der dafür entstandenen tatsächlichen Kosten werden die Pauschbeträge für Dienstreisen angesetzt (3000 km × 0,30 € = 900 €).

d) Zusammenstellung und Berechnung

Beerdigungskosten	2 150 €
Schadensersatz	1 375 €
Kfz-Kosten	900 €
Summe der Aufwendungen	4 425 €
./. zumutbare Belastung (§ 33 Abs. 3 EStG)	
3 % des Gesamtbetrags der Einkünfte von 27 001 € =	810 €
Außergewöhnliche Belastung im Allgemeinen	3 615 €

Bei der Berechnung der zumutbaren Belastung ist zu berücksichtigen, dass die Ehegatten den Kinderfreibetrag bzw. Kindergeld für ein Kind erhalten.

2. Außergewöhnliche Belastung in besonderen Fällen

a) Ausbildungsfreibetrag (§ 33a Abs. 2 EStG)

Die Ehegatten erhalten für ihr in Braunschweig (auswärtig untergebrachtes) studierendes, volljähriges Kind den Ausbildungsfreibetrag nach § 33a Abs. 2 Nr. 2 EStG i. H. von 924 €

3. Pauschbetrag für Körperbehinderte (§ 33b EStG)

Der Ehemann erhält nach § 33b Abs. 3 EStG einen Pauschbetrag i. H. von 890 €, da seine Erwerbsfähigkeit um 70 % gemindert ist.

IV. Zu versteuerndes Einkommen

Gesamtbetrag der Einkünfte		27 001 €
./. Sonderausgaben		3 143 €
./. Außergewöhnliche Belastung		
im Allgemeinen	3 615 €	
in besonderen Fällen		
Ausbildungsfreibetrag	924 €	
Pauschbetrag für Körperbehinderte	890 €	
Summe	5 429 € >	5 429 €
Einkommen = zu versteuerndes Einkommen		18 429 €

Die Hausgehilfin ist in einem sog. „haushaltsnahen Beschäftigungsverhältnis" tätig. Die Eheleute Merker können hierfür eine Steuerermäßigung (= Minderung der tariflichen Einkommensteuer) i. H. von 20 % der Aufwendungen beantragen, § 35a EStG.

Berechnung:

3 000 € x 20 % = 600 €

Höchstbetrag der Steuerermäßigung: 510 € (geringfügige Beschäftigung)

Voraussetzungen für die Ehegattenveranlagung

Fall 66

Lösung: Ehegatten, die beide unbeschränkt steuerpflichtig sind und nicht dauernd getrennt leben, können nach § 26 EStG zwischen der Einzelveranlagung nach § 26a EStG und der Zusammenveranlagung nach § 26b EStG wählen.

Für das Kalenderjahr 2015 erfüllen die Ehegatten Hans Dampf und Eva Dampf geb. Renzi nicht die Voraussetzungen für die Ehegattenbesteuerung, weil die Ehefrau in 2015 nicht unbeschränkt steuerpflichtig ist. Hans Dampf wird somit für das Kalenderjahr 2015 noch einzeln zur Einkommensteuer veranlagt (§ 25 EStG). Die Ehefrau wird für das Kalenderjahr 2015 nicht veranlagt, weil sie keine inländischen Einkünfte hat.

Auf Antrag könnte Eva als unbeschränkt einkommensteuerpflichtig behandelt werden (§ 1a Nr. 2 EStG). In diesem Fall käme sowohl eine Zusammen- als auch eine Einzelveranlagung in Betracht.

In 2016 liegen die Voraussetzungen für eine Ehegattenveranlagung vor. Die Ehegatten können somit für dieses Kalenderjahr zwischen der Einzelveranlagung und der Zusammenveranlagung wählen.

Auflösung der Ehe, erneute Eheschließung im Laufe des Veranlagungszeitraums

Fall 67

Lösung: Nach § 26 Abs. 1 Satz 1 EStG liegen für den Veranlagungszeitraum 2016 bei beiden Ehen die Voraussetzungen für eine Ehegattenveranlagung vor. Sie haben bei der Ehe des Peter Schmitz mit Erna zu Beginn des Veranlagungszeitraums vorgelegen und sind bei der Ehe des Peter Schmitz mit Eva Reich im Laufe des Veranlagungszeitraums eingetreten. Nach § 26 Abs. 1 Satz 2 EStG bleibt in einem solchen Fall die aufgelöste Ehe unberücksichtigt, so dass für Peter Schmitz und seine zweite Ehefrau Eva eine Ehegattenveranlagung durchzuführen ist.

Erna Schmitz wird für das Kalenderjahr 2016 einzeln zur Einkommensteuer veranlagt. Ihr steht für diese Einzelveranlagung der Splittingtarif zu (§ 32a Abs. 6 Nr. 2 EStG). Dadurch geht ihr der Entlastungsbetrag für Alleinerziehende nach § 24b EStG von 1 908 € (für Alleinstehende mit haushaltszugehörigem Kind) verloren.

Veranlagung im Jahr der Eheschließung

Fall 68

Lösung a: Heinrich Kreft und Rita Kreft erfüllen für das Jahr 2016 die Voraussetzungen für die Ehegattenveranlagung (§ 26 Abs. 1 Satz 1 EStG). Für den Veranlagungszeitraum der Eheschließung können sie zwischen der Einzelveranlagung (§ 26a EStG) und der Zusammenveranlagung (§ 26b EStG) wählen.

Lösung b: Bei der Zusammenveranlagung ergibt sich ein zu versteuerndes Einkommen von 50 000 €. Nach dem Splittingtarif 2016 ergibt sich eine ESt-Schuld von 7 914 €.

Bei der Einzelveranlagung findet grundsätzlich der Grundtarif Anwendung. Wenn ein Ehegatte die Voraussetzungen für das Witwen-Splitting (§ 32a Abs. 6 Nr. 1 EStG) erfüllt, ist bei ihm das Splittingverfahren anzuwenden.

Heinrich Kreft: Anwendung der Splittingtabelle auf sein zu versteuerndes

Einkommen von 35 000 €:	3 806 €
Rita Kreft: Grundtabelle auf 15 000 €:	1 275 €
	5 081 €

Fall 69 **Zusammenveranlagung/Einzelveranlagung**

a) Zusammenveranlagung

Lösung:

	Ehemann	Ehefrau	Gesamt
Einkünfte aus selbständiger Arbeit	55 000 €		
Einkünfte aus nichtselbständiger Arbeit		23 420 €	
Einkünfte aus Vermietung und Verpachtung		./. 12 500 €	
Summe/Gesamtbetrag der Einkünfte	**55 000 €**	**10 920 €**	**65 920 €**

Vorsorgeaufwendungen

1. Basisversorgung, Höchstbetragsberechnung nach § 10 Abs. 3 EStG

Rentenversicherungsbeiträge Ehefrau (Basisversorgung)	2 330 €
zzgl. Arbeitgeberanteil zur gesetzlichen Rentenversicherung	2 330 €
zzgl. Rürup-Versicherung des Ehemannes	4 200 €
Beiträge Basisversorgung gesamt, max. 40 000 €	8 860 €
davon 82 %	7 265 €
abzgl. Arbeitgeberanteil zur gesetzlichen Rentenversicherung	2 330 €
steuerlich abzugsfähig	4 935 €

2. Sonstige Vorsorgeaufwendungen, Höchstbetragsberechnung nach § 10 Abs. 4 EStG

Beiträge zur gesetzlichen/privaten Krankenversicherung	7 320 €
Beiträge zur Pflegeversicherung	287 €
Sonstige Vorsorgeaufwendungen (Arbeitslosenversicherung, Erwerbs-/Berufsunfähigkeitsversicherung, Unfall-, Haftpflichtversicherung, Risikoversicherungen, ...)	351 €
	9 591 €
Höchstbeträge (Ehemann 2 800 €, Ehefrau 1 900 €)	4 700 €
Zwischensumme (max. Höchstbetrag)	4 700 €
Mindestansatz (Beiträge nach § 10 Abs. 1 Nr. 3 EStG)	
Krankenversicherung Ehefrau 1 920 € abzgl. 4 % =	1 843 €
Private Krankenversicherung Ehemann (nur Basisabsicherung)	5 400 €
Pflegeversicherung	287 €
Summe	7 530 €
Anzusetzen Mindestansatz oder höhere Zwischensumme	7 530 €

3. Günstigerprüfung nach § 10 Abs. 4a EStG

Vorsorgeaufwendungen		14 488 €	
(Basisversorgung und übrige Vorsorgeaufwendungen)			
vorweg abziehbar	2 400 €		
davon ab 16 % des Arbeitslohns (23 420 €)	3 747 €		
verbleiben (nicht negativ)	0 €	0 €	0 €
verbleiben		14 488 €	
Grundhöchstbetrag		2 668 €	2 668 €
verbleiben		11 820 €	
hälftiger Grundhöchstbetrag		1 334 €	1 334 €
Vorsorgehöchstbetrag (nach altem Recht)			4 002 €

Der Vergleich nach § 10 Abs. 4a EStG führt zu keinem günstigeren Ergebnis als der Abzug der Höchstbeträge nach „neuem" Recht (4 935 € + 7 530 € = 12 465 €).

Sonderausgaben-Pauschbetrag	72 €
Einkommen/zu versteuerndes Einkommen	53 383 €
Einkommensteuer laut Splittingtabelle 2016	8 912 €

b) Einzelveranlagung nach § 26a EStG

Lösung:

	Ehemann	Ehefrau
Einkünfte aus selbständiger Arbeit	55 000 €	
Einkünfte aus nichtselbständiger Arbeit		23 420 €
Einkünfte aus Vermietung und Verpachtung		./. 12 500 €
Summe/Gesamtbetrag der Einkünfte	55 000 €	10 920 €
Vorsorgeaufwendungen	8 844 €	3 621 €
Sonderausgaben-Pauschbetrag	72 €	36 €
Einkommen/zu versteuerndes Einkommen	46 084 €	7 263 €
Einkommensteuer laut Splittingtabelle 2016	6 794 €	
Einkommensteuer laut Grundtabelle 2016		0 €
insgesamt		6 794 €

1. Vorsorgeaufwendungen Ehemann

a. Basisversorgung, Höchstbetragsberechnung nach § 10 Abs. 3 EStG

Beiträge zur Rürup-Versicherung (Basisversorgung), max. 20 000 €	4 200 €
davon 82 % steuerlich abzugsfähig	3 444 €

b. Sonstige Vorsorgeaufwendungen, Höchstbetragsberechnung nach § 10 Abs. 4 EStG

Beiträge zur privaten Kranken- und Pflegeversicherung (Basisabsicherung)	5 400 €
Höchstbetrag	2 800 €
Mindestansatz (Basisabsicherung Kranken- und Pflegeversicherung)	5 400 €

c. Günstigerprüfung nach § 10 Abs. 4a EStG

Vorsorgeaufwendungen		9 600 €	
(Basisversorgung und übrige Vorsorgeaufwendungen)			
vorweg abziehbar	1 200 €		
davon ab 16 % des Arbeitslohns	0 €		
verbleiben (nicht negativ)	1 200 €	1 200 €	1 200 €
verbleiben		8 400 €	
Grundhöchstbetrag		1 334 €	1 334 €
verbleiben		7 066 €	
davon die Hälfte, höchstens 50 % des Grundhöchstbetrags		667 €	667 €
Vorsorgehöchstbetrag (nach altem Recht)			3 201 €

Der Vergleich nach § 10 Abs. 4a EStG führt zu keinem günstigeren Ergebnis, so dass die Abzugs-beträge nach § 10 Abs. 3 und 4 EStG zum Abzug kommen (3 444 € + 5 400 € = 8 844 €).

2. Vorsorgeaufwendungen Ehefrau

a. Basisversorgung, Höchstbetragsberechnung nach § 10 Abs. 3 EStG

Rentenversicherungsbeiträge Ehefrau (Basisversorgung)	2 330 €
zzgl. Arbeitgeberanteil zur gesetzlichen Rentenversicherung	2 330 €
Beiträge Basisversorgung gesamt, max. 20 000 €	4 660 €
davon 82 %	3 821 €
abzgl. Arbeitgeberanteil zur gesetzlichen Rentenversicherung	2 330 €
steuerlich abzugsfähig	1 491 €

b. Sonstige Vorsorgeaufwendungen, Höchstbetragsberechnung nach § 10 Abs. 4 EStG

Beiträge zur gesetzlichen Krankenversicherung	1 920 €
Beiträge zur Pflegeversicherung	287 €
Sonstige Vorsorgeaufwendungen (Arbeitslosenversicherung)	351 €
	2 558 €
Höchstbetrag	1 900 €
Zwischensumme (max. Höchstbetrag)	1 900 €
Mindestansatz (Beiträge nach § 10 Abs. 1 Nr. 3 EStG)	
Beiträge zur gesetzlichen Krankenversicherung 1 920 € abzgl. 4 % =	1 843 €
Pflegeversicherung	287 €
Summe	2 130 €
Anzusetzen Mindestansatz oder höhere Zwischensumme	2 130 €

c. Günstigerprüfung nach § 10 Abs. 4a EStG

Vorsorgeaufwendungen		4 888 €	
(Basisversorgung und übrige Vorsorgeaufwendungen)			
vorweg abziehbar	1 200 €		
davon ab 16 % des Arbeitslohns (23 420 €)	3 747 €		
verbleiben (nicht negativ)	0 €	0 €	0 €
verbleiben		4 888 €	

Grundhöchstbetrag	1 334 €	1 334 €
verbleiben	3 554 €	
hälftiger Grundhöchstbetrag	667 €	667 €
Vorsorgehöchstbetrag (nach altem Recht)		2 001 €

Der Vergleich nach § 10 Abs. 4a EStG führt nicht zu einem günstigeren Ergebnis als der Abzug der Höchstbeträge nach § 10 Abs. 3 und 4 EStG (1 491 € + 2 130 € = 3 621 €).

Bei der Einzelveranlagung von Ehegatten nach § 26a EStG wäre es auch möglich, Sonderausgaben, außergewöhnliche Belastungen sowie Steuerermäßigungen nach § 35a EStG hälftig oder in einem anderen Verhältnis aufzuteilen.

Tarif (§ 32a EStG)

Fall 70

Lösung: Bei der Einzelveranlagung der Ehegatten Krank für das Kalenderjahr 2013 nach § 26a EStG wird die Grundtabelle angewendet (§ 32a Abs. 4 EStG). Bei der Veranlagung von Felix Krank wird für zehn Monate der halbe Kinderfreibetrag von 182 € sowie der halbe Betreuungsfreibetrag von 110 € monatlich abgezogen. Erna Krank erhält in ihrer Veranlagung für zehn Monate den halben Kinder- und Betreuungsfreibetrag von insgesamt 292 € monatlich und für zwei Monate die vollen Freibeträge von 584 € monatlich (§ 32 Abs. 6 Nr. 1 EStG).

Bei der Einzelveranlagung der Witwe Krank für das Kalenderjahr 2014 wird die Splittingtabelle angewendet (Witwensplitting nach § 32a Abs. 6 Nr. 1 EStG). Es wird der volle Kinder- und Betreuungsfreibetrag abgezogen.

Bei der Einzelveranlagung der Witwe Krank für das Kalenderjahr 2015 wird die Grundtabelle angewendet. Es werden der volle Kinder- und Betreuungsfreibetrag und der Haushaltsfreibetrag abgezogen (§ 32 Abs. 6 und 7 EStG).

Bei der Zusammenveranlagung der Ehegatten Stark für das Kalenderjahr 2016 wird die Splittingtabelle angewendet. Es wird der volle Kinder- und Betreuungsfreibetrag abgezogen.

Das Kindergeld wird im Kalenderjahr 2013 anteilig bei Felix und Erna der Einkommensteuer hinzugerechnet (§ 36 Abs. 2 EStG).

Lösung: Sowohl für die Ehe zwischen Anton und Berta als auch für die Ehe zwischen Carl und Berta liegen die Voraussetzungen für eine Ehegattenveranlagung nach § 26 Abs. 1 Satz 1 EStG vor. Die durch den Tod des Anton aufgelöste Ehe wird nach § 26 Abs. 1 Satz 2 EStG nicht berücksichtigt.

Fall 71

Für Carl und Berta Fröhlich wird für das Jahr 2016 eine Ehegattenveranlagung durchgeführt, sie können die Zusammenveranlagung mit Splittingtarif (§ 32a Abs. 5 EStG) wählen.

Für den verstorbenen Anton Meier kommt nur eine Einzelveranlagung in Betracht, bei seiner Einkommensteuerveranlagung für das Jahr 2016 wird ebenfalls der Splittingtarif angewendet (§ 32a Abs. 6 Nr. 2 EStG).

Fall 72 **Anwendung des Splittingverfahrens**

Lösung a: Ohne Anwendung der Splittingtabelle wird die Einkommensteuer der Ehegatten Klein wie folgt berechnet:

Zu versteuerndes Einkommen	121 000 €
davon die Hälfte (Splitting nach § 32a Abs. 5 EStG)	60 500 €
davon 42 % =	25 410 €
./. Abzugsbetrag nach § 32a Abs. 1 Nr. 4 EStG	8 394 €
ESt nach der Grundtabelle	17 016 €
Verdoppelung (§ 32a Abs. 5 EStG) = ESt nach der Splittingtabelle 2016	34 032 €

Lösung b: Ohne Anwendung der Splittingtabelle wird die Einkommensteuer der Ehegatten Klein wie folgt berechnet:

Zu versteuerndes Einkommen	55 000 €
davon die Hälfte (Splitting)	27 500 €
ESt nach der Grundtabelle 2016	4 698 €
Verdoppelung (§ 32a Abs. 5 EStG) = ESt nach der Splittingtabelle	9 396 €

Fall 73 **Progressionsvorbehalt**

Lösung: Bei Bezug von bestimmten Lohnersatzleistungen (z. B. Arbeitslosengeld und Krankengeld) oder von ausländischen Einkünften, die nach einem sog. Doppelbesteuerungsabkommen steuerfrei sind, ist auf das zu versteuernde Einkommen ein besonderer Steuersatz anzuwenden. Der besondere Steuersatz ist der Steuersatz, der sich ergibt, wenn die steuerfreien Lohnersatzleistungen oder ausländischen Einkünfte bei der Berechnung der Einkommensteuer einbezogen werden (§ 32 Abs. 2 EStG). Von den Lohnersatzleistungen ist der Arbeitnehmer-Pauschbetrag (§ 9a Nr. 1 EStG) abzuziehen, soweit er nicht bei den Einkünften aus nichtselbständiger Arbeit abziehbar ist.

Zu versteuerndes Einkommen	29 887 €
für den Steuersatz maßgebendes zu versteuerndes Einkommen	
29 887 € + 5 500 € =	35 387 €
Steuer nach Splittingtabelle	3 906 €
Steuersatz	

$$\frac{3\,906 \, € \times 100}{35\,387 \, €} = \qquad 11{,}037952\,\%$$

zu versteuernden Einkommen	29 887 €
× 11,037952 % = tarifliche ESt (= festzusetzende ESt)	3 299 €

Ohne Berücksichtigung des Progressionsvorbehalts hätte sich eine Einkommensteuer i. H. von 2 522 € ergeben. Die Einbeziehung des Arbeitslosengeldes hat demnach eine zusätzliche Steuerbelastung i. H. von 777 € zur Folge.

Berücksichtigung von Kindern

Lösung: Die Eheleute Guth erhalten für ihre Tochter Marie den Kinder- und Betreuungsfreibetrag von insgesamt 604 € für sieben Monate: 4 228 €

Zu Beginn des Monats August 2016 hatte Marie bereits das 18. Lebensjahr vollendet. Das gezahlte Kindergeld ist der Einkommensteuer hinzuzurechnen (§ 36 Abs. 2 EStG).

Lösung: Peter, der sich noch in Berufsausbildung befindet, kann grundsätzlich nur bis zu seinem 25. Lebensjahr berücksichtigt werden (§ 32 Abs. 4 Nr. 2a EStG). Die Altersgrenze verlängert sich aufgrund des geleisteten Grundwehrdienstes um neun Monate (§ 32 Abs. 5 Nr. 1 EStG). Die Eheleute erhalten den Kinder- und Betreuungsfreibetrag im Jahr 2016 noch für fünf Monate

5×604 € = 3 020 €

Ab Juni 2016 ist auch die verlängerte Altersgrenze abgelaufen.

Da den Eheleuten für fünf Monate die Freibeträge zustehen, erhalten sie für diesen Zeitraum einen Ausbildungsfreibetrag (volljähriges, in Berufsausbildung befindliches Kind, auswärts untergebracht; § 33a Abs. 2 EStG):

$924 € \times {}^5/_{12}$ = 385 €

Die Eheleute können die Unterhaltsleistungen für die übrigen sieben Monate nach § 33a Abs. 1 EStG abziehen, da in diesem Zeitraum kein Anspruch auf einen Freibetrag nach § 32 Abs. 6 EStG oder auf Kindergeld besteht und der Höchstbetrag die eigenen Aufwendungen übersteigt.

Unterhaltszahlungen: 7×550 € = 3 850 €
Höchstbetrag: 8 652 €
anteilig für sieben Monate: $8\,652 € \times {}^7/_{12}$ = 5 047 €

Steuerlich abzugsfähig sind daher die tatsächlich geleisteten Unterhaltszahlungen i. H. von 3 850 €.

Lösung: Peter kann als Kind berücksichtigt werden, da er keiner Erwerbstätigkeit i. S. des § 32 Abs. 4 Satz 2 EStG nachgeht.

Damit stehen den Eltern die gleichen Steuervergünstigungen wie in Fall 75 zu, jedoch sind die Unterhaltsleistungen um die eigenen Einkünfte und Bezüge des Sohnes zu mindern (vgl. dazu Fall 60 f.).

Kinder-, Betreuungsfreibetrag, Kinderbetreuungskosten

Lösung: Heide Treu erhält für ihre Tochter einen **Kinder- und Betreuungsfreibetrag** von insgesamt 604 € monatlich (§ 32 Abs. 1, 3 und 6 EStG), also im Jahr 7 248 €.

Der Kinderfreibetrag beträgt grundsätzlich – außer im Fall der Zusammenveranlagung der Eltern – zwar 192 € monatlich; es wird jedoch der ganze Kinderfreibetrag von 384 € monatlich abgezogen, wenn der andere Elternteil verstorben ist (§ 32 Abs. 6 Nr. 1 EStG). Aus dem gleichen Grund erhält Heide für ihre Tochter den vollen Betreuungsfreibetrag von 220 € monatlich (§ 32 Abs. 6 EStG).

Da Heide Treu einzeln, unter Anwendung der Grundtabelle, veranlagt wird und sie einen Freibetrag nach § 32 Abs. 6 EStG oder Kindergeld für ihre bei ihr gemeldete Tochter erhält, wird bei ihr der Entlastungsbetrag für Alleinerziehende (§ 24b EStG) abgezogen 1 908 €

Die Aufwendungen zur Beaufsichtigung ihrer Tochter bei der Erledigung der häuslichen Schulaufgaben kann Heide Treu als **Kinderbetreuungskosten** nach § 10 Abs. 1 Nr. 5 EStG geltend machen.

Die Aufwendungen sind i. H. von $^2/_3$ (max. 4 000 € je Kind) abzugsfähig.

Berechnung abzugsfähiger Kinderbetreuungskosten:

Aufwendungen für die Haushaltshilfe	
300 € + 12 % = 336 € x 12 Monate =	4 032 €
Davon entfallen auf die Kinderbetreuung (40 %)	1 613 €
abzugsfähige Kinderbetreuungskosten $^2/_3$ (Höchstbetrag 4 000 €)	1 075 €

Für die verbleibenden Aufwendungen i. H. von (4 032 € ./. 1 613 € =) 2 419 € erhält Heide Treu eine Steuerermäßigung für „haushaltsnahe Beschäftigungsverhältnisse" nach § 35a EStG i. H. von 20 % = 483,80 € (Höchstbetrag: 510 €).

Fall 78   Fachaufgabe Einkommensteuer (zu versteuerndes Einkommen)

Lösung: Das zu versteuernde Einkommen berechnet sich wie folgt:

Einkünfte aus selbständiger Arbeit (§ 18 EStG):		68 500 €
Einkünfte aus nichtselbständiger Arbeit (§ 19 EStG)		
Bruttoarbeitslohn	6 000 €	
./. Versorgungsfreibetrag 40 %, höchstens 3 000 €	2 400 €	
./. Zuschlag zum Versorgungsfreibetrag	900 €	
verbleiben	2 700 €	
./. Werbungskosten-Pauschbetrag	102 €	2 598 €
Summe der Einkünfte		71 098 €
./. Altersentlastungsbetrag gem. § 24a EStG 22,4 % von 68 500 €,		
höchstens		1 064 €
./. Entlastungsbetrag für Alleinerziehende gem. § 24b EStG		1 908 €
Gesamtbetrag der Einkünfte		68 126 €
./. Sonderausgaben		2 000 €
Einkommen		66 126 €
./. Kinderfreibetrag (§ 32 Abs. 6 EStG)	4 608 €	
Betreuungsfreibetrag	2 640 €	
		7 248 €
Zu versteuerndes Einkommen		58 878 €

Ergänzende Hinweise:

► Kein Ansatz der Einkünfte aus Kapitalvermögen aufgrund der Abgeltungswirkung des Steuerabzugs von 25 %.

Fall 79   Härteausgleich

Lösung a: Es ist eine Einkommensteuererklärung abzugeben, weil zusätzlich zum Arbeitslohn **Einkünfte** ohne Lohnsteuerabzug von mehr als 410 € erzielt wurden (§ 46 Abs. 2 Nr. 1 EStG).

Es ist ein besonderer Freibetrag nach § 46 Abs. 5 EStG i. V. mit § 70 EStDV i. H. von 220 € zu berücksichtigen (Härteausgleich).

Berechnung:

Gesamtbetrag der Einkünfte		23 600 €
./. Sonderausgaben		2 500 €
Einkommen		21 100 €
./. besonderer Freibetrag (Härteausgleich)		
Grenzbetrag nach § 70 EStDV	820 €	
./. „Nebeneinkünfte"	600 €	220 €
Zu versteuerndes Einkommen		20 880 €

Lösung b: Es ist eine Einkommensteuererklärung abzugeben, weil der Arbeitnehmer nebeneinander aus mehr als einem Dienstverhältnis Arbeitslohn bezogen hat (§ 46 Abs. 2 Nr. 2 EStG). Es ist ein besonderer Freibetrag nach § 46 Abs. 3 EStG in Höhe der „Nebeneinkünfte" unter 410 €, also i. H. von 350 € zu berücksichtigen.

Berechnung:

Gesamtbetrag der Einkünfte	23 350 €
./. Sonderausgaben	2 500 €
Einkommen	20 850 €
./. besonderer Freibetrag (Härteausgleich)	350 €
Zu versteuerndes Einkommen	20 500 €

Einkommensgrenze `Fall 80`

Lösung: Für die Ehegatten wird von Amts wegen keine Einkommensteuerveranlagung durchgeführt. Bei Arbeitnehmern ist die Einkommensteuer grundsätzlich durch den Lohnsteuerabzug abgegolten, wenn keine Veranlagung nach § 46 Abs. 2 EStG erfolgt.

Ein Abzug der Nebeneinkünfte (von nicht mehr als 410 €) erfolgt nach § 46 Abs. 3 EStG, wenn die Steuerpflichtigen nach § 46 Abs. 2 EStG veranlagt werden (z. B. zur Geltendmachung von Werbungskosten, § 46 Abs. 2 Nr. 8 EStG).

Zur Steuererklärungspflicht siehe § 56 EStDV.

„Nebeneinkünfte" von insgesamt mehr als 410 € `Fall 81`

Lösung: Für Schulz wird von Amts wegen keine Einkommensteuerveranlagung durchgeführt. Die Einkünfte des Schulz, die nicht der Lohnsteuer zu unterwerfen waren („Nebeneinkünfte"), betragen insgesamt nicht mehr als 410 € (§ 46 Abs. 2 Nr. 1 EStG), nämlich nur 400 €. Eventuelle erhöhte Werbungskosten, Sonderausgaben oder Tarifvergünstigungen kann Schulz in einem Antrag auf Veranlagung zur Anrechnung der Lohnsteuer auf die Einkommensteuer (§ 46 Abs. 2 Nr. 8 EStG) geltend machen. Die „Nebeneinkünfte" von 400 € bleiben hierbei nach § 46 Abs. 3 EStG außer Ansatz.

Arbeitslohn (1) `Fall 82`

Lösung: Das Geldgeschenk an den Arbeitnehmer Stein gehört zu dessen Arbeitslohn, weil ihm das Geldgeschenk aus seinem Dienstverhältnis zufließt. Nach § 2 LStDV ist es gleichgültig, unter welcher Bezeichnung der Arbeitslohn gewährt wird. Die Bezeichnung „Geschenk" ist also ohne Bedeutung.

Fall 83 **Lösung:** Der Arbeitslohn des Korn besteht aus dem vereinbarten Stundenlohn (9,50 €) und aus dem Wert der freien Verpflegung und Unterkunft (freie Station). Der Sachbezug in Form der freien Station ist nach § 8 Abs. 2 Satz 1 EStG mit den für die Sozialversicherung maßgebenden Werten anzusetzen. Die Werte ergeben sich aus der Sachbezugsverordnung (SachBezV). Nach der SachBezV beträgt der Wert für freie Verpflegung im Jahr 2016 monatlich 236 € (Mittag- und Abendessen jeweils 93 €, Frühstück 50 €) und für freie Unterkunft monatlich 223 €.

Fall 84 **Lösung:**

Der steuerpflichtige Monatslohn des Schlau beträgt:

Monatslohn laut Arbeitsvertrag	1 500 €
Vermögenswirksame Leistungen	40 €
Zukunftssicherung (Direktversicherung)	30 €
Stpfl. Monatslohn brutto	1 570 €

Die vermögenswirksamen Leistungen sind steuerpflichtiger Arbeitslohn (§ 2 Abs. 6 VermBG).

Schlau erhält eine Arbeitnehmersparzulage i. H. von 9 % seiner vermögenswirksamen Leistungen von insgesamt 470 € = 42,30 € (§ 13 Abs. 2 VermBG). Die Arbeitnehmersparzulage wird auf Antrag vom Finanzamt festgesetzt (§ 14 Abs. 4 VermBG).

Nach § 40b EStG kann der Arbeitgeber die Lohnsteuer für die Direktversicherung mit einem Pauschsteuersatz von 20 % erheben. Somit hätte Arbeitgeber Fuchs monatlich 20 % von 30 € = 6 € zzgl. 7 % Lohnkirchensteuer von 6 € = 0,42 € abzuführen zzgl. 5,5 % SolZ (0,33 €), wenn er die Pauschbesteuerung wählt. Der unmittelbaren Besteuerung über die ELSTAM würden in diesem Fall nur noch 1 540 € unterliegen. Im Falle der Pauschbesteuerung sind die Leistungen für die Direktversicherung keine Vorsorgeaufwendungen i. S. des § 10 EStG des Arbeitnehmers Schlau.

Die Beiträge zur Direktversicherung sind unter bestimmten Voraussetzungen steuerfrei, mit der Folge, dass die Rentenzahlungen aus der Direktversicherung vollständig steuerpflichtig werden (Prinzip der nachgelagerten Besteuerung). Der Arbeitnehmer kann auf die Steuerfreiheit der Beitragszahlungen für Altverträge (Vertragsabschluss vor 2005) verzichten, um die Versteuerung der späteren Rentenbezüge zu verhindern.

Fall 85 **Lösung:** Der Wert der Armbanduhr gehört zum steuerpflichtigen Arbeitslohn (Sachbezug). Die Zuwendung erfolgt zwar aus Anlass eines seltenen persönlichen Ereignisses (65. Geburtstag) und könnte deshalb als bloße Aufmerksamkeit steuerfrei sein. Der Wert der Armbanduhr übersteigt indessen die in LStR 19.6 festgelegte Freigrenze von 60 €.

Fall 86 **Arbeitslohn (2)**

Lösung:

a) Das Urlaubsgeld stellt Arbeitslohn dar und ist somit in voller Höhe steuerpflichtig (§ 2 LStDV).

b) Die Trinkgelder stellen Arbeitslohn dar. Sie sind jedoch gem. § 3 Nr. 51 EStG steuerfrei.

c) Der Vorteil aus der Aufstellung des Kaffeeautomaten ist kein steuerpflichtiger Arbeitslohn. Es handelt sich um Annehmlichkeiten/Aufmerksamkeiten (LStR 19.6).

d) Ein Betrag von 0,30 € je gefahrenen km kann vom Arbeitgeber als Reisekostenerstattung steuerfrei gezahlt werden. Der Rest von 140 km × 0,10 € = 14 € ist steuerpflichtiger Arbeitslohn (§ 3 Nr. 16 EStG; R3.16 LStR).

Erstattung von Telefonkosten (1)

Fall 87

Lösung: Die vom Arbeitgeber übernommenen festen und laufenden Kosten eines Telefonanschlusses in der Wohnung des Arbeitnehmers gehören zum Arbeitslohn, soweit es sich nicht um Auslagenersatz handelt (§ 3 Nr. 50 EStG). Pauschaler Auslagenersatz führt regelmäßig zu Arbeitslohn.

Ausnahmsweise kann pauschaler Auslagenersatz steuerfrei bleiben, wenn er regelmäßig wiederkehrt und der Arbeitnehmer die entstandenen Aufwendungen für einen repräsentativen Zeitraum von drei Monaten im Einzelnen nachweist. Dabei können bei Aufwendungen für Telekommunikation auch die Aufwendungen für das Nutzungsentgelt einer Telefonanlage sowie für den Grundpreis der Anschlüsse entsprechend dem beruflichen Anteil der Verbindungsentgelte an den gesamten Verbindungsentgelten (Telefon und Internet) steuerfrei ersetzt werden.

Fallen erfahrungsgemäß beruflich veranlasste Telekommunikationsaufwendungen an, können aus Vereinfachungsgründen ohne Einzelnachweis bis zu 20 % des Rechnungsbetrags, höchstens 20 € monatlich steuerfrei ersetzt werden. Zur weiteren Vereinfachung kann der monatliche Durchschnittsbetrag, der sich aus den Rechnungsbeträgen für einen repräsentativen Zeitraum von drei Monaten ergibt, für den pauschalen Auslagenersatz fortgeführt werden. Der pauschale Auslagenersatz bleibt grundsätzlich so lange steuerfrei, bis sich die Verhältnisse wesentlich ändern (z. B. im Zusammenhang mit einer Änderung der Berufstätigkeit), LStR 3.50.

Da Prokurist Pingelig oft abends und an den Wochenenden für den Betrieb telefonieren muss, können ohne Einzelnachweis bis zu 20 % der Kosten, höchstens 20 € monatlich als Auslagenersatz angesehen werden.

Pingelig hat zu versteuern:

Erstattung durch den Arbeitgeber (Gebühren insgesamt: 212 € + 625 € =)	837 €
davon als Auslagenersatz steuerfrei, § 3 Nr. 50 EStG 20 %	168 €
höchstens (20 € x 12 =) 240 €	
zu versteuern	669 €

Erstattung von Telefonkosten (2)

Fall 88

Lösung: Vom Arbeitgeber erstattete Beträge für beruflich geführte Telefonate sind Auslagenersatz und somit nicht steuerpflichtig, sofern der Arbeitnehmer über die beruflich geführten Gespräche Aufzeichnungen fertigt und diese dem Arbeitgeber zusammen mit seiner Rechnung vorlegt (§ 3 Nr. 50 EStG, LStR 3.50).

Zuschuss zum Mittagessen; zusätzliche Altersversorgung

Fall 89

Lösung: Die Einkünfte berechnen sich wie folgt:

Tariflicher Arbeitslohn	25 000 €
+ Beiträge an die Versorgungsanstalt des Bundes und der Länder	1 200 €

+ Kantinenmahlzeiten, Wert je Mahlzeit nach der SachBezV

= 3,10 € an 220 Tagen =	682 €
Bruttoarbeitslohn	26 882 €
./. Arbeitnehmer-Pauschbetrag	1 000 €
Einkünfte	25 882 €

Der Arbeitgeberanteil zur Sozialversicherung ist steuerfrei (§ 3 Nr. 62). Die Beiträge an die Versorgungsanstalt des Bundes und der Länder können – alternativ – mit 20 % pauschal versteuert werden, sofern der Arbeitgeber die Pauschsteuer übernimmt (§ 40b EStG). Der Wert der Kantinenmahlzeiten ist in voller Höhe steuerpflichtig. Wenn die Mahlzeiten zusätzlich zum vereinbarten Arbeitslohn abgegeben werden, können sie nach § 40 Abs. 2 Nr. 1 EStG pauschal mit 25 % versteuert werden.

Fall 90 **Unentgeltliche Nutzung eines Betriebs-Pkw**

Lösung: Der geldwerte Vorteil der privaten Nutzung des betrieblichen Pkw ist als Sachbezug dem Arbeitslohn hinzuzurechnen. Die private Nutzung ist für jeden Kalendermonat mit 1 % des inländischen Listenpreises im Zeitpunkt der Erstzulassung einschließlich Umsatzsteuer anzusetzen (§ 8 Abs. 2 i. V. mit § 6 Abs. 1 Nr. 4 EStG). Der Wert der Privatnutzung erhöht sich bei einer Nutzung des betrieblichen Pkw für Fahrten zwischen Wohnung und Arbeitsstätte für jeden Kalendermonat um 0,03 % des Listenpreises für jeden Kilometer der Entfernung zwischen Wohnung und Arbeitsstätte (§ 8 Abs. 2 EStG).

Der Sachbezugswert wird wie folgt berechnet:

Privatfahrten: 1 % von 23 000 € × 12 Monate =	2 760 €
Fahrten Wohnung – Arbeitsstätte:	
23 000 € × 0,03 % × 15 km × 12 Monate =	1 242 €
Jahreswert	4 002 €
Dem Arbeitslohn sind monatlich $^1/_{12}$ hinzuzurechnen =	333,50 €

Hinweis zur umsatzsteuerrechtlichen Behandlung:

Die Überlassung des Pkw erfolgt grundsätzlich im Leistungsaustausch (Gegenleistung: anteilige Arbeitsleistung des Arbeitnehmers). Zur Ermittlung der umsatzsteuerlichen Bemessungsgrundlage kann aus Vereinfachungsgründen von den lohnsteuerlichen Werten ausgegangen werden.

Privatfahrten	2 760 €
Fahrten Wohnung – Arbeitsstätte	1 242 €
Lohnsteuerlicher geldwerter Vorteil	4 002 €
= Bruttowert der sonstigen Leistung an den Arbeitnehmer	
Die darin enthaltene Umsatzsteuer beträgt ($^{19}/_{119}$)	639 €

Fall 91 **Annehmlichkeiten, Betriebsausflug**

Lösung:

Sehr geehrter Herr Sonntag!

1. Die bei Ihnen nebenberuflich spielenden Musiker sind Ihre Arbeitnehmer, weil sie in den geschäftlichen Organismus Ihrer Gaststätte eingegliedert sind und Ihren Weisungen unterlie-

gen (§ 1 Abs. 2 LStDV). Sie müssen somit die Vergütungen an die Musiker dem Lohnsteuerabzug unterwerfen. Für hauptberuflich tätige Musiker gilt eine andere Regelung. Sie sind selbständig.

Zum steuerpflichtigen Arbeitslohn rechnet neben den 300 € in bar der Wert des Abendessens. Der für die Besteuerung maßgebende Wert des Abendessens bestimmt sich nach den Werten für die Sozialversicherung (§ 8 Abs. 2 Satz 2 EStG). Im Kalenderjahr 2016 beträgt der Wert eines betrieblichen Abendessens 3,10 €. Der Wert der Getränke gehört nicht zum steuerpflichtigen Arbeitslohn. Die Getränke stellen sog. Annehmlichkeiten dar, die nicht steuerpflichtig sind.

Eine Pauschalierung der Lohnsteuer i. H. von 20 % nach § 40a EStG ist nicht möglich, da es sich weder um eine kurzfristige, noch um eine geringfügige Beschäftigung handelt.

2. Die Überweisung des Arbeitslohns auf ein Konto, über das jeder Ehegatte allein verfügen darf („Oder-Konto") steht einer Anerkennung des Ehegatten-Arbeitsverhältnisses nicht entgegen (Beschluss des BVerfG vom 7. 11. 1995, BStBl 1996 II S. 34).

   Die Geburtsbeihilfe kann bereits seit dem Jahr 2006 nicht mehr lohnsteuerfrei gezahlt werden.

3. Die Zuwendungen bei dem Betriebsausflug sind lohnsteuerfrei, weil es ein herkömmlicher (üblicher) Betriebsausflug ist. Ein solcher ist anzunehmen, wenn es sich um eine eintägige Veranstaltung handelt und die Zuwendungen insgesamt 110 € je Teilnehmer nicht übersteigen (§ 19 Abs. 1 Nr. 1a EStG, Freibetrag). Zuwendungen an die Ehegatten sind den Arbeitnehmern zuzurechnen.

Aufwand je Teilnehmer: 1 008 € : 21 =	91,64 €
Aufwand je Arbeitnehmer: =	91,64 €

Mit freundlichen Grüßen

Fuchs, Steuerberater

Arbeitsmittel – Absetzung für Abnutzung

Fall 92

Lösung: Das Faxgerät ist Arbeitsmittel, da es fast ausschließlich beruflich genutzt wird. Somit sind die Aufwendungen als Werbungskosten abzugsfähig.

Die Nutzungsdauer des Faxgeräts beträgt jedoch mehr als ein Jahr. Daher sind die Anschaffungskosten auf die Dauer der Nutzung zu verteilen (§ 9 Abs. 1 Nr. 6 und 7 EStG).

Berechnung der AfA

Bemessungsgrundlage = Anschaffungskosten	496 €
AfA-Satz 16,67 %, Jahres-AfA	82 €
Anzusetzen die AfA für 5 Monate =	34 €

Weil Ast nicht zum Vorsteuerabzug berechtigt ist (kein Unternehmer), gehört auch die im Kaufpreis enthaltene Umsatzsteuer mit zur AfA-Bemessungsgrundlage.

Da das Faxgerät im Laufe des Kalenderjahres 2016 angeschafft wurde, kommt für 2016 nur eine zeitanteilige AfA in Betracht. Sie beträgt $5/12$ der Jahres-AfA, weil die Anschaffung im Monat August vorgenommen wurde.

In den Kalenderjahren 2017 bis 2021 sind jeweils 82 € und in 2022 die restlichen 52 € abzusetzen.

Ein geringwertiges Wirtschaftsgut, dessen Anschaffungskosten im Jahr der Anschaffung vollständig als Werbungskosten abgezogen werden könnten, ist hier nicht gegeben (Anschaffungskosten netto höher als 410 €, § 9 Abs. 1 Nr. 7 Satz 2 EStG).

Fall 93   Arbeitsmittel – Bemessungsgrundlage für die AfA

Lösung: Die Nutzungsdauer für den Computer beträgt mehr als ein Jahr. Somit sind die Anschaffungskosten für das Wirtschaftsgut in Form der AfA auf die Nutzungsdauer zu verteilen (§ 9 Abs. 1 Nr. 6 u. 7 EStG). Bemessungsgrundlage für die AfA sind die Anschaffungskosten, nicht die gezahlten Beträge.

Berechnung der AfA

Bemessungsgrundlage = Anschaffungskosten	1 992 €
AfA-Satz 33 $\frac{1}{3}$ %, Jahres-AfA	664 €
Anzusetzen die AfA für 2 Monate	111 €

Fall 94   Arbeitsmittel – geringwertiges Wirtschaftsgut

Lösung: Die Nutzungsdauer der Bohrmaschine beträgt mehr als ein Jahr. Somit sind grundsätzlich die Anschaffungskosten in Form der AfA auf die Nutzungsdauer zu verteilen. Da aber die Anschaffungskosten ausschließlich der Umsatzsteuer 410 € nicht übersteigen (460 € ./. 73,45 € USt = 386,55 €), können sie im Jahr der Anschaffung der Bohrmaschine in voller Höhe als Werbungskosten abgesetzt werden (§ 9 Abs. 1 Nr. 7 Satz 2 EStG).

Fall 95   Häusliches Arbeitszimmer

Lösung: Die Aufwendungen für ein häusliches Arbeitszimmer sowie die Kosten der Ausstattung sind grundsätzlich nicht als Werbungskosten abzugsfähig (§ 9 Abs. 5 i. V. mit § 4 Abs. 5 Nr. 6b EStG), es sei denn

▶ für die berufliche Tätigkeit steht kein anderer Arbeitsplatz zur Verfügung (Kosten bis zur Höhe von 1 250 € abzugsfähig) oder

▶ das Arbeitszimmer bildet den Mittelpunkt der gesamten beruflichen Tätigkeit (unbegrenzter Abzug der Kosten).

Beides ist hier nicht der Fall.

Die Kosten für Arbeitsmittel wie z. B. Computer, Schreibmaschine aber auch Büromöbel (Schreibtisch, Schreibtischstuhl …) sind jedoch in Höhe der Abschreibung von 7,69 % von 2 496 € = 192 € als Werbungskosten abzugsfähig.

Fall 96   Telefongebühren eines Arbeitnehmers

Lösung: Telekommunikationsaufwendungen sind Werbungskosten, soweit sie beruflich veranlasst sind. Weist der Arbeitnehmer den Anteil der beruflich veranlassten Aufwendungen an den Gesamtaufwendungen für einen repräsentativen Zeitraum von drei Monaten im Einzelnen nach, kann dieser berufliche Anteil für den gesamten Veranlagungszeitraum zugrunde gelegt werden. Dabei können die Aufwendungen für das Nutzungsentgelt der Telefonanlage sowie für den Grundpreis der Anschlüsse entsprechend dem beruflichen Anteil der Verbindungsentgelte an den gesamten Verbindungsentgelten (Telefon und Internet) abgezogen werden.

Fallen erfahrungsgemäß beruflich veranlasste Telekommunikationsaufwendungen an, können aus Vereinfachungsgründen ohne Einzelnachweis bis zu 20 % des Rechnungsbetrags, jedoch höchstens 20 € monatlich als Werbungskosten abgezogen werden. Zur weiteren Vereinfachung kann der monatliche Durchschnittsbetrag, der sich aus den Rechnungsbeträgen für einen repräsentativen Zeitraum von drei Monaten ergibt, für den gesamten Veranlagungszeitraum zugrunde gelegt werden. Nach LStR 3.50 Abs. 2 steuerfrei ersetzte Telekommunikationsaufwendungen mindern den als Werbungskosten abziehbaren Betrag, LStR 9.1 Abs. 5.

Der angestellte Reisende kann die Ausgaben für beruflich veranlasste Telefongespräche in seiner Wohnung damit in folgender Höhe als Werbungskosten geltend machen:

1 210 € x 20 % =	242 €
höchstens jedoch 20 € x 12 Monate =	240 €

Wege zwischen Wohnung und erster Tätigkeitsstätte

Fall 97

Lösung: Nach § 9 Abs. 1 Nr. 4 EStG sind Aufwendungen des Arbeitnehmers für Wege zwischen Wohnung und erster Tätigkeitsstätte als Werbungskosten anzusetzen. Die Entfernungspauschale wird unabhängig vom benutzten Verkehrsmittel gewährt und beträgt 0,30 € je Entfernungskilometer.

Die Entfernungspauschale ist auf 4 500 € begrenzt, es sei denn, der Steuerpflichtige nutzt seinen eigenen bzw. einen ihm überlassenen PKW für Fahrten zwischen Wohnung und erster Tätigkeitsstätte.

Anstelle der kürzesten benutzbaren Straßenverbindung kann auch eine andere verkehrsgünstigere Strecke zugrunde gelegt werden, wenn sie vom Arbeitnehmer benutzt wird (BMF-Schreiben vom 11. 12. 2001, BStBl 2001 I S. 994).

Bei Benutzung anderer Verkehrsmittel sind die entstandenen Aufwendungen anzusetzen (beliebiger Tarif), auch Taxikosten, § 9 Abs. 2 Satz 2 EStG. Die Inanspruchnahme eines Taxis kann für eine begrenzte Zeit, z. B. durch Reparatur des eigenen Pkw oder durch Führerscheinentzug, veranlasst sein (LStR 9.10, LStH 9.1 i. V. mit BMF-Schreiben vom 31.8.2009, BStBl 2009 I S. 891). Diese Aufwendungen sind jedoch nur dann anzusetzen, wenn sie den im Kalenderjahr insgesamt als Entfernungspauschale abziehbaren Betrag übersteigen.

Berechnung:

Taxifahrten (tatsächliche Kosten, Begrenzung auf 4 500 €); kein Ansatz, da Aufwand nicht höher als Entfernungspauschale

Entfernungspauschale PKW (ohne Abzugsbeschränkung)

▶ 230 Fahrten × 70 km × 0,30 € =	4 830 €
Werbungskosten	4 830 €

Fall 98 | **Mehraufwendungen wegen doppelter Haushaltsführung**

Lösung:

Werbungskosten für Wege zwischen Wohnung und erster Tätigkeitsstätte (§ 9 Abs. 2 EStG)

Berechnung: Entfernung 18 km × 230 Tage × 0,60 € =   2 484 €

Behinderte Menschen,

1. deren Grad der Behinderung mindestens 70 beträgt,

2. deren Grad der Behinderung von weniger als 70, aber mindestens 50 beträgt und die in ihrer Bewegungsfähigkeit im Straßenverkehr erheblich beeinträchtigt sind, können an Stelle der Entfernungspauschalen die tatsächlichen Aufwendungen für die Wege zwischen Wohnung und Arbeitsstätte ansetzen, § 9 Abs. 2 EStG

   Bei Benutzung eines privaten Fahrzeugs können die Fahrtkosten ohne Einzelnachweis mit den pauschalen Kilometersätzen (0,30 € je gefahrenen Kilometer) berücksichtigt werden.

Werbungskosten wegen doppelter Haushaltsführung (§ 9 Abs. 1 Nr. 5 EStG)

Familienheimfahrten

Berechnung: Entfernung 93 km × 46 Wochen × 0,60 € =   2 567 €

Auch hier treten wegen der Körperbehinderung an die Stelle des Pauschbetrags nach § 9 Abs. 2 EStG die tatsächlichen Aufwendungen, mangels Nachweises die pauschalierten Kilometersätze bei Dienstreisen (0,30 € × 2).

Verpflegungsmehraufwand

Mehraufwendungen für Verpflegung können für eine Tätigkeit an derselben Tätigkeitsstätte längstens für drei Monate abgezogen werden. Dies gilt auch für eine doppelte Haushaltsführung (§ 4 Abs. 5 Nr. 5 EStG). Es werden die Pauschbeträge für Verpflegungsmehraufwendungen wie bei Dienstreisen angesetzt.

Berechnung: 24 € × 48 Tage (montags – donnerstags) =   1 152 €
An- und Abreisetag (sonntags/freitags) 12 € × 24 Tage =   288 €
Kosten der Unterkunft (max. 1 000 € monatlich)   4 800 €

Zusammenstellung der Werbungskosten

Wege zwischen Wohnung u. erster Tätigkeitsstätte		2 484 €
Doppelte Haushaltsführung		
Familienheimfahrten	2 567 €	
Verpflegungsmehraufwand (1 152 € + 288 €)	1 440 €	
Kosten der Unterkunft	4 800 €	
Summe	8 807 €	8 807 €
Summe der Werbungskosten		11 291 €

Lohnsteuerklassen, Zahl der Kinderfreibeträge

Lösung a: Folgende Lohnsteuerabzugsmerkmale sind für Hausmann zu bescheinigen: Lohnsteuerklasse I, da der Arbeitnehmer nicht verheiratet ist (§ 38b Abs. 1 Nr. 1 EStG); Zahl der Kinderfreibeträge 1. Dem Arbeitnehmer stehen zwei Kinderfreibeträge von je 192 € monatlich zu, die mit dem Zähler 1 (2 × Zähler 0,5) ausgewiesen werden (§ 39 Abs. 4 Nr. 2 EStG). Ein Entlastungsbetrag für Alleinerziehende nach § 24b EStG steht dem Arbeitnehmer nicht zu, weil die Kinder nicht in seiner Wohnung gemeldet sind. Dadurch kommt auch die Steuerklasse II für den Arbeitnehmer nicht in Betracht (§ 38b Abs. 1 Nr. 2 EStG).

Lösung b: Folgende Lohnsteuerabzugsmerkmale sind für Eva Schön zu bescheinigen: Lohnsteuerklasse II (§ 38b Abs. 1 Nr. 2 EStG); Zahl der Kinderfreibeträge 0,5. Der Arbeitnehmerin steht ein Kinderfreibetrag von 192 € monatlich zu (§ 32 Abs. 6 EStG), der mit dem Zähler 0,5 ausgewiesen wird (§ 39 Abs. 4 Nr. 2 EStG). Ihr steht ein Entlastungsbetrag für Alleinerziehende von 1 908 € zu, weil das Kind nur bei ihr gemeldet ist. Dies hat die Einreihung der – allein stehenden – Arbeitnehmerin in die Steuerklasse II zur Folge.

Lösung c: Lohnsteuerabzugsmerkmale für Hurtig: Lohnsteuerklasse III, da der Arbeitnehmer verheiratet ist (§ 38b Abs. 1 Nr. 3 EStG); Zahl der Kinderfreibeträge 1,5 (3 × Zähler 0,5; § 39 Abs. 4 Nr. 2 EStG).

Anmerkung: Wäre der Vater der Kinder verstorben oder nicht unbeschränkt steuerpflichtig, so wäre die Kinderfreibetragszahl 3 (3 × Zähler 1) zu bescheinigen.

Lösung d: Der Mutter wird bescheinigt: Lohnsteuerklasse II, Zahl der Kinderfreibeträge 1 (2 × Zähler 0,5). Auf der Lohnsteuerkarte des Vaters wird bescheinigt: Steuerklasse I; Zahl der Kinderfreibeträge 1 (2 × Zähler 0,5).

Lösung e: Zu berücksichtigende Lohnsteuerabzugsmerkmale: Lohnsteuerklasse III; Zahl der Kinderfreibeträge 0. Für das Kind steht dem Arbeitnehmer ein Kinderfreibetrag zu (§ 32 Abs. 6 EStG). Die für das Lohnsteuerabzugsverfahren erforderlichen Eintragungen nimmt auf Antrag – unter Verwendung des Vordrucks „Antrag auf Lohnsteuerermäßigung" – das Finanzamt vor (§ 39 Abs. 2 EStG).

Hinweis: Die Kinderfreibeträge wirken sich nicht auf die Höhe der Lohnsteuer, sondern nur auf die Höhe der Zuschlagsteuern (Solidaritätszuschlag, Kirchensteuer) aus (§ 51a Abs. 2a EStG). Der Betreuungsfreibetrag hat auch auf die Höhe der Zuschlagsteuern keine Auswirkung. Er wird allein bei der Steuerfestsetzung berücksichtigt.

Lohnsteuerklassen, Eheschließung im Laufe des Kalenderjahres

Lösung:

a) Das Finanzamt Paderborn bescheinigt für das Kalenderjahr 2016:

Lohnsteuerabzugsmerkmale der Arbeitnehmerin Helene Meier: Lohnsteuerklasse II (§ 38b Abs. 1 Nr. 2 EStG); Zahl der Kinderfreibeträge 0,5 (§ 39 Abs. 4 Nr. 2 EStG). Das zweijährige Kind wird der Mutter zugeordnet, da es im Kalenderjahr 2016 in ihrer Wohnung zuerst gemeldet war. Folge: Entlastungsbetrag für Alleinerziehende (§ 24b EStG) und damit Steuerklasse II.

Lohnsteuerabzugsmerkmale des Arbeitnehmers Paul Müller: Lohnsteuerklasse I (§ 38b Abs. 1 Nr. 1 EStG): Zahl der Kinderfreibeträge 1,5 (3 × Zähler 0,5; § 39 Abs. 4 Nr. 2 EStG)

317

b) Die Arbeitnehmer-Ehegatten sind nicht verpflichtet, nach ihrer Eheschließung am 30. 5. 2016 ihre ändern zu lassen, da die Eintragungen nicht zu ihren Gunsten von den Verhältnissen zu Beginn des Jahres 2016 abweichen (§ 39 Abs. 5 Satz 1 EStG). Die Eintragungen entsprechen den Verhältnissen zu Beginn des Kalenderjahres 2016.

c) Nach der Eheschließung können die Ehegatten die Steuerklassenkombinationen III/V oder IV/IV wählen. Für die Änderung ist das Finanzamt zuständig (§ 39 Abs. 2 EStG).

Neben der Steuerklasse III wird hinsichtlich der Kinder bescheinigt: Zahl der Kinderfreibeträge 2 (1 × Zähler 1 und 2 × Zähler 0,5). Zusammen mit Steuerklasse V werden keine Kinder bescheinigt.

Wird die Steuerklassenkombination IV/IV gewählt, wird hinsichtlich der Kinder bescheinigt: Zahl der Kinderfreibeträge jeweils 2 (1 × Zähler 1, 2 × Zähler 0,5).

Anmerkung: Im Falle der Veranlagung zur Einkommensteuer für das Kalenderjahr 2016 müssten die Steuerpflichtigen prüfen, ob eine Einzelveranlagung nach § 26c EStG günstiger wäre (Inanspruchnahme des Entlastungsbetrags für Alleinerziehende von 1 908 € gem. § 24b EStG durch die Ehefrau günstiger als Splittingtarif bei Zusammenveranlagung).

Fall 101 | **Lohnsteuerklasse, Beendigung des Arbeitsverhältnisses**

Lösung: Lohnsteuerabzugsmerkmale des Ehemannes können auf Antrag geändert werden. Herrn Müller wird mit Wirkung ab 1. 5. 2016 die Steuerklasse III bescheinigt. Die Lohnsteuerklasse der Ehefrau wird mit Wirkung vom 1. 5. 2016 von IV in Steuerklasse V geändert. Für diese Änderungen ist das Finanzamt zuständig (§ 39 Abs. 2 EStG).

Fall 102 | **Wahl der Steuerklasse**

Lösung: Es ist für die Ehegatten günstiger, wenn der Ehemann die Steuerklasse III erhält und die Ehefrau die Steuerklasse V. Diese Steuerklassen sind im Regelfall immer dann günstiger, wenn ein Ehegatte allein mehr als 60 % des gesamten Arbeitslohns der Ehegatten bezieht. Das ist hier der Fall. Der Ehegatte mit dem höchsten Arbeitslohn erhält in diesen Fällen die Steuerklasse III.

Würde bei beiden Ehegatten die Lohnsteuer nach Steuerklasse IV festgestellt, würde insgesamt ein zu hoher Betrag an Lohnsteuer einbehalten, der dann allerdings bei der Antragsveranlagung (§ 46 Abs. 2 Nr. 8 EStG) durch das Finanzamt erstattet würde.

Nach § 39 Abs. 6 EStG können die Ehegatten die Änderung der Steuerklassen in jedem Kalenderjahr bis zum 30. 11. bei ihrem zuständigen Wohnsitzfinanzamt nur einmal beantragen. Ehegatten, die die Steuerklassenkombination III/V gewählt haben, werden stets zur Einkommensteuer veranlagt (§ 46 Abs. 2 Nr. 3a EStG), da in diesen Fällen möglicherweise ein zu niedriger Lohnsteuerabzug vorgenommen wird.

Fall 103 | **Lohnsteuerpauschalierung bei Teilzeitbeschäftigten**

Lösung: Nach § 40a Abs. 1 und Abs. 4 EStG kann der Arbeitgeber bei kurzfristiger Beschäftigung (nicht über 18 zusammenhängende Arbeitstage hinaus) die Lohnsteuer mit einem Pauschsteuersatz von 25 % erheben, wenn der Arbeitslohn pro Stunde 12 € und je Arbeitstag 68 € nicht übersteigt.

Diese Voraussetzungen liegen hier vor:

Der Arbeitgeber hat an Lohnsteuer abzuführen:

Arbeitslohn 12 Tage × 5 Std. × 8,50 € =	510,00 €
Pauschalierte Lohnsteuer 25 % =	127,50 €
Pauschalierte Lohnkirchensteuer 7 % von 127,50 € =	8,93 €
Solidaritätszuschlag 5,5 % von 127,50 € =	7,01 €

Die Folge der pauschalierten Besteuerung ist, dass der Arbeitslohn bei der ESt-Veranlagung nicht angesetzt wird (Abgeltungsprinzip). Eine Anrechnung der Pauschalsteuer entfällt (§ 40a Abs. 5 i.V. mit § 40 Abs. 3 EStG).

Die Voraussetzungen für die Pauschalierung der Lohnsteuer nach § 40a Abs. 2 EStG mit 20 % liegen nicht vor, da der Arbeitslohn 450 € im Monat übersteigt.

Lösung: Für geringfügige Beschäftigungsverhältnisse **in Privathaushalten**, die vorliegen, wenn Fall 104 das Arbeitsentgelt im Monat regelmäßig 450 € nicht übersteigt, kann der Arbeitgeber unter Verzicht auf die Vorlage einer Lohnsteuerkarte eine einheitliche Pauschsteuer von 2 % des Arbeitsentgelts erheben (§ 40a Abs. 2 EStG). Die Pauschsteuer umfasst die Lohnsteuer, den Solidaritätszuschlag sowie die Kirchensteuer für das Arbeitsentgelt aus der geringfügigen Beschäftigung. Voraussetzung für die Anwendung des Pauschsteuersatzes von 2 % ist, dass der Arbeitgeber pauschale Rentenversicherungsbeiträge von 5% zu entrichten hat.

Die einheitliche Pauschalsteuer für geringfügige Beschäftigungen hat der Arbeitgeber gemeinsam mit den pauschalen Renten- und Krankenversicherungsbeiträgen an die Bundesknappschaft zu entrichten.

Nach dem Gesetzeswortlaut handelt es sich bei der einheitlichen Pauschsteuer von 2 % um eine Kann-Vorschrift. Der Arbeitgeber ist hierzu nicht verpflichtet. Es steht ihm frei, von geringfügig Beschäftigten die Vorlage einer Lohnsteuerkarte zu verlangen und den Lohnsteuerabzug nach der maßgeblichen Steuerklasse durchzuführen, auch wenn er für die Renten- und Krankenversicherung im Rahmen der 450-€-Verdienstgrenze pauschale Arbeitgeberbeiträge abführt.

Berechnung

Monatsgehalt (haushaltsnaher Mini-Job)	294,70 €
Pauschalierte Rentenversicherung 5 % =	14,74 €
Pauschalierte Krankenversicherung 5 % =	14,74 €
Pauschalsteuer (einschließlich Kirchensteuer, SolZ-Zuschlag) 2 % =	5,89 €
Pauschalierung insgesamt damit 12 % =	35,37 €

Florentin erhält für seine Aufwendungen zur Beschäftigung einer Haushaltshilfe eine Steuerermäßigung nach § 35a EStG i. H. von 20 % seiner Aufwendungen, höchstens 510 € jährlich.

Diese Aufwendungen können auch als Freibetrag zu den Lohnsteuerabzugsmerkmalen eingetragen werden. Der Freibetrag berechnet sich mit dem Vierfachen der Steuerermäßigung (§ 39a Abs. 1 Nr. 5c EStG).

Fall 105 **Lösung:** Arbeitgeber Lässig durfte die Lohnsteuer nicht nach § 40a Abs. 2 EStG versteuern, da der Arbeitslohn 450 € monatlich übersteigt. Die Voraussetzungen der Lohnsteuer nach § 40a Abs. 1 EStG („kurzfristige Beschäftigung") liegen ebenfalls nicht vor. Der Arbeitgeber hätte die Lohnsteuer aus der Tabelle für Wochenlohn nach Steuerklasse VI feststellen müssen, da eine Lohnsteuerabzugsmerkmale nicht mitgeteilt wurde (§ 39c Abs. 1 EStG), wobei das Verfahren der Nettolohnbesteuerung anzuwenden gewesen wäre (LStR 39b.9).

Der Lohnsteuer-Außenprüfer des Finanzamts (§ 42f EStG) stellt die Lohnsteuer für Else Frisch nach ihren individuellen Merkmalen fest (Steuerklasse I und Altersentlastungsbetrag nach § 24a EStG).

Die durch Lohnsteuer-Außenprüfung festzusetzende Lohnsteuer kann höher oder niedriger als die Pauschallohnsteuer sein. Es kann also ein Haftungsbescheid nach § 42d EStG ergehen, es kann aber auch eine Erstattung der Lohnsteuer erfolgen.

Fall 106 **Weitere Übungen zu geringfügigen Beschäftigungsverhältnissen**

Lösung:

Name	Abgabenbelastung der geringfügigen Beschäftigungsverhältnisse			
	Renten-versicherung	Kranken-versicherung	Arbeitslosen-versicherung	Einkommensteuer
Saubermann, Else	versicherungspflichtig, da 450 € überschritten			steuerpflichtig
Saubermann, Klaus	15 % Pauschalbeitrag	13 % Pauschal-beitrag	versicherungs-frei	2 % Pauschalsteuer
Baum, Alfred	15 % Pauschalbeitrag	13 % Pauschal-beitrag	versicherungs-frei	2 % Pauschalsteuer
Schmolensky, Norbert	15 % Pauschalbeitrag	13 % Pauschal-beitrag	versicherungs-frei	2 % Pauschalsteuer
Rührig, Anja	15 % Pauschalbeitrag	versicherungs-frei, da privat versichert	versicherungs-frei	2 % Pauschalsteuer

Fall 107 **Freibetrag im Lohnsteuerabzugsverfahren (1)**

Lösung: Werden bis zum 30. 11. beim Finanzamt Aufwendungen i. S. des § 39a Abs. 1 EStG geltend gemacht, so ist auf Antrag ein steuerfreier Jahresbetrag festzustellen und im Lohnsteuerabzugsverfahren zu berücksichtigen.

Der Antrag ist nach § 39a Abs. 2 EStG unzulässig, soweit die Werbungskosten abzgl. des Arbeitnehmer-Pauschbetrags von 1 000 €, die übrigen Sonderausgaben (§ 10 Abs. 1 Nr. 1, 1a, 4, 5, 7 bis 9 und § 10b EStG) und die außergewöhnlichen Belastungen (Aufwendungen nach § 33 EStG und die abziehbaren Beträge nach §§ 24b, 33a und § 33b Abs. 6 EStG) den Betrag von 600 € nicht übersteigen.

Ein Antrag auf Lohnsteuerermäßigung kann also nur gestellt werden, wenn die Antragsgrenze von 600 € überschritten ist.

Die Beiträge zur Sozialversicherung und zur Lebensversicherung können nicht als Freibetrag berücksichtigt werden, da sie nicht im § 39a Abs. 1 EStG aufgeführt sind.

1. **Antragsgrenze 600 €**

Werbungskosten	1 412 €
./. Arbeitnehmer-Pauschbetrag	1 000 €
verbleiben	412 €
+ Kirchensteuer	190 €
Summe	602 €

Der Antrag ist zulässig.

2. **Berechnung des Freibetrags**

Werbungskosten:	1 412 €	
./. in die Lohnsteuertabelle eingearbeiteter Arbeitnehmer-Pauschbetrag	1 000 €	412 €
Kirchensteuer	190 €	
./. in die Lohnsteuertabelle eingearbeiteter Sonderausgaben-Pauschbetrag	36 €	154 €
Jahresfreibetrag für das Kalenderjahr 2016 =		566 €

Der Jahresfreibetrag wird hier auf die Monate April bis Dezember 2016 gleichmäßig verteilt.

Der Monatsfreibetrag beträgt somit $1/9$ des Jahresfreibetrags = 63 €

Für die Eintragung des steuerfreien Monatsbetrags ist der Freibetrag auf die Zeit vom Beginn des auf die Antragstellung folgenden Kalendermonats bis zum Schluss des Kalenderjahres zu verteilen (§ 39a Abs. 2 EStG). Der Zeitpunkt, von dem an die Eintragung gilt, ist auf der Lohnsteuerkarte zu vermerken.

Freibetrag im Lohnsteuerabzugsverfahren (2) `Fall 108`

Lösung:

1. **Antragsgrenze 600 €**
   Sonderausgaben ohne Vorsorgeaufwendungen

Kirchensteuer	185 €
Berufsausbildung (Ehefrau)	400 €
Summe	585 €

Der Antrag hinsichtlich der Sonderausgaben ist unzulässig.

2. **Steuerermäßigung nach § 35a EStG**

Vierfache der Steuerermäßigung von 510 € (§ 39a Abs. 1 Nr. 5c) EStG)	2 040 €
Jahresfreibetrag	2 040 €
Monatsfreibetrag ($1/8$)	255 €

Fall 109 **Antrag auf Veranlagung**

Lösung: Die Erstattung zu viel einbehaltener Lohnsteuer erfolgt im Rahmen einer Einkommensteuerveranlagung. Zur Anrechnung der Lohnsteuer kann eine Veranlagung beantragt werden (§ 46 Abs. 2 Nr. 8 EStG), wenn nicht bereits aus anderen Gründen eine Veranlagung zu erfolgen hat.

Berechnung der Erstattungsbeträge

Bearbeitungsschema

Jahresarbeitslohn		Antragsteller	Ehegatte	zusammen
§ 19 Abs. 1 EStG		24 060 €	0 €	
./. § 19 Abs. 2 EStG	0 €			
./. § 9, § 9a Nr. 1 EStG	1 500 €		0 €	
./. § 24a EStG	0 €	1 500 €	___	
Summe der Einkünfte		22 560 € >	0 € >	22 560 €
./. Entlastungsbetrag für Alleinerziehende				1 908 €
Gesamtbetrag der Einkünfte				20 652 €
./. Vorsorgeaufwendungen (§§ 10, 10c EStG)			3 721 €	
./. Übrige Sonderausgaben (§§ 10, 10c EStG)			273 €	
./. Außergewöhnliche Belastungen (§ 33 EStG)			1 380 €	
./. Ausbildungsfreibetrag			0 €	5 101 €
Einkommen				15 551 €
./. Sonderfreibeträge:				
Kinder-, Betreuungsfreibetrag (§ 32 Abs. 6)				0 €
= zu versteuerndes Einkommen				15 551 €

	ESt	KiSt	SolZ
Jahressteuer laut Grundtabelle 2016	1 411 €	0 €	0 €
Einbehalten für Antragsteller	2 314 €	55 €	0 €
Einbehalten für Ehegatten	0 €	0 €	0 €
Summe	2 314 €	55 €	0 €
Zu erstatten sind	903 €	55 €	0 €

Berechnung der Sonderausgaben

1. Vorsorgeaufwendungen

1) Basisversorgung, Höchstbetragsberechnung nach § 10 Abs. 3 EStG

Rentenversicherungsbeiträge (Basisversorgung)	2 394 €
zzgl. Arbeitgeberanteil zur gesetzlichen Rentenversicherung	2 394 €
Beiträge Basisversorgung gesamt, max. 20 000 €	4 788 €
davon 82 %	3 926 €
abzgl. Arbeitgeberanteil zur gesetzlichen Rentenversicherung	2 394 €
steuerlich abzugsfähig	1 532 €

2) Sonstige Vorsorgeaufwendungen, Höchstbetragsberechnung nach § 10 Abs. 4 EStG

Beiträge zur gesetzlichen Krankenversicherung	1 973 €
Beiträge zur Pflegeversicherung	295 €
Sonstige Vorsorgeaufwendungen (Arbeitslosenversicherung)	<u>1 361 €</u>
	2 629 €
Höchstbetrag	<u>1 900 €</u>
Zwischensumme (max. Höchstbetrag)	1 900 €

Mindestansatz (Beiträge nach § 10 Abs. 1 Nr. 3 EStG)	
Beiträge zur gesetzlichen Krankenversicherung 1 973 € abzgl. 4 % =	1 894 €
Pflegeversicherung	<u>295 €</u>
Summe	2 189 €
Anzusetzen Mindestansatz oder höhere Zwischensumme	<u>2 189 €</u>

3) Günstigerprüfung nach § 10 Abs. 4a EStG

Vorsorgeaufwendungen		5 023 €	
(Basisversorgung und übrige Vorsorgeaufwendungen)			
vorweg abziehbar	1 200 €		
davon ab 16 % des Arbeitslohns (24 060 €)	<u>3 850 €</u>		
verbleiben (nicht negativ)	0 €	<u>0 €</u>	0 €
verbleiben		5 023 €	
Grundhöchstbetrag		<u>1 334 €</u>	1 334 €
verbleiben		3 689 €	
hälftiger Grundhöchstbetrag		667 €	<u>667 €</u>
Vorsorgehöchstbetrag (nach altem Recht)			<u>2 001 €</u>

Der Vergleich nach § 10 Abs. 4a EStG führt nicht zu einem günstigeren Ergebnis als der Abzug der Höchstbeträge nach § 10 Abs. 3 und 4 EStG (1 532 € + 2 189 € = 3 721 €), so dass der Vorsorgehöchstbetrag nach »neuem« Recht zu berücksichtigen ist.

2. Übrige Sonderausgaben

Kirchensteuer	<u>273 €</u>
Sonderausgaben-Pauschbetrag	<u>36 €</u>
Anzusetzen sind, da höher	<u>273 €</u>

Berechnung der außergewöhnlichen Belastung (§ 33 EStG)

Nicht erstattete Krankheitskosten	2 000 €
./. zumutbare Belastung 3 % von 20 652 € =	<u>620 €</u>
Außergewöhnliche Belastung	<u>1 380 €</u>
Ausbildungsfreibetrag (§ 33a Abs. 2 EStG)	
(kein Ansatz, da Haushaltszugehörigkeit)	<u>0 €</u>

Berechnung der Kirchensteuer und des Solidaritätszuschlags (§ 51a EStG)

Der Kirchensteuersatz beträgt in Nordrhein-Westfalen 9 %. Der Solidaritätszuschlag beträgt 5,5 % der Einkommensteuer. Bemessungsgrundlage ist nach § 51a EStG jeweils die Einkommensteuer oder die Jahreslohnsteuer. Bei der Berechnung der Einkommensteuer oder Lohnsteuer sind die Kinderfreibeträge auch dann abzuziehen, wenn anstelle der Kinderfreibeträge das Kindergeld in Anspruch genommen wird.

Zu versteuerndes Einkommen laut Veranlagung	15 551 €
./. Kinder-, Betreuungsfreibetrag	7 248 €
	8 303 €
Einkommensteuer laut Grundtabelle	0 €
Kirchensteuer 9 %	0 €
Solidaritätszuschlag 5,5 %	0 €

B. Körperschaftsteuer

Persönliche Steuerpflicht

Fall 110

Lösung:

a) Die Paul Meier GmbH ist unbeschränkt körperschaftsteuerpflichtig, da sie ihren Sitz im In-land hat (§ 1 Abs. 1 KStG). Auf die Höhe des Gewinns kommt es nicht an.

b) Die niederländische Supertransport B. V. ist weder unbeschränkt noch beschränkt steuer-pflichtig.

c) Die Belles Meubles S. A. erzielt mit der Betriebsstätte in Aachen inländische Einkünfte (§ 49 Abs. 1 Nr. 2a EStG). Sie ist mit diesen inländischen Einkünften beschränkt steuerpflichtig (§ 2 Nr. 1 KStG).

d) Die Stadt Dortmund ist mit den Dividendeneinnahmen beschränkt steuerpflichtig nach § 2 Nr. 2 KStG, da die Dividenden dem Steuerabzug (Kapitalertragsteuer, vgl. § 43 Abs. 1 Nr. 1 EStG) unterliegen.

e) Die A. Schulz GmbH & Co. KG selbst ist nicht körperschaftsteuerpflichtig, da sie keine Körper-schaft (Kapitalgesellschaft) ist. Die an der KG (Personengesellschaft) beteiligte GmbH ist da-gegen körperschaftsteuerpflichtig.

Beginn der Steuerpflicht

Fall 111

Lösung: Die Steuerpflicht beginnt bei Kapitalgesellschaften nicht erst mit Eintragung in das Handelsregister, sondern bereits mit Abschluss des notariellen Gesellschaftsvertrags (Vorgesell-schaft, GmbH im Gründungsstadium). Für den Zeitraum bis zum Abschluss des notariellen Ge-sellschaftsvertrags (Vorgründungsgesellschaft) besteht keine Körperschaftsteuerpflicht.

Die Körperschaftsteuerpflicht der GmbH besteht ab 15. 3. 2016. Die vor dem 15. 3. 2016 entstan-denen Kosten können als Verlust der Vorgründergesellschaft (= Gesellschaft bürgerlichen Rechts) gesondert und einheitlich festgestellt und anteilig bei der Einkommensteuer der Betei-ligten berücksichtigt werden.

Abweichendes Wirtschaftsjahr

Fall 112

Lösung: Die Sand-Stein GmbH ist als Kaufmann kraft Rechtsform zur Führung von Büchern nach dem HGB verpflichtet. Deshalb kann sie ein vom Kalenderjahr abweichendes Wirtschaftsjahr wählen. Bei Gründung der GmbH ist eine Zustimmung des Finanzamtes zur Wahl des abwei-chenden Wirtschaftsjahres nicht erforderlich.

Als zu versteuerndes Einkommen ist für den Veranlagungszeitraum 2016 lediglich der Verlust von 20 000 € aus dem Wirtschaftsjahr vom 1. 2. 2016 bis 31. 3. 2016 anzusetzen.

Fall 113 **Ermittlung des zu versteuernden Einkommens (1)**

Lösung: Das zu versteuernde Einkommen wird wie folgt ermittelt:

Jahresüberschuss			42 125 €
+	KSt-Vorauszahlungen	+	24 000 €
+	KSt-Rückstellung (Abschlusszahlung)	+	6 375 €
./.	KSt-Erstattung 2015	./.	5 000 €
+	GewSt-Vorauszahlungen	+	9 500 €
+	Spenden	+	3 000 €
=	Summe der Einkünfte		80 000 €
./.	abzugsfähige Spenden	./.	3 000 €
=	Gesamtbetrag der Einkünfte = Einkommen		
=	zu versteuerndes Einkommen		77 000 €

Die Körperschaftsteuer darf das Einkommen nach § 10 Nr. 2 KStG nicht mindern. Dasselbe gilt umgekehrt für die Körperschaftsteuererstattung. Die Gewerbesteuer und die darauf entfallenden Nebenkosten sind keine Betriebsausgaben, § 4 Abs. 5b EStG.

Fall 114 **Ermittlung des zu versteuernden Einkommens (2)**

Lösung: Das zu versteuernde Einkommen wird wie folgt berechnet:

Jahresüberschuss laut Handelsbilanz			109 000 €
+	GewSt-Rückstellung		2 500 €
+	KSt-Vorauszahlungen		60 000 €
+	KSt-Rückstellung		21 000 €
+	Hälfte der Aufsichtsratsvergütungen (§ 10 Nr. 4 KStG)		
	$^1/_2$ von 8 000 € =		4 000 €
+	sämtliche Spenden: CDU	1 000 €	
	ev. Kirche	2 000 €	
		3 000 €	3 000 €
./.	steuerfreie Investitionszulage		./. 10 000 €
=	Summe der Einkünfte		189 500 €
./.	abzugsfähige Spenden (§ 9 Abs. 1 Nr. 2 KStG)		./. 2 000 €
=	Gesamtbetrag der Einkünfte		187 500 €
./.	Verlustabzug (§ 10d EStG)		./. 10 000 €
=	Einkommen		
=	zu versteuerndes Einkommen		177 500 €

Die Parteispende kann nicht nach § 9 Abs. 1 Nr. 2 KStG abgezogen werden.

Fall 115 **Dividenden aus Beteiligungen**

Dividendenerträge (Bezüge i. S. des § 20 Abs. 1 EStG) bleiben bei der Ermittlung des Einkommens der GmbH außer Ansatz (§ 8b Abs. 1 EStG). 5 % der Erträge gelten nach § 8b Abs. 5 KStG als nicht abzugsfähige Betriebsausgaben, sind dem Gewinn demnach hinzuzurechnen. Die von der GmbH als Aufwand behandelte Kapitalertragsteuer nebst Solidaritätszuschlag ist dem Gewinn als nichtabzugsfähige Ausgabe (§ 10 Nr. 2 KStG) wieder hinzuzurechnen.

Steuerpflicht von Streubesitzdividenden

Bezüge (Dividenden/Beteiligungserträge) die nach dem 28. 2. 2013 zufließen sind steuerpflichtig, wenn die Beteiligung zu Beginn des Kalenderjahres unmittelbar weniger als 10 % des Grund- oder Stammkapitals betragen hat (§ 8b Abs. 4 KStG). Die pauschalierten, nicht abzugsfähigen Betriebsausgaben i. H. von 5 % der Erträge sind in diesem Fall nicht anzusetzen (§ 8b Abs. 4 Satz 7 KStG).

Die Kapitalertragsteuer (25 %) wird auf die KSt-Schuld der GmbH im Veranlagungszeitraum 2016 angerechnet.

Jahresüberschuss laut Handelsbilanz	34 945 €
+ nichtabziehbare Ausgaben	
KSt-VZ für 2016	+ 10 000 €
Kapitalertragsteuer (A-AG)	+ 1 000 €
Solidaritätszuschlag	+ 55 €
Parteispende	+ 3 000 €
zu versteuerndes Einkommen	49 000 €
festzusetzende KSt	
Steuersatz 15 % (§ 23 Abs. 1 KStG)	7 350 €
./. anzurechnende Kapitalertragsteuer	./. 1 000 €
./. KSt-Vorauszahlungen für 2016	./. 10 000 €
KSt-Erstattung	3 650 €

Festzusetzende Körperschaftsteuer `Fall 116`

Lösung:

Zu versteuerndes Einkommen der Albert Stein GmbH

für den Veranlagungszeitraum 2016	250 000 €
tarifliche Körperschaftsteuer 15 % von 250 000 € =	37 500 €
festzusetzende Körperschaftsteuer	37 500 €

Zur Ermittlung der festzusetzenden Körperschaftsteuer und der verbleibenden Körperschaftsteuer vgl. R 7.2 KStR.

Festzusetzende Körperschaftsteuer bei einem Verein `Fall 117`

Lösung:

Die Befreiung von der Körperschaftsteuer gilt nicht für einen unterhaltenen wirtschaftlichen Geschäftsbetrieb. Der Gewinn aus dem wirtschaftlichen Geschäftsbetrieb unterliegt als Einkommen des Vereins nach §§ 7 und 8 KStG der Körperschaftsteuer.

Gewinn aus wirtschaftlichem Geschäftsbetrieb
(Gewerbebetrieb) im Veranlagungszeitraum 2016   30 000 €
Einkommen   30 000 €
abzgl. Freibetrag für bestimmte Körperschaften gem. § 24 KStG   ./. 5 000 €
zu versteuerndes Einkommen   25 000 €
tarifliche Körperschaftsteuer 15 % von 25 000 € =
= festzusetzende Körperschaftsteuer   3 750 €

Fall 118   **Ermittlung des zu versteuernden Einkommens und der festzusetzenden Körperschaftsteuer**

Lösung:

1. Berechnung der tariflichen KSt im VZ 2016:

(vorläufiger) Jahresüberschuss lt. G + V   131 000 €
./. steuerfreie Investitionszulage   ./. 10 000 €
+ nicht abzugsfähige Ausgaben
    KSt-Vorauszahlungen   + 15 000 €
+ gesamte Spenden   + 14 000 €
steuerlicher Gewinn = Gesamtbetrag der Einkünfte   150 000 €
./. abzugsfähige Spenden 20 % v. 150 000 €   ./. 14 000 €
Einkommen = zu versteuerndes Einkommen   136 000 €
tarifliche KSt 15 %   20 400 €

2. Erstellung der Steuerbilanz mit Ausweis der Körperschaftsteuer-Rückstellung

KSt-Rückstellung: festzusetzende KSt   20 400 €
                ./. KSt-VZ   ./. 15 000 €
                                      5 400 €

vorläufiger Jahresüberschuss   131 000 €
./. KSt-Rückstellung   ./. 5 400 €
endgültiger Jahresüberschuss   125 600 €

31. 12. 2016

Aktiva	691 000 €	Stammkapital	300 000 €
		Jahresüberschuss	125 600 €
		Verbindlichkeiten	260 000 €
		KSt-Rückstellung	5 400 €
			691 000 €

Körperschaftsteuerveranlagung

Fall 119

Lösung:

1. Berechnung der tariflichen KSt für 2016:

Jahresüberschuss laut G + V	30 000 €
+ Parteispende CDU	+ 5 000 €
+ nichtabziehbare Ausgaben (§ 4 Abs. 5 EStG)	+ 3 000 €
+ KSt-Vorauszahlungen	+ 12 000 €
Gewinn = zu versteuerndes Einkommen	50 000 €
tarifliche KSt 15 %	7 500 €

2. Erstellung der Steuerbilanz

KSt-Rückstellung:	festzusetzende KSt	7 500 €
	./. KSt-VZ	./. 12 000 €
		4 500 €
vorläufiger Jahresüberschuss		30 000 €
./. KSt-Rückstellung		./. 4 500 €
endgültiger Jahresüberschuss 2016		25 500 €

	31. 12 2016		
Aktiva	200 000 €	Stammkapital	100 000 €
		Gewinnrücklagen	20 000 €
		Jahresüberschuss	25 500 €
		KSt-Rückstellung	4 500 €
		Verbindlichkeiten	50 000 €
			200 000 €

Verdeckte Gewinnausschüttung

Fall 120

Lösung:

Die Aufwendungen für die Gewinnbeteiligung des angestellten Gesellschafters Meier dürfen nach § 8 Abs. 3 Satz 2 KStG als verdeckte Gewinnausschüttung (vGA) den Gewinn der GmbH nicht mindern. Hinsichtlich der Gewinnbeteiligung fehlt es an einer zivilrechtlich wirksamen, klaren und im Voraus abgeschlossenen Vereinbarung (R 8.5 Abs. 2 KStR). Ob das gezahlte Geschäftsführergehalt angemessen ist (vgl. KStH 36), braucht in diesem Fall nicht mehr geprüft zu werden.

1. Ermittlung der Tarifbelastung

zu versteuerndes Einkommen ohne vGA	100 000 €
Zurechnung der vGA	+ 50 000 €
zu versteuerndes Einkommen (ohne GewSt!)	150 000 €
Tarifbelastung 15 %	22 500 €

2. Einkünfte des Gesellschafters

Einnahmen aus nichtselbständiger Arbeit

Arbeitslohn bisher	110 000 €
./. Kürzung um vGA	./. 50 000 €
	60 000 €

Einnahmen aus Kapitalvermögen (§ 20 Abs. 1 Nr. 1 EStG)

vGA	50 000 €

Verdeckte Gewinnausschüttungen gehören nach § 20 Abs. 1 Nr. 1 EStG zu den Einnahmen aus Kapitalvermögen.

C. Gewerbesteuer

Gewerbeertrag einer Kommanditgesellschaft Fall 121

Lösung: Der Gewerbesteuermessbetrag der Holz KG wird wie folgt berechnet:

Gewinn lt. Handelsbilanz	11 350 €
+ Vergütungen an die Gesellschafter nach § 15 Abs. 1 Nr. 2, 2. Halbsatz EStG (Sonderbetriebseinnahme)	
Geschäftsführervergütung 3 400 € × 12 =	40 800 €
Kranmiete an Gesellschafter 2 100 € × 12 =	25 200 €
./. AfA für den Kran (Sonderbetriebsausgabe)	6 000 €
+ Gehälter an die Kommanditisten einschließlich Arbeitgeberanteile zur Sozialversicherung: Jahresgehälter je 33 523 € × 2 =	67 046 €
= Gewinn lt. Steuerbilanzen = steuerlicher Gewinn i. S. des § 7 Satz 1 GewStG	138 396 €
+ Hinzurechnungen § 8 GewStG	
Die Schuldzinsen und die Miete übersteigen nicht den Freibetrag von 100 000 €	0 €
./. Kürzungen § 9 GewStG	0 €
= Gewerbeertrag (vor Abrundung und Freibetrag)	138 396 €
./. Gewerbeverlust § 10a GewStG	0 €
Abrundung auf volle 100 € (§ 11 Abs. 1 Satz 3 GewStG)	138 300 €
./. Freibetrag (§ 11 Abs. 1 Satz 3 Nr. 1 GewStG)	24 500 €
= Gewerbeertrag (nach Abrundung und Freibetrag)	113 800 €
x Steuermesszahl (§ 11 Abs. 2 GewStG)	3,5 %
= Gewerbesteuermessbetrag (§ 11 GewStG)	3 983 €

Gewerbeertrag, Beteiligungen an Personengesellschaften, Leasing Fall 122

Lösung:

Gewinn aus Gewerbebetrieb (§ 7 Satz 1 GewStG)		150 000,00 €
+ Hinzurechnungen (§ 8 GewStG)		
Nr. 1: Finanzierungsentgelte		
a) Darlehens- und Kontokorrentzinsen (100 %)	84 000 €	
d) Kompressormiete	41 250	
d) Leasingraten LKW	33 600	
74 850 × 20 %		14 970 €
e) Miete Auslieferungshalle 24 000 × 50 %		12 000 €
		110 970 €
./. Freibetrag		100 000 €
= Differenz		10 970 €
x 25 % = Summe der Hinzurechnungen nach § 8 Nr. 1 GewStG		+ 2 742,50 €
./. Kürzungen (§ 9 GewStG)		
Nr. 1: 1,2 % vom Einheitswert der Lagerhalle (50 000 € × 140 % – § 121a BewG)		./. 840,00 €
Nr. 2: Gewinnanteil aus der OHG		./. 5 000,00 €
= Gewerbeertrag (vor Abrundung und Freibetrag)		146 902,50 €

./. Gewerbeverlust (§ 10a GewStG)   0 €

Abrundung auf volle 100 € (§ 11 Abs. 1 Satz 3 GewStG)   146 900 €

./. Freibetrag (§ 11 Abs. 1 Satz 3 Nr. 1 GewStG)   ./. 24 500 €

= Gewerbeertrag (nach Abrundung und Freibetrag)   = 122 400 €

x Steuermesszahl (§ 11 Abs. 2 GewStG)   <u>3,5 %</u>

= Gewerbesteuermessbetrag (§ 11 GewStG)   <u>4 284 €</u>

Fall 122a   **Gewerbeertrag, Beteiligungen an Kapitalgesellschaften**

Lösung:

a) Bank   7 362,50 €   laufende Erträge aus Anteilen an

     Privatsteuern   2 637,50 € an   KapGes (§ 3 Nr. 40)*   10 000,00 €

     Gewinnauswirkung aus diesem *Buchungssatz*: + 10 000 €

     Bank   11 043,75 €   laufende Erträge aus Anteilen an

     Privatsteuern   3 956,25 € an   KapGes (§ 3 Nr. 40)*   15 000,00 €

     Gewinnauswirkung aus diesem *Buchungssatz*: + 15 000 €

     * Zu den Kontenbezeichnungen vgl. die Vorbemerkung zu den Lösungen zum Teil F, Rechnungswesen. Zulässig wären hier auch die Konten „Erträge aus Beteiligungen" oder „Dividendenerträge". Zu den Gewinnauswirkungen vgl. Lösung zu b).

b) Gewinn lt. Handels-/Steuer*bilanz* (bisher)   100 000 €

     + Gewinnerhöhungen aus den *Buchungssätzen*   10 000 €

         <u>15 000 €</u>

     = Gewinn lt. Handels-/Steuer*bilanz* (neu)   125 000 €

     <u>Hinweis</u>: Die Ertragskonten werden über GuV abgeschlossen. Damit volle Gewinnauswirkung in der Handels- und Steuer*bilanz* (+ 25 000 €). Die Steuerbefreiung des § 3 Nr. 40 EStG wird *außerbilanziell* berücksichtigt (steuerrechtliche Gewinnauswirkung damit insgesamt: + 25 000 € ./. 4 000 € ./. 6 000 € = + 15 000 €). Vgl. Lösung zu c).

c) Gewinn lt. Steuer*bilanz*   125 000 €

     ./. Korrekturen *außerhalb* der Steuerbilanz

     (§ 3 Nr. 40 Buchstabe d) EStG – 40 % steuerfrei)

     10 000 x 40 %   4 000 €

     15 000 x 40 %   <u>6 000 €</u>

     = *steuerlicher Gewinn nach § 7 Satz 1 GewStG*   115 000 €

d) Es ist zu prüfen, ob die Voraussetzungen des § 9 Nr. 2a GewStG *oder* diejenigen des § 8 Nr. 5 GewStG erfüllt sind.

     Sachverhalt 1:

     Da die Beteiligung 1 zu Beginn des Erhebungszeitraums >= 15 % beträgt, erfolgt eine Kürzung nach § 9 Nr. 2a GewStG in Höhe der in dem steuerlichen Gewinn noch enthaltenen Gewinnausschüttung = Kürzung i. H. von 60 % = 6 000 € (10 000 € – 4 000 €). Diese Kürzung hat zur Folge, dass aus dieser Gewinnausschüttung 0 € = 0 % in die gewerbesteuerliche Bemessungsgrundlage eingehen. Die Voraussetzungen des § 8 Nr. 5 GewStG liegen nicht vor.

Sacherhalt 2:

Da die Beteiligung 2 zu Beginn des Erhebungszeitraums < 15 % beträgt, erfolgt eine Hinzurechnung nach § 8 Nr. 5 GewStG in Höhe des in dem steuerlichen Gewinn nicht mehr enthaltenen steuerfreien Teils der Gewinnausschüttung = Hinzurechnung i. H. von 6 000 €. Diese Hinzurechnung hat zur Folge, dass aus dieser Gewinnausschüttung 15 000 € = 100 % in die gewerbesteuerliche Bemessungsgrundlage eingehen. Die Voraussetzungen des § 9 Nr. 2a GewStG liegen nicht vor.

Gewerbesteuer bei Verlusten

Fall 123

Lösung:

a) Berechnung nach §10a GewStG

Verlust gem. § 15 EStG (§ 7 Satz 1 GewStG)	68 250 €
+ Hinzurechnungen § 8 Nr. 1 GewStG	43 150 €
=	./. 25 100 €
./. Kürzungen § 9 GewStG	10 450 €
= Gewerbeverlust	./. 35 550 €
Gewerbesteuermessbetrag	0 €
Gewerbesteuer	0 €

b) Der Gewerbeverlust in Höhe von 35 550 € wird in die folgenden Erhebungszeiträume vorgetragen und dort abgezogen. Ein Rücktrag ist nicht möglich (§ 10a GewStG).

Gewerbesteuerzerlegung

Fall 124

Lösung: Unterhält ein Gewerbebetrieb Betriebsstätten in mehreren Gemeinden, muss der Steuermessbetrag auf die einzelnen Gemeinden aufgeteilt werden (§ 4 Abs. 1 Satz 2, § 28 Abs. 1 Satz 1 GewStG; Zerlegungsanteile). Als Maßstab dient dazu das Verhältnis der gesamten Arbeitslöhne zu den Arbeitslöhnen in den jeweiligen Betriebsstätten (§ 29 GewStG). Die Definition der für die Gewerbesteuer-Ermittlung anzusetzenden Arbeitslöhne ergibt sich aus § 31 GewStG.

Für die Fa. „Bigfoot" ergibt sich folgende Berechnung:

	Düsseldorf	Bochum	Dortmund
Arbeitslöhne	75 320,00 €	37 890,00 €	41 250,00 €
Kalkulatorischer Unternehmerlohn, § 31 Abs. 5 GewStG*	+ 25 000,00 €		
Auszubildende, § 31 Abs. 2 GewStG	./. 13 600,00 €	./. 10 800,00 €	./. 6 750,00 €
Arbeitslöhne – gesamt –	86 720,00 €	27 090,00 €	34 500,00 €
Abrundung auf volle T€, § 29 Abs. 3 GewStG	86 000,00 €	27 000,00 €	34 000,00 €
Entspricht einem Anteil von	86/147	27/147	34/147
Zerlegungsanteil (50 000 € × Anteil)	29 251,70 €	9 183,67 €	11 564,63 €
Hebesatz	440 %	495 %	485 %
Gewerbesteuer 2016	128 707,00 €	45 459,00 €	56 088,00 €

* Hinweis: Wäre Edwin auch in seinen Filialen in Dortmund und Bochum tätig, so wäre der Unternehmerlohn entsprechend aufzuteilen (nach dem Verhältnis der Einsatzzeiten).

D. Umsatzsteuer

Fall 125 **Netto-Allphasen-USt mit VoSt-Abzug**

Lösung: Der Produzent Prächtig muss aus dem Verkauf der Ware an den Großhändler Ganz eine USt-Zahllast i. H. von 190 € an das Finanzamt (FA) abführen.

Der Großhändler Ganz schuldet aus dem Verkauf der Ware an den Einzelhändler Ehrlich eine USt i. H. von 380 €. Gleichzeitig hat er aus der Rechnung des Prächtig einen VoSt-Anspruch i. H. von 190 €, sodass Ganz insgesamt aus diesem Vorgang 190 € an das FA abführen muss.

Der Einzelhändler Ehrlich schuldet aus dem Verkauf der Ware an den Privatmann Pech eine USt i. H. von 570 €. Gleichzeitig hat er aus der Rechnung des Ganz einen VoSt-Anspruch i. H. von 380 €, sodass Ehrlich insgesamt aus diesem Vorgang 190 € an das FA abführen muss.

Der Privatmann Pech schuldet keine USt und kann auch keinen VoSt-Abzug geltend machen. Pech ist wirtschaftlicher Träger der USt i. H. von 570 €.

Die Steuereinnahme des Staates aus dem Gesamtvorgang beläuft sich auf insgesamt 570 €.

Fall 126 **Untergang der Ware**

Lösung: Die Steuereinnahme des Staates beträgt insgesamt 0 €.

Hinsichtlich des Produzenten Prächtig ist keine Änderung eingetreten; Prächtig muss 190 € USt an das FA abführen.

Auch hinsichtlich des Großhändlers Ganz ergibt sich keinerlei Änderung. Ganz schuldet eine USt i. H. von 380 €, der ein VoSt-Abzugsbetrag i. H. von 190 € gegenübersteht, sodass eine USt-Zahllast i. H. von 190 € verbleibt.

Bei dem Einzelhändler Ehrlich entsteht keine USt, da Ehrlich die Ware nicht weiterveräußert hat. Die Versicherungsleistung i. H. von 2 000 € stellt einen echten, nicht steuerbaren Schadensersatz dar. Ehrlich hat gegenüber dem FA einen VoSt-Erstattungsanspruch i. H. von 380 €, da die Voraussetzungen des § 15 Abs. 1 Satz 1 Nr. 1 UStG vorliegen. Ein Ausschlussgrund ist nicht gegeben.

Insgesamt ergibt sich somit eine Steuereinnahme des Staates i. H. von 0 €.

Fall 127 **Lieferung/sonstige Leistung**

Lösung: Es handelt sich um eine Lieferung i. S. des § 3 Abs. 1 UStG; denn der Unternehmer Adam verschafft dem Abnehmer Bach Verfügungsmacht an einem Gegenstand, einer Maschine. Der Wert und die Substanz der Maschine gehen auf Bach über. Lieferungszeitpunkt ist der 10. 3. 2016 (Beginn der Beförderung); auf den Abschluss des Verpflichtungsgeschäfts (Kaufvertrag gem. § 433 BGB) und den Eingang der Zahlung kommt es nicht an. Eine umsatzsteuerliche Leistung knüpft nicht an das Verpflichtungsgeschäft an, sondern an das Erfüllungsgeschäft.

Fall 128 **Einheitlichkeit der Leistung**

Lösung: Nach dem im Umsatzsteuerrecht herrschenden Grundsatz der Einheitlichkeit der Leistung erbringt Max eine Lieferung i. S. des § 3 Abs. 1 UStG; denn er verschafft dem Recht Verfügungsmacht an dem Gegenstand, der Polstergarnitur. Die Beförderungsleistung ist eine Nebenleistung zur Lieferung, da sie im Vergleich zur Hauptleistung nebensächlich ist, mit ihr eng zusammenhängt und üblicherweise in ihrem Gefolge vorkommt. Die Beförderungsleistung teilt als Nebenleistung das Schicksal der Hauptleistung. Dies gilt gem. Abschn. 3.10 Abs. 5 Satz 2 UStAE auch dann, wenn für die Nebenleistung ein besonderes Entgelt verlangt und entrichtet wird (vgl. BFH-Urteil v. 28. 4. 1966, BStBl 1966 III S. 476).

Werklieferung/Werkleistung

Fall 129

Lösung: Dinkel erbringt gegenüber Kunz eine Werklieferung i. S. des § 3 Abs. 4 UStG, da er selbst beschaffte Stoffe (Tapeten) verwendet, die nicht nur Zutaten oder sonstige Nebensachen sind. Nach dem Grundsatz der Einheitlichkeit der Leistung darf die Leistung nicht in die Lieferung der Tapeten einerseits und die sonstige Leistung bestehend in der Ausführung der Tapezierarbeiten andererseits aufgeteilt werden. Es handelt sich somit um eine einheitliche Leistung, eine Werklieferung. Es gelten die Grundsätze der Lieferung gem. § 3 Abs. 1 UStG entsprechend.

Verkauf von Diebesgut

Fall 130

Lösung: Huber führt Lieferungen i. S. des § 3 Abs. 1 UStG aus, da er die Abnehmer befähigt, im eigenen Namen über die Gegenstände, die Kameras, zu verfügen. Er verschafft somit umsatzsteuerrechtlich Verfügungsmacht an den Kameras, obwohl zivilrechtlich ein Eigentumsübergang nicht erfolgt ist. Die Verschaffung der Verfügungsmacht ist ein Vorgang vorwiegend tatsächlicher Natur, der in der Regel mit dem bürgerlich-rechtlichen Eigentumsübergang verbunden ist, aber nicht notwendigerweise verbunden sein muss.

Verbringen eines Gegenstands

Fall 131

Lösung: Ude führt eine Lieferung i. S. des § 3 Abs. 1a UStG aus. Seit dem 1. 1. 1993 gilt das Verbringen eines Gegenstands des Unternehmens aus dem Inland in das übrige Gemeinschaftsgebiet (hier: Spanien) durch einen Unternehmer zu seiner Verfügung, ausgenommen zu einer nur vorübergehenden Verwendung, als Lieferung gegen Entgelt. Ude gilt als Lieferer.

Lohnveredelung

Fall 132

Lösung: Völler führt keine Lieferung, sondern eine sonstige Leistung i. S. des § 3 Abs. 9 Satz 1 UStG aus. Es handelt sich um eine Werkleistung an einem körperlichen beweglichen Gegenstand. Die sonstige Leistung ist im Inland nicht steuerbar, da sich der Leistungsort gem. § 3a Abs. 2 Satz 1 UStG in Italien befindet.

Entnahme eines Gegenstands

Fall 133

Lösung: Apfel erbringt mit der Entnahme der Lebensmittel einen steuerbaren Umsatz. Es handelt sich um Lieferungen im Inland gem. § 1 Abs. 1 Nr. 1 Satz 1 UStG; denn er entnimmt Gegenstände (Lebensmittel) aus seinem Unternehmen für Zwecke, die außerhalb des Unternehmens liegen (§ 3 Abs. 1b Satz 1 Nr. 1 UStG). Der Ort der Lieferung ist gem. § 3f Satz 1 UStG in Arnsberg. Arnsberg gehört zum Inland i. S. des § 1 Abs. 2 UStG. Bei Anschaffung der Lebensmittel stand deren Entnahme noch nicht fest, so dass ein Vorsteuerabzug bei Anschaffung gegeben ist.

Fall 134 **Private Verwendung eines Gegenstands**

Lösung: Hinsichtlich der selbstgenutzten Wohnung liegt kein steuerbarer Umsatz i. S. des § 1 Abs. 1 Nr. 1 Satz 1 UStG vor. Es fehlt an einer sonstigen Leistung gegen Entgelt. Eine Gleichstellung mit einer sonstigen Leistung gegen Entgelt gem. § 3 Abs. 9a Nr. 1 UStG kommt nicht in Betracht, da für den Gegenstand kein Vorsteuerabzug möglich war.

Fall 135 **Unentgeltliche Lieferung zwischen Gesellschaft und Gesellschafter**

Lösung: Die Schwarz GmbH erbringt einen steuerbaren Umsatz i. S. des § 1 Abs. 1 Nr. 1 Satz 1 UStG. Die GmbH ist eine Körperschaft i. S. des § 1 Abs. 1 Nr. 1 KStG. Sie liefert im Rahmen ihres Unternehmens Waren an die Gesellschafterin, und zwar unentgeltlich aus betrieblichem Anlass. Dies wird gem. § 3 Abs. 1b Satz 1 Nr. 3 UStG einer Lieferung gegen Entgelt gleichgestellt. Der Leistungsort ist gem. § 3f Satz 1 UStG Saarbrücken; Saarbrücken liegt im Inland gem. § 1 Abs. 2 UStG. § 15 Abs. 1a UStG kommt nicht zur Anwendung, da die Waren nur betrieblich genutzt werden können und damit keine nicht abzugsfähigen Betriebsausgaben i. S. von § 4 Abs. 5 EStG vorliegen.

Fall 136 **Jahreswagenverkäufer**

Lösung: Arens ist kein Unternehmer i. S. des § 2 Abs. 1 UStG. Der Werksangehörige einer Automobilfabrik, der von dieser unter Inanspruchnahme des Werksangehörigenrabatts fabrikneue Fahrzeuge erwirbt und diese nach mehr als einem Jahr wieder verkauft, ist nicht als Unternehmer tätig (BFH-Urteil v. 18. 7. 1991, BStBl 1991 II S. 776). Die Intensität der wirtschaftlichen Betätigung ist so gering, dass eine unternehmerische Betätigung entfällt. Er rückt in die Nähe eines Privatmannes, der ebenfalls in regelmäßigen Abständen sein Auto zu verkaufen pflegt, ohne dass er deshalb zum Unternehmer wird.

Fall 137 **Nachhaltigkeit**

Lösung: Igel ist kein Unternehmer i. S. des § 2 Abs. 1 UStG. Ein Briefmarkensammler, der aus privaten Neigungen sammelt, unterliegt nicht der USt, soweit er Einzelstücke veräußert, die Sammlung teilweise umschichtet oder die Sammlung ganz oder teilweise veräußert (BFH-Urteil v. 29. 6. 1987, BStBl 1987 II S. 744). Igel verhält sich nicht wie ein Händler am Markt, der An- und Verkäufe planmäßig mit auf Güterumschläge gerichteter Absicht tätigt.

Fall 138 **Einmaliger Umsatz**

Lösung: Habenix war Unternehmer i. S. des § 2 Abs. 1 UStG, da er eine gewerbliche oder berufliche Tätigkeit selbständig ausgeübt hat. Er hat sich insbesondere nachhaltig betätigt; denn sein Plan war darauf gerichtet, viele Grundstücksverkäufe zu vermitteln. Bei einem einmaligen Umsatz genügt ein vorweg gefasster, auf Wiederholung gerichteter Willensentschluss dann zur Annahme der Nachhaltigkeit, wenn aus den Umständen auf den Willen des Leistenden zu schließen ist, das Geschäft bei sich bietender Gelegenheit zu wiederholen.

Fall 139 **Erfolglose Unternehmensgründung**

Lösung: Kraft ist Unternehmer i. S. des § 2 Abs. 1 UStG. Die Unternehmereigenschaft kann nach dem Urteil des EuGH vom 29. 2. 1996, UR 1996 S. 116, nicht rückwirkend aberkannt werden. Ein

Fall von Betrug oder Missbrauch liegt nicht vor. Der VoSt-Abzug bleibt erhalten. Auch ein erfolgloser Unternehmer ist ein Unternehmer.

Teilselbständigkeit

Fall 140

Lösung: Arm ist zum Teil selbständig, zum Teil nichtselbständig tätig. Soweit Arm als Chefarzt des Krankenhauses tätig wird, handelt es sich um eine nichtselbständige Tätigkeit, da Arm den Weisungen des Krankenhauses zu folgen verpflichtet ist. Soweit Arm ein Liquidationsrecht zusteht und er gegenüber den Privatpatienten tätig wird, wird er unternehmerisch tätig, da er eine berufliche Tätigkeit selbständig, d. h. auf eigene Rechnung und auf eigene Verantwortung, ausübt.

Organschaft

Fall 141

Lösung: Unternehmer i. S. des § 2 Abs. 1 UStG ist Groß. Die Einmann-GmbH ist Organgesellschaft des Vermietungsunternehmens des Groß; es handelt sich um eine Betriebsaufspaltung. Groß ist der Unternehmer, der Organträger. Die GmbH als juristische Person ist nach dem Gesamtbild der tatsächlichen Verhältnisse finanziell, wirtschaftlich und organisatorisch in das Unternehmen des Organträgers eingegliedert, sodass die gewerbliche Tätigkeit gem. § 2 Abs. 2 Nr. 2 UStG nicht selbständig ausgeübt wird.

Wohnsitz im Ausland

Fall 142

Lösung: Unternehmer i. S. des § 2 Abs. 1 UStG ist Tell, da Tell eine gewerbliche oder berufliche Tätigkeit selbständig ausübt. Tell ist auf eigenes Risiko und auf eigene Verantwortung tätig. Für die Unternehmereigenschaft ist es unerheblich, wo Tell seinen Wohnsitz hat und ob er bereits in der Bundesrepublik Deutschland gewesen ist. Grantig ist kein Unternehmer i. S. des § 2 Abs. 1 UStG, da er als Geschäftsführer grundsätzlich nichtselbständig tätig ist und den Weisungen des Tell zu folgen verpflichtet ist (§ 2 Abs. 2 Nr. 1 UStG).

Fahrzeuglieferer

Fall 143

Lösung: Listig ist zwar kein Unternehmer i. S. des § 2 UStG; aber er wird gem. § 2a UStG für diese Lieferung wie ein Unternehmer behandelt. Wer im Inland ein neues Fahrzeug liefert, das bei der Lieferung in das übrige Gemeinschaftsgebiet gelangt, wird, wenn er nicht Unternehmer i. S. des § 2 UStG ist, für diese Lieferung wie ein Unternehmer behandelt. Die Lieferung ist als innergemeinschaftliche Lieferung steuerfrei. Listig muss für Mai 2016 eine USt-Voranmeldung abgeben, in der er gem. § 15 Abs. 4a UStG eine VoSt i. H. von 5 320 € (28 000 € × 19 %) abziehen kann.

Ende der Unternehmereigenschaft

Fall 144

Lösung: Die Unternehmereigenschaft endet gem. Abschn. 2.6 Abs. 6 Satz 1 UStAE mit dem letzten Tätigwerden. Der Zeitpunkt der Einstellung oder Abmeldung eines Gewerbebetriebs ist unbeachtlich. Die spätere Veräußerung von Gegenständen des Betriebsvermögens oder die nachträgliche Vereinnahmung von Entgelten gehören noch zur Unternehmertätigkeit. Der Verkauf der Maschine im Dezember 2016 gehört somit noch zur Unternehmertätigkeit des Meier.

Fall 145 | **Unternehmen**

Lösung: Recht ist Unternehmer i. S. des § 2 Abs. 1 UStG, da er eine gewerbliche oder berufliche Tätigkeit selbständig ausübt. Zu seinem Unternehmen gehören sämtliche gewerblichen oder beruflichen Tätigkeiten, d. h. zum Unternehmen des Recht gehört seine Rechtsanwaltstätigkeit, seine Tätigkeit im Zusammenhang mit dem Fabrikationsbetrieb und seine Vermietungstätigkeit. Jede dieser Tätigkeiten ist für sich betrachtet eine gewerbliche oder berufliche Tätigkeit, die selbständig ausgeübt wird. Recht muss demzufolge alle seine Umsätze in einer USt-Voranmeldung bzw. einer USt-Jahreserklärung erfassen. Welches Finanzamt hierfür örtlich zuständig ist, richtet sich nach den Vorschriften der Abgabenordnung (AO); hier des § 21 AO.

Fall 146 | **Rahmen des Unternehmens**

Lösung: Tüchtig ist Unternehmer i. S. des § 2 Abs. 1 UStG, da er eine gewerbliche oder berufliche Tätigkeit selbständig ausübt. Zum Unternehmen des Tüchtig gehören sämtliche beruflichen Tätigkeiten, d. h. sowohl die schriftstellerische Tätigkeit als auch die Vortragstätigkeit. Beides sind Tätigkeiten, die nachhaltig gegen Einnahmeerzielung und selbständig ausgeübt werden. Nicht zum Unternehmen des Tüchtig gehört die Vermietungstätigkeit, da insoweit nicht Tüchtig der Unternehmer ist, sondern die Gemeinschaft bestehend aus Tüchtig und seiner Ehefrau.

Fall 147 | **Verkauf eines Anlagegegenstands**

Lösung: Unkel ist Unternehmer i. S. des § 2 Abs. 1 UStG, da er eine gewerbliche Tätigkeit selbständig ausübt. In den Rahmen seines Unternehmens fallen nicht nur die typischen Grundgeschäfte, die den eigentlichen Gegenstand der geschäftlichen Tätigkeit bilden (hier: Verkauf von Schuhen), sondern auch die Hilfsgeschäfte (BFH-Urteil v. 24. 2. 1988, BStBl 1988 II S. 622). Auf die Nachhaltigkeit der Hilfsgeschäfte kommt es nicht an (BFH-Urteil v. 20. 9. 1990, BStBl 1991 II S. 35). Ein Verkauf von Vermögensgegenständen fällt demzufolge ohne Rücksicht auf die Nachhaltigkeit in den Rahmen des Unternehmens, wenn der Gegenstand zum unternehmerischen Bereich des Veräußerers gehörte. Die Ladeneinrichtung stellt einen Vermögensgegenstand dar, der zum unternehmerischen Bereich des Unkel gehörte. Der Verkauf derselben fällt somit als Hilfsgeschäft in den Rahmen des Unternehmens des Unkel.

Fall 148 | **Innenumsatz**

Lösung: Es handelt sich nicht um einen steuerbaren Umsatz im Rahmen des Unternehmens des Xaver. Innerhalb eines einheitlichen Unternehmens, zu dem sowohl das Hauptgeschäft als auch die Filialen gehören, sind steuerbare Umsätze grundsätzlich nicht möglich; es handelt sich um einen Innenumsatz. Die Erstellung eines Belegs mit USt-Ausweis löst keine USt-Schuld gem. § 14c UStG aus, da es sich umsatzsteuerrechtlich nicht um eine Rechnung, sondern um einen unternehmensinternen Buchungsbeleg handelt.

Fall 149 | **Beförderungslieferung**

Lösung: Clever führt eine Lieferung i. S. des § 3 Abs. 1 UStG aus. Gemäß § 3 Abs. 6 Satz 1 und 2 UStG gilt die Lieferung an den Abnehmer im Falle der Beförderung durch den Lieferer dort als ausgeführt, wo die Beförderung an den Abnehmer beginnt. Der Ort der Lieferung ist gem. § 3 Abs. 6 UStG demnach in Cottbus. Cottbus gehört zum Inland i. S. des § 1 Abs. 2 UStG.

Versendungslieferung

Lösung: Dankbar führt eine Lieferung i. S. des § 3 Abs. 1 UStG aus. Der Ort der Lieferung ist gem. § 3 Abs. 6 Satz 1, 3 und 4 UStG in Dortmund, da die Versendung durch den vom Abnehmer beauftragten Dritten in Dortmund beginnt. Dortmund gehört zum Inland i. S. des § 1 Abs. 2 UStG.

Einfuhr aus dem Drittland

Lösung: Bernau führt eine Lieferung i. S. des § 3 Abs. 1 UStG aus, da er dem Motz die Verfügungsmacht an Gegenständen verschafft. Der Lieferort bestimmt sich nach § 3 Abs. 8 UStG, da der Liefergegenstand bei der Beförderung an den Abnehmer aus dem Drittlandsgebiet (Schweiz) in das Inland gelangt und der Lieferer Bernau Schuldner der bei der Einfuhr zu entrichtenden Einfuhrumsatzsteuer ist. Abweichend von § 3 Abs. 6 UStG liegt der Ort der Lieferung gem. § 3 Abs. 8 UStG im Einfuhrland; also im Inland. Bernau kann die Einfuhrumsatzsteuer als VoSt abziehen. Die Vorschrift des § 3 Abs. 8 UStG dient dem Zweck, einen teilweise unbelasteten Verbrauch im Inland zu verhindern.

Reihengeschäft

Lösung: Es liegt ein Reihengeschäft (§ 3 Abs. 6 Satz 5 UStG) vor, da mehrere Unternehmer (Erpel, Gans, Hahn) über denselben Gegenstand (Waschmaschinen) Umsatzgeschäfte abgeschlossen haben und diese dadurch erfüllt werden, dass die Gegenstände unmittelbar vom ersten Unternehmer an den letzten Abnehmer gelangen. Der Ort der Lieferung des Hahn an den Gans befindet sich gem. § 3 Abs. 6 Satz 1 UStG in Hannover, da hier die Beförderung beginnt. Hannover gehört zum Inland i. S. des § 1 Abs. 2 UStG. Der Ort der Lieferung des Gans an den Erpel befindet sich gem. § 3 Abs. 7 Satz 2 Nr. 2 UStG in Essen, da diese Lieferung der Beförderungslieferung folgt und die Beförderung der Gegenstände in Essen endet. Essen gehört zum Inland i. S. des § 1 Abs. 2 UStG.

Innergemeinschaftliches Dreiecksgeschäft

Lösung: Es liegt ein innergemeinschaftliches Dreiecksgeschäft i. S. des § 25b Abs. 1 UStG vor; denn

1. drei Unternehmer schließen über denselben Gegenstand Umsatzgeschäfte ab und erfüllen diese Geschäfte dadurch, dass der Gegenstand der Lieferung unmittelbar vom ersten Lieferer Alt an den letzten Abnehmer Carlo gelangt,

2. die Unternehmer Alt, Bertoni und Carlo sind in jeweils verschiedenen Mitgliedstaaten (Deutschland, Italien, Frankreich) für Zwecke der USt erfasst,

3. der Gegenstand der Lieferung gelangt aus dem Gebiet eines Mitgliedstaates (Deutschland) in das Gebiet eines anderen Mitgliedstaates (Frankreich) und

4. der Gegenstand der Lieferung wird durch den ersten Lieferer Alt befördert.

Die Lieferung des Alt an Bertoni wird gem. § 3 Abs. 6 Satz 5 UStG i. V. m. § 3 Abs. 6 Satz 1 UStG am Beginn der Beförderung, d. h. in Deutschland, ausgeführt. Diese Lieferung ist als innergemeinschaftliche Lieferung i. S. des § 6a Abs. 1 UStG steuerfrei gem. § 4 Nr. 1 Buchst. b UStG.

Bertoni unterliegt unter Berücksichtigung des § 3d Satz 1 und 2 UStG in Frankreich und in Italien der Erwerbsbesteuerung. Dieser Erwerb gilt gem. § 25b Abs. 3 UStG als besteuert, da die Steuer für die Lieferung an den letzten Abnehmer Carlo von diesem gem. § 25b Abs. 2 UStG geschuldet wird; denn

1. der Lieferung des Bertoni an Carlo ist ein innergemeinschaftlicher Erwerb (durch Bertoni) vorausgegangen,

2. der erste Abnehmer Bertoni ist in dem Mitgliedstaat, in dem die Beförderung endet (Frankreich), nicht ansässig und Bertoni verwendet gegenüber dem ersten Lieferer Alt und dem letzten Abnehmer Carlo dieselbe USt-Identifikationsnummer, die ihm von einem anderen Mitgliedstaat (Italien) erteilt worden ist als dem, in dem die Beförderung beginnt (Deutschland) oder endet (Frankreich),

3. der erste Abnehmer Bertoni erteilt dem letzten Abnehmer Carlo eine Rechnung i. S. des § 14a Abs. 7 UStG, in der die Steuer nicht gesondert ausgewiesen ist, und

4. der letzte Abnehmer Carlo verwendet eine USt-Identifikationsnummer des Mitgliedstaates, in dem die Beförderung endet (Frankreich).

Die Lieferung des Bertoni an den Carlo wird entsprechend § 3 Abs. 7 Satz 2 Nr. 2 UStG in Frankreich ausgeführt, da in Frankreich die Beförderung endet. Schuldner der USt ist entsprechend § 25b Abs. 2 UStG i. V. m. § 13a Abs. 1 Nr. 5 UStG der letzte Abnehmer Carlo. Carlo ist unter den übrigen Voraussetzungen berechtigt, die geschuldete USt als VoSt in Frankreich abzuziehen (entsprechend § 25b Abs. 5 UStG).

Fall 154 Verkauf in einem Flugzeug

Lösung: Wird ein Gegenstand an Bord eines Schiffes, in einem Luftfahrzeug oder in einer Eisenbahn während einer Beförderung innerhalb des Gemeinschaftsgebiets geliefert, so gilt der Abgangsort des jeweiligen Beförderungsmittels im Gemeinschaftsgebiet als Ort der Lieferung (§ 3e Abs. 1 UStG). Als Ort der Warenlieferungen ist demzufolge Düsseldorf anzusehen. Die Lieferungen sind steuerbar und steuerpflichtig.

Fall 155 Versandhandel

Lösung: Die Lieferung des Duck gilt gem. § 3c Abs. 1 UStG als in Deutschland ausgeführt. Die Mäntel werden bei der Lieferung durch den Lieferer aus dem Gebiet eines Mitgliedstaates (Dänemark) in das Gebiet eines anderen Mitgliedstaates (Deutschland) versendet; der Abnehmer ist eine Privatperson, und Duck hat im Jahre 2016 die Lieferschwelle von 100 000 € überschritten. Danach gilt die Lieferung dort als ausgeführt, wo die Beförderung oder Versendung endet; dies ist in Peine. Peine gehört zum Inland i. S. des § 1 Abs. 2 UStG.

Fall 156 Lieferschwelle

Lösung: Die Lieferung des Duck gilt entsprechend § 3 Abs. 6 UStG als in Dänemark ausgeführt, da die Versendung in Dänemark beginnt. Der Lieferort liegt somit nicht im Inland. Die Vorschrift des § 3c UStG kommt nicht zur Anwendung, da die maßgebende Lieferschwelle von 100 000 € weder im Jahre 2015 noch im Jahre 2016 überschritten wird und Duck auch nicht auf die Anwendung der Lieferschwelle verzichtet hat (§ 3c Abs. 3 und 4 UStG). Die Besteuerung wird in Dänemark durchgeführt.

Personenbeförderung

Lösung: Der Ort der sonstigen Leistung des Katze befindet sich gem. § 3b Abs. 1 Satz 1 UStG auf der Strecke Frankfurt a. M. – Rom. Steuerbar ist gem. § 3b Abs. 1 Satz 2 UStG nur der Teil der Leistung, der auf das Inland entfällt; also der Teil der Leistung, der auf die Strecke Frankfurt a. M. bis zur Grenze entfällt. § 3b Abs. 3 UStG kommt nicht zur Anwendung, da es sich nicht um eine innergemeinschaftliche Güterbeförderung, sondern um eine Personenbeförderung handelt. Das Entgelt ist entsprechend der Fahrstrecke aufzuteilen.

Güterbeförderung ohne USt-Identifikationsnummer

Lösung: Der Ort der sonstigen Leistung ist gem. § 3a Abs. 2 Satz 1 UStG in Darmstadt; denn es handelt sich um die innergemeinschaftliche Beförderung eines Gegenstands, und der Leistungsempfänger hat seinen Sitz in Darmstadt, ist ein Unternehmer und bezieht die Leistung für sein Unternehmen. Eine Aufteilung der Leistung – wie bei der Personenbeförderung – kommt nicht in Betracht. Darmstadt gehört zum Inland i. S. des § 1 Abs. 2 UStG. Damit ist die Beförderungsleistung steuerbar und mangels Steuerbefreiung auch steuerpflichtig.

Güterbeförderung mit USt-Identifikationsnummer

Lösung: Berg führt eine innergemeinschaftliche Güterbeförderung aus, da die Beförderung in dem Gebiet von zwei verschiedenen Mitgliedstaaten beginnt und endet. Der Leistungsort ist gem. § 3a Abs. 2 Satz 1 UStG dort, wo der Leistungsempfänger als Unternehmer sein Unternehmen betreibt. Da die Leistung auch für das Unternehmen des Leistungsempfängers ausgeführt wird, ist der Leistungsort in den Niederlanden. Berg muss eine Zusammenfassende Meldung gem. § 18a UStG abgeben und den Umsatz gem. § 18b UStG in seine USt-Voranmeldung aufnehmen.

Umschlag einer Ware

Lösung: Rolle erbringt eine sonstige Leistung i. S. des § 3 Abs. 9 Satz 1 UStG. Die Umschlagsleistung steht mit der Beförderung eines Gegenstands im Zusammenhang und wird gem. § 3a Abs. 2 Satz 1 UStG dort ausgeführt, wo der Leistungsempfänger sein Unternehmen betreibt; dies ist in Belgien. Damit ist der Umsatz im Inland nicht steuerbar. Rolle muss eine Zusammenfassende Meldung gem. § 18a UStG abgeben und den Umsatz gem. § 18b UStG in seine USt-Voranmeldung aufnehmen.

Tätigkeit als Rechtsanwalt

Lösung: Eber erbringt eine sonstige Leistung i. S. des § 3 Abs. 9 Satz 1 UStG. Die von Eber ausgeführte sonstige Leistung aus der Tätigkeit als Rechtsanwalt ist in § 3a Abs. 4 Satz 2 Nr. 3 UStG aufgeführt. Da der Empfänger der sonstigen Leistung ein Unternehmer ist und die Leistung für sein Unternehmen ausgeführt wird, wird die sonstige Leistung dort ausgeführt, wo der Empfänger sein Unternehmen betreibt (§ 3a Abs. 2 Satz 1 UStG). Dieser betreibt sein Unternehmen in Lissabon, d. h. der Leistungsort des Eber ist ebenfalls Lissabon. Lissabon gehört nicht zum Inland i. S. des § 1 Abs. 2 UStG. Es liegt somit kein steuerbarer Umsatz im Inland vor. Eber muss gem. § 18a UStG eine Zusammenfassende Meldung abgeben und den Umsatz gem. § 18b UStG in seiner USt-Voranmeldung erklären.

Fall 162 **Vermietung eines Pkw**

Lösung: Farber erbringt eine sonstige Leistung i. S. des § 3 Abs. 9 Satz 2 UStG, eine Vermietungs-leistung. Der Ort der Vermietungsleistung ist Freiburg gem. § 3a Abs. 3 Nr. 2 UStG, da Farber den Pkw kurzfristig vermietet und in Freiburg zur Verfügung stellt. Freiburg gehört zum Inland i. S. des § 1 Abs. 2 UStG. § 3a Abs. 4 Satz 2 Nr. 10 UStG kommt nicht zur Anwendung, da es sich um die Vermietung eines Beförderungsmittels handelt. Es kommt für die Ortsbestimmung nicht darauf an, ob der Pkw im Inland oder im Ausland gefahren wird.

Fall 163 **Vermittlung**

Lösung: Völz erbringt eine sonstige Leistung i. S. des § 3 Abs. 9 Satz 1 UStG, eine Vermittlungs-leistung. Der Ort der Vermittlungsleistung ist gem. § 3a Abs. 2 Satz 1 UStG dort, wo der Leis-tungsempfänger als Unternehmer sein Unternehmen betreibt. Da die Leistung auch für das Un-ternehmen des Leistungsempfängers ausgeführt wird, ist der Leistungsort Paris. § 3a Abs. 3 Nr. 4 UStG findet keine Anwendung. Paris gehört nicht zum Inland i. S. des § 1 Abs. 2 UStG; die Vermittlungsleistung ist in Deutschland nicht steuerbar. Völz muss gem. § 18a UStG eine Zu-sammenfassende Meldung abgeben und den Umsatz gem. § 18b UStG in seiner USt-Voranmel-dung erklären.

Fall 164 **Behandlungsleistung eines Arztes**

Lösung: Weiß erbringt eine sonstige Leistung i. S. des § 3 Abs. 9 Satz 1 UStG, eine Behandlungs-leistung. Die Leistung wird im Rahmen des Unternehmens des Weiß ausgeübt; denn es handelt sich um das typische Grundgeschäft eines Arztes. Der Ort der sonstigen Leistung bestimmt sich nach § 3a Abs. 1 UStG und ist in Wuppertal, da Weiß von Wuppertal aus sein Unternehmen be-treibt. Wuppertal gehört zum Inland i. S. des § 1 Abs. 2 UStG. Die Leistung ist demzufolge steuer-bar gem. § 1 Abs. 1 Nr. 1 Satz 1 UStG. Die Behandlungsleistung ist steuerfrei gem. § 4 Nr. 14 Buchst. a UStG.

Fall 165 **Leistungsaustausch**

Lösung: Es liegt ein Leistungsaustausch vor. Die Gemeinschaft, bestehend aus Adam und Berta Blitz, vermietet an Adam Blitz; es handelt sich umsatzsteuerrechtlich um zwei verschiedene Un-ternehmer. Die Leistung der Gemeinschaft besteht in der Vermietung des Ladenlokals, und die Gegenleistung des Adam Blitz besteht in der Zahlung der Miete. Es existiert auch eine wirt-schaftliche Verknüpfung zwischen der Leistung und der Gegenleistung; die Gemeinschaft ver-mietet an Adam Blitz, um die Miete zu erhalten.

Fall 166 **Innenumsatz**

Lösung: Es liegt kein Leistungsaustausch vor. Zum Rahmen des Unternehmens des Ohnsorg ge-hört sowohl die Tätigkeit im Zusammenhang mit dem Tapetengeschäft als auch die Vermie-tungstätigkeit. Für einen Leistungsaustausch fehlt es somit an den zwei Beteiligten; Ohnsorg leistet an sich selbst. Es handelt sich um einen nicht steuerbaren Innenumsatz. Hinsichtlich des Vorsteuerabzugs ist § 15a UStG zu prüfen.

Vertragsstrafe

Fall 167

Lösung: Bezüglich der Vertragsstrafe liegt kein Leistungsaustausch vor. Die Vertragsstrafe hat Schadensersatzcharakter, sodass es an einem Leistungsaustausch fehlt. Der Schadensersatz wird nicht geleistet, weil der Zahlende eine Lieferung oder sonstige Leistung erhalten hat, sondern weil er nach Gesetz oder Vertrag für den Schaden und seine Folgen einzustehen hat. Für den Leistungsaustausch fehlt es somit an dem Tatbestandsmerkmal einer Leistung. Zahlt der leistende Unternehmer die Vertragsstrafe an den Leistungsempfänger, so liegt darin keine Entgeltsminderung. Das Entgelt für die Warenlieferung beträgt demnach nach wie vor 1 000 €.

Zuschuss

Fall 168

Lösung: Es liegt ein Leistungsaustausch vor. Der Zuschuss ist als Entgelt für die im Interesse der Mineralölfirma liegende Durchführung der Baumaßnahme anzusehen (vgl. BFH-Urteil v. 10. 9. 1957, BStBl 1957 III S. 381). Es liegt somit eine Leistung des Bär und eine Gegenleistung der Mineralölfirma vor. Zwischen der Leistung und der Gegenleistung besteht eine innere wirtschaftliche Verknüpfung.

Leistung an Arbeitnehmer

Fall 169

Lösung: Die Leistung des Iltis ist steuerbar gem. § 1 Abs. 1 Nr. 1 Satz 1 UStG. Die Leistung wird zwar unentgeltlich ausgeführt, sodass an sich kein Leistungsaustausch wegen fehlender Gegenleistung vorliegt. Nach § 3 Abs. 9a Nr. 1 UStG wird die Verwendung eines Unternehmensgegenstands, der zum vollen oder teilweisen VoSt-Abzug berechtigt hat, durch einen Unternehmer für den privaten Bedarf seines Personals einer sonstigen Leistung gegen Entgelt gleichgestellt. Es handelt sich bei der Pkw-Überlassung auch nicht um eine bloße Aufmerksamkeit.

Einfuhr

Fall 170

Lösung: Mächtig führt einen steuerbaren Umsatz i. S. des § 1 Abs. 1 Nr. 4 UStG aus; denn es liegt eine Einfuhr eines Gegenstands (Hobelbank) aus dem Drittlandsgebiet (Norwegen) in das Inland vor. Mächtig kann die Einfuhrumsatzsteuer grundsätzlich als VoSt gem. § 15 Abs. 1 Satz 1 Nr. 2 UStG abziehen.

Innergemeinschaftlicher Erwerb

Fall 171

Lösung: Ambros führt einen steuerbaren Umsatz, einen innergemeinschaftlichen Erwerb im Inland gegen Entgelt, aus. Der Gegenstand, die Baumaschine, gelangt bei der Lieferung an Ambros aus dem Gebiet eines Mitgliedstaates (Niederlande) in das Gebiet eines anderen Mitgliedstaates (Deutschland); sowohl der Erwerber Ambros als auch der Lieferer sind Unternehmer, die das Geschäft im Rahmen ihrer Unternehmen ausgeführt haben. Es liegt somit ein innergemeinschaftlicher Erwerb i. S. des § 1a Abs. 1 UStG vor. Der Ort des innergemeinschaftlichen Erwerbs liegt gem. § 3d Satz 1 UStG im Inland, da sich der Gegenstand am Ende der Versendung in Amberg befindet. Der innergemeinschaftliche Erwerb wird auch gegen Entgelt ausgeführt. Der Umsatz ist steuerbar gem. § 1 Abs. 1 Nr. 5 UStG.

Fall 172 Warenbewegung

Lösung: Bader führt keinen steuerbaren Umsatz i. S. des § 1 Abs. 1 Nr. 5 UStG aus. Ein innergemeinschaftlicher Erwerb i. S. des § 1a Abs. 1 UStG liegt nicht vor, da der Gegenstand, die Ware, nicht aus dem Gebiet eines Mitgliedstaates in das Gebiet eines anderen Mitgliedstaates gelangt; die Ware wird innerhalb Belgiens transportiert. Es liegt somit kein steuerbarer Umsatz in Deutschland vor. Die Lieferung wird mit belgischer USt belastet.

Fall 173 Erwerb für das Unternehmen

Lösung: Chip muss den Erwerb des Weinkruges nicht in Deutschland der Umsatzbesteuerung unterwerfen. Es liegt kein steuerbarer Umsatz i. S. des § 1 Abs. 1 Nr. 5 UStG vor. Der Gegenstand, der Weinkrug, gelangt aus dem Gebiet eines Mitgliedstaates (Spanien) in das Gebiet eines anderen Mitgliedstaates (Deutschland). Der Erwerber Chip ist auch Unternehmer gem. § 2 Abs. 1 UStG; aber der Gegenstand wird nicht für das Unternehmen des Chip erworben, sondern für sein Hobby, das Sammeln von Weinkrügen. Ein innergemeinschaftlicher Erwerb ist demzufolge nicht gegeben und damit auch kein steuerbarer Umsatz des Chip in Deutschland.

Fall 174 Verbringen

Lösung: Es liegt ein in Deutschland steuerbarer Umsatz gem. § 1 Abs. 1 Nr. 5 UStG vor. Gemäß § 1a Abs. 2 UStG gilt das Verbringen eines Gegenstands des Unternehmens (Maschine) aus dem übrigen Gemeinschaftsgebiet (Italien) in das Inland durch einen Unternehmer zu seiner Verfügung, ausgenommen zu einer nur vorübergehenden Verwendung, als innergemeinschaftlicher Erwerb gegen Entgelt. Der Ort des innergemeinschaftlichen Erwerbs ist Dortmund, da sich der Gegenstand am Ende der Beförderung in Dortmund befindet. Dortmund gehört zum Inland i. S. des § 1 Abs. 2 UStG.

Fall 175 Juristische Person des öffentlichen Rechts

Lösung: Das Finanzamt muss den Vorgang der USt unterwerfen, da es sich um einen steuerbaren Umsatz i. S. des § 1 Abs. 1 Nr. 5 UStG handelt. Das Finanzamt als Organisationseinheit der Gebietskörperschaft Land ist eine juristische Person, die nicht Unternehmer ist. Das Finanzamt ist Erwerber i. S. des § 1a Abs. 1 Nr. 2 Buchst. b UStG. Der Gegenstand, die Schreibtischstühle, gelangen bei der Lieferung aus dem Gebiet eines Mitgliedstaates (Niederlande) in das Gebiet eines anderen Mitgliedstaates (Deutschland). Der Lieferer ist Unternehmer (kein Kleinunternehmer), der die Stühle im Rahmen seines Unternehmens gegen Entgelt liefert. Es liegt somit ein innergemeinschaftlicher Erwerb gem. § 1a Abs. 1 UStG vor. Die Vorschrift des § 1a Abs. 3 UStG findet keine Anwendung, da die Erwerbsschwelle von 12 500 € bei den großen Gebietskörperschaften Bund und Länder als überschritten gilt. Der Ort des innergemeinschaftlichen Erwerbs ist in Bad Bentheim, da sich die Stühle am Ende der Beförderung in Bad Bentheim befinden (§ 3d Satz 1 UStG). Bad Bentheim gehört zum Inland i. S. des § 1 Abs. 2 UStG. Der Erwerb erfolgt auch gegen Entgelt.

Fall 176 Erwerbsschwelle

Lösung: Farig muss den Erwerb nicht in Deutschland der USt unterwerfen. Ein innergemeinschaftlicher Erwerb i. S. des § 1a Abs. 1 UStG liegt gem. § 1a Abs. 3 UStG dann nicht vor, wenn der Erwerber u. a. ein Unternehmer ist, der nur steuerfreie Umsätze ausführt, die zum Ausschluss vom VoSt-Abzug führen, und darüber hinaus der Gesamtbetrag der Entgelte für Erwerbe den Betrag von 12 500 € im vorangegangenen Kalenderjahr nicht überstiegen hat und im laufenden Kalenderjahr voraussichtlich nicht übersteigen wird. Farig führt nur steuerfreie Umsätze gem. § 4 Nr. 14 Buchst. a UStG aus, die gem. § 15 Abs. 2 Satz 1 Nr. 1 UStG zum Ausschluss des VoSt-Abzugs führen. Der Gesamtbetrag der Entgelte für Erwerbe hat weder im Jahre 2015 noch voraussichtlich im Jahre 2016 die Erwerbsschwelle von 12 500 € überschritten. Da Farig auch nicht auf die Anwendung der Erwerbsschwelle gem. § 1a Abs. 4 UStG verzichtet hat, liegt kein innergemeinschaftlicher Erwerb und somit auch kein steuerbarer Umsatz gem. § 1 Abs. 1 Nr. 5 UStG vor.

Verbrauchsteuerpflichtige Waren

Fall 177

Lösung: Der Erwerb des Weines unterliegt als steuerbarer Umsatz gem. § 1 Abs. 1 Nr. 5 UStG der USt. Die Voraussetzungen für einen innergemeinschaftlichen Erwerb i. S. des § 1a Abs. 1 UStG liegen vor, da der Wein bei der Lieferung von Frankreich nach Deutschland gelangt; der Erwerber Unternehmer ist, der den Wein für sein Unternehmen erwirbt, und auch der Lieferer Unternehmer ist, der den Wein im Rahmen seines Unternehmens gegen Entgelt liefert. § 1a Abs. 3 UStG (Erwerbsschwelle) ist gem. § 1a Abs. 5 UStG nicht anwendbar, da § 1a Abs. 3 UStG nicht für den Erwerb verbrauchsteuerpflichtiger Ware (z. B. alkoholischer Getränke) gilt. Es liegt somit ein innergemeinschaftlicher Erwerb vor. Der Ort des innergemeinschaftlichen Erwerbs liegt gem. § 3d Satz 1 UStG im Inland, da sich der Wein am Ende der Versendung in Deutschland befindet. Der Erwerb erfolgt auch gegen Entgelt. Die Erwerbsteuer kann von dem Kleinunternehmer nicht als VoSt abgezogen werden.

Ort des innergemeinschaftlichen Erwerbs

Fall 178

Lösung: Es liegt gem. § 1a Abs. 1 UStG ein innergemeinschaftlicher Erwerb vor. Der Gegenstand, die Maschine, gelangt bei der Lieferung aus dem Gebiet eines Mitgliedstaates (Schweden) in das Gebiet eines anderen Mitgliedstaates (Österreich). Der Erwerber Hell ist ein Unternehmer, der die Maschine für sein Unternehmen erworben hat. Der Lieferer Svensson ist ein Unternehmer, der die Maschine gegen Entgelt im Rahmen seines Unternehmens geliefert hat. Der Ort des innergemeinschaftlichen Erwerbs liegt gem. § 3d Satz 1 UStG in Österreich, da sich die Maschine am Ende der Beförderung in Wien befindet. § 3d Satz 2 UStG kommt nicht zur Anwendung, da Hell seine österreichische USt-Identifikationsnummer angegeben hat. Der innergemeinschaftliche Erwerb ist somit nicht in Deutschland, sondern in Österreich steuerbar.

Innergemeinschaftlicher Erwerb neuer Fahrzeuge

Fall 179

Lösung: Pfiffig führt einen steuerbaren Umsatz i. S. des § 1 Abs. 1 Nr. 5 UStG aus. Der Erwerb eines neuen Fahrzeugs durch eine Privatperson ist gem. § 1b Abs. 1 UStG als innergemeinschaftlicher Erwerb anzusehen, wenn das neue Fahrzeug aus dem Gebiet eines Mitgliedstaates (hier: Frankreich) in das Gebiet eines anderen Mitgliedstaates (hier: Deutschland) gelangt. Es handelt sich auch um ein neues Fahrzeug gem. § 1b Abs. 3 UStG, da der Pkw nicht mehr als 6 000 km zurückgelegt hat. Der Ort des innergemeinschaftlichen Erwerbs ist gem. § 3d Satz 1 UStG dort, wo sich der Gegenstand am Ende der Beförderung befindet, dies ist im Inland. Da der Erwerb des Pkw auch gegen Entgelt erfolgt, sind sämtliche Voraussetzungen für einen steuerbaren Umsatz gem. § 1 Abs. 1 Nr. 5 UStG erfüllt. Es ist eine Fahrzeugeinzelbesteuerung gem. §§ 16 Abs. 5a, 18 Abs. 5a UStG durchzuführen.

Fall 180 | Innergemeinschaftlicher Erwerb gebrauchter Fahrzeuge

Lösung: Pfiffig führt keinen steuerbaren Umsatz i. S. des § 1 Abs. 1 Nr. 5 UStG aus. Der Pkw ist nicht als neues Fahrzeug gem. § 1b Abs. 3 UStG anzusehen, da er mehr als 6 000 km zurückgelegt hat und seine erste Inbetriebnahme im Zeitpunkt des Erwerbs mehr als sechs Monate zurücklag. Da kein neues Fahrzeug erworben wird, ist § 1b UStG nicht anzuwenden. § 1a UStG greift nicht, da Pfiffig weder ein Unternehmer noch eine juristische Person ist. Somit liegt kein innergemeinschaftlicher Erwerb vor und damit auch kein steuerbarer Umsatz i. S. des § 1 Abs. 1 Nr. 5 UStG. Der Umsatz (Lieferung Pkw) ist in Frankreich der USt zu unterwerfen. Steuerschuldner ist der französische Unternehmer.

Fall 181 | Geschäftsveräußerung

Lösung: Es liegt ein nicht steuerbarer Umsatz i. S. des § 1 Abs. 1a UStG vor. Es handelt sich um eine Geschäftsveräußerung im Ganzen, da das Unternehmen im Ganzen entgeltlich übereignet wird. Die Umsätze werden auch an einen anderen Unternehmer für dessen Unternehmen ausgeführt und unterliegen kraft gesetzlicher Regelung (§ 1 Abs. 1a UStG) nicht der USt.

Fall 182 | Steuerbefreiungen

Lösung: Die Frage der Steuerfreiheit oder Steuerpflicht stellt sich nicht, da die Lieferung des Kölsch bereits nicht steuerbar ist. Der Ort der Lieferung des Kölsch ist entsprechend § 3 Abs. 6 UStG in Wien, da in Wien die Beförderung durch den Abnehmer beginnt. Wien gehört nicht zum Inland i. S. des § 1 Abs. 2 UStG.

Fall 183 | Lieferung ins Drittland

Lösung: Die Lieferung des Lange ist steuerbar gem. § 1 Abs. 1 Nr. 1 Satz 1 UStG und steuerfrei gem. § 4 Nr. 1 Buchst. a UStG i. V. m. § 6 Abs. 1 Satz 1 Nr. 1 UStG. Es handelt sich um eine Ausfuhrlieferung, da der Lieferer Lange die Gegenstände der Lieferung in das Drittlandsgebiet (Schweiz) befördert hat. Die Ausfuhrlieferung ist steuerfrei. Das Vorliegen eines ausländischen Abnehmers ist für die Steuerbefreiung hier nicht erforderlich.

Fall 184 | Ausländischer Abnehmer

Lösung: Die gem. § 1 Abs. 1 Nr. 1 Satz 1 UStG steuerbare Lieferung des Meier ist steuerpflichtig, da eine Steuerbefreiung i. S. des § 4 UStG nicht in Betracht kommt. Insbesondere liegt keine Ausfuhrlieferung gem. § 6 Abs. 1 Satz 1 Nr. 2 UStG vor, da der Abnehmer Müller die Nähmaschinen in das Drittlandsgebiet (Schweiz) befördert hat und kein ausländischer Abnehmer i. S. des § 6 Abs. 2 UStG ist. Da keine Ausfuhrlieferung vorliegt, kommt die Steuerbefreiung gem. § 4 Nr. 1 Buchst. a UStG nicht zur Anwendung. Der Umsatz ist steuerpflichtig.

Fall 185 | Lieferung innerhalb der EU

Lösung: Die Lieferungen des Neu sind steuerbar gem. § 1 Abs. 1 Nr. 1 Satz 1 UStG; Lieferort ist gem. § 3 Abs. 6 UStG Nürnberg. Die Lieferungen sind als innergemeinschaftliche Lieferungen steuerfrei gem. § 4 Nr. 1 Buchst. b UStG. Eine innergemeinschaftliche Lieferung i. S. des § 6a Abs. 1 UStG liegt vor, da der Gegenstand aus dem Inland in das übrige Gemeinschaftsgebiet (Belgien) befördert wurde; der Abnehmer Alt ein Unternehmer ist, der den Gegenstand für sein Unternehmen erworben hat und der Erwerb bei Alt in Belgien den Vorschriften der Umsatzbesteuerung (innergemeinschaftlicher Erwerb) unterliegt. Die innergemeinschaftliche Lieferung ist steuerfrei.

Tatsächliche Warenbewegung

Fall 186

Lösung: Die Lieferungen des Neu sind steuerbar gem. § 1 Abs. 1 Nr. 1 Satz 1 UStG und mangels einer Steuerbefreiung i. S. des § 4 UStG auch steuerpflichtig. Insbesondere liegt keine innergemeinschaftliche Lieferung i. S. des § 6a UStG vor; denn der Gegenstand der Lieferung ist nicht in das übrige Gemeinschaftsgebiet gelangt. Der Gegenstand ist im Inland verblieben. Da keine innergemeinschaftliche Lieferung gegeben ist, kommt auch § 4 Nr. 1 Buchst. b UStG nicht zur Anwendung. Da auch keine andere Steuerbefreiung in Betracht kommt, ist der Umsatz steuerpflichtig.

Verkauf eines Fahrzeugs

Fall 187

Lösung: Die Lieferung des Pkw ist ein Hilfsgeschäft im Rahmen des Unternehmens des Neu. Der Ort der Lieferung ist gem. § 3 Abs. 6 UStG Nürnberg. Da auch die übrigen Voraussetzungen des § 1 Abs. 1 Nr. 1 Satz 1 UStG erfüllt sind, ist der Umsatz steuerbar. Der steuerbare Umsatz ist steuerfrei gem. § 4 Nr. 1 Buchst. b UStG i. V. m. § 6a Abs. 1 UStG. Der Pkw gelangt aus dem Inland in das übrige Gemeinschaftsgebiet (Dänemark). Da es sich um die Lieferung eines neuen Pkw i. S. des § 1b Abs. 3 UStG handelt, kommt es gem. § 6a Abs. 1 Satz 1 Nr. 2 Buchst. c UStG auf den Abnehmerstatus nicht an. Der Erwerb unterliegt auch in Dänemark der Besteuerung (Fahrzeugeinzelbesteuerung). Da sämtliche Voraussetzungen des § 6a Abs. 1 UStG vorliegen, handelt es sich um eine innergemeinschaftliche Lieferung, die gem. § 4 Nr. 1 Buchst. b UStG steuerfrei ist.

Verbringen eines Gegenstands

Fall 188

Lösung: Neu erbringt Lieferungen i. S. des § 3 Abs. 1a UStG; denn als Lieferung gegen Entgelt gilt das Verbringen eines Gegenstands des Unternehmens aus dem Inland in das übrige Gemeinschaftsgebiet (Österreich) zu seiner Verfügung, ausgenommen zu einer nur vorübergehenden Verwendung. Neu gilt als Lieferer. Die Lieferungen sind steuerbar gem. § 1 Abs. 1 Nr. 1 Satz 1 UStG. Diese steuerbaren Lieferungen sind steuerfrei gem. § 4 Nr. 1 Buchst. b UStG. Gemäß § 6a Abs. 2 UStG gilt als innergemeinschaftliche Lieferung das einer Lieferung gleichgestellte Verbringen eines Gegenstands. Die innergemeinschaftliche Lieferung ist steuerfrei gem. § 4 Nr. 1 Buchst. b UStG. Neu muss in Österreich den Erwerb der Besteuerung unterwerfen.

Vermittlungsleistung

Fall 189

Lösung: Die Vermittlungsleistung des Pan ist steuerbar gem. § 1 Abs. 1 Nr. 1 Satz 1 UStG; Ort der Leistung ist gem. § 3a Abs. 2 Satz 1 UStG Ulm, da der Leistungsempfänger als Unternehmer in Ulm sein Unternehmen betreibt. Die steuerbare Vermittlungsleistung ist auch steuerpflichtig, da die Voraussetzungen für eine Steuerbefreiung i. S. des § 4 UStG nicht vorliegen. Insbesondere § 4 Nr. 5 Satz 1 Buchst. a UStG kommt nicht zur Anwendung, da der vermittelte Umsatz nicht unter § 4 Nr. 1 Buchst. a UStG (Ausfuhrlieferung), sondern unter § 4 Nr. 1 Buchst. b UStG fällt. Da auch eine andere Steuerbefreiung nicht in Betracht kommt, ist der Umsatz steuerpflichtig.

Fall 190 Kreditgewährung

Lösung: Renner erbringt sowohl eine Lieferung als auch eine sonstige Leistung gegenüber Dick. Die Lieferung ist steuerbar gem. § 1 Abs. 1 Nr. 1 Satz 1 UStG und mangels einer Steuerbefreiung auch steuerpflichtig. Die sonstige Leistung, die Kreditgewährung, ist steuerbar gem. § 1 Abs. 1 Nr. 1 Satz 1 UStG; Ort der sonstigen Leistung ist gem. § 3a Abs. 1 UStG Remscheid. § 3a Abs. 4 UStG findet keine Anwendung, da der Leistungsempfänger nicht im Drittland seinen Wohnsitz hat. Die sonstige Leistung ist als Kreditgewährung steuerfrei gem. § 4 Nr. 8 Buchst. a UStG. Auf Abschnitt 3.11 UStAE wird hingewiesen.

Fall 191 Vermietungsumsatz

Lösung: Tüchtig erbringt sonstige Leistungen i. S. des § 3 Abs. 9 Satz 2 UStG. Der Ort der sonstigen Leistungen ist Trier gem. § 3a Abs. 3 Nr. 1 Satz 2 Buchst. a UStG. Die sonstigen Leistungen sind steuerbar gem. § 1 Abs. 1 Nr. 1 Satz 1 UStG. Die Vermietungsleistung an die Stadt Trier ist als langfristige Vermietung steuerfrei gem. § 4 Nr. 12 Satz 1 Buchst. a UStG. Die Vermietungsleistungen hinsichtlich der übrigen zwanzig Zimmer sind steuerpflichtig gem. § 4 Nr. 12 Satz 2 UStG; denn es handelt sich um die Vermietung von Wohn- und Schlafräumen, die ein Unternehmer zur kurzfristigen Beherbergung von Fremden bereithält.

Fall 192 Arztleistung

Lösung: Unsinn erbringt steuerbare sonstige Leistungen i. S. des § 1 Abs. 1 Nr. 1 Satz 1 UStG. Die reine Arzttätigkeit stellt eine steuerfreie Leistung gem. § 4 Nr. 14 Buchst. a UStG dar. Die schriftstellerische Tätigkeit und die Vortragstätigkeit sind dagegen nicht steuerfrei gem. § 4 Nr. 14 Buchst. a UStG, da es sich nicht um typische Arzttätigkeiten handelt. Mangels einer anderen Steuerbefreiung sind diese Umsätze steuerpflichtig.

Fall 193 Versicherungsvertreter

Lösung: Der Verkauf des Pkw stellt ein Hilfsgeschäft im Rahmen des Unternehmens des Vilmar dar. Da alle Tatbestandsmerkmale des § 1 Abs. 1 Nr. 1 Satz 1 UStG vorliegen, handelt es sich um einen steuerbaren Umsatz. Dieser steuerbare Umsatz ist steuerfrei gem. § 4 Nr. 28 UStG; denn Vilmar hatte den Pkw ausschließlich für eine nach § 4 Nr. 11 UStG steuerfreie Tätigkeit verwendet. Die Steuerbefreiung des § 4 Nr. 11 UStG greift für den Verkauf des Pkw nicht, da dieser Umsatz kein berufstypischer Umsatz für einen Versicherungsvertreter ist.

Fall 194 Steuerbefreiung beim innergemeinschaftlichen Erwerb

Lösung: Duft erbringt einen innergemeinschaftlichen Erwerb im Inland gegen Entgelt und somit einen steuerbaren Umsatz gem. § 1 Abs. 1 Nr. 5 UStG. Die Voraussetzungen für einen innergemeinschaftlichen Erwerb gem. § 1a Abs. 1 UStG sind erfüllt; Ort des Erwerbs ist gem. § 3d Satz 1 UStG Duisburg, und der Erwerb erfolgt auch gegen Entgelt. Dieser steuerbare Umsatz ist steuerfrei gem. § 4b Nr. 4 UStG, da der erworbene Gegenstand, die Maschine, zur Ausführung einer steuerfreien Ausfuhrlieferung gem. § 4 Nr. 1 Buchst. a UStG in die Schweiz verwendet wird und für eine steuerfreie Ausfuhrlieferung der Ausschluss vom VoSt-Abzug gem. § 15 Abs. 3 Nr. 1 UStG nicht eintritt. Sollte Duft den innergemeinschaftlichen Erwerb als steuerpflichtig behandelt haben, so wird dies von der Finanzverwaltung nicht beanstandet (Abschn. 4b.1 Abs. 3 Satz 2 UStAE).

Option

Fall 195

Lösung: Winzig kann nur hinsichtlich der an den Rechtsanwalt vermieteten Räume auf die Steuerbefreiung gem. § 9 Abs. 1 UStG verzichten. Winzig erbringt hinsichtlich der drei vermieteten Wohnungen steuerbare und grundsätzlich steuerfreie sonstige Leistungen gem. § 4 Nr. 12 Satz 1 Buchst. a UStG. Er kann einen Umsatz, der u. a. nach § 4 Nr. 12 UStG steuerfrei ist, als steuerpflichtig behandeln, wenn der Umsatz an einen anderen Unternehmer für dessen Unternehmen ausgeführt wird. Winzig kann somit nur insoweit auf die Steuerbefreiung verzichten, als er an den Rechtsanwalt (Unternehmer) für dessen Unternehmen vermietet. Bezüglich der selbstgenutzten Wohnung liegt ein steuerbarer Umsatz i. S. des § 3 Abs. 9a Nr. 1 UStG i. V. m. § 1 Abs. 1 Nr. 1 Satz 1 UStG vor. Dieser steuerbare Umsatz ist steuerpflichtig. Die Frage der Option stellt sich insoweit nicht. Wäre das Gebäude nach dem 1. 1. 2011 angeschafft oder hergestellt worden, so wäre für den privat genutzten Teil ein Vorsteuerabzug gem. § 15 Abs. 1b UStG nicht möglich gewesen. In diesem Fall müsste insoweit keine unentgeltliche Wertabgabe i. S. des § 3 Abs. 9a Nr. 1 UStG besteuert werden.

Einschränkung der Option

Fall 196

Lösung: Julia kann hinsichtlich der Vermietungsumsätze nicht auf die Steuerbefreiung verzichten. Julia erbringt mit der Vermietung steuerbare Umsätze i. S. des § 1 Abs. 1 Nr. 1 Satz 1 UStG. Diese steuerbaren Umsätze sind steuerfrei gem. § 4 Nr. 12 Satz 1 Buchst. a UStG. Gemäß § 9 Abs. 1 UStG könnte Julia die Umsätze als steuerpflichtig behandeln, da der Umsatz an einen anderen Unternehmer (den Ehemann) für dessen Unternehmen ausgeführt wird. Die Verzichtsmöglichkeit wird durch § 9 Abs. 2 UStG eingeschränkt; danach ist der Verzicht auf die Steuerbefreiung bei neuen Objekten gem. § 27 Abs. 2 UStG nur zulässig, soweit der Leistungsempfänger (der Ehemann) das Grundstück ausschließlich für Umsätze verwendet, die den VoSt-Abzug nicht ausschließen. Da der Ehemann das Grundstück für steuerfreie Umsätze gem. § 4 Nr. 14 Buchst. a UStG verwendet und somit ein VoSt-Abzug ausgeschlossen ist, kommt ein Verzicht auf die Steuerbefreiung für Julia nicht in Betracht.

Bemessungsgrundlage bei zu niedrigem Steuerausweis

Fall 197

Lösung: Bemessungsgrundlage für die steuerbare und steuerpflichtige Lieferung der Stereoanlage ist gem. § 10 Abs. 1 UStG das Entgelt. Der Leistungsempfänger wendet insgesamt 5 350 € auf; aus diesem Betrag ist die USt in der zutreffenden gesetzlichen Höhe herauszurechnen. Der Steuersatz beträgt 19 %. Die Bemessungsgrundlage beträgt somit: 5 350 € : 1,19 = 4 495,80 €. Berg schuldet – unabhängig von einer Rechnung – USt i. H. von 854,20 €.

Bemessungsgrundlage bei zu hohem Steuerausweis

Fall 198

Lösung: Bemessungsgrundlage für die steuerbare und steuerpflichtige Lieferung der Rinder ist gem. § 10 Abs. 1 UStG das Entgelt. Der Leistungsempfänger wendet insgesamt 11 900 € auf; aus diesem Betrag ist die zutreffende USt herauszurechnen. Der zutreffende Steuersatz beträgt 7 %. Die Bemessungsgrundlage beträgt somit: 11 900 € : 1,07 = 11 121,50 €. Zusätzlich zu der gesetzlichen USt i. H. von 778,50 € schuldet Camen noch die in der Rechnung zu viel ausgewiesene USt gem. § 14c Abs. 1 UStG i. H. von 1 121,50 €. Eine Rechnungsberichtigung wäre gem. § 14c Abs. 1 Satz 2 UStG möglich.

Fall 199   Zusätzliches Entgelt

Lösung: Dach führt eine steuerbare und steuerpflichtige sonstige Leistung aus. Bemessungsgrundlage ist gem. § 10 Abs. 1 UStG das Entgelt. Entgelt ist alles, was der Leistungsempfänger aufwendet, um die Leistung zu erhalten, jedoch abzüglich der USt. Boden wendet insgesamt 3 000 € auf. Die Bemessungsgrundlage für die sonstige Leistung beträgt demnach: 3 000 € : 1,19 = 2 521,01 €. Danach ergibt sich eine USt i. H. von 478,99 €.

Fall 200   Bemessungsgrundlage bei einem steuerfreien Umsatz

Lösung: Die Lieferung des Ernst ist steuerbar gem. § 1 Abs. 1 Nr. 1 Satz 1 UStG. Der Ort der Lieferung ist gem. § 3 Abs. 6 UStG Erlangen. Die steuerbare Lieferung ist steuerfrei gem. § 4 Nr. 1 Buchst. a UStG; denn es handelt sich um eine Ausfuhrlieferung gem. § 6 Abs. 1 Satz 1 Nr. 1 UStG. Bemessungsgrundlage für die Lieferung ist gem. § 10 Abs. 1 UStG das Entgelt. Das Entgelt beträgt 2 000 €. Eine Herausrechnung der USt kommt nicht in Betracht, da in dem Preis für eine steuerfreie Leistung keine USt enthalten ist. § 14c Abs. 1 UStG kommt nicht zur Anwendung, da Ernst keine USt gesondert ausgewiesen hat. Die Bezeichnung „einschließlich USt" stellt keinen gesonderten Steuerausweis dar.

Fall 201   Bemessungsgrundlage beim innergemeinschaftlichen Erwerb

Lösung: Fuchs erbringt einen steuerbaren Umsatz i. S. des § 1 Abs. 1 Nr. 5 UStG; einen innergemeinschaftlichen Erwerb (§ 1a Abs. 1 UStG) im Inland (§ 3d Satz 1 UStG) gegen Entgelt. Dieser steuerbare Umsatz ist mangels einer Steuerbefreiung i. S. des § 4b UStG auch steuerpflichtig. Bemessungsgrundlage ist gem. § 10 Abs. 1 UStG das Entgelt. Das Entgelt beträgt 65 000 €; eine Herausrechnung der USt kommt nicht in Betracht, da es sich auf der Seite des Metz um eine steuerfreie Lieferung handelt und in dem Preis demzufolge keine USt enthalten ist. Die Transportkosten teilen das Schicksal der Hauptleistung.

Fall 202   Bemessungsgrundlage bei der Entnahme

Lösung: Greif erbringt eine Lieferung gegen Entgelt gem. § 3 Abs. 1b Satz 1 Nr. 1 UStG im Inland (§ 3f UStG), also einen steuerbaren Umsatz gem. § 1 Abs. 1 Nr. 1 Satz 1 UStG. Dieser steuerbare Umsatz ist steuerpflichtig. Bemessungsgrundlage gem. § 10 Abs. 4 Satz 1 Nr. 1 UStG ist der Einkaufspreis zzgl. Nebenkosten für den Gegenstand oder für einen gleichartigen Gegenstand zum Zeitpunkt des Umsatzes. Die USt gehört nicht zur Bemessungsgrundlage. Die Bemessungsgrundlage beträgt somit: 15 000 € : 1,19 = 12 605,04 €. Die USt beläuft sich demzufolge auf 2 394,96 €.

Fall 203   Bemessungsgrundlage bei der Verwendung eines unternehmerischen Gegenstands

Lösung: Hirsch erbringt einen steuerbaren Umsatz i. S. des § 3 Abs. 9a Nr. 1 UStG i. V. m. § 1 Abs. 1 Nr. 1 Satz 1 UStG. Dieser Umsatz ist mangels einer Steuerbefreiung i. S. des § 4 UStG steuerpflichtig. Bemessungsgrundlage sind gem. § 10 Abs. 4 Satz 1 Nr. 2 UStG die Ausgaben. In die

Bemessungsgrundlage sind allerdings nur die Ausgaben einzubeziehen, die einen VoSt-Abzug ermöglicht haben. Nicht in die Bemessungsgrundlage sind somit die Kfz-Steuer und die Kfz-Versicherung einzubeziehen. Die anteiligen Ausgaben belaufen sich auf 25 % von 16 500 € = 4 125 €. Die USt beträgt somit 19 % von 4 125 € = 783,75 €. In den Fällen, in denen kein Fahrtenbuch geführt wird, kann die Bemessungsgrundlage mit Hilfe der 1 %-Regelung oder anhand einer sachgerechten Schätzung ermittelt werden.

Mindestbemessungsgrundlage

Fall 204

Lösung: Eifrig erbringt einen steuerbaren Umsatz gem. § 1 Abs. 1 Nr. 1 Satz 1 UStG. Dieser steuerbare Umsatz ist zu 19 % steuerpflichtig. Bemessungsgrundlage ist gem. § 10 Abs. 1 UStG grundsätzlich das Entgelt; dieses beträgt 20 000 €. Da es sich bei Sven allerdings um eine nahe stehende Person handelt, ist § 10 Abs. 5 Nr. 1 UStG zu berücksichtigen. Hiernach ist bei Leistungen an nahe stehende Personen der § 10 Abs. 4 UStG anzuwenden, wenn die Bemessungsgrundlage nach § 10 Abs. 4 UStG das Entgelt nach § 10 Abs. 1 UStG übersteigt. Bemessungsgrundlage nach § 10 Abs. 4 Satz 1 Nr. 1 UStG ist der Einkaufspreis abzgl. USt; d. h. 35 700 € : 1,19 = 30 000 €. Da die Bemessungsgrundlage nach § 10 Abs. 4 Satz 1 Nr. 1 UStG die Bemessungsgrundlage nach § 10 Abs. 1 UStG übersteigt, ist die Bemessungsgrundlage für den Umsatz des Eifrig mit 30 000 € zu berücksichtigen.

Bemessungsgrundlage beim Verbringen

Fall 205

Lösung: Das Verbringen der Felgen aus dem Inland in das übrige Gemeinschaftsgebiet gilt gem. § 3 Abs. 1a UStG als Lieferung gegen Entgelt. Die Lieferung ist steuerbar gem. § 1 Abs. 1 Nr. 1 Satz 1 UStG. Sie ist als innergemeinschaftliche Lieferung i. S. des § 6a Abs. 2 UStG steuerfrei gem. § 4 Nr. 1 Buchst. b UStG. Bemessungsgrundlage für das Verbringen ist nach § 10 Abs. 4 Satz 1 Nr. 1 UStG der Einkaufspreis zzgl. Nebenkosten für den Gegenstand oder für einen gleichartigen Gegenstand zum Zeitpunkt des Umsatzes. Die USt gehört nicht zur Bemessungsgrundlage. Die Bemessungsgrundlage für den Umsatz beträgt somit 30 000 €. Knausrig muss den Erwerb und den späteren Verkauf in Italien der Besteuerung unterwerfen.

Bemessungsgrundlage beim Tausch

Fall 206

Lösung: Listig erbringt einen steuerbaren Umsatz i. S. des § 1 Abs. 1 Nr. 1 Satz 1 UStG. Dieser steuerbare Umsatz ist steuerpflichtig. Es handelt sich um einen Tausch mit Baraufgabe, da das Entgelt für die Lieferung des neuen Pkw teilweise in einer Lieferung besteht (§ 3 Abs. 12 Satz 1 UStG). Beim Tausch gilt gem. § 10 Abs. 2 Satz 2 UStG der Wert jedes Umsatzes als Entgelt für den anderen Umsatz. Die USt gehört nicht zum Entgelt. Bemessungsgrundlage für die Lieferung des Listig ist somit der zugezahlte Betrag i. H. von 39 270 € und der Wert des gebrauchten Pkw i. H. von 8 330 € = 47 600 € abzgl. der USt; also 47 600 € : 1,19 = 40 000 €.

Erhöhung des Steuersatzes

Fall 207

Lösung: Müller führt eine steuerbare und steuerpflichtige Lieferung an Adalbert aus. Lieferzeitpunkt ist der 11. 1. 2007. Der Steuersatz beträgt ab dem 1. 1. 2007 19 %; entscheidend ist der Zeitpunkt der Lieferung und nicht der Zeitpunkt des Vertragsabschlusses. Es ergibt sich somit für Müller eine Bemessungsgrundlage i. H. von 80 000 € : 1,19 = 67 226,89 € und eine USt i. H. von 12 773,11 €.

Fall 208 Verzehr an Ort und Stelle

Lösung: Mit dem Verkauf der Getränke und der Speisen erbringt Bärig sonstige Leistungen, die steuerbar und mangels einer Steuerbefreiung i. S. des § 4 UStG auch steuerpflichtig sind. Der Steuersatz beträgt für sämtliche Leistungen 19 %. § 12 Abs. 2 Nr. 1 UStG findet keine Anwendung.

Fall 209 Steuersatz beim innergemeinschaftlichen Erwerb

Lösung: Calmut erbringt einen steuerbaren Umsatz i. S. des § 1 Abs. 1 Nr. 5 UStG. Es liegt ein innergemeinschaftlicher Erwerb gem. § 1a Abs. 1 UStG vor; Ort des innergemeinschaftlichen Erwerbs ist gem. § 3d Satz 1 UStG Coburg, und der Erwerb wird auch gegen Entgelt ausgeführt. Dieser steuerbare Umsatz ist steuerpflichtig. Bemessungsgrundlage ist gem. § 10 Abs. 1 UStG das Entgelt; also 5 000 €. Der Steuersatz beträgt gem. § 12 Abs. 2 Nr. 1 UStG i. V. m. der Anlage 2 zu § 12 Abs. 2 Nr. 1 und 2 UStG 7 %, da Tomaten in der Anlage aufgeführt sind. Die USt (Erwerbsteuer) beläuft sich somit auf 350 €. Dieser Betrag kann auch als VoSt abgezogen werden (§ 15 Abs. 1 Satz 1 Nr. 3 UStG).

Fall 210 Verabreichung von Heilbädern

Lösung: Die Saunabenutzung stellt eine unselbständige Nebenleistung zur Hauptleistung dar und teilt dessen umsatzsteuerrechtliches Schicksal. Die einheitliche sonstige Leistung ist steuerbar gem. § 1 Abs. 1 Nr. 1 Satz 1 UStG und mangels einer Steuerbefreiung i. S. des § 4 UStG auch steuerpflichtig. Der Steuersatz für die einheitliche Leistung beträgt gem. § 12 Abs. 1 UStG 19 %.

Fall 211 Unrichtiger Steuerausweis

Lösung: Zwirn hat die steuerbare und steuerpflichtige Lieferung der Bücher irrtümlich statt dem ermäßigten Steuersatz gem. § 12 Abs. 2 Nr. 1 UStG dem allgemeinen Steuersatz von 19 % unterworfen; also zu viel USt in der Rechnung ausgewiesen. Die Bemessungsgrundlage für die Lieferung beträgt gem. § 10 Abs. 1 UStG: 595 € : 1,07 = 556,07 €. Es ergibt sich eine gesetzliche USt i. H. von 38,93 €. Da Zwirn in der Rechnung für die Lieferung einen höheren Steuerbetrag, als er nach dem UStG für die Lieferung schuldet, gesondert ausgewiesen hat, schuldet er gem. § 14c Abs. 1 UStG auch den Mehrbetrag. Der Mehrbetrag beläuft sich auf 56,07 €. Eine Berichtigung des Steuerbetrags gegenüber dem Leistungsempfänger ist nach § 14c Abs. 1 Satz 2 UStG möglich.

Fall 212 Unberechtigter Steuerausweis

Lösung: Die Lieferung des Pkw fällt nicht in den Rahmen des Unternehmens des Wuchtig, d. h. es liegt kein steuerbarer Umsatz i. S. des § 1 Abs. 1 UStG vor. Da Wuchtig in einer Rechnung mit gesondertem Steuerausweis über eine Leistung, die er nicht im Rahmen seines Unternehmens, sondern als Privatperson, ausgeführt hat, abgerechnet hat, schuldet er den ausgewiesenen Betrag i. H. von 1 900 € gem. § 14c Abs. 2 UStG. Der nach § 14c Abs. 2 Satz 1 und 2 UStG geschuldete Steuerbetrag kann berichtigt werden, soweit die Gefährdung des Steueraufkommens beseitigt worden ist.

Änderung der Bemessungsgrundlage

Fall 213

Lösung: Tief erbringt im Mai 2016 eine steuerbare und steuerpflichtige Lieferung an Hoch. Bemessungsgrundlage ist im Mai das vereinbarte Entgelt i. H. von 10 000 €; Tief muss in seiner Voranmeldung für Mai 1 900 € USt ausweisen. Da der Leistungsempfänger Hoch letztlich nur insgesamt 10 000 € für die Lieferung aufgewendet hat, ändert sich die Bemessungsgrundlage für den Umsatz gem. § 17 Abs. 2 Nr. 1 UStG; denn das vereinbarte Entgelt ist teilweise uneinbringlich geworden. Die Berichtigung ist in dem Besteuerungszeitraum vorzunehmen, in dem die Änderung eingetreten ist; also im September 2016. Die USt des Tief aus diesem Umsatz reduziert sich auf 1 596,64 €; der Minderbetrag i. H. von 303,36 € USt ist in der Voranmeldung für September 2016 zu berücksichtigen. Die Abtretung der Forderung an das Inkassobüro führt noch nicht zur Uneinbringlichkeit der Forderung gegenüber Hoch. Die Abtretung der Forderung ist kein steuerbarer Umsatz.

Reiseleistungen

Fall 214

Lösung: Die Leistung des Sauer stellt eine Reiseleistung i. S. des § 25 Abs. 1 UStG dar; Sauer tritt gegenüber dem privaten Leistungsempfänger im eigenen Namen auf und nimmt Reisevorleistungen (Bahnfahrt, Hotelunterkunft) in Anspruch. Es handelt sich um eine sonstige Leistung. Der Ort der sonstigen Leistung ist gem. § 25 Abs. 1 Satz 4 UStG i. V. m. § 3a Abs. 1 UStG in Steinfurt, da Sauer von Steinfurt aus sein Unternehmen betreibt. Der steuerbare Umsatz ist auch steuerpflichtig, da § 25 Abs. 2 UStG nicht zur Anwendung kommt. Bemessungsgrundlage für den Umsatz ist der Unterschiedsbetrag zwischen dem vom Leistungsempfänger aufgewendeten Betrag und dem für die Reisevorleistungen aufgewendeten Betrag. Die USt gehört nicht zur Bemessungsgrundlage. Es ergibt sich ein Unterschiedsbetrag i. H. von 320 € und eine Bemessungsgrundlage i. H. von 320 € : 1,19 = 268,91 €. Die USt beläuft sich auf 51,09 €.

Differenzbesteuerung

Fall 215

Lösung: Rübe erbringt eine steuerbare und steuerpflichtige Lieferung i. S. des § 1 Abs. 1 Nr. 1 Satz 1 UStG. Da Rübe ein Wiederverkäufer i. S. des § 25a Abs. 1 Nr. 1 UStG ist, für die im Inland ausgeführte Lieferung der Waschmaschine an Rübe keine USt geschuldet wurde, und es sich nicht um Edelsteine oder Edelmetalle handelt, ist die Differenzbesteuerung anwendbar. Rübe hat auch nicht auf die Anwendung der Differenzbesteuerung gem. § 25a Abs. 8 UStG verzichtet. Der Umsatz wird nach dem Betrag bemessen, um den der Verkaufspreis den Einkaufspreis übersteigt. Die USt gehört nicht zur Bemessungsgrundlage. Der übersteigende Betrag beläuft sich auf 75 €; die Bemessungsgrundlage beträgt somit 75 € : 1,19 = 63,03 €. Es entsteht eine USt i. H. von 11,97 €.

Besteuerung nach vereinbarten Entgelten

Fall 216

Lösung: Anker erbringt eine steuerbare und zu 19 % steuerpflichtige Werklieferung. Der Werklieferungsvertrag wird mit der Übergabe und Abnahme des fertig gestellten Werks erfüllt; der Auftraggeber erhält die Verfügungsmacht mit der Übergabe des fertig gestellten Werks. Der

Zeitpunkt der Werklieferung ist somit der 1.6.2016. Die USt entsteht gem. § 13 Abs. 1 Nr. 1 Buchst. a UStG mit Ablauf des Voranmeldungszeitraums, in dem die Leistung ausgeführt wird, also mit Ablauf des Monats Juni 2016. Anker muss den Umsatz und die USt i. H. von 38 000 € in der USt-Voranmeldung für Juni 2016 anmelden. Ein Fall des § 13b UStG liegt nicht vor.

Fall 217 Besteuerung nach vereinnahmten Entgelten

Lösung: Bissig erbringt eine steuerbare und zu 19 % steuerpflichtige sonstige Leistung. Die Bemessungsgrundlage für die sonstige Leistung beträgt 5 000 €; die USt beträgt 950 €. Die USt i. H. von 950 € entsteht gem. § 13 Abs. 1 Nr. 1 Buchst. b UStG bei der Berechnung der Steuer nach vereinnahmten Entgelten mit Ablauf des Voranmeldungszeitraums, in dem das Entgelt vereinnahmt worden ist, also mit Ablauf des Monats Mai 2016.

Fall 218 Anzahlung

Lösung: Carl erbringt eine steuerbare und zu 19 % steuerpflichtige Werklieferung. Die Bemessungsgrundlage gem. § 10 Abs. 1 UStG beträgt 7 500 € : 1,19 = 6 302,52 €. Demnach ergibt sich eine USt i. H. von 1 197,48 €. Die USt entsteht gem. § 13 Abs. 1 Nr. 1 Buchst. a Satz 4 UStG i. H. von 399,16 € mit Ablauf des Voranmeldungszeitraums, in dem das Teilentgelt vereinnahmt wurde; also mit Ablauf des Monats April 2016. Der Restbetrag i. H. von 798,32 € USt entsteht gem. § 13 Abs. 1 Nr. 1 Buchst. a Satz 1 UStG mit Ablauf des Voranmeldungszeitraums, in dem die Leistung ausgeführt wurde, also mit Ablauf des Monats Juli 2016.

Fall 219 Entstehung beim innergemeinschaftlichen Erwerb

Lösung: Dunkel erbringt einen innergemeinschaftlichen Erwerb (§ 1a Abs. 1 UStG) im Inland (§ 3d Satz 1 UStG) gegen Entgelt; d. h. einen steuerbaren Umsatz i. S. des § 1 Abs. 1 Nr. 5 UStG. Dieser steuerbare Umsatz ist auch steuerpflichtig. Bemessungsgrundlage ist gem. § 10 Abs. 1 UStG das Entgelt; also 10 000 €. Die USt beträgt 19 % gem. § 12 Abs. 1 UStG. Die USt i. H. von 1 900 € entsteht gem. § 13 Abs. 1 Nr. 6 UStG mit Ausstellung der Rechnung; also am 20. 4. 2016. Auf den Zugang der Rechnung bei Dunkel kommt es nicht an. Dunkel muss den Erwerb in der USt-Voranmeldung für April 2016 berücksichtigen.

Fall 220 Innergemeinschaftlicher Erwerb ohne Rechnungsausstellung

Lösung: Dunkel erbringt einen innergemeinschaftlichen Erwerb (§ 1a Abs. 1 UStG) im Inland (§ 3d Satz 1 UStG) gegen Entgelt; d. h. einen steuerbaren Umsatz i. S. des § 1 Abs. 1 Nr. 5 UStG. Zeitpunkt des innergemeinschaftlichen Erwerbs ist der 17. 4. 2016 (entsprechend dem Lieferzeitpunkt). Dieser steuerbare Umsatz ist auch steuerpflichtig. Bemessungsgrundlage ist gem. § 10 Abs. 1 UStG das Entgelt, also 10 000 €. Der Steuersatz beträgt 19 % gem. § 12 Abs. 1 UStG. Die USt i. H. von 1 900 € entsteht gem. § 13 Abs. 1 Nr. 6 UStG mit Ausstellung der Rechnung, spätestens mit Ablauf des dem Erwerb folgenden Kalendermonats. Da eine Rechnung nicht erstellt wurde, entsteht die USt für den Erwerb mit Ablauf des Monats Mai 2016. Dunkel muss den Erwerb in der USt-Voranmeldung für Mai 2016 berücksichtigen.

Gesonderter Steuerausweis

Lösung: Brecht kann aus dem Kauf der Ladentheke keinen VoSt-Abzug in Anspruch nehmen, da nicht sämtliche Tatbestandsmerkmale des § 15 Abs. 1 Satz 1 Nr. 1 UStG vorliegen. Es fehlt an einem gesonderten Ausweis der USt in der Rechnung (§ 14 Abs. 4 Satz 1 Nr. 8 UStG). Der von Böll verwendete Zusatz „einschließlich USt" ist kein gesonderter Steuerausweis. Aus der vorliegenden Rechnung ist ein VoSt-Abzug somit nicht möglich; es handelt sich im Übrigen auch nicht um eine Kleinbetragsrechnung i. S. des § 33 UStDV.

Scheinrechnung

Lösung: Carlsson kann aus der Rechnung des Unger keinen VoSt-Abzug in Anspruch nehmen, da nicht sämtliche Tatbestandsmerkmale des § 15 Abs. 1 Satz 1 Nr. 1 UStG vorliegen. Der VoSt-Abzug setzt das Vorliegen einer Lieferung oder sonstigen Leistung voraus; Carlsson und Unger haben überhaupt keine Leistung beabsichtigt. Ein VoSt-Abzug ist nicht möglich. Unger schuldet die ausgewiesene Steuer gem. § 14c Abs. 2 UStG.

Leistung von Privatperson

Lösung: Damm kann aus der Rechnung des Meyer keinen VoSt-Abzug in Anspruch nehmen, da nicht sämtliche Tatbestandsmerkmale des § 15 Abs. 1 Satz 1 Nr. 1 UStG erfüllt sind. Die Lieferung ist nicht von einem anderen Unternehmer, sondern von der Privatperson Meyer ausgeführt worden. Ein VoSt-Abzug kommt nicht in Betracht. Meyer schuldet die ausgewiesene USt gem. § 14c Abs. 2 UStG.

Einfuhrumsatzsteuer

Lösung: Fahrian kann die Einfuhrumsatzsteuer i. H. von 1 900 € gem. § 15 Abs. 1 Satz 1 Nr. 2 UStG als VoSt abziehen. Der Gegenstand, die Hebebühne, ist für sein Unternehmen in das Inland eingeführt worden. Die Hebebühne wird auch zu mehr als 10 % für unternehmerische Zwecke genutzt. Der VoSt-Abzug kann in der USt-Voranmeldung für April 2016 vorgenommen werden.

Erwerbsteuer

Lösung: Graf erbringt einen steuerbaren Umsatz i. S. des § 1 Abs. 1 Nr. 5 UStG. Es handelt sich um einen innergemeinschaftlichen Erwerb i. S. des § 1a Abs. 1 UStG; der Ort des innergemeinschaftlichen Erwerbs ist Gießen gem. § 3d Satz 1 UStG, und der Erwerb erfolgt gegen Entgelt. Der steuerbare Umsatz ist auch steuerpflichtig. Der Steuersatz beträgt gem. § 12 Abs. 2 Nr. 1 UStG i. V. m. Anlage 2 zum UStG 7 %. Die Bemessungsgrundlage beläuft sich auf 5 500 € gem. § 10 Abs. 1 UStG, sodass eine USt i. H. von 385 € entsteht, und zwar gem. § 13 Abs. 1 Nr. 6 UStG mit Ablauf des Monats Februar 2016. Graf kann die Erwerbsteuer i. H. von 385 € in der USt-Voranmeldung für Februar 2016 gem. § 15 Abs. 1 Satz 1 Nr. 3 UStG als VoSt abziehen; denn die Gegenstände sind für sein Unternehmen erworben worden.

Nicht abzugsfähige Aufwendungen

Lösung: Watt steht aus der Anschaffung des Videorecorders keine VoSt gem. § 15 Abs. 1a UStG zu, da der Unternehmer Watt im Rahmen seines Unternehmens Aufwendungen tätigt, die unter das Abzugsverbot des § 4 Abs. 5 Satz 1 Nr. 1 EStG fallen. Ist die VoSt abgezogen worden, so ist eine Korrektur in der Voranmeldung der Schenkung gem. § 17 Abs. 2 Nr. 5 UStG vorzunehmen.

Fall 227 **Ausschluss vom VoSt-Abzug**

Lösung: Hilfe kann aus der Anschaffung des Behandlungsstuhls keinen VoSt-Abzug in Anspruch nehmen. Obwohl die Voraussetzungen des § 15 Abs. 1 Satz 1 Nr. 1 UStG sämtlich erfüllt sind, kommt ein VoSt-Abzug gem. § 15 Abs. 2 Satz 1 Nr. 1 UStG nicht in Betracht, da der gelieferte Gegenstand, der Behandlungsstuhl, zur Ausführung steuerfreier Umsätze gem. § 4 Nr. 14 Buchst. a UStG verwendet wird. Der Ausschluss vom VoSt-Abzug wird auch nicht gem. § 15 Abs. 3 UStG wieder rückgängig gemacht.

Fall 228 **Ausnahmen vom Ausschluss des VoSt-Abzugs**

Lösung: Ingwer kann aus der Anschaffung der Kugellager einen VoSt-Abzug i. H. von 3 800 € in Anspruch nehmen. Sämtliche Voraussetzungen des § 15 Abs. 1 Satz 1 Nr. 1 UStG sind erfüllt. Die Kugellager werden verwendet für eine steuerfreie Ausfuhrlieferung i. S. des § 4 Nr. 1 Buchst. a UStG i. V. m. § 6 Abs. 1 Satz 1 Nr. 1 UStG. Der nach § 15 Abs. 2 Satz 1 Nr. 1 UStG verfügte Ausschluss vom VoSt-Abzug tritt gem. § 15 Abs. 3 Nr. 1 Buchst. a UStG u. a. dann nicht ein, wenn der Gegenstand für eine steuerfreie Ausfuhrlieferung verwendet wird.

Fall 229 **Aufteilung der VoSt**

Lösung: Jansen kann einen Teil der ihm in Rechnung gestellten USt als VoSt abziehen. Verwendet der Unternehmer einen für sein Unternehmen gelieferten Gegenstand nur zum Teil zur Ausführung von Umsätzen, die den VoSt-Abzug ausschließen, so ist der Teil der jeweiligen VoSt-Beträge nicht abziehbar, der den zum Ausschluss vom VoSt-Abzug führenden Umsätzen wirtschaftlich zuzurechnen ist. Die an Jansen erbrachte Werklieferung steht zum einen Teil im Zusammenhang mit steuerfreien Umsätzen gem. § 4 Nr. 12 Satz 1 Buchst. a UStG, für die ein VoSt-Abzug gem. § 15 Abs. 2 Satz 1 Nr. 1 UStG ausgeschlossen ist, und zum anderen Teil im Zusammenhang mit steuerpflichtigen Umsätzen gem. § 4 Nr. 12 Satz 1 Buchst. a UStG i. V. m. § 9 UStG, für die ein VoSt-Abzug gem. § 15 Abs. 1 Satz 1 Nr. 1 UStG möglich ist. Die VoSt i. H. von 7 600 € ist somit aufzuteilen, und zwar anhand der Flächenanteile (§ 15 Abs. 4 Satz 3 UStG); danach ist ein VoSt-Abzug i. H. von $^1/_3$ von 7 600 € = 2 533,33 € möglich.

Fall 230 **Kleinbetragsrechnung**

Lösung: Kunz kann einen VoSt-Abzug in Anspruch nehmen. Ein gesonderter Steuerausweis ist bei Rechnungen über Kleinbeträge nicht erforderlich; hier genügt die Angabe des Steuersatzes. Da der Gesamtbetrag der Rechnung 150 € nicht übersteigt, liegt eine Kleinbetragsrechnung i. S. des § 33 UStDV vor. Kunz kann gem. § 35 UStDV den VoSt-Abzug in Anspruch nehmen, wenn er den Rechnungsbetrag in Entgelt und Steuerbetrag aufteilt. Die Bemessungsgrundlage beläuft sich auf 90 € : 1,19 = 75,63 € und die USt auf 14,37 €. Kunz kann somit in der USt-Voranmeldung für Januar 2016 eine VoSt i. H. von 14,37 € geltend machen.

Berichtigung des VoSt-Abzugs

Fall 231

Lösung: Ändern sich bei einem Grundstück die Verhältnisse, die für den ursprünglichen VoSt-Abzug maßgebend waren, innerhalb von zehn Jahren seit dem Beginn der Verwendung, so ist gem. § 15a Abs. 1 UStG für jedes Kalenderjahr der Änderung ein Ausgleich durch eine Berichtigung des Abzugs der auf die Anschaffungs- oder Herstellungskosten entfallenden VoSt-Beträge vorzunehmen. Eine Änderung der Verhältnisse liegt gem. § 15a Abs. 8 UStG auch vor, wenn das noch verwendungsfähige Wirtschaftsgut vor Ablauf des maßgeblichen Berichtigungszeitraums veräußert wird und dieser Umsatz für den VoSt-Abzug anders zu beurteilen ist als die für den ursprünglichen VoSt-Abzug maßgebliche Verwendung. Im ersten Kalenderjahr 2011 hat Maler das Grundstück zu 100 % zur Ausführung steuerpflichtiger Umsätze verwendet (§ 4 Nr. 12 Satz 1 Buchst. a UStG i. V. m. § 9 UStG). Die Veräußerung am 1. 4. 2016 stellt dagegen einen steuerfreien Umsatz gem. § 4 Nr. 9 Buchst. a UStG dar; eine Option ist nicht möglich, da an eine Privatperson veräußert wird. Die VoSt ist somit zeitanteilig zu berichtigen. Der VoSt-Abzug ist i. H. von 57/120 von 20 000 € = 9 500 € rückgängig zu machen, und zwar gem. § 44 Abs. 3 Satz 2 UStDV in der USt-Voranmeldung für April 2016.

Steuerberechnung

Fall 232

Lösung: Die verbleibende Steuerschuld beträgt für das Jahr 2016 22 240 €.

Berechnung:

Entgelte für ausgeführte Leistungen	250 000 €
./. Entgelte für nicht steuerbare Leistungen	24 000 €
= Entgelte für steuerbare Leistungen	226 000 €
./. Entgelte für steuerfreie Leistungen	30 000 €
= Entgelte für steuerpflichtige Leistungen	196 000 €
	x
	19 %
	=
USt	37 240 €
./. VoSt	15 000 €
= verbleibende Steuerschuld	22 240 €

Dauerfristverlängerung

Fall 233

Lösung: Der Steuerberater kann gem. § 46 UStDV beim zuständigen Finanzamt für Ohnsorg einen elektronischen Antrag auf Fristverlängerung zur Abgabe der Voranmeldungen und für die Entrichtung der Vorauszahlungen stellen. Der Antrag muss – wenn die Fristverlängerung bereits für Januar 2016 gelten soll – bis zum 10. 2. 2016 gestellt worden sein. In dem Antrag muss eine Sondervorauszahlung berechnet und angemeldet werden (§ 48 Abs. 1 Satz 3 UStDV). Die Sondervorauszahlung beträgt gem. § 47 Abs. 1 UStDV $^1/_{11}$ der Summe der Vorauszahlungen für das vorangegangene Kalenderjahr; also $^1/_{11}$ von 20 000 € = 1 818 €. Diese Sondervorauszahlung ist bis zum 10. 2. 2016 zu entrichten und wird gem. § 48 Abs. 4 UStDV bei der Festsetzung der Vorauszahlung für den letzten Voranmeldungszeitraum des Besteuerungszeitraums, für den die Fristverlängerung gilt, angerechnet.

Fall 234 Wechsel der Steuerschuldnerschaft

Lösung: Reinlich muss die Regelungen des § 13b UStG beachten; denn es handelt sich um eine steuerpflichtige Werklieferung (§ 13b Abs. 2 Nr. 1 UStG) eines im Ausland ansässigen Unternehmers (§ 13b Abs. 7 UStG) an einen Unternehmer (§ 13b Abs. 5 Satz 1 UStG). Die Ausnahmen des § 13b Abs. 6 UStG kommen hier nicht zur Anwendung. Reinlich wird somit zum Steuerschuldner hinsichtlich der USt i. H. von 19 000 €. Diese ist in der Voranmeldung für April 2016 anzumelden. In seiner USt-Voranmeldung für April 2016 kann Reinlich die VoSt gem. § 15 Abs. 1 Satz 1 Nr. 4 UStG i. H. von 19 000 € abziehen.

Fall 235 Vergütungsverfahren

Lösung: Schnell erfüllt die Voraussetzungen für den VoSt-Abzug nach § 15 Abs. 1 Satz 1 Nr. 1 UStG. Die VoSt i. H. von 200 € kann in einem besonderen Verfahren, dem Vergütungsverfahren, erstattet werden. Hierzu hat Schnell spätestens bis zum 30. 9. 2017 einen Vergütungsantrag über die zuständige Behörde in Österreich beim Bundeszentralamt für Steuern zu stellen (§ 61 UStDV). Der Antrag wird über das in Österreich eingerichtete elektronische Portal an das Bundeszentralamt für Steuern weitergeleitet.

Fall 236 Kleinunternehmer

Lösung: Taube ist im Jahre 2016 nicht als Kleinunternehmer i. S. des § 19 Abs. 1 UStG anzusehen. Der Umsatz ist gem. § 19 Abs. 3 Satz 3 und 4 UStG in einen Jahresgesamtumsatz umzurechnen. Danach ergibt sich für 2016 ein voraussichtlicher Umsatz von 15 000 € × $^{12}/_8$ = 22 500 € und damit von mehr als 17 500 €.

Fall 237 Zusammenfassende Aufgabe

Lösung: Die einzelnen von Adler vorgebrachten Sachverhalte sind umsatzsteuerrechtlich wie folgt zu beurteilen:

1) Adler führt einen steuerbaren Umsatz i. S. des § 1 Abs. 1 Nr. 5 UStG aus. Es liegt ein innergemeinschaftlicher Erwerb gem. § 1a Abs. 1 UStG vor, da die Phonoschränke bei der Lieferung aus dem Gebiet eines Mitgliedstaates (Frankreich) in das Gebiet eines anderen Mitgliedstaates (Deutschland) gelangen und sowohl der Erwerber Adler als auch der Lieferer Plue Unternehmer sind, die das Geschäft im Rahmen ihrer jeweiligen Unternehmen durchgeführt haben. Ort des innergemeinschaftlichen Erwerbs ist gem. § 3d Satz 1 UStG Münster, da sich die Schränke am Ende der Beförderung in Münster befinden. Der Erwerb erfolgt auch gegen Entgelt. Der steuerbare Umsatz ist steuerpflichtig, da eine Steuerbefreiung gem. § 4b UStG nicht in Betracht kommt. Der Steuersatz beträgt gem. § 12 Abs. 1 UStG 19 %. Bemessungsgrundlage ist gem. § 10 Abs. 1 UStG das Entgelt i. H. von 2 500 €. Die USt beläuft sich auf 475 € und entsteht gem. § 13 Abs. 1 Nr. 6 UStG mit Ausstellung der Rechnung am 29. 1. 2016. Der Umsatz muss in der USt-Voranmeldung für Januar 2016 berücksichtigt werden. Gleichzeitig hat Adler einen VoSt-Abzug i. H. von 475 € gem. § 15 Abs. 1 Satz 1 Nr. 3 UStG, der in der USt-Voranmeldung Januar 2016 geltend zu machen ist.

Im Februar 2016 ändert sich die Bemessungsgrundlage für den Umsatz, da Adler einen Skontoabzug vornimmt. Gemäß § 17 Abs. 1 UStG ist die USt um 14,25 € zu mindern und gleichzeitig auch die VoSt i. H. von 14,25 €. Die Berichtigung wirkt sich nicht in der USt-Voranmeldung für Januar 2016 aus.

2) Adler hat bereits einen Teil des Entgelts vereinnahmt, obwohl die Leistung noch nicht ausgeführt worden ist. Die USt entsteht insoweit bereits mit Ablauf des Voranmeldungszeitraums, in dem das Entgelt vereinnahmt worden ist (§ 13 Abs. 1 Nr. 1 Buchst. a Satz 4 UStG). Auf eine Rechnungserteilung kommt es nicht an. Adler muss bereits in der Voranmeldung für Januar 2016 einen Umsatz i. H. von 2 521,01 € (3 000 € : 1,19) und eine USt i. H. von 478,99 € erklären.

3) Adler tätigt eine Lieferung gegen Entgelt i. S. des § 3 Abs. 1b Satz 1 Nr. 1 UStG; denn er entnimmt einen Gegenstand, eine Vitrine, aus seinem Unternehmen für Zwecke, die außerhalb des Unternehmens liegen. Bei der Anschaffung der Vitrine konnte Adler den vollen VoSt-Abzug in Anspruch nehmen. Der Ort des Umsatzes ist gem. § 3f Satz 1 UStG in Münster. Der Umsatz ist steuerbar und mangels einer Steuerbefreiung i. S. des § 4 UStG auch steuerpflichtig. Der Steuersatz beträgt gem. § 12 Abs. 1 UStG 19 %. Als Bemessungsgrundlage ist gem. § 10 Abs. 4 Satz 1 Nr. 1 UStG der Einkaufspreis zum Zeitpunkt des Umsatzes anzusehen; die USt gehört nicht zur Bemessungsgrundlage. Es ergibt sich eine Bemessungsgrundlage von 10 000 € (11 900 € : 1,19) und eine USt i. H. von 1 900 €. Die USt entsteht gem. § 13 Abs. 1 Nr. 2 UStG mit Ablauf des Voranmeldungszeitraums Januar 2016 und ist somit in der Voranmeldung für Januar 2016 zu berücksichtigen.

4) Zu dem Unternehmen des Adler gehört neben seiner Möbelhandlung und der Möbelschreinerei auch die Vermietungstätigkeit. Der Umsatz erfolgt innerhalb seines Unternehmens; es liegt ein sog. nicht steuerbarer Innenumsatz vor. Es fehlt an einem Leistungsaustausch. Die Tatsache, dass Adler eine „Rechnung" mit gesondertem Steuerausweis erteilt hat, löst keine umsatzsteuerrechtlichen Folgen aus, da es sich lediglich um einen innerbetrieblichen Belegaustausch handelt. Eine USt gem. § 14c Abs. 1 UStG entsteht nicht. In der USt-Voranmeldung für Januar 2016 ist somit keine Änderung vorzunehmen.

5) Adler erbringt einen steuerbaren Umsatz i. S. des § 1 Abs. 1 Nr. 1 Satz 1 UStG. Es handelt sich um eine Werklieferung i. S. des § 3 Abs. 4 UStG, die von dem Unternehmer Adler (§ 2 Abs. 1 UStG) im Rahmen seines Unternehmens gegen Entgelt ausgeführt wird. Ort der Lieferung ist gem. § 3 Abs. 6 UStG Münster; Münster gehört zum Inland gem. § 1 Abs. 2 UStG. Der steuerbare Umsatz ist steuerfrei gem. § 4 Nr. 1 Buchst. b UStG; denn es handelt sich um eine innergemeinschaftliche Lieferung i. S. des § 6a Abs. 1 UStG. Der Gegenstand gelangt vom Inland in das übrige Gemeinschaftsgebiet (Italien); Pirelli hat den Gegenstand für sein Unternehmen erworben, und der Erwerb unterliegt bei Pirelli in Italien der Umsatzbesteuerung. Bemessungsgrundlage für die steuerfreie innergemeinschaftliche Lieferung ist das Entgelt i. H. von 15 000 €. Adler muss gem. § 18b UStG die Bemessungsgrundlage für die innergemeinschaftliche Lieferung in der USt-Voranmeldung Januar 2016 angeben, da die Rechnung im Januar 2016 ausgestellt worden ist. Außerdem muss der Umsatz in die Zusammenfassende Meldung aufgenommen werden.

E. Abgabenordnung

Fall 238 Einteilung der Steuern

Lösung:

Einteilungs-gesichts-punkt	Ertragshoheit	Berücksichti-gung persönl. Verhältnisse	Auswirkungen beim Steuer-schuldner	Steuergegen-stand	§ 3 Abs. 2 AO
Steuerart	BundesSt, LandesSt, GemeinschaftSt, GemeindeSt	Personensteuer Sachsteuer	direkte Steuer indirekte Steuer	BesitzSt, VerkehrSt, VerbrauchSt, Zoll	Real-steuer
USt	GemeinschaftSt	Sachsteuer	indirekte Steuer	Verkehrsteuer	nein
ESt	GemeinschaftSt	Personensteuer	direkte Steuer	Besitzsteuer	nein
KSt	GemeinschaftSt	Personensteuer	direkte Steuer	Besitzsteuer	nein
EUSt	GemeinschaftSt	Sachsteuer	indirekte Steuer	Zoll	nein
KfzSt	LandesSt	Sachsteuer	direkte Steuer	Verkehrsteuer	nein
GewSt	GemeindeSt	Sachsteuer	direkte Steuer	Besitzsteuer	ja
GrESt	LandesSt	Sachsteuer	direkte Steuer	Verkehrsteuer	nein
MineralölSt	BundesSt	Sachsteuer	indirekte Steuer	Verbrauchsteuer	nein
BierSt	LandesSt	Sachsteuer	indirekte Steuer	Verbrauchsteuer	nein
ErbSt	LandesSt	Personensteuer	direkte Steuer	Besitz-/ VerkehrSt	nein
GrSt	GemeindeSt	Sachsteuer	direkte Steuer	Besitzsteuer	ja
Bedeutung für	Gesetzgebungs-hoheit	Abzugsfähigkeit bei Einkunfts-ermittlung	Steuerpolitik	Verwaltungs-hoheit	./.

Fall 239 Örtliche Zuständigkeit des Finanzamtes

Lösung: Als örtliche Behörden sind zuständig:

Zuständig für:	Finanzamt in:	Bezeichnung/§§ AO
▶ Einkommensteuer	Leverkusen	Wohnsitz-FA (§ 19 Abs. 1 AO)
▶ Umsatzsteuer	Köln	Betriebs-FA (§ 21 AO)
▶ Gewerbesteuermessbescheid	Köln	Betriebs-FA (§ 22 Abs. 1 AO)
▶ Ermittlung der Einkünfte aus Gewerbebetrieb	Köln	Betriebs-FA (§ 18 Abs. 1 Nr. 2 AO)
▶ Ermittlung der Einkünfte aus VuV	Leverkusen	Wohnsitz-FA (§ 19 Abs. 1 AO)
▶ Feststellung des Einheitswerts des Einfamilienhauses	Aachen	Lage-FA (§ 18 Abs. 1 Nr. 1 AO)

Örtliche Zuständigkeit des Finanzamtes (Sozietät)

Fall 240

Lösung: Die Finanzämter sind als örtliche Behörden jeweils für einen bestimmten räumlichen Wirkungsbereich zuständig. Die örtliche Zuständigkeit ist in den §§ 18 bis 29 AO geregelt.

Zuständig sind:

Finanzamt Münster als

Tätigkeitsfinanzamt für die gesonderte und einheitliche Feststellung der Einkünfte nach § 180 Abs. 1 Nr. 2a AO der Sozietät Fabian und Müller (§ 18 Abs. 1 Nr. 3 AO).

Betriebsfinanzamt für

► die Umsatzsteuer der Sozietät Fabian und Müller (§ 21 AO).

Finanzamt Bielefeld als **Lagefinanzamt** für

► die Einheitsbewertung des Mietwohnhauses in Bielefeld (§ 18 Abs. 1 Nr. 1, § 180 Abs. 1 Nr. 1 AO).

Finanzämter Osnabrück bzw. **Warendorf** als **Wohnsitzfinanzämter** für

► die persönlichen Steuern (ESt) des Fabian bzw. Müller (§ 19 AO). Im Rahmen der Einkommensteuer-Veranlagung ermittelt das Finanzamt Osnabrück auch die Einkünfte aus Vermietung und Verpachtung des Fabian aus dem Mietwohnhaus in Bielefeld (kein Fall des § 180 Abs. 1 Nr. 2b AO).

Örtliche Zuständigkeit (Grundstücksgemeinschaft)

Fall 241

Lösung: Zuständig sind

Finanzamt Krefeld als **Lagefinanzamt** für

► die Einheitsbewertung und für den Grundsteuermessbescheid (§ 18 Abs. 1 Nr. 1, § 22 Abs. 1 AO).

Finanzamt Düsseldorf als **Verwaltungsfinanzamt** für

► die gesonderte und einheitliche Feststellung der gemeinsamen Einkünfte aus VuV der Brüder Nett (§ 18 Abs. 1 Nr. 4 AO i.V. mit § 180 Abs. 1 Nr. 2a AO).

Örtliche Zuständigkeit bei Gesellschaften

Fall 242

Lösung:

1. Für den Kaufmann Hinz ist zuständig:

   Das Finanzamt Münster als Wohnsitzfinanzamt für die Einkommensteuer (§ 19 Abs. 1 AO).

   Das Finanzamt Münster als Betriebsfinanzamt des Lebensmittelgeschäfts

   a) für die Festsetzung des Gewerbesteuermessbetrags (§ 22 Abs. 1 AO),

   b) für die Umsatzsteuer (§ 21 AO).

Das Finanzamt Münster als Betriebsstättenfinanzamt des Lebensmittelgeschäfts

a) für die Abführung der Lohnsteuer (§ 41a EStG),

b) für die Abführung der Kapitalertragsteuer des stillen Gesellschafters Kunz (§ 44 EStG).

2. Für den Kaufmann Kunz ist zuständig:

Das Finanzamt Bielefeld als Wohnsitzfinanzamt für die Einkommensteuer (§ 19 Abs. 1 AO).

Das Finanzamt Dortmund als Lagefinanzamt des Mietwohngrundstücks

a) für die gesonderte und einheitliche Feststellung der Einkünfte aus Vermietung und Verpachtung (§ 18 Abs. 1 Nr. 4, § 180 Abs. 1 Nr. 2a AO), weil die Einkünfte nicht vom Bundesgebiet aus verwaltet werden,

b) für die gesonderte und einheitliche Feststellung des Einheitswerts (§ 18 Abs. 1 Nr. 1, § 180 Abs. 1 Nr. 1 AO),

c) für die Festsetzung des Grundsteuermessbetrags (§ 22 Abs. 1 AO).

3. Für die OHG ist zuständig das Finanzamt Osnabrück

a) als Betriebsfinanzamt

▶ für die gesonderte und einheitliche Feststellung des Gewinns der OHG (§ 18 Abs. 1 Nr. 2 AO, § 180 Abs. 1 Nr. 2a AO),

▶ für die Festsetzung des Gewerbesteuermessbetrags (§ 22 Abs. 1 AO),

▶ für die Umsatzsteuer (§ 21 AO),

b) als Betriebsstättenfinanzamt für die Lohnsteuer (§ 41a EStG).

Fall 243 **Zuständigkeit innerhalb einer Großstadt**

Lösung: Für die steuerlichen Angelegenheiten des Kaufmanns Meier ist ausschließlich das Betriebsfinanzamt Gelsenkirchen-Nord zuständig.

Hinsichtlich der Umsatzsteuer sowie der Festsetzung des Gewerbesteuermessbetrags ergibt sich die Zuständigkeit des Betriebsfinanzamts aus den § 21 und § 22 Abs. 1 AO. Die Zuständigkeit für die ESt geht gem. § 19 Abs. 3 AO vom Wohnsitzfinanzamt auf das Betriebsfinanzamt über.

In Großstadtgemeinden mit mehreren Finanzämtern kommt es häufig vor, dass Steuerpflichtige ihren Wohnsitz in dem Bezirk eines Finanzamts haben, ihre unternehmerische Tätigkeit aber in dem Bezirk eines anderen Finanzamts ausüben. Es wären also mehrere Finanzämter derselben Stadt mit den Steuerangelegenheiten desselben Steuerpflichtigen befasst. Da in diesen Fällen das Wohnsitzfinanzamt nicht gleichzeitig auch Betriebsfinanzamt ist, wäre hier auch der Gewinn aus Land- und Forstwirtschaft, Gewerbebetrieb oder freiberuflicher Tätigkeit gem. § 180 Abs. 1 Nr. 2b AO vom Betriebsfinanzamt gesondert festzustellen und dem Wohnsitzfinanzamt mitzuteilen.

Um dies zu vermeiden, werden sämtliche Steuerangelegenheiten dem Betriebsfinanzamt übertragen (somit entfällt auch die Notwendigkeit einer gesonderten Gewinnfeststellung).

Einspruchsfrist, Tag der Bekanntgabe

Fall 244

Lösung: Nach § 355 AO ist der Einspruch gegen einen Verwaltungsakt innerhalb eines Monats nach dessen Bekanntgabe einzulegen. Ein schriftlicher Verwaltungsakt, der mit einfachem Brief durch die Post übermittelt wird, gilt am dritten Tag nach der Aufgabe zur Post als bekannt gegeben (§ 122 Abs. 2 AO).

Berechnung der Einspruchsfrist:

Tag der Bekanntgabe (Aufgabe zur Post 1. 10. + 3 Tage):	4. 10.
Beginn der Einspruchsfrist:	mit Ablauf des 4. 10.
Ende der Einspruchsfrist:	mit Ablauf des 4. 11.,

weil dieser Tag im Monat November seiner Zahl nach dem Bekanntgabetag entspricht.

Steuerlich ohne Bedeutung ist, dass Herr Treu den Einkommensteuerbescheid bereits am 2. 10. erhalten hat.

Frist für Umsatzsteuer-Voranmeldung

Fall 245

Lösung: Die Umsatzsteuer-Voranmeldung muss spätestens am Dienstag, den 11., abgegeben werden.

Berechnung:

Der Fälligkeitstag nach § 18 Abs. 1 UStG i. V. m. § 46 UStDV (Dauerfristverlängerung) fällt auf Montag, den 10. = gesetzlicher Feiertag. Somit verschiebt sich das Ende der Abgabefrist nach § 108 Abs. 3 AO auf Dienstag, den 11.

Weitere Fristberechnungen

Fall 246

Lösung:

▶ Für den Bescheid 1 endet die Einspruchsfrist am 28. 2., 24 Uhr.
Tag der Bekanntgabe:
Aufgabe zur Post am 27. 1. + 3 Tage = 30. 1.
Beginn der Einspruchsfrist = 31. 1., 0 Uhr
Ende der Einspruchsfrist = 28. 2., 24 Uhr
Nach § 188 Abs. 3 BGB endet die Einspruchsfrist bereits am 28. 2., weil der Monat Februar keinen 30. Tag hat.

▶ Für den Bescheid 2 endet die Einspruchsfrist am 24. 2., 24 Uhr.
Tag der Bekanntgabe:
Aufgabe zur Post am 20. 1. + 3 Tage = 23. 1.
Beginn der Einspruchsfrist = 24. 1., 0 Uhr
Ende der Einspruchsfrist nach § 188 Abs. 2 BGB = 23. 2., 24 Uhr. Da dieser Tag ein Sonntag ist, endet nach § 108 Abs. 3 AO die Frist mit Ablauf des nächstfolgenden Werktages = 24. 2.

▶ Für den Bescheid 3 endet die Einspruchsfrist am 26. 2., 24 Uhr.
Tag der Bekanntgabe:
Aufgabe zur Post am 23. 1. + 3 Tage = 26. 1.
Da dieser Tag ein Sonntag ist, endet die 3-Tages-Frist nach § 108 Abs. 3 AO mit Ablauf des nächstfolgenden Werktages = 27. 1.

Beginn der Rechtsbehelfsfrist = 28. 1., 0 Uhr.
Ende der Rechtsbehelfsfrist = 27. 2., 24 Uhr.

▶ Für den Bescheid 4 endet die Rechtsbehelfsfrist am 4. 4., 24 Uhr.
Der vom Finanzamt am 3. 1. zur Post aufgegebene Bescheid ist nicht wirksam bekannt gegeben, weil das Finanzamt den Zugang des Bescheids nicht nachweisen kann. Die Bekanntgabe erfolgte erst am 4. 3. durch Postzustellungsurkunde.
Beginn der Rechtsbehelfsfrist am 5. 3., 0 Uhr.
Ende der Rechtsbehelfsfrist am 4. 4., 24 Uhr.

▶ Für den Bescheid 5 endet die Einspruchsfrist am 22. 5., 24 Uhr.
Die Drei-Tage-Fiktion nach § 122 Abs. 2 AO gilt nicht, wenn der Bescheid tatsächlich später zugegangen ist. Das Finanzamt hat im Zweifel den Tag des Zugangs nachzuweisen. Kaufmann Treu kann auch glaubhaft vorbringen, dass sich die Zustellung des Bescheids wegen der Osterfeiertage verzögert hat. Denn die Aufgabe des Bescheids erfolgte am Gründonnerstag, dem 17. 4.
Tag der Bekanntgabe = 22. 4.
Beginn der Einspruchsfrist = 23. 4., 0 Uhr.
Ende der Einspruchsfrist = 22. 5., 24 Uhr.

▶ Für den Bescheid 6 endet die Einspruchsfrist am 28. 3., 24 Uhr.
Tag der Bekanntgabe:
Aufgabe zur Post am 25. 2. + 3 Tage = 28. 2.
Beginn der Einspruchsfrist = 1. 3., 0 Uhr.
Ende der Einspruchsfrist = 28. 3., 24 Uhr, weil dieser Tag im Monat März seiner Zahl nach dem Tag der Bekanntgabe (Ereignistag) entspricht. Dass dieser Tag der letzte Tag des Monats Februar ist, bedeutet **nicht**, dass die Monatsfrist am letzten Tag des Folgemonats endet.

Fall 247 Erteilung von Auskünften

Lösung:

1. Der Steuerpflichtige hat nach § 93 AO dem Finanzamt die erforderlichen Auskünfte zur Ermittlung des Sachverhalts zu erteilen. Es steht im Ermessen des Finanzamts, ob die Auskunft schriftlich, mündlich oder fernmündlich erteilt werden soll. Das Finanzamt war also berechtigt, Herrn Willi Langsam zur Auskunftserteilung vorzuladen. Herr Willi Langsam hätte jedoch auch verlangen können, dass das Auskunftsersuchen schriftlich ergeht (§ 93 Abs. 2 und 4 AO).

2. Im Rahmen des Auskunftsersuchens war das Finanzamt auch berechtigt, Fragen nach der Finanzierung der Umbauarbeiten zu stellen, da Herr Willi Langsam Beteiligter ist und er sozusagen Auskunft in eigener Sache erteilt. Ein Auskunftsverweigerungsrecht stünde Herrn Willi Langsam nur im Steuerstrafverfahren (§ 393 AO) zu.

3. Fragen nach dem Getrenntleben seines Bruders Herbert durfte das Finanzamt nicht stellen. Denn nach § 93 Abs. 1 Satz 3 AO sollen andere Personen als die Beteiligten erst dann zur Auskunft angehalten werden, wenn die Sachverhaltsaufklärung beim Beteiligten nicht zum Ziele führt oder keinen Erfolg verspricht. Im Übrigen hätte Herr Willi Langsam als Angehöriger des Beteiligten Herbert Langsam die Auskunft verweigern dürfen (§ 101 AO).

Erklärungspflichten

Lösung: Nach § 150 AO sind Steuererklärungen nach amtlich vorgeschriebenem Vordruck abzugeben, versehen mit der eigenhändigen Unterschrift des Steuerpflichtigen. In Bezug auf die USt-Voranmeldung gilt:

Der Unternehmer hat bis zum 10. Tag nach Ablauf jedes Voranmeldungszeitraums eine Voranmeldung nach amtlich vorgeschriebenem Datensatz durch Datenfernübertragung nach Maßgabe der Steuerdaten-Übermittlungsverordnung zu übermitteln, in der er die Steuer für den Voranmeldungszeitraum (Vorauszahlung) selbst zu berechnen hat, § 18 Abs. 1 Satz 1 UStG. Die Abgabe erfolgte telefonisch, somit nicht formgerecht und deshalb auch nicht fristgerecht.

Verspätete Abgabe der Erklärung

Lösung:

a) Das Finanzamt kann wegen der verspäteten Abgabe der Umsatzsteuer-Voranmeldung einen Verspätungszuschlag festsetzen (§ 152 AO).

b) Der Verspätungszuschlag darf 10 % der festgesetzten Steuer und 25 000 € nicht übersteigen (10 % von 5 200 € = 520 €).

c) Gegen die Festsetzung des Verspätungszuschlags kann Lehmann Einspruch einlegen (§ 347 AO).

Schließlich sind Säumniszuschläge entstanden (§ 240 AO). Bei Hingabe oder Übersendung von Schecks gilt eine Zahlung erst drei Tage nach Eingang als entrichtet (§ 224 Abs. 2 Nr. 1 AO). Da bei Scheckzahlungen keine Zahlungsschonfrist von drei Tagen zu berücksichtigen ist (§ 240 Abs. 3 Satz 2 AO), ist ein Säumniszuschlag i. H. von (5 250 € x 1 % =) 52,50 € entstanden.

Verspätete Abgabe der Erklärung durch den Steuerberater

Lösung:

a) Das Finanzamt kann gegen den Steuerpflichtigen Weinberg einen Verspätungszuschlag festsetzen, weil er der Verpflichtung zur fristgemäßen Abgabe seiner Steuererklärungen nicht nachgekommen ist (§ 152 AO). Herr Weinberg muss sich die Säumnis seines Steuerberaters zuschreiben lassen. Die Versäumnis ist auch nicht entschuldbar, weil Arbeitsüberlastung und Urlaub keine ausreichenden Entschuldigungsgründe sind. Der Steuerberater muss im Falle der Arbeitsüberlastung entweder neue Arbeitskräfte einstellen, neue Mandate ablehnen oder vorhandene Mandate zurückgeben.

b) Wegen der verminderten Leistungsfähigkeit des Steuerberaters durch längere Krankheit ist die Säumnis entschuldbar. Ein Verspätungszuschlag darf nicht festgesetzt werden (FG Niedersachsen v. 24. 1. 1978, EFG 1978 S. 416).

Verspätungszuschlag, Erklärungsfristen

Lösung: Die Umsatzsteuervoranmeldung für den Monat Februar 01 ist rechtzeitig beim Finanzamt eingegangen. Das Finanzamt kann keinen Verspätungszuschlag nach § 152 AO festsetzen.

Die Umsatzsteuervoranmeldung ist binnen zehn Tagen nach Ablauf des Voranmeldungszeitraums abzugeben (§ 18 Abs. 1 UStG), also für den Monat Februar 01 spätestens am 10. 3. 01. Infolge Dauerfristverlängerung nach § 18 Abs. 6 UStG i. V. mit § 46 UStDV ist der späteste Abgabetermin der 10. 4. 01.

Da der 10. 4. 01 Karfreitag war, verschiebt sich das Ende der Abgabefrist auf den nächstfolgenden Werktag, also Dienstag, dem 14. 4. 01. Hans Klein gab seine Voranmeldung also rechtzeitig beim Finanzamt ab.

Allerdings ist ein Säumniszuschlag nach § 240 AO entstanden. Die Zahlung per Verrechnungsscheck gilt erst drei Tage nach Eingang, also am 17. 4. 01 als entrichtet (§ 224 Abs. 2 Nr. 1 AO). Fällig war sie jedoch bereits am 14. 4. 01. Eine Zahlungsschonfrist gibt es bei Scheckzahlungen nicht (§ 240 Abs. 3 Satz 2 AO).

Fall 252 **Nichtabgabe der Steuererklärung**

Lösung: Zur Erfüllung der steuerlichen Pflicht, die Steuererklärungen für 2015 abzugeben, kann das Finanzamt nach § 328 AO Zwangsmittel einsetzen. Üblich ist die Androhung und Festsetzung von Zwangsgeld (§§ 329, 332 AO), welches je nach Einzelfall bis zu 25 000 € betragen kann.

Das Finanzamt kann aber auch die Besteuerungsgrundlagen schätzen (§ 162 AO) und entsprechende Bescheide erlassen. Die Pflicht zur Abgabe der Erklärungen wird dadurch indessen nicht berührt (§ 149 Abs. 1 AO). Die Schätzungsbescheide ergehen ggf. unter dem Vorbehalt der Nachprüfung, damit sie nach späterer Abgabe der Steuererklärung noch berichtigt werden können.

In Verbindung mit den Schätzungsbescheiden kann das Finanzamt Verspätungszuschläge wegen Nichtabgabe der jeweiligen Steuererklärung festsetzen. Der Verspätungszuschlag darf 10 % der festgesetzten Steuer oder des festgesetzten Steuermessbetrags nicht übersteigen und höchstens 25 000 € betragen (§ 152 AO).

Fall 253 **Form des Steuerbescheids**

Lösung: Der fehlende Datumsvermerk berührt für sich gesehen die Wirksamkeit des Bescheides nicht.

Der Einkommensteuerbescheid ist jedoch nicht wirksam bekannt gegeben, weil die Ehegatten Elfriede und Konrad Eismann hinsichtlich der Einkommensteuer für das Kalenderjahr 2015 Gesamtschuldner sind, der Steuerbescheid sich aber nur an den Ehemann (als Steuerschuldner) richtet.

Voraussetzung für die Wirksamkeit eines Steuerbescheids ist unter anderem, dass er demjenigen, für den er bestimmt ist oder der von ihm betroffen wird, bekannt gegeben wird (§ 124 AO). Deshalb ist im Bescheid festzulegen, an wen er sich richtet, wer Steuerschuldner ist.

Ehegatten sind im Falle der ESt-Zusammenveranlagung stets Gesamtschuldner (§ 44 AO). Sie erhalten deshalb einen zusammengefassten Steuerbescheid (§ 155 Abs. 3 AO), der an die gemeinsame Anschrift zu richten ist.

Im Anschriftenfeld hätte stehen müssen:
Herrn Konrad Eismann
Frau Elfriede Eismann
Eschstraße 11
44629 Herne

Schätzungsbescheid

Fall 254

Lösung: Werden Ehegatten zusammen zur Einkommensteuer veranlagt, so reicht es für die wirksame Bekanntgabe an beide Ehegatten aus, wenn ihnen eine Ausfertigung des Steuerbescheids an die gemeinsame Anschrift übermittelt wird (§ 155 Abs. 3 AO).

Diese vereinfachte Bekanntgabe ist auch dann möglich, wenn eine gemeinsam abzugebende Erklärung nicht eingereicht worden ist und die Besteuerungsgrundlagen daraufhin vom Finanzamt geschätzt worden sind.

Gesonderte Feststellung von Besteuerungsgrundlagen

Fall 255

Lösung:

1. Für ein im Bundesgebiet belegenes Einfamilienhaus:
   Gesonderte Feststellung des Einheitswerts nach § 180 Abs. 1 Nr. 1 AO i. V. m. § 19 Abs. 1 Nr. 1 BewG (für die Grundsteuer) bzw. des „Bedarfswerts" nach § 138 BewG (für die Erbschaft- und Schenkungsteuer).

2. Umsatz einer Fabrik, die zwei Brüdern gehört:
   Keine gesonderte Feststellung, weil die Fabrik – als Gesellschaft – Unternehmer i. S. des § 2 UStG und damit ein selbständiges Steuersubjekt ist.

3. Gewinn einer Rechtsanwaltssozietät:
   Gesonderte und einheitliche Feststellung nach § 180 Abs. 1 Nr. 2a AO.

4. Gewinn einer GmbH:
   Keine gesonderte Feststellung, weil die GmbH ein selbständiges körperschaftsteuerpflichtiges Steuersubjekt darstellt.

5. Gewinn eines Betriebs der Land- und Forstwirtschaft, der den Geschwistern A und B gehört:
   Gesonderte und einheitliche Feststellung nach § 180 Abs. 1 Nr. 2a AO.

6. Gewinn eines Handwerkers, der im Bezirk des Finanzamtes A wohnt und seinen Handwerksbetrieb in einer benachbarten Stadt im Bezirk des Finanzamtes B betreibt:
   Gesonderte Feststellung nach § 180 Abs. 1 Nr. 2b AO.

Festsetzungsverjährung (1)

Fall 256

Lösung: Nach § 18 Abs. 4 UStG ist der Unternehmer zur Abgabe einer Umsatzsteuerjahreserklärung für 2012 verpflichtet. Die Festsetzungsverjährung beginnt deshalb nach § 170 Abs. 2 AO mit Ablauf des Kalenderjahres, in dem die Erklärung eingereicht worden ist, spätestens jedoch mit Ablauf des dritten Kalenderjahres nach Entstehung der Steuer. Sie endet vier Jahre nach Beginn (§ 169 Abs. 2 AO).

	A	B	C
Beginn der Frist: mit Ablauf des	31. 12. 2013	31. 12. 2014	31. 12. 2015
Dauer der Frist:	4 Jahre	4 Jahre	4 Jahre
Ende der Frist: mit Ablauf des	31. 12. 2017	31. 12. 2018	31. 12. 2019

Fall 257 Festsetzungsverjährung (2)

Lösung: Nach Ablauf der Festsetzungsfrist ist eine Berichtigung nicht mehr zulässig (§ 169 Abs. 1 AO). Die Festsetzungsfrist beträgt für die Einkommensteuer vier Jahre (§ 169 Abs. 2 AO). Die Festsetzungsfrist beginnt hier nach § 170 Abs. 2 AO mit Ablauf des Kalenderjahres, in dem die Steuererklärung eingereicht wird.

Im Kalenderjahr 2016 kann das Finanzamt äußerstenfalls noch die Einkommensteuerbescheide ab dem Veranlagungszeitraum 2011 einschließlich berichtigen. Die Vierjahresfrist für den Veranlagungszeitraum 2011 beginnt mit Ablauf des Kalenderjahres 2012, weil in diesem Kalenderjahr die Erklärung 2011 abgegeben wurde, und endet grundsätzlich mit Ablauf des Kalenderjahres 2016. Wird noch im Jahre 2016 mit der Außenprüfung tatsächlich begonnen, ist der Ablauf der Festsetzungsfrist solange gehemmt, bis die aufgrund der Außenprüfung ergehenden Steuerbescheide unanfechtbar geworden sind (§ 171 Abs. 4 AO).

Die Einkommensteuerbescheide **vor** 2011 können nicht mehr berichtigt werden, weil für diese Bescheide zu Beginn des Kalenderjahres 2016 bereits Festsetzungsverjährung eingetreten war.

Fall 258 Ablaufhemmung bei der Festsetzungsverjährung

Lösung: Die vierjährige Festsetzungsfrist (§ 169 Abs. 2 AO) beginnt wegen der Anlaufhemmung des § 170 Abs. 2 AO mit Ablauf des Kalenderjahres 2011, weil in diesem Jahr die Erklärung für das Kalenderjahr 2010 eingereicht worden ist. Die Festsetzungsfrist endet regulär am 31. 12. 2015.

Die vor Ende der Festsetzungsfrist begonnene Betriebsprüfung hemmt zwar grundsätzlich den Fristablauf bis zur Unanfechtbarkeit der aufgrund der Außenprüfung zu erlassenden Steuerbescheide (§ 171 Abs. 4 AO). Die Ablaufhemmung kann sich jedoch hier nicht auswirken, weil der Umsatzsteuerbescheid noch vor Ablauf der regulären Festsetzungsfrist (31. 12. 2015) am 23. 9. 2015 unanfechtbar geworden ist. Hier wird indessen das Ende der Festsetzungsfrist nach § 171 Abs. 2 AO hinausgeschoben. In dem Umsatzsteuerbescheid vom 19. 8. 2015 war eine offenbare Unrichtigkeit (Rechenfehler) enthalten. Die Festsetzungsfrist endet **insoweit** daher nicht vor Ablauf eines Jahres nach Bekanntgabe dieses Bescheides. Nach § 122 Abs. 2 AO gilt der Umsatzsteuerbescheid vom 19. 8. 2015 mit dem dritten Tag nach Aufgabe zur Post als bekannt gegeben, also am 22. 8. 2015. Die Jahresfrist nach § 171 Abs. 2 AO endet somit am 22. 8. 2016 (24 Uhr). Der Berichtigungsbescheid nach § 129 AO ging noch fristgerecht, nämlich am letzten Tag der Festsetzungsfrist, zur Post. Nach § 169 Abs. 1 Satz 3 AO reicht es zur Wahrung der Frist aus, wenn der Bescheid vor Ablauf der Festsetzungsfrist den Bereich der Finanzbehörde verlassen hat. Seine Bekanntgabe kann auch nach Ablauf der Frist liegen.

Fall 259 Einspruchsfrist, Festsetzungsverjährung, Zahlungsverjährung

Lösung:

a) Einspruch

Tag der Bekanntgabe	31. 1.
Beginn der Einspruchsfrist	mit Ablauf des 31. 1. bzw. am 31. 1., 24 Uhr
alternativ	1. 2., 0 Uhr
Ende der Einspruchsfrist	mit Ablauf des 28. 2. bzw. am 28. 2., 24 Uhr

Der Einspruch ist nicht fristgerecht eingelegt.

b) Die **Festsetzungs- und die Zahlungsverjährung** bewirken gleichermaßen, dass der Anspruch aus dem Steuerschuldverhältnis erlischt (§ 47 AO).

Nach Eintritt der Festsetzungsverjährung sind eine Steuerfestsetzung, eine Aufhebung oder eine Berichtigung unzulässig (§ 169 Abs. 1 AO). Nach Eintritt der Zahlungsverjährung darf der Anspruch nicht mehr verwirklicht werden (§ 228 AO).

c) Festsetzungsverjährung

Der Beginn der Festsetzungsverjährung bestimmt sich vorliegend nach § 170 Abs. 2 Nr. 1 AO.

Berechnung der Festsetzungsverjährung:

Entstehung der Steuer	Ablauf des Jahres 04
Beginn der Festsetzungsverjährung	31. 12. 07, 24 Uhr
alternativ	1. 1. 08, 0 Uhr
Dauer	4 Jahre
Ende der Festsetzungsverjährung	31. 12. 11, 24 Uhr

d) Zahlungsverjährung

Beginn der Zahlungsverjährung	31. 12. 08, 24 Uhr
alternativ	1. 1. 09, 0 Uhr
Dauer	5 Jahre
Ende der Zahlungsverjährung	31. 12. 13, 24 Uhr

Änderung von Steuerbescheiden   `Fall 260`

Lösung: Der Einspruch gegen den endgültigen Einkommensteuerbescheid 2013 ist unzulässig, weil die Einspruchsfrist von einem Monat bereits abgelaufen ist (§ 355 AO). Der Bescheid ist somit bestandskräftig.

Nach § 129 AO kann das Finanzamt indessen Rechenfehler, Schreibfehler und ähnliche offenbare Unrichtigkeiten, die **ihm** bei der Steuerfestsetzung unterlaufen sind, jederzeit berichtigen, also auch nach Eintritt der Bestandskraft des Bescheids. § 129 AO gilt aber nicht für Versehen des Steuerpflichtigen selbst, es sei denn, das offenbare Versehen ist in der Steuererklärung erkennbar und wird vom Finanzamt als eigenes Versehen in den Bescheid übernommen.

Weil der Zahlendreher in der Erklärung (für das Finanzamt) nicht erkennbar war, scheidet eine Änderung nach § 129 AO aus.

Änderung von Steuerbescheiden   `Fall 261`

Lösung: Nach § 129 AO können Schreibfehler, Rechenfehler und ähnliche offenbare Unrichtigkeiten, die dem Finanzamt unterlaufen sind, jederzeit (innerhalb der Festsetzungsfrist) berichtigt werden, auch nach Bestandskraft des Bescheids. Es darf sich indessen nicht um Fehler in der Willensbildung oder in der Rechtsanwendung des Finanzamtes handeln.

Im vorliegenden Fall ist dem Finanzamt eine offenbare Unrichtigkeit unterlaufen, indem es nur zwei anstelle von drei Kindern berücksichtigt hat. Bei der Zusammenveranlagung waren aber eindeutig drei Kinder zu berücksichtigen.

Gleichwohl kann der Steuerbescheid nicht geändert werden, weil die Festsetzungsfrist im Jahr 2016 bereits abgelaufen ist (§§ 169, 170 AO). Dies gilt auch für die Berichtigung offenbarer Unrichtigkeit nach § 129 AO (§ 169 Abs. 1 Satz 2 AO).

Die Festsetzungsfrist beträgt vier Jahre. Sie begann mit Ablauf des Jahres 2011 (Steuererklärung in 2011 eingereicht) und endete mit Ablauf des Jahres 2015. Die Festsetzungsfrist für den fehlerhaften Bescheid war somit am 13. 11. 2016 bereits abgelaufen.

Die Ablaufhemmung nach § 171 Abs. 2 AO greift hier nicht. Danach endet die Festsetzungsfrist nicht vor Ablauf eines Jahres nach Bekanntgabe des fehlerhaften Bescheids. Der Einkommensteuerbescheid 2010 wurde jedoch bereits im Jahre 2011 bekannt gegeben.

Fall 262 Änderung von Steuerbescheiden

Lösung: Das Finanzamt kann die Steuern unter dem Vorbehalt der Nachprüfung festsetzen, wenn es den Steuerfall noch nicht abschließend geprüft hat (§ 164 Abs. 1 AO). Diese Regelung dient der Beschleunigung des Veranlagungsverfahrens und ermöglicht der Finanzbehörde, Steuern zunächst „unter Vorbehalt" festzusetzen und diese Steuerfestsetzungen zu einem späteren Zeitpunkt (innerhalb der vierjährigen Festsetzungsfrist, ggf. im Rahmen einer Außenprüfung) noch einmal in vollem Umfang zu überprüfen.

Der Mandant Hasenfuß muss so lange mit einer Überprüfung der Einkommensteuerfestsetzung 2014 rechnen, als der Vorbehalt der Nachprüfung wirksam ist.

Der Vorbehalt der Nachprüfung entfällt mit Ablauf der vierjährigen Festsetzungsfrist, sofern er nicht zuvor ausdrücklich aufgehoben worden ist (§ 164 Abs. 3 und 4 AO).

Berechnung der Festsetzungsfrist:

Beginn: mit Ablauf des Jahres 2015 (§ 170 Abs. 2 AO)
                        (Einkommensteuererklärung 2014 in 2015 eingereicht)

Dauer: vier Jahre (§ 169 AO)

Ende: mit Ablauf des Jahres 2019

Der Mandant Hasenfuß muss demnach bis zum Ablauf des Jahres 2019 mit einer Nachprüfung der Einkommensteuerfestsetzung 2014 rechnen.

Fall 263 Änderung von Steuerbescheiden

Lösung: Wird die Vereinbarkeit eines Steuergesetzes mit höherrangigem Recht (Grundgesetz) im Rahmen eines Verfahrens vor dem Bundesverfassungsgericht überprüft, so kann die Steuer *insoweit vorläufig* festgesetzt werden (§ 165 Abs. 1 Nr. 3 AO).

Die Vorläufigkeit der Einkommensteuerfestsetzung 2015 der Eheleute Beimer erstreckt sich auf den im Bescheid genannten Punkt:

▶ beschränkte Abzugsfähigkeit von Vorsorgeaufwendungen.

Hinsichtlich anderer Besteuerungsgrundlagen, wie hier der zusätzlichen Werbungskosten des Hans Beimer, kann eine Berichtigung des Steuerbescheids nach § 165 Abs. 2 AO nicht erfolgen.

Auch nach anderen Berichtigungsvorschriften ist eine Änderung des Einkommensteuerbescheids 2015 nicht möglich, da es sich bei der Nichtberücksichtigung der Werbungskosten um einen Rechtsfehler handelt (keine ähnliche offenbare Unrichtigkeit i. S. des § 129 AO), der Bescheid nicht unter dem Vorbehalt der Nachprüfung steht (§ 164 AO) und außerdem im August des Jahres 2016 die Einspruchsfrist bereits abgelaufen ist (Ende der Einspruchsfrist mit Ablauf des 4. 5. 2016; weder Änderungsantrag nach § 172 Abs. 1 Nr. 2a AO noch Einspruch nach § 347 ff. AO möglich).

Änderung von Steuerbescheiden

Fall 264

Lösung: Der Einkommensteuerbescheid 2015 für den Mandanten Gröne ist zwar endgültig (kein Vorbehalt der Nachprüfung/keine Vorläufigkeit insoweit), aber noch nicht bestandskräftig, weil die Einspruchsfrist noch nicht abgelaufen ist. Somit kann durch Stellung eines Änderungsantrags nach § 172 Abs. 1 Nr. 2a AO die steuerliche Berücksichtigung der Spendenbeträge im Wege einer Berichtigung der Steuerfestsetzung erreicht werden.

Möglich wäre auch, innerhalb der Monatsfrist Einspruch gegen den Steuerbescheid zu erheben. Dieser Weg ist insbesondere dann anzuraten, wenn sich aufgrund des fehlerhaften Einkommensteuerbescheids 2015 eine Zahlungspflicht des Mandanten Gröne ergeben hat. Im Rahmen des Einspruchsverfahrens wäre dann eine (ggf. teilweise) Aussetzung der Vollziehung der Abschlusszahlung möglich. Dieses Rechtsbehelfsverfahren wird das Finanzamt dadurch abschließen, dass es den Spendenabzug im Rahmen eines Abhilfebescheids (Änderung der Steuerfestsetzung nach § 172 Abs. 1 Nr. 2a AO) gewährt (§ 367 Abs. 2 Satz 3 AO).

Änderung von Steuerbescheiden

Fall 265

Lösung: Der Mandant Klein muss nach § 153 AO die Einkommensteuererklärung 2015 berichtigen. Das Finanzamt ändert sodann den Einkommensteuerfestsetzung nach § 172 Abs. 1 Nr. 2a AO. Da es sich um eine Änderung zum Nachteil des Steuerpflichtigen handelt, ist sie auch nach Eintritt der Bestandskraft noch möglich.

Das Finanzamt hat auch ohne Zustimmung des Steuerpflichtigen nach § 173 Abs. 1 Nr. 1 AO den Steuerbescheid zu berichtigen, da ihm nachträglich (nach Erlass des Steuerbescheids) Vermietungseinkünfte als neue Tatsache bekannt werden, die zu einer höheren Steuer führen.

Eine Änderung ist erst dann nicht mehr möglich, wenn die Festsetzungsfrist abgelaufen ist (§ 169 AO).

Änderung von Steuerbescheiden

Fall 266

Lösung: Steuerbescheide sind aufzuheben oder zu ändern, soweit Tatsachen nachträglich (nach Erlass des Steuerbescheids) bekannt werden, die zu einer höheren Steuer führen (§ 173 Abs. 1 Nr. 1 AO). Als Tatsache gilt jeder steuerlich erhebliche Sachverhalt (z. B. zusätzliche Betriebseinnahmen, geringere Betriebsausgaben/Werbungskosten, Voraussetzungen einer Steuervergünstigung/Ehegattenveranlagung liegen nicht vor ...).

Eine solche Tatsache ist der durch Kontrollmitteilung dem Finanzamt bekannt gewordene Mehrerlös von 30 000 €. Die neue Tatsache wird dem Finanzamt nach Erlass des Steuerbescheids 2015 bekannt und führt als Einnahme aus freiberuflicher Tätigkeit gem. § 18 Abs. 1 Nr. 1 EStG zu einer höheren Steuer.

Das Finanzamt wird daher den Einkommensteuerbescheid 2015 des Herrn Gutermut nach § 173 Abs. 1 Nr. 1 AO ändern und die entsprechende Einkommensteuer nachfordern.

Fall 267 **Änderung von Steuerbescheiden**

Lösung: Eine Berichtigung der Einkommensteuererklärung 2015 durch Nachmeldung der Reparaturkosten am Mietwohnhaus i. H. von 3 820 € kann nicht zur Änderung des Einkommensteuerbescheids 2015 führen, weil dieser endgültig und bereits unanfechtbar ist.

Nach Ablauf der Einspruchsfrist ist zwar nach § 173 Abs. 1 Nr. 2 AO bei nachträglichem Bekanntwerden von neuen Tatsachen eine Berichtigung zugunsten des Steuerpflichtigen möglich, aber nur, wenn den Steuerpflichtigen kein grobes Verschulden daran trifft, dass die Tatsache erst nachträglich bekannt geworden ist. Dies ist aber hier der Fall.

Hat der Steuerpflichtige das nachträgliche Bekanntwerden der Tatsache grob verschuldet, so ist eine Änderung des Steuerbescheids zu seinen Gunsten ausgeschlossen. Dadurch soll der Steuerpflichtige von vornherein dazu angehalten werden, seine Erklärungspflichten mit der gebotenen Sorgfalt zu erfüllen (BFH-Urteil v. 19. 8. 1983, BStBl 1984 II S. 48).

Grobes Verschulden sind Vorsatz oder grobe Fahrlässigkeit. Vorsätzlich handelt ein Steuerpflichtiger, wenn er seine Erklärungspflichten gekannt und ihre Verletzung gewollt hat. Grob fahrlässig handelt ein Steuerpflichtiger, wenn er die Sorgfalt, zu der er nach seinen persönlichen Kenntnissen und Fähigkeiten verpflichtet und imstande ist, in ungewöhnlichem Maße verletzt.

Im vorliegenden Fall hat die Mandantin Josefine Reich grob fahrlässig ihre Erklärungspflichten verletzt, indem sie eine Ausgabe i. H. von 3 820 € nicht als Werbungskosten angegeben hat.

Aus diesem Grunde kommt eine Änderung des Steuerbescheids nach § 173 Abs. 1 Nr. 2 AO nicht in Betracht.

Fall 268 **Änderung von Steuerbescheiden**

Lösung: Erzielen mehrere Personen gemeinsam einkommensteuerpflichtige Einkünfte (hier: gemeinsame Einkünfte aus Gewerbebetrieb aus der C & A KG), so werden diese Einkünfte vom zuständigen Betriebs-FA (§ 18 Abs. 1 Nr. 2 AO) einheitlich und gesondert festgestellt (§ 179, § 180 Abs. 1 Nr. 2a AO). Die jeweiligen Anteile der beteiligten Personen an den gemeinsamen Einkünften werden sodann den jeweils zuständigen Wohnsitzfinanzämtern (§ 19 AO) mitgeteilt und von diesen im Rahmen der Einkommensteuerfestsetzungen zugrunde gelegt. Eine Abweichung von den festgestellten Einkünften ist den Wohnsitzfinanzämtern nicht möglich, denn die Feststellung der Einkünfte (Grundlagenbescheid) ist für die jeweiligen Einkommensteuerfestsetzungen (Folgebescheide) bindend (§ 182 Abs. 1 AO).

Dennoch können die Steuerbescheide auch bereits vor Erlass des Feststellungsbescheids ergehen (§ 155 Abs. 2 AO). Weichen die später festgestellten Gewinnanteile von den zuvor im Rahmen der Steuerfestsetzung berücksichtigten Beträgen ab, so ist der Steuerbescheid dem Feststellungsbescheid aufgrund dessen Bindungswirkung anzupassen. Dies geschieht nach der Berichtigungsvorschrift des § 175 Abs. 1 Nr. 1 AO.

Das Wohnsitz-FA des Mandanten Carlo hat bereits vor Erlass eines Feststellungsbescheids anteilige Einkünfte aus der C & A KG für 2013 i. H. von 15 000 € im Rahmen der Einkommensteuerfestsetzung 2013 berücksichtigt. Nach Ergehen des Feststellungsbescheids vom 1. 7. 2016 ist dieser Einkommensteuerbescheid gem. § 175 Abs. 1 Nr. 1 AO unter Berücksichtigung des erhöhten Gewinnanteils von 20 000 € zu ändern.

Hinweis: Die Ablaufhemmung des § 171 Abs. 10 AO [Ende der Festsetzungsfrist (Folgebescheid) nicht vor Ablauf von zwei Jahren nach Bekanntgabe des Grundlagenbescheids] findet hier keine Anwendung, da die reguläre Festsetzungsfrist für die Einkommensteuerfestsetzung 2013 des Mandanten Carlo frühestens mit Ablauf des Jahres 2018 endet.

Änderung von Steuerbescheiden

Fall 269

Lösung Sachverhalt a:

a) 1. Innerhalb der Einspruchsfrist (§ 355 AO) kann der Steuerberater Einspruch einlegen oder einen Änderungsantrag nach § 172 Abs. 1 Nr. 2a AO stellen. Das Finanzamt wird in beiden Fällen den Steuerbescheid nach § 172 Abs. 1 Nr. 2a AO berichtigen.

   2. Da die Einspruchsfrist bereits abgelaufen ist, wäre ein Einspruch gegen den Einkommensteuerbescheid 2015 unzulässig.

   Eine Berichtigung nach § 129 AO kommt mangels Rechenfehler, Schreibfehler oder ähnlicher offenbarer Unrichtigkeiten nicht in Betracht. Da eine Änderung zugunsten des Mandanten angestrebt wird, ist nach Ablauf der Einspruchsfrist auch eine Berichtigung nach § 172 Abs. 1 Nr. 2a AO nicht mehr möglich. Eine Änderung nach § 173 AO scheitert bereits daran, dass dem Finanzamt eine Tatsache nicht nachträglich (nach Erlass des Steuerbescheids) bekannt wird.

b) Solange der Vorbehalt der Nachprüfung wirksam ist (nicht ausdrücklich aufgehoben, noch nicht mit Ablauf der vierjährigen Festsetzungsfrist entfallen; § 164 Abs. 3 und 4 AO), kann der Steuerberater jederzeit einen Antrag auf Änderung des Steuerbescheids nach § 164 Abs. 2 AO stellen.

Lösung Sachverhalt b:

Steuerberater Fuchs kann jederzeit die Änderung des ESt-Vorauszahlungsbescheides 2016 nach § 164 Abs. 2 AO beantragen, da Vorauszahlungsbescheide stets (kraft Gesetzes) unter dem Vorbehalt der Nachprüfung stehen (§ 164 Abs. 1 Satz 2 AO).

Fehler des Finanzamtes bei der Rechtsanwendung

Fall 270

Lösung: Ist ein Steuerbescheid falsch, weil das Finanzamt bei der Rechtsanwendung einen Fehler begangen hat, so ist eine Änderung des Bescheids ausgeschlossen, wenn der Bescheid bereits unanfechtbar ist.

Eine Änderung nach § 129 AO setzt einen Schreibfehler, einen Rechenfehler oder eine ähnliche offenbare Unrichtigkeit voraus. Fehler dieser Art sind mechanischer Natur. Um einen solchen Fehler handelt es sich hier nicht, weil der Bearbeiter im Finanzamt die Rechtslage verkannt hat.

Eine Änderung nach § 172 Abs. 1 Nr. 2a AO zugunsten des Steuerpflichtigen setzt voraus, dass der Steuerpflichtige vor Ablauf der Einspruchsfrist die Änderung beantragt. Eine Änderung nach dieser Vorschrift kommt nicht in Betracht, weil der Bescheid bereits unanfechtbar ist.

Eine Änderung nach § 173 AO setzt eine neue Tatsache voraus. Eine neue Tatsache liegt hier indessen nicht vor, weil dem Finanzamt der Sachverhalt durch die Steuererklärung bekannt war. Herr Herzig kann die AfA für die Arbeitsmittel, soweit sie im Kalenderjahr 2015 noch nicht verbraucht ist, in den Folgejahren als Werbungskosten geltend machen.

Fall 271 **Entstehung und Fälligkeit von Steueransprüchen**

Lösung:

Steuerart	Entstehung	Fälligkeit
Einkommensteuer-Abschlusszahlung	Mit Ablauf des Kj. (= Veranlagungszeitraum) (§ 36 Abs. 1 EStG)	Abschlusszahlung: 1 Monat nach Bekanntgabe des Bescheids (§ 36 Abs. 4 EStG)
Lohnsteuer	mit Zufluss des Arbeitslohns (§ 38 Abs. 2 EStG)	am 10. Tag nach Ablauf des Lohnsteueranmeldungszeitraums (§ 41a Abs. 1 EStG)
Umsatzsteuer-Vorauszahlung (Sollversteuerung)	mit Ablauf des Voranmeldungszeitraums, in dem die Leistung ausgeführt worden ist (§ 13 Abs. 1 UStG)	bis zum 10. Tag nach Ablauf des Voranmeldungszeitraums (§ 18 Abs. 1 UStG)

Anmerkung zur Fälligkeit:

Die Zahlungsschonfrist nach § 240 Abs. 3 AO hat keinen Einfluss auf die nach Einzelsteuergesetzen zu bestimmenden Fälligkeiten. Allerdings werden bei einer Entrichtung der Steuer bis zu drei Tagen nach Ablauf des Fälligkeitstages die entstehenden Säumniszuschläge nicht erhoben. Dies gilt jedoch nicht bei Zahlung durch Scheck.

Fall 272 **Fälligkeit der Umsatzsteuer-Abschlusszahlung**

Lösung: Nach § 18 Abs. 4 UStG ist die selbsterrechnete Umsatzsteuer-Abschlusszahlung einen Monat nach dem Eingang der Steueranmeldung beim Finanzamt fällig. Die Monatsfrist für die am 31. 10. 02 beim Finanzamt eingegangene Steueranmeldung beginnt mit Ablauf des 31. 10. 02 und endet mit Ablauf des letzten Tages im nächsten Monat, welcher durch seine Zahl dem Tage entspricht, in welchen das Ereignis (Eingang der Steueranmeldung) fällt (§ 188 Abs. 2 BGB). Die Monatsfrist endet damit am 30. 11. 02 (= Sonntag, damit am 1. 12. 02).

Fall 273 **Nachzahlungszinsen bei der Einkommensteuer**

Lösung: Zwar ist die Einkommensteuererklärung für das Jahr 2014 erst nach Ablauf der in § 149 Abs. 2 AO vorgesehenen Abgabefrist (31. 5. des Folgejahres) eingereicht worden. Die Festsetzung eines Verspätungszuschlags nach § 152 AO kommt indessen nicht in Betracht, weil die durch das Finanzamt nach § 109 AO verlängerte Abgabefrist eingehalten worden ist.

Hiervon unabhängig ist zu prüfen, ob das Finanzamt Nachzahlungszinsen nach § 233a AO festzusetzen hat. Nach dieser Vorschrift werden Steuernachforderungen oder Steuererstattungen bei der Einkommen-, Körperschaft-, Umsatz- oder Gewerbesteuer grundsätzlich verzinst. Die Verzinsung von Kirchensteuern u. a. ist dagegen nach dieser Vorschrift nicht vorgesehen.

Der Zinslauf beginnt 15 Monate nach Ablauf des Kalenderjahres, in dem die Steuer entstanden ist. Diese sog. Karenzzeit beträgt 21 Monate, wenn die Einkünfte aus § 13 EStG bei der erstmaligen Festsetzung der Einkommensteuer die übrigen Einkünfte überwiegen, was hier nicht der Fall ist. Da die Einkommensteuer für das Jahr 2014 spätestens am 31. 12. 2014 entstanden ist (§ 36 Abs. 1, § 37 Abs. 1 EStG), beginnt der Zinslauf hier mit Ablauf des 31. 3. 2016. Der Zinslauf endet mit Bekanntgabe des Steuerbescheids am 24. 5. 2016 (§ 233a Abs. 2 AO).

Die Zinsen betragen für jeden vollen Monat 0,5 % (1. 4. 2016 bis 30. 4. 2016). Die Zeit vom 1. 5. bis 24. 5. des Jahres 2016 bleibt als angefangener Monat außer Betracht (§ 238 Abs. 1 AO).

Der für die Zinsberechnung maßgebende Betrag ergibt sich nach § 233a Abs. 3 AO wie folgt:

	festgesetzte Einkommensteuer	24 860 €
./.	anzurechnende Steuerabzugsbeträge (LSt, KapESt)	1 200 €
=	verbleibende Einkommensteuer	23 660 €
./.	festgesetzte Vorauszahlungen	18 000 €
=	Unterschiedsbetrag/Abschlusssoll	5 660 €

Der zu verzinsende Betrag ist nach § 238 Abs. 2 AO auf den nächsten durch 50 € teilbaren Betrag abzurunden. Als Nachzahlungszinsen werden somit 0,5 % von 5 650 € = 28 € festgesetzt (Abrundung festzusetzender Zinsen nach § 239 Abs. 2 AO).

Obgleich die Festsetzung der Zinsen nach § 233a Abs. 4 AO regelmäßig mit der Festsetzung der Steuer verbunden ist, handelt es sich um einen selbständigen Verwaltungsakt, gegen den nach § 347 AO der Einspruch gegeben ist.

Hinweis: Der Solidaritätszuschlag unterliegt nicht der Verzinsung nach § 233a AO.

Erstattungszinsen

Fall 274

Lösung: Peter Paul hat Anspruch auf Erstattungszinsen (§ 233a AO). Sie betragen:

Festgesetzte Steuer	26 635 €
./. Kapitalertragsteuer	1 150 €
./. Vorauszahlungen	35 670 €
Unterschiedsbetrag (Erstattung)	10 185 €
abgerundet	10 150 €
Beginn des Zinslaufs	1. 4. 2014
Ende des Zinslaufs	21. 3. 2016
Zinsmonate	23
Zinsen (10 150 € × 23 × 0,5 %) =	1 168 €
§ 239 Abs. 2 AO	

Fall 275 **Stundung einer Einkommensteuer-Abschlusszahlung**

Lösung:

Stundungsantrag nach § 222 AO

Für die am 19. 2. 2016 fällige Einkommensteuer-Abschlusszahlung 2014 i. H. von 10 000 € wird beantragt, einen Teilbetrag i. H. von 8 000 € bis zur Verrechnung mit der zu erwartenden Erstattung von Einkommensteuer 2015 aus sachlichen Gründen zinslos zu stunden. Zugleich wird die Einkommensteuer-Erklärung für das Kalenderjahr 2015, aus der sich der Erstattungsanspruch zweifelsfrei ergibt, dem Finanzamt eingereicht.

Begründung: Eine erhebliche Härte i. S. des § 222 AO kann sich aus sachlichen Gründen oder aus persönlichen (wirtschaftlichen) Gründen ergeben.

Eine Stundung aus sachlichen Gründen kommt in Betracht, wenn dem Steuerpflichtigen die Zahlung der Steuer objektiv unzumutbar ist. Das ist u. a. dann der Fall, wenn abzusehen ist, dass ihm alsbald mit an Sicherheit grenzender Wahrscheinlichkeit ein Gegenanspruch zu erstatten sein wird (BFH-Urteil v. 6. 10. 1982, BStBl 1983 II S. 397). Der Gegenanspruch besteht hier auf Erstattung von Einkommensteuer 2015 und ist durch Abgabe der Einkommensteuer-Erklärung 2015 hinreichend belegt. In einem solchen Fall ist auch die Erhebung von Stundungszinsen unbillig.

Fall 276 **Stundungszinsen**

Lösung: Kaufmann Grau muss nicht mit Stundungszinsen rechnen, weil die Dauer der Stundung weniger als einen Monat beträgt.

Stundungszinsen werden nach § 234 AO für die Dauer der gewährten Stundung erhoben. Dabei sind nur volle Monate anzusetzen. Im vorliegenden Fall ist der Fälligkeitstag 26. 3. 16 ein Samstag und der folgende Montag ein Feiertag (Ostermontag). Nach § 108 Abs. 3 AO wird die Zahlungsfrist auf Dienstag, den 29. 3. 16, verschoben. Die Stundung beginnt an dem ersten Tag, für den die Stundung wirksam wird. Das ist Mittwoch, der 30. 3. 16 (Fristbeginn nach § 187 BGB). Die Stundung endet mit Ablauf des letzten Tages, für den die Stundung ausgesprochen ist. Das ist der 26. 4. 16. Die Monatsfrist endet indessen erst mit Ablauf des 29. 4. 16 (Fristende nach § 188 BGB).

Fall 277 **Stundungszinsen bei Teilzahlungen**

Lösung: Kaufmann Fleißig muss aufgrund der vom Finanzamt gewährten Stundung mit Stundungszinsen rechnen (§ 234 AO). Die Stundungszinsen betragen für jeden vollen Monat einhalb vom Hundert des gestundeten Betrags (§ 238 AO). Die Kirchensteuer unterliegt nicht der Verzinsung (vgl. Regelungen der einzelnen Kirchensteuergesetze, z. B. § 8 Abs. 2 KirchensteuerG NRW).

Berechnung

Gestundeter Anspruch	Zeitraum	Betrag	%-Satz	Zinsen	
ESt 2015	13. 9. – 1. 10. 2016	6 500 €	0,0	0,00 €	
	13. 9. – 31. 10. 2016	5 000 €	0,5	25,00 €	
	13. 9. – 30. 11. 2016	5 000 €	1,0	50,00 €	75 €

SolZ 2015	13.9. – 1.10.2016	350 €	0,0	0,00 €	
	13.9. – 31.10.2016	250 €	0,5	0,25 €	
	13.9. – 30.11.2016	250 €	1,0	2,50 €	0 €
insgesamt					**75 €**

Aufgrund der Kleinbetragsregelung des § 239 Abs. 2 Satz 2 AO entfällt eine Verzinsung des Solidaritätszuschlags zur Einkommensteuer 2015.

Stundung von steuerlichen Nebenleistungen

Fall 278

Lösung:

Die Stundungszinsen betragen:

Gestundete Umsatzsteuer
vom 12.5.2016 bis 11.8.2016 1,5 % von 600 € = 9 €. Der Betrag liegt jedoch unter 10 € (§ 239 Abs. 2 AO) und wird daher nicht festgesetzt = 0 €

Gestundete Einkommensteuer
vom 12.5.2016 bis zum 11.8.2016 1,5 % von 21 600 € = 324 €
Gestundeter Verspätungszuschlag = 0 €

Der Anspruch auf Verspätungszuschlag wird nach § 233 AO nicht verzinst, weil es sich um eine steuerliche Nebenleistung handelt.

Hinsichtlich der Einkommensteuer 2014 sind ab Fälligkeit bis zur Stundung Säumniszuschläge gem. § 240 AO entstanden (21 600 € × ein angefangener Monat × 1 % → 216 €). Dies gilt nicht für die Umsatzsteuer April 2016, aufgrund der Zahlungsschonfrist (§ 240 Abs. 3 AO) bis zum 13.5.2016.

Verspätete Zahlung von Umsatzsteuer

Fall 279

Lösung: Die Umsatzsteuer-Vorauszahlung für den Monat August 2016 ist am 10.9.2016 fällig (§ 18 Abs. 1 UStG). Wird die Steuer nicht bis zum Ablauf des Fälligkeitstages entrichtet, entstehen für jeden angefangenen Monat Säumniszuschläge i. H. von eins vom Hundert des nächsten durch 50 € teilbaren nach unten abgerundeten Steuerbetrags (§ 240 Abs. 1 AO). Bei Zahlung innerhalb einer Schonfrist von drei Tagen werden die entstandenen Säumniszuschläge jedoch nicht erhoben (§ 240 Abs. 3 AO).

Bei Zahlung nach Ablauf der Schonfrist sind die Säumniszuschläge zu erheben und vom Ablauf des Fälligkeitstages an zu berechnen.

Zahlung am		**Berechnungszeitraum**
a) 14.9.2016 keine Erhebung der Säumniszuschläge, da innerhalb der Schonfrist (Ablauf am 15.9.2016) gezahlt		
b) 28.9.2016	1 % v. 12 400 € = 124 €	11.8. – 10.9.
c) 14.10.2016	2 % v. 12 400 € = 248 €	11.8. – 10.10.
d) 23.10.2016	2 % v. 12 400 € = 248 €	11.8. – 10.10.
e) 7.11.2016	2 % v. 12 400 € = 248 €	11.8. – 10.10.
f) 21.11.2016	3 % v. 12 400 € = 372 €	11.8. – 10.11.

Für Scheckzahlungen entfällt gem. § 240 Abs. 1 Satz 2 AO die Schonfristregelung.

Fall 280 **Verspätete Zahlung von Lohnsteuer**

Lösung: Der Arbeitgeber hat nach § 41a EStG spätestens am zehnten Tag nach Ablauf eines jeden Lohnsteuer-Anmeldungszeitraums die einbehaltene Lohnsteuer anzumelden und abzuführen.

Die Lohnsteuer für Mai und Juni 2016 hat der Arbeitgeber verspätet entrichtet. Für die verspätete Zahlung der Lohnsteuer für Mai sind Säumniszuschläge für zwei angefangene Monate zu entrichten (§ 240 AO). Die Säumniszuschläge betragen 2 % von 2 100 € = 42 €. Für die verspätete Zahlung der Lohnsteuer für Juni 2016 werden keine Säumniszuschläge erhoben, weil die Zahlung innerhalb der Schonfrist erfolgte (13. 7. 2016 = Mittwoch; § 240 Abs. 3 i. V. m. § 224 Abs. 2 Nr. 2 AO/Überweisung).

Fall 281 **Berechnung von Säumniszuschlägen**

Lösung:

Zahlung durch Scheck: Die Steuer ist nicht pünktlich entrichtet, denn die Einkommensteuerabschlusszahlung war am 30. 9. 2016 fällig, und das Finanzamt hat den Scheck erst am 4. 10. 2016 erhalten. Bei Scheckzahlungen gilt der Betrag drei Tage nach Eingang des Schecks, damit am 7. 10. 2016 als entrichtet. Der Säumniszuschlag beträgt somit 1 % von 3 200 € = 32 €.

Zahlung durch Überweisung: Die Steuer ist nicht pünktlich entrichtet, denn das Finanzamt hat die Einkommensteuerabschlusszahlung erst am 6. 10. 2016 (Tag der Zahlung gleich Tag der Gutschrift nach § 224 Abs. 2 Nr. 2 AO) erhalten. Somit ist ein Säumniszuschlag von 1 % des auf durch 50 € teilbaren Steuerbetrags entstanden. Der Säumniszuschlag beträgt somit 1 % von 3 200 € = 32 €.

Zahlung durch Einzugsermächtigung: Die Steuer ist pünktlich entrichtet. Wird eine Steuer durch Einzugsermächtigung entrichtet, gilt die Steuer stets als pünktlich gezahlt, wenn am Fälligkeitstag die Einzugsermächtigung dem Finanzamt vorliegt (§ 224 Abs. 2 Nr. 3 AO).

Fall 282 **Rückständige Einkommensteuer und Kirchensteuer**

Lösung:

1. Stundungsantrag nach § 222 AO

Für die rückständige Einkommensteuer, Solidaritätszuschlag und Kirchensteuer wird ein Stundungsantrag gestellt. Es wird beantragt, den Rückstand in monatlichen Raten von je 100 € zu tilgen. Ferner wird beantragt, auf die Erhebung von Stundungszinsen zu verzichten, weil die Erhebung unbillig wäre (§ 234 Abs. 2 AO). Begründung: Unverschuldete finanzielle Notlage infolge erheblicher Geschäftsverluste.

2. Antrag auf Erlass der Säumniszuschläge

Zugleich wird beantragt, die Säumniszuschläge i. H. von 210 € zu erlassen (§ 227 AO). Begründung: Säumniszuschläge nach § 240 AO sind ein Druckmittel eigener Art zur Durchsetzung fälliger Steuern. Die Erhebung von Säumniszuschlägen ist indessen unbillig, wenn dem Steuerzahler die rechtzeitige Zahlung unmöglich war und deshalb die Ausübung eines Drucks keinen Erfolg versprach (BFH-Urteil v. 8. 3. 1984, BStBl 1984 II S. 415). Herr Ampel war im Jahre 2015 wegen Zahlungsunfähigkeit und Überschuldung nicht in der Lage, die Steuern rechtzeitig zu zahlen. Deshalb liegt ein persönlicher Erlassgrund vor.

Erhebung von Säumniszuschlägen (1)

Fall 283

Lösung: Die Erhebung der Säumniszuschläge ist rechtens, denn § 240 Abs. 1 AO bestimmt ausdrücklich, dass die entstandenen Säumniszuschläge unverändert bestehen bleiben, wenn die Festsetzung einer Steuer nachträglich aufgehoben oder geändert wird. Das Finanzamt hat also die spätere Änderung der Berechnungsgrundlagen unbeachtet zu lassen.

Herr Roth hat versäumt, in seinem Einspruchschreiben zugleich Aussetzung der Vollziehung des angefochtenen Bescheids nach § 361 AO zu beantragen. Denn durch die Einlegung des Einspruchs wird die Erhebung der Abgabe nicht aufgehalten.

Erhebung von Säumniszuschlägen (2)

Fall 284

Lösung: Herr Eismann muss die Säumniszuschläge nicht entrichten, denn er hat vor Fälligkeit der Einkommensteuer 2014 den Stundungsantrag gestellt. Weil das Finanzamt den Stundungsantrag nach Fälligkeit abgelehnt hat, musste es kulanterweise eine zusätzliche Zahlungsfrist von mindestens einer Woche bewilligen. An das Ende dieser Zahlungsfrist schließt sich bei Überweisung oder Einzahlung auf ein Konto der Finanzkasse noch die Schonfrist von drei Tagen an. Diese Frist läuft im Falle des Herrn Eismann erst am 6. 5. 2016 ab. Bei Zahlung bis zum Ablauf der Schonfrist sind keine Säumniszuschläge zu erheben (Erlass des Finanzministers NRW v. 2. 1. 1984 – S 0480 – 1 – V A 1).

Bei Streitigkeiten, die die Verwirkung von Säumniszuschlägen betreffen, entscheidet das Finanzamt durch Verwaltungsakt (Abrechnungsbescheid, § 218 Abs. 2 AO). Hiergegen ist der Einspruch gegeben (§ 347 AO).

Erlass von Säumniszuschlägen

Fall 285

Lösung: Es wird beantragt, die Säumniszuschläge i. H. von 40 € aus persönlichen Billigkeitsgründen zu erlassen.

Begründung: Säumniszuschläge können ganz oder zum Teil erlassen werden, wenn ihre Einziehung unbillig wäre. Ob das Finanzamt von den ihm durch § 227 AO gegebenen Möglichkeiten Gebrauch macht, ist weitgehend in sein pflichtgemäßes Ermessen gestellt. Zur Ausübung des Ermessens sind den Finanzämtern Weisungen an die Hand gegeben. Danach sollen einem bisher pünktlichen Steuerzahler die Säumniszuschläge erlassen werden, wenn ihm erstmalig ein offenbares Versehen unterlaufen ist (BdF-Erlass v. 15. 2. 1971, BStBl 1971 I S. 121). Das ist hier der Fall.

Anmerkung: Ein Steuerpflichtiger ist kein pünktlicher Steuerzahler, wenn er mehrfach unter Ausnutzung der Schonfrist zahlt.

Erlass von Einkommensteuer

Fall 286

Lösung: Das Finanzamt kann Steuern und steuerliche Nebenleistungen ganz oder zum Teil erlassen, wenn deren Einziehung unbillig erscheint (§ 227 AO). Die Unbilligkeit kann ihren Grund in der Sache selbst oder in den persönlichen (wirtschaftlichen) Verhältnissen des Steuerpflichtigen haben.

Auf sachliche Billigkeitsgründe beruft sich Herr Lau nicht. Ein Erlass aus persönlichen Billigkeitsgründen setzt unter anderem voraus, dass Herr Lau aus der Sicht des Finanzamtes erlasswürdig ist. Diese Voraussetzung ist nicht erfüllt, weil Herr Lau durch Leichtsinn – Spekulation in Warentermingeschäften – seine mangelnde Leistungsfähigkeit selbst herbeigeführt hat.

Fall 287 **Einspruchsverfahren**

Lösung:

a) Als Rechtsbehelf kommt der Einspruch in Betracht (§ 347 AO).

b) Der Einspruch ist gegen den Gewerbesteuermessbescheid einzulegen (§ 351 Abs. 2 AO).

c) Der Einspruch ist einzulegen beim Betriebsfinanzamt in Geilenkirchen (§ 22 Abs. 1 AO, § 357 Abs. 2 Satz 1 AO). Unschädlich wäre es, wenn der Einspruch bei der Gemeinde Geilenkirchen als der für die Erteilung des Steuerbescheids zuständigen Stelle angebracht würde (§ 357 Abs. 2 Satz 3 AO).

d) Der Einspruch muss spätestens bis zum Ablauf der Einspruchsfrist eingelegt werden, also innerhalb eines Monats nach Bekanntgabe (§ 355 AO). Der Gewerbesteuermessbescheid ist am 12. 8. 2016 bekannt gegeben (§ 122 AO).

Tag der Bekanntgabe   = 12. 8. 2016
Beginn der Einspruchsfrist   = mit Ablauf des 12. 8. 2016
Ende der Einspruchsfrist   = mit Ablauf des 12. 9. 2016

Die Bekanntgabevermutung des § 122 Abs. 2 Nr. 1 AO (Bekanntgabe = Aufgabe zur Post 8. 8. 2016 + 3 Tage) findet keine Anwendung, da Kneif den Bescheid tatsächlich später erhalten hat. § 108 Abs. 3 AO findet keine Anwendung, da der Bescheid am 12. 8. 2016 tatsächlich bekannt gegeben wurde und an diesem Tag die Einspruchsfrist beginnt (und keine Frist endet).

Fall 288 **Einspruchsfrist bei Steueranmeldung**

Lösung:

a) Das Finanzamt wird keinen Umsatzsteuerbescheid erlassen, weil es sich um eine Steueranmeldung handelt, von der nicht abgewichen wurde (§ 18 Abs. 4 UStG, § 150 Abs. 1 Satz 2 und § 167 Abs. 1 AO). Die Steueranmeldung steht einer Steuerfestsetzung unter dem Vorbehalt der Nachprüfung gleich (§ 168 AO).

b) Gegen Steueranmeldungen ist der Einspruch gegeben (§ 347 AO).

c) Die Einspruchsfrist endet einen Monat nach Eingang der Anmeldung beim Finanzamt, also grundsätzlich mit Ablauf des 11. 2. 2016 (§ 355 Abs. 1 AO).

d) Die Steueranmeldung (Festsetzung) kann auch nach Ablauf der Einspruchsfrist geändert werden, weil sie unter dem Vorbehalt der Nachprüfung steht (§ 168 AO, § 164 Abs. 2 AO).

e) Die Umsatzsteuernachzahlung ist am 11. 2. 2016 fällig. Das Finanzamt wird deshalb Säumniszuschläge erheben, weil der Betrag bis zum 5. 3. 2016 noch nicht entrichtet ist. Die Säumniszuschläge betragen 1 % von 2 600 € = 26 € (§ 240 AO).

Wiedereinsetzung in den vorigen Stand

Fall 289

Lösung: Die Einspruchsfrist nach § 355 AO ist eine gesetzliche Frist, die nicht verlängert werden kann (Ausschlussfrist). Das Finanzamt kann Wilhelm Meister indessen Wiedereinsetzung in den vorigen Stand gewähren, weil er ohne Verschulden verhindert war, die Einspruchsfrist einzuhalten (§ 110 AO). Wilhelm Meister war infolge seines Gesundheitszustands nach dem Unfall verhindert, das Einspruchschreiben selbst oder durch einen Dritten noch rechtzeitig beim Finanzamt einzureichen.

Durch Wiedereinsetzung in den vorigen Stand schafft das Finanzamt die Voraussetzung, dass Wilhelm Meister den Einspruch – zulässig – einlegen kann.

Wilhelm Meister muss den Antrag auf Wiedereinsetzung in den vorigen Stand innerhalb eines Monats nach Wegfall des Hindernisses stellen, in dem Antrag sein Nichtverschulden glaubhaft machen und innerhalb der Antragsfrist den versäumten Einspruch einlegen (§ 110 Abs. 2 AO). Als Wegfall des Hindernisses ist die Entlassung aus dem Krankenhaus zu sehen.

Aussetzung der Vollziehung

Fall 290

Lösung: Nach § 361 wird durch die Einlegung eines Einspruchs die Erhebung der angeforderten Steuer nicht aufgehalten. Es wäre also falsch, nicht zu zahlen, denn es würden Säumniszuschläge entstehen.

Das Finanzamt wird indessen die Vollziehung des angefochtenen Bescheids teilweise aussetzen, wenn Ast einen entsprechenden Antrag stellt. Es bestehen nämlich ernsthafte Zweifel an der Rechtmäßigkeit des Einkommensteuerbescheids, wie der stichhaltig begründete Einspruch zeigt (§ 361 Abs. 2 AO).

Ast muss also einen Antrag auf Aussetzung der Vollziehung des Bescheids i. H. von 10 000 € stellen. Den nicht strittigen Restbetrag i. H. von 5 210 € muss Ast bis zum 25. 8. 2016 zahlen, wenn er Säumniszuschläge vermeiden will.

F. Rechnungswesen

Vorbemerkung zu den Kontenbezeichnungen in den Lösungen:

Die §§ 266, 275 HGB regeln, welche Posten in der Bilanz und in der GuV auszuweisen sind. Das HGB schreibt aber kein bestimmtes Buchführungssystem vor und damit auch nicht die Bezeichnung der Konten. Gleichwohl müssen die Geschäftsvorfälle so gebucht werden, dass ein Überblick über die Vermögens- und Ertragslage gewährleistet ist. Und aus steuerlichen Gründen (z. B. USt, einkommensteuerliches Teileinkünfteverfahren) bietet es sich an, bereits bei der Buchung der laufenden Geschäftsvorfälle die steuerlichen Konsequenzen im Blick zu haben und entsprechend differenziert zu buchen. In der Praxis ist vor diesem Hintergrund der „DATEV-E-Bilanz Standardkontenrahmen (SKR) 03" sehr stark verbreitet. Die Kontenbezeichnungen in den Lösungen entsprechen weitgehend dem SKR 03. In den Lösungen zu den Klausuren werden jedoch regelmäßig auch andere zutreffende Kontenbezeichnungen zugelassen.

Hinweis zum Bilanzrichtlinie-Umsetzungsgesetz (BilRUG):

Das BilRUG ist für Geschäftsjahre anzuwenden, die nach dem 31. 12. 2015 beginnen und führt zu zahlreichen Änderungen in verschiedenen Einzelgesetzen (u. a. HGB).

Insbesondere die Änderungen der § 277 Abs. 1, § 275 HGB führen dazu, dass einige Kontenbezeichnungen im SKR 03 ab 2016 angepasst wurden. Vgl. dazu die DATEV-Serviceinformation Nr. 1080725 vom 13. 10. 2015.

Die **außerordentlichen** Posten (z. B.: a. o. Erträge, a. o. Aufwendungen) fallen ersatzlos weg. Die **sonstigen betrieblichen** Erträge und Aufwendungen müssen dagegen auch weiterhin in der GuV nach § 275 HGB ausgewiesen werden (§ 275 Abs. 2 Nr. 6 und Nr. 7 HGB). Die entsprechenden Konten bleiben damit auch ab 2016 erhalten.

Fall 291 | **Buchführungspflicht von Kleinbetrieben**

Lösung: Nach § 238 ff. HGB ist Regine Westphal nicht buchführungspflichtig, weil sie nicht Kauffrau i. S. der §§ 1 und 2 HGB ist. Ihr Gewerbebetrieb benötigt keinen in kaufmännischer Weise eingerichteten Geschäftsbetrieb und ist nicht im Handelsregister eingetragen. Aus § 141 AO ergibt sich ebenfalls keine Buchführungspflicht, weil die dort vorgesehenen Wertgrenzen nicht überschritten werden.

Fall 292 | **Buchführungspflicht bei Gewerbetreibenden**

Lösung: Peter Beckmann ist nach den Vorschriften des HGB nicht buchführungspflichtig. Er ist zwar Gewerbetreibender. Sein Betrieb erfordert jedoch keinen in kaufmännischer Weise eingerichteten Geschäftsbetrieb und ist nicht im Handelsregister eingetragen.

Da er aber die Gewinngrenze von 60 000 € überschreitet, besteht für ihn gem. § 141 Abs. 1 Nr. 4 AO die Verpflichtung, Bücher zu führen. Diese Verpflichtung tritt jedoch erst mit Beginn des Wirtschaftsjahres ein, dass auf die Bekanntgabe der Mitteilung des Finanzamts nach § 141 Abs. 2 AO folgt.

Buchführungspflicht bei einer Personengesellschaft

Fall 293

Lösung: Die Wollweber OHG ist nach Eintragung im Handelsregister eine Handelsgesellschaft, die nach § 6 HGB Kaufmann ist. Die OHG ist damit, unabhängig davon, ob ein in kaufmännischer Weise eingerichteter Geschäftsbetrieb erforderlich ist oder nicht, und unabhängig von den in § 141 AO aufgeführten Wertgrenzen, nach § 238 HGB und § 140 AO buchführungspflichtig. Eine Befreiung nach § 241a HGB kommt nicht in Betracht (gilt nur für Einzelkaufleute).

Buchführungspflicht von Freiberuflern

Fall 294

Lösung: Heinrich Langenkamp ist Freiberufler und damit nicht Kaufmann i. S. des HGB. Aus § 141 AO ergibt sich ebenfalls keine Buchführungspflicht, da diese Vorschrift nicht auf Freiberufler, sondern nur auf Einzelkaufleute anzuwenden ist.

Steuerberater Langenkamp kann deshalb nicht zur Buchführung gezwungen werden.

Buchführungspflicht von Land- und Forstwirten

Fall 295

Lösung: Landwirt Brüggemann ist nicht Kaufmann i. S. des HGB. Er ist jedoch buchführungspflichtig gem. § 141 Abs. 1 Nr. 1 AO, weil sein Betrieb die Umsatzgrenze von 600 000 € überschreitet.

Beginn der Buchführungspflicht

Fall 296

Lösung:

a) Herr Holtmann ist Gewerbetreibender. Da sein Betrieb einen in kaufmännischer Weise eingerichteten Geschäftsbetrieb nicht erfordert und er nicht im Handelsregister eingetragen ist, ist er kein Kaufmann i. S. des HGB und damit zunächst nicht nach § 238 HGB buchführungspflichtig.

   Buchführungspflicht kann sich für ihn nur aus § 141 Abs. 1 AO ergeben. Da er die Gewinngrenze überschritten hat, ist im Jahr 2015 grds. Buchführungspflicht entstanden.

b) Das Finanzamt muss dem Mandanten den Beginn der Buchführungspflicht mitteilen (§ 141 Abs. 2 AO).

c) Der Mandant hat ab 1. 1. 2017 Bücher zu führen, wenn ihm in 2016 vom Finanzamt der Beginn der Buchführungspflicht mitgeteilt wird.

Gewinnermittlungsarten

Fall 297

Lösung:

zu a) Der selbständige Arzt Dr. Wesener ist als Freiberufler weder nach Handelsrecht noch nach Steuerrecht buchführungspflichtig. Er ist berechtigt, seinen Gewinn durch Überschussrechnung (§ 4 Abs. 3 EStG) zu ermitteln. Er kann aber freiwillig Bücher führen und seinen Gewinn nach § 4 Abs. 1 EStG ermitteln.

zu b) Textil-Einzelhändler Schmitz ist Kaufmann i. S. des § 1 HGB und damit buchführungspflichtig (§ 238 HGB). Er hat als Kaufmann seinen steuerlichen Gewinn nach § 5 EStG zu ermitteln. Sollten allerdings die Voraussetzungen des § 241a HGB erfüllt sein, ergäbe sich keine Buchführungspflicht nach HGB. In diesem Falle wäre aber für steuerliche Zwecke § 141 AO zu prüfen.

zu c) Als Handelsvertreter ist Herr Kunze Kaufmann nach § 1 HGB und damit handelsrechtlich zur Buchführung verpflichtet (§ 238 HGB). Für ihn ergibt sich die steuerliche Buchführungspflicht nach § 5 EStG aus § 140 AO.

Für den Fall, dass Herr Kunze keinen in kaufmännischer Weise eingerichteten Geschäftsbetrieb unterhält und nicht im Handelsregister eingetragen ist oder die Voraussetzungen des § 241a HGB erfüllt, besteht keine Buchführungspflicht nach HGB. Wenn er die Grenzen des § 141 AO nicht überschreitet, kann er seinen steuerlichen Gewinn gem. § 4 Abs. 3 EStG ermitteln.

zu d) Die Frutti GmbH ist als Handelsgesellschaft Formkaufmann gem. § 6 HGB. Sie ist damit handelsrechtlich (§ 238 HGB) und steuerrechtlich (§ 140 AO) buchführungspflichtig und muss ihren Gewinn durch Betriebsvermögensvergleich nach § 5 EStG ermitteln.

zu e) Land- und Forstwirt Tieskötter ist kein Gewerbetreibender und damit nicht Kaufmann i. S. des HGB. Damit entfällt die Gewinnermittlung gem. § 5 EStG.

Die Gewinnermittlung nach § 4 Abs. 1 EStG kommt in Betracht, wenn die Grenzen des § 141 AO überschritten oder freiwillig Bücher geführt werden. Ist das nicht der Fall, kann der Gewinn nach § 4 Abs. 3 EStG ermittelt werden. Unter den Voraussetzungen des § 13a Abs. 1 EStG kann der Gewinn auch nach Durchschnittssätzen berechnet werden.

zu f) Bezirksschornsteinfegermeister Rothenpieler ist Gewerbetreibender. Wegen nicht erforderlichem kaufmännischem Geschäftsbetrieb und nicht erfolgter Eintragung im Handelsregister ist er kein Kaufmann i. S. des HGB. Es besteht damit keine Buchführungsverpflichtung nach HGB. Er darf seinen Gewinn nach § 4 Abs. 3 EStG ermitteln, wenn Gewinn und Umsatz die Wertgrenzen des § 141 AO nicht überschreiten.

Er kann aber freiwillig Bücher führen und seinen Gewinn nach § 4 EStG ermitteln.

Hinweis zu den Fällen 291-297:

Die Grenzwerte für die Buchführungs- und Aufzeichnungspflichten im HGB und in der AO sind ab dem 1. 1. 2016 angehoben worden (Bürokratieentlastungsgesetz): Umsatzgrenze: 600 000 € (bis 2015: 500 000 €); Gewinngrenze: 60 000 € (bis 2015: 50 000 €) (§ 241a Satz 1 HGB, § 141 AO).

Fall 298   **Typische Berufskleidung**

Lösung: Typische Berufskleidung ist bei nur geringfügiger Privatnutzung im vollem Umfang als Betriebsausgabe abzugsfähig (§ 4 Abs. 4 EStG). Da die private Mitveranlassung < 10 % beträgt, ist sie unschädlich (vgl. BMF-Schreiben vom 6. 7. 2010, IV C 3 - S 2227/07/10003 :002, Rdnr. 12).

Buchung:

Betriebsbedarf	165,00 €		
Vorsteuern	31,35 €	an Kasse	196,35 €

Hinweis: Umsatzsteuerlich liegt im Jahr der Anschaffung grds. eine unentgeltliche sonstige Leistung nach § 3 Abs. 9a Nr. 1 UStG vor. Bemessungsgrundlage (§ 10 Abs. 4 Nr. 2 UStG): 165 € × 5 % = 8,25 €.

Kosten für den Kindergarten

Fall 299

Lösung: Die Kosten für den Kindergarten sind Sonderausgaben, die nach § 10 Abs. 1 Nr. 5 EStG zu zwei Dritteln mit höchstens 4000 € jährlich abgezogen werden können.

Buchung:

Privatentnahme	120 €	an Bank	120 €

Fahrschulunterricht

Fall 300

Lösung: Die Kosten für die Fahrschulstunden sind den Lebenshaltungskosten zuzuordnen. Nach der Lebenserfahrung werden in Zukunft auch Privatfahrten ausgeführt. Eine einwandfreie Zuordnung der Kosten auf den betrieblichen oder privaten Bereich ist – auch im Schätzwege – nicht möglich (vgl. auch BMF-Schreiben vom 6. 7. 2010, a. a. O.). Ferner sind Aufwendungen des Arbeitgebers für Fahrschulstunden des Arbeitnehmers in dieser Branche unüblich (BFH, BStBl 1969 II S. 433).

Buchung:

Privatentnahme	480 €	an Kasse	480 €

Telefonkosten

Fall 301

Lösung: Der auf die Privatnutzung entfallende Gebührenanteil an den gesamten Telefonkosten kann im Wege der Schätzung ermittelt und entsprechend aufgeteilt werden (BFH, BStBl 1954 III S. 358). Der Privatanteil ist keine unentgeltliche sonstige Leistung i. S. des § 3 Abs. 9a Nr. 1 UStG (Abschnitt 3.4 Abs. 4 Satz 3 UStAE). Der in unzutreffender Höhe geltend gemachte Vorsteuerabzug ist zu korrigieren.

Buchungen:

Privatentnahme	595 €	an Telefonkosten	500 €
		an Vorsteuern	95 €

Verwarnungsgeld

Fall 302

Lösung: Geldstrafen und ähnliche Rechtsnachteile, wie z. B. Verwarnungsgelder, sind zwar Betriebsausgaben i. S. des § 4 Abs. 4 EStG, wenn sie betrieblich veranlasst sind. Gemäß § 4 Abs. 5 Nr. 8 EStG dürfen sie aber den Gewinn nicht mindern. Hinweis auf R 4.13 EStR.

Buchung:

Nicht abzugsfähige Betriebsausgaben	20 €	an Kasse	20 €

Steuerberatungskosten

Fall 303

Lösung: Nur der Teil der Steuerberatungskosten, der betrieblich veranlasst ist, ist Betriebsausgabe i. S. des § 4 Abs. 4 EStG (also nicht: ESt-Erklärung/Anlage V). Soweit andere Einkünfte betroffen sind, handelt es sich um Werbungskosten gem. § 9 EStG. Hängen Steuerberatungskosten nicht mit der Erzielung von Einkünften zusammen, handelt es sich um Lebenshaltungskosten (vgl. auch BMF-Schreiben vom 21. 12. 2007, BStBl 2008 I S. 256).

Die Vorsteuern sind entsprechend aufzuteilen.

Buchung:

Rückstellung für Abschlusskosten	2 800 €		
Vorsteuern	475 €		
Privatentnahme	1 190 €	an s. b. Erträge	300 €
		an Bank	4 165 €

Fall 304 Anschaffung von Bekleidung

Lösung: Aufwendungen für Kleidung mit Ausnahme typischer Berufskleidung sind den Lebenshaltungskosten zuzuordnen (§ 12 EStG).

Umbuchung:

Privatentnahme	1 428 €	an Geschäftsausstattung	1 200 €
		an Vorsteuern	228 €

Fall 305 Mitgliedsbeitrag

Lösung: Kosten, die durch die wirtschaftliche oder gesellschaftliche Stellung des Mandanten veranlasst sind (Repräsentationsaufwendungen), sind Lebenshaltungskosten, selbst wenn sie geeignet sind, den Betrieb zu fördern (§ 12 Nr. 1 EStG).

Der Mitgliedsbeitrag für den Golfclub ist somit nicht abzugsfähig.

Umbuchung:

Privatentnahme	900 €	an Werbekosten	900 €

Fall 306 Wareneinkauf

Lösung: Transportkosten, Verpackung und Versicherungen stellen Anschaffungsnebenkosten der Ware dar. Man könnte sie daher unmittelbar auf dem Konto „Wareneingang" buchen. Um die Höhe dieser Aufwendungen bei Bedarf leicht ermitteln zu können, sollten sie auf einem gesonderten Konto gebucht werden. Da die Anschaffungsnebenkosten zum Wareneinsatz gehören, wird das Konto „Bezugsnebenkosten" regelmäßig über das Wareneingangskonto abgeschlossen werden.

Buchung:

Wareneingang	37 420 €		
Bezugsnebenkosten	580 €		
Vorsteuer	7 220 €	an Verbindlichkeiten	45 220 €

Fall 307 Wareneinkauf aus anderen EU-Ländern

Lösung: Die Firma Zimmermann führt durch den Kauf einen steuerbaren (§ 1 Abs. 1 Nr. 5 UStG) und steuerpflichtigen innergemeinschaftlichen Erwerb nach § 1a UStG aus, weil die Ware von einem anderen EU-Staat nach Deutschland gelangt. Die dadurch entstehende Umsatzsteuer kann nach § 15 Abs. 1 Nr. 3 UStG als Vorsteuer abgezogen werden.

Buchung:

Wareneingang (ig-Erwerb)	6 600 €	an Verbindl. aus Lief. und Leistungen	6 600 €

und

Vorsteuer (ig-Erwerb)	1 254 €	an Umsatzsteuer	1 254 €

Wareneinkauf aus Drittländern

Fall 308

Lösung: Die Firma Zimmermann kann die entrichtete EUSt, die sie für Gegenstände, die für ihr Unternehmen eingeführt wurden, nach § 15 Abs. 1 Nr. 2 UStG als Vorsteuer abziehen.

Buchungen:

Wareneingang	28 000 €	an Verbindl. aus Lieferungen und Leistungen	28 000 €
Einfuhrumsatzsteuer	5 320 €	an Bank	5 320 €

Warenverkauf

Fall 309

Lösung:

Buchung:

Kasse	5 355 €	an Erlöse (19 %)	4 500 €
		an Umsatzsteuer	855 €

Warenverkauf an Kunden aus anderen EU-Staaten

Fall 310

Lösung:

zu a) Der Verkauf an den Kunden aus Frankreich ist eine steuerbare (§ 1 Abs. 1 Nr. 1 UStG) innergemeinschaftliche Lieferung, die nach § 4 Nr. 1 Buchst. b und § 6a UStG steuerfrei ist. Die Lieferung erfolgt an einen anderen Unternehmer für dessen Unternehmen, was durch Angabe der französischen USt-IdNr. des Kunden dokumentiert wird. Die Nachweisvoraussetzungen nach § 17a UStDV (Doppel der Rechnung und Gelangensbestätigung) sind erfüllt.

Buchung:

Kasse	290 €	an steuerfreie innergem. Lieferungen	290 €

zu b) Der Verkauf des Teppichs an den Kunden aus Luxemburg ist nicht nach § 4 Nr. 1 Buchst. b und § 6a UStG steuerfrei, weil der Abnehmer kein Unternehmer ist.

Buchung:

Kasse	952 €	an Erlöse (19 %)	800 €
		an Umsatzsteuer	152 €

Warenverkauf an Kunden aus Drittländern

Fall 311

Lösung: Die Firma Zimmermann kann beide Verkäufe als steuerbefreite Ausfuhrlieferungen i. S. des § 4 Nr. 1 Buchst. a UStG behandeln, weil dafür nach § 6 Abs. 1 Nr. 2 UStG weder Unternehmereigenschaft noch der Erwerb für das Unternehmen Voraussetzung sind. Entscheidend ist, dass der Käufer ein ausländischer Abnehmer i. S. § 6 Abs. 2 UStG ist („Abholfall" des § 6 Abs. 1

Nr. 2 UStG) und ein Ausfuhrnachweis, der die Voraussetzungen des § 9 UStDV erfüllt, vorliegt. In der Praxis sollte in diesen Fällen die USt deshalb bis zum Vorliegen dieses Nachweises zunächst berechnet und vereinnahmt werden. Nach erbrachtem Ausfuhrnachweis kann der USt-Betrag dem Kunden erstattet werden.

Buchung zu a:

Kasse	1 250 €	an steuerfreie Umsätze § 4 Nr. 1 Buchst. a UStG	1 250 €

Buchung zu b:

Kasse	1 800 €	an steuerfreie Umsätze § 4 Nr. 1 Buchst. a UStG	1 800 €

Fall 312   Skontoabzug bei Wareneinkäufen

Lösung: Die USt-Bemessungsgrundlage für die erhaltene Lieferung mindert sich um den Nettobetrag des in Anspruch genommenen Skontoabzugs. Nach § 17 Abs. 1 Satz 2 UStG hat der Abnehmer seinen Vorsteuerabzug entsprechend zu kürzen.

Buchung:

Verbindlichkeiten	16 898,00 €	an Bank	16 391,06 €
		an erhaltene Skonti	426,00 €
		an Vorsteuern	80,94 €

Fall 313   Preisnachlass

Lösung: Durch den Preisnachlass tritt eine Entgeltsminderung ein, die nach § 17 Abs. 1 UStG eine Korrektur der berechneten Umsatzsteuer erforderlich macht.

Buchung:

Erlöse	84,03 €		
Umsatzsteuer	15,97 €	an Kasse	100,00 €

Fall 314   Innerbetriebliche Nutzung

Lösung: Aus der Ware, die bisher zum Umlaufvermögen gehörte, wird ein Anlagegut, das im Betrieb und im Unternehmen verbleibt. Eine Entnahme liegt deshalb nicht vor.

Buchung:

Büroeinrichtung	1 200 €	an Wareneingang	1 200 €

Fall 315   Erhaltene Anzahlung (Nettomethode)

Lösung: Der vereinnahmten Zahlung steht eine entsprechende Leistungsverpflichtung gegenüber, die buchmäßig erfasst werden muss. Umsatzsteuer ist nach § 13 Abs. 1 Nr. 1 Buchst. a Satz 4 UStG entstanden.

Buchung:

Kasse	714 €	an erhaltene Anzahlungen	600 €
		an Umsatzsteuer	114 €

Hinweis:

So wie hier – Nettomethode – kann immer dann gebucht werden, wenn sich der gesamte Vorgang (Erhalt der Anzahlung und Ausführung der Leistung) innerhalb eines Wirtschaftsjahres abspielt. Liegt zwischen Erhalt der Anzahlung und Ausführung der Leistung dagegen ein Abschlussstichtag, dann siehe Fall 316.

Erhaltene Anzahlung (Bruttomethode) Fall 316

Lösung: Der Eingang der Anzahlung ist Betriebseinnahme nach § 4 Abs. 4 EStG. Da zunächst noch keine Leistung erbracht ist, darf die Buchung nicht über ein Erfolgskonto erfolgen, sondern muss erfolgsneutral als erhaltene Anzahlung („Sachleistungsverbindlichkeit") erfasst werden. Die berechnete Umsatzsteuer entsteht als Steuerschuld mit Ablauf des Februar nach § 13 Abs. 1 Nr. 1 Buchst. a Satz 4 UStG (sog. Istbesteuerung). Die erhaltene Anzahlung sollte im steuerlichen Jahresabschluss mit dem Bruttobetrag ausgewiesen werden. Die entstandene Umsatzsteuer ist dann steuerrechtlich nach § 5 Abs. 5 Satz 2 Nr. 2 EStG als aktiver Rechnungsabgrenzungsposten auszuweisen.

1) Buchung nach erhaltener Anzahlung:

Bank	5 950 €	an erh. Anzahlungen	5 950 €
und			
sonstige Steuern	950 €	an Umsatzsteuer	950 €

2) Buchung zum Jahresabschluss:

akt. RAP	950 €	an sonstige Steuern	950 €

3) Buchungen nach Eingang des Restkaufpreises:

Bank	35 700 €	an Erlöse	35 000 €
erh. Anzahlungen	5 950 €	an Umsatzsteuer	6 650 €
und			
Umsatzsteuer	950 €	an akt. RAP	950 €

Hinweis:

Die buchhalterische Erfassung von erhaltenen Anzahlungen (Bruttomethode/-ausweis; Nettomethode/-ausweis) und damit einhergehend die Bildung eines akt. RAP für die Umsatzsteuer ist kompliziert und umstritten:

a) **Handelsbilanz**

Bis 2009 sah § 250 Abs. 1 Satz 2 Nr. 2 HGB a. F. ein Wahlrecht zur Aktivierung von als Aufwand berücksichtigter Umsatzsteuer vor. Dieses Wahlrecht ist ab 2010 aufgegeben worden (§ 250 Abs. 1 HGB). Die h. M. (vgl. Theile, Beihefter zu DStR 2009, S. 30 m. w. N.) vertritt die Auffassung, dass damit ab 2010 **nur** noch die **Nettomethode** zulässig ist

Bank	5 950 € an	erh. Anzahlung	5 000 €
		Umsatzsteuer	950 €

b) **Steuerbilanz**

Steuerrechtlich besteht nach wie vor die Pflicht, für als Aufwand berücksichtigte Umsatzsteuer auf am Abschlussstichtag auszuweisende Anzahlungen einen akt. RAP zu bilden (§ 5 Abs. 5

Satz 2 Nr. 2 EStG). Daraus könnte man schließen, dass steuerrechtlich **nur** die **Bruttomethode** zulässig ist (so die Lösung oben). Aufgrund des § 5 Abs. 1 Satz 1 erster Halbsatz EStG (Maßgeblichkeitsgrundsatz) dürfte steuerrechtlich aber auch die Nettomethode zulässig sein. Die Lösung wäre dann:

Buchung nach erhaltener Anzahlung:

Bank	5 950 € an	erh. Anzahlung	5 000 €
		Umsatzsteuer	950 €

(So auch Fuhrmann in Korn/Carlé/Stahl/Strahl, EStG 2010, § 5 Rz. 649).

Buchung nach Eingang des Restkaufpreises:

Bank	35 700 €		
erh. Anzahlungen	5 000 €	an Erlöse	35 000 €
Umsatzsteuer	950 €	Umsatzsteuer	6 650 €

In der Klausur müssten m. E. mithin beide Lösungen (Bruttoausweis der Anzahlungen und akt. RAP/Nettoausweis der Anzahlungen ohne akt. RAP) anerkannt werden. Vgl. auch Endert/Sepetauz, BBK 2010 S. 1005.

Fall 317 **Geleistete Anzahlung mit Steuerausweis**

Lösung: Bei Leistung der Anzahlung erfolgte noch kein Warenbezug. Deshalb ist erfolgsneutral eine geleistete Anzahlung („Sachleistungsforderung") zu aktivieren. Die Umsatzsteuer aus Anzahlungen ist im Voranmeldungszeitraum der Zahlung nach § 15 Abs. 1 Nr. 1 Satz 3 UStG als Vorsteuer abzugsfähig. Die geleistete Anzahlung ist – steuerrechtlich und handelsrechtlich – mit dem Nettobetrag zu aktivieren (unstreitig). Erst nach erhaltener Lieferung/Rechnungseingang ist der Wareneinkauf unter Verrechnung der geleisteten Anzahlung und der bereits geltend gemachten Vorsteuer zu buchen.

Buchung nach geleisteter Anzahlung:

gel. Anzahlungen	3 000 €		
Vorsteuern	570 €	an Bank	3 570 €

Buchung nach erfolgter Restzahlung:

Wareneingang	20 000 €	an Bank	20 230 €
Vorsteuer	3 230 €	an gel. Anzahlungen	3 000 €

Fall 318 **Rabatt/Skonto**

Lösung: Rabatte und Skonti mindern mit ihrem Nettobetrag die Anschaffungskosten der Waren. Im Gegensatz zu in Anspruch genommenen Skonti werden Rabatte im Regelfall nicht auf einem besonderen Konto gebucht, sondern mindern unmittelbar das Konto Wareneingang.

Buchung:

Verbindlichkeiten	19 278,00 €	an Wareneingang	4 860,00 €
		an erhaltene Skonti	226,80 €
		an Vorsteuern	966,49 €
		an Bank	13 224,71 €

Warenverderb

Fall 319

Lösung: Um den zutreffenden Wareneinsatz ausweisen zu können, sind erkennbare Warenverluste auszubuchen. Der Vorsteuerabzug bleibt erhalten.

Buchung:

s. b. Aufwendungen	820 €	an Wareneingang	820 €

Forderungsausfall

Fall 320

Lösung: Durch Forderungsausfälle tritt eine Änderung der Bemessungsgrundlage nach § 17 Abs. 2 und 1 UStG ein. Die Umsatzsteuer ist zu berichtigen, die Forderungen sind abzuschreiben.

Buchung:

Forderungsverluste	1 850,00 €		
Umsatzsteuer	351,50 €	an Forderungen	2 201,50 €

Kundenskonti

Fall 321

Lösung: Der Nettobetrag der gewährten Skonti mindert die Bemessungsgrundlage und entsprechend die Umsatzsteuer (§ 17 Abs. 1 und 2 UStG). Hinweis zur Berechnung: In der Aufgabe angegebener Betrag i. H. von 75 969,60 € = 98 %. Skonto netto mithin: 75 969,60 : 98 x 2 : 1,19 = 1 302,86 €.

Buchung:

Bank	75 969,60 €		
gewährte Skonti	1 302,86 €		
Umsatzsteuer	247,54 €	an Forderungen	77 520,00 €

Warenrücksendung

Fall 322

Lösung: Durch die Rücksendung der Ware wird die Lieferung in vollem Umfang rückgängig gemacht. Der Änderung der umsatzsteuerlichen Bemessungsgrundlage hat der Abnehmer durch Korrektur der Vorsteuer Rechnung zu tragen.

Buchung:

Verbindlichkeiten	4 522 €	an Wareneingang	3 800 €
		an Vorsteuern	722 €

Diebstahl von Waren

Fall 323

Lösung: Für den korrekten Ausweis des Wareneinsatzes ist es erforderlich, Warenverluste zu buchen. Ohne Buchung wäre der Reingewinn zwar zutreffend, nicht aber der Rohgewinn. Der Vorsteuerabzug bleibt unverändert erhalten.

Buchung:

a. o. Aufwand	150 €	an Wareneingang	150 €

Abgeschriebene Forderungen

Fall 324

Lösung: Durch Eingang früher abgeschriebener Forderungen sind die alte Bemessungsgrundlage und der alte Steuersatz für die Umsatzbesteuerung wieder maßgeblich (§ 17 Abs. 2 Nr. 1 Satz 2 UStG).

Buchung:

Bank	827,00 €	an Erträge aus abgeschrie-	
		benen Forderungen	694,96 €
		an Umsatzsteuer	132,04 €

Fall 325   Lieferung an Arbeitnehmer

Lösung: Der Arbeitnehmer erhält Arbeitslohn in Form von Sachbezügen, die nach § 8 Abs. 2 und 3 EStG mit dem um 4 % geminderten Endpreis zu bewerten sind, der von Fremden im allgemeinen Geschäftsverkehr verlangt wird. Steuerfrei bei der Lohnsteuer sind davon 1 080 € pro Kalenderjahr und Arbeitnehmer.

Berechnung:

Üblicher Endpreis	1 560,00 €
abzgl. 4 %	62,40 €
= Sachbezug	1 497,60 €
abzgl. Freibetrag	1 080,00 €
= stpfl. Sachbezug/Arbeitslohn	417,60 €

Vom Unternehmer ist eine steuerbare und mit 19 % steuerpflichtige Lieferung gem. § 3 Abs. 1b Nr. 2 UStG an den Arbeitnehmer ausgeführt worden. Bemessungsgrundlage dafür ist gem. § 10 Abs. 4 Nr. 1 UStG der Einkaufspreis zzgl. der Nebenkosten (= 910 €). Die USt beträgt 172,90 €. Die umsatzsteuerliche Bemessungsgrundlage weicht hier von den Werten, die bei der Lohnsteuer anzusetzen sind, ab (Abschnitt 1.8 Abs. 8 UStAE).

Buchung:

freiw. soz. Aufwendungen (lohnsteuerfrei)	1 080,00 €		
freiw. soz. Aufwendungen			
(lohnsteuerpflichtig)	417,60 €	an Sachbezüge 19 %	910,00 €
		an Umsatzsteuer	172,90 €
		an verrechnete sonst.	
		Sachbezüge o. USt	414,70 €

Fall 326   Bonus

Lösung: Der Bonus mindert nachträglich die Anschaffungskosten der Warenbezüge. Es mindert sich damit auch die abzugsfähige Vorsteuer (§ 17 Abs. 1 UStG).

Buchung bereits für das abgelaufene Jahr

sonst. Forderungen	2 177,70 €	an erhaltene Boni	1 830,00 €
		an Vorsteuern	347,70 €

Ausschlaggebend für die buchmäßige Erfassung ist die wirtschaftliche Zugehörigkeit zum abgelaufenen Wirtschaftsjahr. Die Vorsteuer ist nach h. M. wohl ebenfalls im abgelaufenen Wirtschaftsjahr zu korrigieren (§ 17 Abs. 1 Satz 7 UStG). Anders allerdings wohl BFH vom 18. 9. 2008, V R 56/06 (Urteil allerdings nicht zu einem Bonusfall ergangen).

Fall 327   Warenentnahmen

Lösung: Warenentnahmen für außerbetriebliche Zwecke dürfen den Gewinn nicht mindern. Die Buchung erfolgt deshalb über das Privatkonto. Da es sich auch um eine Warenentnahme für außerunternehmerische Zwecke handelt, muss gem. § 3 Abs. 1b Nr. 1 UStG eine steuerbare und steuerpflichtige Lieferung gebucht werden. Die Umsatzsteuer auf diese als entgeltlich anzusehende Lieferung ist nach § 12 Nr. 3 EStG nicht abzugsfähig und muss deshalb über das Privatkonto gebucht werden.

Buchung:

Privatentnahmen	1 071 €	an Entnahme (Waren)	900 €
		an Umsatzsteuer	171 €

Wertansatz für Warenentnahmen

Fall 328

Lösung: Entnahmen sind nach § 6 Abs. 1 Nr. 4 EStG mit dem Teilwert zu bewerten. Teilwert ist der Wert, den ein Erwerber des ganzen Betriebs im Rahmen des Gesamtkaufpreises für das einzelne Wirtschaftsgut ansetzen würde; dabei ist davon auszugehen, dass der Erwerber den Betrieb fortführt (§ 6 Abs. 1 Nr. 1 Satz 3 EStG). Anzusetzen ist der Teilwert im Zeitpunkt der Entnahme. Bemessungsgrundlage für die entgeltliche Lieferung ist der Einkaufspreis für einen gleichartigen Gegenstand zum Zeitpunkt des Umsatzes (hier: Teilwert). Vgl. § 10 Abs. 4 Nr. 1 UStG.

Buchung:

Privatentnahmen	59,50 €	an Entnahme (Waren)	50,00 €
		an Umsatzsteuer	9,50 €

Entnahme eines Pkw

Fall 329

Lösung: Die Entnahme des Fahrzeugs aus dem Betriebsvermögen ist für die Gewinnermittlung mit dem Teilwert im Zeitpunkt der Entnahme anzusetzen. Bemessungsgrundlage für die Lieferung gem. § 3 Abs. 1b Nr. 1 UStG ist ebenfalls der Teilwert als Einkaufspreis für einen gleichartigen Gegenstand zum Zeitpunkt der Lieferung.

Im Falle einer Entnahme oder Veräußerung ist der Restbuchwert als Aufwand auszuweisen, nachdem zuvor die Abschreibung bis zum Zeitpunkt der Entnahme vorgenommen wurde. Der Entnahmewert bzw. der Nettoverkaufspreis erscheint als Ertrag.

Kontoentwicklung

Buchwert 1. 1. 2016	19 200 €
./. AfA $^{10}/_{12}$ von 6 400 € = rd.	5 334 €
Restwert 31. 10. 2016	13 866 €
./. Abgang	13 866 €
Buchwert 31. 12. 2016	0 €

Buchungen:

Abschreibungen auf Kfz	5 334 €		
Anlagenabgang	13 866 €	an Kfz	19 200 €
und			
Privatentnahme	16 660 €	an Entnahme von Gegenständen (unentgeltliche Wertabgabe)	14 000 €
		an Umsatzsteuer	2 660 €

Fall 330 **Private Telefon-Nutzung**

Lösung: Bei Benutzung des betrieblichen Telefonanschlusses für private Zwecke liegt einkommensteuerlich eine Entnahme vor, die mit dem Teilwert bzw. mit den anteiligen Kosten anzusetzen ist. Eine sonstige Leistung i. S. des UStG liegt insoweit nicht vor. Die Vorsteuer ist anteilig nicht abzugsfähig.

Buchung:

Privatentnahme	642,60 €	an Telefonkosten	540,00 €
		an Vorsteuer	102,60 €

Fall 331 **Privatfahrten (ohne Fahrtenbuch)**

Lösung: Da der Mandant kein Fahrtenbuch geführt hat, kann die private Pkw-Nutzung nach § 6 Abs. 1 Nr. 4 EStG mit monatlich 1 % bzw. jährlich 12 % des Listenpreises zzgl. Sonderausstattung und Umsatzsteuer zum Zeitpunkt der Erstzulassung des Fahrzeugs angesetzt werden, weil das Fahrzeug zu mehr als 50 % betrieblich genutzt wird.

Da der Mandant das Fahrzeug durch den vollen Vorsteuerabzug seinem Unternehmen zugeordnet hat, erfolgt zum Ausgleich nach § 3 Abs. 9a Nr. 1 UStG die Besteuerung einer sonstigen Leistung infolge der privaten Nutzung.

Bemessungsgrundlage sind nach § 10 Abs. 4 Nr. 2 UStG die auf die Privatnutzung entfallenden Ausgaben, soweit sie zum vollen oder teilweisen Vorsteuerabzug berechtigt haben. Bei Anwendung der 1 %-Regelung werden pauschal 20 % der Ausgaben als nicht vorsteuerbelastet angesehen. Nur 80 % der auf die Privatnutzung entfallenden Ausgaben sind damit der Umsatzbesteuerung zu unterwerfen.

Berechnung:

12 % von 84 000 €	10 080,00 € (= einkommensteuerliche Entnahme)
abzgl. pauschal 20 % Ausgaben o. Vorsteuer	2 016,00 €
Verwendung von Gegenständen stpfl.	8 064,00 €
zzgl. 19 % USt	1 532,16 €
gesamt	9 596,16 €

Buchung:

Privatentnahme	2 016,00 €	an Verwendung von Gegenständen o. USt	2 016,00 €
und			
Privatentnahme	9 596,16 €	an Verwendung von Gegenständen 19 %	8 064,00 €
		an Umsatzsteuer	1 532,16 €

Fall 332 **Private Kfz-Nutzung (mit Fahrtenbuch)**

Lösung: Da der Mandant das Fahrzeug seinem Unternehmen zugeordnet hat, sind alle Vorsteuerbeträge aus Anschaffung und lfd. Ausgaben in voller Höhe abzugsfähig (soweit ordnungsgemäße Rechnungen i. S. des § 14 UStG vorliegen).

Die private Benutzung des betrieblichen Fahrzeugs ist eine Entnahme i. S. des § 6 Abs. 1 Nr. 4 EStG, die mit den tatsächlich angefallenen Ausgaben anzusetzen ist, weil ein ordnungsgemäßes Fahrtenbuch geführt wurde.

Nach § 3 Abs. 9a Nr. 1 UStG liegt eine entgeltliche und damit nach § 1 Abs. 1 Nr. 1 UStG steuerbare sonstige Leistung vor, soweit die Fahrzeugkosten zum vollen Vorsteuerabzug berechtigt haben.

Bemessungsgrundlage für die Berechnung der Umsatzsteuer sind nach § 10 Abs. 4 Nr. 2 UStG die Ausgaben, soweit sie zum vollen oder teilweisen Vorsteuerabzug berechtigt haben. Die ertragsteuerliche AfA ist vorliegend – da die Nutzungsdauer mit fünf Jahren dem Berichtigungszeitraum nach § 15a Abs. 1 UStG entspricht – auch für umsatzsteuerliche Zwecke maßgebend (§ 10 Abs. 4 Nr. 2 Satz 2 und 3 UStG).

Berechnung:

Ausgaben mit Vorsteuerabzug (ohne Steuern u. Versicherung)	12 520,00 €
davon 40 % privat	5 008,00 €
+ 19 % Umsatzsteuer	951,52 €
stpfl. Entnahme	5 959,52 €
Ausgaben ohne Vorsteuerabzug	1 200,00 €
davon 40 % privat = Entnahme ohne USt	480,00 €

Buchungen:

Privatentnahme	5 959,52 €	an Verwendung von	
		Gegenständen 19 %	5 008,00 €
		an Umsatzsteuer	951,52 €
und			
Privatentnahme	480,00 €	an Verwendung von	
		Gegenständen ohne USt	480,00 €

Nichtabzugsfähige Zinsen Fall 333

Lösung:

Berechnung:

Entnahmen 2016	80 000 €
abzgl. Gewinn des Wirtschaftsjahres 2016	./. 50 000 €
abzgl. Einlagen 2016	./. 10 000 €
= Überentnahme 2016	20 000 €

Der pauschal ermittelte Zinsanteil ist als nicht abzugsfähige Betriebsausgabe zu behandeln. Er beträgt nach § 4 Abs. 4a EStG 6 % der Überentnahme von 20 000 € = 1 200 €, höchstens aber tatsächlicher Zinsaufwand abzgl. 2 050 € (hier: 6 000 € ./. 2 050 € = 3 950 €).

Buchung:

nicht abzugsfähige Betriebsausgaben	1 200 €	an Zinsen	1 200 €

Die nicht abzugsfähigen Zinsen i. H. von 1 200 € müssen dem Gewinn außerhalb der Bilanz zur Ermittlung des steuerlichen Gewinns hinzugerechnet werden.

Fall 334 **Blumenpräsent**

Lösung: Das Blumengeschenk an Frau Wessels ist betrieblich veranlasst (§ 4 Abs. 4 EStG). Die Geschenkaufwendungen (netto) liegen hier nicht über 35 €/Wirtschaftsjahr/Empfänger. Die abzugsfähigen Vorsteuern (hier: 7 %) gehören nach § 9b Abs. 1 Satz 1 EStG nicht zu den Anschaffungskosten. Die Geschenkaufwendungen fallen damit nicht unter das Abzugsverbot des § 4 Abs. 5 Nr. 1 EStG.

Buchung:

Geschenke	35,00 €		
Vorsteuern	2,45 €	an Kasse	37,45 €

Fall 335 **Geschenke an Geschäftsfreunde**

Lösung: Die Aufwendungen für die Geschenke an die Kundin Ziegler sind betrieblich veranlasst und deshalb nach § 4 Abs. 4 EStG grundsätzlich als Betriebsausgaben abzugsfähig. Nach § 4 Abs. 5 Nr. 1 EStG dürfen jedoch Geschenkaufwendungen an Personen, die nicht Arbeitnehmer sind, nur dann den Gewinn mindern, wenn die Aufwendungen pro Empfänger und Wirtschaftsjahr 35 € nicht übersteigen. Eine Gewinnminderung darf deshalb hier nicht eintreten, weil die Grenze von 35 € im März überschritten ist. Die Kosten sind über das Konto nichtabzugsfähige Betriebsausgaben auszubuchen.

Nach § 15 Abs. 1a UStG ist u. a. bei nicht abzugsfähigen Betriebsausgaben i. S. des § 4 Abs. 5 Nr. 1 EStG ein Vorsteuerabzug nicht möglich. Eine Lieferung nach § 3 Abs. 1b UStG liegt nicht vor.

Buchung im Januar (35 €-Grenze noch nicht erfüllt):

Geschenke	15,00 €		
Vorsteuer	2,85 €	an Kasse	17,85 €

Buchung im März (35 €-Grenze nun erfüllt):

Nicht abz. Betriebsausgaben	53,55 €	an Kasse	35,70 €
		Geschenke	15,00 €
		Vorsteuer	2,85 €

Fall 336 **Bewirtungskosten (angemessen)**

Lösung: Die Kosten für die Bewirtung von Geschäftsfreunden aus betrieblichem Anlass sind Betriebsausgaben i. S. des § 4 Abs. 4 EStG. Nach § 4 Abs. 5 Nr. 2 EStG sind angemessene Bewirtungskosten nur i. H. von 70 % als Betriebsausgaben abzugsfähig. 30 % der angefallenen Kosten dürfen den Gewinn nicht mindern und müssen deshalb als nicht abzugsfähige Betriebsausgaben behandelt werden.

Nach § 15 Abs. 1a Satz 2 UStG ist auch für 30 % der Bewirtungskosten i. S. des § 4 Abs. 5 Nr. 2 EStG ein Vorsteuerabzug möglich.

Buchungen:

Bewirtungskosten	150,00 €		
Vorsteuern	28,50 €	an Kasse	178,50 €
und			
nicht abz. Betriebsausgaben	45,00 €	an Bewirtungskosten	45,00 €

Hinweis: Ebenfalls korrekt wäre es, wenn sofort im Soll auf das Konto nicht abzugsfähige Betriebsausgaben gebucht worden wäre.

Bewirtungskosten (unangemessen)

Fall 337

Lösung: Nach § 4 Abs. 4 EStG sind sämtliche Bewirtungskosten Betriebsausgaben, weil sie betrieblich veranlasst sind. Dabei dürfen jedoch zunächst die Bewirtungskosten, die nach allgemeiner Verkehrsauffassung als unangemessen anzusehen sind, nach § 4 Abs. 5 Nr. 7 EStG den Gewinn nicht mindern.

Gemäß § 15 Abs. 1a Satz 1 UStG ist bei unangemessenen Aufwendungen i. S. des § 4 Abs. 5 Nr. 2 und Nr. 7 EStG ein Vorsteuerabzug nicht zulässig.

Buchungen:

a) für den unangemessenen Teil (1 800 € netto)

nicht abz. Betriebsausgaben	2 142 €	an Bewirtungskosten	1 800 €
		an Vorsteuern	342 €

b) für 30 % des angemessenen Teils (2 000 € netto)

nicht abz. Betriebsausgaben	600 €	an Bewirtungskosten	600 €

Reisekosten des Unternehmers

Fall 338

Lösung: Aus den Rechnungen/Quittungen über die Bahnfahrt und die Taxifahrten kann ein Vorsteuerabzug vorgenommen werden. Nach §§ 34 und 35 UStDV ergibt sich aus der Bahnfahrkarte bei einer Tarifentfernung von mehr als 50 km eine Vorsteuer von 19 % aus 173,60 € = 27,72 €, aus der Taxi-Rechnung eine Vorsteuer von 7 % aus 44 € = 2,88 €.

Berechnung:

a)	Fahrtkosten DB	173,60 €	
	./. abzugsfähige Vorsteuer	27,72 €	145,88 €
b)	Taxifahrten	44,00 €	
	./. abzugsfähige Vorsteuer	2,88 €	41,12 €
c)	Verpflegungskosten, pauschal		12,00 €
	= Reisekosten, netto		199,00 €

Buchung:

Reisekosten Unternehmer	199,00 €		
Vorsteuern	30,60 €	an Kasse	229,60 €

Fahrten Wohnung – Betrieb (ohne Fahrtenbuch)

Fall 339

Lösung: Die Aufwendungen für Fahrten zwischen Wohnung und Betrieb werden mit monatlich 0,03 % des inländischen Listenpreises im Zeitpunkt der Erstzulassung zzgl. der Kosten für Sonderausstattungen einschließlich der Umsatzsteuer pro Entfernungskilometer angesetzt, wenn kein ordnungsgemäßes Fahrtenbuch geführt wird.

Der Abzug dieser Aufwendungen ist aber durch § 4 Abs. 5 Nr. 6 EStG mit den Pauschalen möglich, die Arbeitnehmern für Wege zwischen Wohnung und Arbeitsstätte zustehen (0,30 €/Entfernungs-km).

Berechnung:

0,03 % von 84 000 € × 12 Monate × 10 Entf.-km =	3 024 €
abzugsfähig: 240 Tage × 10 Entf.-km × 0,30 €/Entf.-km =	720 €
= nicht abzugsfähige Betriebsausgaben	2 304 €

Buchung:

nicht abz. Betriebsausgaben	2 304 €	an Fahrzeugkosten	2 304 €

Eine Umsatzbesteuerung ist im Falle von nicht abzugsfähigen Betriebsausgaben bei Fahrten zwischen Wohnung und Betrieb nicht vorgesehen.

Fall 340 Fahrten Wohnung – Betrieb (mit Fahrtenbuch)

tatsächliche Kosten (200 Tage x 2 x 25 km x 0,45 €/km)	= 4 500 €
davon abzugsfähig wie bei Arbeitnehmern	
200 Tage x 25 Entf.-km x 0,30 €	1 500 €
= nicht abzugsfähig	3 000 €

Hinweis:

Die Aufwendungen, die nicht abzugsfähig sind, unterliegen nicht der Umsatzbesteuerung und führen zu keiner Korrektur des Vorsteuerabzugs.

Buchung:

nicht abz. Betriebsausgaben	3 000 €	an Fahrzeugkosten	3 000 €

Fall 341 Anschaffung eines Lkw

Lösung: Anschaffungskosten i. S. des § 255 Abs. 1 HGB sind alle Aufwendungen für den Erwerb eines Wirtschaftsgutes bis zur Erlangung der Betriebsbereitschaft einschließlich der Anschaffungsnebenkosten.

Berechnung:

Listenpreis	68 400 €
+ Firmenaufschrift	3 800 €
+ Überführungskosten	350 €
+ Kfz-Brief	20 €
+ Zulassungskosten	165 €
gesamt	72 735 €

Buchung:

Lkw	72 735,00 €		
Vorsteuern	13 797,80 €		
Kfz-Kosten	50,00 €	an Bank	86 582,80 €

Anschaffung eines bebauten Grundstücks

Lösung: Grund und Boden und Gebäude sind steuerlich zwei verschiedene Wirtschaftsgüter. Es muss eine getrennte Bilanzierung erfolgen, weil der Grund und Boden im Gegensatz zum Gebäude zum nicht abnutzbaren Anlagevermögen gehört. Bei der Ermittlung der Anschaffungskosten dieser beiden Wirtschaftsgüter ist zu beachten, dass sich die Anschaffungsnebenkosten entsprechend ihrem Kaufpreisanteil am Gesamtkaufpreis verteilen:

Kaufpreis	100 000 €
Maklergebühren	3 000 €
Notarkosten	700 €
Grunderwerbsteuer	6 500 €
Anschaffungskosten gesamt	110 200 €

Buchung:

unbebautes Grundstück	22 040 €		
Geschäftsbauten	88 160 €		
Vorsteuern	703 €	an Bank	103 570 €
		an sonstige Verbindlichkeiten	6 500 €
		an Erlöse	700 €
		an Umsatzsteuer	133 €

Einlage eines unbebauten Grundstücks

Lösung: Das unbebaute Grundstück ist ab Oktober notwendiges Betriebsvermögen, weil es ab diesem Zeitpunkt ausschließlich betrieblich genutzt wird. Es muss deshalb bilanziert werden.

Da die Anschaffung zunächst für private Zwecke erfolgte, ist im Oktober eine Einlage ins Betriebsvermögen zu buchen.

Einlagen sind nach § 6 Abs. 1 Nr. 5 EStG grundsätzlich mit dem Teilwert zum Zeitpunkt der Einlage zu bewerten. Erfolgt die Einlage jedoch (wie hier) innerhalb von drei Jahren nach der Anschaffung, darf die Einlage höchstens mit den ursprünglichen Anschaffungskosten eingebucht werden.

Berechnung der Anschaffungskosten:

Kaufpreis	160 000 €
Grunderwerbsteuer	10 400 €
Notarkosten (Beurkundung des Kaufvertrags)	1 428 €
Gerichtskosten (Eigentumseintragung)	800 €
Summe Anschaffungskosten	172 628 €

Die Einlage ist höchstens mit den im Privatbereich angefallenen Anschaffungskosten von 172 628 € zu buchen. Dabei ist zu beachten, dass die Kosten, die auf die Finanzierung des Kaufpreises entfallen (Bestellung und Eintragung der Grundschuld), nicht zu den Anschaffungskosten zählen. Dagegen sind die auf private Anschaffungskosten entfallende Vorsteuerbeträge im Zeitpunkt ihrer Entstehung nicht abzugsfähig gewesen und deshalb den Anschaffungskosten hinzuzurechnen. Später ist ein nachträglicher Vorsteuerabzug nicht mehr möglich.

Buchung:

unbebaute Grundstücke	172 628 €	an Privateinlage	172 628 €

Fall 344 **Anzahlungen auf Anlagegüter**

Lösung:

a) beim Auftraggeber

Der Vorsteuerabzug aus Anzahlungen ist nach § 15 Abs. 1 Nr. 1 UStG dann möglich, wenn eine Rechnung (hier: Vertrag) mit gesondertem Steuerausweis vorliegt und die Zahlung geleistet worden ist.

Die Anschaffung der Kühlanlage ist erst nach erfolgter Lieferung zu buchen. Dabei sind bei der vorliegenden korrekten Abrechnung der Anzahlung nur noch die Vorsteuern abzugsfähig, die bisher noch nicht abgezogen wurden. Durch Inanspruchnahme von Skonto mindern sich die Anschaffungskosten (§ 255 Abs. 1 HGB) und der Vorsteuerabzug (§ 17 Abs. 1 UStG).

Buchung der Anzahlung:

Geleistete Anzahlungen	20 000 €		
Vorsteuern	3 800 €	an Bank	23 800 €

Buchung bei Lieferung:

technische Anlagen	75 600 €		
Vorsteuern	10 564 €	an geleistete Anzahlungen	20 000 €
		an Verbindlichkeiten	66 164 €

Buchung bei Zahlung:

Verbindlichkeiten	66 164,00 €	an Bank	64 364,72 €
		an techn. Anlagen	1 512,00 €
		an Vorsteuern	287,28 €

b) beim Lieferanten:

Buchung der erhaltenen Anzahlung:

Bank	23 800 €	an erhaltene Anzahlungen	20 000 €
		an Umsatzsteuer	3 800 €

Buchungen bei Lieferung:

Forderungen aus L. und L.	66 164 €		
erhaltene Anzahlungen	20 000 €	an Erlöse	75 600 €
Umsatzsteuer	3 800 €	an Umsatzsteuer	14 364 €

Buchung bei Zahlungseingang:

Bank	64 364,72 €		
Erlösschmälerungen	1 512,00 €		
Umsatzsteuer	287,28 €	an Forderungen aus L. und L.	66 164,00 €

Hinweis: Zur rechtlichen Behandlung von erhaltenen Anzahlungen vgl. die Ausführungen zur Lösung des Falls 316 und Fall 315.

Kauf eines Lkw/Tausch mit Baraufgabe

Lösung: Um eine möglichst aussagekräftige GuV-Rechnung zu erhalten, ist beim Ausscheiden von Wirtschaftsgütern des abnutzbaren Anlagevermögens aus dem Betriebsvermögen die AfA zu berechnen und zu buchen. Übersteigt der Nettoverkaufserlös den Buchwert bei Veräußerung, so ist dadurch ein sonstiger betrieblicher Ertrag entstanden.

Buchungen:

Abschreibung	5 250 €		
Anlagenabgang	12 750 €	an Pkw	18 000 €
und			
Forderungen	22 729 €	an Erlöse aus Anlageverkäufen	19 100 €
		an Umsatzsteuer	3 629 €
und			
Lkw	148 200 €		
Vorsteuer	28 158 €	an Forderungen	22 729 €
		an Bank	153 629 €

Anschaffung von Einrichtungsgegenständen

Lösung: Das Mobiliar für das Café ist nicht als einheitliches Wirtschaftsgut zu sehen, da jeder Stuhl und jeder Tisch für sich umsatzfähig, d. h. weiterveräußerbar ist. Jeder Tisch und jeder Stuhl kann auch selbständig genutzt werden. Die Einrichtungsgegenstände verlieren ihre selbständige Nutzungsfähigkeit auch nicht dadurch, dass sie in einheitlichem Stil gehalten sind. Die Anschaffungskosten jedes einzelnen Möbelstücks sind also getrennt zu beurteilen. Die Stühle stellen geringwertige Wirtschaftsgüter dar. Da ihre Anschaffungskosten 150 €, aber nicht 410 € übersteigen, besteht ein Wahlrecht: Der Mandant kann die Wirtschaftsgüter über die Nutzungsdauer linear gem. § 7 Abs. 1 EStG abschreiben. Er kann aber auch einen Sammelposten bilden, der gleichmäßig über fünf Jahre abzuschreiben ist (§ 6 Abs. 2a EStG). Schließlich kann er die Anschaffungskosten auch in vollem Umfang sofort abschreiben (§ 6 Abs. 2 EStG). Da – wenn nichts anderes gesagt ist – immer davon auszugehen ist, dass ein möglichst niedriger steuerlicher Gewinn im entsprechenden Wirtschaftsjahr auszuweisen ist, ist die Sofortabschreibung zu wählen.

Da die Anschaffungskosten für die Tische 1 000 € überschreiten, gelten hier die normalen Abschreibungsregeln für Betriebsausstattung.

	12 Stühle	3 Tische
Netto-Kaufpreis	2 400,00 €	3 150,00 €
./. Skonto 3 %	72,00 €	94,50 €
Anschaffungskosten	2 328,00 €	3 055,50 €
= Anschaffungskosten/Stück	194,00 €	1 018,50 €

Buchung bei Anschaffung/Rechnungseingang:

GWG	2 400,00 €		
Betriebsausstattung	3 150,00 €		
Vorsteuern	1 054,50 €	an Verbindlichkeiten	6 604,50 €

Buchung bei Bezahlung:

Verbindlichkeiten	6 604,50 €	an Bank	6 406,36 €
		an GWG	72,00 €
		an Betriebsausstattung	94,50 €
		an Vorsteuern	31,64 €

Hinweis: Die Buchungen der Abschreibungen erfolgen (erst) bei Erstellung des Jahresabschlusses.

Fall 347 **Anschaffung neuer Computer-Programme**

Lösung:

Allgemeines

Computerprogramme sind immaterielle Wirtschaftsgüter und als solche grundsätzlich nicht beweglich/selbständig nutzbar. Ausnahme: Trivialprogramme sind dagegen nach Auffassung der Finanzverwaltung (R 5.5 Abs. 1 EStR) abnutzbare, bewegliche und selbständig nutzbare Wirtschaftsgüter. Computerprogramme, deren AK nicht mehr als 410 € betragen, sind nach der o. a. Auffassung der Finanzverwaltung wie Trivialprogramme zu behandeln. Bei dem Schreib- und Rechenprogramm liegen somit die Voraussetzungen des § 6 Abs. 2 EStG (GWG) vor. Da der Sofortabzug als GWG gem. § 6 Abs. 2 EStG steuerlich günstiger ist, als die Abschreibung über die Nutzungsdauer oder die Einstellung in den Sammelposten (§ 6 Abs. 2a EStG), erfolgt hier die Buchung auf das Konto GWG.

a) Schreib- und Rechenprogramm

Netto-Kaufpreis	400 €
./. 3 % Skonto	12 €
= Anschaffungskosten	388 €

Buchung:

GWG	388,00 €		
Vorsteuern	73,72 €	an Bank	461,72 €

b) Programm „Turbo-Baker 2016"

Es handelt sich um ein immaterielles Wirtschaftsgut, welches kein GWG ist.

Die AfA muss linear und zeitanteilig berechnet werden:

Netto-Kaufpreis	2 500 €
./. 3 % Skonto	75 €
= Anschaffungskosten	2 425 €

Die höchstzulässige AfA beträgt damit 25 % linear (§ 7 Abs. 1 EStG) $\times$ $^{10}/_{12}$ = rd. 505 €.

Buchungen:

EDV-Software	2 425,00 €		
Vorsteuern	460,75 €	an Bank	2 885,75 €

Umbauten/Abschlagzahlungen

Lösung: Die Umbaumaßnahme an den Betriebsräumen ist als aktivierungspflichtiger nachträglicher Herstellungsaufwand zu beurteilen. Die Räumlichkeiten sind über ihren bisherigen Zustand hinaus erweitert und verbessert worden (§ 255 Abs. 2 HGB).

Abschlagzahlungen auf aktivierungspflichtigen Herstellungsaufwand werden bis zur Fertigstellung auf dem Konto „Bauten im Bau" gebucht, um sicherzustellen, dass Abschreibungen vor der Nutzungsfähigkeit unterbleiben. Die Vorsteuern aus den Abschlagzahlungen sind gem. § 15 Abs. 1 Nr. 1 letzter Satz UStG bereits nach erfolgter Zahlung abzugsfähig. Allerdings ist die Vorsteuer aus der Rechnung vom 15. 1. des Folgejahres auch erst im Januar abzugsfähig, weil erst dann die Rechnung vorliegt.

Buchung der Anzahlungen:

Bauten im Bau	35 000 €		
Vorsteuern	6 650 €	an Bank	41 650 €

Buchung bei Fertigstellung:

Gebäude	45 000 €		
Im Folgejahr abziehbare Vorsteuer	1 900 €	an Bauten im Bau	35 000 €
		an Verbindlichkeiten	11 900 €

Buchung bei Rechnungseingang:

Vorsteuern	1 900 €	an im Folgejahr abziehbare Vorsteuer	1 900 €

Erwerb eines Betriebs

Lösung: Übersteigt der für den gesamten Betrieb gezahlte Kaufpreis den Teilwert der übernommenen Wirtschaftsgüter, so entfällt der übersteigende Betrag auf den Geschäfts- oder Firmenwert. Damit ergibt sich für die Eröffnungsbilanz folgendes Zahlenwerk:

Aktiva	Bilanz 1. 4.		Passiva
Firmenwert	62 000 €	Eigenkapital	120 000 €
BGA	40 000 €		
Waren	18 000 €		
	120 000 €		120 000 €

Der Firmenwert ist ein immaterielles abnutzbares Anlagegut. Nach § 7 Abs. 1 Satz 3 EStG ist bei der AfA-Berechnung von einer Nutzungsdauer von 15 Jahren auszugehen.

	Firmenwert		BGA
Anschaffungskosten	62 000 €		40 000 €
./. AfA $1/15 \times 9/12$	3 100 €	$33^{1}/_{3} \times 9/12$	10 000 €
= Buchwert 31. 12.	58 900 €		30 000 €

Fall 350 **Buchung von Gehältern**

Lösung:

Brutto-Gehalt	2 500,00 €
./. Lohnsteuer	321,08 €
./. Kirchensteuer	28,89 €
./. Solidaritätszuschlag	17,65 €
./. Sozialversicherung	489,38 €
= Netto-Gehalt	1 643,00 €

Buchungen:

Gehälter	2 500,00 €	an Bank	1 643,00 €
		an Verbindlichkeiten Lohn-/KiSt/SolZ	367,62 €
		an Verbindlichkeiten soziale Sicherheit	489,38 €
und			
Ges. soz. Aufwendungen	530,63 €	an Verbindlichkeiten soziale Sicherheit	530,63 €

Hinweis:

In der Praxis wird bei der Bruttolohnverbuchung teilweise ein sog. Lohnverrechnungskonto zwischengeschaltet (SKR 03: Konto 1755). Das heißt: Die Gehälter i. H. von 2 500 € werden zunächst auf das Lohnverrechnungskonto gebucht (Gehälter an Lohnverrechnungskonto) und in einem weiteren Buchungssatz dann vom Lohnverrechnungskonto an die o. a. Konten (Lohnverrechnungskonto an Bank etc.).

Fall 351 **Buchung von Aushilfslöhnen**

Lösung: Nach § 40a Abs. 2 EStG hat der Arbeitgeber 2 % Pauschalsteuer zu entrichten. Zusätzlich muss er 15 % Rentenversicherung und 13 % Krankenversicherung und die U1 (Krankheit: 1,0 %), die U2 (Mutterschaft: 0,3 %) und die U3 (Insolvenz: 0,12 %) übernehmen. Der Beitrag zur gesetzlichen Unfallversicherung beträgt lt. Sachverhalt 1,5 %.

Buchungen:

Aushilfslöhne	2 684,00 €	an Kasse	2 684,00 €
und			
Ges. soz. Aufwendungen	883,57 €	an Verbindlichkeiten soziale Sicherheit	883,57 €

Hinweis:

Mit der Pauschalierung der Lohnsteuer (2 %) ist auch der Solidaritätszuschlag und die Kirchensteuer abgegolten. Der Arbeitslohn ist damit endgültig besteuert. Ein späterer Ansatz im ESt-Bescheid erfolgt nicht (§ 40a Abs. 5 i. V. m. § 40 Abs. 3 EStG).

Fall 352 **Gehaltsbuchung (geldwerter Vorteil)**

Lösung: Da der Arbeitnehmer das Fahrzeug nicht nur gelegentlich nutzen kann, liegt eine entgeltliche Firmenwagenüberlassung vor. Für einen Teil seiner Arbeitsleistung hat er die Möglichkeit der kostenlosen Nutzung des Firmenwagens für private Zwecke. Dieser geldwerte Vorteil ist als Arbeitslohn zu versteuern. Er beträgt 300 € monatlich.

Beim Unternehmer/Arbeitgeber liegt eine entgeltliche sonstige Leistung nach § 3 Abs. 9 UStG vor, die nach § 1 Abs. 1 Nr. 1 UStG steuerbar und auch steuerpflichtig ist. Die Gegenleistung besteht in der Arbeitsleistung des Arbeitnehmers. Damit liegt ein tauschähnlicher Umsatz vor. Bemessungsgrundlage ist nach § 10 Abs. 2 Satz 2 UStG der Wert des anderen Umsatzes (der Arbeitsleistung) abzgl. Umsatzsteuer. Der Wert der Arbeitsleistung kann in Höhe der bei der Fahrzeugüberlassung angefallenen Kosten angenommen werden (300 € monatlich für die Privatfahrten und 0,03 % x 30000 € x 25 km = 225 € monatlich für die Fahrten zwischen Wohnung und erster Tätigkeitsstätte). Die Bemessungsgrundlage beträgt damit 525 € : 1,19 = 441,18 €, die Umsatzsteuer 83,82 €.

Buchungen:

Gehälter	2 500,00 €	an Bank	1 164,54 €
		an Verbindlichkeiten Lohn-/KiSt/SolZ	321,08 €
		an Verbindlichkeiten soziale Sicherheit	489,38 €
		an verrechnete Sachbezüge	441,18 €
		an Umsatzsteuer	83,82 €

und

Ges. soz. Aufwendungen	530,63 €	an Verbindlichkeiten soziale Sicherheit	530,63 €

Gehaltsbuchung (Verrechnung mit Warenbezügen)

Fall 353

Lösung: Der Erlös aus dem Verkauf von Ware an das Personal ist Entgelt für eine steuerbare und steuerpflichtige Lieferung des Arbeitgebers. Bemessungsgrundlage für die Umsatzsteuer ist gem. § 10 Abs. 1 UStG der Kaufpreis abzüglich der im Kaufpreis enthaltenen Umsatzsteuer.

Gehalt brutto	2 500,00 €
./. Lohn- und KiSt/SolZ	321,08 €
./. Sozialabgaben	489,38 €
./. Rückzahlung Vorschuss	250,00 €
./. Verrechnung Waren	245,00 €
= auszuzahlen	1 194,54 €

Buchungen:

Gehälter	2 500,00 €	an Bank	1 194,54 €
		an Verbindlichkeiten Lohn-/KiSt/SolZ	321,08 €
		an Verbindlichkeiten soziale Sicherheit	489,38 €
		an Forderungen Personal	250,00 €
		an Erlöse	205,88 €
		an Umsatzsteuer	39,12 €

und

Ges. soz. Aufwendungen	530,63 €	an Verbindlichkeiten soziale Sicherheit	530,63 €

Reisekostenabrechnung mit Tagespauschalen

Fall 354

Lösung: Vom Arbeitgeber dürfen bei mehr als 8-stündiger Abwesenheit von der Wohnung nur 12 € lohnsteuerfrei als Mehraufwendungen für Verpflegung vergütet werden. Der übersteigende Betrag ist steuerpflichtiger Arbeitslohn.

Hinweis:

Eine Kürzung der Pauschale nach § 9 Abs. 4a Satz 8 EStG hat nicht zu erfolgen, da der Arbeitgeber seinem Arbeitnehmer keine Mahlzeiten zur Verfügung gestellt hat.

Ein Vorsteuerabzug ist nach § 15 Abs. 1 Nr. 1 UStG u. a. nicht möglich, wenn der Unternehmer seinem Personal Verpflegungskosten aufgrund einer auswärtige berufliche Tätigkeit erstattet. Bei pauschaler Erstattung liegt keine Rechnung mit gesondertem Steuerausweis vor. Der Vorsteuerabzug ist nur aus der Fahrtkosten-Erstattung für die Benutzung öffentlicher Verkehrsmittel möglich. Die Vorsteuer beträgt 19 % aus 76 € = 12,13 €, weil die im Fahrausweis ausgewiesene Tarifentfernung 50 km übersteigt (§§ 34, 35 UStDV).

Berechnung:

a)	Fahrtkosten DB		76,00 €	
	./. abzugsfähige Vorsteuer		12,13 €	63,87 €
b)	Pauschale für Verpflegung			12,00 €
	= steuerfrei Reisekostenerstattung (netto)			75,87 €

Buchung:

Reisekosten AN	75,87 €		
Vorsteuern	12,13 €		
Gehälter	8,00 €	an Kasse	96,00 €

Fall 355 Reisekosten (Benutzung eines privaten Pkw)

Lösung: Bei der Reisekosten-Abrechnung des Kundenberaters Feldkamp ergibt sich aus dem Beleg des Parkhauses ein Vorsteuerabzug von 19 % aus 5 € = 0,80 € gem. § 33 UStDV. Ein weiterer Vorsteuerabzug ist nicht möglich.

Berechnung:

a)	Fahrtkostenvergütung		42,00 €
b)	Parkgebühr	5,00 €	
	./. abzugsfähige Vorsteuer	0,80 €	4,20 €
	= Reisekosten (netto)		46,20 €

Buchung:

Reisekosten AN	46,20 €		
Vorsteuer	0,80 €	an Kasse	47,00 €

Fall 356 Mehrtägige Dienstreise

1. Erläuterungen und Berechnungen:

a) Fahrtkosten

Steuerfreie Erstattung i. H. von 0,30 €/gefahrenem km gem. § 3 Nr. 16, § 9 Abs. 1 Satz 3 Nr. 4a Satz 2 EStG.

1 480 km x 0,30 €/km = 444,00 €

b) Übernachtungskosten

Steuerfreie Erstattung i. H. von = 80,00 €
80 € gem. § 3 Nr. 16, § 9 Abs. 1 Satz 3 Nr. 5a EStG.

Die darin enthaltene Vorsteuer i. H. von 5,23 € kann gem. § 15 Abs. 1 Nr. 1 UStG umsatzsteuerlich abgezogen werden.

c) Frühstück

Eine Besteuerung der Erstattung durch den Arbeitgeber unterbleibt gem.
§ 8 Abs. 2 Satz 9 EStG: = 10,00 €

Die darin enthaltene Vorsteuer i. H. von 1,60 € kann gem. § 15 Abs. 1 Nr. 1 UStG umsatzsteuerlich abgezogen werden.

d) Mehraufwendungen für Verpflegung

Steuerfreie Erstattung gem. § 3 Nr. 16,
§ 9 Abs. 4a EStG i. H. von: = 19,20 €

Ermittlung:
Anreisetag (§ 9 Abs. 4a Satz 3 Nr. 2 EStG) 12,00 €
Abreisetag (§ 9 Abs. 4a Satz 3 Nr. 2 EStG) 12,00 €
abzgl. Kürzung wegen des vom Arbeitgeber zur Verfügung gestellten Frühstücks ./. 4,80 €
(20 % x 24 € = 4,80 € gem. § 9 Abs. 4a Satz 8 Nr. 1 EStG)
= 19,20 €

e) Summe = der steuerlich höchstzulässige, nicht der Lohnsteuer zu unterwerfende Betrag, der dem Arbeitnehmer erstattet werden kann (brutto): 553,20 €

Hinweis: Darin enthaltene abzugsfähige Vorsteuer gem. § 15 Abs. 1 Nr. 1 UStG:
5,23 € + 1,60 € (s. o.) = 6,83 €

f) Noch an den Arbeitnehmer zu zahlen: 553,20 €
./. Abschlag ./. 300,00 €
= noch zu zahlen 253,20 €

2. Buchung
Reisekosten AN 246,37 €
Vorsteuer 6,83 € an Bank 253,20 €

Gewinnauswirkung von Steuerzahlungen

Fall 357

Lösung:

Steuerart	Gewinnauswirkung	Begründung
a) Einkommensteuer	erfolgsneutral	Privatsteuer (§ 12 EStG)
b) Lohnsteuer		
aa) bei Bruttolohnverbuchung	erfolgsneutral	bereits als Aufwand gebucht
bb) bei Nettolohnverbuchung	gewinnmindernd	noch als Aufwand zu buchen
c) Grundsteuer	gewinnmindernd	Betriebssteuer
d) Grunderwerbsteuer	erfolgsneutral	Anschaffungskosten

e) Gewerbesteuer	erfolgsneutral	keine Betriebsausgabe (§ 4 Abs. 5b EStG)
f) Umsatzsteuer	erfolgsneutral	indirekte Steuer
g) Kfz-Steuer	gewinnmindernd	Betriebssteuer
h) Einfuhrumsatzsteuer	erfolgsneutral	Vorsteuerabzug ist möglich

Fall 358   Steuerzahlungen/Säumniszuschläge

Lösung:

Privatentnahme	32 €		
Privatsteuern	3 625 €		
Umsatzsteuervorauszahlung	588 €		
Nebenleistung zu Betriebsteuern	5 €	an Bank	4 250 €

Fall 359   Steuerzahlung/Verrechnung mit Guthaben

Lösung:

Verbindlichkeit LSt/KiSt	2 250 €		
Privatsteuern	1 572 €	an Umsatzsteuerforderungen	850 €
		an Bank	2 972 €

Die Buchung ist erfolgsneutral, weil sich Lohn- und Kirchensteuer (Arbeitnehmer) als Teil des Bruttolohns bereits gewinnmindernd ausgewirkt haben. Die Einkommensteuer des Mandanten darf den Gewinn nicht mindern (§ 12 EStG). Die gesamte Buchung spricht ausschließlich Bestands-/Privatkonten an (Betriebsvermögen – Umschichtung).

Fall 360   Verrechnung eines USt-Guthabens

Lösung:

LSt/KiSt	1 624,00 €
Erbschaftsteuer	914,00 €
Kfz-Steuer für ein Betriebsfahrzeug	740,00 €
ESt-Nachzahlung (Vorjahr)	2 270,00 €
SolZ-Nachzahlung (Vorjahr)	124,00 €
KiSt-Nachzahlung (Vorjahr)	130,50 €
Summe	5 802,50 €
abzgl. Überweisung	890,00 €
USt-Guthaben	4 912,50 €

Buchung:

Privatsteuern	3 438,50 €		
Verbindlichkeit LSt/KiSt	1 624,00 €	an Bank	890,00 €
Kfz-Steuern	740,00 €	an Umsatzsteuerforderungen	4 912,50 €

Buchung einer GewSt-Nachzahlung

Lösung:

Buchung beim Jahresabschluss:

Gewerbesteuer	2 420 €	an GewSt-Rückstellung	2 420 €

Buchung bei Zahlung:

GewSt-Rückstellung	2 420 €	an Gewerbesteuer (Vorjahr)	40 €
		an Bank	2 380 €

Hinweis:

Das Konto „Gewerbesteuer" wird über die GuV abgeschlossen. Außerhalb der Bilanz ist der Gewinn dann zu korrigieren (zzgl. 2 420 € und abzgl. 40 € – § 4 Abs. 5b EStG).

Abgrenzungsposten

Lösung:

zu a) Gemäß § 5 Abs. 5 Satz 1 Nr. 1 EStG ist für Zahlungen vor dem Abschlussstichtag ein aktiver RAP zu bilden, wenn die Zahlung Aufwand für eine bestimmte Zeit nach dem Abschlusszeitpunkt darstellt. Für die Zahlung der Versicherungsprämie im alten Geschäftsjahr ist ein aktiver RAP zu bilden.

zu b) Da die Zahlung der bereits im November des alten Geschäftsjahres fälligen Kfz-Steuer erst nach dem Abschlussstichtag erfolgt, liegt eine Verbindlichkeit vor.

zu c) Für ungewisse Verbindlichkeiten, deren Entstehung und (oder) Höhe noch nicht feststeht, muss gem. § 249 HGB eine Rückstellung in Höhe des zu erwartenden Aufwands gebildet werden. Das gilt über § 5 Abs. 1 Satz 1 EStG auch für die Steuerbilanz.

zu d) Es ist eine Forderung zu bilanzieren, weil der Schadensersatzanspruch im alten Geschäftsjahr entstanden ist, aber erst im neuen Jahr eine entsprechende Zahlung eingeht.

zu e) Die Provisionszahlung im Dezember bezieht sich auf Leistungen, die erst nach dem Abschlussstichtag erbracht werden. Gemäß § 5 Abs. 5 Satz 1 Nr. 2 EStG ist ein passiver RAP zu bilden.

Zeitliche Abgrenzung

Lösung:

zu a) Der Teil der Kfz-Steuer, der auf das Jahr 2016 entfällt, ist als Aufwand in 2016 zu buchen. Da die Zahlung erst nach dem Abschlussstichtag erfolgt, ist eine sonstige Verbindlichkeit auszuweisen.

Buchung 2016:

Kfz-Steuern	150 €	an sonst. Verbindlichkeiten	150 €

Buchung 2017:

sonst. Verbindlichkeiten	150 €		
Kfz-Steuern	750 €	an Bank	900 €

zu b) Die noch nicht bezahlten betrieblichen Mieten sind einschließlich der abzugsfähigen Vorsteuern als sonstige Verbindlichkeit zu erfassen. Die Vorsteuer ist umsatzsteuerrechtlich bereits abzugsfähig, da die Teilleistung erbracht worden ist und (Unterstellung!) eine ordnungsgemäße Rechnung vorliegt (§ 15 Abs. 1 Nr. 1 Satz 1 und 2 UStG).

Buchung 2016:

Miete	1 000 €		
Vorsteuern	190 €	an sonst. Verbindlichkeiten	1 190 €

Buchung 2017:

sonst. Verbindlichkeiten	1 190 €	an Bank	1 190 €

zu c) Die zum Ende des Vorjahres gebildete GewSt-Rückstellung muss aufgelöst werden.

Buchung 2015:

GewSt-Rückstellung	2 500 €		
Gewerbesteuer	300 €	an sonst. Verbindlichkeiten	2 800 €

Hinweis:

Das Konto „Gewerbesteuer" wird über die GuV abgeschlossen. Außerhalb der Bilanz ist der Gewinn dann zu korrigieren (zzgl. 300 € – § 4 Abs. 5b EStG).

Buchung 2016:

sonst. Verbindlichkeiten	2 800 €	an Bank	2 800 €

zu d) Nach § 5 Abs. 5 Satz 1 Nr. 1 EStG ist eine aktive Rechnungsabgrenzung vorzunehmen.

Buchung 2016:

Versicherungen	1 800 €		
akt. RAP	600 €	an Bank	2 400 €

Buchung 2017:

Versicherungen	600 €	an akt. RAP	600 €

Fall 364 **Berechnung der Abgrenzungen/Korrekturbuchungen**

Lösung:

zu a) Es muss zur periodengerechten Gewinnermittlung ein aktiver RAP gebildet werden, weil vor dem Abschlussstichtag Zahlungen für eine bestimmte Zeit danach erfolgten.

Buchung:

akt. RAP	1 500 €	an Versicherungen	1 500 €

zu b) Am 31.12. besteht ein Erstattungsanspruch gegenüber dem Finanzamt und der Versicherung. Es ist eine sonstige Forderung zu bilanzieren.

Buchung:

sonst. Forderungen	620 €	an Kfz-Steuern	180 €
		an Kfz-Versicherung	440 €

zu c) Die Zinsverbindlichkeit ist am 31. 12. als sonstige Verbindlichkeit auszuweisen. Das Darlehenskonto bleibt unverändert, da bis zum 31. 12. 2016 die Tilgungsrate nicht gezahlt wurde.

Buchung:

Zinsaufwand	2 500 €	an sonst. Verbindlichkeiten	2 500 €

zu d) Die Aufwendungen dürfen nur insoweit berücksichtigt werden, als sie betrieblich veranlasst sind. Die Aufwendungen für die Erstellung der Einkommensteuer-Erklärung und der Anlage V bleiben unberücksichtigt. Das gilt auch für die Übertragung der ermittelten Einkünfte aus Gewerbebetrieb in die Anlage G zur ESt-Erklärung (vgl. BMF-Schreiben vom 21.12.2007 – IV B 2 - S 2144/07/0002). Die Aufwendungen für die Erstellung der Gewerbesteuererklärung fallen m. E. nicht unter § 4 Abs. 5b EStG (Wortlaut bezieht sich nur auf die Steuer selbst) und sind damit abzugsfähig.

Da die Höhe der Aufwendungen noch nicht genau feststeht, ist eine Rückstellung zu bilden.

Buchung:

Rechts- und Beratungskosten	3 900 €	an Rückstellung für Abschlusskosten	3 900 €

Darlehensaufnahme

Fall 365

Lösung:

Buchung 1. 10. 2016:

Zinsaufwand	750 €	an Bank	750 €

Buchung 31. 12. 2016:

Zinsaufwand	375 €	an sonst. Verbindlichkeiten	375 €

Buchung 1. 4. 2017:

Zinsaufwand	375 €		
sonst. Verbindlichkeiten	375 €		
Darlehen	10 000 €	an Bank	10 750 €

Darlehensaufnahme/Damnum (Disagio)

Fall 366

Lösung:

Buchung bei Darlehensaufnahme:

Bank	84 600 €		
Damnum (akt. RAP)	5 400 €	an Darlehen	90 000 €

Buchungen Jahresabschluss:

Zinsaufwand (Hinweis: nachschüssig $-\,^2/_{12}$) und	600 €	an sonst. Verbindlichkeiten	600 €
Zinsaufwand	360 €	an Damnum	360 €

411

Hinweise:

a) **Steuerbilanz**

Wird neben dem Disagio seitens der Bank eine Abschluss-/Bearbeitungsgebühr einbehalten, so ist auch hierfür ein akt. RAP zu bilden (§ 5 Abs. 5 Satz 1 Nr. 1 EStG), vgl. BFH v. 19.1.1978, BStBl 1978 II 262. Das gilt dann grundsätzlich nicht, wenn die Gebühr im Falle einer vorzeitigen Vertragsbeendigung nicht (anteilig) zurückzuerstatten ist (BFH v. 22.6.2011, I R 7/10); (Folge: Gebühr sofort als BA abzugsfähig, kein akt. RAP insoweit).

b) **Handelsbilanz**

Für die Handelsbilanz existiert bezüglich der Bildung eines akt. RAP beim Disagio/bei der Abschluss-/Bearbeitungsgebühr ein Wahlrecht (§ 250 Abs. 3 HGB).

Fall 367 Darlehensgewährung

Lösung:

Buchung bei Auszahlung:

Darlehen	80 000 €	an Bank	78 400 €
		an passive RAP	1 600 €

Buchung per 31.12.:

sonstige Forderungen und	1200 €	an Zinsertrag	1200 €
passiver RAP	267 €	an Zinsertrag	267 €

Buchung per 1.3.:

Bank	1800 €	an sonstige Forderungen	1200 €
		an Zinsertrag	600 €

Fall 368 Zeitliche Abgrenzung/Umsatzsteuer

Lösung: Die Mieten für Januar und Februar 2017 sind zwar dem Vermieter vor dem Abschlusszeitpunkt 31.12.2016 zugeflossen, sind aber Ertrag des Jahres 2017. Gemäß § 5 Abs. 5 Satz 1 Nr. 2 EStG muss ein passiver Rechnungsabgrenzungsposten gebildet werden.

Die Umsatzsteuer entsteht bei Vermietungsumsätzen mit monatlicher Zahlung mit Ablauf des jeweiligen Monats der Vermietung. Es handelt sich dabei um Teilleistungen (§ 13 Abs. 1 Nr. 1 Buchst. a Satz 1 bis 3 UStG).

Bei Vorauszahlungen entsteht hier die Umsatzsteuer mit Ablauf des Monats, in dem die Zahlung erfolgte (§ 13 Abs. 1 Nr. 1 Buchst. a Satz 4 UStG).

Buchung:

Bank	2 856 €	an Grundstückserträge	800 €
		an passive RAP	1 600 €
		an Umsatzsteuer	456 €

Zeitliche Abgrenzung/Vorsteuer

Fall 369

Lösung: Am 31. 12. ist die Dezembermiete einschließlich entsprechender Umsatzsteuer noch zu zahlen und somit als Verbindlichkeit auszuweisen. Die Vorsteuer ist zu diesem Zeitpunkt noch nicht abzugsfähig, weil die Rechnung noch nicht vorliegt.

Buchung am 31. 12.:

Mieten	300 €		
Vorsteuer im Folgejahr abziehbar	57 €	an Verbindlichkeiten	357 €

Buchung am 10. 1.:

Mieten	600 €		
Vorsteuern	171 €		
Verbindlichkeiten	357 €	an Vorsteuer	
		im Folgejahr abziehbar	57 €
		an Bank	1 071 €

Bildung von Rückstellungen

Fall 370

Lösung: Rückstellungen sind zwingend auch in der Steuerbilanz zu bilden, wenn sie nach § 249 HGB auch für die Handelsbilanz gebildet werden müssen und die Vorschriften des § 5 Abs. 2a, 3, 4, 4a und 4b EStG sowie § 6a EStG dem nicht entgegenstehen (R 5.7 Abs. 1 EStR).

zu a) Nach § 249 Abs. 1 Satz 2 Nr. 1 HGB muss in der Handelsbilanz eine Rückstellung für unterlassene Instandhaltung gebildet werden, weil die Arbeiten innerhalb von drei Monaten im folgenden Geschäftsjahr nachgeholt werden. Diese Rückstellung muss in die Steuerbilanz übernommen werden (§ 5 Abs. 1 Satz 1 erster Halbsatz EStG).

zu b) Rückstellungen für unterlassene Instandhaltung dürfen handelsrechtlich nicht gebildet werden, wenn die Arbeiten zwar im folgenden Geschäftsjahr, aber nicht innerhalb der ersten drei Monate erfolgen (§ 249 Abs. 2 HGB). In der Steuerbilanz darf eine Rückstellung ebenfalls nicht ausgewiesen werden (§ 5 Abs. 1 Satz 1 erster Halbsatz EStG).

Weitere Abgrenzungen

Fall 371

Lösung zu a): Für zu erwartende Garantieleistungen ist in der Handels- und Steuerbilanz eine Rückstellung zu bilden. Es handelt sich um eine Rückstellung für ungewisse Verbindlichkeiten, die dem abgelaufenen Wj. zuzuordnen sind. Sie sind am Abschlussstichtag ungewiss, weil sie hinsichtlich ihrer Höhe oder des Zeitpunkts ihres Eintritts unbestimmt sind (§ 249 Abs. 1 Satz 1 HGB; § 5 Abs. 1 Satz 1 erster Halbsatz EStG). Da bereits per 31. 12. des vergangenen Wj. eine Rückstellung i. H. von (1 % von 900 000 €) = 9 000 € gebildet wurde, ist die Rückstellung entsprechend aufzustocken.

Buchung:

Aufwand für Gewährleistung	3 000 €	an Rückstellung für Gewährleistung	3 000 €

Lösung zu b): Für die zu erwartenden Schadensersatzleistungen und Rechtsanwalts- und Gerichtskosten gilt das zu a) gesagte. Eine Rückstellung muss zwingend gebildet werden.

Buchung:

s. b. Aufwendungen	24 500 €	an Rückstellungen	24 500 €

Lösung zu c): Für die erst im März des Folgejahres ausgeführten Reparaturen am Betriebsgebäude ist in der Handelsbilanz eine Rückstellung für unterlassene Aufwendungen für Instandhaltung zu bilden, weil die Instandhaltung innerhalb von drei Monaten nachgeholt wurde (§ 249 Abs. 1 Satz 2 Nr. 1 HGB). Gleiches gilt für die Steuerbilanz (§ 5 Abs. 1 Satz 1 erster Halbsatz EStG). Die Umsatzsteuer ist erst in 2016 abzugsfähig (§ 15 Abs. 1 Nr. 1 UStG).

Buchung:

Grundstücksaufwand	25 000 €	an Rückstellung für Instandhaltung	25 000 €

Fall 372   **Abgrenzung Betriebsvermögen/Privatvermögen**

Lösung zu a): Grundstücke, die in unterschiedlicher Weise genutzt werden, sind entsprechend ihrer Nutzung aufzuteilen. Jeder unterschiedlich genutzte Grundstücksteil ist als selbständiges Wirtschaftsgut zu behandeln (R 4.2 Abs. 3 EStR).

Der eigengewerblich genutzte Grundstücksteil ist nach R 4.2 Abs. 7 EStR notwendiges Betriebsvermögen und muss bilanziert werden.

Der fremdvermietete Grundstücksteil kann als gewillkürtes Betriebsvermögen behandelt werden (R 4.2 Abs. 9 EStR). Es besteht Bilanzierungswahlrecht.

Wird dieses Wahlrecht nicht ausgeübt, ist das Grundstück nur zu 80 % zu bilanzieren.

Lösung zu b): Wirtschaftsgüter, die dem Betriebsinhaber gehören und dem Betrieb zu mehr als 10 %, aber nicht zu mehr als 50 % dienen, **können** als gewillkürtes Betriebsvermögen bilanziert werden (R 4.2 Abs. 1 EStR).

Lösung zu c): Das Kopiergerät ist notwendiges Betriebsvermögen und muss bilanziert werden, weil es dem Betrieb zu mehr als 50 % dient (R 4.2 Abs. 1 EStR).

Lösung zu d): Das zur Finanzierung der Druckmaschine aufgenommene Darlehen ist entsprechend der steuerlichen Behandlung des angeschafften Wirtschaftsguts notwendiges (negatives) Betriebsvermögen (Betriebsschuld). Die Betriebsschuld ist in der Bilanz auszuweisen. Die Absicherung des Darlehens auf dem Einfamilienhaus der Ehefrau ist unbeachtlich (R 4.2 Abs. 15 EStR).

Lösung zu e): Nach H 4.2 Abs. 1 EStH **können** Wertpapiere als gewillkürtes Betriebsvermögen behandelt werden, wenn sie aus betrieblichen Mitteln angeschafft worden sind oder das Betriebskapital verstärken sollen.

Lösung zu f): Wirtschaftsgüter, die dem Betrieb zu weniger als 10 % dienen, gehören zum notwendigen Privatvermögen. Der Oldtimer wird also nicht bilanziert. Hinweis auf R 4.2 Abs. 1 EStR.

Fall 373   **Darlehen als Betriebsschuld**

Lösung: Darlehensverbindlichkeiten sind wie vertretbare Sachen zahlenmäßig aufzuteilen. Nur der Teil der Darlehensschulden, der wirtschaftlich mit einem betrieblichen Vorgang im Zusammenhang steht, ist Betriebsschuld und damit bilanzierungspflichtig.

Die Anschaffung der Stereoanlage und die Geldstrafe führen somit nicht zu einer Betriebsschuld. Die Finanzierung des nur teilweise betrieblich genutzten Pkw dagegen ist voll zu erfassen, da der Pkw in vollem Umfang notwendiges Betriebsvermögen ist (R 4.2 Abs. 15 EStR).

Buchung:

Bank	30 600 €	an Darlehen	23 800 €
		an Privateinlage	6 800 €
Pkw	20 000 €		
Vorsteuern	3 800 €	an Bank	23 800 €
Privatentnahme	6 800 €	an Bank	6 800 €

Zinsen und ggf. ein Damnum sind nur insoweit als Betriebsausgaben abzugsfähig, als sie auf die Betriebsschuld entfallen.

Anschaffungskosten und AfA bei einem Gebäude

Fall 374

Lösung: Zu den Anschaffungskosten des Grundstücks gehören neben dem Kaufpreis auch die Erwerbsnebenkosten. Die Anschaffungskosten betragen:

Kaufpreis (netto)	1 000 000 €
+ GrESt	65 000 €
+ Notarkosten	9 000 €
+ Grundbucheintragung	1 000 €
+ Maklergebühr	30 000 €
insgesamt	1 105 000 €
davon entfallen auf Grund und Boden (30 %):	331 500 €
Gebäude (70 %):	773 500 €

Bei Ermittlung der höchstmöglichen AfA für die Werkhalle ist zu beachten, dass die Werkhalle ein sog. Wirtschaftsgebäude i. S. des § 7 Abs. 4 Satz 1 Nr. 1 EStG ist. Es dient nicht Wohnzwecken und der Bauantrag erfolgte nach März 1985. Die AfA ist damit i. H. von 3 % der Anschaffungskosten zu berechnen. Dabei ist zu beachten, dass die lineare Gebäude-AfA nur zeitanteilig abgesetzt werden darf: 773 500 € x 3 % x $^{3}/_{12}$ = rd. 5 802 €.

Buchung der Anschaffungskosten:

Grund und Boden	331 500 €		
Fabrikbauten	773 500 €		
Zinsaufwand	15 000 €		
Vorsteuern	197 410 €	an Bank	1 317 410 €

Buchung der AfA:

Abschreibungen	5 802 €	an Fabrikbauten	5 802 €

Fall 375 **Herstellungskosten**

Lösung:

Herstellungskosten

Fertigungseinzelkosten	80 000 €
Fertigungsgemeinkosten	48 000 €
Materialeinzelkosten	30 000 €
Materialgemeinkosten	2 400 €
a) aktivierungspflichtige Herstellungskosten	160 400 €
Verwaltungskosten (Wahlrecht)*	8 020 €
b) aktivierungsfähige Herstellungskosten	168 420 €

* Hinweis: Nach R 6.3 EStR 2012 sind angemessene Teile der Kosten der allgemeinen Verwaltung zwingend bei der Berechnung der steuerlichen Herstellungskosten zu berücksichtigen (Aktivierungspflicht). Die Regelung in R 6.3 Abs. 4 Satz 1 EStR 2008 sah dagegen ein Wahlrecht vor. Vor diesem Hintergrund hat das BMF mit Schreiben vom 25. 3. 2013, BStBl 2013 I 296 geregelt, dass es nicht zu beanstanden ist, noch nach R 6.3 Abs. 4 Satz 1 EStR 2008 zu verfahren (Wahlrecht). Das Wahlrecht gilt bis zu einer Neufassung der EStR.

Vertriebskosten gehören nicht zu den Herstellungskosten.

Fall 376 **Einlage von abnutzbaren Anlagegütern**

Lösung: Werden abnutzbare Wirtschaftsgüter dem Anlagevermögen eines Betriebs zugeführt, ist nach § 6 Abs. 1 Nr. 5 EStG grundsätzlich deren Teilwert im Zeitpunkt der Einlage für den Wertansatz maßgeblich. Erfolgt die Einlage jedoch innerhalb von drei Jahren nach Anschaffung, wird der Einlagewert auf die sog. fortgeführten Anschaffungskosten begrenzt. Höchstens sind in diesen Fällen also die Anschaffungskosten im Privatbereich abzüglich der AfA für den Zeitraum der Privatnutzung anzusetzen.

Berechnung:

Anschaffungskosten (privat, deshalb ohne Vorsteuerabzug)	23 800 €
./. AfA privat (28 Monate) 28/60	rd. 11 107 €
= fortgeführte Anschaffungskosten	12 693 €

Da der Teilwert höher ist als die fortgeführten Anschaffungskosten, darf er in diesem Fall nicht angesetzt werden.

Die AfA muss entsprechend der verbliebenen Restnutzungsdauer vorgenommen werden. Sie beträgt noch 32 Monate. Die Jahres-AfA beträgt $^{12}/_{32}$ von 12 693 € = 4 760 €

Da das Fahrzeug ab Anfang Oktober 2016 zum Betriebsvermögen gehört, ist die AfA nicht für das ganze Jahr zulässig. Die für 2016 höchstzulässige AfA beträgt $^{3}/_{12}$ von 4 760 € = 1 190 €.

Fall 377 **Einlage eines bebauten Grundstücks**

Lösung: Einlagen in ein Betriebsvermögen sind grundsätzlich mit dem Teilwert vorzunehmen. Liegt jedoch zwischen dem Erwerb und der Einlage in das Betriebsvermögen ein Zeitraum von nicht mehr als drei Jahren, dürfen bei nicht abnutzbaren Wirtschaftsgütern nach § 6 Abs. 1 Nr. 5

Satz 1 EStG höchstens die ursprünglichen Anschaffungskosten angesetzt werden. Die Einlage des Grund und Bodens muss deshalb mit 110 000 € bewertet werden.

Buchung:

Grund und Boden	110 000 €	an Privateinlagen	110 000 €

Dieser Einlagewert tritt an die Stelle betrieblicher Anschaffungskosten und stellt damit die Obergrenze der zulässigen steuerlichen Bewertung dar (§ 6 Abs. 1 Nr. 2 EStG). Die Bewertung zum 31. 12. muss deshalb ebenfalls mit 110 000 € erfolgen.

Das Gebäude ist ein abnutzbares Anlagegut. Hier dürfen nach § 6 Abs. 1 Nr. 5 Satz 2 EStG höchstens die um die AfA gekürzten Anschaffungskosten angesetzt werden, die auf die Zeit vor der Einlage entfallen:

Anschaffungskosten	570 000 €
./. AfA 2014 (2 % von 570 000 € × $^8/_{12}$)	7 600 €
./. AfA 2015	11 400 €
./. AfA 2016 (× $^{10}/_{12}$)	9 500 €
= fortgeführte Anschaffungskosten am 1. 11. 2016 = Einlagewert	541 500 €
./. AfA 2016 ab November (3 % × $^2/_{12}$ von 541 500 €)	2 708 €
= Buchwert 31. 12. 2016	538 792 €

Da der Teilwert zum 1. 11. 2016 höher ist als die fortgeführten Anschaffungskosten, dürfen höchstens 541 500 € als Einlage gebucht werden.

Buchung:

Geschäftsbauten	541 500 €	an Privateinlagen	541 500 €

Der Ansatz des höheren Teilwerts zum 31. 12. 2016 ist nach § 6 Abs. 1 Nr. 1 EStG unzulässig.

AfA-Berechnung und Bewertung

Fall 378

Lösung: Für den gebrauchten Gabelstapler kann das Unternehmen eine Sonderabschreibung von bis zu 20 % der Anschaffungskosten nach § 7g Abs. 5 EStG in Anspruch nehmen.

In jedem Fall ist die lineare AfA von 27 000 € × 16$^2/_3$ % × $^3/_{12}$ = 1 125 € vorzunehmen.

Kontoentwicklung bei maximaler Sonderabschreibung:

Anschaffungskosten	27 000 €
./. Sonder-AfA	5 400 €
./. lineare AfA	1 125 €
Bilanzansatz 31. 12.	20 475 €

Der am 31. 12. 2016 bestehende Teilwert i. H. von 20 000 € ist nicht als voraussichtlich dauernde Wertminderung anzusehen, weil dieser Wert bereits in 2017 durch Vornahme der normalen Abschreibung erreicht werden wird.

Daher ist in der Handelsbilanz keine außerplanmäßige Abschreibung und in der Steuerbilanz keine Teilwertabschreibung zulässig.

Fall 379 **AfA bei beweglichem Anlagevermögen**

Lösung: Die Bezahlung der Maschine in 2017 unter Abzug von Skonto führt nachträglich zur Minderung der Anschaffungskosten, kann sich aber auf die AfA für 2016 noch nicht auswirken. Die Anschaffungskosten für 2016 betragen 28 700 €. Die Montagekosten sind Anschaffungsnebenkosten und führen erst in 2017 zu abzugsfähiger Vorsteuer, weil die Rechnung am 31. 12. 2016 noch nicht vorlag.

Die lineare AfA mit 12,5 % ist die höchstzulässige AfA für 2016, wobei unter Berücksichtigung des Anschaffungszeitpunkts allerdings nur $^1/_{12}$ abgezogen werden kann. Die Anschaffung erfolgte im Dezember des Wirtschaftsjahres.

Das Konto Maschinen zeigt folgende Kontoentwicklung:

Netto-Kaufpreis	28 000 €
+ Montage	700 €
Anschaffungskosten	28 700 €
./. AfA 12,5 % × $^1/_{12}$ × 28 700 €	299 €
= Buchwert 31. 12. 2016	28 401 €
./. AK-Minderung durch Skonto-Abzug	840 €
Restwert	27 561 €
./. AfA $^{12}/_{95}$ (Verteilung auf Restnutzungsdauer)	3 482 €
= Buchwert 31. 12. 2017	24 079 €

Hinweis:

Bei Ermäßigung der AK/HK in einem Wirtschaftsjahr nach Anschaffung/Herstellung: Absetzung des Ermäßigungsbetrags vom letzten Buchwert und Verteilung auf die Restnutzungsdauer.

Buchungen bis 31. 12. 2016:

Maschinen	28 000 €		
Vorsteuern	5 320 €	an Verbindlichkeiten	33 320 €
und			
Maschinen	700 €		
Vorsteuer im Folgejahr abziehbar	133 €	an Verbindlichkeiten	833 €
und			
Abschreibungen	299 €	an Maschinen	299 €

Buchungen in 2017:

Verbindlichkeiten	33 320,00 €	an Bank	32 320,40 €
		an Maschinen	840,00 €
		an Vorsteuern	159,60 €
und			
Verbindlichkeiten	833 €	an Bank	833 €
und			
Vorsteuern	133 €	an im Folgejahr abziehbare Vorsteuern	133 €
und			
Abschreibungen	3 482 €	an Maschinen	3 482 €

Investitionsabzugsbetrag

Lösung:

a) Sobald ein Wirtschaftsgut angeschafft oder hergestellt wird, für das zuvor ein Investitionsabzugsbetrag berücksichtigt wurde, muss der Abzugsbetrag mit 40 % der Anschaffungs- oder Herstellungskosten, höchstens jedoch mit dem in Anspruch genommenen Abzugsbetrag, dem Gewinn wieder hinzugerechnet werden. Im vorliegenden Fall ist also der Betrag von 20 000 € dem Gewinn außerhalb der Bilanz hinzuzurechnen (§ 7g Abs. 2 Satz 1 EStG).

§ 7g Abs. 2 Satz 2 EStG eröffnet gleichzeitig die Möglichkeit, im Jahr der Anschaffung die Anschaffungskosten um bis zu 40 % Gewinn mindernd herabzusetzen, höchstens jedoch um die Hinzurechnung nach § 7g Abs. 2 Satz 1 EStG. Entsprechend mindert sich die Bemessungsgrundlage für Absetzungen für Abnutzung, erhöhte Absetzungen und Sonderabschreibungen.

b) Die maximale Gewinnminderung für 2016 ist wie folgt zu ermitteln:

Hinzurechnung Investitionsabzugsbetrag außerbilanziell	+ 20 000 €
Verrechnung Investitionsabzugsbetrag mit Anschaffungskosten	− 20 000 €
AfA-Bemessungsgrundlage:	
50 000 € − 20 000 € = 30 000 €	
Lineare AfA 12,5 % von 30 000 €	− 3 750 €
Sonderabschreibung 20 % von 30 000 €	− 6 000 €
Gewinnauswirkung 2016 gesamt	− 9 750 €

c) Während der Investitionsabzugsbetrag außerbilanziell den Gewinn verändert (§ 7g Abs. 1 Satz 1, § 7g Abs. 2 Satz 1 EStG), ist die Verrechnung mit den Anschaffungs- oder Herstellungskosten Gewinn mindernd wie folgt zu buchen:

Kürzung der Anschaffungs- oder Herstellungskosten gemäß § 7g Abs. 2 EStG (Kfz)	20 000 €	an Fahrzeuge	20 000 €

Die Normal- und die Sonderabschreibung bucht man:

Abschreibung	3 750 €		
Sonderabschreibung § 7g Abs. 5 EStG	6 000 €	an Fahrzeuge	9 750 €

Hinweis: Sind die tatsächlichen Anschaffungskosten geringer als die erwarteten, werden auch nur 40 % der tatsächlichen Anschaffungskosten dem Gewinn wieder hinzugerechnet. Zugleich muss der nicht „genutzte" Teil des Investitionsabzugsbetrags im Jahr der Bildung rückgängig gemacht werden. Ist bereits eine Steuerfestsetzung erfolgt, muss diese rückwirkend geändert werden.

AfA bei angeschafften Betriebsgebäuden

Lösung: Die AfA bei Gebäuden ist im § 7 Abs. 4 bis 5a EStG geregelt. Im Normalfall ist bei angeschafften Gebäuden die AfA nach § 7 Abs. 4 EStG zu berechnen. Dabei kann die AfA nur zeitanteilig vorgenommen werden.

a) Ist für das Gebäude der Bauantrag **vor April 1985** gestellt worden, sieht der § 7 Abs. 4 Satz 1 Nr. 2 EStG bei Fertigstellung nach 1924 eine typisierte AfA von 2 % der Anschaffungskosten vor, wenn die Nutzungsdauer 50 Jahre oder mehr beträgt. Nach Satz 2 dieser Vorschrift ist jedoch ein höherer AfA-Satz als 2 % zu berechnen, wenn die Nutzungsdauer geringer als 50 Jahre ist. Die AfA beträgt in diesem Fall 2,5 % von $220\,000 \times {}^8/_{12} = 3\,667$ €.

b) Ist für das Gebäude der Bauantrag **nach März 1985** gestellt worden, muss die Mindest-AfA nach § 7 Abs. 4 Satz 1 Nr. 1 EStG für den gewerblich genutzten Teil mit 3 % angesetzt werden. In diesem Fall ist AfA i. H. von 3 % von $220\,000 \times {}^8/_{12} = 4\,400$ € vorzunehmen.

Fall 382 **Herstellungskosten und AfA bei einem Betriebsgebäude**

Lösung: Nach § 255 Abs. 2 HGB sind als Herstellungskosten alle Aufwendungen anzusetzen, die durch den Verbrauch von Gütern und die Inanspruchnahme von Diensten für die Herstellung eines Vermögensgegenstands entstehen. Dazu gehören **zwingend:**

	lt. HGB	lt. R 6.3 EStR
▶ Materialeinzelkosten	120 000 €	120 000 €
▶ Fertigungseinzelkosten	210 000 €	210 000 €
▶ Sonderkosten der Fertigung	22 000 €	22 000 €
▶ anteilige Materialgemeinkosten	9 600 €	9 600 €
▶ anteilige Fertigungsgemeinkosten	84 000 €	84 000 €
▶ anteiliger Wertverzehr des Anlagevermögens	34 200 €	34 000 €
= Mindest-Herstellungskosten	479 600 €	479 600 €
Zusätzlich **können** angesetzt werden		
▶ Kosten der allgemeinen Verwaltung*	42 000 €	42 000 €
= Maximal-Herstellungskosten	521 600 €	521 600 €

* Hinweis: Nach R 6.3 EStR 2012 sind angemessene Teile der Kosten der allgemeinen Verwaltung zwingend bei der Berechnung der steuerlichen Herstellungskosten zu berücksichtigen (Aktivierungspflicht). Die Regelung in R 6.3 Abs. 4 Satz 1 EStR 2008 sah dagegen ein Wahlrecht vor. Vor diesem Hintergrund hat das BMF mit Schreiben vom 25. 3. 2013, BStBl 2013 I 296, geregelt, dass es nicht zu beanstanden ist, noch nach R 6.3 Abs. 4 Satz 1 EStR 2008 zu verfahren (Wahlrecht). Das Wahlrecht gilt bis zu einer Neufassung der EStR.

Vertriebskosten und Gewinnaufschläge gehören in keinem Fall zu den Herstellungskosten.

Zur Ermittlung des niedrigsten steuerlichen Gewinns sind die steuerlichen Mindest-Herstellungskosten und die lineare AfA nach § 7 Abs. 4 Satz 1 Nr. 1 EStG mit 3 % zeitanteilig für zwei Monate anzusetzen:

Mindest-Herstellungskosten	479 600 €
./. AfA 3 % × ²/₁₂ = rd.	2 398 €
Buchwert 31. 12. 2016	477 202 €

Der Ansatz des höheren beizulegenden Werts von 550 000 € ist handelsrechtlich (§ 253 Abs. 1 Satz 1 HGB) und der Ansatz des Teilwertes ist steuerrechtlich (§ 6 Abs. 1 Nr. 1 Satz 1 EStG) unzulässig. Nicht realisierte Gewinne dürfen nicht ausgewiesen werden (§ 252 Abs. 1 Nr. 4 letzter Halbsatz HGB).

Fall 383 **Anschaffungsnahe Herstellungskosten**

Lösung: Frau Hannemann hat steuerrechtlich zwei Wirtschaftsgüter erworben. Der Grund und Boden ist nicht abnutzbares Anlagevermögen, während das Gebäude zum abnutzbaren Anlagevermögen gehört. Die Anschaffungsnebenkosten sind Teil der Anschaffungskosten i. S. des § 255 Abs. 1 HGB für beide Wirtschaftsgüter. Sie sind entsprechend dem jeweiligen Kaufpreisanteil zu verteilen und zu aktivieren. Die abzugsfähige Vorsteuer gehört nicht zu den Anschaffungskosten (§ 9b Abs. 1 EStG).

Die für die Erneuerung des Dachs aufzuwendenden Beträge sind als anschaffungsnaher Herstellungsaufwand beim Gebäude aktivierungspflichtig, weil sie (netto) 15 % der Anschaffungskosten des Gebäudes übersteigen (§ 6 Abs. 1 Nr. 1a EStG).

	Grund und Boden (30 %)	Lagerhalle (70 %)
anteiliger Kaufpreis	120 000 €	280 000 €
Grunderwerbsteuer	7 800 €	18 200 €
Notarkosten (netto)	1 050 €	2 450 €
Gerichtskosten	450 €	1 050 €
= Anschaffungskosten	129 300 €	301 700 €
zzgl. anschaffungsnahe Herstellungskosten (>15 %)	0 €	48 000 €
zu aktivieren =	129 300 €	349 700 €

AfA-Berechnung: $349\,700\,€ \times 3\,\% \times {}^{4}/_{12} = 3\,497\,€$

Buchungen:

Grund und Boden	120 000 €	an Geschäftsbauten	120 000 €
und			
Grund und Boden	9 300 €		
Gebäude	21 700 €	an Grundstücks-Aufwendungen	31 000 €
und			
Gebäude	48 000 €		
Vorsteuer	9 120 €	an Verbindlichkeiten	57 120 €
und			
Abschreibung Gebäude	3 497 €	an Geschäftsbauten	3 497 €

AfA bei gemischtgenutzten Gebäuden

Fall 384

Lösung: Nach R 4.2 Abs. 4 EStR können Grundstücke aus mehreren besonderen Wirtschaftsgütern bestehen, die unabhängig voneinander zu bewerten, d. h. abzuschreiben sind.

Hier bilden die eigengewerblich genutzte Etage, der fremdgewerbliche und der zu Wohnzwecken vermietete Gebäudeteil jeweils ein gesondertes Wirtschaftsgut.

Die Abschreibung dieser drei Wirtschaftsgüter ergibt sich aus § 7 Abs. 4 Satz 1 Nr. 1 und 2 EStG. Danach sind Gebäude, die zu einem Betriebsvermögen gehören und nicht Wohnzwecken dienen, mit 3 % abzuschreiben (Bauantrag nach März 1985). Die AfA ist zeitanteilig zu berechnen.

Für den zu Wohnzwecken genutzten Gebäudeteil ist nur ein AfA-Satz von 2 % zeitanteilig zulässig.

AfA-Berechnung 2016:

Erdgeschoss	$= 210\,000 \times 3\,\% \times {}^{2}/_{12} = 1\,050\,€$
1. Etage	$= 210\,000 \times 3\,\% \times {}^{2}/_{12} = 1\,050\,€$
2. Etage	$= 210\,000 \times 2\,\% \times {}^{2}/_{12} = \underline{700\,€}$
	AfA gesamt für 2016 = $\underline{2\,800\,€}$

Fall 385   **AfA bei Außenanlagen**

Lösung: Aufwendungen für eine betrieblich genutzte Platzbefestigung führen zur Anschaffung eines selbständigen Wirtschaftsguts, dessen Nutzungsdauer im Normalfall im Verhältnis zu der des Gebäudes wesentlich kürzer ist.

Da die Platzbefestigung kein Gebäudebestandteil ist, kommt eine AfA nach § 7 Abs. 4 oder 5 EStG nicht in Betracht. Die Platzbefestigung kann nur linear nach § 7 Abs. 1 EStG abgeschrieben werden.

AfA-Berechnung für 2016:

Herstellungskosten	42 000 €
Nutzungsdauer	15 Jahre
Jahres-AfA 42 000 € : 15 Jahre =	2 800 €
AfA für 2016 zeitanteilig $^{5}/_{12}$ =	rd. <u>1 167 €</u>

Fall 386   **AfA beim Firmenwert**

Lösung: Der Teil des Netto-Kaufpreises, der über den gemeinen Wert der übernommenen materiellen Wirtschaftsgüter hinausgeht, ist als Firmenwert oder Geschäftswert zu aktivieren, wenn er entgeltlich erworben wurde (Hinweis auf § 246 Abs. 1 Satz 4 HGB und § 5 Abs. 2 EStG). Der Firmenwert ist steuerlich nach § 7 Abs. 1 Satz 3 EStG unter Berücksichtigung einer Nutzungsdauer von 15 Jahren abzuschreiben.

AfA Firmenwert:	130 000 € : 15 Jahre = 8 667 € x $^{9}/_{12}$ = 6 450 €
AfA Geschäftsausstattung:	50 000 € : 5 Jahre = 10 000 € x $^{9}/_{12}$ = 7 500 €

Buchungen:

Geschäftsausstattung	50 000 €		
Firmenwert	130 000 €	an Bank	180 000 €
und			
Abschreibung Firmenwert	6 450 €	an Firmenwert	6 450 €
Abschreibung Sachanlagen	7 500 €	an Geschäftsausstattung	7 500 €

Hinweis: In der Handelsbilanz ist der Firmenwert auf die voraussichtliche Nutzungsdauer zu verteilen (§ 253 Abs. 3 Satz 1 und Satz 2 HGB). Kann diese nicht verlässlich geschätzt werden, so gilt eine Nutzungsdauer von 10 Jahren (§ 253 Abs. 3 Satz 3 und Satz 4 HGB – neu ab 2016).

Fall 387   **Bewertung einer unmodernen Maschine**

Lösung: Durch die aktuelle Marktlage am 31.12.2016 kommt es bei der Maschine zu einer Wertminderung. Diese Wertminderung ist zum 31.12.2016 auch voraussichtlich dauerhaft. Durch die planmäßige AfA von jährlich 15 000 € wird nämlich während der Hälfte der verbleibenden Restnutzungsdauer (= vier Jahre) der Buchwert nicht den beizulegenden Wert/Teilwert von 45 000 € erreichen:

Anschaffungskosten	150 000 €
./. AfA 2015	<u>15 000 €</u>
Buchwert 31.12.2015	135 000 €
./. AfA 2016	<u>15 000 €</u>
Buchwert 31.12.2016	120 000 €

./. AfA für weitere 4 Jahre   <u>60 000 €</u>

Buchwert nach ½ Restnutzungsdauer   <u>60 000 €</u>

Nach § 253 Abs. 3 Satz 5 HGB *muss* in der Handelsbilanz eine außerplanmäßige Abschreibung vorgenommen werden. Steuerlich *kann* eine Teilwertabschreibung auf den niedrigeren Teilwert oder den Zwischenwert vorgenommen werden (§ 6 Abs. 1 Nr. 1 Satz 2 und § 5 Abs. 1 Satz 1 zweiter Halbsatz EStG). Da die Mandanten regelmäßig das im betreffenden Jahr (2016) steuerlich günstigste Ergebnis wünschen, sollte steuerlich der niedrigere Teilwert angesetzt werden.

Buchung:

Abschreibungen auf Gebäude	15 000 €		
a. o. Abschreibungen auf Sachanlagen	75 000 €	an Maschinen	90 000 €

Bewertung eines Unfallfahrzeugs
Fall 388

Lösung: Der Totalschaden des Fahrzeugs führt zu einer voraussichtlich dauernden Wertminderung und handelsrechtlich zwingend zu einer außerplanmäßigen Abschreibung auf 300 € (§ 253 Abs. 3 Satz 5 HGB). Steuerlich *kann* eine Teilwertabschreibung auf den niedrigeren Teilwert oder den Zwischenwert vorgenommen werden (§ 6 Abs. 1 Nr. 1 Satz 2 und § 5 Abs. 1 Satz 1 zweiter Halbsatz EStG). Da die Mandanten regelmäßig das im betreffenden Jahr (2016) steuerlich günstigste Ergebnis wünschen, sollte steuerlich der niedrigere Teilwert angesetzt werden.

Buchung:

Abschreibung Kfz	5 600 €		
a. o. Abschreibungen auf Sachanlagen	10 900 €	an Pkw	16 500 €

Bewertung eines unbebauten Grundstücks
Fall 389

Lösung: Das zum Betriebsvermögen gehörende unbebaute Grundstück gehört zum nicht abnutzbaren Anlagevermögen. Zum 31. 12. 2015 dürfen höchstens die Anschaffungskosten von ursprünglich 180 000 € angesetzt werden. Eine Zuschreibung darf nicht vorgenommen werden. Gleiches gilt handelsrechtlich.

Da zum 31. 12. 2016 eine voraussichtlich dauernde Wertminderung eingetreten ist, muss handelsrechtlich nach § 253 Abs. 3 Satz 5 HGB die Bewertung mit dem niedrigeren beizulegenden Wert erfolgen. Steuerlich *kann* eine Teilwertabschreibung auf den niedrigeren Teilwert oder den Zwischenwert vorgenommen werden (§ 6 Abs. 1 Nr. 2 Satz 2 und § 5 Abs. 1 Satz 1 zweiter Halbsatz EStG). Da die Mandanten regelmäßig das im betreffenden Jahr (2016) steuerlich günstigste Ergebnis wünschen, sollte steuerlich der niedrigere Teilwert angesetzt werden.

Buchung 31. 12. 2016:

a. o. Abschreibungen Sachanlagen	110 000 €	an Grund und Boden	110 000 €

Steuerrechtlich darf nach § 6 Abs. 1 Nr. 2 EStG der niedrigere Teilwert nur dann beibehalten werden, wenn die dauernde Wertminderung fortbesteht. Zum 31. 12. 2017 besteht demnach steuerlich ein sog. Wertaufholungsgebot. Das unbebaute Grundstück muss in der Steuerbilanz mit den ursprünglichen Anschaffungskosten (180 000 €) angesetzt werden. Gleiches gilt auch handelsrechtlich (§ 253 Abs. 5 Satz 1 HGB).

Buchung 31. 12. 2017:

Grund und Boden   110 000 € an Erträge aus Zuschreibungen   110 000 €

Fall 390   **Warenbewertung/Ermittlung der Anschaffungskosten**

Lösung: Nach R 6.8 Abs. 4 EStR sind die Anschaffungskosten des Vorratsvermögens im Schätzwege nach dem gewogenen Mittel zu berechnen, wenn sie wegen Schwankungen der Einstandspreise im Laufe des Wirtschaftsjahres und der Art der Lagerung nicht einwandfrei feststellbar sind.

Berechnung:

Bestand	1. 1. 2016	7 600 kg	× 1,30 €/kg =	9 880 €
Einkauf	16. 2. 2016	2 200 kg	× 1,65 €/kg =	3 630 €
Einkauf	24. 5. 2016	6 700 kg	× 1,50 €/kg =	10 050 €
Einkauf	25. 10. 2016	3 800 kg	× 1,80 €/kg =	6 840 €
Einkauf	6. 12. 2016	5 300 kg	× 1,60 €/kg =	8 480 €
		25 600 kg	für	38 880 €

Der durchschnittliche Einkaufspreis betrug rd. 1,52 €/kg (38 880 € : 25 600 kg). Der Bestand am 31. 12. 2016 i. H. von 8 200 kg ist mit 12 464 € (8 200 kg × 1,52 €) zu bewerten.

Nach § 6 Abs. 1 Nr. 2a EStG kann bei der Bewertung von Wirtschaftsgütern des Vorratsvermögens wahlweise auch davon ausgegangen werden, dass die zuletzt angeschafften oder hergestellten Wirtschaftsgüter zuerst verbraucht oder verkauft wurden (Lifo-Methode).

Berechnung:

erster Zugang 16. 2. 2016	2 200 kg	× 1,65 €/kg =	3 630 €
zweiter Zugang 24. 5. 2016	6 000 kg	× 1,50 €/kg =	9 000 €
	8 200 kg	für	12 630 €

Wertansatz per 31. 12. 2016 in diesem Falle 12 630 €.

Ist diese Bewertungsmethode angewendet worden, kann sie ohne Zustimmung des Finanzamtes in den folgenden Wirtschaftsjahren nicht geändert werden. Hinweis auf R 6.9 Abs. 5 EStR.

Hinweis:

Bei erstmaliger Anwendung gilt der Schlussbestand des Vorjahres als erster Zugang des neuen Wirtschaftsjahres (§ 6 Abs. 1 Nr. 2a Satz 2 EStG).

Fall 391   **Bewertung von Warenbeständen**

Lösung: Nach § 253 Abs. 1 und 4 HGB ist das Umlaufvermögen mit den Anschaffungskosten oder zwingend mit dem niedrigeren Börsen- oder Marktpreis zu bewerten (strenges Niederstwertprinzip). Steuerlich kann dieser Wert nur dann berücksichtigt werden, wenn eine voraussichtlich dauernde Wertminderung eingetreten ist, § 6 Abs. 1 Nr. 2 Satz 2 EStG. Da hier offenbar marktbedingt übliche Wertschwankungen zu verzeichnen sind, kann davon nicht ausgegangen werden. Bei Bilanzerstellung sind die ehemaligen Anschaffungskosten schon wieder erreicht. In der Steuerbilanz muss deshalb dieser Warenposten zum 31. 12. 2016 mit den Anschaffungskosten angesetzt werden: 250 Sack × 6,50 €/Sack = 1 625 €. In der Handelsbilanz mit: 250 Sack × 5,90 €/Sack = 1 475 €.

Teilwertermittlung beim Warenbestand

Fall 392

Lösung: Nach § 6 Abs. 1 Nr. 2 Satz 2 i. V. m. § 6 Abs. 1 Nr. 1 Satz 3 EStG ist der Teilwert der Wert, den der Erwerber des gesamten Betriebs für das einzelne Wirtschaftsgut aufwenden würde, wobei davon auszugehen ist, dass er den Betrieb fortführt.

Für den am 31.12.2016 vorhandenen Warenposten würde ein Erwerber, der den Betrieb fortführen will, nur einen Betrag ansetzen, der ihm unter Berücksichtigung des erzielbaren Verkaufspreises und der beim Verkauf anfallenden Kosten einen üblichen Reingewinn sichert.

Es ergibt sich danach folgende Berechnung:

erzielbarer Verkaufspreis	299,00 €/St.
./. enthaltene USt 19 %	./. 47,74 €/St.
Netto-Verkaufspreis	251,26 €/St.
./. Verkaufskosten	./. 20,00 €/St.
./. 18 % Reingewinn von 251,26 € (Umsatz)	./. 45,23 €/St.
Teilwert	186,03 €/St.

Der Teilwert des Warenpostens beträgt damit 20 × 186,03 € = rd. 3 720,60 €. Steuerlich *kann* eine Teilwertabschreibung auf den niedrigeren Teilwert oder einen Zwischenwert vorgenommen werden (§ 6 Abs. 1 Nr. 2 Satz 2 und § 5 Abs. 1 Satz 1 zweiter Halbsatz EStG). Da die Mandanten regelmäßig das im betreffenden Jahr (2016) steuerlich günstigste Ergebnis wünschen, sollte steuerlich der niedrigere Teilwert angesetzt werden. (**Hinweis:** Handelsrechtlich muss der niedrigere beizulegende Wert angesetzt werden, § 253 Abs. 4 HGB.)

Bewertung von Forderungen

Fall 393

Lösung:

Bei Forderungen aus Lieferungen und Leistungen ist regelmäßig mit Ausfällen zu rechnen. Soweit für einzelne Forderungen keine wertmindernden Umstände bekannt sind, sind die Forderungen pauschal zu bewerten. Dies geschieht durch Wertberichtigung auf der Passivseite der Bilanz (Pauschalwertberichtigung oder Delkredere).

Die Wertberichtigung kann aber auch unmittelbar bei der Bilanzposition „Forderungen" vorgenommen werden. Da bei Forderungsausfällen über § 17 Abs. 2 und 1 UStG die Umsatzsteuer berichtigt werden kann, ist nur der Nettobetrag der Forderungen ausfallgefährdet.

Handelsrechtlich muss eine Wertberichtigung vorgenommen werden (§ 253 Abs. 4 HGB). Steuerrechtlich besteht zwar grundsätzlich ein Wahlrecht zur Vornahme einer Pauschalwertberichtigung (§ 6 Abs. 1 Nr. 2 Satz 2 EStG, § 5 Abs. 1 Satz 1 zweiter Halbsatz EStG). Da steuerlich aber regelmäßig ein möglichst niedriger Gewinn ausgewiesen werden soll, ist die Pauschalwertberichtigung auch steuerlich vorzunehmen.

Berechnung:

Forderungen lt. Konto	509 915 €
./. enthaltene USt 19 %	81 415 €
Forderungen netto	428 500 €
davon Ausfallrisiko 2 % = PWB 31. 12. 2016	8 570 €
./. Bilanzansatz PWB 31. 12. 2015	5 860 €
Zugang PWB	2 710 €

Buchung:

Einstellung in die		an Pauschalwertberichtigung	
Pauschalwertberichtigung	2 710 €	auf Forderungen	2 710 €

Fall 394 **Einzel- und Pauschalwertberichtigung**

Lösung: Forderungen, bei denen nur ein teilweiser Zahlungseingang zu erwarten ist, müssen zunächst aus Gründen der Bilanzklarheit von der Vielzahl der vermutlich einwandfreien Forderungen getrennt werden. Dies geschieht durch eine Umbuchung auf das Konto „zweifelhafte Forderungen". Diese umgebuchten Forderungen werden dann im Rahmen einer Einzelwertberichtigung direkt, d. h. durch Minderung des Bilanzansatzes abgeschrieben oder durch Bildung einer Einzelwertberichtigung entsprechend dem bestehenden Ausfallrisiko indirekt abgeschrieben. Die Umsatzsteuer darf noch nicht berichtigt werden, weil der Forderungsausfall noch nicht feststeht.

Buchungen:

zweifelhafte Forderungen	11 543 €	an Forderungen	11 543 €

Die Abschreibung ist wie folgt zu ermitteln:

Kunde	Nennbetrag brutto: 1,19	Nennbetrag netto	vorauss. Ausfall	Abschreibung
Kaum	9 044	7 600	30 %	2 280
Wenig	2 499	2 100	60 %	1 260
	11 543			3 540

bei direkter Abschreibung:

Abschreibung auf Umlaufvermögen	3 540 €	an zweifelhafte Forderungen	3 540 €

oder bei indirekter Abschreibung:

Abschreibung auf Umlaufvermögen	3 540 €	an Einzelwertberichtigung	
		auf Forderungen	3 540 €

Die Pauschalwertberichtigung ist von den vermutlich einwandfreien Netto-Forderungen vorzunehmen, weil die anderen zweifelhaften Forderungen bereits wertberichtigt sind:

Forderungen lt. Konto	377 408,50 €
./. zweifelhafte Forderungen	11 543,00 €
= Restforderungen	356 865,50 €
./. enthaltene Umsatzsteuer	58 415,50 €
Restforderungen netto	307 450,00 €
× Ausfallrisiko 3 % = rd.	9 224,00 €

Buchung:

Einstellung in die Pauschalwertberichtigung	9 224 €	an Pauschalwertberichtigung auf Forderungen	9 224 €

Wertberichtigung auf Forderungen/Forderungsausfall

Fall 395

Lösung: Die Forderung gegen den Kunden Neumann darf nicht ausgewiesen werden, weil sie wertlos ist. Da wegen Uneinbringlichkeit Forderungsausfall eingetreten ist, ist die Umsatzsteuer zu berichtigen (§ 17 Abs. 2 und 1 UStG).

Von den Restforderungen ist die Pauschalwertberichtigung zu berechnen:

Forderungen lt. Sachkonto	386 512,00 €
./. Forderungsausfall	16 362,50 €
Restforderungen	370 149,50 €
./. enthaltener Umsatzsteuer	59 099,50 €
Restforderung netto	311 050,00 €
× Ausfallrisiko 4 % = rd.	12 442,00 €

Buchungen:

Forderungsverluste	13 750,00 €		
Umsatzsteuer	2 612,50 €	an Forderungen	16 362,50 €
und			
Einstellung in die Pauschalwertberichtigung	12 442 €	an Pauschalwertberichtigung auf Forderungen	12 442 €

Wertberichtigung auf Forderungen/Besonderheiten

Fall 396

Lösung Sachverhalt a:

Zunächst werden sämtliche einzeln zu bewertende Forderungen auf das Konto „zweifelhafte Forderungen" umgebucht.

Buchung:

zweifelhafte Forderungen	87 703 €	an Forderungen	87 703 €

zu a) Die Forderung gegen die Firma Krause ist uneinbringlich. Sie muss deshalb in vollem Umfang abgeschrieben und die Umsatzsteuer gem. § 17 Abs. 2 und 1 UStG berichtigt werden.

Buchung:

Forderungsverluste	45 300 €		
Umsatzsteuer	8 607 €	an zweifelhafte Forderungen	53 907 €

zu b) Die Forderung gegenüber der Firma Ludwig muss wertberichtigt werden, da mit einem Ausfall i. H. von 30 % zu rechnen ist. Da aber letztlich noch nicht feststeht, ob der Ausfall insoweit sicher ist, ist die Umsatzsteuer noch nicht zu berichtigen.

Buchung:

Abschreibung auf Umlaufvermögen	8 520 €	an zweifelhafte Forderungen (bzw. Einzelwertberichtigung)	8 520 €

427

zu c) Die Pauschalwertberichtigung auf die voraussichtlich einwandfreien Forderungen berechnet sich wie folgt:

Forderungen lt. Konto	936 950 €
abzgl. Umbuchung auf „zweifelhafte Forderungen"	87 703 €
= vermutlich einwandfreie Forderungen	849 247 €
abzgl. nicht ausfallgefährdet, da Schuldnerin eine Behörde ist	88 004 €
risikobehaftete Restforderungen	761 243 €
abzgl. enthaltene Umsatzsteuer	121 543 €
netto	639 700 €
× Ausfallrisiko 2 % = Pauschalwertberichtigung 31. 12. 2016	12 794 €
Konto-Stand per 31. 12. 2015 =	14 420 €
Saldo	1 626 €

Buchung:

Pauschalwertberichtigung auf Forderungen	1 626 €	an Erträge aus Herabsetzung der Pauschalwertberichtigung	1 626 €

Lösung Sachverhalt b:

I. Einzelwertberichtigung

Zunächst werden sämtliche einzeln zu bewertende Forderungen auf das Konto „zweifelhafte Forderungen" umgebucht.

Buchung:

zweifelhafte Forderungen	27 814 €	an Forderungen	27 814 €

zu a) Da der Forderungsausfall noch nicht feststeht, darf die Berichtigung nur die Nettoforderung betreffen.

Buchung:

Abschreibung auf Umlaufvermögen	10 800 €	an zweifelhafte Forderungen (bzw. Einzelwertberichtigung)	10 800 €

zu b) Die Forderung gegenüber dem Kunden Tschechow muss in vollem Umfang abgeschrieben werden (Niederstwertprinzip/steuerlich günstigstes Ergebnis). Eine Berichtigung der Umsatzsteuer entfällt, weil die Ausfuhrlieferung steuerfrei war.

Buchung:

Forderungsverluste	6 394 €	an zweifelhafte Forderungen	6 394 €

II. Pauschalwertberichtigung

Forderungen am 31. 12. 2016	989 751 €
./. Umbuchung auf „zweifelhafte Forderungen"	27 814 €
= vermutlich einwandfreie Forderungen	961 937 €
./. ohne Risiko wegen Versicherung	80 500 €
= risikobehaftete Restforderungen brutto	881 437 €
./. enthaltene Umsatzsteuer	rd. 140 734 €
= risikobehaftete Restforderungen netto	740 703 €
× 3 % = Pauschalwertberichtigung 31. 12. 2016	rd. 22 222 €
./. Pauschalwertberichtigung 31. 12. 2015	24 492 €
= Minderung Pauschalwertberichtigung	2 270 €

Buchung:

Pauschalwertberichtigung auf		an Erträge aus Herabsetzung der	
Forderungen	2 270 €	Pauschalwertberichtigung	2 270 €

Eingänge auf wertberichtigte Forderungen

`Fall 397`

Lösung zu a): Die zum Ende des Vorjahres mit 30 % wertberichtigten Forderungen haben noch zu keiner Berichtigung der Umsatzsteuer geführt, da der Forderungsausfall nicht endgültig eingetreten war. Die Darstellung der bisherigen Behandlung der Forderung ergibt die vorzunehmenden Buchungen. Es betragen:

	netto	USt	gesamt
ursprünglicher Rechnungsbetrag	4 550 €	864,50 €	5 414,50 €
./. 30%-ige Wertberichtigung	1 365 €	0 €	1 365,00 €
= Kto. zweifelhafte Forderung	3 185 €	864,50 €	4 049,50 €
./. Zahlungseingang	550 €	104,50 €	654,50 €
Forderungsausfall	2 635 €	760,00 €	3 395,00 €

Buchungen:

Privatentnahme	654,50 €	an zweifelhafte Forderungen	654,50 €
und			
Forderungsverluste	2 635 €		
Umsatzsteuer	760 €	an zweifelhafte Forderungen	3 395 €

Lösung zu b): Die uneinbringliche Forderung gegen den Kunden Wehrmann muss unter Berichtigung der Umsatzsteuer ausgebucht werden:

Buchung:

Forderungsverluste	3 700 €		
Umsatzsteuer	703 €	an Forderungen	4 403 €

Lösung zu c): Danach ergibt die folgende Pauschalwertberichtigung:

Forderungen lt. Saldenbilanz I	269 594,50 €
./. Forderung Wehrmann	4 403,00 €
= vermutlich einwandfreie Forderungen brutto	265 191,50 €

./. enthaltene Umsatzsteuer 19 %		42 341,50 €
vermutlich einwandfreie Forderungen netto		222 850,00 €
× Ausfallrisiko 3 % = rd.		6 686,00 €
Wertansatz bisher		4 929,00 €
Zugang		1 757,00 €

Buchung:

Einstellung in die		an Pauschalwertberichtigung	
Pauschalwertberichtigung	1 757 €	auf Forderungen	1 757 €

Fall 398 Zeitliche Verlagerung von Veräußerungsgewinnen

Lösung: Wird ein Wirtschaftsgut zur Vermeidung eines behördlichen Eingriffs (z. B. Enteignungs-verfahren) veräußert, kann der Steuerpflichtige den dabei entstehenden Veräußerungsgewinn erfolgsneutral auf ein Ersatzwirtschaftsgut übertragen, sofern das erworbene Wirtschaftsgut dieselbe Funktion hat wie das veräußerte Wirtschaftsgut.

Wird die Ersatzbeschaffung erst nach Ablauf des Jahres der Veräußerung vorgenommen, kann in der Bilanz eine Rücklage für Ersatzbeschaffung gem. R 6.6 EStR gebildet werden. Sie ist geson-dert auszuweisen und im Zeitpunkt der Ersatzbeschaffung auf das Ersatzwirtschaftsgut zu übertragen.

Buchung des Verkaufs:

Bank	95 000 €	an Grund und Boden	60 000 €
		an Sonderposten mit Rücklage-anteil (R 6.6 EStR)	35 000 €

Buchung der Neuanschaffung:

Grund und Boden	120 000 €	an Bank	120 000 €
und			
Sonderposten mit Rücklageanteil (R 6.6 EStR)	35 000 €	an Grund und Boden	35 000 €

Fall 399 Bildung und Übertragung einer Rücklage für Ersatzbeschaffung

Lösung: Für die nach Zahlung der Versicherungssumme aufgedeckten stillen Reserven kann eine Rücklage für Ersatzbeschaffung in Höhe des Unterschiedsbetrags zwischen der Versicherungs-leistung und dem Buchwert bei Ausscheiden des Wirtschaftsguts gebildet werden:

Versicherungsleistung		60 000 €
Buchwert 31. 12. 2015 =	52 500 €	
./. AfA 2016 20 % für 8 Monate	10 000 €	42 500 €
Rücklage		17 500 €

Buchungen Maschine (alt):

Abschreibung	10 000 €		
Anlagenabgang	42 500 €	an Maschinen	52 500 €
und			

Bank	60 000 €	an Vers.-Entschädigungen	42 500 €
		an Sonderposten mit Rücklage-anteil (R 6.6 EStR)	17 500 €

Nach Übertragung der Rücklage für Ersatzbeschaffung auf das Ersatzwirtschaftsgut ist der Restwert und nicht die Anschaffungskosten AfA-Bemessungsgrundlage (R 7.3 Abs. 4 EStR). Es ergibt sich folgende Kontoentwicklung:

AK Maschine neu	90 000 €
./. übertragene Rücklage	17 500 €
AfA-Bemessungsgrundlage	72 500 €
./. 20 % linear × $^1/_{12}$	1 208 €
Buchwert 31. 12. 2016	71 292 €

Buchungen Maschine (neu):

Maschinen	90 000 €		
Vorsteuern	17 100 €	an Bank	107 100 €
und			
Sonderposten mit Rücklageanteil (R 6.6 EStR)	17 500 €	an Maschinen	17 500 €
und			
Abschreibungen	1 208 €	an Maschinen	1 208 €

Rücklage für Ersatzbeschaffung/Auflösung `Fall 400`

Lösung: Eine Rücklage für Ersatzbeschaffung kann nicht nur für Anlagegüter, sondern auch für aus dem Betriebsvermögen ausgeschiedene Ware gebildet werden. Die Rücklagenbildung für den Lkw ist zum 31. 12. 2016 zulässig, wenn zu diesem Zeitpunkt eine Ersatzbeschaffung ernsthaft geplant war. Die Rücklagen betragen:

	für den Lkw	für die Waren
Versicherungsleistung	25 000 €	8 000 €
./. Buchwert	18 500 €	5 800 €
Rücklage	6 500 €	2 200 €

Buchungen zur Rücklagenbildung:

s. b. Aufwendungen	5 800 €	an Wareneingang	5 800 €
Anlagenabgang	18 500 €	an Lkw	18 500 €
und			
Bank	33 000 €	an Sonderposten mit Rücklage-anteil (R 6.6 EStR) für Lkw	6 500 €
		an dto. für Waren	2 200 €
		an Vers.-Entschädigungen	24 300 €

Die Rücklage für den Lkw ist später erfolgserhöhend aufzulösen, da eine Ersatzbeschaffung nicht mehr geplant ist. Die Rücklage für die Ware kann übertragen werden.

Buchungen beim Jahresabschluss:

Sonderposten mit Rücklageanteil			
(R 6.6 EStR) für Waren/Lkw	8 700 €	an Wareneingang	2 200 €
		an Erträge aus Auflösung	
		von Sonderposten	6 500 €

Fall 401 **Gewinnverteilung bei einer OHG nach HGB**

Lösung: Die gesetzliche Gewinnverteilung nach § 121 HGB ist vorzunehmen, wenn von den Gesellschaftern keine abweichende vertragliche Regelung getroffen wurde.

Nach § 121 Abs. 1 HGB ist zunächst das Kapitalkonto eines jeden Gesellschafters mit 4 % zu verzinsen, wobei nach § 121 Abs. 2 HGB Einlagen und Entnahmen im Laufe des Jahres auch zeitlich berücksichtigt werden müssen. Es ist demnach eine normale Zinsberechnung vorzunehmen. Der Teil des Jahresgewinns, der die Zinsen übersteigt, ist als Gewinn oder Verlust nach Köpfen zu verteilen.

Berechnung:

Anton S.

	Kapital	Tage	Zinszahlen
Kapital 1.1.	28 420 €	77	21 883
./. Entnahmen 18.3.	6 000 €		
	22 420 €	93	20 851
./. Entnahmen 21.6.	9 200 €		
	13 220 €	110	14 542
./. Entnahmen 11.10.	5 800 €		
	7 420 €	80	5 936
		360	= 63 212
: 360 x 4 = Zinsen rd.			= 702 €

Berthold S.

	Kapital	Tage	Zinszahlen
Kapital 1.1.	39 500 €	44	17 380
./. Entnahmen 15.2.	4 800 €		
	34 700 €	139	48 233
./. Entnahmen 4.7.	8 000 €		
	26 700 €	151	40 317
./. Entnahmen 5.12.	14 100 €		
	12 600 €	26	3 276
		360	= 109 206
: 360 x 4 = Zinsen rd.			1 213 €

Gewinnverteilung:

	Anton	Berthold	OHG
Kapitalverzinsung	702 €	1 213 €	1 915 €
Rest nach Köpfen	33 501 €	33 501 €	67 002 €
Gewinn(-anteil)	34 203 €	34 714 €	68 917 €
Kapital-Konto vor Gewinn	7 420 €	12 600 €	
+ Gewinnanteil	34 203 €	34 714 €	
Kapital 31. 12.	41 623 €	47 314 €	

Gewinnverteilung bei einer KG

`Fall 402`

Lösung: Der steuerliche Gewinn der Mitunternehmerschaft weicht vom Betriebsergebnis lt. GuV-Rechnung ab. Die als Aufwand gebuchten Gehälter der Gesellschafter sind gem. § 15 Abs. 1 Nr. 2 EStG Teil des gewerblichen Gewinns und deshalb dem Gewinn für steuerliche Zwecke wieder hinzuzurechnen:

Gewinn lt. GuV-Rechnung	45 630 €
+ Gehalt Rolf Schneider	120 000 €
+ Gehalt Werner Müller	80 000 €
= steuerlicher Gewinn	245 630 €

Gewinnverteilung:

	Schneider	Müller	KG
Verzinsung Kapitalkonten	20 000 €	10 000 €	30 000 €
Gehalt	120 000 €	80 000 €	200 000 €
Rest $^2/_3$ bzw. $^1/_3$	10 420 €	5 210 €	15 630 €
Gewinn/Gewinnanteil	150 420 €	95 210 €	245 630 €

Gewinnverteilung/Tätigkeitsvergütungen

`Fall 403`

Lösung: Nach § 15 Abs. 1 Nr. 2 Satz 1 zweiter Halbsatz EStG gehören Tätigkeitsvergütungen an die Gesellschafter nicht zu den Einkünften aus nichtselbständiger Arbeit, sondern zu den gewerblichen Einkünften. Leistungen an die Gesellschaft (hier: die Vermietung eines bebauten Grundstücks) sind nicht Einkünfte aus Vermietung, sondern auch Einkünfte aus Gewerbebetrieb. Die Grundstückskosten sind nicht Werbungskosten aus Vermietung und Verpachtung sondern für den Gesellschafter Döring Sonderbetriebsausgaben. Danach ergibt sich folgender steuerlicher Gewinn:

Gewinn lt. Jahresabschluss	126 520 €
+ Tätigkeitsvergütung Komplementär	60 000 €
+ Mieterträge Kommanditist	48 000 €
./. Sonderbetriebsausgaben	8 400 €
steuerlicher Gewinn	226 120 €

Berechnung der Kapitalbeteiligung:

Komplementär	=	$^1/_2$ =	100 000 €
Kommanditist K	=	$^2/_5$ =	80 000 €
Kommanditist D	=	$^1/_{10}$ =	20 000 €
			200 000 €

Gewinnverteilung:

	Waldmeister	Kock	Döring	gesamt
Geschäftsführergehalt	60 000 €	0 €	0 €	60 000 €
Kapitalverzinsung	8 000 €	4 000 €	1 000 €	13 000 €
Mieterträge	0 €	0 €	48 000 €	48 000 €
Sonderbetriebsausgaben	0 €	0 €	./. 8 400 €	./. 8 400 €
Restgewinn	56 760 €	45 408 €	11 352 €	113 520 €
Gewinn/Gewinnanteil	124 760 €	49 408 €	51 952 €	226 120 €

Fall 404 | **Gewinnverteilung/typischer stiller Gesellschafter**

Lösung: Die Tätigkeitsvergütung, die der Komplementär zulasten des Gewinns erhalten hat, muss nach § 15 Abs. 1 Nr. 2 Satz 1 zweiter Halbsatz EStG zur Ermittlung des steuerlichen Gewinns hinzugerechnet werden.

Eine Zurechnung der Kapitalverzinsung des stillen Gesellschafters braucht nicht zu erfolgen. Ein typischer stiller Gesellschafter ist nicht als Mitunternehmer des Gewerbebetriebs anzusehen, sondern als Darlehensgeber. Er hat Einkünfte aus Kapitalvermögen nach § 20 Abs. 1 Nr. 4 EStG, die Personengesellschaft hat in gleicher Höhe Betriebsausgaben.

Ermittlung des steuerlichen Gewinns:

vorläufiger Gewinn lt. HB	238 500 €
+ Geschäftsführer-Vergütung	150 000 €
= vorläufiger steuerlicher Gewinn	388 500 €
davon 12 % Zinsen (stille Beteiligung)	./. 46 620 €
= steuerlicher Gewinn	341 880 €

Gewinnverteilung:

	Ritter	Ross	gesamt
Geschäftsführergehalt	150 000 €	0 €	150 000 €
Kapital-Verzinsung	64 000 €	16 000 €	80 000 €
Risiko-Vergütung	30 000 €	0 €	30 000 €
Restgewinn	65 504 €	16 376 €	81 880 €
Gewinn/Gewinnanteil	309 504 €	32 376 €	341 880 €

Der stille Gesellschafter nimmt an der Gewinnverteilung nicht teil.

Fall 405 | **Gewinnverteilung/atypischer stiller Gesellschafter**

Lösung: Dadurch, dass Herr Wenig auch im Falle einer Betriebsveräußerung am Veräußerungsgewinn beteiligt ist, verliert er die für einen stillen Gesellschafter typische Eigenschaft eines reinen Darlehensgebers. Er ist zum atypischen stillen Gesellschafter geworden, dessen Rechtsposition die eines Mitunternehmers ist. Deshalb sind seine Einkünfte aus dieser Beteiligung keine Kapitaleinkünfte, sondern Einkünfte aus Gewerbebetrieb gem. § 15 Abs. 1 Nr. 2 EStG.

Ebenfalls unter § 15 Abs. 1 Nr. 2 EStG fallen die Vergütungen für die Geschäftsführertätigkeit und die Zinszahlungen für das der Gesellschaft gewährte Darlehen.

Berechnung des steuerlichen Gewinns:

Gewinn lt. Bilanz	74 440 €
+ Geschäftsführergehälter	150 000 €
+ Darlehenszinsen	16 000 €
= steuerlicher Gewinn	240 440 €

Gewinnverteilung:

	Kreuzer	Herzlich	Wenig	gesamt
Gehälter	90 000 €	60 000 €	0 €	150 000 €
Darlehenszinsen	16 000 €	0 €	0 €	16 000 €
Verzinsung Beteiligung	15 000 €	9 000 €	24 044 €	48 044 €
Restgewinn	16 498 €	9 898 €	0 €	26 396 €
Gewinn/Gewinnanteil	137 498 €	78 898 €	24 044 €	240 440 €

Gewinnauswirkung § 4 Abs. 3 EStG/§ 5 EStG

Fall 406

Lösung:

	Mandant Bergmann (§ 4 Abs. 3 EStG)		Mandant Färber (§ 5 EStG)	
Vorgang	Auswirkung	Betrag	Auswirkung	Betrag
a)	erfolgsneutral	0 €	gewinnerhöhend	500 €
b)	erfolgsneutral	0 €	erfolgsneutral	0 €
c)	gewinnmindernd	AfA + 380 €	erfolgsneutral	AfA + 0 €
d)	gewinnerhöhend	1 570 €	gewinnerhöhend	1 000 €
e)	gewinnmindernd	2 100 €	gewinnmindernd	875 €
f)	gewinnerhöhend	2 937 €	gewinnerhöhend	2 500 €
g)	gewinnmindernd	952 €	gewinnmindernd	800 €

Gewinnermittlung gem. § 4 Abs. 3 EStG bei Ärzten

Fall 407

Lösung: Da die Mandantin als Ärztin ausschließlich nach § 4 Nr. 14 UStG steuerfreie Umsätze ausführt, ist sie nach § 15 Abs. 2 UStG nicht zum Vorsteuerabzug berechtigt. Die nicht abzugsfähigen Vorsteuerbeträge sind damit nach § 9b Abs. 1 EStG Teil der Anschaffungskosten der erworbenen Wirtschaftsgüter. Ein sofortiger Betriebsausgabenabzug im Zeitpunkt der Zahlung ist damit nicht zulässig.

zu 1) Die Anschaffungskosten des Ultraschallgeräts betragen:

Brutto-Kaufpreis lt. Rechnung	9 996,00 €
abzgl. 3 % Skonto	299,88 €
verbleiben Anschaffungskosten	9 696,12 €

Die Abschreibung des Geräts ist linear mit $16\,^2/_3$ % der Anschaffungskosten möglich. Da die Anschaffung im November erfolgte, kann nach § 7 Abs. 1 Satz 4 EStG höchstens $^2/_{12}$ der AfA berechnet werden:

9 696,12 € x $16\,^2/_3$ % linear x $^2/_{12}$ = Betriebsausgabe $\qquad\qquad$ rd. 269 €

zu 2) Die Anschaffung des Blutdruckmessgeräts ermöglicht unabhängig vom Zeitpunkt der Zahlung die Abschreibung der Anschaffungskosten in voller Höhe. Nach § 6 Abs. 2 EStG kann (= „muss", da möglichst niedriger steuerlicher Gewinn! – alternativ wäre auch lineare AfA möglich!) die Mandantin im Jahr der Anschaffung (nicht Zahlung!) die Anschaffungskosten voll abschreiben, weil diese 150 € (ohne Umsatzsteuer) nicht übersteigen. Die nicht abzugsfähige Vorsteuer gehört zu den Anschaffungskosten. Gewinnminderung = $\qquad\qquad$ 178 €

zu 3) Die gezahlte Umsatzsteuer aus der Anzahlung ist keine Betriebsausgabe, da sie Teil der künftigen Anschaffungskosten sind. Da das EKG-Gerät noch nicht geliefert werden konnte, ist eine AfA nach § 7 EStG noch nicht möglich.
Gewinnminderung $\qquad\qquad$ = 0 €

zu 4) Die Anschaffungskosten sind auf Grund und Boden und Gebäude aufzuteilen, wobei die Erwerbsnebenkosten im Verhältnis der anteiligen Kaufpreise zu verteilen sind:

	Grund und Boden (20 %)	Gebäude
Kaufpreis	90 000 €	360 000 €
Grunderwerbsteuer	5 850 €	23 400 €
Notarkosten (brutto)	476 €	1 904 €
Gerichtskosten	160 €	640 €
Anschaffungskosten	96 486 €	385 944 €

Die Aufwendungen für nicht abnutzbare Anlagegüter (Grund und Boden) können nach § 4 Abs. 3 Satz 4 EStG erst bei Veräußerung oder Entnahme als Betriebsausgaben abgesetzt werden.

Die Abschreibung für das Gebäude ist nur nach § 7 Abs. 4 Nr. 1 EStG mit 3 % möglich, weil für das Gebäude der Bauantrag nach März 1985 gestellt wurde, es zum Betriebsvermögen der Mandantin gehört und seine Nutzungsdauer nicht weniger als $33\,^1/_3$ Jahre beträgt. Die AfA ist bei linearer Gebäude-AfA immer zeitanteilig zu berechnen.

Gewinnminderung: 3 % von 385 944 € x $^3/_{12}$ = rd. $\qquad\qquad$ 2 895 €

G. Fachrechnen

Prozentrechnen

Lösung:

98 %	=	1 254,40 €
100 %	=	?

$$\frac{1254,40 \times 100}{98} = \underline{1\,280,00\,€}$$

Lösung:

3. Jahr	=	85 % =	3 684,75 €
		100 % =	4 335,00 €
2. Jahr	=	85 % =	4 335,00 €
		100 % =	5 100,00 €
1. Jahr	=	85 % =	5 100,00 €
		100 %	6 000,00 €

Der Anschaffungspreis betrug $\underline{\underline{6\,000,00\,€}}$

Lösung:

45 %	=	97 560 €
100 %	=	216 800 €

A	=	45 %	(v. 216 800 €) =	97 560 €
B	=	23 %	(v. 216 800 €) =	49 864 €
C	=	15 %	(v. 216 800 €) =	32 520 €
D	=	17 %	(v. 216 800 €) =	36 856 €
		100 %		216 800 €

Lösung:

Vermögen	600 000 €
./. Masseschulden	305 000 €
./. Massekosten	150 000 €
./. Bevorrechtigte Forderungen	50 000 €
Restmasse	95 000 €

Insolvenzquote = $\underline{11,875\,\%}$

$$\frac{95\,000\,€ \times 100}{800\,000}$$

11,875 %	=	17 812,50 €
100 %	=	150 000,00 € = ursprüngliche Forderung

Handelskalkulation

Fall 412 **Lösung:**

Wareneingang	250 000 €
+ Warenanfangsbestand	55 000 €
	305 000 €
./. Warenendbestand	53 000 €
	252 000 €
+ Bezugskosten	6 000 €
Wareneinsatz	258 000 €
Warenausgang	322 500 €

a) Handelsspanne in € — 64 500 €
   Handelsspanne in % — 20
b) Kalkulationsaufschlag in % — 25
c) Kalkulationsfaktor — 1,25
d) Durchschnittlicher Lagerbestand

Warenanfangsbestand	55 000 €	
+ Warenendbestand	53 000 €	
Summe	108 000 € : 2 =	54 000 €

e) Warenumschlagsgeschwindigkeit
   258 000 : 54 000 =   4,78 <
f) Durchschnittliche Lagerdauer
   360 Tage : 4,78 =   75,31   = ca. 75 Tage

Fall 413 **Lösung:**

Anfangsbestand	146 000 €
+ Einkäufe	968 000 €
	1 114 000 €
./. Endbestand	104 000 €
./. Rücksendungen an Lieferer	10 000 €
Wareneinsatz	1 000 000 €
Warenverkäufe	1 270 000 €
./. Rücksendungen	20 000 €
Warenumsatz	1 250 000 €
./. Wareneinsatz	1 000 000 €
Rohgewinn	250 000 €

Rohgewinnaufschlagsatz: $\dfrac{250\,000 \times 100}{1\,000\,000}$ =   25 %

Rohgewinn	250 000 €
./. Handlungskosten	165 000 €
Reingewinn	85 000 €

Umsatzrendite $\dfrac{85\,000 \times 100}{1\,250\,000}$ =   6,8 %

Durchschnittlicher Lagerbestand: $\dfrac{146\,000 + 104\,000}{2}$ =   125 000 €

Lösung:

Listenverkaufspreis (netto)	1 480,00 €
Kalkulationsfaktor 1,85	
Einstandspreis	800,00 €
./. Bezugskostenzuschlag ($^5/_{105}$)	38,10 €
Bareinkaufspreis	761,90 €
+ Skonto ($^{2,5}/_{97,5}$)	19,54 €
Zieleinkaufspreis	781,44 €
+ Rabatt ($^{10}/_{90}$)	86,83 €
Einkaufspreis netto	868,27 €

Lösung:

Einstandspreis	100 % + 7 % = 107 %
+ Kalkulationszuschlag	50 %
	150 % + 6 % = 156 %
Rohgewinn neu	49 %

a) Neuer Kalkulationszuschlag	= 49 : 107 × 100 = 45,79 %
b) Handelsspanne, alt	= 50 : 150 × 100 = 33,33 %
c) Handelsspanne, neu	= 49 : 156 × 100 = 31,41 %

d) Einstandspreis	107,00 €
+ 20 % Handlungskostenzuschlag	21,40 €
Selbstkosten	128,40 €
+ Gewinn zum Verkaufspreis	27,60 €
Verkaufspreis	156,00 €

Gewinnzuschlag = 27,60 : 128,40 × 100 = 21,50 %

Industriekalkulation

Lösung:

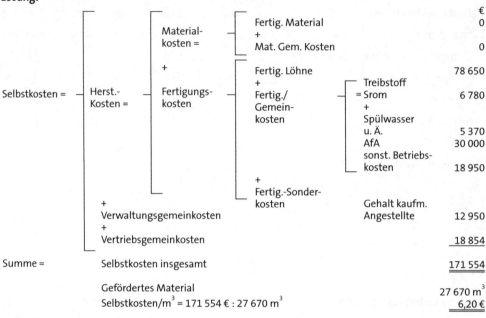

				€
	Material-kosten =	Fertig. Material		0
		+ Mat. Gem. Kosten		0
		+		
		Fertig. Löhne		78 650
Selbstkosten = Herst.-Kosten =	Fertigungs-kosten	+ Fertig./ Gemein-kosten	Treibstoff = Srom	6 780
			+ Spülwasser u. Ä.	5 370
			AfA	30 000
			sonst. Betriebs-kosten	18 950
		+ Fertig.-Sonder-kosten		
	+ Verwaltungsgemeinkosten		Gehalt kaufm. Angestellte	12 950
	+ Vertriebsgemeinkosten			18 854
Summe =	Selbstkosten insgesamt			171 554

Gefördertes Material   27 670 m³
Selbstkosten/m³ = 171 554 € : 27 670 m³   6,20 €

Lösung:

Herstellungskosten

Fertigungseinzelkosten	80 000 €
Fertigungsgemeinkosten	48 000 €
Materialeinzelkosten	30 000 €
Materialgemeinkosten	2 400 €
a) aktivierungspflichtige Herstellungskosten	160 400 €
Verwaltungskosten (Wahlrecht)*	8 020 €
b) aktivierungsfähige Herstellungskosten	168 420 €

* Hinweis: Nach R 6.3 EStR 2012 sind angemessene Teile der Kosten der allgemeinen Verwaltung zwingend bei der Berechnung der steuerlichen Herstellungskosten zu berücksichtigen (Aktivierungspflicht). Die Regelung in R 6.3 Abs. 4 Satz 1 EStR 2008 sah dagegen ein Wahlrecht vor. Vor diesem Hintergrund hat das BMF mit Schreiben vom 25. 3. 2013, BStBl 2013 I 296 geregelt, dass es nicht zu beanstanden ist, noch nach R 6.3 Abs. 4 Satz 1 EStR 2008 zu verfahren (Wahlrecht). Das Wahlrecht gilt bis zu einer Neufassung der EStR.

Vertriebskosten gehören nicht zu den Herstellungskosten.

Fall 418

Lösung:

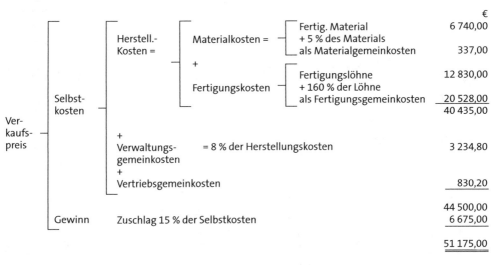

				€
			Fertig. Material	6 740,00
		Materialkosten =	+ 5 % des Materials	
	Herstell.-Kosten =		als Materialgemeinkosten	337,00
		+		
			Fertigungslöhne	12 830,00
		Fertigungskosten	+ 160 % der Löhne	
Selbst-kosten			als Fertigungsgemeinkosten	20 528,00
				40 435,00
	+			
	Verwaltungs-gemeinkosten	= 8 % der Herstellungskosten		3 234,80
	+			
	Vertriebsgemeinkosten			830,20
				44 500,00
Gewinn	Zuschlag 15 % der Selbstkosten			6 675,00
				51 175,00

Verkaufspreis

Zinsrechnen

Fall 419

Lösung:

$$Z = \frac{K \times i \times p}{100} = \frac{9\,115 \times 7,5 \times 86}{100 \times 360} = \underline{163,31\,€}$$

Bei Berechnung der Zinsen nach Tagen : $i = \frac{\text{Zahl der Tage}}{360}$

Fall 420

Lösung:

$$p = \frac{Z \times 100}{K \times i} = \frac{570 \times 100 \times 360}{7\,000 \times 320} = \underline{9,16\,\%}$$

Fall 421

Lösung:

$$i = \frac{Z \times 100}{K \times p} = \frac{280 \times 100 \times 3 \times 360}{6\,300 \times 20} = \underline{240\,\text{Tage}}$$

Fall 422

Lösung:

$$p = \frac{Z \times 100}{K \times i} = \frac{74 \times 100}{96 \times 10} = \underline{7,708\,\%}$$

Anmerkung zur Zahl 74:

Bei einem Nennkapital von 100 € sind jährlich 7 € Zinsen zu zahlen, in zehn Jahren also 70 €. Weitere 4 € Zinsen ergeben sich aus dem Unterschied zwischen dem tatsächlich ausbezahlten Kapital von 96 € und dem zurückzuzahlenden Kapital von 100 €.

Fall 423 **Lösung:**

a) Kaufpreis   15 500,00 €
   ./. 3 % Skonto   465,00 €
   verbleiben   15 035,00 €

   + Zinsen $\dfrac{15\,035 \times 12 \times 20}{100 \times 360} =$ 100,23 €

   Aufwand   15 135,23 €
b)   15 500,00 €

Lösung a) ist vorteilhafter.

Fall 424 **Lösung:**

	Betrag (€)	Wert	Tage	Zinszahlen
	18 000	13. 3.	137	24 660
./.	6 000	1. 5.	89	./. 5 340
./.	6 000	15. 6.	45	./. 2 700
./.	6 000	30. 7.	–	–
				16 620

Zinsen = 16 620 : 60 =   277 €

Anmerkung zur Zahl 60: 360 Tage: 6 %

Fall 425 **Lösung:** Die Rentabilität des Eigenkapitals beträgt:

Kaufpreis   180 000 €
./. Fremdmittel   65 000 €
Eigenkapital   115 000 €
Mieteinnahmen monatlich 950 € × 12 =   11 400 €
./. Schuldzinsen I. Hypothek 6 % v. 40 000 € =   2 400 €
./. Schuldzinsen II. Hypothek 8 % v. 25 000 € =   2 000 €
./. nicht umlagefähige Kosten   1 800 €
Überschuss   5 200 €

Die Rendite des Eigenkapitals beträgt:
Überschuss × 100 : Eigenkapital = 5 200 × 100 : 115 000 € = 4,52 %

Lösung: Erwartete Verzinsung

6 % v. 400 000 € =   24 000 €

Erwartete Aufwendungen

	Zinsen I. Hyp. 4,5 % v. 360 000 €	16 200 €
+	Zinsen II. Hyp. 5,5 % v. 140 000 €	7 700 €
+	übrige Kosten	24 100 €
	Gesamtaufwand	48 000 €
	Gesamtaufwand	48 000 €
+	Überschuss	24 000 €
=	Jahresmiete	72 000 €
=	Monatsmiete	6 000 €

H. Wirtschaftslehre

Fall 427 Geschäftsfähigkeit/Rechtsfähigkeit

Lösung:

1. Der Kaufvertrag ist wegen Geschäftsunfähigkeit des Kindes nichtig (§§ 104 und 105 BGB). Das Kind hat eine eigene Willenserklärung abgegeben und handelte deshalb nicht als Bote.

2. **Geschäftsfähigkeit** ist die Fähigkeit, Rechtsgeschäfte wirksam abzuschließen. Das BGB unterscheidet folgende Stufen:

   – Die Geschäftsunfähigkeit bis zum vollendeten siebenten Lebensjahr,

   – die beschränkte Geschäftsfähigkeit Minderjähriger zwischen dem siebenten und dem achtzehnten Lebensjahr (§ 106 BGB)

   – und der vollen Geschäftsfähigkeit ab dem achtzehnten Lebensjahr.

   Rechtsfähigkeit ist die Fähigkeit von Personen, Träger von Rechten und Pflichten zu sein. Die Rechtsfähigkeit des Menschen beginnt mit der Vollendung der Geburt (§ 1 BGB). Die Rechtsfähigkeit endet mit dem Tode (§ 1922 BGB).

Fall 428 Taschengeld Minderjähriger

Lösung: Die Erteilung des Auftrags durch den noch minderjährigen Schüler ist nach § 110 BGB unwirksam, weil der minderjährige Schüler die „vertragsgemäße Leistung nicht mit seinen Geldmitteln bewirkt", sondern einen Rest schuldig bleibt. Damit ist das Rechtsgeschäft von Anfang an – schwebend – unwirksam.

Fall 429 Willenserklärung

Lösung: Der Steuerberater hat das zu niedrig in Rechnung gestellte Honorar nachzufordern. Dazu ist er schon nach der StBGebV verpflichtet. Die falsche Honorarrechnung hat er wegen Irrtums anzufechten (§ 119 BGB).

Fall 430 Vertragsabschluss

Lösung:

1. Ein Vertrag kommt durch Antrag und Annahme zustande (§§ 145 ff. BGB). Ein unter Anwesenden gemachtes Angebot kann nur sofort angenommen werden (§ 147 Abs. 1 BGB). Ein unter Anwesenden gemachter Antrag kann nur bis zu dem Zeitpunkt angenommen werden, in welchem der Antragende den Eingang der Antwort unter regelmäßigen Umständen erwarten darf (§ 147 Abs. 2 BGB).

2. Rechtsgeschäfte sind grundsätzlich formfrei
   Ausnahmen z. B.:
   a) Schuldversprechen (Schriftform nach § 780 BGB), formfrei als Handelsgeschäft nach § 350 HGB.
   b) Schuldanerkenntnis (Schriftform nach § 781 BGB).
   c) Grundstücksgeschäfte, Schenkungsversprechen (notarielle Beurkundung nach § 128 BGB).
   d) Eintragungen ins Grundbuch, ins Handels- und Vereinsregister (notarielle Beglaubigung nach § 129 BGB).

3. Bedeutsame Vertragsarten:

Kaufvertrag (§ 433 BGB), Tauschvertrag (§ 480 BGB), Werkvertrag (§ 631 BGB), Dienstvertrag (§ 611 BGB), Gesellschaftsvertrag (§ 705 BGB), Leihvertrag (§ 598 BGB), Darlehensvertrag (§ 488 BGB, insbesondere Verbraucherdarlehen § 491 BGB), Mietvertrag (§ 535 BGB), Pachtvertrag (§ 581 BGB).

4. Nichtige und anfechtbare Rechtsgeschäfte:

Derjenige, der eine Willenserklärung wirksam abgegeben hat, ist grundsätzlich an diese gebunden. In einigen Fällen sind jedoch Willenserklärungen von vornherein nichtig; auch sieht das Gesetz die Möglichkeit vor, Willenserklärungen durch Anfechtung wieder zu beseitigen. Die Anfechtung eines Vertrags muss durch eine Erklärung gegenüber dem Vertragspartner erfolgen. Die Anfechtung ist wirksam, wenn ein Anfechtungsgrund besteht.

4a) Nichtige Rechtsgeschäfte:
– Geschäft mit einem Geschäftsunfähigen (§ 105 BGB)
– Geschäft mit einem beschränkt Geschäftsfähigen ohne Einwilligung des gesetzlichen Vertreters (§ 107 BGB)
– Scheingeschäft (§ 117 BGB)
– Scherzgeschäft (§ 118 BGB)
– Geschäft gegen ein gesetzliches Verbot (§ 134 BGB)
– Geschäft gegen die guten Sitten, z. B. Wucher (§ 138 BGB)

4b) Anfechtbare Rechtsgeschäfte:
– Abgabe einer Willenserklärung, die nicht abgegeben werden sollte (versprochen oder verschrieben; § 119 Abs. 1 BGB).
– Abgabe einer Willenserklärung bei Irrtum über die wesentlichen Eigenschaften einer Person oder einer Sache (§ 119 Abs. 2 BGB).
– Abgabe einer Willenserklärung durch arglistige Täuschung oder widerrechtliche Drohung (§ 123 BGB).

Vertragsabschluss, Anfechtung wegen Irrtums   `Fall 431`

Lösung:

a) Ein Kaufvertrag ist zustande gekommen, da zunächst zwei übereinstimmende Willenserklärungen (Angebot und Annahme) vorhanden sind (§ 145 BGB).

b) Klotzig kann den Vertrag wegen Irrtums anfechten, da er ein Angebot über 6 930 € nicht abgeben wollte (§§ 119, 143 BGB).

c) Klotzig muss für den vergeblichen Werbeaufwand des Reifig Schadenersatz leisten (§ 122 BGB).

Vertragsarten/Vertragsinhalt   `Fall 432`

Lösung: Ludger Heims hat mehrere nachfolgend erläuterte Verträge abgeschlossen:

Die einzelnen Sachverhalte:	Bezeichnung des Vertrags	Inhalt des Vertrags
a) Heims überlässt seine Drogerie mit Einrichtung dem Kaufmann Alfons Hagen für mtl. 2 000 €	Pachtvertrag (§ 581 BGB)	Überlassung der Drogerie und des Ertrags daraus gegen Pachtzins

b) Heims überlässt seinem Freund vorübergehend unentgeltlich sein Wohnmobil	Leihvertrag (§ 598 BGB)	Unentgeltliche Überlassung einer Sache
c) Heims lässt sich bei der Erstellung seiner Einkommensteuererklärung von einem Steuerberater beraten	Dienstvertrag (§ 611 BGB)	Dienstleistung gegen vereinbarte Vergütung
d) Heims lässt sein Auto in der Werkstatt reparieren	Werkvertrag (§ 631 BGB)	Herstellung eines Werks gegen vereinbarte Vergütung
e) Heims lässt sich eine Gartenbank anfertigen	Werklieferungsvertrag (§ 651 i. V. m. § 433 BGB)	Erstellung eines Werks und Beschaffung des benötigten Stoffs gegen vereinbarte Vergütung

Fall 433   Einzelne Rechtsgeschäfte

Lösung a: Der Bürgschaftsvertrag ist nicht zustande gekommen, da er nur mündlich geschlossen wurde. Für einen Bürgschaftsvertrag ist aber Schriftform vorgeschrieben (§ 766 BGB). Der Vertrag ist infolge Formmangels nichtig (§ 125 BGB).

Hinweis: Bei der Bürgschaft eines Kaufmanns, für den diese ein Handelsgeschäft darstellt, entfällt die vorgeschriebene Schriftform (§ 350 HGB).

Lösung b: Der Darlehensvertrag ist nichtig, da er wegen Wucher gegen die guten Sitten verstößt (§ 138 BGB), denn der Zinssatz ist höher als das Zweifache des Marktzinses.

Lösung c: Der Kaufvertrag ist gültig, aber anfechtbar wegen arglistiger Täuschung (§ 123 BGB).

Fall 434   Kaufvertrag (1)

Lösung: Der Kaufvertrag ist zustande gekommen,

a) wenn das Angebot verbindlich war, durch Bestellung,

b) wenn das Angebot unverbindlich war, durch Bestellungsannahme (§ 145 BGB).

Obwohl ein zweiseitiges Handelsgeschäft vorliegt (§ 343 HGB), gelten grundsätzlich die Vorschriften des BGB, weil ergänzende bzw. abweichende Bestimmungen des HGB fehlen.

Fall 435   Kaufvertrag (2)

Lösung:

a) Der Kaufvertrag ist nicht zustande gekommen, weil keine übereinstimmenden Willenserklärungen vorliegen (§ 151 BGB).

b) Der Kaufvertrag ist nach Annahme der Bestellung zustande gekommen (übereinstimmende Willenserklärungen).

Fall 436   Unbestellte Ware

Lösung: Unbestellte Ware muss nicht bezahlt werden. In der Zusendung unbestellter Ware liegt das Angebot auf Abschluss eines Kaufvertrags. Schweigt der Empfänger, so kommt kein Vertrag zustande, denn Schweigen auf ein unterbreitetes Angebot kann nicht als dessen Annahme gewertet werden. Es besteht auch keine Verpflichtung, die Ware zurückzusenden. Die Ware ist lediglich einige Zeit aufzubewahren.

Das gilt auch bei Lieferung unbestellter Ware unter Kaufleuten. Zwar ist im Handelsverkehr oftmals das Schweigen auf einen Antrag als Zustimmung zu werten. Nach § 362 HGB gilt das Schweigen eines Kaufmanns auf das Angebot seines Geschäftspartners als Annahme, wenn es sich um sog. Geschäftsbesorgungsverträge handelt, wie z. B. bei Transportaufträgen. Warenlieferungen fallen jedoch nicht hierunter.

Erfüllung des Vertrags

Fall 437

Lösung: Der Vertrag zwischen Reifig und Klotzig begründet ein Schuldverhältnis, kraft dessen jeder Vertragspartner vom anderen eine bestimmte Leistung fordern kann (§ 241 BGB).

Die Vertragspartner haben zu leisten:

a) **Großhändler Klotzig**

  – Übertragung des Eigentums (§ 433 BGB)
  – Rechtzeitige und mangelfreie Lieferung
  – Annahme des Kaufpreises

b) **Fahrradhändler Reifig**

  – Vereinbarungsgemäße Zahlung des Kaufpreises (§ 270 BGB)
  – Ordnungsgemäße Annahme der Ware
  – Unverzügliche Prüfung der Ware (§ 377 HGB)

Die Eigentumsübertragung kann erfolgen durch

► Einigung und Übergabe (§ 929 BGB)
► Einigung und Abtretung des Herausgabeanspruchs (§ 931 BGB)
► Besitzkonstitut (§ 930 BGB)

Erfüllungsort

Fall 438

Lösung:

a) Der gesetzliche Erfüllungsort für die Lieferung ist Dortmund, weil der Schuldner der Warenlieferung zurzeit des Vertragsabschlusses (Entstehung des Schuldverhältnisses) in Dortmund seinen Sitz hat (§ 269 BGB).

b) Die Bedeutung des Erfüllungsortes besteht im Wesentlichen darin, dass der Schuldner am Erfüllungsort durch rechtzeitige und mangelfreie Lieferung von seiner vertraglichen Verpflichtung frei wird. Dies gilt im Zweifel auch für die Übermittlung des Geldes zur Bezahlung der Ware (§ 270 BGB).

Lieferverzug, Fixhandelskauf

Fall 439

Lösung: Es ist Lieferungsverzug eingetreten, so dass Landwirt Boden vom Vertrag zurücktreten kann (§ 323 BGB).

Landwirt Boden kann aber auch verlangen, dass Klotzig unverzüglich die Lieferung erklärt. Er kann aber auch Schadenersatz verlangen (§ 376 HGB).

Fall 440 **Lieferung unter Eigentumsvorbehalt**

Lösung: Bei Lieferung unter Eigentumsvorbehalt ist trotz Übergabe eine Eigentumsübertragung noch nicht erfolgt. Sie erfolgt erst bei vollständiger Bezahlung des Kaufpreises (§ 449 BGB).

Gleichwohl hat Stark keinen Anspruch an die Tiefbau-GmbH auf Herausgabe des Kleinbaggers, da die Tiefbau-GmbH das Gerät in gutem Glauben erworben hat (§ 932 Abs. 1 BGB). Die Tiefbau-GmbH hat in gutem Glauben erworben, wenn ihr nicht bekannt oder ohne grobe Fahrlässigkeit unbekannt war, dass die Sache nicht dem Veräußerer gehört (§ 932 Abs. 2 BGB).

An den Insolvenzverwalter hat Stark dagegen einen Anspruch auf Herausgabe des anderen Kleinbaggers durch Aussonderung (§ 985 BGB, § 47 InsO). Das Sicherungseigentum des Stark wird im Insolvenzverfahren wie ein Pfandrecht behandelt (§ 1204 BGB).

Fall 441 **Handelskauf, Annahmeverzug**

Lösung: Infolge Annahmeverzug haftet der säumige Käufer (Baumaschinenhändler Stark) für den zufälligen Untergang der Ware (§ 300 BGB). Die Haftung des Verkäufers ist beschränkt auf grobe Fahrlässigkeit. Der Selbsthilfeverkauf (§ 373 HGB) erfolgt für Rechnung des säumigen Käufers und muss ihm vorher mit Fristsetzung mitgeteilt werden. Ferner ist der Verkäufer gehalten, dem Käufer vorher Zeit und Ort der öffentlichen Versteigerung mitzuteilen, damit er ggf. mitbieten kann (§ 373 Abs. 5 HGB).

Fall 442 **Besitzkonstitut (Besitzmittlungsverhältnis)**

Lösung: Pils wird durch Kaufvertrag vom 31. 12. 2015 Eigentümer der Gaststätte. Korn bleibt aber bis zum 31. 12. 2016 durch den Pachtvertrag Besitzer (Fremdbesitzer).

Die Eigentumsübertragung der Gaststätte auf Pils erfolgte unter der Vereinbarung eines Besitzmittlungsverhältnisses in der Form eines Pachtvertrags. Dies bedeutet, dass Korn nach Veräußerung der Gaststätte weiterhin Besitzer bleibt, nunmehr aber nicht als Eigentümer, sondern als Pächter. Der Erwerber Pils ist mittelbarer Eigenbesitzer und Eigentümer geworden (§ 930 BGB).

Anmerkung: Der bedeutendste Fall der Eigentumsübertragung unter Vereinbarung des Besitzkonstituts nach § 930 BGB ist die Sicherungsübereignung.

Fall 443 **Schlechterfüllung eines Vertrags**

Lösung:

a) Bei schlechter Erfüllung eines Kaufvertrags hat der Käufer grundsätzlich das Recht auf
   – Nacherfüllung (Nachbesserung/Ersatzlieferung, § 439 Abs. 1 BGB)
   – Rücktritt vom Vertrag (§ 323 BGB)
   – Minderung/Preisnachlass (§ 441 BGB)
   – Schadensersatz (§ 281 BGB)

b) Während der Verbraucher nach altem Recht, soweit vertraglich nichts anderes vereinbart war, im Gewährleistungsfall zwischen Wandelung, Minderung und – bei Gattungssachen –

der Ersatzlieferung wählen konnte, geht die Verbrauchsgüterkaufrichtlinie von einer Stufung aus. Im Falle des Mangels kann zunächst nur Nachbesserung oder, was bei einfachen Massenprodukten regelmäßig ökonomischer ist, Ersatzlieferung verlangt werden. Erst wenn Nachbesserung oder Ersatzlieferung fehlschlagen oder zu Recht oder zu Unrecht verweigert werden, kommen Rücktritt und/oder Schadensersatz oder Minderung in Betracht.

Mängelrügen (1)

Fall 444

Lösung:

a) Da ein zweiseitiger Handelskauf vorliegt, muss der Käufer die Sendung unverzüglich prüfen und ggf. rügen (§ 377 HGB).

b) Folgende Arten von Mängeln liegen vor:

Nr. 1: Quantitätsmangel

Nr. 2: Qualitätsmangel

Nr. 3: Falschlieferung

c) Die Bäckerei kann folgende Rechte geltend machen:

Nr. 1: Rücknahme der Mehrlieferung

Nr. 2: Minderung des Kaufpreises oder Ersatzlieferung (§§ 441, 439 BGB)

Nr. 3: Ersatzlieferung (§ 439 BGB), ggf. Schadensersatz nach § 281 BGB.

Nr. 4: Ein Aufhebungsgrund ist nicht gegeben. Es liegt ein Irrtum seitens des Bestellers vor.

Mängelrügen (2)

Fall 445

Lösung:

a) Der Käufer Reifig muss die von ihm erkannten Mängel der Lieferung **unverzüglich** anzeigen, da ein zweiseitiger Handelskauf gegeben und der Mangel offen zutage getreten ist (§ 377 HGB).

b) Käufer Reifig wird die Fahrräder und die Rennsportjacken zurückgeben und Ersatzlieferung (§ 439 BGB), Rücktritt vom Vertrag (§ 323 BGB), Minderung (§ 441 BGB) oder Schadensersatz (§ 281 BGB) verlangen.

c) Wegen der nicht gelieferten Kindersitze kann Reifig die Annahme ablehnen, wenn er zur Bewirkung der Lieferung eine angemessene Frist gesetzt hat (§ 323 BGB). Der Lieferer befindet sich erst dann in Lieferungsverzug, wenn er mit Fristsetzung angemahnt wurde.

d) Konkreter Schaden bei Lieferungsverzug: z. B. Mehrpreis bei Deckungskauf; abstrakter Schaden: entgangener Gewinn, Kundenverlust.

e) Wegen der Fahrradglühbirnen mit den falschen Fassungen (nach USA-Norm) kann Reifig Wandelung geltend machen. Reifig hat noch nicht an einen Verbraucher erfüllt und die Ablaufhemmung von fünf Jahren nach Ablieferung ist noch nicht eingetreten (§ 479 Abs. 2 BGB).

Fall 446 Mängelrügen (3)

Lösung: Die Lieferung erfolgte an Reifig als Privatperson. Somit hat eine Mängelrüge Aussicht auf Erfolg, wenn sie innerhalb einer Frist von zwei Jahren nach der Lieferung erfolgt (§ 438 Abs. 1 Nr. 3 und Abs. 2 BGB).

Fall 447 Zahlungsverzug

Lösung:

1. Der Schuldner kommt in Zahlungsverzug, wenn er nach erfolgter Mahnung nicht zahlt (§ 286 BGB). Der Schuldner gerät stets 30 Tage nach Fälligkeit und Zugang einer Rechnung (oder einer gleichwertigen Zahlungsaufforderung) in Verzug (§ 286 Abs. 3 BGB). Allerdings muss der Gläubiger den Zeitpunkt des Zugangs der Rechnung (bzw. Zahlungsaufforderung) beweisen, so dass sich eine Übersendung mittels eingeschriebenem Brief empfiehlt.

   Der Zahlungsverzug tritt im vorliegenden Fall daher durch Zeitablauf „automatisch" ein, eine Mahnung wäre demnach entbehrlich. Groß könnte gegen die Spieß GmbH gleich gerichtlich (Mahnbescheid) vorgehen. Um die Geschäftsverbindung jedoch nicht zu gefährden, wird er die GmbH jedoch an ihre Zahlungspflicht nochmals erinnern.

2. Der Mahnbescheid ist beim Amtsgericht des Gläubigers zu beantragen. Das Einreichen eines Antrags auf Erlass eines Mahnbescheids bewirkt die Unterbrechung der Verjährung. Das gerichtliche Mahnverfahren wird dadurch beendet, dass der Schuldner zahlt. Wenn der Schuldner auf den Mahnbescheid nicht reagiert, kann der Gläubiger Vollstreckungsbescheid beantragen. Der Schuldner kann gegen den Mahnbescheid Widerspruch bei dem Gericht erheben, das den Mahnbescheid erlassen hat. Dann erfolgt mündliche Verhandlung vor Gericht (§ 696 ZPO).

3. Im Falle des Zahlungsverzugs kann der Gläubiger Verzugszinsen und Kostenersatz verlangen. Der Gläubiger kann **Verzugszinsen** i. H. von 5 Prozentpunkten über dem Basiszinssatz verlangen (§ 288 Abs. 2 BGB). Bei einem Rechtsgeschäft, an dem ein Verbraucher nicht beteiligt ist, beträgt der Zinssatz 9 Prozentpunkte über dem Basiszinssatz (§ 288 Abs. 2 BGB; Hinweis: Hier ist eine Rechtsänderung im Kalenderjahr 2014 erfolgt. Der Satz wurde vom Gesetzgeber von 8 % auf 9 % erhöht). Der Basiszinssatz beläuft sich auf - 0,83 %, § 247 BGB (Stand Juni 2016).

Fall 448 Verjährung

Lösung:

a) Nach vollendeter Verjährung ist der Schuldner berechtigt, die Leistung zu verweigern. Fahrradhändler Reifig kann somit das von ihm Geleistete nicht zurückfordern, obwohl die Leistung in Unkenntnis der Verjährung erfolgte (§ 214 BGB). Ohne Forderung kann er somit nicht aufrechnen (§ 389 BGB).

b) Verjährung bedeutet, dass die Frist abgelaufen ist, innerhalb derer ein Anspruch gerichtlich durchgesetzt werden kann (§ 194 BGB).

c) Nach bürgerlichem Recht besteht das Recht der Einrede, d. h. der Schuldner kann die Zahlung verweigern, weil der Anspruch verjährt ist. Nach dem Steuerrecht erlöschen Ansprüche aus dem Steuerschuldverhältnis, d. h. die Finanzbehörde darf verjährte Steuerschulden nicht mehr einfordern (§ 232 AO).

Verjährungsfristen (1)

Fall 449

Lösung:

1. Forderung	Verjährungsfrist/ §§ BGB
a) Ein Rentner verkaufte einem Pensionär seine Briefmarkensammlung	3 Jahre/§ 195
b) Ein Autohändler verkaufte einem Arbeitslosen ein gebrauchtes Auto	3 Jahre/§ 195
c) Ein Arbeitgeber gewährte einem Arbeitnehmer ein Darlehen	3 Jahre/§ 195
d) Zinsforderungen des Arbeitgebers im Falle c)	3 Jahre/§ 195
e) Honoraranspruch eines Steuerberaters	3 Jahre/§ 195
f) Anspruch eines Konkursgläubigers gegenüber dem Gemeinschuldner	3 Jahre/§ 195
g) Ein Lkw-Händler verkaufte einem Gewerbetreibenden einen Lkw	3 Jahre/§ 195

2. Folgende Tatbestände unterbrechen u. a. die Verjährung (Neubeginn der Verjährung): Abschlagszahlung, Zinszahlung, Sicherheitsleistung, Vollstreckungshandlungen (§ 212 BGB).

3. Durch die Unterbrechung beginnt eine neue Verjährungsfrist zu laufen (§ 212 BGB).

4. Folgende Tatbestände hemmen u. a. die Verjährung:
Verhandlungen über Anspruch (§ 203 BGB), Klage, Mahnverfahren, Anmeldung im Insolvenzverfahren (§ 204 BGB), Stundung (§ 205 BGB), höhere Gewalt (§ 206 BGB).

5. Sobald die Hemmung wegfällt, läuft die Verjährungsfrist weiter. Praktisch verlängert sich die Verjährungsfrist um die Dauer der Hemmung (§ 209 BGB).

Verjährungsfristen (2)

Fall 450

Lösung a: Anspruch des Großhändlers Mächtig gegen den Einzelhändler Reifig. Ablauf der Verjährung: 31. 12. 2017; Begründung: 3-jährige Verjährungsfrist (§ 195 BGB i. V. mit § 199 Abs. 1 BGB).

Lösung b: Teilzahlung von Reifig am 16. 2. 2015 Ablauf der Verjährung: 16. 2. 2018; Begründung: Schuldanerkenntnis und somit Neubeginn am 16. 2. 2015 (§ 212 BGB).

Lösung c: Anspruch des Einzelhändlers Reifig an den Auszubildenden Lässig vom 13. 5. 2015 Ablauf der Verjährung: 31. 12. 2018; Begründung: 3-jährige Verjährungsfrist (§ 195 BGB i. V. mit § 199 Abs. 1 BGB).

Lösung d: Mahnbescheid, zugestellt am 11. 8. 2015 Ablauf der Verjährung: Hemmung bis 6 Monate nach der rechtskräftigen Entscheidung oder anderweitigen Beendigung des eingeleiteten Verfahrens; Begründung: Hemmung (§ 204 BGB). Zeitraum der Hemmung wird an die 3-jährige Verjährungsfrist (Beginn: 31. 12. 2015; Ende: 31. 12. 2018) angehängt.

Lösung e: Anspruch des Kollegen Arglos gegen den Auszubildenden Lässig vom 10. 8. 2015, Ablauf der Verjährung: 31. 12. 2018; Begründung: 3-jährige Verjährungsfrist (§ 195 BGB i. V. mit § 199 Abs. 1 BGB).

Fall 451 **Neubeginn der Verjährung (1)**

Lösung: Die Verjährung beginnt neu durch Maßnahmen

a) **des Gläubigers**
   - gerichtliche / behördliche Vollstreckungsmaßnahmen (§ 212 BGB).

b) **des Schuldners**
   - Teilzahlung (§ 212 BGB),
   - Zinszahlung (§ 212 BGB),
   - Sicherheitsleistung (§ 212 BGB),
   - Schuldanerkenntnis, z. B. durch einen Schuldschein.

Fall 452 **Neubeginn der Verjährung (2)**

Lösung:

a) Die Verjährungsfrist beträgt drei Jahre (§ 195 BGB). Die Verjährungsfrist beginnt mit Ablauf des 31. 12. 2015 und endet mit Ablauf des 31. 12. 2018 (§ 199 Abs. 1 BGB).

b) Die Mahnungen haben keinen Einfluss auf die Verjährung. Der Mahnbescheid führt zur Hemmung der Verjährung, wenn die Verjährungsfrist zu laufen begonnen hat. Im vorliegenden Fall ist der Mahnbescheid für den Ablauf der Verjährung ohne Bedeutung, weil bei Zustellung des Mahnbescheids die Verjährungsfrist noch nicht zu laufen begonnen hatte.

c) Nach Eintritt der Verjährung ist der Schuldner berechtigt, die Leistung zu verweigern. Er braucht dann also nicht mehr zu zahlen, obwohl der Anspruch des Gläubigers noch besteht (§ 214 BGB).

Fall 453 **Berechnung einer Verjährungsfrist (1)**

Lösung:

a) Der Erwerb der Stereoanlage von einem Händler ist ein einseitiger Handelskauf (Anspruch eines Kaufmanns gegen einen Nichtkaufmann). Die Verjährungsfrist beträgt drei Jahre (§ 195 BGB).
   Beginn der Verjährungsfrist: Ablauf des 31. 12. 2015 (§ 199 Abs. 1 BGB).
   Ende der Verjährungsfrist: Ablauf des 31. 12. 2018.

b) Die Mahnungen wirken sich auf die Verjährungsfrist nicht aus. Der Mahnbescheid bewirkt eine Hemmung der Verjährung (§ 204 BGB).
   Neues Ende der Verjährungsfrist: Die Hemmung endet sechs Monate nach der rechtskräftigen Entscheidung oder anderweitigen Beendigung des eingeleiteten Verfahrens. Die Verjährung endet sodann mit Ablauf der verbleibenden Verjährungsfrist.

Fall 454 **Berechnung einer Verjährungsfrist (2)**

Lösung: Die Verjährungsfrist beträgt nach § 195 BGB drei Jahre und beginnt nach § 199 Abs. 1 BGB am 31. 12. 2015. Durch die Teilzahlung am 1. 3. 2016 beginnt die Verjährungsfrist erneut an diesem Datum (§ 212 Abs. 1 BGB). Durch die Bitte um Stundung am 1. 4. 2016 erkennt der Schuldner seine Schuld erneut an (§ 212 Abs. 1 BGB), was einen Neubeginn am gleichen Datum zur Folge hat. Die Gewährung der Stundung durch den Gläubiger bis zum 1. 6. 2016 führt nach § 205 BGB zu einer Hemmung um weitere zwei Monate. Somit endet die Verjährungsfrist am 1. 6. 2019 (Beginn: 1. 4. 2016 + drei Jahre Verjährungsfrist + zwei Monate Hemmung).

Sozialversicherung, Begriffe

Fall 455

Lösung:

a) Beitragsbemessungsgrenze: Die pflichtversicherten und freiwillig versicherten Arbeitnehmer zahlen Beiträge für die Rentenversicherung, für die Krankenversicherung und für die Arbeitslosenversicherung und für die Pflegeversicherung in Höhe bestimmter %-Sätze ihres Arbeitsverdienstes. Soweit der Arbeitsverdienst die Beitragsbemessungsgrenze überschreitet, bleibt er unberücksichtigt. Die Beitragsbemessungsgrenze für die Renten- und Arbeitslosenversicherung (Jahresbetrag) für 2016 beträgt 74 400 €/64 800 € (West/Ost). In der Krankenversicherung und Pflegeversicherung beläuft sich die Beitragsbemessungsgrenze auf 50 850 € jährlich.

b) Pflichtversicherungsgrenze: Angestellte und Arbeiter sind in der **Kranken- und Pflegeversicherung** versicherungspflichtig, wenn ihr **regelmäßiger Jahresarbeitsverdienst** die Versicherungspflichtgrenze nicht übersteigt (2016: 56 250 €; §§ 5, 6 SGB V). Wird die Versicherungspflichtgrenze überschritten, scheiden die Arbeitnehmer aus der gesetzlichen Krankenversicherung aus und können sich freiwillig versichern lassen.

c) Geringfügige Beschäftigung: Eine Beschäftigung kann aus folgenden Gründen geringfügig sein

– wegen der geringen Entlohnung

– wegen ihrer Kurzfristigkeit.

Wegen der geringen Entlohnung gilt eine Beschäftigung als geringfügig, wenn

▶ das Bruttoarbeitsentgelt ab 1. 1. 2013 regelmäßig 450 € im Monat (West/Ost) nicht übersteigt.

Mit dem „Gesetz zu Änderungen im Bereich der geringfügigen Beschäftigung" traten zum 1. 1. 2013 zwei wesentliche Änderungen bei geringfügig entlohnten Beschäftigungen ein:

▶ Die Verdienstgrenze für geringfügig entlohnte Beschäftigungen (Geringfügigkeitsgrenze) steigt von 400 € auf 450 €.

▶ Personen, die vom 1. 1. 2013 an ein geringfügig entlohntes Beschäftigungsverhältnis aufnehmen, unterliegen grundsätzlich der Versicherungspflicht in der gesetzlichen Rentenversicherung.

Minijobs, die ab dem 1. 1. 2013 beginnen, werden versicherungspflichtig in der gesetzlichen Rentenversicherung. Hierdurch erwerben die Beschäftigten Ansprüche auf das volle Leistungspaket der Rentenversicherung mit vergleichsweise niedrigen eigenen Beiträgen.

Da der Arbeitgeber für eine geringfügig entlohnte Beschäftigung bereits den Pauschalbeitrag zur Rentenversicherung i. H. von 15 % des Arbeitsentgelts zahlt, ist nur die geringe Differenz zum allgemeinen Beitragssatz von 18,7 % im Jahr 2016 auszugleichen. Das sind 3,7 % Eigenanteil für den Minijobber.

Alternativ zur vollen Rentenversicherungspflicht können sich Minijobber von der Versicherungspflicht in der Rentenversicherung befreien lassen. Hierfür muss der Beschäftigte dem

Arbeitgeber schriftlich mitteilen, dass er die Befreiung von der Versicherungspflicht wünscht. Dann entfällt der Eigenanteil des Minijobbers und nur der Arbeitgeber zahlt den Pauschalbeitrag zur Rentenversicherung. Hierdurch verlieren Minijobber, die nicht anderweitig der Versicherungspflicht in der Rentenversicherung unterliegen, die Ansprüche auf einen Großteil der Leistungen der gesetzlichen Rentenversicherung.

Werden gleichzeitig mehrere Beschäftigungen ausgeübt, sind sie zusammenzurechnen, auch wenn jede für sich allein gesehen geringfügig ist.

Wegen ihrer kurzen Dauer gilt eine Beschäftigung als geringfügig, wenn sie

► innerhalb eines Jahres auf längstens zwei Monate begrenzt ist (zum 1.1.2015 werden die Zeitgrenzen für kurzfristige Beschäftigungen ausgeweitet. Der Gesetzgeber hat die bis zum 31.12.2014 geltenden Zeitgrenzen von zwei Monaten bzw. 50 Arbeitstagen innerhalb eines Kalenderjahres auf drei Monate bzw. 70 Arbeitstage angehoben. Diese Regelung ist auf vier Jahre – bis zum 31.12.2018 – begrenzt) und

► nicht berufsmäßig ausgeübt wird.

Mehrere Beschäftigungen werden zusammengerechnet.

Seit 1.7.2006 ist durch den Arbeitgeber eine Pauschalabgabe von insgesamt 30 % zu entrichten (15 % Rentenversicherung, 13 % Krankenversicherung, 2 % Steuern).

Geringfügig Beschäftigte können den Pauschalbeitrag mit einem eigenen Beitrag von 3,7 % auf den vollen Rentenbeitragssatz von 18,7 % aufstocken und erwerben dadurch volle Leistungsansprüche (insbes. auch auf Rehabilitation und Schutz bei Berufs- und Erwerbsunfähigkeit).

d) Hinzuverdienstgrenze: Einem Rentenempfänger, der eine unselbständige Beschäftigung oder eine selbständige Erwerbstätigkeit ausübt, kann der weitere Rentenbezug versagt oder gekürzt werden, sofern sein Hinzuverdienst eine bestimmte Grenze übersteigt (§ 236 SGB VI).

Für Rentenempfänger, die das 65. Lebensjahr überschritten haben, gibt es hinsichtlich des Hinzuverdienstes keine Beschränkungen.

Rentenempfänger **unter 65 Jahren** dürfen im Laufe eines Rentenjahres **zwei Monate bis zum Doppelten der Bezugsgröße (2015: 450 €)** rentenunschädlich hinzuverdienen. Ansonsten gilt die rentenunschädliche Hinzuverdienstgrenze von 450 € pro Monat.

e) Für Mitglieder der gesetzlichen Krankenversicherung dürfen Krankenkassen ab dem 1.1.2015 einen einkommensabhängigen Zusatzbeitrag erheben. Für Arbeitsentgelte aus geringfügigen Beschäftigungen wird jedoch kein Zusatzbeitrag erhoben. Der Pauschalbeitrag zur Krankenversicherung für geringfügig entlohnte Beschäftigte beträgt nach wie vor 13 % (bzw. 5 % in Privathaushalten) des Arbeitsentgelts.

Arbeitsentgelt in der Sozialversicherung

Lösung:

a) Der steuerfrei gezahlte Reisekostenersatz unterliegt nicht der Sozialversicherung.

b) Von dem geldwerten Vorteil (Sachbezug) aus der Überlassung eines Firmenwagens von insgesamt 256 € unterliegen nur 146 € der Sozialversicherung. Der bereits pauschal versteuerte Teil nach § 40 Abs. 2 EStG scheidet aus.

c) Zu 1:

Bruttolistenpreis, abgerundet	19.000,00 €
19.000,00 € * 1 % =	190,00 €
19.000,00 €* 0,03 % * 30 km =	171,00 €
= Sachbezugswert, brutto	361,00 €
Bruttogehalt	2.890,20 €
+ Sachbezug für PKW	361,00 €
= Bruttoarbeitslohn	3.251,20 €
- LSt (20 %)	650,24 €
- SolZ	35,76 €
- KiSt	58,52 €
- Sozialversicherungsbeiträge	
KV (14,6 % * 50 % AN-Anteil)	237,34 €
KV (1,1 % * 100 % AN-Anteil)	35,76 €
RV (18,7 % * 50 % AN-Anteil)	303,99 €
AV (3,0 % * 50 % AN-Anteil)	48,77 €
PV (2,35 % * 50 % AN-Anteil)	38,20 €
PV (0,25 % *100 % AN-Anteil)	8,13 €
= Nettogehalt	1.834,49 €
- verrechnete Sachbezüge	361,00 €
= Auszahlungsbetrag	**1.473,49 €**

Zu 2:

Unterlagen:

► Sozialversicherungsausweis (Ansicht, SV-Nr.)

► Mitgliedsbescheinigung einer Krankenkasse

Zu 3:

Arbeitgeber:

► Vergütungspflicht

► Beschäftigungpflicht

► Fürsorgepflicht

Arbeitnehmer:

► Arbeitspflicht

► Wettbewerbsverbot

► Verschwiegenheitspflicht

Zu 4:

Gesetzliche Kündigungsfrist (4 Wochen zum 15. oder zum Ende eines Kalendermonats), § 622 BGB.

Fall 457 Unfallversicherung

Lösung: Der Beitrag zur Unfallversicherung für Steuerberater Fuchs beträgt für das Kalenderjahr 2015:

Bruttoarbeitsentgelt 130 000 € × Gefahrklasse 0,52 × Beitragsfuß 4,7/1 000 = 317,72 €.

Fall 458 Sozialversicherung

Lösung a: Die Arzt- und Krankenhauskosten für die Buchhalterin trägt die gesetzliche Krankenversicherung, denn die Buchhalterin ist als Angestellte automatisch krankenversichert. Der Arbeitgeber muss allerdings die Anmeldung und Abführung der Beiträge zur Krankenversicherung nachholen.

Lösung b: Der leitende Angestellte ist nicht krankenversicherungspflichtig, weil sein monatliches Gehalt über der Pflichtversicherungsgrenze liegt. Der leitende Angestellte hat die Wahl, sich privat zu versichern oder einer gesetzlichen Krankenkasse bzw. Ersatzkasse beizutreten.

Lösung c: Jeder Arbeitnehmer unterliegt unabhängig von der Höhe seiner Gehaltsbezüge der gesetzlichen Rentenversicherung. Die Beiträge zur Rentenversicherung werden aber nur bis zur Höhe der Beitragsbemessungsgrenze erhoben.

Lösung d: Frau Evermann übt eine geringfügige Beschäftigung aus (§ 8 SGB IV). Das Arbeitsentgelt übersteigt nicht 450 € monatlich. Der Arbeitgeber muss pauschale Abgaben i. H. von insgesamt 30 % des Arbeitslohns an die Bundesknappschaft überweisen (Beitrag Krankenversicherung 13 %: 32,50 €; Rentenversicherungsbeitrag 15 %: 37,50 €; Pauschalsteuer 2 %: 5 € = 75 €).

Lösung e: Frau Evermann ist für Dezember 2015 nicht sozialversicherungspflichtig, weil sie eine kurzfristige Beschäftigung ausübt. Die Beschäftigung ist vertraglich im Voraus auf nicht mehr als zwei Monate oder 50 Arbeitstage begrenzt (§ 8 SGB IV). Dem steht nicht entgegen, dass Frau Evermann in der übrigen Zeit des Jahres 2015 eine geringfügige Beschäftigung ausübt.

Lösung f: Das beitragspflichtige Entgelt für den Monat November 2015 wird wie folgt berechnet (West):

	Kranken- versicherung	Renten- versicherung
Anteilige Beitragsbemessungsgrenze bis November 2015	45 375 €	66 550 €
./. beitragspflichtiges Entgelt bis Oktober 2015	36 000 €	36 000 €
Rest für Monat November	9 375 €	30 550 €
./. Arbeitsentgelt für November 2015	3 600 €	3 600 €
Rest für die Einmalzahlung	5 775 €	26 950 €
Höhe der Einmalzahlung 5 900 € davon beitragspflichtig	5 775 €	5 900 €
zzgl. Arbeitsentgelt November	3 600 €	3 600 €
insgesamt beitragspflichtig	9 375 €	9 500 €

Mutterschaftsgeld, Elterngeld

Lösung:

1. Mutterschutz wird sechs Wochen vor der Entbindung und acht Wochen nach der Entbindung gewährt (§§ 3, 6 MuSchG).

2. Das Mutterschaftsgeld zahlen die Krankenkasse und der Arbeitgeber.

3. Arbeitnehmer haben Anspruch auf Elternzeit bis zur Vollendung des dritten Lebensjahres des Kindes (§ 15 BEEG). Antje Richter kann daher bis zum 9. 4. 2018 zu Hause bleiben. Sie hat die Inanspruchnahme der Elternzeit spätestens sieben Wochen vor Beginn (unter Angabe der Dauer der Elternzeit) beim Arbeitgeber zu verlangen (§ 16 BErzGG).

4. Der Mindestbetrag des Elterngeldes liegt bei 300 € monatlich.

   Grundsätzlich richtet sich die Höhe des Elterngeldes nach dem individuellen Einkommensverlust des erziehenden Elternteils. Maßgeblich ist das in den zwölf Monaten vor der Geburt durchschnittlich erzielte monatliche Nettoeinkommen aus Erwerbstätigkeit begrenzt auf den Höchstbetrag von 2 770 € monatlich. Darauf werden bei Totalausfall wegen Verzichts auf Erwerbstätigkeit 67 % als Einkommensersatz gezahlt, also höchstens 1 800 € monatlich. Für Nettoeinkommen ab 1 200 € sinkt ab 2011 die Ersatzrate des Elterngeldes moderat von 67 % auf 65 %. Unter 1 200 € Nettoeinkommen bleibt diese bei 67 %.

5. Bei Geburten ab Januar 2013 wird der vorherige Nettolohn vereinfacht aus dem Bruttolohn ermittelt. Für die Sozialversicherung gilt jetzt ein fester Pauschalsatz von 21 %, der vom Bruttolohn abgezogen wird. Die steuerlichen Abzüge werden „anhand eines amtlichen Programmablaufplans für die maschinelle Berechnung der Lohnsteuer, Kirchensteuer und des Solidaritätszuschlags vorgenommen" – und zwar auf der Basis der Steuerklasse, die mindestens sieben Monate vor der Geburt beim Finanzamt eingetragen war. Freibeträge z. B. für hohe Werbungskosten etc., die den Nettolohn erhöhen und damit bis Ende 2012 auch das Elterngeld erhöhten, werden nicht mehr berücksichtigt.

   War das Nettoeinkommen vor der Geburt geringer als 1 000 € monatlich, dann wird die Einkommensersatzrate von 67 % auf bis zu 100 % angehoben. Für je 20 €, die das Nettoeinkommen unter 1 000 € liegt, steigt der Satz um einen Prozentpunkt. Wer zum Beispiel bei der Geburt seines Kindes 400 € in einer geringfügigen Beschäftigung verdiente und diese nach der Geburt aufgibt, erhält 388 € als Elterngeld.

6. Bei Mehrlingsgeburten erhöht sich das Elterngeld um je 300 € monatlich für das zweite und jedes weitere Kind.

   Durch einen pauschalen Zuschlag von 10 %, mindestens aber 75 € monatlich, werden Berechtigte belohnt, solange in ihrem Haushalt außer dem anspruchsauslösenden Kind ein weiteres Kind unter drei Jahren oder zwei oder mehr ältere Kinder unter sechs Jahren leben; vorausgesetzt, der Berechtigte könnte auch für diese weiteren Kinder – wären sie jünger – Elterngeld beziehen. Für behinderte – weitere – Kinder erhöht sich die Altersgrenze auf 14 Jahre.

Fall 460 **Arbeitslosengeld, Arbeitslosenhilfe**

Lösung:

1. Nach einer Sperrfrist von bis zu zwölf Wochen, also ab 23. 9. 2015, erhält Heike Bäumer für höchstens ein Jahr Arbeitslosengeld. Die Sperrfrist tritt ein, weil sie selbst das Arbeitsverhältnis gekündigt hat. Der Anspruch auf Arbeitslosengeld besteht, weil sie die sog. Anwartschaftszeit erfüllt. Die Anwartschaftszeit erfüllt, wer innerhalb der letzten drei Jahre vor der Arbeitslosigkeitsmeldung 360 Kalendertage beitragspflichtig beschäftigt war.

2. Das Arbeitslosengeld beträgt rd. 60 % des letzten Nettoarbeitsentgelts (allgemeiner Leistungssatz), weil Heike Bäumer kein Kind zu versorgen hat (andernfalls erhöhter Leistungssatz).

3. Heike Bäumer kann ab 23. 9. 2015 Arbeitslosengeld II erhalten.

4. Die Höhe des Arbeitslosengeldes II orientiert sich am Bedarf des Arbeitssuchenden.

Fall 461 **Arbeitsrecht**

Lösung a: Die fristlose Kündigung ist nicht rechtswirksam, weil sie nicht innerhalb von zwei Wochen erfolgte, nachdem der Arbeitgeber Fuchs von der maßgebenden Tatsache (Verletzung der Verschwiegenheitspflicht) Kenntnis erlangt hat (§ 626 BGB). Im Übrigen ist zweifelhaft, ob ein einmaliger Verstoß gegen die Verschwiegenheitspflicht eine außerordentliche Kündigung rechtfertigt. Zunächst müsste eine Abmahnung erfolgen (KSchG).

Lösung b:

1. Die Kündigung ist rechtswirksam, da sie aus zwingendem betrieblichen Grund erfolgte und die Frist des § 622 Abs. 1 BGB von vier Wochen zum 15. oder zum Ende des Kalendermonats eingehalten wurde. § 622 Abs. 2 BGB kommt wegen des Alters der Heidi Groß nicht zur Anwendung. Allerdings hat der Europäische Gerichtshof diesen Abschnitt für verfassungswidrig erklärt. Somit wäre nach § 622 Abs. 2 BGB eine längere Kündigungsfrist einzuhalten.

2. Gemäß § 15 Abs. 2 Nr. 1 des Berufsbildungsgesetztes kann ein Berufsausbildungsverhältnis aus einem wichtigen Grund ohne Einhaltung einer Kündigungsfrist gekündigt werden. Die Kündigung ist nicht rechtswirksam, da Umsatzrückgang kein wichtiger Grund ist.

Lösung c:

1. Die Kündigung ist rechtens, da die Verletzung der Verschwiegenheitspflicht ein wichtiger Grund ist und die Kündigung innerhalb von zwei Wochen nach Bekanntwerden der Verletzung der Verschwiegenheitspflicht erfolgte (§ 626 BGB). Einer vorherigen Abmahnung bedurfte es nicht. Bei allen verhaltensbedingten Kündigungsgründen verlangt zwar die ständige Rechtsprechung die vorherige Abmahnung des Arbeitnehmers. Die gilt jedoch nicht, wenn eine Störung im Vertrauensbereich eingetreten ist.

2. Ein einfaches Zeugnis enthält nur Angaben zu Art, Dauer und Tätigkeit des Arbeitnehmers und darf keine negative Aussage enthalten, die das Fortkommen des Arbeitnehmers behindern könnte. Auch ein qualifiziertes Zeugnis, das auf Verlangen erteilt wird und Angaben zu Führung und Leistung erhält, darf zwar kritische Bewertungen enthalten, muss allerdings von Wohlwollen getragen sein. Insbesondere dürfen einmalige Vorfälle nicht erwähnt werden.

Lösung d: Frau Richter hat für das Kalenderjahr 2015 noch 23 Tage Resturlaub (28 Tage Jahresurlaub, davon fünf Tage verbraucht). Erkrankt ein Arbeitnehmer während des Urlaubs, so werden die durch ärztliches Zeugnis nachgewiesenen Tage der Arbeitsunfähigkeit nicht auf den Jahresurlaub angerechnet (§ 9 BUrlG).

Zahlungsarten (1)

Fall 462

Lösung: Als bequemstes Zahlungsmittel bietet sich an:

a) Wohnungsmiete: Dauerauftrag
b) Telefonrechnung: Lastschriftverfahren
c) Rechnung der Autowerkstatt: Banküberweisung

Zahlungsarten (2)

Fall 463

Lösung:

a) Die SEPA-Überweisung ist eine bargeldlose Zahlung, da Geld von einem Konto auf ein anderes bargeldlos überwiesen wird.

b) Der Dauerauftrag ist eine bargeldlose Zahlung, denn der Zahler beauftragt sein Kreditinstitut, von seinem Konto regelmäßig Beträge auf das Konto des Empfängers zu überweisen.

c) Der Barscheck ist eine halbbare Zahlung, denn die Abbuchung des Scheckbetrags erfolgt von einem Konto, die Auszahlung an den Scheckinhaber in bar. Der Scheckinhaber kann den Scheck aber auch beim Kreditinstitut oder beim Postgiroamt zur Gutschrift einreichen. Im letzteren Falle ist die Zahlung unbar.

d) Es handelt sich um eine reine Barzahlung, da kein Konto benötigt wird.

SEPA Überweisung und SEPA Lastschrift

Fall 464

Lösung:

a) SEPA ist die Abkürzung für Single Euro Payments Area, zu Deutsch: Einheitlicher Euro-Zahlungsverkehrsraum. Dieser besteht aus den 28 EU-Staaten, den weiteren EWR-Ländern Island, Liechtenstein und Norwegen sowie der Schweiz und Monaco. Im SEPA-Raum werden europaweit standardisierte Verfahren für den bargeldlosen Zahlungsverkehr (Überweisungen, Lastschriften) angeboten.

b) SEPA-Zahlungen können nur in Euro abgewickelt werden. Zahlungen in anderen europäischen Währungen sind weiterhin nur mit einer Auslandsüberweisung möglich.

c) Schecks sind nicht von der SEPA-Verordnung erfasst und damit außerhalb des Geltungsbereichs.

d) Der BIC ist die internationale Bankleitzahl eines Zahlungsdienstleisters. Da Zahlungsdienstleister auch durch die in der IBAN enthaltenen Informationen eindeutig identifizierbar sind, muss der BIC nur bei inländischen Überweisungen und Lastschriften bis Februar 2014 und bei grenzüberschreitenden Zahlungen bis Februar 2016 noch zusätzlich zur IBAN angegeben werden.

e) Ein SEPA-Lastschriftmandat ist die rechtliche Legitimation für den Einzug von SEPA-Lastschriften. Ein Mandat umfasst sowohl die Zustimmung des Zahlers zum Einzug der Zahlung per SEPA-Lastschrift an den Zahlungsempfänger als auch den Auftrag an den eigenen Zahlungsdienstleister zur Einlösung der Zahlung. Die verbindlichen Mandatstexte für die SEPA-Mandate (SEPA-Lastschriftmandat und SEPA-Firmenlastschrift-Mandat) erhält man beim kontoführenden Zahlungsdienstleister.

f) Die Gläubiger-Identifikationsnummer kennzeichnet grundsätzlich den formell Einziehenden, jedoch nicht zwingend den materiell Berechtigten. Im Mandat ist die Gläubiger-ID des Unternehmens bzw. der Person anzugeben,

1. zu dessen/deren Gunsten das Mandat ausgestellt wird und

2. das/die im Datensatz als Lastschriftgläubiger erscheint und

3. auf dessen/deren Namen das Konto lautet, über das der Lastschrifteinzug abgewickelt wird.

Fall 465 **SEPA Lastschriftverfahren**

Lösung:

a) Um Zahlungsvorgänge zu vereinfachen, kann ein SEPA-Basislastschriftmandat oder ein SEPA-Firmenlastschriftmandat erteilt werden.

b) Im Lastschriftverfahren empfiehlt sich für den Kunden die Erteilung eines SEPA Basislastschriftmandat. Für dieses gelten die folgenden Regelungen für Lastschriftrückgaben: Eine SEPA-Basislastschrift kann innerhalb von acht Wochen nach Belastung an den Einreicher zurückgegeben werden, d.h. eine entsprechende Kontobelastung wird rückgängig gemacht. Ein Lastschrifteinzug ohne Mandat, d.h. eine unautorisierte Lastschrift, kann vom Zahler innerhalb von 13 Monaten nach der Kontobelastung zurückgegeben werden. Bei der SEPA-Firmenlastschrift besteht keine Möglichkeit der Rückgabe der Lastschrift. Der Zahlungsdienstleister des Zahlers (Zahlstelle) ist verpflichtet, die Mandatsdaten bereits vor der Belastung auf Übereinstimmung mit der vorliegenden Zahlung zu prüfen.

Fall 466 **Zahlungen an Finanzbehörden**

Lösung: Nach § 224 Abs. 3 AO sind Zahlungen an Finanzbehörden unbar zu leisten. Steuern können entrichtet werden

a) durch Übergabe oder Übersendung eines Schecks,

b) Überweisung oder Einzahlung auf ein Konto der Finanzbehörde,

c) durch Einzugsermächtigung (§ 224 Abs. 2 AO).

Die Zahlung einer Steuer durch Scheck gilt drei Tage nach Übergabe des Schecks an die Finanzbehörde, z. B. Einwurf in den Hausbriefkasten, als geleistet (§ 224 Abs. 2 AO).

Vorlegungsfristen für Schecks

Fall 467

Lösung:

1. Das Scheckgesetz sieht für Schecks, die in der Bundesrepublik zahlbar sind, folgende Vorlegungsfristen vor:

   - 8 Tage, wenn der Scheck in der Bundesrepublik,
   - 20 Tage, wenn der Scheck in einem anderen europäischen Land und
   - 70 Tage, wenn der Scheck in einem anderen Erdteil ausgestellt wurde.

   Die Vorlegungsfrist beginnt an dem Tag zu laufen, der in dem Scheck als Ausstellungstag angegeben ist.

2. Wird ein Scheck nicht rechtzeitig vorgelegt, verliert der Scheckinhaber sein scheckrechtliches Rückgriffsrecht nach Art. 40 ScheckG, z. B. die Möglichkeit zum Protest.

   Folge: Er kann dann nur noch im Zivilprozess seine Ansprüche geltend machen. Nach Ablauf der Vorlegungsfrist darf die bezogene Bank einen Scheck nicht mehr einlösen, wenn der Scheck gesperrt ist (Art. 32 Abs. 2 ScheckG).

Scheck mit abgelaufener Vorlegungsfrist

Fall 468

Lösung: Die bezogene Bank ist nach Ablauf der Vorlegungsfrist nicht mehr verpflichtet, den Scheck einzulösen. Sie kann ihn aber einlösen, sofern er nicht gesperrt ist (Art. 32 ScheckG).

Scheck „Nur zur Verrechnung"

Fall 469

Lösung: Die Streichung des Vermerks „Nur zur Verrechnung" gilt als nicht erfolgt (Art. 39 Abs. 3 ScheckG). Die bezogene Bank darf den Scheck nur im Wege der Gutschrift einlösen. Der Inhaber wird den Scheck aber bei seiner eigenen Bank bar einlösen können, wenn sie keine Bedenken hat.

Barscheck

Fall 470

Lösung: Nur die bezogene Kreissparkasse Schongau wird den Scheck in bar einlösen. Aber auch die eigene Volksbank Rottenbuch wird den Scheck bar einlösen, wenn sie keine Bedenken hat.

Vordatierter Scheck

Fall 471

Lösung: Der Scheck ist bei Sicht zahlbar, auch vor Eintritt des auf ihm angegebenen Ausstellungstages (Art. 28 Abs. 2 ScheckG). Der Verkäufer kann sich also den Scheckbetrag schon vor dem angegebenen Ausstellungstag gutschreiben lassen.

Abweichende Schecksumme

Fall 472

Lösung: Bei Abweichungen der Schecksumme gilt die in Buchstaben angegebene Summe (§ 9 ScheckG). Die Bank wird also 110 € gutschreiben.

Fall 473 **Wechsel/Begriffe**

Lösung: Das Wechselrecht unterscheidet folgende Begriffe:

1. Tratte
2. Akzept
3. Solawechsel
4. Remisse

Auf diese Begriffe treffen folgende Bestimmungen zu:

a)	Angenommener Wechsel (Zahlungsversprechen)	2
b)	Ausgestellter noch nicht angenommener Wechsel (Zahlungsaufforderung)	1
c)	Wechsel an fremde Order	4
d)	Wechsel, bei dem sich der Aussteller verpflichtet, die Wechselsumme zu bezahlen	3

Fall 474 **Wechselrecht**

Lösung:

1. Die Bedeutung des Warenwechsels liegt darin, dass sich der Verkäufer von Ware mit dem Wechsel eine Sicherheit und durch Diskontierung Geld verschafft. Für den Käufer ist der Warenwechsel ein Kreditmittel.

2. Der wichtigste Anspruch „aus dem Wechsel" ist der Anspruch des Wechselinhabers gegen den Bezogenen. Die wechselmäßige Verpflichtung des Bezogenen entsteht allerdings erst dann, wenn er den Wechsel durch Unterschrift (Querschrift) angenommen (akzeptiert) hat (Art. 28 WG).

3. Lehnt der Bezogene die Annahme des Wechsels ab oder zahlt er den Wechsel trotz Annahme bei Fälligkeit nicht, kann der Wechselinhaber seinen Anspruch „aus dem Wechsel" gegen den Aussteller richten (Art. 43 WG). Der Aussteller kann die Wechselhaftung ausschließen, indem er auf dem Wechsel den Vermerk „ohne Obligo" anbringt.

4. Der Inhaber eines Wechsels kann den Anspruch „aus dem Wechsel" nur geltend machen, wenn er in der Wechselurkunde als Berechtigter ausgewiesen ist. Die Übertragung des Wechsels geschieht durch Erklärung auf dem Wechsel nebst Unterschrift (Indossament, Art. 11 WG).

   Das Indossament hat drei wichtige Funktionen:

   a) **Legitimationsfunktion:** Der Erwerber des Wechsels ist durch das Indossament als Berechtigter ausgewiesen (Art. 16 WG).

   b) **Transportfunktion:** Durch das Indossament werden die Rechte aus dem Wechsel auf den Indossatar übertragen (Art. 14 WG).

   c) **Garantiefunktion:** Der Indossatar haftet jedem künftigen Wechselinhaber für die Annahme und Zahlung des Wechsels (Art. 15 WG).

5. **Diskontkredit:** Ein noch nicht fälliger Wechsel wird an eine Bank verkauft. Die Bank zieht vom Wechselbetrag den Diskont ab und stellt den Barwert als Kredit zur Verfügung.

6. **Akzeptkredit:** Eine Bank akzeptiert von einem Kunden einen auf sie gezogenen Wechsel. Der Kunde stellt rechtzeitig vor Verfall des Wechsels der Bank den Gegenwert zur Verfügung.

7. Durch die quer geschriebene Annahmeerklärung (Akzept) auf der linken Seite des Wechsels verpflichtet sich der Bezogene, den Wechselbetrag am Verfalltag zu zahlen.

Verwendung eines Wechsels

`Fall 475`

Lösung a: Der Mandant kann den Wechsel

a) zur Begleichung einer Schuld weitergeben,
b) zur Geldbeschaffung an eine Bank verkaufen (Diskontierung),
c) am Verfalltag dem Bezogenen zur Zahlung vorlegen (Selbstinkasso).

Lösung b: Durch die Wechselhingabe leistet der Kunde nur zahlungshalber. Die Schuld erlischt also erst, wenn der Wechsel eingelöst worden ist.

Indossament

`Fall 476`

Lösung:

a) Das Vollindossament lautet:
   Für mich an (die Order der) Happig KG,
   Rosenheim,
   Landshut, 10. 4. 2016
   Unterschrift Fahrig

b) Das Blankoindossament lautet:
   Unterschrift Fahrig

Wechselprotest

`Fall 477`

Lösung: Der Wechselinhaber hat innerhalb von zwei Tagen nach dem Verfalltag des Wechsels Protest zu erheben (Art. 44 Abs. 1 i. V. m. Art. 38 WG). Außerdem hat er innerhalb von vier Werktagen seinen unmittelbaren Vormann und den Aussteller des Wechsels von dem Unterbleiben der Zahlung zu benachrichtigen (Art. 45 WG).

Der Wechselinhaber kann aber auch den Wechsel prolongieren lassen.

Zusammenfassung:

▶ Gegebenenfalls den Wechsel prolongieren lassen,
▶ fristgemäß Protest erheben,
▶ fristgemäß die erforderlichen Benachrichtigungen vornehmen,
▶ eine auf dem Wechsel angegebene Person regresspflichtig machen.

Wechselkosten, Umsatzsteuer

`Fall 478`

Lösung:

1. Wird ein Wechsel nicht eingelöst, erhebt der letzte Wechselinhaber innerhalb von zwei Tagen nach dem Verfalltag Protest.
2. Er benachrichtigt innerhalb von vier Tagen den unmittelbaren Vormann und den Aussteller.

3. Die Rückrechnung enthält neben der Wechselsumme und der Umsatzsteuer noch die Protestkosten, Zinsen, Wechselprovision und andere Auslagen.

4. Die Wechselsumme wird von der Umsatzsteuer nicht erfasst.

Fall 479 | **Finanzierung und Investition (1)**

Lösung:

a) Die Ausgleichsrate beträgt

bei Finanzierung durch den Hersteller	26 400 €
bei Finanzierung durch die Bank	23 280 €

Berechnung:

	Hersteller	Bank
Ursprünglicher Kreditbetrag	600 000 €	600 000 €
Gebühren 2 %	12 000 €	12 000 €
Zinsen für 2 Jahre	79 200 €	46 080 €
Versicherung	4 500 €	0 €
Gesamtkreditschuld	695 700 €	658 080 €
./. 23 Raten (29 100/27 600)	669 300 €	634 800 €
Ausgleichsrate	26 400 €	23 280 €

b) Verteuerung der Finanzierung gegenüber Barkauf:

	Hersteller	Bank
	15,95 %	9,68 %

c) **Finanzierung = Kapitalbeschaffung** für die Unternehmung. Nach der Herkunft des Kapitals ist zwischen Außenfinanzierung und Innenfinanzierung zu unterscheiden. Außenfinanzierung ist durch Fremdfinanzierung/Beteiligungsfinanzierung Dritter (Kreditinstitute, Lieferer, sonstige Gläubiger oder durch Aufnahme von Gesellschaftern) möglich. Innenfinanzierung bedeutet Selbstfinanzierung aus innerhalb der Unternehmung gebildeten Finanzierungsmitteln. Dies kann z. B. durch Gewinne, durch Abschreibungen oder Veräußerung von Betriebsvermögen geschehen.

Investition = Verwendung von Kapital, in erster Linie zur Beschaffung von Produktionsfaktoren, in der Regel eine langfristige, betragsmäßig höhere Bindung von Kapital in produktive Anlagen (Gebäude, Maschinen, Fahrzeuge). Im weiteren Sinne ist unter Investition auch eine Beteiligung an einem anderen Unternehmen (Beteiligungs- oder Anlageinvestition), die Vergabe von Kreditmitteln (Finanzinvestition) oder Erwerb von Ware (Lagerinvestition) zu verstehen.

Fall 480 | **Finanzierung und Investition (2)**

Lösung:

1.	Die AG akzeptiert einen Wechsel als Bezogener	1/4
2.	Eine Liefererrechnung wird erst nach 30 Tagen (ohne Skonto) bezahlt	1/4
3.	Eine alte Maschine, die nicht mehr benötigt wird, wird veräußert	5

4. Die AG erwirbt durch Bankkredit eine Beteiligung an einem anderen
   Unternehmen   1/4
5. Die AG erhält eine zinslose Anzahlung von einem Kunden   1/4
6. Die AG gibt Obligationen heraus   1/4
7. Die AG erhöht ihr Grundkapital   1/3
8. Eine Maschine mit einem Wiederverkaufswert von 50 000 € wird mit
   1 € bilanziert   2/3
9. Ein Grundstück wird verkauft   5
10. Bildung einer Rückstellung   2/4

Finanzierungsformen   Fall 481

Lösung:

a) Die Finanzierung aus Abschreibungen wird als Innenfinanzierung oder Finanzierung aus freigesetztem Kapital bzw. Abschreibungsfinanzierung bezeichnet.

b) Im Falle der Innenfinanzierung bringt das Unternehmen die Finanzierungsmittel selbst auf. Dies kann durch Abschreibung geschehen. Abschreibungen gehen als Aufwand in die Kalkulation ein und führen dadurch zu Erlösen. Die Abschreibungen belasten indessen nicht die Finanzmittel und tragen somit zur Liquidität des Unternehmens bei.

Pensionszusagen an Arbeitnehmer   Fall 482

Lösung:

a) Im Falle der Altersversorgung der Mitarbeiter durch Direktversicherung oder Pensionskasse wird die Liquidität von Anfang an geschmälert, weil laufend Zahlungen an die Direktversicherer oder an die Pensionskasse zu leisten sind. Im Falle der Altersversorgung durch Pensionszusagen kommt es anfangs nicht zu Auszahlungen. Eine Schmälerung der Liquidität tritt also erst ein, wenn der Pensionsfall bei dem jeweiligen Arbeitnehmer eingetreten ist.

b) Bei der Altersversorgung durch Pensionszusagen ergeben sich für die AG Finanzierungsvorteile, weil die Bildung der Rückstellung für Pensionsverpflichtungen als Betriebsausgabe den Gewinn mindert. Dadurch tritt sofort eine Steuerersparnis ein, die der Liquidität des Unternehmens zugute kommt.

Kreditsicherung (1)   Fall 483

Lösung: Bilanzpositionen sind ohne zusätzliche Angaben nur begrenzt aussagefähig. So können

► Forderungen abgetreten (§ 398 BGB) oder

► Maschinen/Fahrzeuge sicherungsübereignet sein (§ 930 BGB),

► Bilanzpositionen stille Reserven enthalten (§ 6 Abs. 1 EStG).

Fall 484 **Kreditsicherung (2)**

Lösung: Die Vermögenswerte können grundsätzlich für folgende Kreditsicherheiten verwendet werden:

Grundstücke: Grundpfandrechte (Hypothek §§ 1113 ff. BGB, Grundschuld §§ 1191 ff. BGB)
Maschinen: Sicherungsübereignung (§ 930 BGB)
Wertpapiere: Verpfändung (§ 1204 BGB)
Forderungen: Zession (§ 398 BGB)

Fall 485 **Kreditsicherung (3)**

Lösung:

1. VW-Transporter als Sicherheit = Sicherungsübereignungskredit (§ 930 BGB), Kreditgeber: Eigentümer, Kreditnehmer: Besitzer

2. Wertpapiere als Sicherheit = Pfandkredit (Lombardkredit § 1204 BGB), Kreditgeber: Besitzer, Kreditnehmer: Eigentümer

Fall 486 **Kreditsicherung (4)**

Lösung:

1. Bei Sicherungsübereignung eines Fahrzeugs dient der Kraftfahrzeugbrief der Eigentumssicherung, weil er für den Verkauf benötigt wird.

2. Die Bank wird den Abschluss einer Vollkasko-Versicherung verlangen, um auch bei Totalschaden gesichert zu sein.

3. Bei Konkurs des Schuldners hat die Bank ein Aussonderungsrecht.

4. a) Gerät der Schuldner in Verzug, kann die Bank die Herausgabe des Transporters verlangen, sie hat für die sicherungsübereignete Sache keine Aufbewahrungskosten, sie kann die Sache verwerten, sie benötigt keinen vollstreckbaren Titel.

   b) Der Schuldner kann das sicherungsübereignete Fahrzeug weiterhin für eigene Zwecke nutzen, die Sicherungsübereignung ist nicht nach außen erkennbar.

Fall 487 **Kreditsicherung (5) – Eigentumsvorbehalt**
Lösung:

1. Ja. Die Manufaktur GmbH war dazu berechtigt, da die Ware unter Eigentumsvorbehalt geliefert wurde und die Bezahlung nicht in der vereinbarten Frist erfolgt ist (§ 449 BGB).

2. Ja, das Eigentum ist an den Kunden übergegangen. Der Kunde hat die Natursteinfließen gutgläubig von Max Müller e. K. erworben (§ 932 Abs. 1 Satz 1 BGB).

3. Erste Möglichkeit zur besseren Sicherung: Die Vereinbarung des verlängerten Eigentumsvorbehalts. Durch diese Vereinbarung werden die entstehenden Forderungen gegenüber dem Käufer aus dem Verkauf der Natursteinfliesen an die Manufaktur GmbH abgetreten.

Zweite Möglichkeit: Die Vereinbarung eines erweiterten Eigentumsvorbehalt. Dabei wird der Eigentumsvorbehalt auf sämtliche Forderungen, die die Manufaktur GmbH gegenüber Max Müller e. K. hat, ausgeweitet. Der Eigentumsvorbehalt erlischt erst, wenn alle Forderungen beglichen sind.

Kreditsicherung bei Grundstückserwerb

Lösung: Zur Finanzierung eines Grundstücks bietet sich ein Darlehen an, das durch Hypothek oder Grundschuld gesichert ist.

a) Hypothek

Durch Eintragung einer Hypothek im Grundbuch dient das Grundstück als Sicherheit für den Kredit (Grundpfandrecht, §§ 1113 ff. BGB). Dies bedeutet: Kann der Schuldner den Kredit nebst Zinsen nicht zurückzahlen, ist der Gläubiger berechtigt, die Zwangsversteigerung zu betreiben. Er erhält aus dem Erlös der Zwangsversteigerung sein Geld zurück, sofern der Erlös dazu ausreicht. Die Hypothek ist ein Grundpfandrecht. Der Inhaber eines Grundpfandrechts genießt gegenüber den anderen Gläubigern des Eigentümers eine Vorzugstellung, wenn es zur Verwertung des Grundstücks kommt, d. h. der Erlös dient zunächst ausschließlich der Befriedigung des Grundpfandberechtigten.

b) Grundschuld

Durch Eintragung einer Grundschuld dient das Grundstück ebenfalls als Sicherheit für den Kredit (§ 1191 ff. BGB). Darin gleicht die Grundschuld der Hypothek. Im Unterschied zur Hypothek ist die Grundschuld aber nicht vom Bestehen einer gesicherten Forderung abhängig.

Beispiel: Durch Tilgung der I. Hypothek rückt die nachberechtigte II. Hypothek in den Rang der I. Hypothek, wohingegen eine Grundschuld immer in der eingetragenen Höhe ihren Rang behält, auch wenn die ursprünglich abgesicherte Forderung nicht mehr besteht.

Lieferantenkredit/Grundschuld

Lösung:

1. Das Grundbuch ist ein öffentliches Verzeichnis über die Rechtsverhältnisse aller Grundstücke eines Grundbuchbezirks und wird beim Amtsgericht geführt.

2. Wesentliche Eintragungen im Grundbuch sind:
   - Lage, Art, Größe der Grundstücke (Bestandsverzeichnis)
   - Eigentumsverhältnisse
   - Rechte, die mit dem Grundstück verbunden sind, z. B. Vorkaufsrecht
   - Lasten und Beschränkungen, z. B. Wegerecht
   - Grundpfandrechte
   - Sonstige Belastungen

3. Die eingetragene Grundschuld berechtigt den Gläubiger Groß, durch Zwangsvollstreckung in das Grundstück für seine Forderungen befriedigt zu werden.

4. Die Rangfolge der Eintragungen im Grundbuch bestimmt, in welcher Reihenfolge die Gläubiger bei der Zwangsvollstreckung befriedigt werden.

Fall 490 **Abtretung von Forderungen**

Lösung:

a) Die Abtretung von Forderungen bezeichnet man als Zession. Im Falle der Zession tritt der Kreditgeber an die Stelle des Gläubigers (§ 398 BGB).

b) **Mögliche Formen der Zession**

– **Stille Zession:** Der Drittschuldner leistet weiterhin mit befreiender Wirkung Zahlungen an den abtretenden Gläubiger (Zedenten), weil er von dem Vorgang der Zession keine Kenntnis hat. Die eingehenden – abgetretenen – Forderungen werden vom Zedenten zur Rückzahlung des Kredits verwendet oder aber durch neue Forderungen ersetzt.

– **Offene Zession:** Der Drittschuldner hat von der Zession Kenntnis und kann mit befreiender Wirkung nur noch an den Zessionär (Kreditgeber) Zahlungen leisten (§ 409 BGB).

c) Mit der stillen Zession sind Risiken verbunden:

– die Forderung könnte bereits an einen anderen abgetreten sein,

– der abtretende Gläubiger (Zedent) könnte die eingehende Zahlung nicht an den Zessionär weiterleiten,

– die abgetretene Forderung könnte zweifelhaft sein,

– die abgetretene Forderung könnte fingiert sein.

d) **Forderungen können global abgetreten werden (Globalzession).** In einem solchen Falle sind alle bestehenden und zukünftigen Warenforderungen aus bestimmten Geschäften abgetreten. **Eine Mantelzession** liegt vor, wenn Forderungen in einer bestimmten Gesamthöhe abgetreten sind. Dabei sind erloschene Forderungen jeweils durch neue Forderungen zu ersetzen.

Bei einer Einzelzession ist lediglich eine einzelne Forderung abgetreten.

Fall 491 **Finanzierung durch Wechsel**

Lösung:

a) Großhändler Hastig kann den von seinem Kunden Lehrig angenommenen Wechsel wie folgt verwenden:

– Aufbewahren bis zum Verfalltag,

– Weitergabe an den Lieferer zahlungshalber,

– Verpfändung,

– Übergabe an ein Kreditinstitut zum Einzug oder zum Diskont.

b) Der von Hastig ausgestellte Wechsel ist ein Warenwechsel, weil ein Warengeschäft zugrunde liegt. Ein Finanzwechsel (Solawechsel) dient hingegen lediglich der Geldbeschaffung.

c) Ein bundesbankfähiger Wechsel muss folgende Anforderungen erfüllen:

– mindestens drei gute Unterschriften,

– es muss ein Handelswechsel sein,

- die Restlaufzeit darf maximal 90 Tage betragen,

- er muss an einem Bankplatz zahlbar sein,

- er darf kein Sichtwechsel sein.

d) Eine Tratte ist ein auf einen Dritten gezogener Wechsel (Zahlungsaufforderung des Ausstellers an den Bezogenen). Ein Akzept ist ein von dem Bezogenen angenommener (quer geschriebener) Wechsel (Zahlungsversprechen des Bezogenen durch seine Unterschrift).

Bürgschaft

`Fall 492`

Lösung:

a) Der Bürge Theo Birne sollte sich für den Fall der Inanspruchnahme durch den Gläubiger (Bank) absichern. So könnte z. B. die Ladeneinrichtung der Modeboutique als Sicherungsmittel eingesetzt werden. Die Rechtspraxis hat dafür die Möglichkeit der Sicherungsübereignung gefunden (§ 930 BGB). Danach wird das Eigentum an einer Sache, hier der Ladeneinrichtung, auf den Erwerber übertragen, gleichzeitig bleibt der Verkäufer Besitzer und kann die Sache weiter nutzen. Ergänzend kann vereinbart werden, dass nach Erlöschen der Bürgschaft das Eigentum an der Sache automatisch an den Sicherungsgeber zurückfällt (§ 158 Abs. 2 BGB).

b) Das BGB unterscheidet im Wesentlichen zwischen der gewöhnlichen Bürgschaft (§ 765 BGB) und der selbstschuldnerischen Bürgschaft (§ 773 BGB).

Ausfallbürgschaft

Der Bürge kann aus verschiedenen Gründen die Leistung aus der Bürgschaft verweigern, insbesondere, solange der Gläubiger nicht erfolglos die Zwangsvollstreckung gegen den Schuldner versucht hat (Einrede der Vorausklage, § 771 BGB).

Selbstschuldnerische Bürgschaft

Sie ist dadurch gekennzeichnet, dass der Bürge die Einrede der Vorausklage nicht geltend machen kann (§ 773 BGB), d. h. verweigert der Schuldner die Zahlung, muss der Bürge sofort zahlen.

Anmerkung: Die Bürgschaft eines Vollkaufmanns ist stets selbstschuldnerisch (§§ 349, 350 HGB). Banken verlangen in der Regel die selbstschuldnerische Bürgschaft (Formularpraxis).

Leasing

`Fall 493`

Lösung:

Vorteile des Leasing:

▶ Geringerer Bedarf an Finanzmitteln, der finanzielle Spielraum bleibt größer,

▶ der Vermieter übernimmt den Service,

▶ durch Rückgabe der Anlagegegenstände Anpassung an den neuesten Stand der Technik.

Nachteile des Leasing:

▶ Höhere Kosten, da in den Leasingraten auch Verwaltungskosten und Gewinn des Leasinggebers enthalten sind,

▶ während der Grundmietzeit in der Regel kein Kündigungsrecht, nachteilig bei schnellem technischen Fortschritt oder geänderten Nutzungsmöglichkeiten,

▶ evtl. Aktivierung beim Leasingnehmer.

Fall 494 **Leasing/steuerliche Zurechnung**

Lösung: Der Transporter ist steuerlich dem Mandanten (Leasingnehmer) zuzurechnen. Nach dem BdF-Erlass v. 19. 4. 1971 (BStBl 1972 I S. 264) ist bei Leasingverträgen mit Kaufoptionsrecht der Leasing-Gegenstand dem Leasingnehmer als wirtschaftliches Eigentum zuzurechnen, wenn bei einer Grundmietzeit von mindestens 40 % und höchstens 90 % der betriebsgewöhnlichen Nutzungsdauer der Kaufpreis niedriger ist als der Buchwert, errechnet nach Abzug der linearen AfA von den Anschaffungskosten. Das ist hier der Fall.

Berechnung:

Betriebsgewöhnliche Nutzungsdauer	48 Mon. =	100 %
Grundmietzeit	36 Mon. =	75 %
Anschaffungskosten		30 000 €
./. lineare AfA nach 36 Mon. = 75 % =		22 500 €
Buchwert nach 36 Mon.		7 500 €
Kaufpreis nach 36 Mon.		6 000 €

Der steuerlichen Zurechnung des Transporters beim Leasingnehmer liegt die Überlegung zugrunde, dass der Leasingnehmer unter obigen Vertragsbedingungen regelmäßig von der Kaufoption Gebrauch machen und das Anlageobjekt auch zivilrechtlich in sein Eigentum überführen wird.

Fall 495 **Factoring**

Lösung: Die Aufwendungen der Finesse GmbH durch Factoring betragen pro Jahr:

▶ Factoringgebühren, 1,4 % von 12 Mio. € =	168 000 €
▶ Sollzinsen aus finanziertem Forderungsbestand 8 % von 1 Mio. € =	80 000 €
Summe	248 000 €

Finanzielle Vorteile durch Factoring:

▶ 3 % Skonto aus Wareneinkauf von 3,5 Mio. € =	105 000 €
▶ Wegfall des Delcredere-Risikos 0,5 % von 12 Mio. € =	60 000 €
▶ Verwaltungskosten (Wegfall der Debitorenbuchhaltung)	35 000 €
Summe	200 000 €

Kaufmannseigenschaft

Lösung:

	M	K	F	N	Erläuterungen
Spediteur Flott	X				Handelsgewerbe (§ 1 Abs. 2 HGB)
Künstleragentur Adlatus GmbH			X		Kaufmann kraft Rechtsform. Zu den Handelsgesellschaften i. S. des § 6 HGB rechnen die GmbH (§ 13 Abs. 3 GmbHG), AG (§ 3 AktG) und KGaA (§§ 3, 278 AktG).
Weingut Graf von Frankenstein		X			Der Betrieb der Land- und Forstwirtschaft ist berechtigt, aber nicht verpflichtet, sich in das HR eintragen zu lassen (§ 3 Abs. 2 HGB). (Voraussetzung ist jedoch, dass ein in kaufmännischer Art und Weise eingerichteter Geschäftsbetrieb erforderlich ist.)
Hotel Kemenate (400 Betten)	X				Handelsgewerbe (§ 1 Abs. 2 HGB)
Bauunternehmer Hans Steinschneider (60 Beschäftigte)	X				wie Hotel Kemenate
Handelsvertreter Paul Zahn	X				Handelsgewerbe, möglicherweise ist ein in kaufmännischer Weise eingerichteter Geschäftsbetrieb nicht erforderlich (§ 1 Abs. 2 HGB).
Krankengymnast Franz Zipperlein				X	Freiberufliche Tätigkeit

Gewerbeanmeldung

Lösung:

1. Die Eröffnung eines Gewerbebetriebs muss beim Ordnungsamt oder Gewerbeamt der zuständigen Gemeinde, außerdem bei Finanzamt und der Berufsgenossenschaft unverzüglich angemeldet werden (§ 14 GewO).

   Als Kaufmann muss Herr Müller die Anmeldung beim Amtsgericht zur Eintragung in das Handelsregister vornehmen.

2. Durch die Gewerbeanmeldung beim Ordnungsamt oder Gewerbeamt der Gemeinde erfolgen Mitteilungen an: Finanzamt, Industrie- und Handelskammer, Berufsgenossenschaft, Gewerbeaufsichtsamt, Statistisches Landesamt.

3. Jeder Gewerbetreibende wird Pflichtmitglied der Industrie- und Handelskammer und der Berufsgenossenschaft.

Fall 498 **Handelsregister**

Lösung a:

Zu 1:

▶ Malermeister Schulz betreibt ein Handelsgewerbe i. S. des § 2 HGB. Er ist verpflichtet, eine Eintragung in das Handelsregister herbeizuführen (§ 29 HGB), weil sein Gewerbebetrieb nach Art und Umfang einen in kaufmännischer Weise eingerichteten Geschäftsbetrieb erfordert (Kaufmann nach § 1 HGB).

▶ Spediteur Krause ist kein Kaufmann i. S. des § 1 HGB, weil sein Betrieb keinen in kaufmännischer Weise eingerichteten Geschäftsbetrieb erfordert (§ 1 Abs. 2 HGB). Es erfolgt keine Eintragung in das Handelsregister. Durch freiwillige Eintragung in das Handelsregister kann Krause zur Kaufmannseigenschaft optieren (§ 2 HGB). Die Eintragung hätte dann eine konstitutive Wirkung.

▶ Für die Schnapsbrennerei als land- und forstwirtschaftliches Unternehmen ist keine Eintragung erforderlich, aber möglich (Kannkaufmann, § 3 Abs. 3 HGB).

Zu 2:

Das Handelsregister erfüllt den Zweck, gewisse Tatsachen über eine Firma, soweit sie für den Handelsverkehr bedeutsam sein können, zu offenbaren.

Zu 3:

Eine Eintragung in das Handelsregister kann rechtserzeugend (konstitutiv) sein. So entsteht beispielsweise eine GmbH erst mit Eintragung in das Handelsregister. Andere Eintragungen haben die Aufgabe, eine Tatsache nach außen hin für Dritte sichtbar zu machen (deklaratorisch). So bedarf es z. B. zur Entstehung einer OHG oder KG, der Erteilung der Prokura oder der Bestellung eines Geschäftsführers nicht der Eintragung im Handelsregister. Völlig isoliert davon ist zu betrachten, ob eine Tatsache im Handelsregister eintragungspflichtig ist oder freiwillig eingetragen werden kann.

Beispiele für konstitutiv:

▶ beschränkte Haftung der Kommanditisten (§ 176 Abs. 1 HGB)

▶ Rechtsform der Kapitalgesellschaften (z. B. § 11 Abs. 1 GmbHG)

▶ Kaufmannseigenschaft der Kannkaufleute (§ 2 HGB)

Beispiele für deklaratorisch:

▶ Rechtsstellung des Prokuristen (§ 48 Abs. 1 HGB)

▶ Rechtsform der Personengesellschaften (vgl. § 123 Abs. 2 HGB)

▶ Kaufmannseigenschaft der (Muss-)Kaufleute usw. (§ 1 HGB)

Lösung b:

▶ Ja, denn die Erhöhung des Stammkapitals der GmbH bedeutet eine Änderung des Gesellschaftsvertrags, und zu den eintragungspflichtigen Angaben gehört die maßgebliche Höhe des (haftenden) Stammkapitals (§ 3 Abs. 1 Nr. 3 GmbHG).

▶ Nein, die Erteilung einer Handlungsvollmacht wird nicht eingetragen, also auch nicht deren Widerruf.

► Ja, die Gründung der Steuerberatungsgesellschaft mbH ist eintragungspflichtig, da die Gesellschaft (Form-)Kaufmann ist (§ 7 Abs. 1 GmbHG).

► Ja, gem. § 39 GmbHG ist jede Änderung in der Person des Geschäftsführers sowie die Beendigung der Vertretungsbefugnis eines Geschäftsführers in das Handelsregister einzutragen.

► Nein, keine Eintragung im HR. Ärzte sind keine Kaufleute, und damit ist ihre GbR keine Handelsgesellschaft i. S. des HGB.

Lösung c: In das Handelsregister Abteilung A sind einzutragen:

1. die Firma Karl Herborn OHG (§§ 29, 106 HGB),

2. Sitz des Unternehmens Köln (§§ 29, 106 HGB),

3. die persönlich haftenden Gesellschafter Karl Herborn und Peter Klar (§ 106 HGB),

4. die beiden Prokuristen Edith Stein und Klaus Hammer (§ 53 HGB).

Prokura
Fall 499

Lösung a:

1. Prokurist Tüchtig unterzeichnet wie folgt:

   Fun Cars GmbH X-Stadt
   ppa. Unterschrift Tüchtig

2. Die Prokura ist die Ermächtigung zu allen Arten von gerichtlichen und außergerichtlichen Geschäften und Rechtshandlungen, die der Betrieb eines Handelsgewerbes mit sich bringt (§ 49 Abs. 1 HGB).

   Beispiele: Der Prokurist kann ohne zusätzliche Vollmacht

   – Waren ein- und verkaufen,
   – den Geschäftszweig ändern,
   – Mitarbeiter einstellen und kündigen,
   – ein Grundstück kaufen.

3. Der Prokurist darf ohne besondere Vollmacht folgende Rechtsgeschäfte nicht tätigen:

   – Grundstück veräußern oder belasten (§ 49 Abs. 2 HGB),
   – Steuererklärung und Bilanz unterschreiben,
   – Eintragungen im Handelsregister anmelden,
   – Insolvenzantrag stellen,
   – Geschäft verkaufen,
   – Prokura erteilen,
   – Gesellschafter aufnehmen.

4. Von einer Einzelprokura spricht man, wenn der Prokurist die erteilte Vollmacht alleine, ohne Einschaltung anderer Personen ausüben kann. Bei einer Gesamtprokura übt der Prokurist die Vollmacht gemeinschaftlich mit anderen vertretungsberechtigten Personen aus.

Lösung b: Der Kreditvertrag mit der Hausbank ist nicht rechtswirksam. Zwar kann der gesetzliche Umfang der Vertretungsbefugnis als Prokurist Dritten gegenüber nicht beschränkt werden (§ 50 HGB), d. h. auch wenn Heinz Bauer sich nicht an die mit ihm vereinbarte Begrenzung des Kreditlimits gehalten hat, ist der Kreditvertrag insoweit nicht ungültig. Der Hausbank ist aber der Entzug der Prokura mitgeteilt worden und war ihr also bekannt (§ 15 Abs. 1 HGB). Unerheblich ist in diesem Fall, dass die Eintragung über den Entzug der Prokura nicht im Handelsregister erfolgte.

Fall 500 Prokura/Handelsregister

Lösung:

1. Herr Eismann konnte bisher die Vollmacht allein ausüben (Einzelprokura), nach der Änderung nur noch gemeinsam mit Herrn Fischer (Gesamtprokura).

2. Die Vollmacht gilt nicht im ganzen Unternehmen. Sie ist beschränkt auf die Filiale Hannover.

3. Diese Prokura heißt Filialprokura.

Fall 501 Handlungsvollmacht

Lösung a: Das Autohaus kann von dem Kunden nicht erneut die Zahlung des unterschlagenen Geldbetrags verlangen. Der Auszubildende Franz Klamm hatte zwar keine schriftliche Vollmacht zum Inkasso (§ 54 HGB), aber eine Handlungsvollmacht, die stillschweigend erteilt wurde. Das ist durch Duldung der vorangegangenen Inkassohandlungen geschehen.

Lösung b: Die Inzahlungnahme der „Rarität" kann der Geschäftsführer der GmbH nicht rückgängig machen. Zwar hat der Verkäufer Simpelkamp seine Kompetenz überschritten. Dieses braucht ein Dritter aber nur dann gegen sich gelten zu lassen, wenn er die Beschränkung der Kompetenzen kannte oder kennen musste (§ 54 Abs. 3 HGB). Das ist aber nicht der Fall. Im Übrigen ist die Inzahlungnahme des Gebrauchtwagens eine Rechtshandlung, die der Betrieb des Autohauses mit sich bringt, also üblich ist (§ 54 Abs. 1 HGB).

Lösung c: Der Handlungsbevollmächtigte der Fa. Fun Cars GmbH darf für die GmbH keine Aktien kaufen, weil eine derartige Rechtshandlung für den Betrieb des Autohauses nicht üblich ist (§ 54 Abs. 1 HGB).

Fall 502 Handelsvertreter

Lösung: Als Handelsvertreter ist Marx (selbständiger) Kaufmann i. S. des § 1 HGB, da er ein Handelsgewerbe betreibt. Als solcher handelt er im eigenen Namen, aber für fremde Rechnung (§ 84 HGB).

Als Handlungsreisender ist Marx (unselbständiger) kaufmännischer Angestellter und handelt somit in fremdem Namen und für fremde Rechnung.

Fall 503 Kommission

Lösung:

1. Hans Patent = Kommittent
   Fachhändler = Kommissionär

2. In eigenem Namen und auf fremde Rechnung. Vertragliche Beziehungen entstehen nur zwischen dem Kommissionär und dem Käufer der Kommissionsware.

3. – Kommissionär kann schneller liefern,

   – Kommissionär trägt kein Verkaufsrisiko,

   – Kunden können das Kommissionsgut in Augenschein nehmen,

   – Kommissionär braucht nicht zu finanzieren.

Firma (1)

Fall 504

Lösung:

1. König ist Musskaufmann nach § 1 HGB, weil er ein Handelsgewerbe betreibt. Das Erfordernis „kaufmännische Einrichtung" ist durch die Höhe des voraussichtlichen Umsatzes erfüllt.

2. Die Firma muss zur Kennzeichnung des Kaufmanns geeignet sein und Unterscheidungskraft besitzen, sie darf nicht irreführend sein (§ 18 HGB). Die Firma muss einen Rechtsformzusatz (bei Einzelkaufmann z. B. „eingetragener Kaufmann", „e. K." oder „e. Kfm.") enthalten (§ 19 HGB). König muss also wie folgt firmieren: Kennzeichnung des Unternehmens + Rechtsformzusatz.

3. Die Firma ist der Handelsname des Kaufmanns, unter dem er das Geschäft führt, er Unterschriften leistet, klagen und verklagt werden kann und Firmenschutz genießt.

4. König muss seinen Betrieb anmelden: a) beim Amtsgericht (Handelsregister), b) beim örtlichen Gewerbeamt, c) bei der Krankenkasse, d) bei der Berufsgenossenschaft.

Firma (2)

Fall 505

Lösung: Die Firma „Auto-Wittler e. K." kann fortgeführt werden, obwohl sich der Name des Geschäftsinhabers geändert hat (§ 21 HGB). Die Firmenbeständigkeit hat Vorrang vor der Firmenwahrheit (§§ 17, 18 HGB).

Gesellschaftsformen

Fall 506

Lösung:

1. Als Form für die angestrebte Gesellschaft zwischen Hans Müller, Inhaber einer Möbelschreinerei mit Ladengeschäft, und seinem Sohn Peter ist grundsätzlich denkbar:

a) Offene Handelsgesellschaft (OHG, §§ 105–122 HGB)

b) Kommanditgesellschaft (KG, §§ 161–177 HGB)

c) Gesellschaft mit beschränkter Haftung (GmbH/GmbHG)

d) GmbH & Co. KG

e) UG (haftungsbeschränkt); (§ 5a GmbH)

2. Im vorliegenden Fall ist die OHG zweckmäßig. Die OHG als Grundtypus der Personenhandelsgesellschaft ist zwingend erforderlich, weil ein Handelsgewerbe (§ 1 HGB) betrieben wird.

3. Folgende Gründe können einen Einzelunternehmer veranlassen, einen Teilhaber in seine Unternehmung aufzunehmen: Aufnahme eines Fachmannes, Verbesserung der Kapital- und Kreditbasis, Verteilung des Geschäftsrisikos, Alter oder Krankheit des Einzelunternehmers.

4. Vertretung ausschließlich durch den Komplementär nach § 170 HGB i.V.m. § 161 Abs. 2 HGB, § 125 HGB. Geschäftsführung ebenfalls ausschließlich durch den Komplementär gem. § 164 HGB i.V.m. § 161 Abs. 2, § 114 HGB.

Fall 507 **Stille Gesellschafter**

Lösung:

1. Durch Aufnahme eines stillen Gesellschafters wahrt das Unternehmen seine Unabhängigkeit gegenüber der Kreditwirtschaft. Die typische stille Beteiligung belastet das Unternehmen nur erfolgsabhängig. Der stille Gesellschafter trägt sogar Verluste mit, sofern eine Beteiligung am Verlust nicht ausgeschlossen wurde.

2. Der stille Gesellschafter hat kein Einspruchsrecht gegen Entscheidungen des Firmeninhabers (§ 230 Abs. 2 HGB).

3. Laut HGB ist der stille Gesellschafter am Verlust beteiligt. Die Verlustbeteiligung kann jedoch vertraglich begrenzt oder ganz ausgeschlossen werden (§ 231 Abs. 2 HGB).

Fall 508 **Offene Handelsgesellschaft**

Lösung:

a) Die OHG kann firmieren (§ 19 HGB):
Meeßen OHG
Wolf OHG
Meeßen & Wolf OHG
Holzwurm OHG
usw.

b) Der Gläubiger kann von Over die Zahlung verlangen, da er gem. § 130 HGB auch für die vor seinem Eintritt begründeten Verbindlichkeiten haftet. Widersprechende vertragliche Vereinbarungen sind Dritten gegenüber nicht wirksam.

c) Ja, da die Gesellschafter für Verbindlichkeiten der Gesellschaft den Gläubigern als Gesamtschuldner persönlich haften (§ 128 HGB).

d) Wolf kann nur zum Schluss eines Geschäftsjahres kündigen. Die Kündigung muss mindestens sechs Monate davor erfolgen (§ 132 HGB). Hier kann die Kündigung also zum 31. 12. 2016 erfolgen (vorausgesetzt, dass Geschäftsjahr und Kalenderjahr bei der OHG übereinstimmen).

Fall 509 **Geschäftsführung und Vertretung in der OHG**

Lösung:

1. Bei außergewöhnlichen Geschäften, wie z. B. Abschluss eines Kreditvertrags, ist die Zustimmung des Mitgesellschafters erforderlich (Geschäftsführung/Innenverhältnis, § 116 HGB).

2. Der Kreditvertrag ist gültig, weil im Außenverhältnis uneingeschränktes Vertretungsrecht besteht (§ 126 Abs. 2 HGB).

Personengesellschaft/Kapitalgesellschaft

Lösung:

		OHG/KG	GmbH
1.	Um welche Art der Rechtspersönlichkeit handelt es sich (Handelsrecht)?	natürliche Personen	juristische Personen
2.	In welcher gesetzlichen Form muss der Gesellschaftsvertrag abgeschlossen werden?	formlos	notarielle Beurkundung
3.	Welche rechtliche Wirkung hat die Handelsregistereintragung?	deklaratorisch[1]	konstitutiv[2]
4.	Welche Art der Firma ist bei der Gründung zu wählen?	Kennzeichnung unter Anzeige des Gesellschaftsverhältnisses	Kennzeichnung mit Zusatz GmbH
5.	Wann entsteht die Gesellschaft gegenüber Dritten?	mit Aufnahme des Geschäfts oder mit Eintragung ins HR	mit Eintragung ins HR
6.	Wer ist geschäftsführungsbefugt?	alle Gesellschafter (OHG), Komplementär (KG)	Geschäftsführer
7.	Wer ist Inhaber des Geschäftsvermögens?	Gesellschafter zur gesamten Hand	Gesellschaft
8.	Welche Organe hat die Gesellschaft?	keine	Geschäftsführer, Gesellschafterversammlung
9.	Wer haftet für die Schulden der Gesellschaft gegenüber den Gesellschaftsgläubigern?	Gesellschafter haften unbegrenzt zur gesamten Hand, der Kommanditist haftet nur bis zur Höhe seiner Einlage	Gesellschaft
10.	Wie wirkt sich der Tod eines Gesellschafters auf das Bestehen der Gesellschaft aus?	Auflösung der Gesellschaft	keine Auswirkung
11.	Wie viel Mindestkapital ist erforderlich?	kein Mindestkapital	Stammkapital 25 000 €, Einzahlung 25 % je Gesellschafter, mindestens 12 500 €
12.	Wie viele Gesellschafter sind erforderlich?	mindestens zwei Gesellschafter	ein Gesellschafter

[1] deklaratorisch = erklärend

[2] konstitutiv = rechtsbegründend

Fall 511 Kommanditgesellschaft; Gewinnverteilung und Privatentnahmen

Lösung:

a) Sofern im Gesellschaftsvertrag der KG keine Absprachen getroffen sind, beträgt der Gewinn-anteil vorab 4 % auf die Einlage. Der Restgewinn wird in einem angemessenen Verhältnis verteilt (§§ 121, 168 HGB).

b) Der Kommanditist ist im Gegensatz zum vollhaftenden Gesellschafter nicht berechtigt, lau-fend Entnahmen zu tätigen (§ 169 HGB). Der Kommanditist hat nur Anspruch auf Auszah-lung des auf ihn zukommenden – festgestellten – Gewinns.

c) Der Kommanditist hat so lange keinen Anspruch auf Auszahlung des Gewinnanteils, bis die durch den Vorjahresverlust geminderte Einlage wieder aufgefüllt ist (§ 169 HGB).

Fall 512 Gesellschaft mit beschränkter Haftung

Lösung: Zunächst Prüfung von Stammkapital und Geschäftsanteilen gem. § 5 GmbHG:

1. Das Stammkapital i. H. von 26 500 € überschreitet das Mindestkapital einer GmbH (25 000 € gem. § 5 Abs. 1 GmbHG).

2. Alle Geschäftsanteile lauten auf volle Euro (§ 5 Abs. 2 GmbHG).

3. Die Summe der Nennbeträge der Geschäftsanteile entspricht dem Stammkapital (15 000 € + 11 000 € + 500 € = 26 500 €, § 5 Abs. 3 GmbHG).

Somit entsprechen die Geschäftsanteile und das Stammkapital den gesetzlichen Vorschriften.

Anschließend Prüfung der geleisteten Einlagen gem. § 7 GmbHG:

1. Die Anmeldung auf Eintragung in das Handelsregister darf erst dann erfolgen, wenn auf je-den Geschäftsanteil mindestens ein Viertel (25 %) eingezahlt ist (§ 7 Abs. 2 GmbHG). Da die Einzahlung von Wolfgang Heister erst am 3. 3. 2016 erfolgt, ist eine Eintragung am 1. 2. 2016, bis eine entsprechende Zahlung erfolgt ist, nicht zulässig.

2. Außerdem ist am 1. 2. 2016 noch nicht die Hälfte des Mindeststammkapitals einer GmbH (entspricht der Hälfte von 25 000 € = 12 500 €) geleistet worden (gem. § 7 Abs. 2 GmbHG).

   Da somit beide maßgeblichen Vorschriften nicht eingehalten worden sind, kann die Eintra-gung am 1. 2. 2016 nicht erfolgen.

   Seit dem 1. 11. 2008 besteht die Möglichkeit der Gründung einer Unternehmergesellschaft (haftungsbeschränkt) mit einem niedrigeren Kapital gem. § 5a Abs. 1 GmbHG.

Fall 513 Beschlussfassung in der Hauptversammlung einer GmbH

Lösung:

a) Der Gewinnverteilungsbeschluss ist wirksam, weil er mit der Mehrheit (§ 47 GmbHG) der ab-gegebenen Stimmen gefasst wurde (80 000 : 32 000).

b) Die Bestellung eines weiteren Geschäftsführers ist abgelehnt, weil sich hierfür nicht die Mehrheit (§ 47 GmbHG) der abgegebenen Stimmen entschied (52 000 : 60 000).

GmbH, Prüfung des Jahresabschlusses

Fall 514

Lösung:

a) Die Klaus Heitplatz GmbH ist eine mittelgroße GmbH i. S. des § 267 HGB, denn ihr Vorjahresumsatz übersteigt 12 Mio. €, und sie beschäftigt im Jahresdurchschnitt mehr als 50 Arbeitnehmer. Damit erfüllt sie mindestens zwei der drei in § 267 HGB genannten Merkmale. Somit unterliegt der Jahresabschluss der GmbH und ihr Lagebericht der Prüfung durch einen Vereidigten Buchprüfer oder durch einen Wirtschaftsprüfer (§ 316 Abs. 1, § 319 HGB).

b) Nach § 325 i. V. mit § 327 HGB ist der Jahresabschluss, der Lagebericht usw. mit Bestätigungsvermerk zum Handelsregister einzureichen.

Unternehmergesellschaft (haftungsbeschränkt)

Fall 515

Lösung:

a) Begriff:
▶ Variante der herkömmlichen GmbH (§ 5a GmbHG),
▶ mit einigen Ausnahmen deckungsgleich mit der klassischen GmbH,
▶ Ausnahmen z. B. Gesellschaftsvertrag, Stammeinlage.

b) Formvorschriften und Besonderheiten des Gesellschaftsvertrags:
▶ notarielle Beurkundung wie bei der klassischen GmbH (§ 2 Abs. 1 GmbHG),
▶ Unterzeichnung der Errichtungsurkunde von den Gründungsgesellschaftern (§ 2 Abs. 1 GmbHG),
▶ maximal drei Gesellschafter und ein Geschäftsführer, falls Gründung nach § 2 Abs. 1a GmbHG im vereinfachten Verfahren vorgesehen.

c) Nachteile: Verschiedene Bestandteile einer individuellen Satzung, z. B. Kündigungsklauseln sind nicht in dem vorgedruckten Musterprotokoll enthalten.

d) Firmierung: nicht zulässig, Rechtsformzusätze Unternehmergesellschaft (haftungsbeschränkt) oder UG (haftungsbeschränkt) zulässig. Keine Abkürzung des Zusatzes haftungsbeschränkt zulässig (§ 5a Abs. 1 GmbHG).

e) Vorschriften für die Erbringung der Einlagen:
▶ im Gesellschaftsvertrag festgelegte Stammeinlagen der Gesellschafter müssen in voller Höhe nach Gründung und vor Anmeldung zum Handelsregister erbracht werden (§ 5a Abs. 2 GmbHG),
▶ Gesamtbetrag mind. 1 € (§ 5 Abs. 2 GmbHG, Geschäftsanteile müssen auf volle Euro lauten),
▶ maximal 24 999 €, da Gründung nur mit Stammkapital, das den Betrag des Mindeststammkapitals einer GmbH unterschreitet (§ 5a Abs. 1 GmbHG),
▶ nach § 5a Abs. 2 GmbHG nur Bareinlagen zulässig.

f) Ausschüttung des Jahresgewinns:
▶ Mindestens 25 % des Jahresgewinns müssen als Rücklage angesammelt werden, bis das Mindeststammkapital einer GmbH erreicht oder überschritten ist (§ 5a Abs. 3 GmbHG).
▶ Dann erfolgt automatisch die Umwandlung in eine GmbH.

g) Persönliche und solidarische Haftung der Gesellschafter vor Eintrag in das Handelsregister (§ 11 Abs. 2 GmbHG = Handelnden-Haftung; für alle GmbH-Gesellschaften besteht vor Eintragung in das Handelsregister und nach Abschluss des Gesellschaftervertrags das Konstrukt einer BGB-Gesellschaft. Daraus leitet sich ebenfalls eine persönliche und solidarische Haftung der Gesellschaft ab).

Fall 516 **Aktiengesellschaft**

Lösung: Der Aktionär hat folgende Rechte:

► Recht auf Teilnahme an der Hauptversammlung,

► Stimmrecht,

► Auskunftsrecht,

► Anfechtung von Beschlüssen der Hauptversammlung, die gegen Gesetz oder Satzung verstoßen,

► Recht auf Anteil am Bilanzgewinn (Dividende),

► Recht auf Bezug neuer (junger) Aktien,

► Recht auf Anteil am Liquidationserlös.

STICHWORTVERZEICHNIS

(Die angegebenen Ziffern beziehen sich auf die Fälle.)